2023

행정사 문제집
민법총칙

박문각 행정사연구소 편 _ 조민기

1차

합격기준 박문각 행정사

동영상강의 | 박문각행정사 www.pmg.co.kr

PMG 박문각

2023 1차

행정사 문제집

민법총칙

본서는 행정사 자격시험을 위한 민법총칙 문제집입니다.

문제집의 역할은 기본서의 내용을 충실히 반영한 좋은 문제들을 통해서 실전 연습을 하는 것입니다. 이를 위해서 민법총칙 전반을 꼼꼼히 살펴 빠짐없이 문제를 구성하였고, 상세하게 해설을 달았습니다.

최근 각종 국가고시 민법시험에서 단순 암기문제는 지양하는 대신 상당한 이해력을 요하는 핵심문제와 고난도의 판례·사례문제를 출제하는 경향이 있습니다. 따라서 이에 효과적으로 대응하기 위해서는 무조건적 암기보다는 기본서의 정독과 문제집의 반복 풀이가 필수적입니다.

본서는 민법총칙에 대한 명확한 이해와 정리를 목표로 하여 다음과 같이 구성하였습니다.

첫째, 충분한 실전 연습을 위해서 기본 이론문제부터 심화 판례·사례문제까지 최대한 수록하였습니다. 기존의 국가고시 기출문제도 다시 검토하여 민법 개정에 따른 정확한 해설을 달았고, 출제가 유력한 부분은 교과서를 참고하여 새로 문제를 구성하였습니다.

둘째, 출제 비중이 높은 주요 쟁점은 많은 수의 이론문제와 사례문제를 통해 응용 학습이 가능하도록 하였습니다.

셋째, 출제 가능한 판례를 최대한 엄선하여 최근의 것까지 풍부하게 반영하였습니다. 판례는 이론과 함께 종합문제로 구성하거나 사례문제화시켜, 이론이 판례를 통해 어떻게 응용되는지 볼 수 있도록 하였습니다.

본 문제집은 최근 출제 경향에 대한 정밀한 분석을 바탕으로, 향후 출제가 예상되는 각종 유형의 문제들을 최대한 담았습니다. 그러므로 항상 기본서와 병행하여 공부하시기 바랍니다.

"이 책으로 행정사 시험을 준비하시는 모든 분들의 합격을 기원합니다."

편저자 조민기

1. 자격 분류: 국가 전문 자격증

2. 시험 기관 소관부처: 행정안전부(주민과)

3. 실시 기관: 한국산업인력공단(http://www.hrdkorea.or.kr)

4. 시험 일정: 매년 1차, 2차 실시(2022년 제10회 행정사 시험 기준)

구분	원서 접수	시험 일정	합격자 발표
1차	2022년 4월 25일~4월29일	2022년 5월 28일	2022년 6월 29일
2차	2022년 8월 1일~8월 5일	2022년 10월 1일	2022년 11월 30일

※ 최소선발인원(2022년 제10회 행정사 시험 기준): 일반행정사 257명, 해사행정사 3명, 외국어번역행정사 40명

5. 응시자격: 제한 없음. 다만, 행정사법 제5, 6조의 결격사유가 있는 자, 행정사법 시행령 제19조에 따라 부정행위자로 처리되어, 그 처분이 있는 날부터 5년이 지나지 않은 자는 시험에 응시할 수 없다.

6. 시험 면제대상

- 1차 시험에 합격한 사람에 대하여는 다음 회의 시험에서만 1차 시험을 면제한다(단, 경력서류 제출로 1차 시험이 면제된 자는 행정사법이 개정되지 않는 한 계속 면세).
- 행정사 자격이 있는 사람으로서 다른 종류의 행정사 자격시험에 응시하는 사람은 1차 시험을 면제한다.
- 행정사법 제9조 및 동법 부칙 제3조에 따라, 공무원으로 재직하였거나 외국어 전공 학위를 받고 외국어 번역 업무에 종사한 경력이 있는 사람 등은 행정사 자격시험의 전부 또는 일부가 면제된다(1차 시험 면제, 1차 시험 전부와 2차 시험 일부 면제, 1·2차 시험 전부 면제).

7. 시험 과목 및 시간

● **1차 시험(공통)**

교시	입실 시간	시험 시간	시험 과목	문항 수	시험 방법
1교시	09:00	09:30~10:45 (75분)	① 민법(총칙) ② 행정법 ③ 행정학개론(지방자치행정 포함)	과목당 25문항	5지택일

● 2차 시험

교시	입실 시간	시험 시간	시험 과목	문항 수	시험 방법
1교시	09:00	09:30~11:10 (100분)	**[공통]** ① 민법(계약) ② 행정절차론(행정절차법 포함)		
2교시	11:30	• 일반·해사행정사 11:40~13:20 (100분) • 외국어번역행정사 11:40~12:30 (50분)	**[공통]** ③ 사무관리론 (민원 처리에 관한 법률 및 행정 효율과 협업 촉진에 관한 규정 포함) **[일반행정사]** ④ 행정사실무법 (행정심판사례, 비송사건절차법) **[해사행정사]** ④ 해사실무법 (선박안전법, 해운법, 해사안전법, 해양사고의 조사 및 심판에 관한 법률) **[외국어번역행정사]** ④ 해당 외국어(외국어능력검정시험으로 대체하며 영어, 중국어, 일본어, 프랑스어, 독일어, 스페인어, 러시아어의 7개 언어에 한함)	과목당 4문항 (논술 1문제, 약술 3문제)	논술형 및 약술형 혼합

8. 합격 기준

- 과목당 100점을 만점으로 하여 모든 과목의 점수가 40점 이상이고, 전 과목의 평균 점수가 60점 이상인 사람(2차 시험의 해당 외국어시험 제외)
- 단, 제2차 시험 합격자가 최소선발인원보다 적은 경우, 최소선발인원이 될 때까지 전 과목의 점수가 40점 이상인 사람 중에서 전 과목 평균 점수가 높은 순으로 합격자를 추가로 결정한다. 동점자로 인해 최소선발인원을 초과하는 경우 동점자 모두를 합격자로 한다.

9. 외국어능력검정시험 성적표 제출(외국어번역행정사)

외국어번역행정사 2차 시험의 '해당 외국어' 과목은 원서접수 마감일 전 2년 이내에 실시된 외국어능력검정시험으로 대체(행정사법 시행령 제9조 제3항, 별표 2)

● 외국어 과목을 대체하는 외국어능력검정시험 종류 및 기준점수

시험명	기준점수	시험명	기준점수
TOEFL	쓰기 시험 부문 25점 이상	IELTS	쓰기 시험 부문 6.5점 이상
TOEIC	쓰기 시험 부문 150점 이상	신HSK	6급 또는 5급 쓰기 영역 60점 이상
		DELE	C1 또는 B2 작문 영역 15점 이상
TEPS	쓰기 시험 부문 71점 이상 ※ 청각장애인: 쓰기 시험 부문 64점 이상	DELF/ DALF	• C2 독해와 작문 영역 25점 이상 • C1 또는 B2 작문 영역 12.5점 이상
G-TELP	GWT 작문 시험 3등급 이상	괴테어학	• C2 또는 B2 쓰기 모듈 60점 이상 • C1 쓰기 영역 15점 이상
FLEX	쓰기 시험 부문 200점 이상	TORFL	4단계 또는 3단계 또는 2단계 또는 1단계 쓰기 영역 66% 이상

민법총칙

제10회 행정사 민법총칙 과목은 최근 몇 년간 시험 중에서 상대적으로 무난한 수준이었다. 심화문제는 3개 정도에 불과하였으며, 중급문제 4개, 기본문제 18개가 출제되었다. 다만 조문과 기본 내용을 묻는 문제가 많은 반면에 최신 판례를 묻는 문제는 거의 없었으며 사례문제도 아주 기본적 이해를 묻는 정도였다. 이제 우리 시험도 10년간의 기출문제가 축적된 만큼 먼저 기출문제를 확인하고 그 고유한 출제 경향을 잘 분석해서 비슷한 유형의 문제를 최대한 많이 풀어 보는 것이 중요하다. 그밖에 최신판례나 중급사례는 수업시간에 정리하는 것만으로도 충분하다고 생각한다.

행정법

2022년 제10회 행정사 행정법 1차 난이도는 기본적인 내용을 숙지한다면 합격점수를 받을 수 있도록 출제가 되었다. 정답을 찾는 것이 어렵지 않았지만 몇몇 지문은 상당히 까다롭게 출제된 것도 있다. 25문제 중 빈출부분에서 출제된 것은 23문제, 새롭게 출제된 문제는 2문제이다. 이는 반복적으로 출제되는 영역을 집중 정리해야 한다는 것을 의미한다. 전체적으로 행정법 총론에서 18문제, 행정법 각론에서 7문제가 출제되었다. 문제유형으로 보면 박스형 문제(조합형) 3문제, 판례 16문제, 의의를 묻는 문제 3문제, 법령 조문문제 8문제가 출제되었다. 법령 조문문제는 기본적인 조문으로 기본이론이나 문제풀이 과정에서 자주 출제된 부분을 재출제한 것이다. 행정법 각론은 행정법 총론과 연결해서 풀 수 있는 문제가 3문제였다. 행정법의 기본적 이해와 기출문제에 대한 반복적인 학습이 행정법 합격점수 확보에 필수적이라는 것을 다시 한 번 느끼게 하는 출제였다고 총평을 하고 싶다. 전체적으로 의의를 잘 이해한 후 판례 중심의 정리가 되면 이후 행정사 행정법 시험도 어렵지 않게 합격 점수를 확보할 것으로 보인다.

행정학개론

2022년에 치러진 행정사 행정학 시험은 다소 평이하였다. 평소 수업에서 강조한 내용이 출제되었기에 무난하게 시험에 임했을 것이라 생각한다. 2022년 행정사 행정학 시험의 특징을 간단하게 정리하면 다음과 같다. 첫째, 지방자치론 문제가 다수 출제되었다(4문제). 지방자치론의 중요도가 조금씩 높아지고 있으니 이를 유념해서 2023년 시험을 대비하여야 한다. 둘째, 이해충돌방지법 등 새로운 유형의 문제가 등장했으나 이는 합격에 악영향을 주지 않으므로 크게 신경 쓰지 않으셔도 좋다. 행정사 행정학에서 70점 이상을 받으면 무난하게 1차 합격할 수 있기 때문이다. 행정사 행정학 공부법은 매우 간단하다. 기존에 출제된 주제를 잘 이해하고, 여기에 약간의 심화 부분을 추가로 공부하면 된다. 공무원 행정학과 행정사 행정학의 출제 범위는 큰 차이가 있어 공무원 행정학 기출문제집을 별도로 구매해서 공부하지 않아도 괜찮다. 2023년 시험을 대비하는 분들이 올바른 노력과 꾸준함을 통해 좋은 결과를 거두시길 바란다.

📊 2013~2022 민법총칙 출제 경향 분석

구분			출제 비율
서론	민법 일반		3.5%
	권리(신의성실의 원칙과 권리남용금지)		3.9%
권리의 주체	총설		0.0%
	자연인	권리능력	1.3%
		행위능력(제한능력자)	5.7%
		주소	0.0%
		부재와 실종	2.6%
	법인	법인의 설립	0.9%
		법인의 능력	3.9%
		법인의 기관	4.3%
		법인의 정관변경·법인의 소멸	2.2%
		법인의 감독	0.4%
		권리능력 없는 사단과 재단	1.7%
권리의 객체	물건(주물과 종물, 원물과 과실)		4.3%
권리변동	법률관계와 권리변동		0.0%
	법률행위		8.7%
	의사표시		13.0%
	법률행위의 대리		16.1%
	법률행위의 무효와 취소		8.7%
	법률행위의 조건과 기한		3.9%
	기간		4.3%
	소멸시효		10.4%
총계			100.0%

Part 04 · 권리의 변동

부록 · 기출문제 / 민법총칙

행정사 문제집
민법총칙

Part_

01

서론

민법 일반

제1절 | 민법의 의의

01 민법의 의의에 관한 다음 서술 중 잘못된 것은?

① 민법은 사람·장소 등에 관계없이 개인 상호 간의 생활관계를 규율하는 일반법이다.

② 민법은 상법과 마찬가지로 사법이며 실체법에 속한다.

③ 형식적 민법은 실질적 민법을 전부 수용하고 있지는 않다.

④ 민법은 사법이므로 민법 속에는 공법적인 규정이 있을 수 없다.

⑤ 민사집행법은 실질적 민법에 속하지 않는다.

제2절 | 민법의 법원

02 다음 설명 중 틀린 것은?

① 대륙법계 국가에서는 일반적으로 판례의 법원성을 부정한다.

② 불문법주의는 법의 진화가 보다 용이하다.

③ 성문법주의 국가에서도 원칙적으로 불문법을 법원으로 인정한다.

④ 성문법주의는 법질서가 안정적인 반면에, 불문법주의는 법질서의 안정이 어렵다.

⑤ 불문법주의는 법질서가 유동적이지 못하여 구체적 타당성을 저해할 수 있다.

03 우리나라는 성문법주의를 채택하고 있다. 이에 대한 설명으로 틀린 것은?

① 성문법주의는 불문법주의에 비하여 법의 통일정비가 용이하다.

② 성문법주의는 불문법주의보다 법적 안정성면에서 확정적이다.

③ 성문법주의는 불문법주의보다 법이 경직화되기 쉽다.

④ 성문법주의는 불문법주의보다 사회사정의 변동에 적응하기 쉽다.

⑤ 성문법주의에서는 판례의 법원성이 부정됨이 일반적이다.

04 다음 설명 중 틀린 것은?

① 성문법주의는 법질서가 유동적이지 못하여 구체적 타당성을 저해할 수 있다.

② 성문법주의 국가에서는 불문법을 법원으로 인정하지 않는다.

③ 불문법주의는 법의 통일정비가 곤란하다.

④ 성문법주의는 법질서가 안정적인 반면에, 불문법주의는 법질서의 안정이 어렵다.

⑤ 대륙법계 국가에서는 일반적으로 판례의 법원성을 부정한다.

05 민법의 법원(法源)에 관한 설명으로 옳지 않은 것은? (다툼이 있으면 판례에 의함)

① 대법원이 제정한 규칙도 민사에 관한 것이면 민법의 법원이 될 수 있다.

② 사실인 관습은 사회생활규범일 뿐 법규범이 아니기 때문에 민법의 법원으로 인정되지 않는다.

③ 상급법원 재판에서의 판단은 이와 유사한 장래의 다른 사건을 재판함에 있어서 법적으로 하급심을 기속한다.

④ 제1조의 법률은 형식적 의의의 법률에 한정하지 않고 성문법원 전체를 통칭하는 것이다.

⑤ 가치관 등의 변천으로 기존 관습법의 효력이 부정되면 그 관습법에 의해 규율되던 영역은 조리에 의하여 보충된다.

---

01 ④ 민법은 사법(私法)이기는 하지만, 그 내용에는 제97조의 벌칙과 같은 공법적인 규정도 포함하고 있다.

02 ⑤ 성문법주의의 단점이다.
③ 성문법주의는 성문법을 1차적 법원으로 인정하는 것일 뿐, 관습법 등 불문법의 법원성을 부정하는 것은 아니다.

03 ④ 성문법주의는 불문법주의보다 사회사정의 변동에 적응하기 어렵다.

04 ② 성문법주의는 성문법을 1차적 법원으로 인정하는 것일 뿐, 관습법 등 불문법의 법원성을 부정하는 것은 아니다. 다만, 판례에 대해 성문법주의를 취하는 대륙법계 국가에서는 일반적으로 법원성을 부정한다.

05 ③ 우리나라에서는 판례를 법원으로 인정하지 않는다(다수설). 따라서 상급심이 행한 법률의 해석은 하급심이 이와 유사한 장래의 다른 사건을 재판함에 있어서 일반적으로 적용이 되지만, 이것은 사실상의 구속력이지 법적인 구속력은 아니다.

Answer   01. ④   02. ⑤   03. ④   04. ②   05. ③

06 민법의 법원(法源)에 관한 설명으로 옳지 않은 것은? (다툼이 있으면 판례에 따름) 2015 기출

① 민사에 관하여 법률에 규정이 없으면 관습법에 의하고 관습법이 없으면 조리에 의한다.

② 헌법에 의하여 체결·공포된 조약이나 일반적으로 승인된 국제법규가 민사에 관한 것이라도 민법의 법원이 될 수 없다.

③ 공동선조와 성과 본을 같이 하는 후손은 성별의 구별 없이 성년이 되면 당연히 종중의 구성원이 된다고 보는 것이 조리에 합당하다.

④ 법령과 같이 효력을 갖는 관습법은 특별한 사정이 없으면 당사자의 주장·증명을 기다릴 필요 없이 법원이 직권으로 이를 확정하여야 한다.

⑤ 헌법을 최상위 규범으로 하는 전체 법질서에 반하는 사회생활규범은 사회의 거듭된 관행으로 생성된 것일지라도 관습법으로서의 효력이 인정될 수 없다.

07 민법의 법원(法源)인 관습법에 관한 설명으로 옳지 않은 것은? (다툼이 있으면 판례에 따름)

2018 기출

① 관습법이란 사회의 거듭된 관행으로 생성된 사회생활규범이 사회의 법적 확신과 인식에 의하여 법적 규범으로 승인·강행되기에 이른 것을 말한다.

② 어떤 관행이 관습법으로 승인된 이상, 사회 구성원들이 그러한 관행의 법적 구속력에 대하여 확신을 갖지 않게 되었더라도 그 관습법은 법규범으로서의 효력에 영향을 받지 않는다.

③ 관습법의 존재는 당사자의 주장·증명이 없어도 법원이 직권으로 이를 확정할 수 있다.

④ 수목의 집단에 대한 공시방법인 명인방법은 판례에 의하여 확인된 관습법이다.

⑤ 관습법은 법령에 저촉되지 아니하는 한 법칙으로서의 효력이 있다.

08 민법의 법원(法源)에 관한 설명으로 옳지 않은 것은? (다툼이 있으면 판례에 따름)

`2019 기출`

① 관습법은 법률에 대하여 열후적·보충적 성격을 가진다.
② 헌법에 의하여 체결·공포된 조약으로서 민사에 관한 것은 민법의 법원이 된다.
③ 관습법은 원칙적으로 당사자의 주장·입증을 기다림이 없이 법원이 직권으로 이를 확정할 수 있다.
④ 민법 제1조 소정의 '법률'은 헌법이 정하는 절차에 따라서 제정·공포되는 형식적 의미의 법률만을 뜻한다.
⑤ 사회의 거듭된 관행으로 생성된 사회생활규범은 전체 법질서에 반하지 않아야 관습법으로서의 효력이 인정될 수 있다.

06 ② 헌법에 의하여 체결·공포된 조약과 일반적으로 승인된 국제법규는 국내법과 같은 효력을 가지므로, 그 내용이 민사에 관한 것일 경우에는 민법의 법원이 될 수 있다.

07 ② 사회의 거듭된 관행으로 생성된 사회생활규범이 관습법으로 승인되었다고 하더라도 사회 구성원들이 그러한 관행의 법적 구속력에 대하여 확신을 갖지 않게 되었다거나, 사회를 지배하는 기본적 이념이나 사회질서의 변화로 인하여 그러한 관습법을 적용하여야 할 시점에 있어서의 전체 법질서에 부합하지 않게 되었다면 그러한 관습법은 법적 규범으로서의 효력이 부정될 수밖에 없다(대판 전합 2005. 7. 21, 2002다1178).
⑤ 관습법은 법령에 저촉되지 않는 한 법칙으로서의 효력이 있는 것이며, 이에 반하여 사실인 관습은 법령으로서의 효력이 없는 단순한 관행으로서 법률행위의 당사자의 의사를 보충함에 그치는 것이다.

08 ④ 민법 제1조의 법률은 형식적 의미의 법률만을 의미하는 것이 아니라 성문법원 전체를 통칭한다.
① 가정의례준칙 제13조의 규정이 있으므로 원심이 인정하는 관습이 관습법이라는 취지라도 관습법의 제정법에 대한 열후적·보충적 성격에 비추어 가정의례준칙에 위배되는 관습법의 효력을 인정하는 것은 관습법의 법원으로서의 효력을 규정한 민법 제1조의 취지에 어긋나는 것이다(대판 1983. 6. 14, 80다3231).
③ 관습법은 당사자의 주장·입증을 기다림이 없이 법원이 이를 직권으로 확정하여야 한다(대판 1983. 6. 14, 80다3231).
⑤ 사회의 거듭된 관행으로 생성한 어떤 사회생활규범이 법적 규범으로 승인되기에 이르렀다고 하기 위한 요건으로는, 관습법은 헌법을 최상위 규범으로 하는 전체 법질서에 반하지 아니하는 것으로서 정당성과 합리성이 있다고 인정될 수 있는 것이어야 하고, 그렇지 아니한 사회생활규범은 비록 그것이 사회의 거듭된 관행으로 생성된 것이라고 할지라도 이를 법적 규범으로 삼아 관습법으로서의 효력을 인정할 수 없다(대판 2005. 7. 21, 2002다1178 전합).

`Answer` 06. ② 07. ② 08. ④

09 관습법과 사실인 관습에 관한 설명으로 옳은 것을 모두 고른 것은? (다툼이 있으면 판례에 따름) 2020 기출

> ㉠ 관습법은 사회의 거듭된 관행으로 생성된 사회생활규범이 법적 확신과 인식에 의하여 법적 규범으로 승인된 것이다.
>
> ㉡ 종래 관습법으로 승인되었더라도 그 관습법을 적용하여야 할 시점에서 전체 법질서에 부합하지 않게 되었다면 법적 규범으로서의 효력이 부정된다.
>
> ㉢ 사실인 관습은 법령으로서의 효력이 없는 단순한 관행으로서 당사자의 의사를 보충하는 데 그친다.

① ㉠   ② ㉠, ㉡   ③ ㉠, ㉢

④ ㉡, ㉢   ⑤ ㉠, ㉡, ㉢

10 민법의 법원(法源)에 관한 설명으로 가장 옳지 않은 것은?

① 민법 제1조에 따르면, 관습법은 법률에 대하여 보충적인 효력을 갖는다.

② 민사문제에 관하여 법률, 관습법, 조리의 순서로 재판의 준칙이 된다.

③ 여기에서 법률은 국회에서 통과된 성문의 법률만을 의미한다.

④ 관습법은 법원이 그 존재의 여부를 직권으로 조사하여 적용한다.

⑤ 판례는, 관습법은 법원으로서 법령과 같은 효력을 갖는 관습으로 법령에 저촉되지 않는 한 법칙으로서의 효력이 있으나, 사실인 관습은 법령으로서의 효력이 없는 단순한 관행으로서 법률행위의 당사자의 의사를 보충함에 그친다고 하여 양자를 개념상 구별하고 있다.

11 민법의 법원(法源)에 관한 설명으로 옳은 것은? (다툼이 있으면 판례에 의함)

① 대통령의 긴급명령이 민사에 관한 것이면 민법의 법원이 될 수 있다.

② 국제조약이나 일반적으로 승인된 국제법규는 민사에 관한 것이라도 민법의 법원이 될 수 없다.

③ 대법원규칙은 민사에 관한 것이라도 민법의 법원이 될 수 없다.

④ 헌법재판소의 결정은 민사에 관한 것이라도 민법의 법원이 될 수 없다.

⑤ 관습법도 민법의 법원이며, 판례가 인정한 관습법상의 권리로 분묘기지권, 관습상의 법정지상권, 온천권을 들 수 있다.

12 민법의 법원(法源)에 관한 설명으로 옳지 않은 것은? (다툼이 있으면 판례에 따름) 2022 기출

① 헌법에 의하여 체결·공포된 민사에 관한 조약은 민법의 법원(法源)이 될 수 있다.

② 관습법은 헌법재판소의 위헌법률심판의 대상이 아니다.

③ 관습법의 존재는 특별한 사정이 없으면 당사자의 주장·증명을 기다릴 필요 없이 법원이 직권으로 확정하여야 한다.

④ 사실인 관습은 법원(法源)으로서 법령에 저촉되지 않는 한 법칙으로서의 효력이 있다.

⑤ 공동선조와 성과 본을 같이 하는 후손은 성별의 구별 없이 성년이 되면 당연히 종중의 구성원이 된다고 보는 것이 조리에 합당하다.

---

09 ㉠, ㉡ [1] 관습법이란 사회의 거듭된 관행으로 생성한 사회생활규범이 사회의 법적 확신과 인식에 의하여 법적 규범으로 승인·강행되기에 이른 것을 말하고… [2] 사회의 거듭된 관행으로 생성된 사회생활규범이 관습법으로 승인되었다고 하더라도 사회 구성원들이 그러한 관행의 법적 구속력에 대하여 확신을 갖지 않게 되었다거나, 사회를 지배하는 기본적 이념이나 사회질서의 변화로 인하여 그러한 관습법을 적용하여야 할 시점에 있어서의 전체 법질서에 부합하지 않게 되었다면 그러한 관습법은 법적 규범으로서의 효력이 부정될 수밖에 없다(대판 2005. 7. 21, 2002다1178).
  ㉢ 제106조의 사실인 관습은 사적 자치가 인정되는 분야에서 법률행위의 해석기준이나 당사자의 의사를 보충하는 것으로서, 그 존재는 당사자가 주장·입증하여야 한다(대판 1983. 6. 14, 80다3231).

10 ③ 민법 제1조에서의 성문법은 형식적 의미의 법률에 한정하지 않고 넓은 의미의 법률, 즉 성문화된 명령, 규칙, 자치법규, 국제법 등을 통칭한다.

11 ①, ②, ③ 민법 제1조에서의 법률은 형식적 의의의 법률에 한정하지 않고 넓은 의미의 법, 즉 법규명령, 자치법규, 조약 등을 통칭한다.
  ④ 헌법재판소의 결정은 법원 기타 국가기관과 지방자치단체를 기속하므로(헌법재판소법 제47조, 제67조, 제75조), 그 결정내용이 민사에 관한 것이면 민법의 법원이 된다.
  ⑤ 판례는 온천권을 관습법상 물권으로 인정하지 않는다.

12 ② 이 사건 관습법은 실질적으로는 법률과 같은 효력을 갖는 것이므로 위헌법률심판의 대상이 된다(헌재 2013. 2. 28, 2009헌바129). → 복수정답 인정
  ④ 사실인 관습은 법령으로서의 효력이 없는 단순한 관행으로서 법률행위의 당사자의 의사를 보충함에 그치는 것이다.

Answer

09. ⑤   10. ③   11. ①   12. ②, ④

13 다음 중 판례에 의해서 확인된 관습법이나 관습법상의 제도가 아닌 것은?

① 분묘기지권   ② 지역권

③ 명인방법   ④ 동산의 양도담보

⑤ 관습법상의 법정지상권

14 다음 중 관습법에 대한 설명으로 옳지 않은 것은?

① 관습법은 법원의 판결에 의하여 그 존재가 확인되므로 관습법의 성립시기는 법원의 판결에서 관습법의 존재를 인정하는 때에 관습법으로 성립한다는 것이 통설이다.

② 헌법재판소의 결정은 법원 기타 국가기관과 지방자치단체를 기속하므로, 그 결정내용이 민사에 관한 것이면, 민법의 법원이 될 수 있다.

③ 성문법과 관습법의 효력상 우열에 관하여 변경적 효력설을 취하는 경우, 기존의 성문법과 다른 관습법이 성립한 경우에 양자 사이의 효력의 우열은 "신법은 구법에 우선한다."라는 원칙에 따라 결정된다.

④ 기존의 관습법이 사회를 지배하는 기본적 이념이나 사회질서의 변화로 인하여 그 관습법을 적용하여야 할 시점에서 전체 법질서에 부합하지 않게 되었다면, 그 관습법은 법적 규범으로서의 효력이 부정된다.

⑤ 판례는, 관습법은 법원으로서 법령과 같은 효력을 갖는 관습으로 법령에 저촉되지 않는 한 법칙으로서의 효력이 있으나, 사실인 관습은 법령으로서의 효력이 없는 단순한 관행으로서 법률행위의 당사자의 의사를 보충함에 그친다고 하여 양자를 개념상 구별하고 있다.

15 관습법에 관한 다음 설명 중 옳지 않은 것은?

① 상사(商事)에 관하여는 상관습법이 민법에 우선한다.

② 관습법은 법원으로서 법령에 저촉되지 아니하는 한 법칙으로서의 효력이 있다.

③ 관습법으로 인정되기 위해서는 사회생활규범이 헌법을 최상위규범으로 하는 전체 법질서에 반하지 아니한 것으로서 정당성과 합리성이 있어야 한다.

④ 관습법은 그 존재를 당사자가 주장·입증하여야 한다.

⑤ 동산의 양도담보는 판례에 의하여 확인된 관습법의 전형이다.

16 관습법과 사실인 관습에 관한 설명으로 옳지 않은 것은? (다툼이 있는 경우에는 판례에 의함) 2014 기출

① 관습법은 헌법을 최상위규범으로 하는 전체 법질서에 반하지 않고 정당성과 합리성이 있어야 한다.

② 관습법은 바로 법원(法源)으로서 법령과 같은 효력을 갖는 관습이므로 법령에 저촉하는 관습법도 법칙으로서 효력이 있다.

③ 사실인 관습은 사회의 관행에 의하여 발생한 사회생활규범인 점에서 관습법과 같다.

④ 사실인 관습은 단순한 관행으로서 법률행위 당사자의 의사를 보충한다.

⑤ 관습법도 사회 구성원이 그러한 관행의 법적 구속력에 대하여 확신을 갖지 않게 된 경우 그 법적 규범으로서 효력을 잃는다.

17 관습법과 사실인 관습에 관한 설명으로 옳지 않은 것은? (다툼이 있으면 판례에 따름) 2017 기출

① 관습법은 성문법에 대하여 보충적 효력을 가진다.

② 관습법이 성립하기 위해서는 사회 구성원의 법적 확신과 인식이 있어야 한다.

③ 사실인 관습은 법원(法源)으로서의 효력이 인정된다.

④ 사실인 관습은 그 존재를 당사자가 주장·증명하여야 한다.

⑤ 사실인 관습은 당사자의 의사가 명확하지 아니한 때에 그 의사를 보충함에 그친다.

---

13 ② 지역권은 우리 민법이 명문으로 인정하고 있는 물권이다.

14 ① 관습법은 법원의 판결에 의하여 그 존재가 확인되지만, 성립시기는 그 관습이 법적 확신을 얻은 때로 소급한다(통설).

15 ④ 관습법은 당사자의 주장·입증을 기다림이 없이 법원이 직권으로 이를 확정하여야 한다(대판 80다3231).

16 ② 관습법은 바로 법원으로서 법령과 같은 효력을 갖는 관습이므로 법령에 저촉되지 않는 한 법칙으로서의 효력이 있는 것이며, 이에 반하여 사실인 관습은 법령으로서의 효력이 없는 단순한 관행으로서 법률행위 당사자의 의사를 보충함에 그치는 것이다(대판 80다3231).

17 ③ 사실인 관습은 법령으로서의 효력이 없는 단순한 관행으로서 법률행위의 당사자의 의사를 보충함에 그치는 것이다(대판 1983. 6. 14, 80다3231).

Answer
13. ②   14. ①   15. ④   16. ②   17. ③

제3절 | 민법의 기본원리

18 다음 중 근대민법의 3대 원칙에 해당되지 않는 것은?

① 권리남용금지의 원칙 　　　　　② 과실책임의 원칙

③ 사유재산권 존중의 원칙 　　　　④ 사적자치의 원칙

⑤ 소유권 절대의 원칙

제4절 | 민법의 효력 및 해석

19 민법의 효력이 미치는 범위에 관하여 틀린 것은?

① 민법은 특별한 규정이 있는 경우 외에는 민법 시행일 전의 사항에 대하여도 이를 적용한다.

② 민법은 이미 구법에 의하여 생긴 효력에 영향을 미치지 아니한다.

③ 민법은 모든 한국인에게 적용되는 것이 아니라 한국인이라도 외국에 거주하면 그 효력이 미치지 않는 것이 원칙이다.

④ 민법은 우리나라의 영토고권의 효과로서 대한민국의 영토 안에 있는 모든 사람에게 적용되는 것이 원칙이다.

⑤ 민법은 성별·종교·사회적 신분 등의 구별에 의하여 그 적용이 제한되지 아니하는 것이 원칙이다.

20 민법 제98조는 본법에서 물건이라 함은 유체물 및 전기 기타 관리할 수 있는 자연력을 말한다고 규정하고 있다. 이 조항에서의 물건의 해석은?

① 유추해석 　　　　　　　　　　② 반대해석

③ 유권해석 　　　　　　　　　　④ 목적론적 해석

⑤ 학리해석

21 **다음 민법의 해석에 관한 설명 중 틀린 것은?**

① '준용'은 법해석의 한 방법이며, '유추'는 입법기술상의 한 방법이므로 양자는 같지 않다.

② '제3자'란 당사자 이외의 모든 자를 가리키나, 때로는 그 범위가 제한된다.

③ '대항하지 못한다'라는 뜻은 법률행위의 제3자가 법률행위의 효력을 인정하는 것은 상관없다는 것이다.

④ '선의'라 함은 어떤 사정을 알지 못하는 것이고, '악의'는 이를 알고 있는 것이다.

⑤ '추정'은 반대의 증거가 제출되면 법규의 적용을 면할 수 있지만, '간주'는 반대의 증거 제출을 허용치 않고 법률이 정한 효력을 당연히 생기게 하는 것이다.

---

18 ① 근대민법의 3대 원칙은 소유권 절대의 원칙(사유재산권 존중의 원칙), 사적자치의 원칙(계약자유의 원칙), 과실책임의 원칙(자기책임의 원칙)이다.

19 ③ 민법은 속인주의에 따라 대한민국의 모든 국민에게 미친다.

20 ③ 민법 제98조와 같이 법률의 의미를 다시 법률로 정하는 것을 유권해석(입법해석)이라 한다.

21 ① '준용'은 입법기술상의 한 방법이며, '유추'는 법해석의 한 방법이다.

Answer

18. ①　　19. ③　　20. ③　　21. ①

02 권리

제1절 민법의 법률관계와 권리 · 의무

01 다음 중 틀린 것은? (다툼이 있으면 판례에 의함)

① 호의관계는 무상행위이나, 모든 무상행위가 호의관계인 것은 아니다.

② 호의관계가 법률관계로 인정되기 위해서는 법적 구속의사가 있어야 한다.

③ 호의관계에서는 이행청구권이나 채무불이행으로 인한 손해배상청구권이 발생하지 않는다.

④ 호의동승 그 자체는 법률관계가 아니나 호의동승 중 교통사고가 발생하여 동승자가 피해를 입은 경우에는 법률관계가 발생하며, 이때 호의성을 고려하여 당연히 가해자의 배상액을 경감해야 한다.

⑤ 판례는 호의관계에서 배상액을 경감하는 경우에 그 근거를 신의칙에 두고 있다.

02 차량의 운행자가 아무런 대가를 받지 아니하고 동승자의 편의와 이익을 위하여 동승을 허락하고, 동승자도 그 자신의 편의와 이익을 위하여 그 제공을 받은 경우의 법률관계에 관한 설명으로 옳지 않은 것은?

① 호의관계에서는 이행청구권이나 채무불이행으로 인한 손해배상청구권이 발생하지 않는다.

② 호의관계에서도 불법행위로 인한 손해배상청구권이 발생할 수 있다.

③ 호의로 타인을 동승시킨 운전자가 과실로 교통사고를 일으켜 동승자가 다친 경우에는 동승자는 운전자에 대하여 손해배상을 청구할 수 있다.

④ 동승자와 운행자의 인적 관계나 동승을 요구한 목적과 적극성 등 여러 사정을 참조하여 가해자에게 일반 교통사고와 비교하여 불합리하다고 인정될 때에는 신의칙에 의하여 그 배상액을 감경할 수 있다.

⑤ 동승자가 사고차량에 단순히 호의로 동승하였다는 사실만 가지고도 이를 배상액 감경 사유로 삼을 수 있다.

03 다음 중 권리인 것은?

① 대리권   ② 대표권   ③ 사용·수익권

④ 처분권   ⑤ 사원권

04 권리에 대한 설명 중 틀린 것은?

① 청구권은 특정인이 다른 특정인에게 일정한 행위를 요구할 수 있는 권리로서 물권, 가족권 등으로부터도 발생한다.

② 형성권은 권리자의 일방적 의사표시로 법률관계를 변동시킬 수 있는 권리로서 이에 속하는 상계권, 해제권, 채권자취소권은 재판상 행사하여야 한다.

③ 항변권은 상대방의 청구권행사에 대하여 일시적 또는 영구적으로 작용을 저지할 수 있는 권리이다.

④ 제3자가 지배권을 침해한 때에는 원칙적으로 불법행위가 성립하며 지배권자는 침해행위의 배제를 청구할 수 있다.

⑤ 일신전속권에는 특정인에게만 귀속되어야 하는 귀속상의 일신전속권과 권리자 자신이 행사하여야 하는 행사상의 일신전속권이 있다.

---

01 ④ 판례는 가해자에게 일반 교통사고와 동일한 책임을 지우는 것이 신의칙이나 형평의 원칙으로 보아 매우 불합리하다고 인정될 때에는 그 배상액을 경감할 수 있으나, 사고 차량에 단순히 호의로 동승하였다는 사실만 가지고 바로 이를 배상액 경감사유로 삼을 수 있는 것은 아니라고 한다.

02 ⑤ 차량의 운행자가 아무런 대가를 받지 아니하고 동승자의 편의와 이익을 위하여 동승을 허락하고 동승자도 그 자신의 편의와 이익을 위하여 그 제공을 받은 경우 그 운행 목적, 동승자와 운행자의 인적 관계, 그가 차에 동승한 경위, 특히 동승을 요구한 목적과 적극성 등 여러 사정에 비추어 가해자에게 일반 교통사고와 동일한 책임을 지우는 것이 신의칙이. 형평의 원칙으로 보아 매우 불합리하다고 인정될 때에는 그 배상액을 경감할 수 있으나, 사고차량에 단순히 호의로 동승하였다는 사실만 가지고 바로 이를 배상액 경감사유로 삼을 수 있는 것은 아니다(대판 98다53141).

03 ⑤ 사원권은 단체의 구성원이 단체에 대하여 가지는 권리를 말한다.
①, ② 대리권·대표권은 권한이다.
③, ④ 사용권·수익권·처분권은 권능이다.

04 ② 형성권은 권리자의 일방적 의사표시로 법률관계를 변동시킬 수 있는 권리이다. 이러한 형성권은 권리자의 일방적 의사표시만으로 행사할 수 있는 경우와 반드시 재판상 행사하여야 하는 경우가 있다. 상계권, 해제권, 해지권, 취소권 등은 권리자의 일방적 의사표시만으로 행사할 수 있으며, 혼인취소권, 채권자취소권 등은 재판상 행사하여야 한다.

Answer

01. ④   02. ⑤   03. ⑤   04. ②

05 다음 중 권리가 아닌 것은?

① 인격권
② 대리권
③ 가족권
④ 취소권
⑤ 사원권

06 권리에 관한 설명으로 틀린 것은?

① 인격권의 침해가 있으면 불법행위로 인한 손해배상청구권이 인정되지만, 이러한 사후 구제만으로는 피해의 완전한 회복이 어려운 점에서, 판례는 사전적 구제수단으로 침해행위의 금지청구권을 인정한다.
② 절대권은 특정의 상대방이라는 것이 없고 모든 사람에게 주장할 수 있는 권리로서, 지배권이 이에 속한다.
③ 항변권은 청구권의 행사에 대하여 그 청구에 응해서 급부를 거절할 수 있는 권리로서, 타인의 청구권 자체를 소멸시킬 수 있다.
④ 형성권은 권리자의 일방적 의사표시에 의해서 법률관계를 변동시키는 권리로서, 법원의 확정판결에 의해 행사하는 경우도 있다.
⑤ 공유물분할청구권은 형성권에 속한다.

07 다음 중 권리행사를 반드시 재판상 행사하여야 하는 것은?

① 채권자취소권
② 채권자대위권
③ 매매의 예약완결권
④ 약혼해제권
⑤ 상속포기권

08 권리의 분류와 그 예시로 옳지 않은 것은? (다툼이 있으면 판례에 의함)

① 청구권 - 상속회복청구권, 임차인의 부속물매수청구권
② 항변권 - 동시이행의 항변권, 상속인의 한정승인
③ 형성권 - 해제권, 취소권
④ 지배권 - 지상권, 인격권
⑤ 사원권 - 결의권, 소수사원권

09 다음 권리 중 그 실질이 청구권인 것은?

① 부당이득반환청구권 　　　② 공유물분할청구권
③ 지료증감청구권　　　　　　④ 지상권소멸청구권
⑤ 지상물매수청구권

10 다음 중 형성권이 아닌 것은? 2021 기출

① 물권적 청구권　　　　　　② 취소권
③ 추인권　　　　　　　　　　④ 동의권
⑤ 계약해지권

11 형성권에 관한 설명으로 옳지 않은 것은? (다툼이 있으면 판례에 의함)

① 채권자취소권은 반드시 재판상으로만 행사해야 하는 형성권이다.
② 계약의 해제권은 형성권이 아니다.
③ 형성권의 행사로 법률관계를 변경시킬 수 있다.
④ 민법전에 청구권으로 표기된 권리 중에는 그 본질이 형성권인 것도 있다.
⑤ 건물소유목적의 토지임대차기간이 만료된 경우, 임차인이 행사하는 임대차계약의 갱신청구권은 형성권이 아니다.

05 ② 대리권은 타인을 위하여 그자에 대하여 일정한 법률효과를 발생하게 하는 능력 내지 자격으로, 권리가 아니라 권한이다.

06 ③ 항변권은 상대방 청구권의 존재를 전제로 하여, 일정한 사유를 들어 그 급부를 거절할 수 있는 권리이다.

07 ① 채무자가 채권자를 해함을 알고 재산권을 목적으로 한 법률행위를 한 때에는 채권자는 그 취소 및 원상회복을 법원에 청구할 수 있다(제406조 제1항 본문). 즉 채권자취소권은 재판상 행사해야 하는 형성권이다.

08 ① 임차인의 부속물매수청구권은 형성권에 속한다.

09 청구권으로 부르나 실질은 형성권인 것으로 공유물분할청구권(제268조), 지상권자의 지상물매수청구권(제283조), 지료증감청구권(제286조), 지상권설정자의 지상권소멸청구권(제287조), 전세권설정자의 전세권소멸청구권(제311조), 부속물매수청구권(제316조), 매매대금감액청구권(제572조), 임차인・전차인의 매수청구권(제642조 이하)이 있다.

10 ① 물권적 청구권은 청구권에 속한다.
②, ③, ④, ⑤는 모두 권리자의 의사표시만으로 효과가 발생하는 형성권에 속한다.

11 ② 계약의 해제권은 해제권자의 일방적 의사표시만으로 그 효과가 발생하는 형성권이다.

Answer　05. ②　　06. ③　　07. ①　　08. ①　　09. ①　　10. ①　　11. ②

12 형성권의 행사에 해당하는 것을 모두 고른 것은? 2018 기출

> ㉠ 무권대리행위에 대한 본인의 추인
> ㉡ 미성년자의 법률행위에 대한 법정대리인의 취소
> ㉢ 상계적상에 있는 채무의 대등액에 관한 채무자 일방의 상계
> ㉣ 채무불이행을 원인으로 한 계약의 해제

① ㉠, ㉢   ② ㉡, ㉣

③ ㉠, ㉡, ㉢   ④ ㉡, ㉢, ㉣

⑤ ㉠, ㉡, ㉢, ㉣

13 다음 중 甲의 의사표시만으로써 효과가 발생하는 경우가 아닌 것은?

① 甲에게 1천만 원의 차용채무를 지고 있는 乙이 그의 유일한 재산을 丙에게 증여하여 甲이 이를 취소하는 경우

② 미성년자인 乙이 친권자 甲의 동의 없이 오토바이 매매계약을 체결하여 甲이 이를 취소하는 경우

③ 甲이 乙에게 자신의 땅을 1억 원에 매도하는 계약을 체결하면서 계약금으로 1천만 원을 받은 후, 며칠 뒤 계약금의 배액을 상환하며 해제하는 경우

④ 甲이 자신의 父인 乙의 재산에 대한 상속을 포기하는 경우

⑤ 친권자 甲이 미성년자 乙의 정수기 구입에 동의하는 경우

14 권리자의 일방적 의사표시로 법률관계의 변동을 일으키는 권리가 아닌 것은?

① 공유자의 공유물분할청구권

② 지상권자의 지료증감청구권

③ 지상권설정자의 지상물매수청구권

④ 건물임차인의 부속물매수청구권

⑤ 부동산공사수급인의 저당권설정청구권

15 다음 중 권리자의 일방적인 의사표시만으로 효과가 발생하는 것은 모두 몇 개인가?

> ㉠ 제한능력자 상대방의 철회권 ㉡ 법정대리인의 동의권
> ㉢ 취소권 ㉣ 재판상 이혼권
> ㉤ 채권자취소권

① 1개   ② 2개   ③ 3개
④ 4개   ⑤ 5개

16 다음 중 연기적 항변권에 속하지 아니하는 것은?

① 상속의 한정승인
② 동시이행의 항변
③ 기한미도래의 항변
④ 보증인의 최고·검색의 항변
⑤ 조건불성취의 항변

---

12 ⑤ 무권대리의 추인권, 법률행위의 취소권, 상계권, 계약의 해제권 모두 형성권에 속한다.

13 ① 채무자가 채권자를 해함을 알고 재산권을 목적으로 한 법률행위를 한 때에는 채권자는 그 취소 및 원상회복을 법원에 청구할 수 있다(제406조). 즉 채권자취소권은 재판상으로 행사하여야 한다.

14 ⑤ 저당권설정청구권은 청구권이며, 나머지는 형성권에 속한다.

15 ③ 채권자취소권, 재판상 이혼권은 재판상으로 권리를 행사하는 형성권에 속한다.

16 ① 상속의 한정승인은 상대방의 청구권 행사에 대하여 영구적으로 작용을 저지할 수 있는 영구적 항변권에 속한다.

Answer   12. ⑤   13. ①   14. ⑤   15. ③   16. ①

17 항변권에 관한 다음 설명 중 틀린 것은?

① 항변권은 상대방의 청구권 행사에 대하여 그 작용을 저지하는 효력을 가진다.

② 시효소멸의 항변권도 연기적 항변권이다.

③ 동시이행의 항변권은 연기적 항변권의 하나이다.

④ 우리 민법에서도 영구적 항변권이 인정되고 있다.

⑤ 상속의 한정승인은 영구적 항변권이다.

18 권리의 내용 및 효력에 관한 설명으로 옳은 것은?

① 채권 상호 간에는 먼저 성립한 채권이 항상 우선한다.

② 채권과 물권 상호 간에는 항상 채권이 우선한다.

③ 물권 상호 간에는 권리자 평등의 원칙이 적용된다.

④ 조건부 법률행위에서 발생하는 권리는 기대권의 성질을 갖는다.

⑤ 소유권과 제한물권 사이에서는 소유권의 성질상 소유권이 우선한다.

19 다음 기술 중 옳지 않은 것은?

① 권리의 경합이란 하나의 생활사실이 수개의 법규의 요건을 충족하여 그 결과 동일한 목적과 결과를 가져오는 수개의 권리가 동일한 권리자에게 귀속하는 경우를 말한다.

② 권리의 경합의 경우 하나의 권리를 행사하여 목적을 달성하면 나머지 권리는 소멸한다.

③ 동일 목적물 위에 지상권이 두 개 존재할 수 없지만, 동일 목적물 위에 두 개 이상의 저당권이 존재할 수 있다.

④ 토지에 대하여 지상권과 사용대차권이 충돌하는 경우 권리 성립의 선후에 관계없이 지상권이 우선한다.

⑤ 소유권과 제한물권이 충돌하는 경우에는 원칙적으로 소유권이 우선한다.

20 **권리의 충돌과 경합에 관한 다음 설명 중 옳지 않은 것은?**

① 권리의 경합이나 법조경합은 모두 여러 개의 권리가 발생한다는 점에서 같다.

② 전세목적물이 전세권자의 고의로 멸실된 경우에 소유자인 전세권설정자는 전세권자에게 채무불이행에 기한 손해배상청구권과 불법행위에 기한 손해배상청구권을 가지며, 양자는 청구권 경합의 관계에 있다.

③ 법률에 달리 정함이 없는 한, 수개의 채권은 그 발생원인·발생시기·채권액에 상관없이 순위에 우열이 없다.

④ 물권과 채권이 충돌할 경우에는 원칙적으로 물권이 우선하지만, 부동산임차권을 등기하면 임차인은 그 이후에 성립하는 물권자에게 대항할 수 있다.

⑤ 동일물 위에 성립하는 동종의 제한물권 상호 간에는 먼저 성립한 권리가 우선한다.

---

17 ② 시효소멸의 항변권은 영구적 항변권이다.

18 ① 동일한 채무자에 대하여 수개의 채권이 충돌하는 경우에는, 채권자 평등주의에 따라 어느 채권자도 우선적으로 변제받을 수 없는 것이 원칙이다. 즉 채권 성립의 선후는 문제되지 않는다. 다만, 이 원칙이 그대로 지켜지는 것은 채무자가 파산한 경우나 경매에서 배당에 참가한 채권자 상호 간이다. 그 밖의 경우에는 선행주의에 따라 채무자로부터 먼저 변제받은 자가 만족을 얻게 된다.
② 물권과 채권이 충돌하는 경우에는 원칙적으로 권리 성립의 선후에 관계없이 물권이 우선한다.
③, ⑤ 소유권과 제한물권이 충돌하는 경우에는 그 성질상 제한물권이 우선하고, 동일물 위에 성립하는 제한물권 상호 간에는 먼저 성립한 권리가 후에 성립한 권리에 우선한다.

19 ⑤ 소유권과 제한물권이 병존하는 경우는 소유권은 제한물권에 의해 제한을 받으므로 결국 제한물권이 소유권에 우선한다. 예컨대 지상권이 설정되면 지상권의 존속기간 내에는 지상권자가 그 목적물을 사용한다.

20 ① 권리의 경합은 수개의 권리가 동일인에게 발생하는 경우인 반면에, 법조경합은 한 법규가 다른 법규를 배제하고 우선 적용되어 하나의 권리만 발생한다.

Answer

17. ②   18. ④   19. ⑤   20. ①

제2절 | 신의성실의 원칙과 권리남용금지의 원칙

21 민법 제2조는 신의성실의 원칙과 권리남용금지의 원칙을 규정하고 있다. 다음 설명 중 옳지 않은 것은?

① 신의칙은 급부의무 또는 명시적으로 규정되어 있는 종된 의무를 확장하여 부수의무를 발생시킨다.

② 신의성실의 원칙은 주로 채권법 영역에서, 권리남용금지의 원칙은 주로 소유권을 중심으로 한 물권법 영역에서 발달된 원칙이다.

③ 신의성실의 원칙이 추구하는 이념은 법적 안정성에 있다.

④ 신의성실원칙의 위반 또는 권리남용은 당사자의 주장이 없더라도 직권으로 판단할 수 있다.

⑤ 제한능력자제도는 신의칙에 우선한다.

22 다음 권리 중 남용한 경우 그것을 박탈하는 명문의 규정이 있는 경우는?

① 지상권   ② 부권

③ 호주권   ④ 친권

⑤ 손해배상청구권

23 신의성실의 원칙에 관한 설명으로 옳지 않은 것은? (다툼이 있으면 판례에 의함)

① 권리행사와 의무이행이 신의칙에 반하는 것은 당사자의 주장이 없더라도 법원이 직권으로 판단할 수 있다.

② 본인을 상속한 무권대리인이 본인의 지위에서 무권대리의 추인을 거절하는 것은 신의칙상 허용되지 않는다.

③ 아파트 분양자는 아파트단지 인근에 공동묘지가 조성되어 있는 사실을 수분양자에게 고지할 신의칙상의 의무를 부담한다.

④ 법정대리인의 동의 없이 신용구매계약을 체결한 미성년자가 나중에 법정대리인의 동의 없음을 이유로 이를 취소하는 것은 신의칙에 반한다.

⑤ 강행규정에 위반하는 계약임을 알면서도 이를 체결한 자가 나중에 그 강행규정 위반을 이유로 당해 계약의 무효를 주장하는 것은 원칙적으로 신의칙 위반이 아니다.

24 신의성실의 원칙 내지 그 파생원칙의 적용에 관한 판례의 입장과 다른 것은?

① 근로자가 아무런 이의 없이 퇴직금을 수령하고 의원면직일로부터 5년이 경과하였다고 하더라도 사직원의 작성과 제출이 자신의 형(兄)에 의하여 이루어졌다면 의원면직의 무효를 주장할 수 있다.

② 매매계약체결 후 9년이 지났고 시가가 올랐다는 사정만으로 계약을 해제할 만한 사정변경이 있다고 볼 수 없고, 매수인의 소유권이전등기청구가 신의칙에 위배된다고 할 수 없다.

③ 병원은 입원하여 치료를 받는 환자의 휴대폰 등의 도난방지에 필요한 적절한 조치를 강구해 줄 신의칙상의 보호의무를 부담한다.

④ 자신이 연대보증하여야 할 것을 타인에게 부탁하여 그 타인이 대신 연대보증인이 된 경우, 자기가 그 연대보증채무를 변제하고서 그 타인에 대하여 구상권을 행사하는 것은 신의칙에 반한다.

⑤ 자기 소유의 대지상에 자신의 친딸에게 건물을 신축하도록 승낙한 자가 그 건물이 친딸의 채권자에 의한 경매신청에 따라 경락되자 경락인에 대하여 그 철거를 구하는 것은 신의성실의 원칙에 반한다.

---

21 ③ 신의칙은 구체적 타당성을 실현하는 기능을 가진다.

22 권리를 남용한 경우에는 일반적으로 권리의 행사만을 금지할 뿐 권리 자체를 박탈하지는 않으나, 명문의 규정이 있는 경우(제924조 친권의 상실선고)에는 권리가 박탈된다.

23 ④ 제한능력을 이유로 취소하는 것은 신의칙에 반하지 않는다(판례).

24 ① 사용자로부터 해고된 근로자가 퇴직금 등을 수령하면서 아무런 이의의 유보나 조건을 제기하지 않았다면 해고의 효력을 인정하지 아니하고 이를 다투고 있었다고 볼 수 있는 객관적인 사정이 있다거나 그 외에 상당한 이유가 있는 상황하에서 이를 수령하는 등의 특별한 사정이 없는 한 그 해고의 효력을 인정하였다고 할 것이고, 따라서 그로부터 오랜 기간이 지난 후에 그 해고의 효력을 다투는 소를 제기하는 것은 신의칙이나 금반언의 원칙에 위배되어 허용될 수 없다(판례).

Answer   21. ③   22. ④   23. ④   24. ①

25 사정변경의 원칙에 관한 설명으로 옳은 것은? (다툼이 있으면 판례에 의함)

① 민법에는 사정변경의 원칙에 입각한 일반규정과 개별규정이 없다.

② 계약당사자 일방의 책임 있는 사유로 인해 현저한 사정변경이 초래된 경우, 그 당사자는 사정변경을 이유로 계약을 해제할 수 있다.

③ 사정변경으로 인한 계약해제에 있어서 사정이라 함은 계약의 기초가 되었던 객관적인 사정 및 당사자의 주관적 또는 개인적인 사정을 포함하는 것이다.

④ 이사로 재직 중 채무액과 변제기가 특정되어 있는 회사의 확정채무에 대하여 보증을 한 후 이사직을 사임한 자는 사정변경을 이유로 그 보증계약을 해지할 수 있다.

⑤ 현저하게 변경된 사정이 계약 성립 당시에 당사자가 예견할 수 있었던 것이라면 그 당사자는 계약을 해제할 수 없다.

26 신의성실의 원칙과 권리남용금지의 원칙에 관한 판례의 태도와 다른 것은?

① 소멸시효 완성 전에 채무자가 채권자에게 시효중단조치가 불필요하다고 믿게 하는 행동을 하였고 채권자도 이를 신뢰하였다면 채무자는 소멸시효의 완성을 주장할 수 없다.

② 강행법규에 위반한 자가 스스로 그 약정의 무효를 주장하는 것은 신의칙에 위반되는 권리의 행사로서 허용되지 아니한다.

③ 지방자치단체로부터 매수한 토지가 공공공지에 편입되어 매수인이 주관적으로 의도한 건축이 불가능하게 되었다면 매매계약을 해제할 만한 사정변경에 해당하지 않는다.

④ 채권자가 주채무자인 회사의 다른 주주들이나 임원들에 대하여는 회사의 채무에 대하여 연대보증을 요구하지 아니하였고, 오로지 대표이사의 처이고 회사의 감사라는 지위에 있었다는 이유만으로 그 회사의 주주도 아닌 자에게만 연대보증을 요구하여 그가 연대보증을 한 경우라도 그 연대보증계약은 신의성실의 원칙에 반하지 않는다.

⑤ 종전 토지소유자가 자신의 권리를 행사하지 않았다는 사정은 그 토지의 소유권을 적법하게 취득한 새로운 권리자에게 실효의 원칙을 적용함에 있어서 고려하지 않는다.

27 **신의성실의 원칙에 관한 다음 설명 중 틀린 것은?**

① 신의칙은 이미 발생한 의무의 이행에 관여할 뿐, 새로운 의무의 발생근거가 되지 못한다.

② 상대방의 계약해제 의사표시에 의하여 계약이 해제되었음에도 다시 상대방이 계약이 존속함을 전제로 계약상 의무의 이행을 구하는 경우 계약을 위반한 당사자도 당해 계약이 상대방의 해제로 소멸되었음을 들어 그 이행을 거절할 수 있는 것이고, 다른 특별한 사정이 없는 한 그러한 주장은 신의칙에 위반되지 않는다.

③ 증권거래법 위반에 의하여 무효인 수익보장약정을 고객과 체결한 투자신탁회사가 그 약정의 무효를 주장하는 것은 신의칙에 반하지 않는다.

④ 채무자의 소멸시효에 기한 항변권의 행사에도 신의성실의 원칙의 지배를 받는다.

⑤ 신의칙에 반하는 것은 강행규정에 위배되는 것이므로 법원이 직권으로 판단할 수 있다.

---

25 ① 일반규정은 없으나 개별규정은 다수 존재한다.
② 사정변경으로 인한 계약해제는 그러한 사정의 변경이 해제권을 취득하는 당사자에게 책임 없는 사유로 생긴 것이어야 한다.
③ 여기에서 말하는 사정이라 함은 계약의 기초가 되었던 객관적인 사정으로서, 일방당사자의 주관적 또는 개인적인 사정을 의미하는 것은 아니다.
④ 회사의 확정채무에 대하여 보증을 한 후 이사직을 사임하였다 하더라도, 사정변경을 이유로 보증계약을 해지할 수 없다.

26 ② 법령에 위반되어 무효임을 알고서도 그 법률행위를 한 자가 강행법규 위반을 이유로 무효를 주장한다 하여 신의칙 또는 금반언의 원칙에 반하거나 권리남용에 해당한다고 볼 수는 없다(대판 2003다19961).

27 ① 신의칙은 권리와 의무의 내용을 보다 구체적으로 정하는 법 구체화 기능을 수행하며, 계약상 부수적 의무를 발생시키기도 한다.

Answer

25. ⑤ 26. ② 27. ①

28 신의성실의 원칙에 관한 다음 설명 중 틀린 것은?

① 취득시효완성 후에 그 사실을 모르고 당해 토지에 관하여 어떠한 권리도 주장하지 않기로 하였다 하더라도 이에 반하여 시효주장을 하는 것은 특별한 사정이 없는 한 신의칙상 허용되지 않는다.

② 약관상 매매계약 해제 시 매도인을 위한 손해배상액의 예정조항만 있고, 매수인을 위한 손해배상액의 예정조항이 없다고 하여 그 약관조항이 신의성실의 원칙에 위반된다고 할 수 없다.

③ 대리권한 없이 타인의 부동산을 매도한 자가 그 부동산을 상속한 후 소유자의 지위에서 자신의 대리행위가 무권대리로 무효임을 주장하여 등기말소 등을 구하는 것은 금반언 원칙이나 신의칙상 허용될 수 없다.

④ 강행법규에 위반하여 무효인 수익보장약정이 투자신탁회사가 먼저 고객에게 제의를 함으로써 체결된 것이라면, 이러한 경우에 강행법규를 위반한 투자신탁회사 스스로가 그 약정의 무효를 주장하는 것은 신의성실의 원칙상 허용될 수 없다.

⑤ 상속인이 피상속인의 생존 시에 피상속인에 대하여 상속을 포기하기로 약정하였다가 상속개시 후에 자신의 상속권을 주장하는 것은 신의칙에 반하지 않는다.

29 신의성실의 원칙에 관한 설명으로 옳은 것은? (다툼이 있으면 판례에 따름) 2015 기출

① 병원은 입원환자의 휴대품 등의 도난을 방지하는 데 필요한 적절한 조치를 강구할 신의성실의 원칙상의 보호의무가 없다.

② 채무자의 소멸시효에 기한 항변권의 행사에는 신의성실의 원칙이 적용되지 않는다.

③ 강행법규를 위반한 자가 스스로 그 약정의 무효를 주장하는 것은 특별한 사정이 없는 한 신의성실의 원칙에 반한다.

④ 송전선이 토지 위를 통과하고 있다는 점을 알면서 그 토지를 시가대로 취득한 자의 송전선 철거 청구는 신의성실의 원칙에 반하거나 권리남용으로서 허용될 수 없다.

⑤ 미성년자가 법정대리인의 동의 없이 신용구매계약을 체결한 후에 법정대리인의 동의 없음을 사유로 이를 취소하는 것은 신의성실의 원칙에 반하지 않는다.

28 ④ 강행법규에 위반하여 무효인 수익보장약정이 투자신탁회사가 먼저 고객에게 제의를 함으로써 체결된 것이라고 하더라도, 이러한 경우에 강행법규를 위반한 투자신탁회사 스스로가 그 약정의 무효를 주장함이 신의칙에 위반되는 권리의 행사라는 이유로 그 주장을 배척한다면, 이는 오히려 강행법규에 의하여 배제하려는 결과를 실현시키는 셈이 되어 입법취지를 완전히 몰각하게 되므로, 달리 특별한 사정이 없는 한 위와 같은 주장이 신의성실의 원칙에 반하는 것이라고 할 수 없다(대판 99다4405).

29 ① 환자가 병원에 입원하여 치료를 받는 경우에 있어서, 병원은 진료뿐만 아니라 환자에 대한 숙식의 제공을 비롯하여 간호, 보호 등 입원에 따른 포괄적 채무를 지는 것인 만큼, 병원은 병실에의 출입자를 통제·감독하든가 그것이 불가능하다면 최소한 입원환자에게 휴대품을 안전하게 보관할 수 있는 시정장치가 있는 사물함을 제공하는 등으로 입원환자의 휴대품 등의 도난을 방지함에 필요한 적절한 조치를 강구하여 줄 신의칙상의 보호의무가 있다고 할 것이고, 이를 소홀히 하여 입원환자와는 아무런 관련이 없는 자가 입원환자의 병실에 무단출입하여 입원환자의 휴대품 등을 절취하였다면 병원은 그로 인한 손해배상책임을 면하지 못한다(대판 2003. 04. 11, 2002다63275).

② 채무자의 소멸시효에 기한 항변권의 행사도 우리 민법의 대원칙인 신의성실의 원칙과 권리남용금지의 원칙의 지배를 받는 것이어서, 채무자가 시효완성 전에 채권자의 권리행사나 시효중단을 불가능 또는 현저히 곤란하게 하였거나, 그러한 조치가 불필요하다고 믿게 하는 행동을 하였거나, 객관적으로 채권자가 권리를 행사할 수 없는 장애사유가 있었거나, 또는 일단 시효완성 후에 채무자가 시효를 원용하지 아니할 것 같은 태도를 보여 권리자로 하여금 그와 같이 신뢰하게 하였거나, 채권자보호의 필요성이 크고, 같은 조건의 다른 채권자가 채무의 변제를 수령하는 등의 사정이 있어 채무이행의 거절을 인정함이 현저히 부당하거나 불공평하게 되는 등의 특별한 사정이 있는 경우에는 채무자가 소멸시효의 완성을 주장하는 것이 신의성실의 원칙에 반하여 권리남용으로서 허용될 수 없다(대판 2014. 5. 29, 2011다95847).

③ 강행법규를 위반한 자가 스스로 그 약정의 무효를 주장하는 것이 신의칙에 위반되는 권리의 행사라는 이유로 그 주장을 배척한다면, 이는 오히려 강행법규에 의하여 배제하려는 결과를 실현시키는 셈이 되어 입법취지를 완전히 몰각하게 되므로 달리 특별한 사정이 없는 한 위와 같은 주장은 신의칙에 반하는 것이라고 할 수 없다(대판 2004. 6. 11, 2003다1601).

④ 송전선이 토지 위를 통과하고 있다는 점을 알고서 토지를 취득하였다고 하여 그 취득자가 그 소유 토지에 대한 소유권의 행사가 제한된 상태를 용인하였다고 할 수 없으므로, 그 취득자의 송전선 철거 청구 등 권리행사가 신의성실의 원칙에 반하지 않는다(대판 1995. 08. 25, 94다27069).

Answer   28. ④   29. ⑤

30 신의성실의 원칙에 관한 설명으로 옳지 않은 것은? (다툼이 있으면 판례에 따름) 2017 기출

① 제한능력자의 행위라는 이유로 법률행위를 취소하는 것은 신의성실의 원칙에 위배되지 않는다.

② 강행법규에 위반하여 약정을 체결한 당사자가 그 약정의 무효를 주장하는 것은 신의성실의 원칙에 반하지 아니한다.

③ 무권대리인이 본인을 단독 상속한 경우 본인의 지위에서 추인을 거절하는 것은 신의성실의 원칙에 위배된다.

④ 이사가 회사재직 중 회사의 확정채무를 보증한 후 사임한 경우에 사정변경을 이유로 보증계약을 해지할 수 있다.

⑤ 법원은 당사자의 주장이 없더라도 직권으로 신의성실의 원칙에 위반되는지 여부를 판단할 수 있다.

31 신의성실의 원칙 등에 관한 설명으로 옳은 것을 모두 고른 것은? (다툼이 있으면 판례에 따름) 2016 기출

> ㉠ 병원은 병실에의 출입자를 통제·감독하든가 그것이 불가능하다면 입원환자의 휴대품 등의 도난을 방지함에 필요한 적절한 조치를 강구하여 줄 신의칙상의 보호의무가 있다.
> ㉡ 인지청구권에는 실효의 법리가 적용된다.
> ㉢ 매매계약체결 후 9년이 지났고 시가가 올랐다는 사정만으로 계약을 해제할 만한 사정변경이 있다고 볼 수 없다.
> ㉣ 실효의 원칙은 항소권과 같은 소송법상의 권리에도 적용될 수 있다.

① ㉠, ㉢

② ㉡, ㉣

③ ㉠, ㉡, ㉣

④ ㉠, ㉢, ㉣

⑤ ㉠, ㉡, ㉢, ㉣

32 신의성실의 원칙(이하 "신의칙"이라 함)에 관한 설명으로 옳은 것은? (다툼이 있는 경우에는 판례에 의함) 2013 기출

① 신의칙 위반에 대해서도 변론주의 원칙이 적용되므로 당사자의 주장이 없으면 법원이 직권으로 이를 판단할 수 없다.

② 회사의 이사로 재직하면서 보증 당시 그 채무액과 변제기가 특정되어 있는 회사의 확정채무에 대하여 보증을 한 후 이사직을 사임하였다면, 사정변경을 이유로 그 보증계약을 해지할 수 있다.

③ 법정대리인의 동의 없이 신용구매계약을 체결한 미성년자가 사후에 법정대리인의 동의 없음을 사유로 들어 이를 취소하는 것은 신의칙에 반하지 않는다.

④ 국가는 국민을 보호할 의무가 있기 때문에 소멸시효가 완성되었더라도 국가가 이를 주장하는 것은 신의칙에 반한다.

⑤ 사정변경이 해제권을 취득하는 당사자의 책임 있는 사유로 생긴 경우에도 그 당사자는 사정변경을 이유로 계약을 해제할 수 있다.

---

30 ④ 사정변경을 이유로 보증계약을 해지할 수 있는 것은 포괄근보증이나 한정근보증과 같이 채무액이 불확정적이고 계속적인 거래로 인한 채무에 대하여 한 보증에 한하는바, 회사의 이사로 재직하면서 보증 당시 그 채무액과 변제기가 특정되어 있는 회사의 확정채무에 대하여 보증을 한 후 이사직을 사임하였다 하더라도, 사정변경을 이유로 보증계약을 해지할 수 없다(대판 1996. 2. 9, 95다27431).

31 ⓛ 인지청구권은 본인의 일신전속적인 신분관계상의 권리로서 포기할 수도 없으며 포기하였더라도 그 효력이 발생할 수 없는 것이고, 이와 같이 인지청구권의 포기가 허용되지 않는 이상 거기에 실효의 법리가 적용될 여지도 없다(대판 2001. 11. 27, 2001므1353).

32 ③ 신용카드 가맹점이 미성년자와 신용구매계약을 체결할 당시 향후 그 미성년자가 법정대리인의 동의가 없었음을 들어 스스로 위 계약을 취소하지는 않으리라고 신뢰하였다 하더라도 그 신뢰가 객관적으로 정당한 것이라고 할 수 있을지 의문일 뿐만 아니라, 그 미성년자가 가맹점의 이러한 신뢰에 반하여 취소권을 행사하는 것이 정의 관념에 비추어 용인될 수 없는 정도의 상태라고 보기도 어려우며, 미성년자의 법률행위에 법정대리인의 동의를 요하도록 하는 것은 강행규정인데, 위 규정에 반하여 이루어진 신용구매계약을 미성년자 스스로 취소하는 것을 신의칙 위반을 이유로 배척한다면, 이는 오히려 위 규정에 의해 배제하려는 결과를 실현시키는 셈이 되어 미성년자 제도의 입법취지를 몰각시킬 우려가 있으므로, 법정대리인의 동의 없이 신용구매계약을 체결한 미성년자가 사후에 법정대리인의 동의 없음을 사유로 들어 이를 취소하는 것이 신의칙에 위배된 것이라고 할 수 없다(대판 2005다71659).
① 신의성실의 원칙에 반하는 것 또는 권리남용은 강행규정에 위배되는 것이므로 당사자의 주장이 없더라도 법원은 직권으로 판단할 수 있다(대판 94다42129).
② 회사의 이사가 채무액과 변제기가 특정되어 있는 회사 채무에 대하여 보증계약을 체결한 경우에는 계속적 보증이나 포괄근보증의 경우와는 달리 이사직 사임이라는 사정변경을 이유로 보증인 이사가 일방적으로 보증계약을 해지할 수 없다(대판 2004다30675).
④ 국가에게 국민을 보호할 의무가 있다는 사유만으로 국가가 소멸시효의 완성을 주장하는 것 자체가 신의성실의 원칙에 반하여 권리남용에 해당한다고 할 수는 없다(대판 2008다15865).
⑤ 사정변경으로 인한 계약해제는, 계약 성립 당시 당사자가 예견할 수 없었던 현저한 사정의 변경이 발생하였고 그러한 사정의 변경이 해제권을 취득하는 당사자에게 책임 없는 사유로 생긴 것으로서, 계약내용대로의 구속력을 인정한다면 신의칙에 현저히 반하는 결과가 생기는 경우에 계약준수 원칙이 예외로서 인정되는 것이다(대판 2004다31302).

Answer 30. ④ 31. ④ 32. ③

33 신의성실의 원칙에 관한 설명으로 옳은 것은? (다툼이 있으면 판례에 따름) 2019 기출

① 신의성실의 원칙에 반하는지 여부는 당사자의 주장이 없더라도 법원이 직권으로 판단할 수 있다.

② 특정채무를 보증하는 일반보증의 경우에는 채권자의 권리행사가 신의성실의 원칙에 비추어 용납할 수 없는 성질의 것인 때에도 보증인의 책임은 제한될 수 없다.

③ 강행규정에 위반하여 계약을 체결한 자가 스스로 그 계약의 성립을 부정하는 것은 특별한 사정이 없는 한 신의성실의 원칙에 반한다.

④ 종전 토지 소유자가 자신의 권리를 행사하지 않았다는 사정은 그 토지의 소유권을 적법하게 취득한 새로운 권리자에게 실효의 원칙을 적용함에 있어서 고려되어야 한다.

⑤ 계약의 성립에 기초가 되지 아니한 사정이 현저히 변경되어 일방당사자가 계약목적을 달성할 수 없게 된 경우에는 특별한 사정이 없는 한 신의성실의 원칙상 계약을 해제할 수 있다.

34 신의성실의 원칙에 관한 설명 중 가장 잘못된 것은? (다툼이 있는 경우 판례에 의함)

① 강행법규에 위반한 자가 스스로 그 약정의 무효를 주장하는 것은 신의칙에 위반되는 권리의 행사로서 허용되지 아니한다.

② 송전선이 토지 위를 통과하고 있다는 사정을 알고서 토지를 취득하였다고 하여 그 취득자가 그 소유 토지에 대한 소유권의 행사가 제한된 상태를 용인하였다고 할 수 없으므로 그 취득자의 송전선 철거 청구 등 권리행사는 신의성실의 원칙에 반하지 않는다.

③ 인지청구권은 본인의 일신전속적인 신분관계상의 권리로서 포기할 수도 없으며 포기하였더라도 그 효력이 발생할 수 없는 것이고, 이와 같이 인지청구권의 포기가 허용되지 않는 이상 거기에 실효의 법리가 적용될 여지도 없다.

④ 농지의 명의수탁자가 농민이 아니면서 농지를 매수하여 농지매매증명을 발급받아 소유권이전등기를 마치고 있다가 그에게 증여세가 부과되자 자기는 농민이 아니므로 위 등기는 농지개혁법에 위반하는 무효의 등기라고 주장하는 것은 금반언의 원칙에 반하는 주장이다.

⑤ 일방당사자의 계약위반을 이유로 계약이 해제된 경우, 계약을 위반한 당사자가 계약해제의 효과를 주장하는 것은 신의칙에 반하지 않는다.

35 신의성실의 원칙(이하 "신의칙"이라 한다)에 관한 설명으로 옳지 않은 것은? (다툼이 있으면 판례에 따름) `2020 기출`

① 신의칙은 당사자의 주장이 없어도 법원이 직권으로 판단할 수 있다.

② 일반 행정법률관계에 관한 관청의 행위에 대하여 신의칙은 특별한 사정이 있는 경우 예외적으로 적용될 수 있다.

③ 사용자는 특별한 사정이 없는 한 근로계약에 수반되는 신의칙상의 부수적 의무로서 피용자의 안전에 대한 보호의무를 부담한다.

④ 숙박업자는 신의칙상 부수적 의무로서 투숙객의 안전을 배려할 보호의무를 부담한다.

⑤ 항소권과 같은 소송법상의 권리에는 신의칙 내지 실효의 원칙이 적용될 수 없다.

33 ① 신의성실의 원칙에 반하는 것 또는 권리남용은 강행규정에 위배되는 것이므로 당사자의 주장이 없더라도 법원은 직권으로 판단할 수 있다(대판 1998. 8. 21, 97다37821).
② 채권자와 채무자 사이에 계속적인 거래관계에서 발생하는 불확정한 채무를 보증하는 이른바 계속적 보증의 경우뿐만 아니라 특정채무를 보증하는 일반보증의 경우에 있어서도, 채권자의 권리행사가 신의칙에 비추어 용납할 수 없는 성질의 것인 때에는 보증인의 책임을 제한하는 것이 예외적으로 허용될 수 있을 것이다(대판 2004. 1. 27, 2003다45410).
③ 법령에 위반되어 무효임을 알고서도 그 법률행위를 한 자가 강행법규 위반을 이유로 무효를 주장한다 하여 신의칙 또는 금반언의 원칙에 반하거나 권리남용에 해당한다고 볼 수는 없다(대판 2001. 5. 15, 99다53490).
④ 종전 토지 소유자가 자신의 권리를 행사하지 않았다는 사정은 그 토지의 소유권을 적법하게 취득한 새로운 권리자에게 실효의 원칙을 적용함에 있어서 고려하여야 할 것은 아니다(대판 1995. 8. 25, 94다27069).
⑤ '사정변경으로 인한 계약해제'는 계약성립 당시 당사자가 예견할 수 없었던 현저한 사정의 변경이 발생하였고 그러한 사정의 변경이 해제권을 취득하는 당사자에게 책임 없는 사유로 생긴 것으로서, 계약내용대로의 구속력을 인정한다면 신의칙에 현저히 반하는 결과가 생기는 경우에 계약준수 원칙의 예외로서 인정되는 것이고, 여기에서 말하는 사정이라 함은 계약의 기초가 되었던 객관적인 사정으로서, 일방당사자의 주관적 또는 개인적인 사정을 의미하는 것은 아니라 할 것이다. 또한, 계약의 성립에 기초가 되지 아니한 사정이 그 후 변경되어 일방당사자가 계약 당시 의도한 계약목적을 달성할 수 없게 됨으로써 손해를 입게 되었다 하더라도 특별한 사정이 없는 한 그 계약내용의 효력을 그대로 유지하는 것이 신의칙에 반한다고 볼 수도 없다 할 것이다(대판 2007. 3. 29, 2004다31302).

34 ① 강행법규에 위반한 자가 스스로 그 약정의 무효를 주장하는 것이 신의칙에 위반되는 권리의 행사라는 이유로 그 주장을 배척한다면, 이는 오히려 강행법규에 의하여 배제하려는 결과를 실현시키는 셈이 되어 입법 취지를 완전히 몰각하게 되므로 달리 특별한 사정이 없는 한 위와 같은 주장은 신의칙에 반하는 것이라고 할 수 없다 (대판 2004다5556).

35 ⑤ 항소권과 같은 소송법상의 권리에도 신의칙 내지 실효의 원칙이 적용될 수 있다(대판 1996. 7. 30, 94다51840).
① 신의칙에 반하는 것 또는 권리남용은 강행규정에 위반하는 것이므로, 당사자의 주장이 없더라도 법원은 직권으로 이를 판단할 수 있다(대판 1989. 9. 29, 88다카17181).
② 신의칙은 사법관계뿐만 아니라 공법관계에도 적용된다.
③ 사용자는 신의칙상 부수적 의무로서 보호의무를 부담한다.
④ 숙박업자는 신의칙상 부수적 의무로서 보호의무를 부담한다.

Answer 33. ①   34. ①   35. ⑤

36 신의성실의 원칙에 관한 기술 중 옳은 것(○)과 옳지 않은 것(×)을 바르게 표시한 것은?

> ㉠ 계약 성립 후 현저한 사정의 변경이 발생하였고, 그러한 사정의 변경이 해제권을 취득하는 당사자에게 책임 없는 사유로 생긴 것으로서, 계약내용대로의 구속을 인정한다면 신의칙에 현저히 반하는 결과가 생기는 경우에 사정의 변경으로 인한 계약해제가 인정되는데, 여기의 사정에는 상대방에게 알려진 일방당사자의 주관적 사정도 포함된다.
> ㉡ 동생 소유의 아파트에 거주하고 있는 채무자 甲이 그 아파트를 담보로 저축은행 乙로부터 대출을 받으면서 乙에 자신은 임차인이 아니고 위 아파트에 관하여 일체의 권리를 주장하지 않겠다는 확인서를 작성하여 준 경우, 甲이 그 후 대항력을 갖춘 임차인임을 내세워 위 아파트를 경매절차에서 매수한 乙의 인도명령을 다투는 것은 금반언의 원칙에 위배되어 허용되지 않는다.
> ㉢ 적법한 위임사무처리에 관하여 약정된 보수액이 부당하게 과다하여 신의칙에 반하는 경우, 그러한 약정 전부가 무효이고 적정보수를 초과하는 부분만 무효로 되는 것은 아니다.

① ㉠ (○), ㉡ (○), ㉢ (○) ② ㉠ (○), ㉡ (○), ㉢ (×)
③ ㉠ (○), ㉡ (×), ㉢ (○) ④ ㉠ (○), ㉡ (×), ㉢ (×)
⑤ ㉠ (×), ㉡ (○), ㉢ (×)

37 신의성실의 원칙과 권리남용금지의 원칙에 관한 다음 설명 중 틀린 것은?

① 신의성실의 원칙은 제한능력자제도에 우선한다.
② 신의성실의 원칙이 추구하는 이념은 구체적 타당성에 있다.
③ 통설은 권리남용 여부를 객관적으로 판단하며, 권리자의 가해의사 또는 가해목적은 권리남용의 요건이 아니라고 본다.
④ 판례는 권리남용에 있어서 주관적 요건은 권리자의 정당한 이익을 결여한 권리행사로 보여지는 객관적 사정에 의해 추인될 수도 있다고 본다.
⑤ 甲이 자신의 토지에 불법으로 건물을 소유하고 있는 乙을 상대로 건물철거를 청구하는 것이 권리남용에 해당하더라도, 甲은 특별한 사정이 없는 한 乙에 대하여 임료 상당의 부당이득반환을 청구할 수 있다.

38 신의성실의 원칙에 관한 판례의 태도와 다른 것은?

① 백화점의 부도로 인하여 백화점이 발행한 약속어음의 가치가 현저하게 하락된 사정을 잘 알면서도 자신이 백화점에 대하여 부담하는 채무와 상계할 목적으로 백화점이 발행한 약속어음을 액면가에 훨씬 미달하는 가격으로 취득하고, 이를 자동채권으로 하여 상계하는 것은 신의칙상 허용되지 아니한다.

② 1년 4개월가량 전에 발생한 해제권을 장기간 행사하지 아니하고 오히려 매매계약이 여전히 유효함을 전제로 잔존채무의 이행을 최고함에 따라 상대방으로서는 그 해제권이 더 이상 행사되지 아니할 것으로 신뢰하였는데 그 후 새삼스럽게 그 해제권을 행사한다는 것은 신의성실의 원칙에 반하여 허용되지 아니한다.

③ 국가는 국민을 보호할 의무가 있으므로, 국가가 국민을 상대로 소멸시효의 완성을 주장하는 것 자체가 신의성실의 원칙에 반하고 권리남용에 해당한다.

④ 토지소유자가 그 점유자에 대하여 부당이득반환청구권을 장기간 적극적으로 행사하지 아니하였다는 사정만으로는 부당이득반환청구권이 실효의 원칙에 따라 소멸하였다고 볼 수 없다.

⑤ 해제권 등 형성권의 행사에도 실효의 원칙은 적용된다.

36 ㉠ 여기에서 말하는 사정이라 함은 계약의 기초가 되었던 객관적인 사정으로서, 일방당사자의 주관적 또는 개인적인 사정을 의미하는 것은 아니라 할 것이다(대판 2004다31302).
㉡ 근저당권자가 담보로 제공된 건물에 대한 담보가치를 조사할 당시 대항력을 갖춘 임차인이 그 임대차 사실을 부인하고 임차보증금에 대한 권리주장을 않겠다는 내용의 확인서를 작성해 준 경우, 그 후 그 건물에 대한 경매절차에서 이를 번복하여 대항력 있는 임대차의 존재를 주장함과 아울러 근저당권자보다 우선적 지위를 가지는 확정일자부 임차인임을 주장하여 그 임차보증금반환채권에 대한 배당요구를 하는 것은 특별한 사정이 없는 한 금반언 및 신의칙에 위반되어 허용될 수 없다(대판 97다12211).
㉢ 세무사의 세무대리업무처리에 대한 보수에 관하여 의뢰인과의 사이에 약정이 있는 경우, 그 대리업무를 종료한 세무사는 특별한 사정이 없는 한 약정된 보수액을 전부 청구할 수 있는 것이 원칙이지만, 대리업무수임의 경우, 보수금의 액수, 세무대리업무의 내용 및 그 업무처리과정, 난이도, 노력의 정도, 의뢰인이 세무대리의 결과 얻게 된 구체적 이익과 세무사보수규정, 기타 변론에 나타난 제반사정을 고려하여 그 약정된 보수액이 부당하게 과다하여 신의성실의 원칙이나 형평의 원칙에 반하는 특별한 사정이 있는 경우에는 예외적으로 상당하다고 인정되는 범위 내의 보수액만을 청구할 수 있다고 할 것이다(대판 2004다59393).

37 ① 제한능력자제도가 신의성실의 원칙에 우선한다.

38 ③ 국가에 국민을 보호할 의무가 있다는 사유만으로 국가가 소멸시효의 완성을 주장하는 것 자체가 신의성실의 원칙에 반하여 권리남용에 해당한다고 할 수는 없으므로, 국가의 소멸시효완성 주장이 신의칙에 반하고 권리남용에 해당한다고 하려면 일반 채무자의 소멸시효완성 주장에서와 같은 특별한 사정이 인정되어야 할 것이다(대판 2004다71881).

Answer/ 36. ⑤ 37. ① 38. ③

39 신의성실의 원칙(이하 "신의칙"이라 함)에 관한 설명으로 옳지 않은 것은? (다툼이 있는 경우에는 판례에 의함) 2014 기출

① 신의칙이란 법률관계의 당사자로서 형평에 어긋나거나 신뢰를 버리는 내용 또는 방법으로 권리를 행사하거나 의무를 이행하여서는 아니 된다는 추상적 규범을 말한다.

② 신의칙에 관한 제2조는 강행규정이므로 법원은 그 위반 여부를 직권으로 판단할 수 있다.

③ 강행규정을 위반한 행위를 한 사람이 그 무효를 주장하는 것은 특별한 사정이 없으면, 신의칙에 반하지 아니한다.

④ 권리의 행사로 권리자가 얻는 이익보다 상대방이 잃은 이익이 현저하게 크다는 사정만으로 권리남용이 인정된다.

⑤ 본인을 상속한 무권대리인이 무권대리행위의 무효를 주장하는 것은 신의칙에 반한다.

40 신의칙에 관한 설명으로 옳지 않은 것은? (다툼이 있으면 판례에 따름) 2022 기출

① 신의칙에 반하는 것은 강행규정에 위반하는 것이므로 당사자의 주장이 없더라도 법원이 직권으로 판단할 수 있다.

② 법정대리인의 동의 없이 신용구매계약을 체결한 미성년자가 나중에 법정대리인의 동의 없음을 이유로 그 계약을 취소하는 것은 신의칙에 반한다.

③ 무권대리인이 본인을 단독상속한 경우, 본인의 지위에서 자신이 한 무권대리행위의 추인을 거절하는 것은 신의칙에 반한다.

④ 병원은 입원환자의 휴대품 등의 도난을 방지하기 위하여 필요한 적절한 조치를 강구하여 줄 신의칙상 보호의무가 있다.

⑤ 채권자가 유효하게 성립한 계약에 따른 급부의 이행을 청구하는 경우, 법원이 신의칙에 의하여 그 급부의 일부를 감축하는 것은 원칙적으로 허용되지 않는다.

41 권리남용의 요건에 관한 다음 기술 중 가장 옳지 않은 것은? (다툼이 있으면 판례에 의함)

① 권리남용의 요건으로서 권리행사의 목적이 오직 상대방에게 고통을 주고 손해를 입히려는 주관적 요건과 권리행사가 사회질서에 반한다고 하는 객관적 요건이 있어야 한다.

② 권리남용의 주관적 요건은 권리자의 정당한 이익을 결여한 권리행사로 보여지는 객관적인 사정에 의하여 추인될 수 있다.

③ 권리의 행사에 의하여 권리행사자가 얻는 이익보다 상대방이 잃을 손해가 현저히 크다고 하면 그러한 사정만으로 권리남용이 된다.

④ 나대지에 설정된 저당권 실행의 경매절차에서, 상당한 비용이 투입된 건물이 신축 중임을 알면서 그 건물 부지를 경락받은 자가 그 후 완공된 건물의 철거를 구하는 것은 권리남용에 해당하지 않는다.

⑤ 피상속인의 생존 시에 피상속인에 대하여 상속을 포기하기로 약정하였다고 하더라도 상속개시 후에 법률규정에 따른 상속포기를 하지 아니한 이상, 자신의 상속권을 주장하는 것은 정당한 권리행사로서 권리남용에 해당되지 않는다.

39 ④ 권리행사가 권리의 남용에 해당한다고 할 수 있으려면, 주관적으로 그 권리행사의 목적이 오직 상대방에게 고통을 주고 손해를 입히려는 데 있을 뿐 행사하는 사람에게 아무런 이익이 없는 경우이어야 하고, 객관적으로는 그 권리행사가 사회질서에 위반된다고 볼 수 있어야 하는 것이며, 이와 같은 경우에 해당하지 않는 한 비록 그 권리의 행사에 의하여 권리행사자가 얻는 이익보다 상대방이 잃을 손해가 현저히 크다 하여도 그러한 사정만으로는 이를 권리남용이라 할 수 없고, 다만 이러한 주관적 요건은 권리자의 정당한 이익을 결여한 권리행사로 보여지는 객관적인 사정에 의하여 추인할 수 있다(대판 97다42823).

40 ② 법정대리인의 동의 없이 신용구매계약을 체결한 미성년자가 나중에 법정대리인의 동의 없음을 이유로 그 계약을 취소하는 것은 신의칙에 반하지 않는다.
⑤ 유효하게 성립한 계약상의 책임을 공평의 이념 또는 신의칙과 같은 일반원칙에 의하여 제한하는 것은 사적 자치의 원칙이나 법적 안정성에 대한 중대한 위협이 될 수 있으므로, 채권자가 유효하게 성립한 계약에 따른 급부의 이행을 청구하는 때에 법원이 급부의 일부를 감축하는 것은 원칙적으로 허용되지 않는다(대판 2016. 12. 1, 2016다240543).

41 ③ 권리행사가 권리의 남용에 해당한다고 할 수 있으려면, 주관적으로 그 권리행사의 목적이 오직 상대방에게 고통을 주고 손해를 입히려는 데 있을 뿐 행사하는 사람에게 아무런 이익이 없는 경우이어야 하고, 객관적으로는 그 권리행사가 사회질서에 위반된다고 볼 수 있어야 하는 것이며, 이와 같은 경우에 해당하지 않는 한 비록 그 권리의 행사에 의하여 권리 행사자가 얻는 이익보다 상대방이 잃을 손해가 현저히 크다 하여도 그러한 사정만으로는 이를 권리남용이라 할 수 없고, 어느 권리행사가 권리남용이 되는가의 여부는 각 개별적이고 구체적인 사안에 따라 판단되어야 한다(대판 2002다62319·62326)

Answer 39. ④ 40. ② 41. ③

42 권리남용에 관한 설명으로 옳지 않은 것은? (다툼이 있으면 판례에 따름) 2021 기출

① 확정판결에 따른 강제집행도 특별한 사정이 있으면 권리남용이 될 수 있다.

② 주로 자기의 채무 이행만을 회피할 목적으로 동시이행항변권을 행사하는 경우에 그 항변권의 행사는 권리남용이 될 수 있다.

③ 권리남용이 인정되기 위해서는 권리행사로 인한 권리자의 이익과 상대방의 불이익 사이에 현저한 불균형이 있어야 한다.

④ 권리남용이 불법행위가 되어 발생한 손해배상청구권은 1년의 단기소멸시효가 적용된다.

⑤ 토지소유자의 건물 철거 청구가 권리남용으로 인정된 경우라도 토지소유자는 그 건물의 소유자에 대해 그 토지의 사용대가를 부당이득으로 반환청구할 수 있다.

---

42 ④ 불법행위로 인한 손해배상의 청구권은 피해자나 그 법정대리인이 그 손해 및 가해자를 안 날로부터 3년간 이를 행사하지 아니하면 시효로 인하여 소멸한다. 불법행위를 한 날로부터 10년을 경과한 때에도 전항과 같다 (제766조 제1항, 제2항).
① 확정판결의 내용이 실체적 권리관계에 배치되어 판결에 의한 집행이 권리남용에 해당한다고 하기 위해서는 판결에 의하여 집행할 수 있는 것으로 확정된 권리의 성질과 내용, 판결의 성립 경위 및 판결 성립 후 집행에 이르기까지의 사정, 집행이 당사자에게 미치는 영향 등 제반 사정을 종합하여 볼 때, 확정판결에 기한 집행이 현저히 부당하고 상대방이 집행을 수인하도록 하는 것이 정의에 반함이 명백하여 사회생활상 용인할 수 없다고 인정되는 경우이어야 한다(대판 2014. 2. 21, 2013다75717).
② 일반적으로 동시이행의 관계가 인정되는 경우에는 그러한 항변권을 행사하는 자의 상대방이 그 동시이행의 의무를 이행하기 위하여 과다한 비용이 소요되거나 또는 그 의무의 이행이 실제적으로 어려운 반면 그 의무의 이행으로 인하여 항변권자가 얻는 이득은 별달리 크지 아니하여 동시이행의 항변권의 행사가 주로 자기 채무의 이행만을 회피하기 위한 수단이라고 보여지는 경우에는 그 항변권의 행사는 권리남용으로서 배척되어야 한다(대판 1992. 4. 28, 91다29972).

Answer

42. ④

행정사 문제집
민법총칙

Part_

02

권리의
주체

01 서설

01 권리능력에 관한 설명 중 옳지 않은 것은?

① 조산으로 인하여 인큐베이터에 있는 아이는 권리능력을 가진다.

② 실종선고를 받더라도 권리능력을 상실하지는 않는다.

③ 외국인은 권리능력을 가지지만, 내국인이 가질 수 있는 권리를 모두 가지는 것은 아니다.

④ 권리능력에 관한 규정은 강행규정으로서 당사자의 합의가 있더라도 그 적용을 배제할 수 없다.

⑤ 민법은 권리능력제도의 보충을 위하여 법정대리인제도를 두고 있다.

02 의사능력에 관한 설명으로 옳지 않은 것은? (다툼이 있으면 판례에 의함)

① 의사무능력상태에 있는 자일지라도 법원으로부터 한정후견개시 또는 성년후견개시의 심판을 받지 아니하는 한 제한능력자로 되지는 않는다.

② 의사무능력자의 법률행위는 사적자치의 원칙상 법률효과가 인정되지 않는다.

③ 제한능력자의 반환범위를 현존이익으로 제한하는 민법의 규정은 의사무능력자의 법률행위에도 유추적용된다.

④ 법률행위에서의 의사능력은 불법행위에서의 책임능력에 대응하는 개념이다.

⑤ 의사능력이란 통상인이 가지는 정상적인 판단능력으로서 피성년후견인에게는 의사능력이 없다.

03 민법상 '능력'에 관한 설명으로 옳은 것은? (다툼이 있으면 판례에 의함)

① 자기 행위의 결과를 정상적으로 인식할 수 없는 심각한 정신질환자는 권리능력을 상실한다.
② 만 10세 미만의 어린이는 의사무능력자로서 그가 하는 법률행위는 언제나 무효이다.
③ 민법에는 의사능력에 관한 명문규정이 없다.
④ 피성년후견인은 의사능력이 있더라도 법정대리인의 동의가 없으면 유언할 수 없다.
⑤ 법률행위 시에는 의사능력이 있었더라도 그 후 의사무능력자가 되었다면 이를 이유로 그 법률행위를 취소할 수 있다.

04 권리능력에 관한 다음의 기술 중 틀린 것은?

① 권리능력에 관한 규정은 강행규정으로서 당사자의 합의가 있더라도 그 적용을 배제할 수가 없다.
② 민법은 권리능력제도의 보충을 위하여 법정대리인제도를 두고 있다.
③ 민법상 조합에는 권리능력이 인정되지 않는다.
④ 원칙적으로 외국인은 내국인과 평등한 권리능력을 갖는다.
⑤ 청산법인도 청산의 목적범위 내에서 권리능력을 가진다.

01 ⑤ 법정대리인제도는 행위능력의 보충을 위한 것이다.

02 ⑤ 의사능력이란 자신의 행위의 의미나 결과를 정상적인 인식력과 예기력을 바탕으로 합리적으로 판단할 수 있는 정신적 능력 내지는 지능을 말하는 것으로서, 의사능력의 유무는 구체적인 법률행위와 관련하여 개별적으로 판단되어야 할 것이다(대판 2001다10113). 따라서 피성년후견인이 항상 의사능력이 없는 것은 아니다.

03 ① 자연인은 살아 있는 사람이면 누구든지 권리능력을 가지며, 이러한 권리능력은 제한·박탈당하지 않는다. 지문의 경우는 의사무능력자이다.
② 민법상 의사능력에 관한 규정은 없으나 해석상 대체로 유아, 고도의 정신병자, 만취자 등을 의사무능력자로 본다. 유아의 경우는 보통 7세 정도를 기준으로 구체적인 법률행위와 관련하여 개별적으로 판단한다.
④ 피성년후견인은 의사능력이 회복된 때에만 유언을 할 수 있다(제1063조 제1항).
⑤ 의사무능력자의 법률행위는 무효이며, 의사무능력의 판단시점은 법률행위 시이다.

04 ② 법정대리인제도는 행위능력을 보충하기 위한 제도이다.

Answer 01. ⑤ 02. ⑤ 03. ③ 04. ②

05 우리 민법상 권리능력이 전혀 인정될 수 없는 것은?

① 외국인 ② 태아

③ 사자(死者) ④ 실종선고를 받은 자

⑤ 해산한 법인

06 甲은 지난 5년간 가족과 같이 서로 의지하며 살아온 애완견 X에게 자신의 모든 재산을 물려준다는 유언을 하였다. 다음 중 타당한 것은?

① X에 권리능력이 없으므로 유언은 무효이다.

② 유증은 유언자의 사망에 의하여 당연히 효력을 발생하므로 甲이 사망하면 X가 그의 재산을 승계한다.

③ 甲이 X의 권리능력을 인정하였으므로 X가 수유자이다.

④ 법정상속인의 유류분권을 침해하는 부분에 한하여 무효이다.

⑤ 유언은 유효하지만 甲의 사망 후 X가 그의 재산을 승계하지는 못한다.

07 민법상 권리능력에 관한 설명으로 옳지 않은 것은?

① 자연인의 권리능력은 사망으로만 소멸한다.

② 자연인의 권리능력은 다른 사람에게 양도하거나 포기할 수 없다.

③ 자연인은 생존한 동안 성별, 연령, 직업을 묻지 않고 평등하게 권리능력을 갖는다.

④ 자연인은 출생으로 권리능력을 취득하지만, 예외적으로 태아가 살아서 출생하지 못한 경우에도 권리능력을 가지는 경우가 있다.

⑤ 법인의 권리능력은 법인의 성질, 법률의 규정, 정관으로 정한 목적의 범위에 의해 제한된다.

08 부부 사이인 甲과 그의 아이 丙을 임신한 乙은 A의 과실로 교통사고를 당했다. 이에 관한 설명으로 옳은 것을 모두 고른 것은? (다툼이 있으면 판례에 따름) 2020 기출

> ㉠ 이 사고로 丙이 출생 전 乙과 함께 사망하였더라도 丙은 A에 대하여 불법행위로 인한 손해배상청구권을 가진다.
> ㉡ 사고 후 살아서 출생한 丙은 A에 대하여 甲의 부상으로 입게 될 자신의 정신적 고통에 대한 위자료를 청구할 수 있다.
> ㉢ 甲이 사고로 사망한 후 살아서 출생한 丙은 甲의 A에 대한 불법행위로 인한 손해배상 청구권을 상속받지 못한다.

① ㉠
② ㉡
③ ㉢
④ ㉠, ㉡
⑤ ㉡, ㉢

05 ③ 자연인의 권리능력은 사망으로 소멸하므로, 사자(死者)는 권리능력이 인정될 수 없다.
④ 실종선고를 받은 자는 종래의 주소를 중심으로 하는 법률관계를 사망으로 의제하는 데 불과하고 실종자의 권리능력을 박탈하는 것은 아니다.
⑤ 해산한 법인도 청산이 종료할 때까지 청산의 목적범위 내에서 권리능력을 가진다(제81조).

06 ① 권리능력은 자연인과 법인에만 인정되고 그 외에는 의사표시에 의하여 창설될 수 없으므로 X는 권리능력이 없고 따라서 권리를 취득할 수 없는바, 결국 甲의 유언은 법이 허용하지 않는 것으로 유언으로서 효력을 가질 수 없다.

07 ④ 태아의 권리능력에 관한 정지조건설과 해제조건설의 견해 대립은 태아가 출생한 경우에만 의미가 있는 것이며, 만약 태아가 사산된 경우에는 어느 학설에 의하더라도 태아의 권리능력이 인정되지 아니한다.

08 ㉡ 태아도 손해배상청구권에 관하여는 이미 출생한 것으로 보는바, 부가 교통사고로 상해를 입을 당시 태아가 출생하지 아니하였다고 하더라도 그 뒤에 출생한 이상 부의 부상으로 인하여 입게 될 정신적 고통에 대한 위자료를 청구할 수 있다(대판 1993. 4. 27, 93다4663).
㉠ 태아가 손해배상청구권에 관하여는 이미 태어난 것으로 본다는 민법 제762조의 취지는 태아가 살아서 출생한 때에 출생시기가 문제의 사건의 시기까지 소급하여 그때에 태아가 출생한 것과 같이 법률상 보아준다고 해석함이 상당하므로, 그가 모체와 같이 사망하여 출생의 기회를 못 가졌다면 손해배상청구권을 논할 여지가 없다.
㉢ 태아는 상속순위에 관하여는 이미 출생한 것으로 본다(제1000조 제3항).

Answer
05. ③ 06. ① 07. ④ 08. ②

Chapter 02 자연인

01 태아에게 권리능력이 인정되는 경우가 아닌 것은? (다툼이 있으면 판례에 의함)

① 재산상속
② 유증
③ 증여
④ 불법행위에 기한 손해배상청구
⑤ 유류분권

02 태아의 권리능력에 관한 다음 설명 중 맞는 것은?

① 가해자가 어머니와 태아를 동시에 사망케 하였다면 아버지는 태아의 사망으로 인한 손해배상청구권을 상속받지 못한다.
② 태아는 임신 중 어머니에게 손해를 가한 자에 대하여 자기 자신의 신체에 손해가 발생한 경우에만 손해배상을 청구할 수 있다.
③ 태아가 살아서 출생한 경우에 권리능력 취득의 효과가 문제의 사건 시까지 소급한다는 견해가 다수설이다.
④ 태아는 부모의 손해배상청구권을 상속받을 수는 없다.
⑤ 태아는 불법행위로 인한 손해배상청구권에 관하여는 이미 출생한 것으로 보지 않으므로, 모(母)의 손해배상청구권을 통하여서만 간접적으로 손해를 배상받을 수 있을 뿐이다.

03 자연인의 권리능력에 관한 다음 설명 중 틀린 것은?

① 출생과 관련된 가족관계등록부의 기재사실은 추정을 받으나, 그에 반하는 증거에 의하여 번복할 수 있다.
② 유증에 관하여도 태아는 이미 출생한 것으로 본다.
③ 태아의 법률상 지위에 관한 해제조건설은 태아의 법정대리인을 인정할 수 없으므로 태아가 취득 또는 상속할 재산을 태아인 동안에 보존·관리할 수 없다는 단점이 있다.
④ 자연인의 권리능력은 다른 사람에게 양도하거나 포기할 수 없다.
⑤ 2인 이상이 동일한 위난으로 사망한 경우에는 동시에 사망한 것으로 추정한다.

04 자연인의 권리능력에 관한 설명으로 옳은 것은? (다툼이 있으면 판례에 따름) 2018 기출

① 권리능력은 가족관계등록부의 기재로 그 취득이 추정되므로, 그 기재가 진실에 반하는 사정이 있더라도 번복하지 못한다.

② 동시사망이 추정되는 경우에도 대습상속은 인정될 수 있다.

③ 태아인 동안에 부(父)가 교통사고로 사망한 경우, 태아는 살아서 출생하더라도 그 정신적 고통에 대한 위자료를 청구할 수 없다.

④ 태아가 사산된 경우에도 태아인 동안의 권리능력은 인정된다.

⑤ 실종선고를 받은 자는 실종기간이 만료한 때에 사망한 것으로 추정한다.

01 ③ 증여는 증여자와 수증자 간의 계약으로서 수증자의 승낙을 요건으로 하는 것이므로 태아에 대한 증여에 있어서 … 태아의 수증능력을 인정할 수 없다(대판 81다534).

02 ① 부(父)가 태아의 사망으로 인한 손해배상청구권을 상속받기 위해서는 태아에게 권리능력이 인정되어 손해배상청구권이 발생하여야 하나 태아가 사망하여 출생의 기회를 갖지 못한 경우에는 손해배상청구권을 논할 여지가 없다(대판 76다1325).

03 ③ 정지조건설의 단점이다.

04 ② 판례는 피상속인과 피대습자가 동시사망한 것으로 추정되는 경우에도 대습상속을 인정한다(대판 2001. 3. 9, 99다13157).
① 가족관계등록부의 기재사실은 추정을 받으나, 그에 반하는 증거에 의하여 번복할 수 있다.
③ 태아도 손해배상청구권에 관하여는 이미 출생한 것으로 보는바, 부가 교통사고로 상해를 입을 당시 태아가 출생하지 아니하였다고 하더라도 그 뒤에 출생한 이상 부의 부상으로 인하여 입게 될 정신적 고통에 대한 위자료를 청구할 수 있다(대판 1993. 4. 27, 93다4663).
④ 설사 태아가 권리를 취득한다 하더라도 현행법상 이를 대행할 기관이 없어 태아로 있는 동안은 권리능력을 취득할 수 없으니 살아서 출생한 때에 출생시기가 문제의 사건의 시기까지 소급하여 그때에 태아가 출생한 것과 같이 법률상 보아준다고 해석하여야 상당하므로 이와 같은 취지에서 원고의 처가 사고로 사망할 당시 임신 8개월 된 태아가 있었음과 그가 모체와 같이 사망하여 출생의 기회를 못 가진 사실을 인정하고 살아서 태어나지 않은 이상 배상청구권을 논할 여지 없다는 취의로 판단하여 이 청구를 배척한 조치는 정당하다(대판 1976. 9. 14, 76다1365).
⑤ 실종선고를 받은 자는 전조의 기간이 만료한 때에 사망한 것으로 본다(제28조).

Answer 01. ③ 02. ① 03. ③ 04. ②

05 태아의 권리능력에 관한 설명 중 가장 옳은 것은?

① 태아는 모든 법률관계에서 자연인과 동일한 권리능력을 갖는다.

② 해제조건설은 태아가 살아서 출생한 때에 소급하여 권리능력을 인정한다.

③ 태아로 있는 동안에 법정대리인이 존재한다고 인정하는 것은 해제조건설이다.

④ 다수설은 정지조건설을, 판례는 해제조건설을 따른다.

⑤ 정지조건설에 의하면 태아는 이미 출생한 것으로 보지만 후일에 사산이 된 경우에는 소급하여 권리능력을 상실한 것으로 본다.

06 甲에게는 모친 乙과 처 丙이 있었고 丙이 丁을 포태하고 있던 상태에서 甲은 戊의 불법행위로 인하여 사망하였다. 이 경우에 관한 설명으로 옳은 것은?

① 丁이 사산된 경우 甲의 재산은 결국 丙이 모두 상속하게 된다.

② 丁이 분만 직후 사망한 경우 甲의 재산은 乙과 丙이 공동으로 상속한다.

③ 丁은 살아서 출생하더라도 甲의 재산을 상속하지 못한다.

④ 살아서 출생한 丁은 戊에 대하여 자신의 위자료를 청구할 수 있다.

⑤ 태아인 丁은 정신적 고통을 느낄 수 없으므로 살아서 출생하더라도 위자료를 청구할 수 없다.

07 甲은 자동차로 태아 丙을 포태하고 있는 임산부 乙을 치었는데, 이때 태아 丙도 심한 타격을 받았고 의사의 검사결과 불구로 판명되었다. 대법원 판례의 입장에서 볼 때 甲·乙·丙 간의 법률관계에 대한 설명으로 옳은 것은?

① 태아인 동안에도 丙은 법정대리인을 통해 甲에게 손해배상을 청구할 수 있다.

② 丙은 태어난 후에야 甲에게 손해배상을 청구할 수 있다.

③ 丙은 아직 권리능력이 없을 때에 사고가 일어났으므로 아무런 청구권도 없다.

④ 乙이 丙의 손해를 乙이 입은 손해로 하여 배상청구를 할 수 있다.

⑤ 사고 당시 乙이 丙을 대리하여 손해배상을 청구할 수 있다.

08 태아에 관한 설명 중 맞는 것을 모두 고른 것은? (다툼이 있는 경우 판례에 의함)

> ㉠ 태아는 증여를 받을 수 없다.
> ㉡ 모와 태아가 교통사고로 동시에 사망한 경우에는 생존한 부가 태아의 손해배상청구권을 상속한다.
> ㉢ 부가 교통사고로 상해를 입은 경우에 태아인 동안에는 태아 자신의 정신적 고통에 대한 위자료를 청구할 수 없다.
> ㉣ 태아의 법적 지위에 관한 정지조건설의 견해가 태아보호에 유리하다.

① ㉠, ㉡
② ㉠, ㉢
③ ㉡, ㉢
④ ㉠, ㉡, ㉣
⑤ ㉠, ㉢, ㉣

---

05 ① 우리 민법은 개별적 보호주의를 취하고 있다.
② 해제조건설은 이미 출생한 것으로 간주되는 각 경우에 있어서 태아는 태아인 상태에서 권리능력을 취득하고, 다만 후에 사산인 때에 그 권리능력의 취득의 효과가 과거의 문제의 사건 시까지 소급하여 소멸한다는 견해이다.
④ 다수설은 해제조건설을, 판례는 정지조건설을 따른다.
⑤ 정지조건설은 태아로 있는 동안은 권리능력을 취득하지 못하고 후에 살아서 출생한 때에 권리능력 취득의 효과가 문제의 사건이 발생한 시점으로 소급해서 생긴다는 견해이다.

06 ④, ⑤ 태아도 손해배상청구권에 관하여는 이미 출생한 것으로 보는바, 부(父)가 교통사고로 상해를 입을 당시 태아가 출생하지 아니하였다고 하더라도 그 뒤에 출생한 이상 부의 부상으로 인하여 입게 될 정신적 고통에 대한 위자료를 청구할 수 있다(대판 93다4663).
① 丁이 사산된 경우에는 직계비속이 없으므로, 乙과 丙이 공동상속한다.
② 이 경우는 일단 丁이 살아서 출생한 것이므로, 丁과 丙이 공동상속한 후 丁이 사망함에 따라 결국 丙이 상속하게 된다.

07 ② 정지조건설을 따르는 판례에 의하면 태아 丙은 출생한 후 甲에게 손해배상을 청구할 수 있다.

08 ㉠ 태아인 동안에는 법정대리인이 있을 수 없고, 따라서 법정대리인에 의한 수증행위도 불가능한 것이어서 태아의 수증능력을 인정할 수 없다(대판 81다534).
㉢ 태아도 손해배상청구권에 관하여는 이미 출생한 것으로 보는바, 부(父)가 교통사고로 상해를 입을 당시 태아가 출생하지 아니하였다고 하더라도 '그 뒤에 출생한 이상' 부의 부상으로 인하여 입게 될 정신적 고통에 대한 위자료를 청구할 수 있다(대판 93다4663).
㉡ 태아가 사산되면 처음부터 그 개별적 권리능력은 인정되지 않는다.
㉣ 해제조건설은 태아보호에는 유리하나 거래의 안전을 해한다는 평가를 받는다.

Answer 05. ③ 06. ④ 07. ② 08. ②

09 태아의 권리능력에 관한 설명 중 맞는 것을 모두 고른 것은?

> ㉠ 직계존속의 생명침해에 대해 태아는 위자료를 청구할 수 있다.
> ㉡ 태아는 대습상속에 관하여는 이미 출생한 것으로 본다.
> ㉢ 판례는 사인증여의 경우에 있어서 태아의 수증능력을 인정한다.
> ㉣ 판례가 취하는 정지조건설에 의하면 태아의 보호를 위한 법정대리인을 인정할 수 있다.
> ㉤ 현행 민법상 부는 태아를 인지할 수 있지만, 태아에게는 부에 대한 인지청구권이 없다.

① ㉠, ㉡, ㉣   ② ㉠, ㉡, ㉤
③ ㉠, ㉢, ㉣   ④ ㉠, ㉢, ㉤
⑤ ㉠, ㉣, ㉤

10 태아의 권리능력에 관한 설명으로 틀린 것은? (다툼이 있으면 판례에 의함)

① 태아인 상태에서 위법한 약물투여로 인하여 기형으로 출생한 자는 가해자에 대하여 손해배상을 청구할 수 있다.
② 태아인 상태에서 부(父)가 교통사고로 상해를 입고 그 후 출생한 자는 자신의 정신적 고통에 대하여 위자료를 청구할 수 있다.
③ 사인증여에 있어서 태아는 수증능력이 없다.
④ 태아가 살아서 출생한 때에 출생 시기를 문제의 사건이 발생한 때까지 소급하여 그때에 태아가 출생한 것으로 본다.
⑤ 교통사고로 인해 유산(流産)된 태아는 가해자에 대하여 불법행위로 인한 손해배상을 청구할 수 있다.

11 태아의 권리능력에 관한 학설로서 해제조건설의 견해에 따른 것을 묶은 것은?

> ㉠ 태아는 권리능력이 없으며, 살아서 태어나면 권리능력을 취득하고 그 효력은 권리능력이 문제되는 시점에 소급한다.
> ㉡ 태아가 정상적으로 출산될 확률이 사산의 확률에 비하여 월등히 높다.
> ㉢ 태아에게도 이론상 법정대리인의 존재를 인정할 수 있다.
> ㉣ 처와 태아를 남기고 사망한 경우에 夫의 유산은 우선 처와 태아가 상속하고, 태아가 사산된 경우에 다른 상속인에게 상속을 회복시킨다.
> ㉤ 타인에게 불측의 손해를 미치지 아니한다고 하는 장점이 있다.

① ㉠, ㉡, ㉢   ② ㉠, ㉢, ㉣   ③ ㉡, ㉢, ㉣
④ ㉡, ㉢, ㉤   ⑤ ㉢, ㉣, ㉤

12 甲男과 乙女는 부부이고 乙女는 태아 丙을 임신하고 있는 상태이다. 이와 관련하여 다음 설명 중 틀린 것은?

① 丙에게는 원칙적으로 권리능력이 없다.

② 丙은 조부(祖父)로부터 유효하게 유증을 받을 수 있다.

③ 丙은 불법행위로 인한 손해배상의 청구에 있어서 이미 태어난 것으로 본다.

④ 丙과 乙이 교통사고로 동시에 즉사한 경우 甲은 丙의 직계존속으로서 丙의 손해배상 청구권을 상속받을 수 있다.

⑤ 丙은 모체인 乙로부터 전부 노출됨으로써 비로소 조부(祖父)로부터 유효하게 생전증여를 받을 수 있다.

---

09 ㉡ 명문의 규정은 없으나, 태아에게 상속권이 인정되므로 태아에게 대습상속권이나 유류분권도 인정하는 것이 통설이다.
㉤ 부 또는 모는 태아를 인지할 수 있으나 태아에게 인지청구권은 인정되지 않는다.
㉢ 판례는 사인증여의 경우에 태아의 수증능력에 대해 부정적이다.
㉣ 정지조건설은 태아의 법정대리인을 인정하지 않는다.

10 ⑤ 태아가 손해배상청구권에 관하여는 이미 태어난 것으로 본다는 민법 제762조의 취지는 태아가 살아서 출생한 때에 출생시기가 문제의 사건의 시기까지 소급하여 그때에 태아가 출생한 것과 같이 법률상 보아준다고 해석함이 상당하므로, 그가 모체와 같이 사망하여 출생의 기회를 가지지 못했다면 배상청구권을 논할 여지가 없다(대판 76다1365).

11 ㉠, ㉤은 정지조건설의 내용이다. 판례가 취하는 정지조건설은 태아로 있는 동안에는 아직 권리능력을 취득하지 못하고 살아서 출생하는 경우에 비로소 권리능력을 취득하게 되며, 다만 그 권리능력 취득의 효과가 문제된 시점까지 소급한다고 본다. 이에 따르면 태아가 사산하더라도 타인에게 불측의 손해를 줄 우려는 없지만, 태아가 취득 또는 상속할 재산을 출생 전에는 보존·관리할 수 없다는 단점이 있다.

12 ④ 태아가 사산된 경우에는 학설의 대립과 관계없이 권리능력이 인정되지 아니하므로 직계존속 甲은 상속할 청구권이 없다.
② 태아는 상속순위에 있어 이미 출생한 것으로 본다는 제1000조 제3항을 유증에서 준용하고 있으므로(제1064조), 丙은 유효하게 유증을 받을 수 있다.
③ 제762조
⑤ 증여의 경우 태아의 수증능력이 인정되지 않고(대판 81다534), 사람의 권리능력은 출생과 함께 시작되는데 전부 노출설이 통설이다. 따라서 丙은 모체에서 전부 노출됨으로써 유효하게 생전증여를 받을 수 있다.

Answer
09. ②   10. ⑤   11. ③   12. ④

13 사망과 관련된 다음 설명 중 옳은 것을 모두 고르면?

> ㉠ 판례에 의하면 사람은 특별한 사정이 없는 한 현재 생존하고 있는 것으로 추정된다 할 것이고, 오히려 그가 사망하였다는 사실은 상대방이 이를 적극적으로 입증하여야 한다.
>
> ㉡ 판례에 의하면 인정사망이나 실종선고 없이도 법원은 경험칙이나 논리칙에 비추어 사망사실을 인정할 수 있다.
>
> ㉢ 민법은 동시사망의 추정을 2인 이상이 상이한 위난에 의하여 사망하고, 그 사망의 선후를 알 수 없는 경우에도 적용한다고 규정하고 있다.
>
> ㉣ 장기 등 이식에 관한 법률에 의하여 뇌사가 법적 사망개념으로 인정되고 있다.

① ㉠, ㉡   ② ㉠, ㉣
③ ㉡, ㉢   ④ ㉡, ㉣
⑤ ㉢, ㉣

14 자연인 甲이 사망함으로써 발생하는 민법상의 법률효과가 아닌 것은?
① 甲의 재산에 대한 상속개시   ② 甲의 법정대리권 소멸
③ 甲의 혼인관계 종료   ④ 甲이 한 조건 없는 유언의 효력발생
⑤ 甲의 임차권의 절대적 소멸

15 甲과 큰아들 乙은 계곡에서 물놀이하던 중 게릴라성 폭우로 갑자기 불어난 급류에 휩쓸려 익사하였다. 이튿날 甲과 乙의 사체는 모두 발견되었으나 누가 먼저 사망하였는지 알 수 없다. 甲의 유족으로는 피성년후견인인 부인 丙과 작은아들 丁이 있다. 이에 관한 설명으로 옳은 것은?
① 甲과 乙은 동시에 사망한 것으로 본다.
② 甲과 乙은 인정사망제도에 의하여 가족관계등록부에 사망으로 기재된다.
③ 甲과 乙은 서로 상속하지 않는다.
④ 가족관계등록부에 사망으로 기재되지 않는 한, 甲과 乙의 권리능력은 상실되지 않는다.
⑤ 丙은 제한능력자이므로 丁이 일단 甲과 乙의 재산을 단독으로 상속한다.

16 사망에 관한 다음의 설명 중 틀린 것은?

① 살아 있는 사람은 현행법제하에서 사망 이외의 경우에도 권리능력을 상실하거나 제한 당하는 수가 있다.

② 호적부의 기재는 사망의 유무나 사망시기에 관한 실체적인 사실을 좌우하지 못하며, 출생의 경우와 마찬가지로, 반증으로써 뒤집을 수 있고 정정할 수 있다.

③ 2인 이상이 동일한 위난으로 사망한 경우에는 동시에 사망한 것으로 추정한다.

④ 사망을 의제하는 실종선고제도는 어디까지나 실종한 장소를 중심으로 하는 권리관계를 사망으로 의제해서 처리하는 데 그치며, 실종자의 권리능력을 소멸케 하는 것은 아니다.

⑤ 탑승한 항공기가 2004년 2월 15일에 추락하여 생사불명이 된 자가 2008년 3월 5일에 실종신고를 받았다면, 2005년 2월 15일 24시에 사망한 것으로 본다.

---

13 ⓛ 수난, 전란, 화재 기타 사변에 편승하여 타인의 불법행위로 사망한 경우에 있어서는 확정적인 증거의 포착이 손쉽지 않음을 예상하여 민법은 인정사망, 위난실종선고 등의 제도와 그 밖에도 보통실종선고제도도 마련해 놓고 있으나 그렇다고 하여 위와 같은 자료나 제도에 의함이 없는 사망사실의 인정을 수소법원이 절대로 할 수 없다는 법리는 없다(대판 87다카29549).
ⓒ 수인이 상이한 위난으로 사망한 경우에는 규정이 없어 제30조를 유추적용한다(다수설).
ⓔ 장기 등 이식에 관한 법률이 뇌사를 법적 사망개념으로 인정하는 것은 아니다.

14 ⑤ 임차권은 임차권자의 사망으로 소멸되지 않고 상속인 등에게 승계된다.
①, ②, ③, ④ 자연인은 사망함으로써 권리능력을 상실하므로, 재산에 관하여 상속이 개시되고 혼인관계가 종료하며, 유언의 효력이 발생한다. 또한 대리권은 본인의 사망, 대리인의 사망·파산·성년후견의 개시로 소멸한다.

15 ③ 동시사망의 추정(제30조)제도는 동시에 사망한 것으로 추정하여, 동사자 간에 상속 문제가 생기지 않도록 하고 있다.
① 동시에 사망한 것으로 추정한다(제30조).
② 甲과 乙의 사체는 모두 발견되어 사망의 확증이 있으므로 인정사망과는 관계없는 사안이다.
④ 권리능력은 사망에 의해 소멸하는 것이지, 가족관계등록부의 기재로 소멸하는 것은 아니다.
⑤ 권리능력이 있는 자연인은 모두 상속능력이 있다.

16 ① 자연인은 사망에 의해서만 권리능력을 상실한다.
② 출생신고와 사망신고는 보고적 신고로서 이에 의하여 호적부에 기재된 사실은 추정을 받으나, 그에 반하는 증거로서 번복될 수 있다.

Answer 13. ① 14. ⑤ 15. ③ 16. ①

17 **권리능력에 관한 설명으로 옳은 것은?** 2016 기출

① 2인 이상이 동일한 위난으로 사망한 경우 동시에 사망한 것으로 본다.

② 태아는 모든 법률관계에서 권리의 주체가 될 수 있다.

③ 의사능력이 없는 자는 권리능력도 인정되지 않는다.

④ 외국인은 대한민국의 도선사(導船士)가 될 수 있다.

⑤ 우리 민법은 외국인의 권리능력에 관하여 명문규정을 두고 있지 않다.

18 **다음 중 행위능력에 관한 설명으로 틀린 것은?**

① 미성년자라고 모두 의사능력이 없는 것은 아니다.

② 제한능력자는 불법행위를 하여도 손해배상책임이 없다.

③ 제한능력자라도 타인의 대리인은 될 수 있다.

④ 피성년후견인이 한 법률행위는 피성년후견인 스스로 취소할 수 있다.

⑤ 행위능력이 있는 사람이라 하더라도 의사능력이 없을 때에 한 법률행위는 효력이 없다.

19 **다음 중 미성년자가 단독으로 행할 수 없는 것은?**

① 채무의 변제수령 ② 대리행위

③ 임금의 청구 ④ 허락된 영업에 관한 행위

⑤ 만 18세가 된 미성년자의 단독유언

20 **미성년자가 제한능력을 이유로 취소할 수 있는 법률행위는?**

① A(17세)가 부모의 처분허락을 받은 근로소득의 범위 내에서 일상용품을 구입한 행위

② B(15세)가 부모 몰래 성인 C의 대리인이 되어 C를 위해 사무용품과 집기 등을 구입한 행위

③ D(16세)가 위조한 신분증을 제시하며 성년자라고 속여 스쿠터를 구입한 행위

④ E(17세)가 부모로부터 장신구판매업을 운영해도 좋다는 허락을 받고 점포 마련을 위해 임대차계약을 체결한 행위

⑤ F(18세)가 부모의 허락 없이 고가의 부동산을 시가보다 저렴하게 매수한 행위

21 다음은 미성년자가 혼인하면 성년자로 보는 경우이다. 틀린 것은?

① 미성년자는 혼인 후 자기의 자에 대하여 친권을 행사할 수 있다.

② 혼인을 한 미성년자는 청소년보호법의 적용을 받지 않는다.

③ 성년의제에 의하여 성년자가 된 자는 이혼하더라도 다시 미성년자로 되지 않는다.

④ 혼인으로 인하여 성년이 된 자는 유언집행자가 될 수 있다.

⑤ 혼인으로 인하여 성년이 된 자는 소송능력을 가지게 된다.

---

17 ① 2인 이상이 동일한 위난으로 사망한 경우에는 동시에 사망한 것으로 추정한다(제30조).
② 우리 민법은 태아를 모든 법률관계에 있어서 이미 출생한 것으로 보지 않고, 태아의 보호에 특히 중요하다고 생각되는 법률관계만을 개별적으로 열거하여 이에 한하여만 이미 출생한 것으로 보아 권리능력을 부여하는 개별적 보호주의를 채택하고 있다.
③ 의사능력이 없는 자도 권리능력은 인정된다.
④ 외국인은 대한민국의 도선사가 될 수 없다(도선법 제6조).

18 ② 제한능력자라고 하여 항상 불법행위에 대한 책임능력까지 없는 것은 아니다.
③ 대리인은 행위능력자임을 요하지 아니한다(제117조).
④ 제한능력자가 한 법률행위는 법정대리인 또는 제한능력자 자신이 단독으로 이를 취소할 수 있다.

19 ① 변제의 수령은 채권을 부당히 잃게 할 염려가 있으므로 단독으로 할 수 없다는 견해가 다수설이다.

20 ⑤ 경제적으로 유리한 매매계약을 체결하는 행위는 권리만을 얻거나 의무만을 면하는 행위(제5조 제1항 단서)에 해당하지 않으므로, 법정대리인의 동의 없이 단독으로 법률행위를 할 수 없다.
① 법정대리인이 범위를 정하여 처분을 허락한 재산은 미성년자가 임의로 처분할 수 있다(제6조).
② 대리인은 행위능력자일 것을 요구하지 않는다(제117조).
③ 제한능력자가 속임수로써 능력자로 믿게 한 때에는 그 행위를 취소하지 못한다(제17조 제1항).
④ 미성년자가 법정대리인으로부터 허락을 얻은 특정한 영업에 관하여는 성년자와 동일한 행위능력이 있다(제8조 제1항).

21 ② 성년의제는 사법상의 법률관계에 한하여 적용된다. 따라서 미성년자가 혼인을 한 경우에도 여전히 청소년보호법이 적용된다.

Answer   17. ⑤   18. ②   19. ①   20. ⑤   21. ②

22 미성년자에 관한 다음 설명 중 잘못된 것은?

① 미성년자가 부담 없는 증여를 수락한 때에는 법정대리인의 동의를 요하지 아니한다.

② 법정대리인으로부터 허락을 받은 특정한 영업에 관하여 미성년자는 소송능력도 가진다.

③ 권리만을 얻거나 의무만을 면하는 행위가 아닌데도 법정대리인의 동의 없이 미성년자가 한 법률행위는 무효이다.

④ 만 17세가 된 미성년자는 유언을 혼자서 할 수 있다.

⑤ 전 등기명의인이 미성년자이고 당해 부동산을 친권자에게 증여하는 행위가 이해상반행위라 하더라도 일단 친권자에게 이전등기가 경료되었다면 특별한 사정이 없는 한, 그 이전등기에 관하여 필요한 절차를 적법하게 거친 것으로 추정된다.

23 만 18세 미혼인 자가 법정대리인의 동의 없이 단독으로 할 수 있는 것을 모두 고른 것은?

㉠ 유언	㉡ 대리행위
㉢ 경제적으로 유리한 매매	㉣ 근로기준법상 임금의 청구
㉤ 증여받기로 한 계약의 해제	

① ㉠, ㉡, ㉢   ② ㉠, ㉡, ㉣

③ ㉠, ㉢, ㉤   ④ ㉡, ㉣, ㉤

⑤ ㉢, ㉣, ㉤

24 만 18세의 甲이 법정대리인의 동의 없이 단독으로 할 수 있는 행위가 아닌 것은? (다툼이 있는 경우에는 판례에 의함) 2013 기출

① 甲이 타인의 대리인으로 체결하는 부동산 매매계약

② 모(母)와 공동으로 받는 상속에 대한 甲의 승인

③ 甲이 법정대리인의 동의 없이 체결한 오토바이 매매계약에 대한 취소

④ 부양의무를 이행하지 않는 친권자 乙에 대한 甲의 부양료 청구

⑤ 甲이 자신의 재산에 대하여 행하는 유언

25 甲은 친권상실선고를 받은 남편 A와 이혼하였다. 그 후 甲은 적법한 유언으로 8세 된 아들 乙의 후견인으로 친구 B를 지정한 후 사망하였다. 乙에게는 출생 후 자신을 실질적으로 양육해 준 72세 된 외할머니 C, 68세 된 친할아버지 D, 그리고 대단한 재력가인 큰아버지 E가 있다. 다음 중 乙의 법정대리인은 누구인가?

① A   ② B   ③ C

④ D   ⑤ E

26 미성년자의 행위능력에 관한 다음 설명 중 옳지 않은 것은?

① 미성년자가 유효한 법률행위를 하려면 원칙적으로 법정대리인의 동의를 얻어야 하며, 법정대리인의 동의를 얻지 않은 미성년자의 법률행위에 대해서는 법정대리인만이 취소할 수 있다.

② 미성년자가 법정대리인의 동의 없이 단순히 권리만을 얻거나 의무만을 면하는 행위를 하는 경우에도 미성년자에게 의사능력이 없다면 무효를 주장할 수 있다.

③ 처분이 허락된 재산의 처분행위에 대하여 거래의 안전을 강조하는 입장에서는 미성년자가 처분이 허락된 재산을 처분함에 있어서 미리 정하여진 그 재산의 사용목적과는 상관없이 임의로 처분할 수 있다고 한다.

④ 법정대리인이 미성년자에게 영업을 허락한 경우에 미성년자는 그 영업에 관하여는 성년자와 동일한 행위능력을 가지게 되며, 따라서 법정대리인의 대리권도 이 범위에서는 존재하지 않는 것으로 해석된다.

⑤ 미성년자가 타인의 대리인으로서 법률행위를 함에 있어서는 행위능력이 문제되지 아니하므로 대리권을 가진 미성년자는 타인의 대리인으로서 하는 대리행위를 단독으로 유효하게 할 수 있다.

---

22 ③ 무효사유가 아니라 취소사유이다(제5조 제2항).

23 ⓒ 단순히 권리만을 얻거나 의무만을 면하는 행위(제5조 제1항 단서)는 미성년자 단독으로 할 수 있다. 그러나 경제적으로 유리한 매매계약을 체결하는 행위는 권리를 얻을 뿐만 아니라 의무도 부담하므로 단독으로 하지 못한다.
ⓔ 증여받기로 한 계약의 해제는 권리를 상실하는 행위이므로 단독으로 하지 못한다.

24 ② 상속을 승인하는 행위는 이익을 얻을 뿐만 아니라 의무도 부담하기 때문에 단독으로 할 수 없다.
① 대리인은 행위능력자임을 요하지 않는다(제117조).
③ 미성년자는 취소권자이기 때문에 법정대리인의 동의를 받지 않더라도 취소권을 행사할 수 있다.
④ 미성년자라 하더라도 권리만을 얻는 행위는 법정대리인의 동의가 필요 없으며 친권자와 자 사이에 이해상반되는 행위를 함에는 그 자의 특별대리인을 선임하도록 하는 규정이 있는 점에 비추어 볼 때, 청구인(미성년자인 혼인 외의 자)은 피청구인(생부)이 인지를 함으로써 청구인의 친권자가 되어 법정대리인이 된다 하더라도 피청구인이 청구인을 부양하고 있지 않은 이상 그 부양료를 피청구인에게 직접 청구할 수 있다 할 것이다(대판 72므5).
⑤ 만 17세에 달한 자는 유언능력이 있다(제1061조).

25 ② 미성년후견인은 지정 미성년후견인, 선임 미성년후견인의 순서로 된다.

26 ① 미성년자의 법률행위에 대해서는 법정대리인의 동의가 없는 행위는 미성년자 본인 또는 법정대리인이 이를 취소할 수 있다(제5조 제2항).

Answer
22. ③   23. ②   24. ②   25. ②   26. ①

27 미성년자의 법적 지위에 관한 다음 설명 중 틀린 것은? (다툼이 있으면 판례에 의함)

① 미성년자는 법정대리인의 동의가 없는 한 단독으로 유효하게 채무변제를 수령할 수 없다.

② 법정대리인이 사용목적을 정하여 처분을 허락한 재산에 대하여 미성년자는 그 목적과 다른 용도로 유효하게 처분할 수 있다.

③ 미성년자가 상대방에 대해 속임수로써 능력자로 믿게 한 경우 취소권이 배제되는데 이 경우 미성년자는 단순히 능력자라고 칭한 정도가 아니라 적극적으로 사기수단을 사용하였어야 하며, 이에 대한 입증은 상대방이 부담한다.

④ 미성년임을 이유로 법률행위를 취소한 경우 미성년자는 선의 여부와 관계없이 현존이익의 한도에서만 반환의무를 부담하는데, 그 반환이익이 금전인 경우는 반환의무자가 미성년자이더라도 특별한 사정이 없는 한 그 이익이 현존하는 것으로 추정한다.

⑤ 미성년자는 법정대리인의 동의를 받지 않고 한 법률행위를 원칙적으로 취소할 수 있는데, 이러한 취소를 함에 있어서도 법정대리인의 동의가 있어야 한다.

28 미성년자의 행위능력에 관한 설명 중 틀린 것은? (다툼이 있으면 판례에 의함)

① 미성년자가 혼인을 한 때에는 성년자로 본다.

② 미성년자가 법률행위를 하려면 원칙적으로 법정대리인의 동의를 얻어야 한다.

③ 법정대리인이 범위를 정하여 처분을 허락한 재산은 미성년자가 임의로 처분할 수 있다.

④ 미성년자가 법정대리인으로부터 허락을 얻은 특정한 영업에 관하여는 성년자와 동일한 행위능력이 있다.

⑤ 법정대리인은 영업의 허락을 취소 또는 제한할 수 있다. 그러나 제3자에게 대항하지 못한다.

29 미성년자의 행위능력에 관한 설명 중 틀린 것은? (판례에 의함)

① 미성년자는 법정대리인의 동의가 있어야 상계할 수 있다.

② 미성년자는 자신이 법정대리인의 동의 없이 한 행위를 단독으로 취소할 수 있다.

③ 미성년자가 타인의 대리인으로서 하는 대리행위는 행위능력이 제한되지 않으므로 단독으로 유효하게 할 수 있다.

④ 미성년자의 유언행위는 법정대리인이 대리할 수 없으므로 모든 미성년자는 유효한 유언을 혼자서 할 수 있다.

⑤ 법정대리인의 허락을 얻어 회사의 무한책임사원이 된 미성년자가 그 사원자격에 의하여 행하는 행위는 법정대리인의 동의 없이 유효하게 할 수 있다.

30 미성년자 甲은 법정대리인 乙의 동의 없이 사기명의의 부동산을 丙에게 매도하는 계약을 체결하였다. 다음 중 맞지 않는 것은?

① 甲과 乙 모두 매매계약을 취소할 수 있다.

② 甲이 취소한 경우에는 선의인 경우에 한하여 이익이 현존하는 한도에서 상환할 책임이 있다.

③ 취소한 법률행위는 처음부터 무효인 것으로 본다.

④ 취소의 의사표시는 丙에 대하여 하여야 한다.

⑤ 선의의 丙은 乙의 추인이 있을 때까지 의사표시를 철회할 수 있다.

31 다음 중 미성년자 甲의 친권자 乙과 거래당사자 丙이 법정에서 제시한 근거를 가지고 판단할 경우, 乙이 승소하기 어려운 경우는? (다툼이 있으면 판례에 의함)

① 乙은 甲과 丙의 부동산매매계약에 대해 취소한다고 주장한다. 이에 대해 丙은 10일의 기간을 정하여 추인 여부의 확답을 촉구하였는데도 乙이 확답을 하지 않았다는 점을 입증하였다.

② 乙은 甲이 丙에게 행한 부동산증여계약에 대해 취소한다고 주장한다. 이에 대해 丙은 甲에게 확답을 촉구하였는데도 확답을 하지 않았다는 점을 입증하였다.

③ 乙은 甲이 丙과 한 부동산매매계약에 대해 추인한다고 주장한다. 이에 대해 선의의 丙은 그 전에 甲에게 계약을 철회하였음을 입증하였다.

④ 乙은 丙이 이미 철회의 의사표시를 한 甲과 丙의 부동산매매계약에 대해 추인하기를 주장하면서, 계약 당시에 丙이 甲이 제한능력자임을 알았음을 입증하였다.

⑤ 乙은 甲이 丙과 한 부동산매매계약에 대해 취소한다고 주장한다. 이에 대해 丙은 甲이 계약 당시 아무 말도 하지 않았음을 입증하였다.

27 ⑤ 미성년자는 법정대리인의 동의를 받지 않고 한 법률행위를 원칙적으로 취소할 수 있는데, 이러한 취소를 함에 있어서는 법정대리인의 동의 없이 단독으로 할 수 있다.

28 ⑤ 법정대리인은 전항의 허락을 취소 또는 제한할 수 있다. 그러나 '선의의 제3자'에게 대항하지 못한다(제8조 제2항).

29 ④ 모든 미성년자가 아니고, 만 17세에 달한 자가 단독으로 유언을 할 수 있다(제1601조).

30 ② 제한능력자는 선의·악의에 관계없이 그 행위로 인하여 받은 이익이 현존하는 한도에서 상환할 책임이 있다(제141조).

31 ③ 상대방이 자기의 의사표시를 철회하면, 계약은 처음부터 없었던 것으로 되어 이제는 제한능력자 측에서도 추인할 수 없게 된다.

32 제한능력자와 거래한 상대방을 보호하는 제도에 관한 다음 설명 중 틀린 것은?

① 확답촉구권은 악의의 상대방도 행사할 수 있다.

② 철회권은 악의의 상대방도 행사할 수 있다.

③ 거절권은 악의의 상대방도 행사할 수 있다.

④ 제한능력자가 속임수로써 능력자로 믿게 한 때에는 그 행위를 취소하지 못한다.

⑤ 매매 당시 미성년자가 상대방에게 성년자로 군대에 갔다 왔다고 말한 사실이 있다 하더라도 이것만으로는 소위 속임수를 썼다고 할 수 없다.

33 다음은 미성년자에 관한 기술이다. 가장 올바르지 못한 것은?

① 미성년자가 다인에게 부동산을 증여하는 내용의 증여계약을 구두로 체결한 후, 증여의 의사가 서면으로 표시되지 아니하였음을 이유로 위 증여계약을 해제함에 있어서, 법정대리인의 동의를 요하지 않는다.

② 처분이 허락된 재산으로 매수한 물건의 하자에 대한 하자담보책임을 주장하기 위해서는 미성년자는 법정대리인의 동의를 얻어야 한다.

③ 법정대리인은 미성년자에게 재산처분을 허락하였더라도 미성년자가 법률행위를 하기 전에는 허락을 취소할 수 있다.

④ 18세인 甲이 컴퓨터대리점에 들러 컴퓨터를 매수하면서 대리점 주인에게 자신은 대학 3학년으로 21세라고 하였다 하더라도, 그 다음 날 자신이 미성년자라는 이유로 위 매매계약을 취소할 수 있다.

⑤ 미성년자 甲이 법정대리인의 허락을 얻어 컴퓨터판매업을 하던 중 법정대리인이 위 영업의 허락을 취소하였음에도, 甲이 위 영업을 계속하면서 그 사정을 모르는 乙에게 컴퓨터를 매도하는 내용의 매매계약을 체결하였다면 甲은 위 매매계약을 취소할 수 없다.

34 18세로 아직 혼인하지 아니한 甲은 그의 부모의 동의 없이 그 소유 토지에 대하여 乙과 매매계약을 체결하였다. 이 경우의 법률관계에 대한 다음의 설명 중 옳지 않은 것은?

① 乙이 甲의 부모에 대하여 매매계약을 추인할 것인지의 여부를 1개월 이상의 기간을 정하여 그 안에 확답하라고 촉구하였으나, 甲의 부모가 그 기간 내에 확답을 발하지 아니한 때에는 매매계약은 소급하여 무효로 된다.

② 甲이 19세가 된 후에 매매대금채권을 제3자에게 양도한 때에는 甲은 이제 매매계약을 취소할 수 없다.

③ 乙이 매매계약 당시에 甲이 미성년자임을 몰랐을 경우에는 乙은 甲에 대하여 자신의 매매계약상의 의사표시를 철회하는 의사표시를 할 수 있다.

④ 甲의 부모가 乙에 대하여 매매대금의 지급을 청구한 경우에는 그들은 매매계약을 취소할 수 없다.

⑤ 甲이 乙을 기망하여 능력자로 믿게 하였던 경우에는 甲은 매매계약을 취소할 수 없다.

---

32 ② 철회권은 선의의 상대방만 행사할 수 있다.

33 ② 처분이 허락된 재산의 처분으로 인한 후속행위, 예컨대 처분이 허락된 용돈으로 구입한 물건에 하자가 있는 경우 담보책임을 묻는 것 등도 단독으로 가능하다고 본다.

34 ① 유예기간 내에 확답이 없는 경우는 특별한 절차를 요하지 않는 한 미성년자의 행위를 추인한 것으로 본다 (제15조 제2항). 즉, 무효가 아니라 확정적으로 유효가 된다.

Answer
32. ②   33. ②   34. ①

35 미성년자인 甲은 부모의 동의 없이 그 소유임야를 乙에게 1억 원에 매도하고 소유권이전등 기를 해 주었다. 그런데 이 계약체결과정에서 甲은 乙에게 자기가 사장이라 말하고 주위 사람들도 사장이라 칭하여 乙은 甲이 성년자인 것으로 알았다. 다음 중 틀린 것은?

① 판례에 의하면 위의 사례의 경우 甲 또는 甲의 부모는 취소할 수 있다.

② 乙은 甲에게 확답을 촉구할 수는 없으나, 철회를 할 수는 있다.

③ 乙은 甲의 부모에게 1개월 이상의 기간을 정하여 추인 여부의 확답을 촉구할 수 있고, 甲의 부모가 그 정하여진 기간 내에 확답을 발송하지 아니한 경우에는 그 행위를 추인 한 것으로 본다.

④ 만약 甲이 1억 원의 매매대금 중 3천만 원을 유흥비로 탕진하고, 2천만 원을 생활비로 사용하였다면 매매계약이 취소된 경우 甲은 5천만 원만 반환하면 된다.

⑤ 甲의 부모가 추인을 한 경우에는 乙은 철회권을 행사할 수 없다.

36 다음 사례의 경우 甲이 丙에게 반환하여야 할 금액은 얼마가 되는가?

> 미성년자 甲은 법정대리인 乙의 동의를 얻지 아니하고 자기 소유의 건물을 1억 원에 丙 에게 매각하였다. 甲은 매매대금 중 1,000만 원은 채무변제를 위하여 사용하고, 4,000만 원은 유흥비로, 3,000만 원은 생활비로 각각 사용하였고, 나머지 2,000만 원은 현금으로 가지고 있다. 그런데 법정대리인 乙이 甲과 丙 사이의 매매계약을 취소하였다.

① 2,000만 원   ② 3,000만 원   ③ 5,000만 원

④ 6,000만 원   ⑤ 1억 원

37 미성년자 甲과 매매계약을 체결한 乙은 甲의 친권자 丙에게 매매계약의 추인 여부의 확답을 촉구하려고 한다. 이와 관련된 다음의 기술 중 옳지 않은 것은?

① 확답촉구권의 법적 성질은 의사의 통지이다.

② 유예기간은 2개월 이상이다.

③ 丙이 유예기간 내에 확답을 발하지 아니한 경우에는 추인의 효과가 생긴다.

④ 乙이 확답촉구한 것에 대해 丙이 추인하였다면, 이는 유동적 유효상태에 있는 법률행 위를 확정적으로 유효화한 것이다.

⑤ 乙이 비록 법률행위 당시 甲이 제한능력자임을 알았다고 할지라도 乙에게는 확답촉구 권이 인정된다.

38 미성년자 甲이 법정대리인 乙의 동의 없이 자신의 노트북 컴퓨터를 丙에게 매각하였다. 다음 설명 중 옳은 것은? 2014 기출

① 丙은 乙이 추인하기 전에 거절권을 행사할 수 있다.

② 丙이 그 물건을 다시 丁에게 증여한 경우, 甲은 丁을 상대로 매매계약을 취소할 수 있다.

③ 계약체결 시에 甲이 미성년자임을 안 丙은 그의 의사표시를 철회할 수 있다.

④ 甲이 속임수로써 乙의 동의가 있는 것으로 믿게 한 경우, 甲은 계약을 원인으로 얻은 모든 이득을 반환하고 계약을 취소할 수 있다.

⑤ 丙은 19세가 된 甲에게 1개월 이상의 기간을 정하여 매매계약을 추인할 것인지 여부의 확답을 촉구할 수 있다.

---

35 ④ 민법은 제한능력자의 보호를 위해 제한능력을 이유로 취소하는 경우에는 그 행위로 인하여 받은 이익이 현존하는 한도에서 상환할 책임을 진다(제141조 단서)는 특칙을 두고 있다. 여기서 '받은 이익이 현존하는 한도'라 함은 취소되는 행위에 의하여 사실상 얻은 이익이 그대로 있거나 또는 그것이 변형되어 잔존하고 있는 것을 말한다. 따라서 소비한 경우에는 이익이 현존하지 않으나, 필요한 비용(예 생활비)에 충당한 때에는 다른 재산의 소비를 면한 것이므로 그 한도에서 이익은 현존하는 것이 된다. 따라서, 甲은 생활비를 포함한 7천만원을 반환하여야 한다.

36 ④ 취소가 있으면 그 법률행위는 처음부터 무효인 것으로 본다. 따라서 그 법률행위에 기하여 급부가 이미 행하여진 경우 부당이득반환의 법리에 의하여 그 급부가 반환되어야 한다. 이때 선의수익자는 현존이익만 반환하며, 악의수익자는 받은 이익에 이자를 붙여 반환하고 손해가 있으면 이를 배상하여야 한다(제748조). 단, 제한능력자는 선의 · 악의를 불문하고 현존이익만 반환하면 된다(제141조 단서). 받은 것을 이미 유흥비로 소비한 경우에는 이익이 현존하지 않지만 필요한 비용(예 채무변제, 생활비, 학비)에 충당하였다면, 다른 재산의 소비를 면한 것이므로 그 한도에서 이익은 현존하는 것으로 된다.

37 ② 유예기간은 1개월 이상이다.

38 ⑤ 제한능력자의 상대방은 제한능력자가 능력자가 된 후에 그에게 1개월 이상의 기간을 정하여 그 취소할 수 있는 행위를 추인할 것인지 여부의 확답을 촉구할 수 있다. 능력자로 된 사람이 그 기간 내에 확답을 발송하지 아니하면 그 행위를 추인한 것으로 본다(제15조 제1항).
① 상대방의 거절권은 단독행위의 경우에 인정된다. 본 사안은 매매계약이 문제된 사안이므로 거절권을 행사할 수는 없다.
② 취소할 수 있는 법률행위의 상대방이 확정한 경우에는 그 취소는 그 상대방에 대한 의사표시로 하여야 한다(제142조). 즉 취소의 상대방은 丙이다.
③ 선의의 상대방만 철회할 수 있다(제16조 제1항 단서 참조).
④ 제한능력자가 속임수로써 자기를 능력자로 믿게 한 경우에는 그 행위를 취소할 수 없다(제17조 제1항).

Answer / 35. ④ 36. ④ 37. ② 38. ⑤

39 18세인 A는 유흥비를 마련하기 위해 자기 소유의 승용차를 B에게 넘기는 매매계약을 단독으로 체결하였다. 다음 설명 중 바르게 된 것은?

① 계약체결 당시 A가 자신을 능력자라고 칭한 경우, 판례에 의하면 그것만으로도 속임수가 인정되므로 A의 법정대리인이 A와 B 사이의 계약을 취소할 수 없다.

② A는 계약체결 후에 제한능력자인 상태에서 단독으로 유효하게 B와의 계약을 취소할 수 있다.

③ 계약체결 후에 A가 미성년자임을 알게 된 B가 자신의 의사표시를 철회하는 경우 A가 아직 미성년자인 경우라면 A를 상대로 철회할 수 없다.

④ 미성년자의 법정대리인이 매매계약을 취소할 때, A가 매매대금으로 받은 금원 중 일부를 유흥비로 낭비했어도 상대방인 B가 선의라면 A는 받은 이익의 전부를 반환할 책임이 있다.

⑤ B가 A의 법정대리인에게 확답을 촉구하는 경우 1개월 이상 정한 그 유예기간 내에 확답을 받지 못하면 추인한 것으로 본다.

40 성년후견개시심판을 청구할 수 없는 자는?

① 미성년후견인
② 배우자
③ 4촌 이내의 친족
④ 지방자치단체의 장
⑤ 이해관계인

41 피성년후견인에 관한 다음 설명 중 옳지 않은 것은?

① 성년후견개시의 심판은 질병, 장애, 노령, 그 밖의 사유로 인한 정신적 제약으로 사무를 처리할 능력이 지속적으로 결여된 사람에 대하여 행해진다.

② 피성년후견인의 법률행위는 원칙적으로 취소할 수 있다.

③ 가정법원은 취소할 수 없는 피성년후견인의 법률행위의 범위를 정할 수 있다.

④ 성년후견인의 수는 한 명으로 한다.

⑤ 성년후견인은 피성년후견인의 법정대리인이 된다.

42 피한정후견인에 관한 설명으로 틀린 것은?

① 한정후견개시의 심판은 질병, 장애, 노령, 그 밖의 사유로 인한 정신적 제약으로 사무를 처리할 능력이 부족한 사람에 대하여 행해진다.

② 한정후견개시의 심판을 하기 위해서는 본인, 배우자, 4촌 이내의 친족, 미성년후견인, 미성년후견감독인, 성년후견인, 성년후견감독인, 특정후견인, 특정후견감독인, 검사 또는 지방자치단체의 장의 청구가 있어야 한다.

③ 가정법원은 한정후견인에게 대리권을 수여하는 심판을 할 수 없다.

④ 가정법원은 피한정후견인이 한정후견인의 동의를 받아야 하는 행위의 범위를 정할 수 있다.

⑤ 한정후견인의 동의가 필요한 법률행위를 피한정후견인이 한정후견인의 동의 없이 하였을 때에는 그 법률행위를 취소할 수 있다. 다만, 일용품의 구입 등 일상생활에 필요하고 그 대가가 과도하지 아니한 법률행위에 대하여는 그러하지 아니하다.

43 성년후견, 한정후견, 특정후견에 관한 설명으로 옳지 않은 것은? 2014 기출

① 피성년후견인의 법률행위는 취소할 수 있다.

② 가정법원은 한정후견개시의 심판을 할 때 본인의 의사를 고려하여야 한다.

③ 가정법원이 피한정후견인에 대하여 성년후견개시의 심판을 할 때에는 종전의 한정후견의 종료 심판을 한다.

④ 특정후견은 본인의 의사에 반하여 할 수 있다.

⑤ 특정후견의 심판을 하는 경우에는 특정후견의 기간 또는 사무의 범위를 정하여야 한다.

---

39 ② 제한능력자도 단독으로 취소할 수 있다(제140조).
③ 확답촉구와는 달리 철회의 의사표시는 제한능력자에 대해서도 할 수 있다(제16조 제3항).
④ 제한능력자는 현존이익 한도에서 상환할 책임이 있다(제141조 단서).
⑤ 유예기간 내에 확답을 발송하지 아니한 경우에는 추인한 것으로 본다(제15조 제2항).

40 ⑤ 성년후견개시심판을 청구할 수 있는 자에 이해관계인은 포함되지 않는다(제9조 제1항).

41 ④ 성년후견인은 피성년후견인의 신상과 재산에 관한 모든 사정을 고려하여 여러 명을 둘 수 있다(제930조 제2항).

42 ③ 가정법원은 한정후견인에게 대리권을 수여하는 심판을 할 수 있다(제959조의 4).

43 ④ 특정후견은 본인의 의사에 반하여 할 수 없다(제14조의 2 제2항).

Answer
39. ② 　 40. ⑤ 　 41. ④ 　 42. ③ 　 43. ④

44 성년후견, 한정후견, 특정후견에 관한 설명으로 옳은 것은? 2015 기출

① 지방자치단체의 장은 성년후견개시의 원인이 소멸된 경우에는 성년후견종료의 심판을 청구할 수 없다.

② 성년후견인은 피성년후견인의 법률행위가 일용품의 구입 등 일상생활에 필요하고 그 대가가 과도하지 않더라도 그 행위를 취소할 수 있다.

③ 가정법원은 피한정후견인이 한정후견인의 동의를 받아야 하는 행위의 범위를 정할 수 없다.

④ 가정법원은 취소할 수 없는 피성년후견인의 법률행위의 범위를 정할 수 있다.

⑤ 가정법원은 성년후견개시의 심판을 할 때 본인의 의사를 고려할 필요가 없다.

45 성년후견, 한정후견, 특정후견에 관한 설명으로 옳지 않은 것은? 2016 기출

① 가정법원은 한정후견개시의 심판을 직권으로 하지 못한다.

② 한정후견종료의 심판은 장래에 향하여 효력을 가진다.

③ 특정후견은 본인의 의사에 반하여 할 수 있다.

④ 가정법원은 취소할 수 없는 피성년후견인의 법률행위의 범위를 정할 수 있다.

⑤ 정신적 제약으로 사무를 처리할 능력이 지속적으로 결여된 사람에 대하여 지방자치단체의 장도 성년후견개시의 심판을 청구할 수 있다.

46 피성년후견인에 관한 설명으로 옳은 것은? 2018 기출

① 가정법원은 청구권자의 청구가 없더라도 직권으로 성년후견개시의 심판을 한다.

② 정신적 제약으로 사무처리능력이 일시적으로 결여된 경우, 성년후견개시의 심판을 해야 한다.

③ 법인은 성년후견인이 될 수 없다.

④ 일상생활에 필요하고 그 대가가 과도하지 아니한 피성년후견인의 법률행위는 성년후견인이 취소할 수 없다.

⑤ 가정법원은 청구권자의 청구가 없더라도 피성년후견인의 취소할 수 없는 법률행위의 범위를 임의로 변경할 수 있다.

47 민법상 성년후견종료의 심판을 청구할 수 있는 자로 명시되지 않은 자는? 2019 기출

① 성년후견인　　　② 성년후견감독인　　　③ 지방의회 의장

④ 4촌 이내의 친족　　　⑤ 검사

48 후견에 관한 설명으로 옳지 않은 것은? 2022 기출

① 가정법원은 성년후견개시의 심판을 할 때 본인의 의사를 고려하여야 한다.

② 가정법원이 피성년후견인에 대하여 한정후견개시의 심판을 할 때에는 종전의 성년후견의 종료 심판을 하여야 한다.

③ 피성년후견인의 법률행위는 원칙적으로 취소할 수 있지만, 가정법원은 취소할 수 없는 법률행위의 범위를 정할 수 있다.

④ 가정법원은 피한정후견인이 한정후견인의 동의를 받아야 하는 행위의 범위를 정할 수 있다.

⑤ 가정법원은 정신적 제약으로 특정한 사무에 관하여 후원이 필요한 자에 대하여는 본인의 의사에 반하더라도 특정후견의 심판을 할 수 있다.

---

44 ④ 제10조 제2항
① 성년후견개시의 원인이 소멸된 경우에는 가정법원은 본인, 배우자, 4촌 이내의 친족, 성년후견인, 성년후견감독인, 검사 또는 지방자치단체의 장의 청구에 의하여 성년후견종료의 심판을 한다(제11조).
② 일용품의 구입 등 일상생활에 필요하고 그 대가가 과도하지 아니한 법률행위는 성년후견인이 취소할 수 없다(제10조 제4항).
③ 가정법원은 피한정후견인이 한정후견인의 동의를 받아야 하는 행위의 범위를 정할 수 있다(제13조 제1항).
⑤ 가정법원은 성년후견개시의 심판을 할 때 본인의 의사를 고려하여야 한다(제9조 제2항).

45 ③ 특정후견은 본인의 의사에 반하여 할 수 없다(제14조의 2 제2항).

46 ④ 제10조 제4항
① 본인, 배우자, 4촌 이내의 친족, 미성년후견인, 미성년후견감독인, 한정후견인, 한정후견감독인, 특정후견인, 특정후견감독인, 검사 또는 지방자치단체의 장의 청구에 의하여 성년후견개시의 심판을 한다.
② 질병, 장애, 노령, 그 밖의 사유로 인한 정신적 제약으로 사무를 처리할 능력이 지속적으로 결여되어야 한다.
③ 법인도 성년후견인이 될 수 있다(제930조 제3항).
⑤ 가정법원은 본인, 배우자, 4촌 이내의 친족, 성년후견인, 성년후견감독인, 검사 또는 지방자치단체의 장의 청구에 의하여 취소할 수 없는 피성년후견인의 법률행위의 범위를 변경할 수 있다.

47 ③ 제11조(성년후견종료의 심판) 성년후견개시의 원인이 소멸된 경우에는 가정법원은 본인, 배우자, 4촌 이내의 친족, 성년후견인, 성년후견감독인, 검사 또는 지방자치단체의 장의 청구에 의하여 성년후견종료의 심판을 한다.

48 ⑤ 특정후견은 본인의 의사에 반하여 할 수 없다(제14조의 2 제2항).

Answer / 44. ④ 45. ③ 46. ④ 47. ③ 48. ⑤

49 제한능력자에 관한 설명으로 옳지 않은 것은? (다툼이 있으면 판례에 따름) 2020 기출

① 미성년자가 법정대리인의 동의를 얻은 법률행위를 하기 전에는 법정대리인은 그가 한 동의를 취소할 수 있다.

② 미성년자는 자신의 노무제공에 따른 임금청구를 단독으로 할 수 있다.

③ 미성년자는 타인의 대리인으로서 단독으로 유효한 대리행위를 할 수 있다.

④ 피한정후견인은 적극적인 속임수로써 법정대리인의 동의가 있는 것으로 믿게 한 경우, 그 법률행위를 취소할 수 없다.

⑤ 가정법원은 성년후견개시의 심판을 할 때 본인의 의사를 고려할 필요는 없다.

50 제한능력자의 법률행위에 관한 설명 중 옳지 않은 것은? (다툼이 있으면 판례에 의함)

① 제한능력자의 상대방이 하는 철회의 의사표시는 제한능력자에 대하여도 할 수 있다.

② 미성년자가 법정대리인의 동의 없이 법률행위를 한 경우 그 취소는 미성년자 단독으로도 할 수 있다.

③ 피성년후견인이 속임수로써 법정대리인의 동의가 있는 것으로 믿게 한 경우에는 취소권이 배제된다.

④ 미성년자 자신의 노무제공에 따른 임금의 청구는 미성년자가 독자적으로 할 수 있다.

⑤ 제한능력자가 속임수로써 능력자로 믿게 한 때에 있어서의 속임수를 쓴 것이라 함은 적극적으로 기망수단을 쓴 것을 말하는 것이고, 단순히 자기가 능력자로 사언(詐言)함은 속임수를 쓴 것이라고 할 수 없다.

51 제한능력자와 거래한 선의의 상대방이 제한능력자 측에 대하여 행사할 수 없는 것은?

① 법정대리인에 대한 확답촉구권   ② 제한능력자에 대한 거절권

③ 제한능력자에 대한 취소권   ④ 법정대리인에 대한 철회권

⑤ 제한능력자에 대한 철회권

52 제한능력자의 상대방의 철회권과 거절권에 관한 설명 중 틀린 것은?

① 철회나 거절은 법정대리인뿐만 아니라, 제한능력자에 대해서도 할 수 있다.

② 철회권은 계약에 관한 것이고, 거절권은 제한능력자의 단독행위에 관한 것이다.

③ 제한능력자 쪽에서 추인을 한 뒤에는 상대방은 철회 또는 거절할 수 없다.

④ 제한능력자의 상대방이 단독행위인 의사표시를 수령할 때에 표의자가 제한능력자임을 알고 있었으면 거절권을 행사할 수 없다.

⑤ 계약 당시에 제한능력자임을 알았을 경우에는 철회할 수 없다.

53 제한능력자의 상대방 보호에 관한 설명 중 옳은 것은?

① 상대방은 제한능력자 측의 추인이 있기 전까지 제한능력자의 단독행위에 대하여 제한능력자에게 거절권을 행사할 수 있다.

② 제한능력자와 계약을 체결한 상대방은 계약체결 당시에 제한능력자임을 알았더라도 철회권을 행사할 수 있다.

③ 제한능력자의 상대방은 제한능력자가 능력자로 된 경우에는 추인 여부의 확답을 촉구할 수 없다.

④ 추인을 위해 특별한 절차를 요하는 행위에 관하여 상당한 기간 내에 법정대리인이 확답을 발송하지 아니하면 추인한 것으로 본다.

⑤ 피성년후견인이 속임수로써 법정대리인의 동의를 얻은 것으로 믿게 한 때에는 그 행위를 취소할 수 없다.

📖

49 ⑤ 가정법원은 성년후견개시의 심판을 할 때 본인의 의사를 고려하여야 한다(제9조 제2항).
① 법정대리인은 미성년자가 아직 법률행위를 하기 전에는 그가 행한 동의(제5조)나 일정 범위의 재산처분에 대한 허락(제6조)을 취소할 수 있다(제7조).
② 미성년자는 독자적으로 임금을 청구할 수 있다(근로기준법 제68조).
③ 대리인은 행위능력자임을 요하지 않으므로 미성년자라도 유효한 대리행위를 할 수 있다(제117조).
④ 제한능력자가 속임수로써 자기를 능력자로 믿게 한 경우나, 미성년자나 피한정후견인이 속임수로써 법정대리인의 동의가 있는 것으로 믿게 한 경우에는 제한능력자 측의 취소권은 박탈된다(제17조).

50 ③ 피성년후견인의 법정대리인은 원칙적으로 동의권이 없으므로, 피성년후견인이 속임수를 써서 법정대리인의 동의가 있는 것으로 믿게 한 때에도 여전히 취소권이 배제되지 않는다.

51 ③ 취소권은 제한능력자 측에서 가지며, 상대방은 취소할 수 없다.

52 ④ 거절권은 철회권과 달리 제한능력자의 상대방이 의사표시를 수령할 당시에 제한능력자임을 알고 있었더라도 행사할 수 있다.

53 ② 선의의 상대방만이 철회권을 행사할 수 있다(제16조 제1항 단서).
③ 제한능력자는 그가 능력자로 된 후에만 확답촉구의 상대방이 될 수 있고(제15조 제1항), 아직 능력자가 되지 못한 때에는 그의 법정대리인이 확답촉구의 상대방이 된다(제15조 제2항).
④ 취소한 것으로 본다(제15조 제3항).
⑤ 제한능력자가 자기를 능력자로 믿게 하려고 하였거나, 법정대리인의 동의가 있는 것으로 믿게 하도록 하였어야 한다(제17조 제1항, 제2항). 그런데 전자의 요건에는 피성년후견인도 포함되나, 후자의 요건은 미성년자와 피한정후견인에게만 적용된다. 피성년후견인은 법정대리인의 동의가 있더라도 단독으로 유효한 법률행위를 할 수는 없고, 따라서 이 경우에 취소권이 배제되지도 않는다.

Answer
49. ⑤　　50. ③　　51. ③　　52. ④　　53. ①

54 제한능력자에 관한 설명으로 옳지 않은 것은? 2021 기출

① 권리만을 얻는 법률행위는 미성년자가 단독으로 할 수 있다.

② 미성년자가 법정대리인으로부터 허락을 얻은 특정한 영업에 관하여는 성년자와 동일한 행위능력이 있다.

③ 법정대리인이 미성년자에게 한 특정한 영업의 허락을 취소하는 경우 그 취소로 선의의 제3자에게 대항할 수 있다.

④ 제한능력자의 상대방은 계약 당시 제한능력자임을 알았을 경우에는 그 의사표시를 철회할 수 없다.

⑤ 상대방이 거절의 의사표시를 할 수 있는 경우 제한능력자를 상대로 그 의사표시를 할 수 있다.

55 제한능력자의 상대방 보호에 관한 설명으로 옳은 것을 모두 고른 것은? 2015 기출

> ㉠ 상대방은 제한능력자가 능력자로 된 후에 그에게 유예기간을 정하여 취소할 수 있는 행위에 대한 추인 여부의 확답을 원칙적으로 촉구할 수 없다.
> ㉡ 상대방은 제한능력자가 능력자로 된 후에 그 법정대리인이었던 자에게 취소할 수 있는 행위에 대한 추인 여부의 확답을 촉구한 경우 그 촉구는 유효하다.
> ㉢ 계약 당시에 제한능력자임을 상대방이 알지 못한 경우, 제한능력자가 맺은 계약은 추인이 있을 때까지 상대방이 그 의사표시를 철회할 수 있다.
> ㉣ 제한능력자가 속임수로써 자기를 능력자로 믿게 한 경우에는 그 행위를 취소할 수 없다.

① ㉠, ㉡

② ㉡, ㉣

③ ㉢, ㉣

④ ㉠, ㉡, ㉢

⑤ ㉠, ㉢, ㉣

56 제한능력자에 관한 설명으로 옳은 것을 모두 고른 것은? (다툼이 있으면 판례에 따름)

2017 기출

> ㉠ 미성년자의 법률행위에 법정대리인의 묵시적 동의가 인정되는 경우에는 미성년자는 제한능력을 이유로 그 법률행위를 취소할 수 없다.
> ㉡ 법정대리인이 취소한 미성년자의 법률행위는 취소 시부터 효력을 상실한다.
> ㉢ 피성년후견인의 법률행위 중 일상생활에 필요하고, 대가가 과도하지 아니한 법률행위는 성년후견인이 취소할 수 없다.
> ㉣ 제한능력자가 맺은 계약은 제한능력자 측에서 추인하기 전까지 상대방이 이를 거절할 수 있다.
> ㉤ 제한능력자와 계약을 맺은 선의의 상대방은 제한능력자 측에서 추인하기 전까지 제한능력자를 상대로 그 의사표시를 철회할 수 있다.

① ㉠, ㉡, ㉢

② ㉠, ㉢, ㉤

③ ㉠, ㉣, ㉤

④ ㉡, ㉢, ㉣

⑤ ㉡, ㉣, ㉤

---

54 ③ 법정대리인은 영업의 허락을 취소 또는 제한할 수 있다. 그러나 선의의 제3자에게 대항하지 못한다(제8조 제2항).
④ 제한능력자가 맺은 계약은 추인이 있을 때까지 상대방이 그 의사표시를 철회할 수 있다. 다만, 상대방이 계약 당시에 제한능력자임을 알았을 경우에는 그러하지 아니하다(제16조 제1항).
⑤ 철회나 거절의 의사표시는 제한능력자에게도 할 수 있다(제16조 제3항).

55 ㉢ 제16조 제1항
㉣ 제17조 제1항
㉠ 제한능력자의 상대방은 제한능력자가 능력자가 된 후에 그에게 1개월 이상의 기간을 정하여 그 취소할 수 있는 행위를 추인할 것인지 여부의 확답을 촉구할 수 있다(제15조 제1항).
㉡ 제한능력자의 상대방은 제한능력자가 능력자가 된 후에는 그에게, 아직 능력자가 되지 못한 경우에는 그의 법정대리인에게 추인할 것인지 여부의 확답을 촉구할 수 있다. 따라서 제한능력자가 능력자로 된 후에 그 법정대리인이었던 자에게 추인 여부의 확답을 촉구한 경우 그 촉구는 무효이다.

56 ㉡ 취소된 법률행위는 처음부터 무효인 것으로 본다(제141조 본문).
㉣ 제한능력자가 맺은 계약은 추인이 있을 때까지 상대방이 그 의사표시를 철회할 수 있다. 다만, 상대방이 계약 당시에 제한능력자임을 알았을 경우에는 그러하지 아니하다(제16조 제1항).

Answer   54. ③   55. ③   56. ②

57 제한능력자의 상대방이 취소할 수 있는 법률행위에 관하여 제한능력자 측에 확답촉구를 한 경우의 효과로 틀린 것은?

① 제한능력자가 능력자로 된 후에 촉구를 받고 유예기간 안에 확답을 발송하지 않으면 그 법률행위는 추인한 것으로 본다.

② 법정대리인이 촉구를 받은 경우 특별한 절차를 밟지 않고서 단독으로 추인할 수 있는 경우에 추인 여부의 확답을 하지 않으면 그 행위는 취소한 것으로 본다.

③ 법정대리인이 촉구를 받은 경우 단독으로 할 수 없고 특별한 절차를 밟아서 해야 하는 경우에 아무런 확답이 없을 때에는 취소한 것으로 본다.

④ 제한능력자의 상대방은 선악 불문하고 확답촉구권이 인정된다.

⑤ 제한능력자의 상대방은 선악 불문하고 거절권이 인정된다.

58 다음 중 틀린 것을 모두 고른 것은?

> ㉠ 술에 만취된 미성년자의 법률행위는 취소할 수 없다.
> ㉡ 행위능력에 관한 민법규정은 강행규정이다.
> ㉢ 우리 민법에는 의사무능력자에 대한 규정이 없다.
> ㉣ 만 21세인 대학생의 친권자는 부모이다.
> ㉤ 피한정후견인이라도 임의대리인이 될 수 있다.
> ㉥ 피성년후견인이 법정대리인의 동의서를 위조하여 계약한 경우에는 취소할 수 없다.

① ㉠, ㉢   ② ㉠, ㉣, ㉥

③ ㉡, ㉣, ㉤   ④ ㉠, ㉢, ㉤, ㉥

⑤ ㉢, ㉣, ㉤, ㉥

59 미성년자 甲이 친권자 乙의 동의 없이 자기 소유의 부동산을 丙에게 매도하였다. 丙을 보호하기 위한 것이 아닌 것은?

① 친권자 乙에 대한 丙의 확답촉구권

② 丙이 선의인 경우, 미성년자 甲에 대한 철회권

③ 丙이 선의인 경우, 친권자 乙에 대한 철회권

④ 丙이 선의인 경우, 친권자 乙에 대한 거절권

⑤ 친권자 乙이 丙에게 이의보류 없이 소유권이전등기를 해 준 경우, 甲 측의 취소권 소멸

60 다음 설명 중 옳은 것은?

① 미성년자는 타인을 대리하는 행위를 단독으로 할 수 없다.

② 미성년자는 만 17세가 되더라도 유언을 할 수 없다.

③ 제한능력자와 계약을 체결한 상대방이 제한능력을 이유로 계약철회의 의사표시를 하는 경우, 그 철회의 의사표시는 법정대리인에게 하여야 하고 제한능력자에 대하여는 할 수 없다.

④ 피성년후견인이 속임수로써 능력자로 믿게 한 경우 그 행위를 취소하지 못한다.

⑤ 피성년후견인이 속임수로써 법정대리인의 동의가 있는 것처럼 믿게 한 경우 그 행위를 취소하지 못한다.

57 ② 법정대리인이 확답촉구를 받은 경우 특별한 절차를 요하지 않고 단독으로 추인할 수 있는 경우에 추인 여부의 확답을 발송하지 아니한 때에는 그 행위를 추인한 것으로 본다.

58 ㉠ 술에 만취된 미성년자의 법률행위는 의사능력과 행위능력을 모두 결하므로, 무효사유인 동시에 취소사유이다. 따라서 무효를 주장할 수도 있고 취소할 수도 있다.
㉣ 만 21세인 대학생은 성년자이므로 친권자가 존재하지 않는다.
㉯ 피성년후견인이 법정대리인의 동의서를 위조하여 계약을 체결한 경우에는 취소권이 배제되지 않으므로 여전히 취소할 수 있다.

59 ④ 제한능력자와 거래한 상대방을 보호하기 위해서 민법은 취소할 수 있는 법률행위의 일반적 제도로서 취소권의 단기소멸기간(제146조), 법정추인제도(제145조)를 두고 있으며, 제한능력자의 상대방 보호를 위한 특별제도로서 상대방의 확답촉구권(제15조), 철회권·거절권(제16조), 속임수에 의한 제한능력자의 취소권의 배제(제17조)를 두고 있다. 여기서 상대방의 거절권(제16조 제2항)은 단독행위에 관한 것이므로 본 문제와는 관련이 없다.

60 ① 대리인은 행위능력자임을 요하지 않는다(제117조).
② 만 17세에 달한 자는 단독으로 유언을 할 수 있다(제1061조).
③ 제한능력자의 상대방 보호규정의 하나로서 철회권은 선의의 상대방만이 행사할 수 있고 그 대상은 법정대리인뿐 아니라 제한능력자에게도 행사할 수 있다(제16조).
⑤ 피성년후견인의 법정대리인은 원칙적으로 동의권이 없으므로 피성년후견인이 법정대리인의 동의가 있다고 믿게 하기 위하여 속임수를 쓴 경우에도 취소권은 여전히 행사할 수 있다. 즉 제17조 제2항은 피성년후견인에게는 적용되지 않는다.

Answer 57. ② 58. ② 59. ④ 60. ④

61 제한능력자의 상대방을 보호하기 위한 제도에 관한 설명 중 옳지 않은 것은?

① 확답촉구의 상대방은 확답촉구를 수령할 능력과 취소나 추인을 할 수 있는 능력이 있어야 한다.

② 미성년자가 속임수로써 법정대리인의 동의가 있는 것으로 믿게 한 경우에는 그 행위를 취소하지 못한다.

③ 제한능력자의 단독행위에 대한 거절은 상대방이 의사표시를 수령할 당시에 선의 또는 악의였는지를 불문하고 인정된다.

④ 상대방은 제한능력자 측에서 추인하기 전까지 그의 의사표시를 철회할 수 있지만, 제한능력자에 대하여는 능력자로 된 경우에만 철회의 의사표시를 할 수 있다.

⑤ 확답촉구를 받은 자가 유예기간 내에 추인 또는 취소의 확답을 하면 각각 그에 따른 효과가 생기며, 확답촉구의 효과는 유예기간 내에 확답을 발송하지 않은 경우에 발생한다.

62 제한능력자의 법률행위에 관한 다음 설명 중 틀린 것은? (다툼이 있으면 판례에 의함)

① 의사무능력 여부는 개별적·구체적으로 판정되는 것으로서 제한능력자인지 여부와는 일치하지 않는다.

② 피성년후견인이 타인의 대리인의 지위에서 행한 법률행위는 유효하다.

③ 미성년자가 법정대리인으로부터 허락을 얻은 영업에 관하여는 법정대리인의 대리권은 소멸한다.

④ 법인은 성년후견인이 될 수 없다.

⑤ 미성년자가 신용카드를 발급받아 물품을 구입한 후 카드이용계약을 취소하였다면 미성년자는 물품대금상당액을 카드사에 반환하여야 한다.

63 **제한능력자의 상대방 보호를 위한 제도에 관한 설명으로 틀린 것은?**

① 미성년자가 성년에 이른 후 상대방이 행한 확답촉구에 대하여 일정기간 동안에 확답을 발송하지 아니한 경우에는 추인한 것으로 본다.

② 제한능력자가 속임수로써 자기를 능력자로 믿게 한 경우에는 그 행위를 취소할 수 없다.

③ 제한능력자의 상대방은 제한능력자에 대해서도 거절의 의사표시를 할 수 있다.

④ 제한능력자 측에서 추인을 한 뒤에는 상대방은 철회 또는 거절을 할 수 없다.

⑤ 자신이 제한능력자라는 것을 고지하지 않은 것도 속임수에 해당한다는 것이 판례이다.

64 **민법상 능력에 관한 설명으로 옳지 않은 것은?**

① 미성년자가 법정대리인이 범위를 정하여 처분을 허락한 재산을 처분할 경우에는 법정대리인의 동의를 요하지 아니한다.

② 미성년자가 스스로 제공한 근로에 대한 임금의 수령이나 임금을 청구하는 소송을 제기함에는 법정대리인의 동의를 요하지 아니한다.

③ 미성년자가 권리만을 얻거나 의무만을 면하는 행위를 함에는 법정대리인의 동의를 요하지 아니한다.

④ 피성년후견인이 협의상 이혼을 함에는 부모나 법정대리인의 동의를 요하지 아니한다.

⑤ 피성년후견인이 유언을 함에는 법정대리인의 동의를 요하지 아니한다.

---

61 ④ 철회의 의사표시는 법정대리인뿐만 아니라 제한능력자에 대하여도 할 수 있다(제16조 제3항).

62 ④ 법인도 성년후견인이 될 수 있다(제930조 제3항).

63 ⑤ 판례에 따르면 단순히 자신이 제한능력자라는 것을 고지하지 않은 것은 속임수에 해당하지 않는다.

64 ④ 피성년후견인은 부모나 성년후견인의 동의를 받아 협의상 이혼할 수 있다(제835조, 제808조 제2항).
② 근로기준법 제68조에 따라 미성년자는 독자적으로 임금을 청구할 수 있으므로, 임금을 청구하는 소송을 제기함에 법정대리인의 동의를 요하지 아니한다.
⑤ 피성년후견인은 의사능력이 회복된 때에만 유언을 할 수 있다(제1063조 제1항). 이 경우 법정대리인의 동의를 요하지 아니하며, 의사가 심신 회복의 상태를 유언서에 부기하고 서명날인하여야 한다.

Answer
61. ④   62. ④   63. ⑤   64. ④

65 미성년자 甲은 친권자 乙의 동의 없이 丙으로부터 고가(高價)의 컴퓨터를 구입하는 계약을 체결한 후 대금을 지급하지 않고 있다. 이에 관한 설명으로 옳은 것은? (다툼이 있으면 판례에 의함)

① 甲은 乙의 동의 없이 단독으로 매매계약을 취소할 수 없다.

② 丙은 甲이 어려 보여 "미성년자 아니냐?"라고 묻자 甲은 "아닙니다."라고 단순히 말한 경우, 甲은 속임수를 썼으므로 취소권이 배제된다.

③ 丙이 성년이 되지 않은 甲에게 1개월 이상의 기간을 정하여 추인 여부의 확답을 촉구하였으나 甲이 그 기간 내에 확답을 발송하지 않았다면 매매계약을 추인한 것으로 본다.

④ 甲이 매매계약을 취소하는 데 대하여 乙은 동의권을 가지지만 스스로 계약을 취소할 수 없다.

⑤ 丙이 1개월 이상의 기간을 정하여 乙에게 추인 여부의 확답을 최고하였으나, 乙이 그 기간 내에 확답을 발송하지 않았다면 그 매매계약을 추인한 것으로 본다.

66 미성년자 甲은 친권자 丙의 동의 없이 자기 소유의 토지를 乙에게 매도하기로 하는 계약을 체결하였다. 이에 관한 설명으로 옳은 것은?

① 乙은 甲에 대하여 위 매매계약의 추인 여부에 대한 확답을 촉구할 수 있다.

② 乙로부터 확답촉구를 받은 丙이 유예기간 내에 확답을 발송하지 않은 경우, 위 매매계약은 취소한 것으로 본다.

③ 乙이 매매계약 당시 甲이 미성년자임을 알았다면 乙의 확답촉구권은 인정되지 않는다.

④ 丙의 추인이 있기 전까지 선의의 乙은 甲에 대하여 위 토지에 대한 매수의 의사표시를 철회할 수 있다.

⑤ 甲이 丙의 동의서를 위조하여 乙로 하여금 자신을 능력자로 믿게 한 경우에도 丙의 취소권은 소멸하지 않는다.

67 미성년자인 甲은 행위능력자 乙과 甲 소유의 도자기를 매도하는 계약을 체결하였고, 乙은 그 후 甲이 미성년자라는 사실을 알게 되었다. 甲에게는 친권자 丙이 있으며 甲은 여전히 미성년자이다. 다음 설명 중 옳지 않은 것은?

① 乙은 丙에게 매매계약의 추인 여부의 확답을 촉구할 수 있다.

② 乙의 촉구에 대해서 유예기간 내에 丙이 확답을 발송하지 않으면 추인을 거절한 것으로 본다.

③ 乙은 丙의 추인이 있기 전까지 丙뿐만 아니라 甲에 대해서도 매수의 의사표시를 철회할 수 있다.

④ 甲은 단독으로 매매계약을 추인할 수 없다.

⑤ 甲이 속임수로써 丙의 동의가 있는 것으로 믿게 한 경우, 甲은 매매계약을 취소하지 못한다.

📖

65 ① 제한능력자는 법정대리인의 동의 없이 한 법률행위를 단독으로 취소할 수 있다(제140조).
② 민법 제17조에 이른바 '제한능력자가 속임수로써 능력자로 믿게 한 때'에 있어서의 속임수를 쓴 것이라 함은 적극적으로 사기수단을 쓴 것을 말하는 것이고 단순히 자기가 능력자라 사언함은 속임수를 쓴 것이라 할 수 없다(대판 71다2045).
③ 확답촉구의 상대방은 촉구를 수령할 능력이 있고 추인을 할 수 있는 자에 한하므로, 제한능력자는 그가 능력자로 된 후에만 확답촉구의 상대방이 될 수 있다(제15조 제1항). 따라서 제한능력자에 대한 촉구는 무효이다.
④ 제한능력자의 법정대리인은 제한능력자의 취소권을 대리행사하는 것이 아니라 고유의 취소권을 가진다.

66 ① 제한능력자는 그가 능력자로 된 후에만 확답촉구의 상대방이 될 수 있고(제15조 제1항), 아직 능력자가 되지 못한 때에는 그의 법정대리인이 확답촉구의 상대방이 된다(제15조 제2항).
② 추인한 것으로 본다(제15조 제2항).
③ 악의의 상대방에게도 확답촉구권은 인정된다.
⑤ 미성년자가 속임수로써 법정대리인의 동의 있는 것으로 믿게 한 때에는 미성년자의 취소권은 배제된다(제17조 제2항). 이 경우 법정대리인의 취소권도 함께 배제된다.

67 ② 추인한 것으로 본다(제15조 제2항).

Answer
65. ⑤   66. ④   67. ②

68 미성년자 甲은 법정대리인 乙의 동의 없이 자신의 디지털카메라를 丙에게 매도하는 내용의 계약(이하 '계약')을 丙과 체결하였다. 이에 관한 설명으로 옳은 것은? (다툼이 있으면 판례에 따름) 2019 기출

① 甲이 위 계약을 취소하려는 경우, 乙의 동의의 유무에 대한 증명책임은 甲에게 있다.

② 계약 당시 甲이 미성년자임을 알고 있었던 丙은 乙에 대하여 자신의 의사표시를 철회할 수 있다.

③ 丙이 성년자가 된 甲에게 1개월의 기간을 정하여 계약의 추인 여부의 확답을 촉구한 경우, 甲이 그 기간 내에 확답을 발송하지 않으면 계약을 취소한 것으로 본다.

④ 丙이 미성년자인 甲에게 1개월의 기간을 정하여 계약의 추인 여부의 확답을 촉구한 경우, 甲이 그 기간 내에 확답을 발송하지 않으면 계약을 추인한 것으로 본다.

⑤ 甲이 위조하여 제시한 乙의 동의서를 丙이 신뢰하여 계약을 체결하였다면 乙은 미성년자의 법률행위임을 이유로 계약을 취소할 수 없다.

69 민법상 주소에 관한 설명으로 틀린 것은?

① 주소란 사람의 생활의 근거가 되는 곳으로, 동시에 두 곳 이상 있을 수 있다.

② 국내에 주소가 없는 자에 대하여는 국내에 있는 거소를 주소로 본다.

③ 가주소는 특정 거래관계에 관하여 주소로서의 기능을 갖는다.

④ 주소를 정하거나 변경함에 있어 정주의 의사가 필요한 것은 아니다.

⑤ 주민등록지는 주민등록법에 의하여 등록한 장소로서 주소로 추정되지 않는다.

70 주소에 관한 다음 설명 중 틀린 것은?

① 생활의 근거되는 곳을 주소로 한다.

② 주민등록지는 반증이 없는 한 주소로 추정된다.

③ 주소는 변제 장소를 정하는 표준이 될 수 없다.

④ 가주소는 특정 거래관계에 관하여 주소로서의 기능을 갖는다.

⑤ 주소를 알 수 없을 때 또는 국내에 주소가 없을 때에는 거소를 주소로 본다.

71 부재자의 재산관리인을 선임청구할 수 없는 자는?

① 보증인   ② 배우자

③ 검사   ④ 친권자

⑤ 상속인

72 법원이 선임한 부재자의 재산관리인이 법원의 허가 없이 할 수 없는 행위는?

① 가옥의 수선
② 가옥의 매각
③ 기한이 도래한 채무의 변제
④ 부패하기 쉬운 물건의 매각
⑤ 무이자의 금전대여를 이자부로 하는 행위

73 다음 중 법원이 선임한 부재자 재산관리인의 재산관리 종료사유가 아닌 것은?

① 부재자 본인이 그 후에 재산관리인을 정한 때
② 부재자 본인이 스스로 재산을 관리할 수 있게 된 때
③ 부재자의 사망이 분명하게 된 때
④ 부재자가 실종선고를 받은 때
⑤ 생사불명의 상태가 일정기간 계속된 때

---

68 ⑤ 미성년자가 속임수로써 법정대리인의 동의가 있는 것으로 믿게 한 경우에는 그 행위를 취소할 수 없다(제17조 제2항).
① 법정대리인 乙의 동의의 유무에 대한 증명책임은 상대방 丙에게 있다.
② 악의의 상대방은 철회할 수 없다(제16조 제1항).
③ 제한능력자의 상대방은 제한능력자가 능력자가 된 후에 그에게 1개월 이상의 기간을 정하여 그 취소할 수 있는 행위를 추인할 것인지 여부의 확답을 촉구할 수 있다. 능력자로 된 사람이 그 기간 내에 확답을 발송하지 아니하면 그 행위를 추인한 것으로 본다(제15조 제1항).
④ 미성년자는 확답촉구의 상대방이 될 수 없다. 즉 제한능력자는 능력자가 된 후에 확답촉구의 상대방이 될 수 있다(제15조 제1항 참조).

69 ⑤ 주민등록지는 반증이 없는 한 주소로 추정된다.

70 ③ 특정물 인도 이외의 채무변제는 채권자의 현주소에서 하여야 한다(제467조 제2항 본문).

71 ④ 부재자가 제한능력자이어서 그의 재산을 관리할 법정대리인이 있는 경우에는 특별한 조치를 할 필요가 없다. 따라서 친권자가 있는 경우에는 재산관리인을 선임할 필요가 없다.

72 ② 부재자의 재산관리인은 재산의 관리행위(보존행위, 물건이나 권리의 성질을 변하지 아니하는 범위에서 그 이용 또는 개량하는 행위)는 자유롭게 할 수 있으나, 처분행위를 하고자 할 때에는 가정법원의 허가를 받아야 한다(제25조, 제118조).

73 ⑤ 실종선고의 요건이다.

Answer
68. ⑤   69. ⑤   70. ③   71. ④   72. ②   73. ⑤

74 다음 설명 중 옳은 것은?

① 인정사망의 경우에 실종선고와 동일한 효력이 발생한다.

② 2인 이상이 동일한 위난으로 사망한 경우에 동시에 사망한 것으로 간주한다.

③ 실종선고가 확정되면 실종선고를 받은 자는 실종기간이 만료한 때에 사망한 것으로 추정한다.

④ 판례에 의하면, 부재자란 종래의 주소 또는 거소를 떠나서 생사불명인 관계로 그의 재산을 관리하여야 할 필요가 있는 자를 뜻한다.

⑤ 판례에 의하면, 법인에 대해서는 부재자의 개념을 인정할 수 없다.

75 부재자의 재산관리인에 관한 다음 설명 중 옳은 것은?

① 법원이 선임한 부재자의 재산관리인이 있는 경우에도 부재자 본인은 재산관리인을 정할 수 있다.

② 부재자의 재산관리인은 어떤 경우에나 일종의 법정대리인이다.

③ 법원이 선임한 재산관리인은 부재자의 재산의 관리 및 반환에 관하여 반드시 상당한 담보를 제공하여야 한다.

④ 부재자의 재산관리인은 보수청구권이 없다.

⑤ 재산관리인은 자기 재산과 동일한 주의로서 직무를 처리하여야 한다.

76 부재자의 재산관리인에 관한 설명으로서 가장 옳은 것은?

① 재산관리인은 자기 자신의 재산과 동일한 주의로 부재자의 재산을 관리하여야 한다.

② 재산관리인은 재산관리를 위하여 그의 과실 없이 손해를 받은 때에는 손해의 배상을 청구할 수 있다.

③ 법원이 선임한 재산관리인은 일종의 임의대리인으로서 재산관리에 관하여 포괄적인 권한을 가진다.

④ 법원이 선임한 재산관리인은 부재자 재산의 관리 및 반환을 위하여 반드시 상당한 담보를 제공하여야 한다.

⑤ 어떤 경우이든 법원은 이미 행하여진 재산관리인의 처분행위를 추인할 목적으로 사후에 이를 허가할 수 없다.

77 부재자제도에 관한 설명으로 틀린 것은? (다툼이 있으면 판례에 의함)

① 생존이 확실한 자도 부재자가 될 수 있다.

② 법원은 법원이 선임한 재산관리인에 대하여 부재자의 재산으로 보수를 지급할 수 있다.

③ 부재자에게 재산관리인이 없는 경우에 법원은 사실상 이해관계인의 청구에 의하여 재산관리에 필요한 처분을 명하여야 한다.

④ 재산관리인이 부재자로부터 위임받아 재산처분권을 갖는 경우 그 재산을 처분함에 있어서 법원의 허가를 받을 필요가 없다.

⑤ 재산관리인에 대한 선임결정이 취소되기 전에 재산관리인의 처분행위에 기하여 경료된 등기는 법원의 처분허가 등 모든 절차를 거쳐 적법하게 경료된 것으로 추정된다.

74 ⑤ 부재자는 성질상 자연인에 한하며 법인은 이에 해당되지 않는다.
① 인정사망은 사망으로 추정하는 제도임에 반해 실종선고의 효과는 사망으로 간주한다.
② 2인 이상이 동일한 위난으로 사망한 경우에는 동시에 사망한 것으로 추정한다(제30조).
③ 실종선고가 확정되면 실종기간이 만료한 때에 사망한 것으로 본다(제28조).
④ 부재자란 종래의 주소 또는 거소를 떠나서 용이하게 돌아올 가능성이 없어서 그의 재산을 관리하여야 할 필요가 있는 자를 말한다. 따라서 부재자는 반드시 생사불명일 필요는 없다.

75 ① 제22조 제2항
② 부재자의 재산관리인은 법원이 선임한 경우에는 법정대리인이지만, 부재자 본인이 재산관리인을 둔 경우에는 임의대리인이다.
③ 법원은 필요한 경우에 상당한 담보를 제공하게 할 수 있으나 반드시 제공하여야 하는 것은 아니다.
④ 법원은 재산관리인에게 부재자의 재산으로 상당한 보수를 지급할 수 있다(제26조 제2항).
⑤ 재산관리인은 선량한 관리자의 주의로 직무를 처리하여야 한다.

76 ② 제688조 제3항
①, ③ 법원이 선임한 재산관리인은 법정대리인이지만, 그 직무의 성질상 위임의 규정이 준용된다(통설). 따라서 선량한 관리자의 주의로 재산을 관리하여야 한다.
④ 담보를 제공하게 할 수 있다.
⑤ 법원의 재산관리인의 초과행위허가 결정은 그 허가받은 재산에 대한 장래의 처분행위를 위한 경우뿐만 아니라 기왕의 처분행위를 추인하는 행위를 행위로도 할 수 있다(대판 80다3063).

77 ③ 법원은 법률상 이해관계인이나 검사의 청구에 의하여 재산관리에 관하여 필요한 처분을 명하여야 한다.

Answer
74. ⑤   75. ①   76. ②   77. ③

78 부재자의 재산관리에 관한 설명으로 옳은 것은? (다툼이 있는 경우에는 판례에 의함)

① 재산관리인의 처분행위에 대한 법원의 허가는 장래의 처분행위에 대해서 뿐만 아니라, 과거의 처분행위에 대한 추인을 위해서도 할 수 있다.

② 부재자가 사망하면 재산관리인의 선임결정이 취소되지 않더라도 그의 권한은 당연히 소멸한다.

③ 부재자의 재산관리인이 법원으로부터 부재자 소유 부동산의 매각처분행위를 허락받았다면, 부재자와 관계없는 타인의 채무담보를 위해 저당권을 설정하더라도 이는 유효하다.

④ 법원이 부재자의 재산관리인을 선임한 경우, 부재자는 재산관리인을 통하여서만 법률행위를 하여야 한다.

⑤ 부재자 재산관리인이 선임된 이후 부재자에 대한 실종선고가 내려진 경우, 재산관리인이 이미 법원의 매각처분허가를 받았더라도 실종기간 만료 후에 이루어진 재산관리인의 처분행위는 무효이다.

79 부재자의 재산관리인에 대한 설명 중 옳은 것을 모두 고른 것은?

> ㉠ 가정법원에 의하여 선임된 재산관리인은 일종의 법정대리인이며, 법원은 언제든지 개입할 수 있다.
> ㉡ 부재자의 재산관리인이 법원으로부터 부재자 소유부동산의 매각처분행위를 허락받았다면, 비록 부재자와는 아무 관계가 없는 타인의 채무담보를 위해 저당권을 설정하더라도 그 저당권 설정은 유효하다.
> ㉢ 재산관리인의 처분행위에 대한 법원의 허가는 장래의 처분행위에 대하여만 할 수 있다.
> ㉣ 부재자의 재산관리인이 선임되어 있다 하더라도, 부재자는 반드시 재산관리인을 통하여서만 법률행위를 하여야 하는 것은 아니다.
> ㉤ 법원이 부재자재산의 매각허가에 아무런 제한을 가하지 아니하였다 하더라도 재산관리인이 매각방법을 임의로 정할 수는 없다.
> ㉥ 법원에 의해 선임된 재산관리인이 법원의 허가를 받아 적법하게 부재자의 재산을 처분한 경우, 그 후 부재자에 대해 실종선고가 내려져 위 재산처분행위가 있기 이전에 사망한 것으로 간주되었더라도 위 재산처분행위가 무효로 되는 것은 아니다.

① ㉠, ㉣, ㉤   ② ㉠, ㉣, ㉥

③ ㉡, ㉢, ㉤   ④ ㉠, ㉤

⑤ ㉣, ㉥

80 부재에 관한 설명으로 옳지 않은 것은? 2021 기출

① 부재자가 정한 재산관리인의 권한이 부재자의 부재 중에 소멸한 때에는 법원은 이해관계인이나 검사의 청구에 의하여 재산관리에 관하여 필요한 처분을 명하여야 한다.

② 부재자가 재산관리인을 정한 경우 부재자의 생사가 분명하지 아니하게 되어 이해관계인이 청구를 하더라도 법원은 그 재산관리인을 개임할 수 없다.

③ 부재자의 생사가 분명하지 아니한 경우 부재자가 정한 재산관리인이 권한을 넘는 행위를 할 때에는 법원의 허가를 얻어야 한다.

④ 법원이 선임한 재산관리인은 관리할 재산목록을 작성하여야 한다.

⑤ 법원이 선임한 재산관리인에 대하여 법원은 부재자의 재산으로 상당한 보수를 지급할 수 있다.

---

78 ②, ⑤ 재산관리인의 권한은, 그의 선임결정이 취소되지 않는 한 설사 부재자에 대한 실종기간이 만료되거나(대판 80다2668), 부재자의 사망이 확인된 후에도(대판 91다11810) 소멸하지 않는다.
③ 법원의 허가를 얻어 처분행위를 하는 경우에 있어서도 그 행위는 부재자를 위한 범위에 한정된다.
④ 부재자는 재산관리인을 통하지 않고 자신이 직접 처분행위를 할 수 있다.

79 ㉠ 가정법원에 의해 선임된 재산관리인은 법정대리인이다. 선임된 재산관리인은 언제든지 사임할 수 있고 법원도 언제든지 개임할 수 있다(대판 4293민재항349).
㉣ 부재자 재산관리인이 선임되어 있어도 부재자 본인의 능력에 제한이 있는 것은 아니다.
㉯ 부재자 재산관리인이 권한초과행위의 허가를 받고 그 선임결정이 취소되기 전에 위 권한에 의하여 이루어진 행위는 부재자에 대한 실종선고기간의 만료된 후에 이뤄졌다고 하더라도 유효한 것이고 그 재산관리인의 적법한 권한행사의 효과는 이미 사망한 부재자의 재산상속인에게 미친다(대판 80다2668).
㉢ 부재자 재산관리인이 법원의 매각처분허가를 얻었다 하더라도 부재자와 아무런 관계가 없는 타인의 채무를 담보할 목적으로 부재자 재산에 근저당권을 설정하는 행위는 객관적으로 부재자를 위한 처분행위로서 당연하다고는 경험칙상 볼 수 없다(대결 75마551).

80 ② 부재자가 재산관리인을 정한 경우에 부재자의 생사가 분명하지 아니한 때에는 법원은 재산관리인, 이해관계인 또는 검사의 청구에 의하여 재산관리인을 개임할 수 있다(제23조).
③ 법원이 선임한 재산관리인이 제118조에 규정한 권한을 넘는 행위를 함에는 법원의 허가를 얻어야 한다. 부재자의 생사가 분명하지 아니한 경우에 부재자가 정한 재산관리인이 권한을 넘는 행위를 할 때에도 같다(제25조).
④ 제24조 제1항
⑤ 제26조 제2항

Answer
78. ①   79. ②   80. ②

81 부재자의 재산관리에 관한 설명 중 틀린 것은? (다툼이 있으면 판례에 의함)

① 제한능력자의 법정대리인은 부재자의 재산관리에 필요한 처분의 청구권자에 포함되지 아니한다.

② 생존이 확실한 자도 부재자가 될 수 있다.

③ 법원의 허가를 얻어 처분행위를 하는 경우에 있어서도 그 행위는 부재자를 위한 범위에 한정된다.

④ 법원은 그 선임한 재산관리인에 대하여 부재자의 재산을 보존하기 위하여 필요한 처분을 명할 수 있다.

⑤ 부재자 재산관리인의 부재자 소유 부동산에 대한 매매계약에 관하여 법원의 허가를 받지 아니하여 무효라는 이유로 소유권이전등기절차의 이행청구가 기각되어 확정되었다면, 그 패소판결의 확정 후에 위 권한초과행위에 대하여 법원의 허가를 받게 되었더라도 다시 위 매매계약에 기한 소유권이전등기청구의 소를 제기할 수 없다.

82 甲은 가정법원에 의해 부재자 乙의 재산관리인으로 선임된 자이다. 다음 설명 중 옳지 않은 것은? (다툼이 있으면 판례에 의함)

① 甲이 법원의 허가를 받지 않고 乙의 부동산을 임의로 매각한 후 법원이 이에 대하여 허가한 경우, 乙의 부동산에 대한 매각행위는 유효한 것으로 된다.

② 甲이 乙의 부동산을 처분할 수 있는 권한을 부여받은 후 乙의 부동산을 자신이 사용할 의도로 금원을 차용하는 데 담보물로 제공하였다면 이 처분행위는 무효이다.

③ 부재자 乙의 사망이 확인된 경우에는 甲의 권한은 당연히 소멸한다.

④ 甲이 권한 초과행위의 허가를 받고 그 선임결정이 취소되기 전에 그 권한에 의하여 이루어진 행위는 乙에 대한 실종선고기간이 만료된 뒤에 이루어졌더라도 유효하다.

⑤ 甲은 법원의 허가 없이도 乙의 재산에 대한 임료청구와 손해배상청구를 할 수 있다.

81 ⑤ [1] 부재자 재산관리인의 부재자 소유 부동산에 대한 매매계약에 관하여 부재자 재산관리인이 권한을 초과하여서 체결한 것으로 법원의 허가를 받지 아니하여 무효라는 이유로 소유권이전등기절차의 이행 청구가 기각되어 확정되었다고 하더라도, 패소판결의 확정 후에 위 권한초과행위에 대하여 법원의 허가를 받게 되면 다시 위 매매계약에 기한 소유권이전등기청구의 소를 제기할 수 있다.
[2] 법원의 선임에 의한 부재자 재산관리인이 권한을 초과하여서 체결한 부동산 매매계약에 관하여 허가신청 절차를 이행할 것을 약정하는 것은 관리권한행위에 해당한다고 할 것이고, 이러한 약정을 이행하지 아니하는 경우 매수인으로서는 재산관리인을 상대로 하여 그 이행을 소구할 수 있다(대판 2001다41971).

82 ③ 적법하게 부재자 재산관리인의 선임결정이 취소되어야 부재자 재산관리인의 권한이 소멸한다.
① 법원의 매각허가는 사후허가도 가능하므로, 사후에 허가를 받으면 부재자 재산관리인의 처분행위는 소급해서 유효하게 된다.
② 부재자 재산관리인이 법원의 매각처분허가를 얻었다 하더라도 부재자와 아무런 관계가 없는 남의 채무의 담보만을 위하여 부재자재산에 근저당권을 설정하는 행위는 통상의 경우 객관적으로 부재자를 위한 처분행위로서 당연하다고는 경험칙상 볼 수 없다(대결 75마551).
④ 부재자 재산관리인이 권한초과행위의 허가를 받고 그 선임결정이 취소되기 전에 위 권한에 의하여 이루어진 행위는 부재자에 대한 실종선고기간이 만료된 후에 이뤄졌다고 하더라도 유효한 것이고 그 재산관리인의 적법한 권한행사의 효과는 이미 사망한 부재자의 재산상속인에게 미친다(대판 73다2023·80다2668).
⑤ 부재자의 재산에 대한 임료청구 또는 불법행위로 인한 손해배상청구는 부재자 재산관리인으로서 당연히 그 권한이 있는 것이므로 권한 외의 초과행위의 허가를 요하지 아니한다(대결 4290민재항104).

Answer

81. ⑤   82. ③

83 甲이 이라크로 NGO 활동을 떠나 연락이 두절된 후, 이해관계인 乙의 청구로 법원은 재산 관리인 丙을 선임하였다. 甲에게는 유일한 재산으로 10억 원 상당의 토지가 있다. 다음 설명 중 옳은 것은? (다툼이 있는 경우 판례에 의함)

① 만일 丙이 법원의 허가를 얻어 위 토지를 상당한 가격에 戊에게 매도하였는데 매도 당시 甲이 귀국한 상태였다면, 丙과 戊의 매매계약은 무효이다.

② 丙이 법원의 허가를 얻어 처분행위를 한 후 그 허가결정이 취소되었다면 그 처분행위는 무효이다.

③ 丙이 甲에게 부과된 세금을 납부하기 위하여 돈을 A로부터 차용하면서 그 돈을 임대 보증금으로 하여 A에게 위 토지를 임대하는 것은 법원의 허가 없이 할 수 있다.

④ 丙이 甲 소유 부동산에 대해 법원으로부터 매각처분허가를 얻은 후, 甲과는 아무런 관련이 없는 丁의 B은행에 대한 채무의 담보로 위 부동산에 대해 B은행 앞으로 저당 권을 설정해 준 경우, B은행은 위 부동산에 대해 저당권을 유효하게 취득한다.

⑤ 甲에 대해 법원으로부터 실종선고가 내려진 경우, 법원으로부터 이미 매각처분허가를 받은 丙으로부터 실종기간이 만료된 후 위 토지를 취득한 자에 대해 甲의 상속인은 그 반환을 청구할 수 있다.

84 부재자 甲을 위하여 법원에 의하여 선임된 재산관리인 乙에 관한 설명 중 틀린 것은?

① 乙이 법원의 허가를 받아 재산을 처분한 후 그 허가결정이 취소되었더라도 이미 한 乙의 처분행위는 유효하다.

② 乙이 甲의 재산매각에 관하여 법원의 허가를 받았다면 그 재산을 담보로 제공할 때 다시 법원의 허가를 받아야 하는 것은 아니다.

③ 乙이 甲의 재산처분에 대한 법원의 허가를 받았다면 처분방법은 乙이 임의로 정할 수 있으며, 甲의 이익을 위하여 처분할 필요는 없다.

④ 乙의 처분행위에 대한 법원의 허가는 장래의 처분행위뿐만 아니라 과거의 처분행위에 대해서도 가능하다.

⑤ 乙이 甲의 사망을 확인하였더라도 법원에 의하여 재산관리인 선임결정이 취소되지 않는 한 乙은 계속하여 권한을 행사할 수 있다.

85 X부동산을 소유한 甲은 재산관리인을 선임하지 않고 장기간 해외출장을 떠났다. 다음 설명 중 옳은 것은? (다툼이 있는 경우에는 판례에 의함) **2013 기출**

① 법원은 직권으로 X부동산의 관리에 필요한 처분을 명하여야 한다.

② 甲의 채권자의 청구에 의하여 법원이 선임한 재산관리인은 甲의 임의대리인이다.

③ 법원이 선임한 재산관리인은 원칙적으로 법원의 허가 없이 X부동산을 처분할 수 있다.

④ 甲의 재산관리인이 甲을 위해 법원의 허가 없이 X부동산을 처분하였다면, 그 후 법원의 허가를 얻더라도 그 처분은 효력이 없다.

⑤ 甲이 사망한 경우, 재산관리인이 그 사실을 확인하였더라도 법원에 의하여 재산관리인 선임결정이 취소되지 않는 한, 재산관리인은 계속하여 X부동산을 관리할 수 있다.

---

83 ③ 부재자 재산관리인이 보존·이용·개량행위 외의 행위를 하는 경우에만 법원의 허가를 요하는바(제25조), 지문에서 관리인의 행위는 임대행위로, 이용·개량행위에 해당하여 법원의 허가 없이도 할 수 있다.
① 부재자 본인이 생환하여도 법원으로부터 적법하게 선임된 재산관리인의 권한은 그 선임이 취소되지 않는 한 유효이다.
② 부재자 재산관리인이 권한초과처분허가를 얻어 부동산을 매매한 후 그 허가결정이 취소되었다 할지라도 위 매매행위 당시는 그 권한초과처분허가 처분이 유효한 것이고 그 후에 한 동 취소결정이 소급하여 효력을 발생하는 것이 아니다(대판 4291민상636).
④ 부재자 재산관리인이 처분행위를 함에 있어서 법원의 허가를 얻었다 하더라도 처분행위가 부재자를 위한 것이 아닌 경우에는 무효이다.
⑤ 부재자 재산관리인이 권한초과행위의 허가를 받고 그 선임결정이 취소되기 전에 위 권한에 의하여 이루어진 행위는 부재자에 대한 실종선고기간이 만료된 후에 이뤄졌다고 하더라도 유효한 것이고 그 재산관리인의 적법한 권한행사의 효과는 이미 사망한 부재자의 재산상속인에게 미친다(대판 73다2023).

84 ③ 부재자 재산관리인이 부재자의 재산을 매각하려면 법원의 허가를 요하는 것이고 법원이 허가를 함에 있어서는 매각의 방법에 관하여는 경매법에 의한 매각을 명할 수도 있고 경매의 방법에 의하지 않고 임의매각하는 권한을 부여할 수도 있는 것이므로 법원이 허가함에 있어 매각방법에 관하여 하등 제한이 없는 경우에는 재산관리인은 임의매각도 할 수 있다(대판 4288민상455). 또한 법원이 선임한 부재자 재산관리인은 부재자 본인의 의사에 의하는 것이 아니라 법률에 규정된 자의 청구로 법원에 의하여 선임되는 일종의 법정대리인으로서 법정 위임관계가 있다 할 것이니 위 취지에 따른 선량한 관리자의 주의의무로서 그 직무수행을 하여야 할 것이므로 그 관리행위는 부재자를 위하여 그 재산을 보존·이용·개량하는 범위로 한정된다 할 것이고 위 범위를 넘는 법원의 허가를 얻어야 하는 처분행위에 있어서도 그 행위는 부재자를 위한 범위에 한정된다(대판 75마551).

85 ① 법원은 이해관계인이나 검사의 청구에 의하여 재산관리에 필요한 처분을 명하여야 한다.
② 임의대리인이 아니라 일종의 법정대리인이다.
③ 법원이 선임한 재산관리인이 제118조에 규정한 권한을 넘는 행위를 함에는 법원의 허가를 받아야 한다(제25조). 따라서 처분행위를 하려면 법원의 허가를 받아야 한다.
④ 법원의 재산관리인의 초과행위허가 결정은 그 허가받은 재산에 대한 장래의 처분행위를 위한 경우뿐만 아니라 기왕의 처분행위를 추인하는 행위를 행위로도 할 수 있다고 봄이 상당하므로 부재자의 재산관리인 법원의 초과행위허가결정을 받아 그 허가결정등본을 매수인에게 교부한 때에는 그 이전에 한 부재자소유의 주식 매매계약을 추인한 것으로 볼 수 있다(대판 80다3063).

86 X아파트의 소유자인 甲은 해외사업 관계로 종래의 주소를 떠나 당분간 돌아올 가망이 없는 자이다. 다음 설명 중 옳지 않은 것은? (다툼이 있는 경우에는 판례에 의함)

① 甲이 재산관리인 乙을 두면서 계약으로 乙의 권한을 정하지 않은 경우에는 乙은 재산관리인으로서 X아파트에 대한 관리권한만을 행사할 수 있다.

② 재산관리인 乙을 둔 甲의 생사가 불분명해진 경우, 乙은 가정법원에 대하여 재산관리인의 개임을 청구할 수 있다.

③ 甲이 재산관리인을 정하지 아니한 때에는, 법원은 이해관계인이나 검사의 청구에 의하여 재산관리에 관하여 필요한 처분을 명하여야 한다.

④ 가정법원에 의해 선임된 甲의 재산관리인 丙이 법원의 허가 없이 X아파트를 처분하더라도, 그 행위는 법원의 추인이 있으면 유효한 것이 된다.

⑤ 가정법원에 의해 선임된 甲의 재산관리인 丙이 가정법원으로부터 X아파트에 대한 처분허가를 받은 후 그가 임의적으로 정한 처분방법에 따라 이를 처분한 경우, 나중에 그 처분허가가 취소되면 처분행위는 무효이다.

87 해외지사에서 장기간 파견근무를 하게 된 甲은 사촌 동생 乙에게 자신 소유의 X건물에 대한 관리·처분을 위임하였다. 다음 설명 중 옳지 않은 것은? (다툼이 있으면 판례에 의함)

① 乙이 X건물을 매각함에 있어 甲에게 경제적으로 불리한 계약이라도 법원의 허가를 받을 필요는 없다.

② 乙의 권한이 甲의 부재 중에 소멸한 경우, 가정법원은 甲의 추정상속인의 청구가 있으면 재산관리에 필요한 처분을 명해야 한다.

③ 甲의 생사가 불명하여 법원이 乙을 甲의 재산관리인으로 유임한 경우, 乙은 법원의 허가 없이 X건물을 매각할 수 있다.

④ 甲이 사망하더라도 乙은 甲의 상속인 등이 X건물에 대한 관리업무를 할 수 있을 때까지 그 사무의 처리를 계속하여야 한다.

⑤ 甲의 생사가 불명하여 법원이 새로 선임한 재산관리인은 재산관리를 위하여 지출한 필요비와 그 이자를 법원에 청구할 수 있다.

88 A는 6·25사변 때 행방불명이 되어 실종선고를 받았다. 그래서 A 소유 토지는 동생인 B에게 상속되었다. 그 후 B는 그 토지를 C에게 매도하여 현재 C명의로 등기가 되어 있다. 한편 B는 위 매매대금 전부로 새집을 사는 데 충당하였다. 그 후 A가 살아 돌아와 위 실종선고는 취소되었다. 이런 경우의 법률관계의 설명 중 통설에 의할 경우 틀린 것은?

① B와 C가 선의인 경우에 B는 현존이익을 A에게 반환하여야 한다.

② B와 C가 선의인 경우에 C는 확정적으로 토지에 대한 소유권을 취득한다.

③ B는 악의, C가 선의인 경우에 B를 상대로 청구를 했을 때 B는 그 받은 이익에 이자를 붙여서 반환하고 손해가 있으면 이를 배상하여야 한다.

④ B는 악의, C가 선의인 경우에 C는 확정적으로 토지에 대한 소유권을 취득한다.

⑤ B는 선의, C가 악의인 경우에 B를 상대로 청구를 했을 때 B는 현존이익을 A에게 반환하여야 한다.

86 ⑤ 부재자 재산관리인이 권한초과처분허가를 얻어 부동산을 매매한 후 그 허가결정이 취소되었다 할지라도 위 매매행위 당시는 그 권한초과처분허가 처분이 유효한 것이고 그 후에 한 동 취소결정이 소급하여 효력을 발생하는 것이 아니다(대판 4291민상636).

87 ③ 본인이 재산관리인을 선임하면서 위의 사례처럼 처분권까지 부여한 경우에는 재산관리인은 법원의 허가 없이 처분행위를 할 수 있다. 다만 부재자의 생사가 분명하지 아니한 때에는 법원은 재산관리인, 이해관계인 또는 검사의 청구에 의하여 재산관리인을 개임할 수 있으며(제23조), 개임하지 않고 감독만 할 수도 있다. 개임한 경우에는 법원이 선임한 재산관리인으로서의 지위를 가지므로, 처분행위를 할 때에는 제25조에 따라 법원의 허가를 받아야 한다.

88 ④ 실종선고 후 그 취소 전에 '선의로 한 행위'는 실종선고의 취소에도 불구하고 유효하다(제29조 제1항 단서). 여기서 선의로 한 행위의 의미와 관련 다수설은 양 당사자가 모두 선의인 경우에만 계약이 유효하고 일방당사자라도 악의인 경우에는 무효로 된다는 쌍방선의설을 취한다. 따라서 B와 C가 모두 선의인 경우에만 C가 확정적으로 소유권을 취득한다.

Answer / 86. ⑤ 87. ③ 88. ④

89 실종선고에 관한 다음 설명 중 옳지 않은 것은?

① 부재자의 생사가 5년간 분명하지 아니한 때에는 법원은 이해관계인이나 검사의 청구에 의하여 실종선고를 하여야 한다.

② 실종선고를 받은 자는 실종기간이 만료한 때 사망한 것으로 본다.

③ 실종선고의 취소심판이 확정되더라도 실종선고로 생긴 법률관계가 소급적으로 무효가 되는 것은 아님이 원칙이다.

④ 실종선고가 취소되지 않는 한 반증을 들어 실종선고의 효과를 다툴 수 없다.

⑤ 실종선고의 취소가 있을 때 실종의 선고를 직접원인으로 하여 재산을 취득한 자의 반환범위는 원칙적으로 부당이득에 있어서의 수익자의 반환범위와 같다.

90 甲은 2004년 7월 4일에 위난이 아닌 사유로 행방불명이 되고 2009년 7월 9일에 실종선고가 신청되어 2009년 9월 25일에 실종선고가 되었다. 甲은 어느 시기에 사망한 것으로 보는가?

① 2009년 7월 4일 24시 ② 2005년 7월 4일 24시

③ 2009년 7월 5일 24시 ④ 2005년 7월 5일 24시

⑤ 2009년 9월 25일 24시

91 실종선고에 관한 설명 중 가장 옳지 않은 것은?

① 실종선고는 사법적 법률관계에만 국한된다.

② 법인에 대하여는 부재자의 개념이 인정되지 않는다.

③ 실종선고가 있은 후 실종자의 생존이 확인되면 선고의 효과가 번복된다.

④ 실종선고가 확정되기 전에는 실종기간이 만료된 실종자라도 소송상 당사자능력을 상실하지 않는다.

⑤ 서울에 주소를 둔 甲이 실종선고를 받았으나 대전에 주소를 두고 컴퓨터 매매계약을 체결했다면 그 계약은 유효하다.

92 실종선고에 관한 기술 중 타낭하시 않은 것은?

① 실종선고가 취소되면, 원칙적으로 종래의 주소를 중심으로 한 실종자의 법률관계는 선고 전의 상태로 소급하여 무효로 된다.

② 실종선고를 받은 자가 다시 중복으로 실종신고를 받은 경우, 후의 실종선고를 기초로 상속관계를 판단하여야 한다.

③ 실종선고를 받은 자는 실종기간이 만료한 때 사망한 것으로 본다.

④ 생환한 실종자에게 처(妻)와 형(兄)이 생존해 있는 경우에 형(兄)은 실종선고의 취소를 법원에 청구할 수 없다.

⑤ 실종선고가 취소된 경우에 실종자의 유증에 있어서의 수증자는 반환의 범위를 달리할 뿐 선의·악의를 불문하고 일정범위의 반환의무를 실종자에게 부담한다.

---

89 ③ 실종선고를 취소하면 실종선고로 인해 생긴 법률관계는 소급적으로 무효가 된다. 예외적으로 실종선고 후 그 취소 전에 선의로 한 행위는 실종선고의 취소가 있더라도 그 영향을 받지 않으며(제29조 제1항 단서), 실종선고를 직접원인으로 하여 재산을 취득한 자는 선의·악의에 따라 반환범위가 달라진다(제29조 제2항).

90 ① 사망으로 간주되는 시기는 실종기간이 만료한 때(2009년 7월 4일 24시)이다.

91 ③ 실종선고를 받은 자는 사망한 것으로 간주되므로 실종선고가 취소되지 않는 한 생존 등의 반증을 들어도 선고의 효력을 부정할 수 없다.

92 ② 실종자에 대하여 1950년 7월 30일 이후 5년간 생사불명을 원인으로 이미 1988년 11월 26일 실종선고가 되어 확정되었는데도, 그 이후 타인의 청구에 의하여 1992년 12월 28일 새로이 확정된 실종신고를 기초로 상속관계를 판단한 것은 잘못이다(대판 95다12736).

Answer
89. ③   90. ①   91. ③   92. ②

93 부재자의 재산관리와 실종선고에 관한 설명 중 틀린 것은? (다툼이 있으면 판례에 의함)

① 선순위의 재산상속인이 있는 경우에는 그보다 후순위 재산상속인은 실종선고청구의 이해관계인이 아니다.

② 본인의 생존 및 기타의 반증이 있더라도 실종선고의 취소가 없는 한, 사망의 효과를 다툴 수 없다.

③ 부재자 재산관리인이 법원의 허가를 얻지 않고서 한 처분행위는 무효이다.

④ 실종선고가 취소된 경우, 실종기간 만료 후 실종선고 취소 전에 선의로 한 행위의 효력에는 영향을 미치지 않는다.

⑤ 실종선고가 취소된 경우 실종선고를 직접원인으로 하여 재산을 취득한 자가 선의인 때에는 그 받은 이익이 현존하는 한도에서 반환할 의무가 있다.

94 부재와 실종에 관한 설명으로 옳은 것은? (다툼이 있으면 판례에 따름) 2017 기출

① 실종선고를 받은 사람은 사망한 것으로 추정되므로 반증을 들어 실종선고의 효과를 다툴 수 있다.

② 부재자 재산관리인의 권한초과행위에 대한 법원의 허가결정은 기왕의 법률행위를 추인하는 방법으로는 할 수 없다.

③ 법원이 선임한 재산관리인은 재산의 보존행위를 하는 경우에 법원의 허가를 얻어야 한다.

④ 부재자 재산관리인으로서 권한초과행위의 허가를 받고 그 선임결정이 취소되기 전에 그 권한에 의하여 이루어진 행위는 부재자에 대한 실종기간이 만료된 뒤에 이루어졌다고 하더라도 유효하다.

⑤ 실종선고 확정 전 실종자를 당사자로 하여 선고된 판결은 효력이 없다.

95 실종선고에 관한 다음 기술 중 옳은 것은?

① 실종선고를 받은 자가 귀래(歸來)한 경우에 취소하지 않더라도 새로운 법률행위에 관하여는 아무런 영향을 주지 않는다.

② 실종선고의 효과는 반증을 들어 번복할 수 있다.

③ 실종선고를 선고할 때에 사망한 것으로 된다.

④ 실종선고를 받은 자는 권리능력이 박탈된다.

⑤ 실종선고는 이해관계인만이 청구할 수 있다.

96 **실종선고로 사망으로 간주되는 범위에 관한 기술 중 옳은 것은?**

① 실종선고에 의한 사망의제는 실종자의 종래의 주소 또는 거소에 한정되지 않는다.

② 실종선고는 실종자의 권리능력을 박탈하는 제도이다.

③ 실종자가 생존하여 다른 곳에서 법률관계를 맺은 경우에는 사망의 효과가 그곳에까지 미치는 것은 아니다.

④ 실종 전의 주소에 본인이 돌아온 후 새로 맺는 법률관계는 실종선고의 취소가 있어야 한다.

⑤ 사법적 법률관계는 오직 재산법적 관계에 한한다.

93 ④ 실종선고 후 그 취소 전에 선의로 한 행위의 효력에 영향을 미치지 아니한다(제29조 제1항).

94 ④ 부재자 재산관리인으로서 권한초과행위의 허가를 받고 그 선임결정이 취소되기 전에 위 권한에 의하여 이루어진 행위는 부재자에 대한 실종 선고기간이 만료된 뒤에 이루어졌다고 하더라도 유효하다(대판 1981. 7. 28, 80다2668).
① 실종선고를 받은 자는 사망한 것으로 간주되므로, 선고가 취소되지 않는 한 생존 기타의 반증을 들어서 실종선고의 효과를 다툴 수 없다.
② 법원의 부재자 재산관리인의 초과행위결정의 효력은 그 허가받은 재산에 대한 장래의 처분행위뿐만 아니라 기왕의 처분행위를 추인하는 행위로도 할 수 있다.
③ 법원이 선임한 재산관리인은 제118조에서 규정한 행위(1. 보존행위 2. 물건이나 권리의 성질을 변하지 아니하는 범위에서 그 이용 또는 개량하는 행위)를 자유롭게 할 수 있다.
⑤ 실종선고의 효력이 발생하기 전에는 실종기간이 만료된 실종자라 하여도 소송상 당사자능력을 상실하는 것은 아니므로 실종선고 확정 전에는 실종기간이 만료된 실종자를 상대로 하여 제기된 소도 적법하고 실종자를 당사자로 하여 선고된 판결도 유효하다(대판 1992. 07. 14, 92다2455).

95 ① 실종선고를 받은 자가 실종 전의 주소에 돌아온 경우 실종선고를 취소하지 않더라도 새로운 법률관계를 맺는 데 아무런 지장이 없다.
② 실종선고의 효과에 대해 우리 민법은 사망으로 간주(의제)하고 있다. 따라서 반증을 들어서 실종선고의 효과를 다투지 못하며 실종선고가 취소되지 않는 한 사망의 효과는 그대로 존속한다.
④ 실종선고는 실종자의 권리능력을 박탈하는 것은 아니다.

96 ③ 실종선고는 실종자의 '종래의 주소 또는 거소를 중심으로 하는 사법적 법률관계'만을 종료케 하는 것이며, 권리능력을 박탈하는 제도는 아니다. 즉, 종래의 주소로 '돌아온 후의 법률관계'나 실종자의 '다른 곳에서의 신주소를 중심으로 하는 법률관계'에 관하여는 사망의 효과가 미치지 않는다.
⑤ 사법적 법률관계란 재산법적 관계뿐만 아니라 신분관계도 포함된다.

Answer / 93. ④ 94. ④ 95. ① 96. ③

97 실종선고제도에 관한 다음 설명 중 잘못된 것은?

① 실종선고의 취소청구권자는 본인, 이해관계인 또는 검사이다.

② 실종선고의 효과는 실종선고절차에 참가한 자뿐만 아니라 제3자에게도 미친다.

③ 실종기간이 경과했더라도 아직 실종선고를 받지 않았다면 아무리 오랜 기간이 경과하더라도 생존한 것으로 추정하여야 한다는 견해가 다수설이다.

④ 실종선고와 실종선고 취소에 있어서 공시최고는 공통된 요건이다.

⑤ 부재자의 재산관리인도 그 부재자에 대하여 실종선고를 청구할 수 있다.

98 실종선고에 관한 다음 설명 중 틀린 것은?

① 실종선고의 청구권자와 실종선고 취소의 청구권자는 동일하다.

② 실종선고의 사망간주 효과는 종래의 주소로 돌아온 후의 법률관계에는 미치지 않는다.

③ 실종선고로 인한 사망의 효과를 바로잡기 위해서는 반드시 실종선고를 취소하여야 한다.

④ 실종선고가 취소되면 실종선고로 생긴 법률관계는 원칙적으로 소급 무효가 된다.

⑤ 실종선고의 취소가 있을 때에 실종의 선고를 직접원인으로 하여 재산을 취득한 자가 선의인 경우에는 그 받은 이익이 현존하는 한도에서 반환할 의무가 있고, 악의인 경우에는 그 받은 이익에 이자를 붙여서 반환하고 손해가 있으면 이를 배상하여야 한다.

99 실종선고의 기산점에 관한 다음 기술 중 옳지 않은 것은?

① 보통실종의 경우는 부재자의 최후의 소식이 있었을 때

② 선박실종의 경우는 선박이 침몰한 때

③ 위난실종은 위난이 종료한 때

④ 전쟁실종은 강화조약이 체결된 때

⑤ 전쟁실종은 정전이 성립한 때

100 실종선고의 효과로 타당한 것은?

① 실종자의 귀환으로 선고의 효력은 당연히 소멸한다.

② 선고의 효력은 그 선고의 절차에 참가한 자에 대하여서만 효력이 생긴다.

③ 실종선고가 확정되면 사망한 것으로 추정한다.

④ 피선고자는 종래의 주소지를 중심으로 한 사법관계에 관하여서만 사망자로 된다.

⑤ 피선고자는 권리능력을 상실한다.

101 부재자의 재산관리와 실종선고에 관한 다음 설명 중 옳은 것으로만 묶인 것은?

> ㉠ 법원에 의하여 선임된 재산관리인은 언제든지 사임할 수 있다.
> ㉡ 부재자가 재산관리인을 선임한 경우, 그의 생사가 불분명한 경우에도 개임을 청구할 수는 없다.
> ㉢ 부재자 재산에 대한 불법행위로 인한 손해배상을 청구하는 경우에는 법원의 허가를 얻어야 한다.
> ㉣ 실종선고의 경우 본인의 생존 기타의 반증을 들어 선고의 효과를 다투지 못한다.
> ㉤ 실종선고가 취소되면 실종선고에 기한 법률관계는 원칙적으로 소급무효가 된다.
> ㉥ 실종선고에 의해 사망으로 간주되는 시기는 실종기간이 만료한 때이므로, 실종기간 만료 후 그 취소 전에 선의로 한 행위의 경우에는 실종선고 취소의 효과를 받지 않는다.

① ㉠, ㉣, ㉤
② ㉡, ㉢, ㉣, ㉤
③ ㉠, ㉢, ㉣
④ ㉣, ㉤, ㉥
⑤ ㉡, ㉣, ㉤, ㉥

📖

97 ④ 실종선고를 취소함에는 공시최고를 요하지 않는다.

98 ① 실종선고의 청구권자는 이해관계인 또는 검사이며, 실종선고 취소의 청구권자는 본인, 이해관계인 또는 검사이다.

99 ④ 전쟁실종의 경우 법적으로 전쟁이 종료된 경우(강화조약의 체결)가 아니라 사실상 전쟁이 종지된 때로부터 실종기간을 기산한다.

100 ④ 실종선고에 의해 사망의 효과가 생기는 범위는 실종자의 종래의 주소를 중심으로 하는 사법(私法)적 법률 관계에 국한된다.
① 실종자가 귀환하더라도 실종선고가 법원의 판결에 의해 취소되기 전까지는 실종선고의 효력이 유지된다.
② 실종선고의 효력은 제3자에게도 미친다.
③ 사망한 것으로 간주한다(제28조).
⑤ 실종선고는 피선고자의 권리능력까지 상실시키는 제도가 아니다.

101 ㉡ 부재자가 재산관리인을 정한 경우에 부재자의 생사가 분명하지 아니한 때에는 법원은 재산관리인, 이해관계인 또는 검사의 청구에 의하여 재산관리인을 개임할 수 있다(제23조).
㉢ 부재자 재산에 대한 불법행위로 인한 손해배상청구는 보존행위에 해당하므로 법원의 허가를 요하지 않는다(대판 4290민재항104).
㉥ 실종선고가 취소되더라도 실종선고 후 그 취소 전에 선의로 한 행위의 효력에 영향을 미치지 아니한다(제29조 제1항 단서).

Answer
　　97. ④　　98. ①　　99. ④　　100. ④　　101. ①

102 미혼인 甲에게는 모 乙과 형 丙이 있는데, 甲은 가출한 후 소식이 없다. 이 경우에 관한 다음 설명 중 옳은 것을 모두 고르면?

> ㉠ 甲의 가출로부터 1년이 지나면 甲에 대한 실종선고를 청구할 수 있다.
> ㉡ 판례에 의하면 丙은 甲의 실종선고를 청구할 수 있는 상속인으로서의 이해관계인이 아니라고 한다.
> ㉢ 甲이 실종선고를 받게 되면 실종기간이 만료된 때에 사망한 것으로 추정한다.
> ㉣ 甲에 대한 실종선고가 취소되더라도 실종기간의 만료 후 실종선고 전에 선의로 한 행위의 효력에 영향을 미치지 아니한다.
> ㉤ 甲에 대해 실종선고가 내려진 후 다른 곳에서 살고 있던 甲이 체결한 계약은 유효하다.

① ㉠, ㉢, ㉣　　　　② ㉠, ㉤　　　　③ ㉡, ㉤
④ ㉢, ㉣　　　　⑤ ㉡, ㉣, ㉤

103 어머니 乙과 언니 丙을 두고 있는 미혼의 甲은 가출한 후 생사불명의 상태가 되었다. 다음 설명 중 옳은 것은?

① 丙은 甲의 실종선고를 청구할 수 있는 이해관계인에 해당하지 않는다.
② 乙은 甲이 가출한 날부터 3년이 지나면 甲에 대한 실종선고를 청구할 수 있다.
③ 실종선고 후에 甲의 생존사실이 확인되면, 실종선고의 취소가 없더라도 상속은 즉시 그 효력을 상실한다.
④ 실종선고가 취소된 경우, 실종선고를 직접원인으로 재산을 취득한 자는 현존이익에 대해서도 반환의무가 없다.
⑤ 甲이 생환하여 실종선고가 취소되더라도 乙이 실종기간 만료 후 실종선고 전에 선의로 한 甲의 재산에 대한 처분행위는 유효하다.

104 甲이 등산을 갔다가 생사불명이 되어 실종선고가 내려졌다. 이후 처(妻) 乙은 甲 소유의 부동산을 단독상속하였다. 이에 관한 설명으로 옳지 않은 것은?

① 甲은 최후의 소식이 있었던 때에 사망한 것으로 본다.
② 乙이 부동산을 丙에게 처분한 후 甲이 생환하여 실종선고가 취소된 경우, 乙과 丙이 모두 선의였다면 丙은 취득한 부동산을 甲에게 반환할 필요가 없다.
③ 甲이 생환하여 실종선고가 취소된 경우, 선의의 乙은 상속받은 부동산에 대하여 이익이 현존하는 한도에서 甲에게 반환하여야 한다.
④ 甲이 생환하여 실종선고가 취소된 경우, 실종선고는 소급하여 무효로 된다.
⑤ 甲에 대한 실종선고의 효력은 甲의 종래의 주소 또는 거소를 중심으로 하는 사법적 (私法的) 법률관계에만 미친다.

105 **부재와 실종에 관한 설명으로 옳지 않은 것은? (다툼이 있으면 판례에 따름)** 2016 기출

① 법원이 선임한 재산관리인은 관리할 재산목록을 작성하여야 한다.

② 특별실종의 경우 실종선고를 받은 자는 실종선고일부터 1년의 기간이 만료한 때에 사망한 것으로 본다.

③ 실종자의 범죄 또는 실종자에 대한 범죄의 성부 등은 실종선고와 관계없이 결정된다.

④ 실종선고가 확정되면 선고 자체가 취소되지 않는 한 실종자의 생존 기타 반증을 들어 선고의 효과를 다툴 수 없다.

⑤ 부재자가 스스로 재산관리인을 둔 경우 그 재산관리인은 부재자의 임의대리인이다.

---

102 ○ 민법 제27조의 실종선고를 청구할 수 있는 이해관계인이라 함은 부재자의 법률상 사망으로 인하여 직접적으로 신분상 또는 경제상의 권리를 취득하거나 의무를 면하게 되는 사람만을 뜻한다. 부재자의 자매로서 제2순위 상속인에 불과한 자는 부재자에 대한 실종선고의 여부에 따라 상속지분에 차이가 생긴다고 하더라도 이는 부재자의 사망 간주시기에 따른 간접적인 영향에 불과하고 부재자의 실종선고 자체를 원인으로 한 직접적인 결과는 아니므로 부재자에 대한 실종선고를 청구할 이해관계인이 될 수 없다(대판 86스20).
  ◎ 실종선고는 실종자의 종래의 주소를 중심으로 하는 사법상의 법률관계만을 종료시킨다. 실종선고를 받은 자가 생존하여 새로운 주소에서 맺은 법률관계에는 사망의 효과가 미치지 않는다.

103 ② 보통실종의 기간은 5년이다(제27조 제1항).
  ③ 실종선고에 의하여 실종자는 사망한 것으로 간주되므로 실종자의 생존 기타의 반증이 있어도 그것만으로 사망이라는 선고의 효과를 뒤집지 못하고, 그 선고의 효과를 뒤집기 위해서는 반드시 실종선고의 취소가 있어야 한다.
  ④ 실종선고의 취소가 있을 때에 실종의 선고를 직접원인으로 하여 재산을 취득한 자가 선의인 경우에는 그 받은 이익이 현존하는 한도에서 반환할 의무가 있고, 악의인 경우에는 그 받은 이익에 이자를 붙여서 반환하고 손해가 있으면 이를 배상하여야 한다(제29조 제2항).
  ⑤ '실종선고 후 그 취소 전'에 선의로 한 행위의 효력에 영향을 미치지 아니한다(제29조 제1항 단서).

104 ① 실종선고를 받은 자는 실종기간이 만료한 때에 사망한 것으로 본다(제28조).

105 ② 실종선고를 받은 자는 실종기간이 만료한 때에 사망한 것으로 본다(제28조)

Answer
  102. ③   103. ①   104. ①   105. ②

106 부재와 실종에 관한 설명으로 옳지 않은 것은? (다툼이 있으면 판례에 따름) 2022 기출

① 부재자로부터 재산처분권을 위임받은 재산관리인은 그 재산을 처분함에 있어 법원의 허가를 받지 않아도 된다.

② 법원이 선임한 부재자 재산관리인의 권한초과행위에 대한 법원의 허가 결정은 기왕의 법률행위를 추인하는 방법으로는 할 수 없다.

③ 법원은 법원이 선임한 부재자 재산관리인으로 하여금 부재자의 재산관리 및 반환에 관하여 상당한 담보를 제공하게 할 수 있다.

④ 실종선고를 받은 자는 실종기간이 만료된 때에 사망한 것으로 본다.

⑤ 부재자의 제1순위 상속인이 있는 경우, 제2순위 상속인은 특별한 사정이 없는 한 부재자에 관한 실종선고를 청구할 수 있는 이해관계인이 아니다.

107 A에 대한 실종선고로 인하여 B가 C보험회사로부터 5천만 원의 보험금을 받았다. B가 위 보험금 중 5백만 원을 채무의 변제에 사용하고, 1천만 원은 유흥비로, 2천만 원은 생활비로 각 지출하였으며, 현재 나머지 1천 5백만 원을 소지하고 있다. 그 후 A가 살아 돌아와서 실종선고가 취소된 경우에 다음 중 맞는 설명은?

① B가 선의라면 전혀 반환할 필요가 없다.

② B가 악의라면 5천만 원 전액을 반환하여야 하고, 또 그 액수만 반환하면 된다.

③ B가 선의라면 현재 소지하고 있는 1천 5백만 원만 반환하면 된다.

④ B가 선의이더라도 받은 이익 전부를 반환하여야 한다.

⑤ B가 선의라면 유흥비로 덩진한 1천만 원을 반환할 필요가 없다.

108 甲이 탄 비행기가 2006년 6월 7일 추락하여, 2010년 4월 12일 법원에 甲의 실종선고가 청구되었고, 2011년 2월 13일 실종선고가 내려졌다. 다음 설명 중 옳은 것은? (다툼이 있는 경우에는 판례에 의함) 2013 기출

① 甲은 2011년 2월 13일에 사망한 것으로 본다.

② 甲에게 선순위의 상속인이 있는 경우 특별한 사정이 없는 한 후순위의 상속인은 甲의 실종선고를 청구할 수 없다.

③ 실종선고는 甲의 사법상의 법률관계뿐만 아니라 공법상의 법률관계에도 효과를 미친다.

④ 甲이 살아 돌아온 사실만으로 甲에 대한 실종선고는 그 효력을 상실한다.

⑤ 甲의 실종선고가 취소되면 실종선고를 직접원인으로 하여 재산을 취득한 자가 악의인 경우에는 그 받은 이익이 현존하는 한도에서 반환할 의무가 있다.

109 1988년 5월 1일 오후에 최종적으로 생존이 확인된 한국인 甲에 대하여 2001년 6월 1일 보통 실종
선고가 있었다. 甲은 1987년 4월 1일 乙社의 생명보험에 가입했으며, 보험금수령권자는 妻 丙이
다. 乙社는 甲이 현재 미국에 살고 있다는 유력한 증거를 확보하였다. 다음 기술 중 옳은 것은?

① 甲은 1993년 5월 2일의 종료로 사망한 것으로 간주된다.

② 판례에 의하면, 법원에 의해 甲의 부재자재산관리인으로 선임된 자가 1995년 8월 1일
법원의 허가를 받아 한 처분행위는 위 실종선고에 의하여 실효한다.

③ 丙이 乙社를 상대로 생명보험금청구소송을 제기하는 경우, 乙社가 甲이 살아 있다는
증거를 제시하면 丙의 청구는 기각된다.

④ 甲이 2001년 7월 1일 미국에서 甲의 실종선고사실을 알고 있는 丁과 위임계약을 체결
하였을 경우, 甲은 이 계약에 따른 권리의무의 귀속주체가 될 수 있다.

⑤ 丙이 甲의 실종선고 후 그 취소 전에 선의로 생명보험금을 수령한 경우, 실종선고가
취소되더라도 이를 원칙적으로 반환할 의무가 없다.

106 ② 법원의 부재자 재산관리인의 초과행위결정의 효력은 그 허가받은 재산에 대한 장래의 처분행위뿐만 아니
라 기왕의 처분행위를 추인하는 행위로도 할 수 있다.

107 ⑤ 실종선고의 취소가 있을 때에 실종의 선고를 직접원인으로 하여 재산을 취득한 자가 선의인 경우에는 그
받은 이익이 현존하는 한도에서 반환할 의무가 있고, 악의인 경우에는 그 받은 이익에 이자를 붙여서 반환하
고 손해가 있으면 이를 배상하여야 한다(제29조 제2항).

108 ② 부재자의 종손자로서, 부재자가 사망할 경우 제1순위의 상속인이 따로 있어 제2순위의 상속인에 불과한
청구인은 특별한 사정이 없는 한 위 부재자에 대하여 실종선고를 청구할 수 있는 신분상 또는 경제상의 이해
관계를 가진 자라고 할 수 없다(대판 자 92스4 결정).
① 실종기간 만료 시에 사망한 것으로 보기 때문에(제28조), 초일불산입의 원칙에 따라 기산일은 2006년 6월
8일이 되고 특별 실종이므로 1년이 경과한 2007년 6월 7일 24시에 사망한 것으로 간주된다.
③ 실종선고는 실종자의 종래 주소 또는 거소를 중심으로 하는 사법적 법률관계만을 종료케 하는 것이므로
공법상의 법률관계에는 효과를 미치지 않는다.
④ 실종선고를 받는 자는 사망한 것으로 간주되므로, 선고가 취소되지 않는 한 살아 돌아온 사실만으로 선고의
효과를 다투지 못한다.
⑤ 악의인 경우에는 그 받은 이익에 이자를 붙여서 반환하고 손해가 있으면 이를 배상하여야 한다(제29조 제2항).

109 ④ 실종자의 종래의 주소를 중심으로 하는 사법상의 법률관계에 한하여 실종선고의 효력이 미치는 것이고,
실종자의 권리능력 자체가 상실되는 것은 아니다. 따라서 돌아온 후의 법률관계나, 실종자의 새로운 주소에서
의 법률관계에 관하여는 사망의 효과가 미치지 않는다.
① 실종선고 기산일에 관하여 초일불산입의 원칙이 적용되므로 1988년 5월 2일부터 기산하고 보통 실종기간
5년이 만료하는 1993년 5월 1일의 종료(1993년 5월 2일 오전 0시)로 사망한 것으로 간주된다.
② 부재자재산관리인으로서 권한초과행위의 허가를 받고 그 선임결정이 취소되기 전에 위 권한에 의하여 이루어진
행위는 부재자에 대한 실종선고기간이 만료된 뒤에 이루어졌다고 하더라도 유효하다(대판 73다2023 · 80다2668).
③ 실종선고가 확정되면 실종선고를 받은 자는 실종기간이 만료한 때에 사망한 것으로 본다(제26조). 즉 실종선
고로 사망으로 '간주'되므로 실종선고의 효과를 부인하기 위해서는 반드시 실종선고의 취소가 있어야 한다.
⑤ 실종의 선고를 직접원인으로 하여 재산을 취득한 자는, 실종선고 취소 시의 선의 · 악의를 불문하고 반환의
무를 진다. 다만 반환범위에 차이가 있을 뿐이다(제29조 제2항). 즉, 선의인 경우 현존이익의 한도에서 반환하
면 되고, 악의인 경우에는 그 받은 이익에 이자를 붙여 반환하고 손해가 있으면 이를 배상하여야 한다.

01 법인에 관한 다음 설명 중 옳은 것은?

① 사단법인과 재단법인의 이사는 사원이다.

② 재단법인에는 재산이 출연되지만, 사단법인에는 재산이 출연될 수 없다.

③ 사단법인은 비영리법인이나, 재단법인은 영리법인이다.

④ 재단법인과 사단법인의 설립과정에 공히 2인 이상의 설립자가 정관을 작성하여야 한다.

⑤ 재단법인과 사단법인의 성립시기는 공히 설립등기 시이다.

02 법인이 향유할 수 없는 권리는?

① 재산권   ② 상속권

③ 명예권   ④ 신용권

⑤ 성명권

03 법인의 이사에 관한 설명으로 옳지 않은 것은? (다툼이 있는 경우에는 판례에 의함) 2014 기출

① 이사의 임면에 관한 사항은 정관의 필요적 기재사항이다.

② 이사의 대표권 제한은 이를 등기하지 않으면 악의의 제3자에게도 대항할 수 없다.

③ 이사가 그의 권한으로 선임한 대리인은 법인의 기관이다.

④ 특별한 사정이 없으면, 법인과 이사의 이익이 상반하는 사항에 관하여는 그 이사는 대표권이 없다.

⑤ 이사의 직무대행자는 원칙적으로 법인의 통상사무에 속하는 행위만을 할 수 있다.

04 비영리사단법인의 재산귀속형태는?

① 사원들의 총유   ② 사단법인의 단독소유

③ 사원들의 합유   ④ 사원들의 공유

⑤ 대표이사의 단독소유

05 다음 중 비영리사단법인에 있어서 정관의 필요적 기재사항과 등기사항이 공통되는 것은?

① 이사의 임면에 관한 규정

② 존립시기나 해산사유를 정한 때에는 그 시기 또는 사유

③ 출자의 방법을 정한 때에는 그 방법

④ 이사의 대표권을 제한한 때에는 그 제한

⑤ 사원자격의 득실에 관한 규정

06 민법상 사단법인 설립 시 정관의 필요적 기재사항이 아닌 것은? `2017 기출`

① 목적 ② 명칭

③ 사무소의 소재지 ④ 자산에 관한 규정

⑤ 이사자격의 득실에 관한 규정

01 ⑤ 법인은 그 주된 사무소의 소재지에서 설립등기를 함으로써 성립한다(제33조).
① 이사는 정관에서 임의로 정할 수 있으므로(제40조 제5호, 제43조) 이사가 사원일 필요는 없다. 또한 재단법인에는 사원이 없다.
② 사단법인에도 재산이 출연될 수 있다(제40조 제4호).
③ 민법상 사단법인과 재단법인은 모두 비영리법인이다.
④ 사단법인 설립행위의 성질은 합동행위이나, 재단법인 설립행위는 상대방 없는 단독행위이다.

02 ② 법인은 자연인의 속성을 전제로 하는 권리·의무의 주체가 될 수 없다(생명권, 친권, 상속권 등). 그러나 재산권, 명예권, 성명권, 신용권 및 유증을 받을 수 있다.

03 ③ 이사는 원칙적으로 자신이 대표권을 행사하여야 한다. 다만, 정관 또는 총회의 결의로 금지하지 아니한 사항에 한하여 타인으로 하여금 특정의 행위를 대리하게 할 수 있다(제62조). 이때 이사가 선임한 대리인은 법인의 기관은 아니고, 법인의 대리인일 뿐이다.

04 ② 법인도 권리능력자이므로 재산을 자기 명의로 소유할 수 있다.

05 ② 제40조, 제49조

06 ⑤ 이사의 임면에 관한 규정이 사단법인 설립 시 정관의 필요적 기재사항에 해당한다(제40조 제5호).

Answer / 01. ⑤ 02. ② 03. ③ 04. ② 05. ② 06. ⑤

07 다음 설명 중 틀린 것은?

① 법인 아닌 사단도 독자적인 존립목적과 대표기관을 갖고 활동을 하는 등 법인 아닌 사단으로서의 실체를 가지고 존립하여 온 경우에 민사소송의 당사자가 될 수 있다.

② 사단법인의 대표자인 회장은 사임한 경우에도 후임 회장이 선출될 때까지 대표자의 직무를 계속 수행할 수 있으나, 사임한 대표자의 직무수행권은 법인이 정상적인 활동을 중단하게 되는 처지를 피하기 위하여 보충적으로 인정되는 것이다.

③ 종교에 관한 비영리사단법인은 주무관청의 허가 없이 신고만으로 법인으로 할 수 있다.

④ 사단법인의 대표자로 등기된 회장이 그 직무에 관하여 타인에게 불법행위를 가한 경우에는 사단법인이 손해배상책임을 지게 되며, 이 경우에 대표자인 회장 개인도 손해배상책임을 면할 수 없다.

⑤ 법인이 목적 이외의 사업을 하는 경우에는 주무관청은 그 허가를 취소할 수 있다.

08 민법상 법인에 관한 설명으로 옳지 않은 것은?

① 사단법인 정관의 법적 성질은 계약이 아니라 자치법규로 본다.

② 상사회사설립의 조건에 따라 영리를 목적으로 하는 재단법인을 설립할 수 있다.

③ 법인도 포괄유증을 받을 수 있다.

④ 재단법인 설립을 위해 출연한 부동산에 대한 법인에의 이전등기가 아직 이루어지지 않았다면 법인은 출연자로부터 그 부동산에 대한 소유권이전등기를 받은 제3자에 대하여 소유권을 주장할 수 없다.

⑤ 사원이 2인 이상이어야 한다는 것은 사단법인의 성립요건일 뿐 존속요건은 아니다.

09 재단법인설립에 관한 다음 설명 중 잘못된 것은?

① 재단법인의 존립시기는 정관의 필요적 기재사항이 아니다.

② 생전처분으로 재단법인을 설립하는 때에는 증여에 관한 규정이 준용된다.

③ 사단법인과 마찬가지로 재단법인이 권리능력을 취득하는 시기는 설립등기를 한 때이다.

④ 재단법인의 목적달성 불능은 재단법인의 해산사유이므로 정관을 변경하여 존속하는 것은 허용되지 않는다.

⑤ 재단법인에는 사원총회가 있을 수 없다.

10 법인에 대한 다음 설명 중 틀린 것은?

① 사단법인 설립을 준비하기 위한 발기인조합은 설립 중의 사단법인과 동일성을 가지므로 발기인조합의 채무는 당연히 설립 중의 사단 또는 사단법인에 승계된다.

② 정관변경에 대한 주무관청의 허가는 법률행위의 효력을 보충해 주는 것이지 일반적 금지를 해제하는 것이 아니므로 그 법적 성격은 인가이다.

③ 재단법인의 기본재산으로 편입된 재산을 처분하는 행위는 물론 새로이 기본재산으로 편입하는 행위도 주무관청의 허가가 있어야만 유효하다.

④ 사단법인의 설립행위는 정관의 작성행위로서 서면에 의한 요식행위이다.

⑤ 사원이 2인 이상이어야 한다는 것은 사단법인의 성립요건일 뿐 존속요건은 아니다.

07 ③ 학술, 종교, 자선, 기예, 사교 기타 영리 아닌 사업을 목적으로 하는 사단 또는 재단은 주무관청의 허가를 얻어 이를 법인으로 할 수 있다(제32조). 따라서 허가 없이 신고만으로는 법인으로 할 수 없다.

08 ② 영리를 목적으로 하는 사단은 상사회사 설립의 조건에 좇아 이를 법인으로 할 수 있다(제39조 제1항). 전항의 사단법인에는 모두 상사회사에 관한 규정을 준용한다(제39조 제2항).

09 ④ 재단법인의 목적을 달성할 수 없는 때에는 설립자나 이사는 주무관청의 허가를 얻어 설립의 취지를 참작하여 그 목적 기타 정관의 규정을 변경할 수 있다(제46조). 따라서 목적달성이 불가능하더라도 정관의 목적을 변경하면 해산할 필요가 없다.

10 ① 발기인조합의 법률관계는 조합이나, 설립 중의 사단법인은 권리능력 없는 사단으로 동일성이 없다. 따라서 발기인조합이 취득한 권리의무를 설립 후 사단법인에 귀속시키기 위하여는 별도의 이전행위가 있어야 한다 (대판 90누2536).
⑤ 사원이 1인만 있는 경우에도 해산사유가 되지 않는다. 사원이 1명도 없게 된 때 해산한다(제77조 제2항).

Answer

07. ③　　08. ②　　09. ④　　10. ①

11 법인에 관한 설명으로 옳지 않은 것은? `2021 기출`

① 영리 아닌 사업을 목적으로 하는 재단은 주무관청의 허가를 얻어 이를 법인으로 할 수 있다.

② 법인은 그 주된 사무소의 소재지에서 설립등기를 함으로써 성립한다.

③ 법인은 법률의 규정에 좇아 정관으로 정한 목적의 범위 내에서 권리와 의무의 주체가 된다.

④ 재단법인의 존립시기는 정관의 필요적 기재사항이다.

⑤ 재단법인의 설립자가 그 명칭만 정하지 아니하고 사망한 때에는 이해관계인 또는 검사의 청구에 의하여 법원이 이를 정한다.

12 甲은 재단법인 乙을 설립하기 위하여 그 명의로 등기된 자신의 X부동산을 乙을 위하여 출연할 의사를 표시하였다. 다음 설명 중 옳은 것을 모두 고른 것은? (다툼이 있으면 판례에 의함)

> ㉠ 甲이 생전처분으로 재단법인을 설립하는 경우에는, X부동산은 원칙적으로 법인의 설립등기 시에 乙법인에 귀속한다.
>
> ㉡ 甲이 유언으로 재단법인을 설립하는 경우에도, X부동산은 특별한 사정이 없는 한 법인의 설립등기 시에 乙법인에게 귀속한다.
>
> ㉢ 甲이 서면에 의한 증여로 출연행위를 한 경우에는, 甲은 착오에 기한 의사표시를 이유로 출연의 의사표시를 취소할 수 없다.
>
> ㉣ X부동산이 제3자에 대한 관계에서도 乙법인에 귀속되기 위해서는 법인설립등기 외에도 이전등기를 필요로 한다.

① ㉠, ㉡   ② ㉠, ㉢

③ ㉠, ㉣   ④ ㉡, ㉣

⑤ ㉠, ㉢, ㉣

13 법인에 관한 판례의 태도로서 옳지 않은 것은?

① 법인격 없는 사단의 경우에도 대표자는 법인의 경우와 마찬가지로 타인으로 하여금 특정한 행위를 대리하도록 할 수는 있으나 그 제반업무 처리를 포괄적으로 위임할 수는 없다.

② 유언으로 재단법인을 설립하는 경우에도 제3자에 대한 관계에서는 출연재산이 부동산인 경우는 그 법인에의 귀속에는 법인의 설립 외에 이전등기를 필요로 한다.

③ 일반적으로는 취소권이 인정되는 착오의 사정이 있더라도 증여를 내용으로 하는 재단법인 설립행위의 경우 출연자는 법인의 목적적 활동이라는 구속으로 인해 그 의사표시를 취소할 수 없다.

④ 법인의 대표자가 법인의 채무를 부담하는 계약을 체결하는 경우 일정한 절차를 거치도록 하는 제한을 정관에는 규정해 두었으나 등기해 두지 않았다면 제3자가 정관의 대표권제한규정에 관해 선의인지 악의인지 묻지 않고 법인은 이를 주장할 수 없다.

⑤ 여러 법인이 외형적으로는 별개의 법인으로 존재하지만 실제로는 하나의 법인이 그 활동의 편의를 위하여 다른 법인들을 각각 설립한 것으로 동일한 실체를 갖고 있다고 인정할 수 있는 경우 남용된 법인격은 그 한도에서 부정된다.

11 ④ 재단법인의 설립자는 일정한 재산을 출연하고 제40조 제1호 내지 제5호의 사항을 기재한 정관을 작성하여 기명날인하여야 한다(제43조). 재단법인에는 사원이 없으므로 '사원자격의 득실에 관한 규정'은 필요적 기재사항이 아니다. 또한 '존립시기·해산사유에 관한 규정'은 법인의 영구성을 고려하고 설립자의 의사를 존중하기 위하여 임의적 기재사항으로 하였다.
① 제32조 ② 제33조 ③ 제34조
⑤ 재단법인의 설립자가 그 명칭, 사무소 소재지 또는 이사임면의 방법을 정하지 아니하고 사망한 때에는 이해관계인 또는 검사의 청구에 의하여 법원이 이를 정한다(제44조).

12 ㉠, ㉣ 재단법인을 설립함에 있어서 출연재산은 그 법인이 설립된 때로부터 법인에 귀속된다는 민법 제48조의 규정은 출연자와 법인과의 관계를 상대적으로 결정하는 기준에 불과하여 출연재산이 부동산인 경우에도 출연자와 법인 사이에는 법인의 성립 외에 등기를 필요로 하는 것은 아니지만, 제3자에 대한 관계에 있어서, 출연행위는 법률행위이므로 출연재산의 법인에의 귀속에는 부동산의 권리에 관한 것일 경우 등기를 필요로 한다(대판 78다481·482).
㉡ 유언으로 재단법인을 설립하는 때에는 출연재산은 유언의 효력이 발생한 때로부터 법인에 귀속한 것으로 본다(제48조 제2항).
㉢ 재단법인의 출연자가 착오를 원인으로 취소를 한 경우에는 출연자는 재단법인의 성립 여부나 출연된 재산의 기본재산인 여부와 관계없이 그 의사표시를 취소할 수 있다(대판 98다9045).

13 ③ 민법 제47조 제1항에 의하여 생전처분으로 재단법인을 설립하는 때에 준용되는 민법 제555조는 "증여의 의사가 서면으로 표시되지 아니한 경우에는 각 당사자는 이를 해제할 수 있다."라고 함으로써 서면에 의한 증여(출연)의 해제를 제한하고 있으나, 그 해제는 민법총칙상의 취소와는 요건과 효과가 다르므로 서면에 의한 출연이더라도 민법총칙규정에 따라 출연자가 착오에 기한 의사표시라는 이유로 출연의 의사표시를 취소할 수 있고, 상대방 없는 단독행위인 재단법인에 대한 출연행위라고 하여 달리 볼 것은 아니다(대판 98다9045).

Answer / 11. ④ 12. ③ 13. ③

14 다음 법인의 불법행위에 관한 기술 중 틀린 것은?

① 법인과 함께 대표자 개인도 책임을 진다.

② 법인은 대표자의 선임·감독에 과실이 없음을 입증하면 그 책임은 면한다.

③ 법인의 대표자가 그 직무에 관하여 행한 불법행위라야 한다.

④ 법인은 불법행위를 한 대표자에게 구상할 수 있다.

⑤ 민법 제35조의 대표기관에는 임시이사나 청산인도 포함된다.

15 법인의 불법행위에 관한 설명 중 가장 옳지 않은 것은? (다툼이 있으면 판례에 의함)

① 법인의 불법행위가 성립하는 경우 가해행위를 한 대표기관 개인은 책임을 지지 않는다.

② 대표권남용행위의 경우, 판례는 비진의표시규정을 유추적용하거나 신의칙을 적용하여 그 행위의 효력 유무를 판단한다.

③ 법인의 불법행위가 성립하려면 대표기관의 행위가 불법행위의 일반적 요건을 갖추어야 한다.

④ 법인이 피해자에게 손해를 배상한 경우에는 대표기관 개인에게 구상할 수 있다.

⑤ 행위의 외형상 법인 대표자의 직무행위라고 인정할 수 있는 것이라면 설사 그것이 법령의 규정에 위배된 것이었다 하더라도 직무에 관한 행위에 해당한다고 보아야 한다.

16 법인의 불법행위책임에 관한 판례의 입장이 아닌 것은?

① 재개발조합 대표기관의 직무상 불법행위로 조합에 과다한 채무를 부담하게 함으로써 재개발조합이 손해를 입고 결과적으로 조합원의 경제적 이익이 침해되는 손해와 같은 간접적인 손해는 민법 제35조에서 말하는 손해의 개념에 포함되지 않는다.

② 종중의 대표자가 종중 소유의 부동산을 종중총회결의서 등을 위조하여 매수인에게 등기이전을 해주고 대금을 받았는데 그 후 종중이 소송으로 부동산을 되찾아갔다면 종중은 매수인이 지급한 매매대금 상당액을 배상할 의무가 있다.

③ 노동조합의 간부들이 불법쟁의행위를 주도한 경우에 민법 제35조 제1항의 유추적용에 의하여 노동조합은 그 불법쟁의행위로 인하여 사용자가 입은 손해를 배상할 책임이 있다.

④ 실질적으로는 신용금고 대표이사의 개인적인 융통행위라 하더라도 외형상으로는 대표이사의 직무범위 내의 행위로 보아야 할 것이면 신용금고는 손해배상책임을 진다.

⑤ 법인이 대표자의 선임과 감독에 과실 없음을 증명한 때에는 법인의 불법행위(민법 제35조)가 성립하지 않는다.

17 법인의 불법행위책임에 관한 다음 설명 중 옳지 않은 것은? (다툼이 있으면 판례에 의함)

① 법인의 손해배상책임이 대표기관의 고의적인 불법행위에 기한 것인 때에는 손해발생에 있어서 피해자 측의 과실이 있다 하더라도 과실상계의 법리를 적용할 수 없다.

② 비법인사단의 대표자가 직무에 관하여 타인에게 손해를 가한 때에도 법인의 불법행위책임에 관한 규정이 유추적용된다.

③ 법인 대표자의 행위가 대표자 개인의 사리를 도모하기 위한 것이거나 혹은 법령의 규정에 위배된 것이라도 법인의 불법행위책임이 성립할 수 있다.

④ 비법인사단의 경우 대표자의 행위가 직무에 관한 행위에 해당하지 아니함을 피해자 자신이 알았거나 또는 중대한 과실로 인하여 알지 못한 경우에는 법인에 손해배상책임을 물을 수 없다.

⑤ 법인의 불법행위책임 요건인 '직무에 관한 행위'라 함은 외관상, 객관적으로 직무에 관한 행위라고 인정할 수 있는 행위를 말한다.

14 ② 법인의 불법행위책임은 중간책임인 사용자책임(제756조)과는 달리 법정무과실책임이므로 법인의 대표자에 대한 선임·감독의 과실 유무에 관계없이 책임을 진다.

15 ① 법인의 불법행위가 성립하는 경우에 대표기관 개인도 법인과 경합하여 피해자에게 손해배상책임을 진다(제35조 제1항 후단). 따라서 피해자는 법인 또는 대표기관 개인에 대하여 선택적으로 손해배상청구를 할 수 있으며, 양 채무는 부진정연대채무이다.

16 ⑤ 법인의 불법행위가 성립하면, 법인은 피해자에 대하여 손해배상책임을 진다. 법인의 불법행위책임(제35조)은 사용자책임(제756조)과 달리 선임·감독에 주의를 다하였음을 이유로 면책되지 않는다.
① 도시재개발법에 의하여 설립된 재개발조합의 조합원이 조합의 이사 기타 조합장 등 대표기관의 직무상의 불법행위로 인하여 직접 손해를 입은 경우에는 도시재개발법 제21조, 민법 제35조에 의하여 재개발조합에 대하여 그 손해배상을 청구할 수 있으나, 재개발조합의 대표기관의 직무상 불법행위로 조합에 과다한 채무를 부담하게 함으로써 재개발조합이 손해를 입고 결과적으로 조합원의 경제적 이익이 침해되는 손해와 같은 간접적인 손해는 민법 제35조에서 말하는 손해의 개념에 포함되지 아니하므로 이에 대하여는 위 법 조항에 의하여 손해배상을 청구할 수 없다(대판 99다19384).
② 종중의 대표자가 종중 소유의 부동산을 개인 소유라 하여 매도하고 계약금과 중도금을 지급받은 후 잔대금 지급 이전에 매수인이 종중 소유임을 알고 항의하자 종중의 결의가 없는데도 종중대표자로서 그 이전을 약속하고 종중총회결의서 등을 위조하여 등기이전을 해 주고 잔금을 받았는데 그 후 종중이 소송으로 부동산을 되찾아간 경우 종중의 불법행위를 인정하고 매수인이 지급한 잔대금 상당액을 배상할 의무가 있다(대판 92다49300).
③ 노동조합의 간부들이 불법쟁의행위를 기획·지시·지도하는 등으로 주도한 경우에 이와 같은 간부들의 행위는 조합의 집행기관으로서의 행위라 할 것이므로 이러한 경우 민법 제35조 제1항의 유추적용에 의하여 노동조합은 그 불법쟁의행위로 인하여 사용자가 입은 손해를 배상할 책임이 있다(대판 93다32828).

17 ① 법인에 대한 손해배상책임원인이 대표기관의 고의적인 불법행위라고 하더라도, 피해자에게 그 불법행위 내지 손해발생에 과실이 있다면 법원은 과실상계의 법리에 좇아 손해배상의 책임 및 그 금액을 정함에 있어 이를 참작하여야 한다(대판 86다카1170).

Answer 14. ② 15. ① 16. ⑤ 17. ①

18 법인의 불법행위능력에 관한 설명 중 옳은 것은? (다툼이 있으면 판례에 의함)

① 법인의 대표자가 직무에 관해서 불법행위를 한 경우, 피해자는 민법 제35조(법인의 불법행위능력)에 따른 손해배상청구나 민법 제756조(사용자의 배상책임)에 따른 손해배상청구를 할 수 있다.

② 법인 대표자의 직무행위로 타인에게 손해가 발생한 경우에 그러한 직무행위가 법령의 규정에 위배된 것이었다고 하더라도 법인의 불법행위책임이 성립할 수 있다.

③ 법인 대표자의 직무에 관한 불법행위에 있어서 그 직무행위가 대표자 개인의 이익을 도모하기 위한 것이라는 점을 피해자가 알지 못하였다면 그에 대한 과실 여부와 상관없이 법인의 불법행위책임을 주장할 수 있다.

④ 대표권 없는 이사의 직무에 관한 불법행위의 경우에도 법인의 불법행위책임에 관한 민법 제35조(법인의 불법행위능력)가 적용된다.

⑤ 권리능력 없는 사단의 경우에는 대표자의 직무로 인한 불법행위에 대하여 민법 제35조(법인의 불법행위능력)가 유추적용될 수 없다.

19 민법 제35조(법인의 불법행위능력)에 관한 설명으로 옳지 않은 것은? (다툼이 있는 경우에는 판례에 의함) 2013 기출

① 법인을 실질적으로 운영하면서 법인을 사실상 대표하여 법인 사무를 집행하는 사람도 법인의 대표자에 포함된다.

② 대표권 없는 이사의 행위에 대해서는 법인의 불법행위가 성립하지 않는다.

③ 대표기관의 행위가 외형상 법인의 직무에 관한 행위로 인정될 수 있더라도, 그것이 개인의 사리를 도모하기 위한 것이라면 직무에 관한 행위에 해당하지 않는다.

④ 대표기관이 강행규정을 위반한 계약을 체결하여 그 상대방이 손해를 입은 경우에도 직무관련성이 인정되면 법인의 불법행위책임이 인정된다.

⑤ 법인이 대표자의 선임·감독에 주의를 다하였음을 증명하더라도 법인의 불법행위책임으로부터 면책되지 않는다.

20 민법 제35조(법인의 불법행위능력)에 관한 설명으로 옳지 않은 것은? (다툼이 있는 경우에는 판례에 의함) 2014 기출

① "법인의 대표자"에는 법인을 실질적으로 운영하면서 법인을 사실상 대표하여 법인의 사무를 집행하는 사람을 포함한다.

② "직무에 관하여"는 행위 외형상 대표자의 직무행위로 인정할 수 있는 행위이면 된다.

③ 법인의 불법행위가 성립하게 되면 가해행위를 한 대표자는 손해배상책임을 면한다.

④ 비법인사단 대표자의 행위가 직무에 관한 행위에 해당하지 아니함을 피해자가 알았거나 중대한 과실로 인하여 알지 못한 때에는 비법인사단에 손해배상책임을 물을 수 없다.

⑤ 법인의 목적범위 외의 행위로 인하여 타인에게 손해를 가한 때에는 그 사항의 의결에 찬성하거나 그 의결을 집행한 사원, 이사 및 기타 대표자가 연대하여 배상하여야 한다.

18 ① 법인에 있어서 그 대표자가 직무에 관하여 불법행위를 한 경우에는 민법 제35조 제1항에 의하여, 법인의 피용자가 사무집행에 관하여 불법행위를 한 경우에는 민법 제756조 제1항에 의하여 각기 손해배상책임을 부담한다.
③ 법인 대표자의 행위가 직무에 관한 행위에 해당하지 아니함을 피해자 자신이 알았거나 또는 중대한 과실로 인하여 알지 못한 경우에는 법인에게 손해배상책임을 물을 수 없다.
④ 대표권이 없는 이사는 법인의 기관이기는 하지만 대표기관은 아니기 때문에 그들의 행위로 인하여 법인의 불법행위가 성립하지 않는다.
⑤ 비법인사단의 대표자가 직무에 관하여 타인에게 손해를 가한 경우 그 사단은 민법 제35조 제1항의 유추적용에 의하여 그 손해를 배상할 책임이 있다.

19 ③ 법인이 그 대표자의 불법행위로 인하여 손해배상의무를 지는 것은 그 대표자의 직무에 관한 행위로 인하여 손해가 발생한 것임을 요한다 할 것이나, 그 직무에 관한 것이라는 의미는 행위의 외형상 법인 대표자의 직무행위라고 인정할 수 있는 것이라면 설사 그것이 대표자 개인의 사리를 도모하기 위한 것이었거나 혹은 법령의 규정에 위배된 것이었다 하더라도 위의 직무에 관한 행위에 해당한다고 보아야 한다(대판 2003다15280).

20 ③ 법인은 이사 기타 대표자가 그 직무에 관하여 타인에게 가한 손해를 배상할 책임이 있다. 이사 기타 대표자는 이로 인하여 자기의 손해배상책임을 면하지 못한다(제35조 제1항).

Answer/   18. ②   19. ③   20. ③

21 법인의 불법행위책임에 관한 설명으로 옳지 않은 것은? (다툼이 있으면 판례에 따름)

2017 기출

① 대표권이 없는 이사의 행위로 인하여는 법인의 불법행위가 성립하지 않는다.

② 외형상 법인 대표자의 직무행위라고 인정할 수 있는 것이라면 그것이 법령규정에 위반한 행위라도 직무에 관한 행위에 해당한다.

③ 법인 대표자의 행위가 직무에 관한 행위에 해당하지 아니함을 피해자가 중대한 과실로 인하여 알지 못한 경우에 법인은 손해배상책임을 부담하지 않는다.

④ 이사의 대표권에 대한 제한은 정관에 기재하여야 효력이 발생하고, 등기하면 제3자에게 대항할 수 있다.

⑤ 법인의 권리능력을 벗어나는 행위의 효과는 법인에게 귀속되지 않기 때문에 이로 인하여 상대방이 손해를 입었더라도 그 행위를 집행한 대표기관은 책임을 부담하지 않는다.

22 법인의 불법행위능력(민법 제35조)에 관한 설명으로 옳지 않은 것은? (다툼이 있으면 판례에 따름) 2015 기출

① 법인을 실질적으로 운영하면서 법인을 사실상 대표하여 법인의 사무를 집행하는 자가 대표자로 등기되어 있지 않은 경우, 그가 그 직무에 관하여 타인에게 손해를 가하더라도 법인의 불법행위가 성립하지 않는다.

② 대표권이 없는 이사는 법인의 기관이기는 하지만 대표기관은 아니기 때문에 그 이사의 행위로 인하여 법인의 불법행위가 성립하지 않는다.

③ 대표자의 행위가 대표자 개인의 사리를 도모하기 위한 것이었다 하더라도 외관상, 객관적으로 직무에 관한 행위라고 인정할 수 있는 것이라면, 특별한 사정이 없는 한 그 직무에 관한 행위에 해당한다.

④ 대표자의 행위가 직무에 관한 행위에 해당하지 아니함을 피해자 자신이 알았거나 또는 중대한 과실로 인하여 알지 못한 경우에는 법인에게 손해배상책임을 물을 수 없다.

⑤ 법인의 목적범위 외의 행위로 타인에게 손해를 가한 경우, 그 사항의 의결에 찬성하거나 그 의결을 집행한 사원, 이사 및 기타 대표자가 연대하여 배상책임을 진다.

23 민법 제35조(법인의 불법행위능력)에 관한 설명으로 옳은 것은? (다툼이 있으면 판례에 따름) 2019 기출

① 민법 제35조 소정의 '이사 기타 대표자'에는 대표권 없는 이사가 포함된다.

② 법인의 불법행위가 성립하는 경우, 대표자의 행위가 피해자에 대한 불법행위를 구성한다면 그 대표자도 피해자에 대하여 손해배상책임을 면하지 못한다.

③ 법인의 불법행위가 성립하여 법인이 피해자에게 배상한 경우, 법인은 대표자 개인에 대하여 구상권을 행사할 수 없다.

④ 법인 대표자의 행위가 직무에 관한 행위에 해당하지 아니함을 피해자가 경과실로 알지 못한 경우 법인의 불법행위책임은 성립하지 않는다.

⑤ 법인 대표자의 행위가 법령의 규정에 위배된 것이라면 외관상, 객관적으로 직무에 관한 행위라고 인정되더라도 민법 제35조 제1항의 직무에 관한 행위에 해당하지 않는다.

---

21 ⑤ 법인의 목적범위 외의 행위로 인하여 타인에게 손해를 가한 때에는 그 사항의 의결에 찬성하거나 그 의결을 집행한 사원, 이사 및 기타 대표자가 연대하여 배상하여야 한다(제35조 제2항).

22 ① 법인의 대표자에는 그 명칭이나 직위 여하, 또는 대표자로 등기되었는지 여부를 불문하고 당해 법인을 실질적으로 운영하면서 법인을 사실상 대표하여 법인의 사무를 집행하는 사람을 포함한다고 해석함이 상당하다 (대판 2011. 04. 28, 2008다15438).

23 ② 법인은 이사 기타 대표자가 그 직무에 관하여 타인에게 가한 손해를 배상할 책임이 있다. 이사 기타 대표자는 이로 인하여 자기의 손해배상책임을 면하지 못한다(제35조 제1항).
① 민법 제35조에서 말하는 '이사 기타 대표자'는 법인의 대표기관을 의미하는 것이고 대표권이 없는 이사는 법인의 기관이기는 하지만 대표기관은 아니기 때문에 그들의 행위로 인하여 법인의 불법행위가 성립하지 않는다(대판 2005. 12. 23, 2003다30159).
③ 이 경우 법인은 대표자 개인에 대하여 구상권을 행사할 수 있다.
④ 법인 대표자의 행위가 직무에 관한 행위에 해당하지 아니함을 피해자 자신이 알았거나 또는 중대한 과실로 인하여 알지 못한 경우에는 법인에게 손해배상책임을 물을 수 없다(대판 2004. 3. 26, 2003다34045).
⑤ 법인이 그 대표자의 불법행위로 인하여 손해배상의무를 지는 것은 그 대표자의 직무에 관한 행위로 인하여 손해가 발생한 것임을 요한다 할 것이나, 그 직무에 관한 것이라는 의미는 행위의 외형상 법인 대표자의 직무행위라고 인정할 수 있는 것이라면 설사 그것이 대표자 개인의 사리를 도모하기 위한 것이었거나 혹은 법령의 규정에 위배된 것이었다 하더라도 위의 직무에 관한 행위에 해당한다고 보아야 한다(대판 2004. 2. 27, 2003다15280).

Answer 21. ⑤ 22. ① 23. ②

24 민법 제35조(법인의 불법행위능력)에 관한 설명으로 옳은 것은? (다툼이 있으면 판례에 따름) 2020 기출

① 대표권이 없는 이사가 직무행위로 타인에게 손해를 가한 경우 법인은 불법행위책임을 진다.

② 법인의 불법행위책임이 성립하는 경우 가해행위를 한 대표기관은 손해배상책임을 면한다.

③ 외형상 대표자의 직무행위로 인정되더라도 법령에 위반한 행위는 직무에 관한 행위가 아니다.

④ 대표자의 행위가 직무행위에 해당하지 않음을 피해자가 중대한 과실로 알지 못한 경우에는 법인에게 손해배상책임을 물을 수 없다.

⑤ 법인의 불법행위책임에는 과실상계의 법리가 적용되지 않는다.

25 민법상 법인의 권리능력과 불법행위능력에 관한 설명으로 옳지 않은 것은? (다툼이 있으면 판례에 따름) 2016 기출

① 법인은 법률의 규정에 좇아 정관으로 정한 목적의 범위 내에서 권리와 의무의 주체가 된다.

② 법인의 피용자가 사무집행에 관하여 불법행위를 한 경우, 법인은 민법 제756조의 책임을 부담한다.

③ 법인의 목적범위 외의 행위로 인하여 타인에게 손해를 가한 때에는 그 사항의 의결에 찬성하거나 그 의결을 집행한 사원, 이사 및 기타 대표자가 연대하여 배상하여야 한다.

④ 법인 대표자의 행위가 직무에 관한 행위에 해당하지 아니함을 피해자가 중대한 과실로 인하여 알지 못한 경우에도 법인에게 불법행위책임을 물을 수 있다.

⑤ 민법 제35조 제1항의 법인 대표자에는 그 명칭이나 직위 여하 또는 대표자로 등기되었는지 여부를 불문하고 당해 법인을 실질적으로 운영하면서 법인을 사실상 대표하여 법인의 사무를 집행하는 사람을 포함한다고 해석함이 상당하다.

26 사단법인 甲의 대표자 乙이 직무에 관한 불법행위로 丙에게 손해를 가하였다. 甲의 불법행위능력(민법 제35조)에 관한 설명으로 옳지 않은 것은? (다툼이 있으면 판례에 따름) 2021 기출

① 甲의 불법행위가 성립하여 甲이 丙에게 손해를 배상하면 甲은 乙에게 구상할 수 있다.

② 乙이 법인을 실질적으로 운영하면서 사실상 대표하여 사무를 집행하였더라도 대표자로 등기되지 않았다면 민법 제35조에서 정한 '대표자'에 해당하지 않는다.

③ 甲의 불법행위책임은 그가 乙의 선임·감독에 주의를 다하였음을 이유로 면책되지 않는다.

④ 乙의 행위가 외형상 대표자의 직무행위로 인정되는 경우라면 그것이 乙 개인의 이익만을 도모하기 위한 것이라도 직무에 관한 행위에 해당한다.

⑤ 乙이 청산인인 경우에도 甲의 불법행위책임이 성립할 수 있다.

27 甲법인의 대표이사 乙은 대표자로서의 모든 권한을 丙에게 포괄적으로 위임하여 丙이 실질적으로 甲법인의 사실상 대표자로서 그 사무를 집행하고 있다. 이에 관한 설명으로 옳은 것을 모두 고른 것은? (다툼이 있으면 판례에 따름) 2022 기출

> ㉠ 甲의 사무에 관한 丙의 대행행위는 원칙적으로 甲에게 효력이 미치지 않는다.
> ㉡ 丙이 외관상 직무행위로 인하여 丁에게 손해를 입힌 경우, 甲은 특별한 사정이 없는 한 丁에 대하여 법인의 불법행위책임에 관한 민법 제35조의 손해배상책임을 진다.
> ㉢ 만약 甲이 비법인사단이라면 乙은 甲의 사무 중 정관에서 대리를 금지한 사항의 처리에 대해서도 丙에게 포괄적으로 위임할 수 있다.

① ㉠   ② ㉡   ③ ㉠, ㉡
④ ㉠, ㉢   ⑤ ㉡, ㉢

24 ④ 대표자의 행위가 직무에 관한 행위에 해당하지 아니함을 피해자 자신이 알았거나 또는 중대한 과실로 인하여 알지 못한 경우에는 비법인사단에 손해배상책임을 물을 수 없다(대판 2003. 7. 25, 2002다27088).
① 민법 제35조에서 말하는 '이사 기타 대표자'는 법인의 대표기관을 의미하는 것이고 대표권이 없는 이사는 법인의 기관이기는 하지만 대표기관은 아니기 때문에 그들의 행위로 인하여 법인의 불법행위가 성립하지 않는다(대판 2005. 12. 23, 2003다30159).
② 법인은 이사 기타 대표자가 그 직무에 관하여 타인에게 가한 손해를 배상할 책임이 있다. 이사 기타 대표자는 이로 인하여 자기의 손해배상책임을 면하지 못한다(제35조 제1항).
③ 법인이 그 대표자의 불법행위로 인하여 손해배상의무를 지는 것은 그 대표자의 직무에 관한 행위로 인하여 손해가 발생한 것임을 요한다 할 것이나, 그 직무에 관한 것이라는 의미는 행위의 외형상 법인 대표자의 직무행위라고 인정할 수 있는 것이라면 설사 그것이 대표자 개인의 사리를 도모하기 위한 것이었거나 혹은 법령의 규정에 위배된 것이었다 하더라도 위의 직무에 관한 행위에 해당한다고 보아야 한다(대판 2004. 2. 27, 2003다15280).
⑤ 법인의 불법행위책임에도 과실상계의 법리가 적용된다.

25 ④ 법인 대표자의 행위가 직무에 관한 행위에 해당하지 아니함을 피해자 자신이 알았거나 또는 중대한 과실로 인하여 알지 못한 경우에는 법인에 손해배상책임을 물을 수 없다(대판 2004. 3. 26, 2003다34045).

26 ② '법인의 대표자'에는 그 명칭이나 직위 여하, 또는 대표자로 등기되었는지 여부를 불문하고 당해 법인을 실질적으로 운영하면서 법인을 사실상 대표하여 법인의 사무를 집행하는 사람을 포함한다고 해석함이 상당하다(대판 2011. 4. 28, 2008다15438).
① 법인이 피해자에게 손해를 배상한 때에는, 법인은 선관주의의무위반(제61조)을 이유로 대표기관 개인에게 구상권을 행사할 수 있다.
③ 제35조의 법인의 불법행위책임은 제756조의 사용자책임과 달리 면책규정이 없다. 따라서 대표기관의 선임·감독에 주의를 다하였음을 이유로 면책되지 않는다.

27 ㉠ 민법 제62조에 의하면 특정한 행위를 대리하게 할 수 있으나 포괄적으로 위임할 수는 없다. 따라서 포괄적 수임인 丙의 대행행위는 甲법인에게 그 효력이 미치지 않는다.
㉡ 민법 제35조 제1항은 "법인은 이사 기타 대표자가 그 직무에 관하여 타인에게 가한 손해를 배상할 책임이 있다"라고 정한다. 여기서 '법인의 대표자'에는 그 명칭이나 직위 여하, 또는 대표자로 등기되었는지 여부를 불문하고 당해 법인을 실질적으로 운영하면서 법인을 사실상 대표하여 법인의 사무를 집행하는 사람을 포함한다고 해석함이 상당하다(대판 2011. 4. 28, 2008다15438).
㉢ 비법인사단에 대하여는 사단법인에 관한 민법 규정 가운데 법인격을 전제로 하는 것을 제외하고는 이를 유추적용하여야 하는데, 민법 제62조에 비추어 보면 비법인사단의 대표자는 정관 또는 총회의 결의로 금지하지 아니한 사항에 한하여 타인으로 하여금 특정한 행위를 대리하게 할 수 있을 뿐 비법인사단의 제반 업무처리를 포괄적으로 위임할 수는 없다(대판 2011. 4. 28, 2008다15438).

Answer
24. ④   25. ④   26. ②   27. ③

28 법인의 권리능력, 불법행위능력에 관한 설명 중 틀린 것은? (다툼이 있으면 판례에 의함)

① 법인의 대표자가 불법행위를 한 경우 행위의 외형상 대표자의 직무행위라고 인정할 수 있는 것이라면, 그것이 대표자 개인의 사리를 도모하기 위한 것이었다 하더라도 법인이 그 대표자의 불법행위로 인하여 손해배상의무를 질 수 있다.

② 법인의 대표자가 대표권을 남용하여 피해자에게 손해를 가한 경우, 피해자가 법인의 대표자의 위 행위가 직무에 관한 행위에 해당하지 아니함을 알고 있었던 경우에는 법인에게 손해배상책임을 물을 수 없으나, 피해자가 중대한 과실로 그러한 사정을 알지 못한 경우에는 법인에게 손해배상책임을 물을 수 있다.

③ 법인은 타인으로부터 상속을 받을 수는 없지만, 특정유증뿐만 아니라 포괄유증도 받을 수 있다.

④ 민법 제35조에서 말하는 '이사 기타 대표자'는 법인의 대표기관을 의미하는 것이고 대표권이 없는 이사는 법인의 기관이기는 하지만 대표기관은 아니기 때문에 그들의 행위로 인하여 법인의 불법행위가 성립하지 않는다.

⑤ 회사가 부채과다로 사실상 파산지경에 있어 업무도 수행하지 아니하고 대표이사나 그 외 이사도 없는 상태에 있다고 하여도 적법한 해산절차를 거쳐 청산을 종결하기까지는 법인의 권리능력이 소멸한 것으로 볼 수 없다.

29 비영리사단법인에 관한 설명으로 옳지 않은 것은? (다툼이 있으면 판례에 의함)

① 정관에 이사의 대표권 제한에 관한 규정이 있으면 등기되어 있지 않더라도 법인은 악의의 제3자에 대하여는 대항할 수 있다.

② 법인은 이사 기타 대표자가 그 직무에 관하여 타인에게 가한 손해를 배상할 책임이 있으며, 이때 이사 기타 대표자는 이로 인하여 자기의 손해배상책임을 면하지 못한다.

③ 법인이 목적범위 외의 행위로 인하여 타인에게 손해를 가한 때에는 그 사항의 의결에 찬성하거나 그 의결을 집행한 사원, 이사 및 기타 대표자가 연대하여 배상하여야 한다.

④ 이사는 법인의 사무에 관하여 각자 법인을 대표한다.

⑤ 이사가 수인인 경우에는 정관에 다른 규정이 없으면 법인의 사무집행은 이사의 과반수로써 결정한다.

30 법인의 이사에 관한 설명 중 잘못된 것은?

① 이사는 법인의 사무에 관하여 각자 법인을 대표하지만, 정관에 규정한 취지에 위반할 수 없고 특히 사단법인은 총회의 의결에 의하여야 한다.

② 이사의 직무대행자가 법원의 허가를 얻지 아니하고 법인의 통상사무에 속하지 아니하는 행위를 한 경우 법인은 제3자에 대하여 책임을 지지 아니한다.

③ 이사는 정관 또는 총회의 결의로 금지하지 아니한 사항에 한하여 타인으로 하여금 특정한 행위를 대리하게 할 수 있다.

④ 법인의 정관에 법인 대표자의 대표권 제한에 관한 규정이 있으나 그와 같은 취지가 등기되어 있지 않다면 법인은 그와 같은 정관의 규정에 대하여 제3자가 선의냐 악의냐에 관계없이 제3자에 대하여 대항할 수 없다.

⑤ 이사가 그 임무를 해태한 때에는 그 이사는 법인에 대하여 연대하여 손해배상의 책임이 있다.

31 법인의 이사에 관한 다음 기술 중 틀린 것은?

① 이사의 임면방법은 정관에 기재하여야 하며 이사의 성명과 주소는 등기사항이다.

② 이사의 대표권에 대한 제한은 등기하여야 제3자에게 대항할 수 있다.

③ 이사가 수인인 경우 정관에 다른 규정이 없으면 법인의 사무집행은 이사의 과반수로서 결정한다.

④ 이사가 수인인 경우 각 이사는 총회의 결의에 불구하고 법인의 사무에 관하여 각자 법인을 대표한다.

⑤ 이사는 선량한 관리자의 주의로써 그 직무를 수행하여야 한다.

---

28 ② 법인 대표자의 행위가 직무에 관한 행위에 해당하지 아니함을 피해자 자신이 알았거나 또는 중대한 과실로 인하여 알지 못한 경우에는 법인에게 손해배상책임을 물을 수 없다(대판 2003다3404).

29 ① 법인의 정관에 법인 대표권의 제한에 관한 규정이 있으나 그와 같은 취지가 등기되어 있지 않다면 법인은 그와 같은 정관의 규정에 대하여 선의냐 악의냐에 관계없이 제3자에 대하여 대항할 수 없다(대판 91다24564).

30 ② 제52조의 2의 직무대행자는 가처분명령에 다른 정함이 있는 경우 외에는 법인의 통상사무에 속하지 아니한 행위를 하지 못한다. 다만, 법원의 허가를 얻은 경우에는 그러하지 아니하다(제60조의 2 제1항). 직무대행자가 이 규정에 위반한 행위를 한 경우에도 법인은 선의의 제3자에 대하여 책임을 진다(제60조의 2 제2항).

31 ④ 이사의 대표권은 총회의 의결에 의하여 제한된다(제59조 제1항 단서).

Answer 28. ② 29. ① 30. ② 31. ④

32 법인의 이사에 관한 설명으로 옳지 않은 것은? (다툼이 있으면 판례에 의함)

① 이사의 퇴임은 등기 후가 아니면 제3자에게 대항할 수 없다.

② 이사가 사임의 의사표시를 한 경우, 사임의 효력이 발생하기 전에 사임의 의사표시를 철회할 수 있다.

③ 법인 대표자의 유임 내지 중임을 금지하는 규약이 없는 이상, 임기만료 후에 대표자 개임이 없었다면 그 대표자를 묵시적으로 다시 대표자로 선임하였다고 해석된다.

④ 이사는 법인에 대한 일방적인 의사표시로 사임할 수 없고, 반드시 이사회의 결의나 관할관청의 승인이 있어야 한다.

⑤ 이사는 정관 또는 총회의 결의로 금지하지 아니한 사항에 한하여 타인으로 하여금 특정한 행위를 대리하게 할 수 있는데, 이때 대리인은 법인의 대리인이다.

33 법인의 이사에 관한 설명으로 옳은 것은? 2013 기출

① 법인이 설립허가의 취소로 해산하는 경우 원칙적으로 이사는 청산인이 될 수 없다.

② 이사가 여러 명인 경우, 법인의 사무에 관하여 공동으로 법인을 대표하는 것이 원칙이다.

③ 이사는 정관 또는 총회의 결의로 금지하지 아니한 사항에 한하여 타인으로 하여금 특정한 행위를 대리하게 할 수 있다.

④ 이사의 대표권에 대한 제한은 정관의 기재만으로도 선의의 제3자에게 대항할 수 있다.

⑤ 법인과 이사의 이익이 상반하는 사항에 대해서는 법원이 이해관계인이나 검사의 청구에 의하여 임시이사를 선임하여야 한다.

34 민법상 법인의 기관에 관한 설명으로 옳지 않은 것은? (다툼이 있으면 판례에 따름) 2019 기출

① 민법상 이사의 임기를 제한하는 규정은 없다.

② 사원총회의 결의는 민법 또는 정관에 다른 규정이 없으면 사원 과반수의 출석과 출석 사원의 결의권의 과반수로써 한다.

③ 이사는 정관 또는 총회의 결의로 금지하지 아니한 사항에 한하여 타인으로 하여금 특정한 행위를 대리하게 할 수 있다.

④ 임시이사 선임의 요건인 '이사가 없거나 결원이 있는 경우'란 이사가 전혀 없거나 정관에서 정한 인원수에 부족이 있는 경우를 말한다.

⑤ 정관에 이사의 해임사유에 관한 규정이 있는 경우에는 이사의 중대한 의무위반이 있어도 법인은 정관에서 정하지 아니한 사유로 이사를 해임할 수 없다.

35 민법상 사단법인에 관한 설명으로 옳지 않은 것은? (다툼이 있으면 판례에 따름) 2020 기출

① 이사는 원칙적으로 법인의 제반 업무처리를 대리인에게 포괄적으로 위임할 수 없다.

② 정관의 규범적 의미와 다른 해석이 사원총회의 결의에 의해 표명되었더라도 이는 법원을 구속하는 효력이 없다.

③ 이사의 임면에 관한 사항은 정관의 임의적 기재사항이다.

④ 이사회의 결의사항에 이해관계가 있는 이사는 의결권이 없다.

⑤ 민법상 청산절차에 관한 규정에 반하는 잔여재산 처분행위는 특단의 사정이 없는 한 무효이다.

---

32 ④ 학교법인의 이사는 법인에 대한 일방적인 사임의 의사표시에 의하여 법률관계를 종료시킬 수 있고, 그 의사표시는 수령권한 있는 기관에 도달됨으로써 바로 효력을 발생하는 것이며, 그 효력발생을 위하여 이사회의 결의나 관할관청의 승인이 있어야 하는 것은 아니다(대판 2001다1171).

33 ① 법인이 해산한 때에는 파산의 경우를 제하고는 이사가 청산인이 된다(제82조).
② 법인의 대표에는 대리에 관한 규정이 준용되므로 이사가 수인인 경우 이사 각자가 법인을 대표한다.
④ 이사의 대표권의 제한을 정관에 기재하여 유효한 경우에도 이를 등기하지 않으면 제3자에게 대항할 수 없다(제60조).
⑤ 법인과 이사의 이익에 상반하는 사항에 관하여는 이사는 대표권이 없다. 이 경우에는 특별대리인을 선임하여야 한다(제64조).

34 ⑤ 법인의 정관에 이사의 해임사유에 관한 규정이 있는 경우 법인으로서는 이사의 중대한 의무위반 또는 정상적인 사무집행 불능 등의 특별한 사정이 없는 이상, 정관에서 정하지 아니한 사유로 이사를 해임할 수 없다(대판 2013. 11. 28, 2011다41741).
② 제75조 제1항
③ 제62조
④ 대판 1975. 3. 31, 74마562

35 ③ 이사의 임면에 관한 사항은 정관의 필요적 기재사항이다(제40조 제5호).
① 이사는 원칙적으로 자신이 대표권을 행사하여야 한다. 다만, 정관 또는 총회의 결의로 금지하지 아니한 사항에 한하여 타인으로 하여금 특정의 행위를 대리하게 할 수 있다(제62조). 그러나 포괄적 대리권의 수여는 인정되지 않는다.
② 사단법인의 정관은 이를 작성한 사원뿐만 아니라 그 후에 가입한 사원이나 사단법인의 기관 등도 구속하는 점에 비추어 보면 그 법적 성질은 계약이 아니라 자치법규로 보는 것이 타당하므로, 이는 어디까지나 객관적인 기준에 따라 그 규범적인 의미 내용을 확정하는 법규해석의 방법으로 해석되어야 하는 것이지, 작성자의 주관이나 해석 당시의 사원의 다수결에 의한 방법으로 자의적으로 해석될 수는 없다 할 것이어서, 어느 시점의 사단법인의 사원들이 정관의 규범적인 의미 내용과 다른 해석을 사원총회의 결의라는 방법으로 표명하였다 하더라도 그 결의에 의한 해석은 그 사단법인의 구성원인 사원들이나 법원을 구속하는 효력이 없다(대판 2000. 11. 24, 99다12437).
④ 민법 제74조는 사단법인과 어느 사원과의 관계사항을 의결하는 경우 그 사원은 의결권이 없다고 규정하고 있으므로, 민법 제74조의 유추해석상 민법상 법인의 이사회에서 법인과 어느 이사와의 관계사항을 의결하는 경우에는 그 이사는 의결권이 없다(대판 2009. 4. 9, 2008다1521).
⑤ 청산절차에 관한 규정은 제3자의 이해관계에 중대한 영향을 미치기 때문에 강행규정이다.

Answer 32. ④ 33. ③ 34. ⑤ 35. ③

36 민법상 법인에 관한 설명 중 틀린 것은?

① 직무대행자는 이사의 선임행위가 흠이 있는 것이어서 이해관계인의 신청으로 법원이 가처분으로 선임하는 임시적 기관이다.

② 법인과 이사의 이익이 상반하는 사항에 관하여는 이사는 대표권이 없다.

③ 정관에 달리 정한 바가 없으면 총사원의 5분의 1 이상으로부터 회의의 목적사항을 제시하여 청구한 때에는 이사는 임시총회를 소집하여야 한다.

④ 사단법인은 정관에 달리 정한 바가 없으면, 총사원의 3분의 2 이상의 동의가 없으면 해산을 결의하지 못한다.

⑤ 사원총회의 결의는 민법 또는 정관에 다른 규정이 없으면 사원 과반수의 출석과 출석사원의 결의권의 과반수로써 한다.

37 이사의 대표권 제한에 관한 설명으로 옳지 않은 것은?

① 판례는 정관상 사단법인의 대표자가 채무를 인수함에 있어 사원총회와 이사회의 결의를 거치도록 한 것은 대표권의 제한에 해당한다고 한다.

② 법인과 이사의 이익이 상반하는 사항에 관하여는 이사는 대표권이 없다.

③ 사원총회의 의결로 대표권을 제한할 수는 없다.

④ 판례는 이사의 대표권 제한을 등기하지 않으면 법인이 악의의 제3자에게도 대항할 수 없다고 한다.

⑤ 이사의 대표권 제한에 관한 등기 유무의 입증책임은 대표권의 제한을 주장하는 측에 있다는 것이 판례의 입장이다.

38 민법상 법인의 대표권에 관한 설명으로 옳지 않은 것은? (다툼이 있으면 판례에 따름)

`2018 기출`

① 이사의 대표권 제한에 관한 정관의 규정이 등기되어 있지 않으면, 법인은 그 규정으로 악의의 제3자에게도 대항할 수 없다.

② 법인과 이사의 이익상반행위로 특별대리인을 선임하는 경우, 법원은 이해관계인이나 검사의 청구에 의하여 선임하여야 한다.

③ 민법 규정에 의하여 선임된 직무대행자가 그 권한을 정한 규정에 위반하여 법인의 통상 사무 범위를 벗어난 행위를 한 경우, 법인은 선의의 제3자에 대하여 책임을 진다.

④ 대표자의 행위가 직무에 관한 행위에 해당하지 아니함을 피해자가 중과실로 알지 못한 경우에도, 피해자는 법인에게 손해배상책임을 물을 수 있다.

⑤ 법인의 대표에 관하여는 대리에 관한 규정을 준용한다.

39 '사단법인의 사원이 임시총회를 소집하기 위하여 요구되는 정족수'와 '사단법인의 해산결의를 위하여 요구되는 정족수'를 차례대로 바르게 나열한 것은?

① 1/5 이상, 3/4 이상   ② 1/4 이상, 2/3 이상   ③ 1/3 이상, 과반수
④ 과반수, 과반수   ⑤ 1/4 이상, 과반수

40 민법상의 단체에 관한 설명으로 옳지 않은 것은? (다툼이 있으면 판례에 의함)

① 민법상의 조합과 법인 아닌 사단을 구별함에 있어서는 일반적으로 그 단체성의 강약을 기준으로 판단하며, 조합의 명칭을 갖고 있는 단체라도 법인 아닌 사단으로서의 실체를 가질 수 있다.

② 주택건설촉진법에 의하여 설립된 재건축조합은 민법상의 법인 아닌 사단에 해당하고, 재건축조합이 주체가 되어 신축·완공한 상가건물은 조합원 전원의 총유에 속한다.

③ 대표기관의 행위에 대하여 법인이 불법행위책임을 지는 경우에도 그 행위를 한 대표기관은 개인적 책임을 면할 수 없고, 법인과 대표기관의 책임은 부진정연대채무관계에 있다.

④ 이사는 자연인만이 될 수 있으며 법인은 이사가 될 수 없다.

⑤ 법인의 정관에 대표권의 제한에 관한 규정이 있으면, 그 취지가 등기되지 않은 경우에도 법인은 악의의 제3자에게 대항할 수 있다.

---

36 ④ 사단법인은 총사원 4분의 3 이상의 동의가 없으면 해산을 결의하지 못한다. 그러나 정관에 다른 규정이 있는 때에는 그 규정에 의한다(제78조).

37 ③ 이사가 사단법인을 대표하는 데에는 총회의 의결에 의하여야 하므로(제59조 제1항 단서), 사단법인의 이사의 대표권은 사원총회의 의결로써 제한할 수도 있다.

38 ④ 법인 대표자의 행위가 직무에 관한 행위에 해당하지 아니함을 피해자 자신이 알았거나 또는 중대한 과실로 인하여 알지 못한 경우에는 법인에 손해배상책임을 물을 수 없다(대판 2004. 3. 26, 2003다34045).
① 법인의 정관에 법인 대표권의 제한에 관한 규정이 있으나 그와 같은 취지가 등기되어 있지 않다면 법인은 그와 같은 정관의 규정에 대하여 선의냐 악의냐에 관계없이 제3자인 원고에 대하여 대항할 수 없다(대판 1992. 2. 14, 91다24564).

39 ① 제70조 제2항, 제77조 제2항

40 ⑤ 제60조에 의하면 이사의 대표권에 대한 제한은 등기하지 아니하면 제3자에게 대항하지 못한다고 규정하고 있어 학설은 악의의 제3자에게는 대항이 가능하다는 견해 및 선악 불문하고 대항할 수 없다는 견해가 있으나 판례는 대표권 제한을 등기하지 않은 경우에는 상대방의 선의·악의를 불문하고 상대방에게 대표권 제한을 대항할 수 없다는 입장이다(대판 91다24564).

Answer   36. ④   37. ③   38. ④   39. ①   40. ⑤

41 법인에 관한 다음 설명 중 옳은 것은? (다툼이 있는 경우 판례에 의함)

① 사단법인의 발기인이 개인명의로 취득한 권리를 설립 후의 법인에 귀속시키기 위해서는 권리양도를 위한 별도의 이전행위가 있어야 한다.

② 법인 아닌 사단의 구성원 각자는 총유재산의 보존행위로서 소를 제기할 수 있다.

③ 교회의 일부 교인들이 집단적으로 교회를 탈퇴한 경우에 종전 교회의 재산은 분열 당시의 교인들의 총유에 속한다.

④ 법인의 정관에 이사의 대표권의 제한에 관한 규정이 있는 경우에, 그러한 취지가 등기되어 있지 않더라도 법인은 대표권 제한사실을 알았거나 알 수 있었던 자에 대하여 대표권의 제한을 대항할 수 있다.

⑤ 비영리사단법인의 사원의 지위는 양도 또는 상속할 수 없다고 하는 민법 제56조는 강행규정이므로 정관으로 사원 지위의 양도·상속을 인정하더라도 이는 무효이다.

42 법인에 있어서 임시이사와 특별대리인에 대한 기술 중 틀린 것은?

① 양자는 모두 사원총회에서 선임한다.

② 양자는 다 법인의 기관이다.

③ 임시이사는 이사가 없거나 결원이 있는 경우, 그로 인하여 손해가 생길 염려가 있는 경우에 선임한다.

④ 특별대리인은 법인과 이사의 이익이 상반하는 사항에 관하여 선임한다.

⑤ 정식의 이사가 선임되면 임시이사의 권한은 당연히 소멸되고, 특별대리인의 권한은 당해 사항에 한정된다.

43 사단법인의 사원총회에 관한 다음 설명 중 옳지 않은 것은?

① 사원총회는 정관에 규정에 의하더라도 폐지할 수 없다.

② 정관에 다른 규정이 없는 한, 사원은 서면이나 대리인으로 결의권을 행사할 수 있다.

③ 결의권평등의 원칙은 정관으로도 이를 변경할 수 없다.

④ 원칙상 사원총회에서 결의되는 사항은 총회소집 시에 미리 통지한 사항에 한한다.

⑤ 이른바 사원의 고유권은 사원의 동의가 없으면 총회의 결의로도 박탈할 수 없다.

44 법인에 관한 설명으로 옳은 것을 모두 고른 것은? 2021 기출

> ㉠ 임시이사는 법인과 이사의 이익이 상반하는 사항에 관하여 선임되는 법인의 기관이다.
> ㉡ 법인의 이사가 여러 명인 경우에는 정관에 다른 규정이 없으면 법인의 사무집행은 이사의 과반수로써 결정한다.
> ㉢ 법인의 대표에 관하여는 대리에 관한 규정을 준용한다.
> ㉣ 이사는 정관 또는 총회의 결의로 금지하지 아니한 사항에 한하여 타인으로 하여금 특정한 행위를 대리하게 할 수 있다.

① ㉠, ㉡
② ㉢, ㉣
③ ㉠, ㉡, ㉢
④ ㉡, ㉢, ㉣
⑤ ㉠, ㉡, ㉢, ㉣

---

41 ① 발기인이 취득한 권리·의무는 구체적 사정에 따라 발기인 개인 또는 발기인조합에 귀속되는 것으로서, 이들에게 귀속된 권리·의무를 설립 후의 사단법인에 귀속시키기 위하여는 양수나 채무인수 등의 특별한 이전행위가 있어야 한다.
⑤ 사단법인의 사원의 지위는 양도 또는 상속할 수 없다고 규정한 민법 제56조의 규정은 강행규정이라고 할 수 없으므로, 정관에 의하여 이를 인정하고 있을 때에는 양도·상속이 허용된다(판례).

42 ① 임시이사(제63조)나 특별대리인(제64조) 양자 모두 이해관계인이나 검사의 청구에 의해 법원이 선임한다.

43 ③ 각 사원은 원칙적으로 평등한 결의권을 가지지만, 이 결의권평등의 원칙은 정관으로 달리 정할 수 있다(제73조 제3항).

44 ㉡ 제58조 제2항
㉢ 제59조 제2항
㉣ 제62조
㉠ 이사가 없거나 결원이 있는 경우에 이로 인하여 손해가 생길 염려가 있는 때에는 법원은 이해관계인이나 검사의 청구에 의하여 임시이사를 선임하여야 한다(제63조).

Answer　41. ①　42. ①　43. ③　44. ④

45 민법상 법인의 기관에 관한 설명으로 옳은 것은? (다툼이 있으면 판례에 따름) 2015 기출

① 사단법인의 이사와 감사는 필수기관이다.

② 이사가 없거나 결원이 있는 경우에 이로 인하여 손해가 생길 염려가 있는 때에는 법원은 이해관계인이나 검사의 청구에 의하여 직무대행자를 선임하여야 한다.

③ 사단법인의 사원의 지위는 양도 또는 상속할 수 없다는 민법의 규정은 강행규정이므로, 정관으로 이에 반하는 규정을 둘 수 없다.

④ 법인과 이사의 이익이 상반하는 사항에 관하여는 임시이사를 선임하여야 한다.

⑤ 사원총회에서 결의할 수 있는 것은 정관에 다른 규정이 없는 한 총회를 소집할 때 미리 통지한 사항에 한정된다.

46 민법상 사단법인의 정관에 관한 설명으로 옳지 않은 것은? (다툼이 있으면 판례에 의함)

① 사원총회의 결의에 의한 정관해석은 사원들이나 법원을 구속하는 효력이 없다.

② 정관의 변경은 주무관청의 허가를 얻지 않으면 그 효력이 없다.

③ 사원의 지위를 상속할 수 있도록 한 정관의 규정은 유효하다.

④ 사단법인의 정관은 총사원 3분의 2 이상의 동의가 있는 때에 한하여 이를 변경할 수 있는 것이 원칙이다.

⑤ 결의권평등의 원칙을 변경하는 정관의 규정은 효력이 없다.

47 민법상 사단법인의 기관에 관한 설명으로 옳지 않은 것은? (다툼이 있으면 판례에 따름) 2018 기출

① 이사의 임면에 관한 사항은 정관의 임의적 기재사항이다.

② 사단법인의 이사는 매년 1회 이상 통상총회를 소집하여야 한다.

③ 이사가 수인인 경우, 정관에 다른 규정이 없으면 법인의 사무집행은 이사의 과반수로써 결정한다.

④ 감사는 필요기관이 아니다.

⑤ 사원총회의 의결사항은 정관에 다른 규정이 없으면, 총회를 소집할 때 미리 통지된 사항에 한한다.

48 재단법인의 정관변경과 보충에 관한 다음의 설명 중 잘못된 것은?

① 사단법인의 정관변경은 정관의 규정이 있으면 이사회의 결의만으로 가능하다.

② 재단법인의 설립자가 이사임면의 방법을 정하지 아니하고 사망한 때에는 이해관계인 또는 검사의 청구에 의하여 법원이 이를 정한다.

③ 정관에 변경방법이 정하여진 바 없더라도, 목적달성 또는 그 재산의 보전을 위하여 적당한 때에는 명칭 또는 사무소 소재지를 변경할 수 있다.

④ 재단법인의 목적을 달성할 수 없는 때에는 설립자나 이사는 주무관청의 허가를 얻어 설립의 취지를 참작하여 그 목적 기타 정관의 규정을 변경할 수 있다.

⑤ 정관의 변경은 주무관청의 허가를 얻지 아니하면 그 효력이 없다.

---

45 ① 모든 법인에서 이사는 필수기관이지만, 감사는 임의기관이다.
② 이사가 없거나 결원이 있는 경우에 이로 인하여 손해가 생길 염려가 있는 때에는 법원은 이해관계인이나 검사의 청구에 의하여 임시이사를 선임하여야 한다(제63조).
③ 사단법인의 사원의 지위는 양도 또는 상속할 수 없다는 민법의 규정(제56조)은 강행규정이 아니므로 정관에 의하여 이를 인정하고 있을 때에는 양도·상속이 허용된다.
④ 법인과 이사의 이익이 상반하는 사항에 관하여는 특별대리인을 선임하여야 한다(제64조).

46 ⑤ 결의권평등의 원칙은 정관으로 달리 정할 수 있다(제73조 제3항).

47 ① 이사의 임면에 관한 사항은 정관의 필요적 기재사항이다.
④ 법인은 정관 또는 총회의 결의로 감사를 둘 수 있다. 즉 감사는 임의기관이다.

48 ① 사단법인의 정관변경은 사원총회의 전권사항으로서 이사회의 결의만으로 정관을 변경할 수 있다는 규정은 무효라는 것이 판례이다.

Answer 45. ⑤ 46. ⑤ 47. ① 48. ①

49 법인의 정관변경에 관한 설명으로 옳은 것은? (다툼이 있으면 판례에 의함)

① 재단법인의 기본재산을 처분하려면 주무관청의 허가가 필요하나, 새로이 기본재산으로 편입하는 경우에는 주무관청의 허가를 요하지 않는다.

② 사단법인의 정관은 정관에 다른 규정이 있더라도 출석사원 3분의 2 이상의 동의가 있으면 주무관청의 허가를 받아 변경할 수 있다.

③ 사원자격의 득실변경에 관한 정관의 기재사항이 적법한 절차를 거쳐서 변경된 경우에는 구성원이 다르더라도 그 변경 전후의 사단법인은 동일성을 유지하면서 존속한다.

④ 재단법인의 명칭은 정관의 기재사항이므로 주무관청의 허가를 받더라도 변경할 수 없다.

⑤ 사단법인의 정관은 사단법인의 동일성을 해하거나 그 본질에 반하는 경우에도 총사원의 동의가 있으면 변경할 수 있다.

50 법인의 정관에 관한 설명으로 옳지 않은 것은? (다툼이 있으면 판례에 따름) <u>2016 기출</u>

① 법인의 존립시기나 해산사유는 재단법인 정관의 필요적 기재사항이다.

② 사단법인의 정관의 변경은 주무관청의 허가를 얻지 아니하면 그 효력이 없다.

③ 재단법인의 설립자가 그 명칭, 사무소소재지 또는 이사임면의 방법을 정하지 아니하고 사망한 때에는 이해관계인 또는 검사의 청구에 의하여 법원이 이를 정한다.

④ 사단법인의 정관은 정수에 관하여 정관에 다른 규정이 없는 한 총사원 3분의 2 이상의 동의가 있는 때에 한하여 이를 변경할 수 있다.

⑤ 재단법인의 목적을 달성할 수 없는 때에는 설립자나 이사는 주무관청의 허가를 얻어 설립의 취지를 참작하여 그 목적 기타 정관의 규정을 변경할 수 있다.

51 민법상 법인의 정관에 관한 설명으로 옳은 것을 모두 고른 것은? (다툼이 있으면 판례에 따름) <u>2019 기출</u>

> ㉠ 정관의 변경사항이 등기사항인 경우에는 등기하여야 정관변경의 효력이 생긴다.
> ㉡ 재단법인의 기본재산에 관한 저당권 설정행위는 특별한 사정이 없는 한 정관의 기재사항을 변경하여야 하는 경우에 해당하지 않는다.
> ㉢ 사단법인의 정관을 변경하기 위해서는 정관에 다른 규정이 없는 한 사원총회에서 총사원 3분의 2 이상의 동의가 있어야 한다.

① ㉢   ② ㉠, ㉡   ③ ㉠, ㉢
④ ㉡, ㉢   ⑤ ㉠, ㉡, ㉢

52 사단법인 및 재단법인의 공통된 해산사유가 아닌 것은?

① 법인의 목적의 달성 또는 달성의 불능

② 정관으로 정한 해산사유의 발생

③ 설립허가의 취소

④ 파산

⑤ 총회의 결의

53 사단법인의 해산사유가 아닌 것은?

① 법인의 목적달성이 불가능하게 된 경우

② 설립허가가 취소된 경우

③ 이사가 한 명도 없게 된 경우

④ 총회의 결의가 있는 경우

⑤ 정관에 정한 해산사유의 발생

49 ① 재단법인의 기본재산에 관한 사항은 정관의 기재사항으로서 기본재산의 변경은 정관의 변경을 초래하기 때문에 주무부장관의 허가를 받아야 하고 따라서 기존의 기본재산을 처분하는 행위는 물론 새로이 기본재산으로 편입하는 행위도 주무부장관의 허가가 있어야만 유효하다(대판 82다카499).
② 사단법인의 정관은 총사원 3분의 2 이상의 동의가 있는 때에 한하여 이를 변경할 수 있다. 그러나 정수에 관하여 정관에 다른 규정이 있는 때에는 그 규정에 의한다(제42조 제1항).
④ 일정한 경우에는 재단법인의 명칭도 변경할 수 있다(제45조, 제46조).
⑤ 사단법인의 본질에 반하는 정관변경은 허용되지 않는다.

50 ① 재단법인의 설립자는 일정한 재산을 출연하고 제40조 제1호 내지 제5호의 사항을 기재한 정관을 작성하여 기명날인하여야 한다(제43조). 따라서 제40조 제6호(사원자격의 득실에 관한 규정)와 제7호(법인의 존립시기나 해산시기)는 필요적 기재사항이 아니다. 사원에 관한 규정은 재단법인에서는 사원이 없기 때문에 당연한 것이고, 존립시기·해산사유에 관한 규정은 재단법인의 영속성을 고려하고 설립자의 의사를 존중하기 위하여 임의적 기재사항으로 하였다.

51 ⓒ 민법상 재단법인의 기본재산에 관한 저당권 설정행위는 특별한 사정이 없는 한 정관의 기재사항을 변경하여야 하는 경우에 해당하지 않으므로, 그에 관하여는 주무관청의 허가를 얻을 필요가 없다(대결 2018.7.20, 자 2017마1565).
ⓒ 사단법인의 정관은 총사원 3분의 2 이상의 동의가 있는 때에 한하여 이를 변경할 수 있다. 그러나 정수에 관하여 정관에 다른 규정이 있는 때에는 그 규정에 의한다(제42조 제1항).
㉠ 주무관청의 허가가 효력요건이고(제42조 2항), 변경내용이 등기사항이면 등기가 대항요건이다.

52 ⑤ 사원이 없게 된 때와 사원총회의 해산결의는 사단법인에 특유한 해산사유이다(제77조 제2항).

53 ③ 이사가 1명도 없는 경우는 임시이사의 선임사유가 될 뿐이다(제63조). 사단법인은 사원이 1명도 없게 된 경우에 해산한다(제77조 제2항).

Answer
49. ③   50. ①   51. ④   52. ⑤   53. ③

54 다음 중 재단법인의 해산사유가 아닌 것은?

① 설립허가의 취소　　　　　② 총회의 결의
③ 존립기간의 만료　　　　　④ 목적달성
⑤ 파산

55 법인의 해산과 청산에 관한 다음 설명 중 틀린 것은?

① 법인의 파산원인은 채무 초과로 충분하며 지급불능을 요하지 않는다.
② 사단법인의 사원이 1인만 있는 경우라도 법인의 해산사유에 해당하지 않는다.
③ 법인이 해산한 때에는 파산의 경우를 제외하고는 이사가 청산인이 된다.
④ 해산 전 법인의 감사와 사원총회는 해산으로 소멸한다.
⑤ 청산의 종결로 법인은 완전히 소멸되며 권리능력을 상실한다.

56 비영리법인의 청산에 관한 설명으로 옳지 않은 것은? (다툼이 있으면 판례에 의함)

① 청산인의 직무에 관한 규정은 강행규정이다.
② 법인 해산 시 청산인의 결원으로 인하여 손해가 생길 염려가 있는 때에는 법원은 직권으로 청산인을 선임할 수 있다.
③ 청산인은 채권신고기간 내에는 변제기가 도래한 채무도 변제하지 못한다.
④ 비영리법인의 해산사유가 발생하면 청산절차가 개시됨과 동시에 권리능력이 소멸한다.
⑤ 청산인은 그가 알고 있는 채권자가 채권신고를 하지 않았더라도 청산으로부터 제외하지 못한다.

57 법인의 해산과 청산에 관한 설명 중 틀린 것은? (다툼이 있는 경우 판례에 의함)

① 법인이 목적달성이 불가능하게 되었다면 정관을 변경하여 법인을 존속시킬 수 없다.
② 법인의 파산원인은 채무 초과로 충분하며 지급불능을 요하지 않는다.
③ 사단법인의 사원이 1인만 있는 경우라도 법인의 해산사유에 해당하지 않는다.
④ 법인의 청산절차에 관한 민법규정은 강행규정이므로 정관에서 다르게 규정할 수 없다.
⑤ 청산종결등기가 경료된 경우에도 청산사무가 종료되었다고 할 수 없는 경우에는 청산법인으로서 당사자능력이 있다.

58 법인의 청산에 관한 설명 중 옳지 않은 것은?

① 청산절차에 관한 규정은 강행규정이다.

② 청산법인은 청산의 목적범위 내에서만 권리를 갖고 의무를 부담한다.

③ 청산법인의 기관으로서는 청산인·감사·사원총회가 있다.

④ 청산사무가 종결되지 않은 경우라도 청산종결등기가 경료되면 청산법인은 소멸된다.

⑤ 청산이 종결된 때 청산인은 3주간 내에 이를 등기하고 주무관청에 신고하여야 한다.

59 민법상 법인의 소멸에 관한 설명으로 옳지 않은 것은? (다툼이 있으면 판례에 따름)

`2015 기출`

① 법인이 목적 이외의 사업을 하거나 설립허가의 조건에 위반하거나 기타 공익을 해하는 행위를 한 경우, 주무관청은 법인의 설립허가를 취소할 수 있다.

② 청산이 종결한 때에는 청산인은 3주간 내에 이를 등기하고 주무관청에 신고하여야 한다.

③ 청산 중의 법인은 채권신고기간이 경과하더라도 변제기에 이르지 않은 채권에 대해서는 변제할 수 없다.

④ 청산절차에 관한 규정은 모두 제3자의 이해관계에 중대한 영향을 미치는 것으로서 강행규정이다.

⑤ 법인에 대한 청산종결등기가 마쳐졌더라도 청산사무가 종결되지 않는 한 그 범위 내에서 청산법인으로 존속한다.

---

54 ② 총회의 결의에 의한 임의해산은 사단법인에만 인정되는 해산사유(제77조 제2항)이다.

55 ④ 해산 전 법인의 감사와 사원총회는 청산 중에도 그대로 존속한다.

56 ④ 해산한 법인은 청산의 목적범위 내에서만 권리가 있고 의무를 부담한다(제81조). 즉, 권리능력이 제한될 뿐이다.

57 ① 사단법인은 총회의 결의로 정관을 변경할 수 있으며, 재단법인은 목적을 달성할 수 없는 때에는 설립자나 이사가 주무관청의 허가를 얻어 설립의 취지를 참작하여 그 목적 기타 정관의 규정을 변경할 수 있다(제46조).

58 ④ 청산종결등기가 경료된 경우라도 청산사무가 종료되지 않으면 청산법인은 소멸되지 않는다. 즉, 청산법인이 소멸하는 시기는 청산사무가 종결한 때이다.

59 ③ 청산 중의 법인은 변제기에 이르지 아니한 채권에 대하여도 변제할 수 있다(제91조 제1항).

Answer

54. ②　　55. ④　　56. ④　　57. ①　　58. ④　　59. ③

60 민법상 법인의 소멸에 관한 설명으로 옳지 않은 것은? (다툼이 있으면 판례에 따름) 2019 기출

① 사단법인은 사원총회의 결의로도 해산할 수 있다.

② 법원은 법인의 해산 및 청산을 검사, 감독한다.

③ 법인에 대한 청산종결등기가 경료되었다면 청산사무가 종결되지 않았더라도 그 법인은 소멸한다.

④ 법인이 채무를 완제하지 못하게 된 때에는 이사는 지체 없이 파산신청을 하여야 한다.

⑤ 청산인은 청산법인의 능력 범위 내에서 대내적으로 청산사무를 집행하고 대외적으로 청산법인을 대표한다.

61 민법상 법인의 해산과 청산에 관한 설명으로 옳지 않은 것은? (다툼이 있으면 판례에 따름) 2022 기출

① 해산한 법인은 청산의 목적범위 내에서만 권리가 있고 의무를 부담한다.

② 사단법인 총회의 해산결의는 정관에 다른 규정이 없는 한 총사원의 4분의 3 이상의 동의가 필요하다.

③ 민법상 청산절차에 관한 규정에 반하는 잔여재산의 처분행위는 특별한 사정이 없는 한 무효이다.

④ 청산 중의 법인은 변제기에 이르지 아니한 채권에 대해서도 변제할 수 있다.

⑤ 법인의 청산인은 채권신고기간 내에는 채권자에 대하여 변제하지 못하므로 법인은 그 기간 동안의 지연손해배상의무를 면한다.

62 법인의 감독에 관한 설명 중 틀린 것은?

① 법인의 사무는 법인의 감사가 검사·감독한다.

② 감사는 주무관청에 대하여 보고의무를 진다.

③ 주무관청은 일정한 경우에 설립허가를 취소할 수 있다.

④ 법인의 해산과 청산에 대해서는 법원이 검사·감독한다.

⑤ 법원은 직권으로 청산인을 해임할 수 있다.

63 민법상 법인에 관한 설명으로 옳은 것은? 2016 기출

① 사교 등 비영리를 목적으로 하는 사단은 주무관청의 허가 없이 신고만으로 법인을 설립할 수 있다.

② 이사가 없는 경우에 이로 인하여 손해가 생길 염려 있는 경우, 법원은 이해관계인의 청구에 의하여 특별대리인을 선임하여야 한다.

③ 법인이 주사무소소재지를 관할하는 등기소의 관할구역 외로 주사무소를 이전하는 경우, 구소재지에서는 3주간 내에 이전등기를 하고 신소재지에서는 3주간 내에 설립등기사항에 게기한 사항을 등기하여야 한다.

④ 이사의 대표권에 대한 제한은 이를 정관에 기재하지 아니하여도 그 효력이 있다.

⑤ 법인은 정관 또는 총회의 결의로 감사를 두어야 한다.

60 ③ 청산종결등기가 경료된 경우에도 청산사무가 종료되었다 할 수 없는 경우에는 청산법인으로 존속한다(대판 1980. 4. 8, 79다2036).
① 사단법인은 사원이 없게 되거나 총회의 결의로도 해산한다(제77조 제2항).
② 법인의 해산 및 청산은 법원이 검사, 감독한다(제95조).
④ 제79조
⑤ 청산인은 청산법인의 대표기관 및 사무집행기관이다.

61 ⑤ 청산인은 제88조 제1항의 채권신고기간 내에는 채권자에 대하여 변제하지 못한다. 그러나 법인은 채권자에 대한 지연손해배상의 의무를 면하지 못한다(제90조).

62 ① 법인의 사무는 주무관청이 검사·감독한다(제37조).
⑤ 중요한 사유가 있는 때에는 법원은 직권 또는 이해관계인이나 검사의 청구에 의하여 청산인을 해임할 수 있다(제84조).

63 ③ 제51조 제1항
① 학술, 종교, 자선, 기예, 사교 기타 영리 아닌 사업을 목적으로 하는 사단 또는 재단은 주무관청의 허가를 얻어 이를 법인으로 할 수 있다(제32조).
② 이사가 없거나 결원이 있는 경우에 이로 인하여 손해가 생길 염려가 있는 때에는 법원은 이해관계인이나 검사의 청구에 의하여 임시이사를 선임하여야 한다(제63조).
④ 이사의 대표권에 대한 제한은 이를 정관에 기재하지 아니하면 그 효력이 없다(제41조).
⑤ 법인은 정관 또는 총회의 결의로 감사를 둘 수 있다(제66조).

Answer

60. ③   61. ⑤   62. ①   63. ③

64 법인에 관한 설명으로 틀린 것은? (다툼이 있으면 판례에 의함)

① 정관의 규정에 따른 사원권의 양도나 상속은 유효하다.

② 법인의 대표기관인 이사는 정관 또는 총회의 결의로 금지하지 않은 사항에 한하여 포괄적 복임권을 갖는다.

③ 법인의 임의기관인 감사는 재산상황과 관련하여 부정이 있음을 발견한 경우, 그 보고를 위하여 사원총회를 소집할 수 있다.

④ 법인의 정관에 대표권 제한에 관한 규정이 있음에도 그 취지가 등기되어 있지 않다면, 법인은 대표자가 그 제한을 넘어서 한 행위에 대하여 악의의 제3자에게도 대항할 수 없다.

⑤ 청산법인에 대한 채권자가 채권신고 기간 내에 채권을 신고하지 않았더라도 법인의 채무가 완제된 후에 귀속권리자에게 인도되지 않은 재산이 있다면 그에 대하여 변제를 청구할 수 있다.

65 사단법인과 재단법인의 차이에 관한 다음 설명 중 옳지 않은 것은?

① 사단법인은 2인 이상이 설립하여야 하나, 재단법인은 1인이 설립할 수도 있다.

② 사단법인은 자율적인 법인이지만, 재단법인은 타율적인 법인이다.

③ 사단법인은 사원총회의 해산결의가 있으면 해산되나, 재단법인은 그러한 방법으로 해산될 수 없다.

④ 사단법인의 정관은 변경할 수 있으나, 재단법인의 정관은 원칙적으로 변경하지 못한다.

⑤ 사단법인의 정관은 반드시 서면으로 작성하여야 하는 것은 아니나, 재단법인의 정관은 반드시 서면으로 작성하여야 한다.

66 다음 중 옳지 않은 것은?

① 민법상의 조합과 법인격은 없으나 사단성이 인정되는 비법인사단을 구별함에 있어서는 일반적으로 그 단체성의 강약을 기준으로 판단하여야 한다.

② 비법인사단의 경우에 그 소유형태는 총유이다.

③ 비법인사단에게도 법률에 의하여 당사자능력 및 등기능력이 인정된다.

④ 비법인사단에 대하여는 사단법인에 관한 민법규정이 전부 유추적용된다.

⑤ 총유재산에 관한 소송은 비법인사단이 그 명의로 사원총회의 결의를 거쳐 하거나 또는 그 구성원 전원이 당사자가 되어 필수적 공동소송의 형태로 할 수 있다.

67 민법상 법인에 관한 설명으로 옳지 않은 것을 모두 고른 것은? (다툼이 있으면 판례에 의함)

ㄱ 사단법인의 설립행위는 상대방 없는 단독행위이며, 요식행위이다.

ㄴ 사단법인 정관에 대해 사원총회의 결의로 그 규범적인 의미 내용을 확정한 경우에 그 결의는 사원이나 법원을 구속하는 효력이 있다.

ㄷ 재단법인 설립자가 부동산을 출연하고 법인설립등기를 마쳤으나 그 부동산이 법인명 의로 등기되기 전에 설립자가 이를 제3자에게 처분하고 이전등기를 해주었다면 법인은 제3자에게 그 부동산의 소유권을 주장할 수 없다.

ㄹ 사단법인 사원의 지위는 양도하거나 상속할 수 없다는 민법의 규정은 임의규정이다.

ㅁ 법인의 대표기관인 이사, 감사, 청산인이 그 직무에 관하여 타인에게 손해를 입힌 경우, 법인이 그 손해를 배상할 책임이 있다.

① ㄱ, ㄴ, ㄹ

② ㄱ, ㄴ, ㅁ

③ ㄱ, ㄷ, ㅁ

④ ㄴ, ㄷ, ㄹ

⑤ ㄷ, ㄹ, ㅁ

---

64 ② 이사는 정관 또는 총회의 결의로 금지하지 아니한 사항에 한하여 타인으로 하여금 특정한 행위를 대리하게 할 수 있다(제62조).

65 ⑤ 재단법인이든 사단법인이든 정관은 반드시 서면으로 작성하여야 한다.
② 사단법인은 사원의 자율적인 의사에 의하여 활동하는 데 비하여, 재단법인은 설립자의 의사에 구속된다.
③ 사단법인은 사원총회의 결의에 의하여 해산할 수 있으나, 재단법인은 사원이 없으므로 그러하지 못한다.
④ 사단법인은 총사원의 3분의 2 이상의 동의로 정관을 변경할 수 있으나, 재단법인은 설립자에 의하여 정하 여진 정관을 변경할 수 없는 것이 원칙이다.

66 ④ 비법인사단에 대하여는 사단법인에 관한 민법규정 중 법인격을 전제로 하는 것을 제외한 규정들을 유추적용한다.

67 ㄱ 합동행위설이 다수설이다.
ㄴ 사단법인의 정관은 이를 작성한 사원뿐만 아니라 그 후에 가입한 사원이나 사단법인의 기관 등도 구속하는 점에 비추어 보면 그 법적 성질은 계약이 아니라 자치법규로 보는 것이 타당하므로, 이는 어디까지나 객관적인 기준에 따라 그 규범적인 의미 내용을 확정하는 법규해석의 방법으로 해석되어야 하는 것이지, 작성자의 주관이나 해석 당시 의 사원의 다수결에 의한 방법으로 자의적으로 해석될 수는 없다 할 것이어서, 어느 시점의 사단법인의 사원들이 정관의 규범적인 의미 내용과 다른 해석을 사원총회의 결의라는 방법으로 표명하였다 하더라도 그 결의에 의한 해석 은 그 사단법인의 구성원인 사원들이나 법원을 구속하는 효력이 없다(대판 99다12437).
ㅁ 감사는 법인의 대표기관이 아니므로 감사의 불법행위에 관하여는 법인 자체의 불법행위(제35조)는 성립하지 않는다.

Answer ╱ 64. ② 65. ⑤ 66. ④ 67. ②

68 법인에 관한 기술 중 옳은 것은?

① 사단법인의 정관은 정관에 달리 정한 바가 없으면, 총사원 3분의 2 이상의 동의가 있으면 변경할 수 있다.

② 법인이 분사무소를 설치한 경우에 주사무소의 소재지에서는 등기할 필요가 없다.

③ 법인의 사무는 법원이, 해산과 청산은 주무관청이 각각 감독한다.

④ 재단법인은 그 존립시기를 반드시 정관에 기재하여야 한다.

⑤ 사단법인에는 반드시 이사를 두어야 하나, 재단법인의 경우는 임의기관이다.

69 법인에 관한 설명으로 옳지 않은 것은? (다툼이 있는 경우에는 판례에 의함) `2014 기출`

① 영리법인은 모두 사단법인이다.

② 감사는 법인의 임의기관이다.

③ 특별한 사정이 없으면, 사단법인 사원의 지위는 양도 또는 상속할 수 없다.

④ 특별한 사정이 없으면, 사단법인의 해산결의는 총사원 4분의 3 이상의 동의로 한다.

⑤ 법인의 해산과 청산은 청산인이 감독한다.

70 민법상 법인에 관한 설명으로 옳은 것은? (다툼이 있으면 판례에 따름) `2022 기출`

① 재단법인의 기본재산을 새롭게 편입하는 행위는 주무관청의 허가를 받지 않아도 유효하다.

② 재단법인의 감사는 민법상 필수기관이다.

③ 사단법인의 사원권은 정관에 정함이 있는 경우 상속될 수 있다.

④ 사단법인이 정관에 이사의 대표권에 관한 제한을 규정한 경우에는 이를 등기하지 않더라도 악의의 제3자에게 대항할 수 있다.

⑤ 이사 전원의 의결에 의하여 잔여재산을 처분하도록 한 사단법인의 정관 규정은 성질상 등기하여야만 제3자에게 대항할 수 있는 청산인의 대표권에 관한 제한으로 보아야 한다.

71 법인에 대한 다음 설명 중 옳지 않은 것은?

① 특정 지역 내에 거주하는 일부 종중원에 한하여 의결권을 주고 그 밖의 지역에 거주하는 종중원에 대하여는 의결권을 주지 아니하는 방법으로 일부 종중원의 의결권을 박탈할 개연성이 있더라도 그 종중규약은 유효이다.

② 정관규정에 법인 해산 시 잔여재산의 귀속권리자를 직접 지정하지 아니하고 이사회의 결의에 따라 이를 정하도록 하는 등 간접적으로 그 귀속권리자의 지정방법을 정하는 것도 유효하므로, 청산인이 이러한 정관규정에 반하여 이사회의 결의 없이 잔여재산을 처분하는 행위는 특별한 사정이 없는 한 무효이다.

③ 공동주택의 입주자대표회의는 특별한 다른 사정이 없는 한 소송상의 당사자능력을 가지고 있다.

④ 구 주택건설촉진법에 의하여 설립된 재건축조합의 대표자가 정관에 위반하여 사원총회의 결의 없이 체결한 계약은 상대방이 그와 같은 대표권의 제한을 알았거나 알 수 있었을 경우가 아니면 유효하다.

⑤ 사단의 정관변경은 사원총회의 전권사항이기 때문에, 정관에서 총회의 결의에 의하지 않고 정관을 변경할 수 있다고 하더라도, 그 정관의 규정은 무효이다.

---

68 ① 제42조 제1항
② 법인이 분사무소를 설치한 때에는 주사무소 소재지에서는 3주간 내에 분사무소를 설치한 것을 등기하고 그 분사무소 소재지에서는 동 기간 내에 전조 제2항의 사항을 등기하고 다른 분사무소 소재지에서는 동 기간 내에 그 분사무소를 설치한 것을 등기하여야 한다(제50조 제1항).
③ 사무는 주무관청이, 해산과 청산은 법원이 각각 감독한다.
④ 재단법인의 존립시기는 정관의 필요적 기재사항이 아니다.
⑤ 이사는 재단법인이든 사단법인이든 필수기관이다.

69 ⑤ 법인의 해산 및 청산은 법원이 검사, 감독한다(제95조).

70 ③ 사단법인의 사원의 지위는 양도 또는 상속할 수 없다(제56조). 그러나 이러한 민법 제56조의 규정은 강행규정이라고 할 수 없으므로, 비법인사단에서도 사원의 지위는 규약이나 관행에 의하여 양도 또는 상속될 수 있다(대판 1997. 9. 26, 95다6205).
④ 법인의 정관에 법인 대표권의 제한에 관한 규정이 있으나 그와 같은 취지가 등기되어 있지 않다면 법인은 그와 같은 정관의 규정에 대하여 선의냐 악의냐에 관계없이 제3자에게 대항할 수 없다(대판 1992. 2. 14, 91다24564).
⑤ [1] 민법상의 청산절차에 관한 규정은 모두 제3자의 이해관계에 중대한 영향을 미치기 때문에 이른바 강행규정이라고 해석되므로 이에 반하는 잔여재산의 처분행위는 특단의 사정이 없는 한 무효라고 보아야 한다.
[2] 이사 전원의 결의에 의하여 잔여재산을 처분하도록 한 정관 규정은 성질상 등기하여야만 제3자에게 대항할 수 있는 청산인의 대표권에 관한 제한이라고 볼 수 없다(대판 1995. 2. 10, 94다13473).

71 ① 고유의미의 종중에 관한 규약을 만들면서 일부 구성원의 자격을 임의로 배제할 수 없는 것이며, 특정 지역 내에 거주하는 일부 종중원에 한하여 의결권을 주고 그 밖의 지역에 거주하는 종중원의 의결권을 박탈할 개연성이 많은 종중규약은 종중의 본질에 반하여 무효이다(대판 92다15048).
② 법인 해산 시 잔여재산의 귀속권리자를 직접 지정하지 아니하고 사원총회나 이사회의 결의에 따라 이를 정하도록 하는 등 간접적으로 그 귀속권리자의 지정방법을 정해 놓은 정관규정도 유효하고, 또한 위와 같은 민법상의 청산절차에 관한 규정은 모두 제3자의 이해관계에 중대한 영향을 미치기 때문에 이른바 강행규정이라고 해석되므로 이에 반하는 잔여재산의 처분행위는 특단의 사정이 없는 한 무효라고 보아야 할 것이다(대판 94다13473).

Answer / 68. ①   69. ⑤   70. ③   71. ①

72 법인 아닌 사단에 관한 설명으로 옳지 않은 것은? (다툼이 있으면 판례에 의함)

① 법인 아닌 사단도 부동산에 관하여 등기권리자가 될 수 있다.

② 법인 아닌 사단도 그 대표자가 있는 경우에는 사단명의로 소송을 제기할 수 있다.

③ 주택법상의 아파트 입주자대표회의는 동별 세대수에 비례하여 선출되는 동별 대표자를 구성원으로 하는 법인 아닌 사단이다.

④ 법인 아닌 사단인 재건축조합의 대표자는 조합원 전원의 동의를 얻어 자기 명의로 조합재산 보존을 위한 소를 제기할 수 있다.

⑤ 법인 아닌 사단인 아파트 부녀회의 수익금이 부녀회장 명의의 예금계좌에 입금되어 있는 때에, 위 수익금의 관리권을 승계한 입주자대표회의가 수익금의 지급을 청구할 경우 그 상대방은 부녀회이다.

73 권리능력 없는 사단이 아닌 것은? (다툼이 있으면 판례에 의함)

① 자연부락

② 채권자로 구성된 청산위원회

③ 종중

④ 사립대학교

⑤ 재단법인 성균관의 설립 이전부터 존재하던 성균관

74 다음 설명 중 옳은 것은? (다툼이 있으면 판례에 의함)

① 권리능력 없는 사단의 일부사원도 총유재산의 보존행위로서 소를 제기할 수 있다.

② 개신교 교회의 교인들 중 일부가 집단적으로 탈퇴하는 경우에, 종전 교회의 재산은 분열 당시 교인들의 총유에 속한다.

③ 사단법인 설립을 준비하기 위한 발기인조합은 설립 중의 사단법인과 동일성을 가지므로 발기인조합의 채무는 당연히 설립 중의 사단 또는 사단법인에 승계된다.

④ 재단법인의 정관을 변경하기 위해서는 주무관청의 허가를 받아야 하는데, 이 경우 '허가'의 법적 성격은 인가라고 보아야 한다.

⑤ 주무관청의 허가가 없더라도 재단법인의 기본재산을 증가시키는 것은 유효하다.

75 권리능력 없는 사단의 공동소유 형태인 총유에 관한 설명 중 옳지 않은 것은?

① 총유물의 관리 및 처분은 사원총회의 결의에 의한다.

② 각 사원은 정관 기타의 규약에 좇아 총유물을 사용·수익할 수 있다.

③ 각 사원은 총유물의 보존을 위하여 단독으로 소를 제기할 수 있다.

④ 총유물에 관한 사원의 권리·의무는 사원의 지위를 취득·상실함으로써 취득·상실된다.

⑤ 총유에는 공유나 합유와는 달리 지분이 없다.

---

72 ④ 총유재산에 관한 소송은 법인 아닌 사단이 그 명의로 사원총회의 결의를 거쳐 하거나 또는 그 구성원 전원이 당사자가 되어 필수적 공동소송의 형태로 할 수 있을 뿐 그 사단의 구성원은 설령 그가 사단의 대표자라거나 사원총회의 결의를 거쳤다 하더라도 그 소송의 당사자가 될 수 없고, 이러한 법리는 총유재산의 보존행위로서 소를 제기하는 경우에도 마찬가지라 할 것이다(대판 2004다44971).

73 ④ 사립대학교는 시설물에 불과하므로 권리능력 없는 사단이 될 수 없다.

74 ④ 민법 제45조와 제46조에서 말하는 재단법인의 정관변경 '허가'는 법률상의 표현이 허가로 되어 있기는 하나, 그 성질에 있어 법률행위의 효력을 보충해 주는 것이지 일반적 금지를 해제하는 것이 아니므로, 그 법적 성격은 인가라고 보아야 한다.
① 총유재산에 관한 소송은 법인 아닌 사단이 그 명의로 사원총회의 결의를 거쳐 하거나 또는 그 구성원 전원이 당사자가 되어 필수적 공동소송의 형태로 할 수 있을 뿐 그 사단의 구성원은 설령 그가 사단의 대표자라거나 사원총회의 결의를 거쳤다 하더라도 그 소송의 당사자가 될 수 없고, 이러한 법리는 총유재산의 보존행위로서 소를 제기하는 경우에도 마찬가지라 할 것이다(대판 2004다44971).
② 종전 교회의 재산은 그 교회에 소속된 잔존 교인들의 총유로 귀속됨이 원칙이다.
③ 발기인이 취득한 권리·의무는 구체적 사정에 따라 발기인 개인 또는 발기인조합에 귀속되는 것으로서, 이들에게 귀속된 권리·의무를 설립 후의 사단법인에 귀속시키기 위하여는 양수나 채무인수 등의 특별한 이전행위가 있어야 한다.
⑤ 기존의 기본재산을 처분하는 행위는 물론 새로이 기본재산으로 편입하는 행위도 주무부 장관의 허가가 있어야만 유효하다(대판 82다카499).

75 ③ 민법 제276조 제1항은 "총유물의 관리 및 처분은 사원총회의 결의에 의한다.", 같은 조 제2항은 "각 사원은 정관 기타의 규약에 좇아 총유물을 사용·수익할 수 있다."라고 규정하고 있을 뿐 공유나 합유의 경우처럼 보존행위는 그 구성원 각자가 할 수 있다는 민법 제265조 단서 또는 제272조 단서와 같은 규정을 두고 있지 아니한바, 이는 법인 아닌 사단의 소유형태인 총유가 공유나 합유에 비하여 단체성이 강하고 구성원 개인들의 총유재산에 대한 지분권이 인정되지 아니하는 데에서 나온 당연한 귀결이라고 할 것이므로 총유재산에 관한 소송은 법인 아닌 사단이 그 명의로 사원총회의 결의를 거쳐 하거나 또는 그 구성원 전원이 당사자가 되어 필수적 공동소송의 형태로 할 수 있을 뿐 그 사단의 구성원은 설령 그가 사단의 대표자라거나 사원총회의 결의를 거쳤다 하더라도 그 소송의 당사자가 될 수 없고, 이러한 법리는 총유재산의 보존행위로서 소를 제기하는 경우에도 마찬가지라 할 것이다(대판 2004다44971 전합).

Answer   72. ④   73. ④   74. ④   75. ③

76 다음 설명 중 옳은 것은? (다툼이 있으면 판례에 의함)

① 비법인사단의 대표자가 정관에서 사원총회의 결의를 거쳐야 하도록 규정한 대외적 거래행위에 관하여 이를 거치지 아니한 경우라면, 거래상대방의 선의·악의에 관계 없이 그 거래행위는 무효이다.

② 비법인사단이 타인 간의 금전채무를 보증하는 행위는 총유물의 관리·처분행위라고 볼 수 있다.

③ 소집권한 없는 자에 의해 소집된 종중총회에 소집권자가 참석하여 종중대표자 선임에 관하여 이의를 제기하지 않았다면, 총회소집절차상의 하자가 치유되어 대표자 선임이 유효하게 된다.

④ 소집절차에 하자가 있어 그 효력을 인정할 수 없는 종중총회의 결의라도 후에 적법하게 소집된 종중총회에서 이를 추인하면 처음부터 유효하다.

⑤ 법인 아닌 사단에 속하는 부동산의 등기에 관하여는 그 사단의 대표자를 등기권리자 또는 등기의무자로 한다.

77 비법인사단에 관한 설명으로 옳지 않은 것을 모두 고른 것은? (다툼이 있으면 판례에 따름)

2017 기출

> ㉠ 비법인사단의 대표자가 직무에 관하여 타인에게 손해를 가한 경우에 비법인사단은 불법행위책임을 부담한다.
> ㉡ 비법인사단에 이사의 결원이 생긴 경우에는 임시이사 선임에 관한 민법규정이 유추 적용되지 않는다.
> ㉢ 비법인사단에는 대표권 제한 등기에 관한 규정이 적용되지 않는다.
> ㉣ 비법인사단이 타인 간의 금전채무를 보증하는 행위는 총유물의 관리, 처분행위라고 볼 수 있다.
> ㉤ 비법인사단이 성립되기 이전에 설립 주체인 개인이 취득한 권리의무는 설립 후의 비법인사단에 귀속될 수 있다.

① ㉠, ㉡, ㉣   ② ㉠, ㉢, ㉤

③ ㉡, ㉢, ㉣   ④ ㉡, ㉢, ㉤

⑤ ㉡, ㉣, ㉤

78 권리능력 없는 사단에 관한 설명으로 옳지 않은 것은? (다툼이 있는 경우에는 판례에 의함)

2013 기출

① 권리능력 없는 사단도 그 명의로 등기할 수 있다.

② 권리능력 없는 사단의 사원은 총유물에 대한 지분권을 갖지 못한다.

③ 권리능력 없는 사단 사원의 지위는 달리 정함이 없는 한 양도할 수 없다.

④ 달리 정함이 없는 한 권리능력 없는 사단의 대표자가 총회의 결의 없이 행한 총유물의 처분에 대해서는 권한을 넘은 표현대리에 관한 제126조의 규정이 준용된다.

⑤ 권리능력 없는 사단에 대하여는 사단법인에 관한 민법규정 가운데서 법인격을 전제로 하는 것을 제외하고는 이를 유추적용한다.

---

76 ④ 소집절차에 하자가 있어 그 효력을 인정할 수 없는 종중총회의 결의라도 후에 적법하게 소집된 종중총회에서 이를 추인하면 처음부터 유효로 된다(대판 94다53563).

① 비법인사단의 대표자가 정관에서 사원총회의 결의를 거쳐야 하도록 규정한 대외적 거래행위에 관하여 이를 거치지 아니한 경우라도, 이와 같은 사원총회 결의사항은 비법인사단의 내부적 의사결정에 불과하다 할 것이므로, 그 거래 상대방이 그와 같은 대표권 제한 사실을 알았거나 알 수 있었을 경우가 아니라면 그 거래행위는 유효하다(대판 2002다64780).

② 비법인사단이 타인 간의 금전채무를 보증하는 행위는 총유물 그 자체의 관리·처분이 따르지 아니하는 단순한 채무부담행위에 불과하여 이를 총유물의 관리·처분행위라고 볼 수는 없다(대판 전합 2004다60072·60089).

③ 소집권한 없는 자에 의한 총회소집이라고 하더라도 소집권자가 소집에 동의하여 그로 하여금 소집하게 한 것이라면, 그와 같은 총회소집을 권한 없는 자의 소집이라고 볼 수 없으나, 단지 소집권한 없는 자에 의한 총회에 소집권자가 참석하여 총회소집이나 대표자선임에 관하여 이의를 하지 아니하였다고 하여 이것만 가지고 총회가 소집권자의 동의에 의하여 소집된 것이라거나 그 총회의 소집절차상의 하자가 치유되어 적법하게 된다고는 할 수 없다(대판 92다40402).

⑤ 종중, 문중, 그 밖에 대표자나 관리인이 있는 법인 아닌 사단이나 재단에 속하는 부동산의 등기에 관하여는 그 사단이나 재단을 등기권리자 또는 등기의무자로 한다(부동산등기법 제26조 제1항).

77 ㉃ 민법 제63조는 법인의 조직과 활동에 관한 것으로서 법인격을 전제로 하는 조항이 아니고, 법인 아닌 사단이나 재단의 경우에도 이사가 없거나 결원이 생길 수 있으며, 통상의 절차에 따른 새로운 이사의 선임이 극히 곤란하고 종전 이사의 긴급처리권도 인정되지 아니하는 경우에는 사단이나 재단 또는 타인에게 손해가 생길 염려가 있을 수 있으므로, 민법 제63조는 법인 아닌 사단이나 재단에도 유추적용할 수 있다(대결 2009.11.19., 자 2008마699).

㉄ 비법인사단이 타인 간의 금전채무를 보증하는 행위는 총유물 그 자체의 관리·처분이 따르지 아니하는 단순한 채무부담행위에 불과하여 이를 총유물의 관리·처분행위라고 볼 수는 없다(대판 2007. 4. 19, 2004다60072·60089).

㉅ 발기인이 취득한 권리·의무는 구체적 사정에 따라 발기인 개인 또는 발기인조합에 귀속되는 것으로서, 이들에게 귀속된 권리·의무를 설립 후의 사단법인에 귀속시키기 위하여는 양수나 채무인수 등의 특별한 이전행위가 있어야 한다.

78 ④ 비법인사단인 교회의 대표자는 총유물인 교회 재산의 처분에 관하여 교인총회의 결의를 거치지 아니하고는 이를 대표하여 행할 권한이 없다. 그리고 교회의 대표자가 권한 없이 행한 교회 재산의 처분행위에 대하여는 민법 제126조의 표현대리에 관한 규정이 준용되지 아니한다(대판 2006다23312).

Answer / 76. ④ 77. ⑤ 78. ④

79 민법상 비법인사단에 관한 설명으로 옳지 않은 것은? (다툼이 있으면 판례에 따름) 2018 기출

① 비법인사단의 사원이 집합체로서 물건을 소유할 때에는 총유로 한다.

② 대표자는 비법인사단의 제반 업무처리를 대리인에게 포괄적으로 위임할 수 없다.

③ 대표자 또는 관리인이 있는 비법인사단은 그 사단에 속하는 부동산에 관하여 등기능력을 가진다.

④ 비법인사단 소유의 재산에 대한 대표자의 처분행위가 사원총회의 결의를 거치지 않아 무효가 되더라도, 상대방이 선의인 경우에는 그 처분행위에 대하여 민법 제126조의 표현대리 법리가 준용된다.

⑤ 비법인사단의 대표자가 직무에 관하여 타인에게 손해를 가한 경우, 그 사단은 민법 제35조 제1항의 유추적용에 의하여 그 손해를 배상할 책임이 있다.

80 권리능력 없는 사단에 관한 설명 중 틀린 것은? (다툼이 있는 경우 판례에 의함)

① 학교나 천주교회는 권리능력 없는 사단이 아니다.

② 법인 아닌 사단도 그 대표자가 있는 경우에는 사단명의로 소송을 제기할 수 있다.

③ 비법인사단에 대하여는 사단법인에 관한 민법 규정 가운데서 법인격을 전제로 하는 것을 제외하고는 이를 유추적용한다.

④ 비법인사단의 경우에 대표자의 대표권 제한에 관하여는 민법 제60조의 규정을 준용한다.

⑤ 어촌계나 아파트 부녀회는 권리능력 없는 사단으로 본다.

81 민법상 비법인사단에 관한 설명으로 옳지 않은 것은? (다툼이 있으면 판례에 따름)

2020 기출

① 이사가 없거나 결원이 있는 경우 임시이사의 선임에 관한 민법 제63조 규정은 비법인사단에도 유추적용될 수 있다.

② 비법인사단의 사원이 집합체로서 물건을 소유할 때에는 총유로 한다.

③ 비법인사단이 타인 간의 금전채무를 보증하는 행위는 총유물의 관리·처분행위로 볼 수 없다.

④ 비법인사단에서 사원의 지위는 규약이나 관행에 의하여 양도 또는 상속될 수 없다.

⑤ 비법인사단 대표자가 직무에 관하여 타인에게 손해를 가한 경우, 민법 제35조 제1항의 유추적용에 의해 비법인사단은 그 손해를 배상할 책임이 있다.

82 법인에 관한 다음 설명 중 틀린 것으로만 묶인 것은?

> ㉠ 사단법인에는 반드시 이사를 두어야 하나 재단법인에서는 임의기관이다.
>
> ㉡ 정관에 기재되지 아니한 이사의 대표권 제한은 무효이다.
>
> ㉢ 이사는 법인의 업무에 관하여 연대하여 법인을 대표한다.
>
> ㉣ 법인의 직무행위에 해당하는지 여부는 행위의 외형을 기준으로 판단한다.
>
> ㉤ 법인의 대표에는 표현대리에 관한 규정은 적용되지 않는다.
>
> ㉥ 법인의 권리능력발생시기는 설립등기 시이다.
>
> ㉦ 아파트 입주자대표회의나 지역단체도 권리능력 없는 사단이라 함이 판례의 태도이다.
>
> ㉧ 권리능력 없는 재단의 재산도 총유적으로 귀속한다.

① ㉠, ㉡, ㉢, ㉣   ② ㉠, ㉢, ㉤, ㉦

③ ㉡, ㉢, ㉤, ㉥   ④ ㉠, ㉢, ㉤, ㉧

⑤ ㉢, ㉣, ㉤, ㉦

---

79 ④ 비법인사단인 교회의 대표자는 총유물인 교회 재산의 처분에 관하여 교인총회의 결의를 거치지 아니하고는 이를 대표하여 행할 권한이 없다. 그리고 교회의 대표자가 권한 없이 행한 교회 재산의 처분행위에 대하여는 민법 제126조의 표현대리에 관한 규정이 준용되지 아니한다(대판 2009. 2. 12, 2006다23312).
② 비법인사단에게도 포괄적 위임 금지 규정(제62조)이 유추적용된다.

80 ④ 비법인사단의 경우에는 대표자의 대표권 제한에 관하여 등기할 방법이 없어 민법 제60조의 규정을 준용할 수 없다(대판 2002다64780).

81 ④ 비법인사단에서 사원의 지위는 규약이나 관행에 의하여 양도 또는 상속될 수 있다(대판 1997. 9. 26, 95다6205).
① 민법 제63조는 법인의 조직과 활동에 관한 것으로서 법인격을 전제로 하는 조항이 아니고, 법인 아닌 사단이나 재단의 경우에도 이사가 없거나 결원이 생길 수 있으며, 통상의 절차에 따른 새로운 이사의 선임이 극히 곤란하고 종전 이사의 긴급처리권도 인정되지 아니하는 경우에는 사단이나 재단 또는 타인에게 손해가 생길 염려가 있을 수 있으므로, 민법 제63조는 법인 아닌 사단이나 재단에도 유추적용할 수 있다(대결 2009.11.19., 자 2008마699).
③ 비법인사단이 타인 간의 금전채무를 보증하는 행위는 총유물 그 자체의 관리·처분이 따르지 아니하는 단순한 채무부담행위에 불과하여 이를 총유물의 관리·처분행위라고 볼 수는 없다(대판 전합 2007. 4. 19, 2004다60072·60089).
⑤ 비법인사단의 대표자가 직무에 관하여 타인에게 손해를 가한 경우 그 사단은 민법 제35조 제1항의 유추적용에 의하여 그 손해를 배상할 책임이 있다(대판 2003. 7. 25, 2002다27088).

82 ㉠ 이사는 사단법인과 재단법인 모두 반드시 두어야 하는 필수기관이다.
㉢ 이사가 수인이더라도 각자 대표가 원칙이다(제59조 제1항 본문).
㉤ 대표에는 대리에 관한 규정이 준용되므로(제59조 제2항), 표현대리도 준용된다.
㉧ '권리능력 없는 재단'의 재산귀속에 대하여 부동산은 재단의 단독소유가 되며, 부동산 이외의 재산도 재단 자체귀속설과 재단관리자신탁설의 대립이 있다. 재단은 사원이 없으므로 총유는 있을 수 없다.

Answer/   79. ④   80. ④   81. ④   82. ④

행정사 문제집
민법총칙

Part_

03

권리의
객체

03 권리의 객체

Part 03

제1절 물건

01 물건에 관한 설명 중 옳지 않은 것은?

① 바닷물에 개먹어 무너져 그 원상복구에 과다한 비용을 요하는 등 원상복구가 사회통념상 불가능한 상태에 이르게 된 포락지는 토지소유권의 객체로 되지 못한다.

② 온천수는 독립된 부동산이 아니라는 것이 판례의 입장이다.

③ 인체로부터 분리된 혈액은 물건이다.

④ 구성부분이 개성을 잃지 않고 결합하여 있는 합성물은 수개의 물건이다.

⑤ 종물은 주물의 처분에 따르지만, 처분당사자의 특약으로 양자의 법률적 운명을 다르게 할 수 있다.

02 다음 중 물건에 관한 설명으로 옳지 않은 것은?

① 지하수는 토지의 일부이다.

② 대체물은 소비대차와 소비임치의 목적이 될 수 있다.

③ 소비물만이 소비대차의 목적물이 될 수 있으며, 비소비물은 사용대차나 임대차의 목적물이 될 수 있을 뿐이다.

④ 타인에게서 이식받은 심장은 물건이다.

⑤ 합성물은 법률상 하나의 물건으로 다루어진다.

03 불융통물에 관한 다음 설명 중 틀린 것은?

① 불융통물에는 공용물, 공공용물, 금제물 세 가지가 있다.

② 국가나 공공단체의 소유에 속하는 물건은 모두 공용물이다.

③ 공공용물이란 일반공중의 공동사용에 제공되는 물건을 말한다.

④ 금제물은 법령에 의하여 거래가 금지된 물건을 말한다.

⑤ 금제물에는 소유 또는 소지까지 금지되는 것도 있다.

제2절 부동산과 동산

04 동산과 부동산에 대한 다음 설명 중 틀린 것은?

① 공시의 방법이 다르다.

② 무주물선점·부합에 있어 효과가 동일하다.

③ 용익물권은 동산에는 인정되지 않는다.

④ 동산 중에도 등기함으로써 공시되는 것이 있다.

⑤ 부동산에는 저당권이 인정되나, 동산에는 인정되지 않는다.

05 부동산에 관하여서만 인정되는 권리는?

① 소유권   ② 질권   ③ 점유권

④ 유치권   ⑤ 전세권

---

01 ④ 합성물은 법률상 하나의 물건으로 다루어진다.

02 ④ 사람의 신체 또는 인체의 일부분은 물건이 아니다. 또 신체에 부착한 의치, 의족, 의수, 가발 등도 물건이 아니다. 그러나 인체로부터 분리된 모발, 치아, 혈액, 장기 등 신체의 일부는 물건이 되며, 분리당한 사람의 소유에 속한다. 그리고 분리된 혈액, 장기 등이 타인의 체내에 이식되면 다시 물건성을 상실한다.

03 ② 국가나 공공단체의 소유에 속하는 물건이라도 공적 목적을 위하여 사용되지 않는 것은 공용물이 아니다.

04 ② 무주의 부동산은 국유(제252조 제2항)로 하고, 무주의 동산은 선점자의 소유로 한다(제252조 제1항). 또한 부동산과 동산의 부합에 있어서는 부동산소유자가 부합한 동산의 소유권을 취득하나(제256조), 동산 간의 부합에 있어서는 부합한 동산 사이의 주종의 구별이 가능하면 주된 동산의 소유자가 합성물의 소유권을 취득하고, 주종을 구별할 수 없는 경우에는 각 동산의 소유자는 부합 당시의 가격의 비율로 합성물을 공유한다(제257조).

05 ⑤ 전세권과 같은 용익물권은 부동산에서만 인정된다.

Answer /   01. ④   02. ④   03. ②   04. ②   05. ⑤

06 다음 중 독립한 부동산으로 취급되지 않는 것은?

① 1동의 건물

② 1필의 토지

③ 과수원의 미분리의 과실

④ 명인방법을 갖춘 수목

⑤ 입목법에 의하여 소유권보존등기를 필한 수목의 집단

07 다음 중 동산만으로 모인 조합이 바른 것은?

㉠ 승차권	㉡ 타인의 토지에 심은 수목
㉢ 항공기	㉣ 선박
㉤ 전기	㉥ 이식된 심장
㉦ 상품권	㉧ 금전

① ㉠, ㉦, ㉧

② ㉡, ㉢, ㉧

③ ㉤, ㉧

④ ㉢, ㉣, ㉤, ㉦

⑤ ㉢, ㉣, ㉤, ㉧

08 다음 중 독립한 물건이 아닌 것으로서 가장 타당한 것은? (다툼이 있으면 판례에 의함)

① 논의 논둑

② 명인방법을 갖춘 수목

③ 자연석을 조각하여 제작한 임야 내의 석불

④ 채취한 혈액

⑤ 공장저당법에 의해 공시방법이 인정된 공장

09 물건에 관한 설명으로 옳지 않은 것은? (다툼이 있으면 판례에 의함)

① 온천수는 토지의 구성부분으로 토지소유권의 범위에 속한다.

② 사람은 유언으로 본인의 시신을 병원에 연구용으로 기증할 수 있으나, 제사를 주재하는 자가 이에 법적 구속을 받는 것은 아니다.

③ 집합물은 이를 하나의 물건으로 인정하는 법률의 특별규정이 있는 경우에 한하여 하나의 물건으로 취급한다.

④ 특정물과 불특정물의 구별은 당사자의 의사에 의한 주관적인 구별이다.

⑤ 유체물이어도 배타적 관리가능성이 없으면 물건으로 보지 않는다.

10 물건에 관한 설명으로 옳지 않은 것은? (다툼이 있으면 판례에 의함)

① 1필 토지의 일부분에 대한 저당권 설정은 허용되지 않는다.

② 입목에 관한 법률에 의하여 등기된 입목은 저당권의 객체가 될 수 있다.

③ 사람의 유체와 유골은 매장이나 제사의 대상이 될 수 있는 유체물이다.

④ 특정성이 인정되는 집합물은 하나의 물건으로 취급되어 양도담보의 대상이 된다.

⑤ 건물은 주건물에 부합하는 물건이 될 수 없다.

---

06 ③ 미분리의 과실(예 과수의 열매, 뽕나무 잎, 엽연초)은 수목의 일부에 불과하나, 명인방법을 갖춘 때에는 독립한 물건으로서 거래의 목적으로 할 수 있다.

07 ㉠, ㉚ 승차권과 상품권은 채권이다.
ㄴ 수목은 부동산이다.
ㅂ 신체의 일부나 인체에 부착된 의치, 의수 등은 물건이 아니다.

08 ① 논의 논둑은 토지의 구성부분이다.

09 ③ 판례는 특별규정이 없더라도 거래상의 필요가 있는 경우에 집합물을 하나의 물건으로 취급하는 예외(예 유동집합물 양도담보)를 인정한 바 있다.

10 ⑤ 판례는 부동산에의 부합(제256조)에 있어 부합하는 물건은 동산에만 한정하지 않고 부동산도 포함한다고 해석한다.

Answer

06. ③   07. ⑤   08. ①   09. ③   10. ⑤

11 물건에 관한 설명으로 옳은 것을 모두 고른 것은? (다툼이 있으면 판례에 의함)

> ㉠ 수목의 집단은 원칙적으로 토지의 구성부분이나, 독립된 공시방법을 갖춘 경우에는 독립된 부동산이 된다.
>
> ㉡ 집합물에 대해서도 양도담보권을 설정할 수 있다.
>
> ㉢ 무주(無主)의 부동산에도 선점이 인정된다.
>
> ㉣ 하천·공원은 공용물이다.
>
> ㉤ 1필의 토지의 일부에 대하여는 저당권을 설정할 수 없다.
>
> ㉥ 입목에 관한 법률에 의하여 등기된 입목은 소유권의 객체가 될 수 있을 뿐이다.
>
> ㉦ 부동산의 일부가 용익물권의 객체가 되는 경우는 없다.

① ㉠, ㉢, ㉥   ② ㉢, ㉣, ㉦

③ ㉣, ㉤, ㉦   ④ ㉠, ㉡, ㉤

⑤ ㉡, ㉣, ㉤

12 물건에 관한 설명으로 옳지 않은 것은? (다툼이 있는 경우에는 판례에 의함) 2013 기출

① 최소한의 기둥과 지붕 및 주벽이 있는 건물은 토지와는 별개의 독립한 물건으로 인정될 수 있다.

② 입목에 관한 법률에 따라 등기된 입목에는 저당권이 설정될 수 있다.

③ '종물은 주물의 처분에 따른다'는 민법의 규정은 임의규정이다.

④ 전기 기타 관리할 수 있는 자연력은 물건이다.

⑤ 물건의 사용대가로 받는 금전 기타 물건은 천연과실이다.

13 민법상의 물건에 관한 다음 설명 중 옳지 않은 것은? (다툼이 있으면 판례에 의함)

① 일물일권주의의 요청 때문에 집합물 위에 하나의 물권이 성립될 수 없음이 원칙이지만, 일단의 증감변동하는 동산이 특정성을 갖추었다면 그 전부를 목적으로 하는 양도담보권이 유효하게 성립할 수 있다.

② 대체물과 부대체물의 구별은 거래관념에 따른 객관적인 것인 반면, 특정물과 불특정물의 구별은 당사자의 의사에 기한 주관적인 것이다.

③ 바다에 인접한 토지가 태풍으로 인하여 침수되어 과다한 비용을 들이지 않고는 원상복구될 수 없었으나, 그 후 방파제가 건설되어 다시 성토된 경우 그 토지의 소유권은 회복되지 않는다.

④ 농지를 처분하는 경우에 그 농지에 부속된 양수시설은 독립동산으로서 농지와는 별도로 농지매수인에게 소유권 이전을 하여야 한다.

⑤ 건축주의 사정으로 건축공사가 중단되었던 미완성의 건물을 인도받아 나머지 공사를 마치고 완공한 경우, 그 건물이 공사가 중단된 시점에서 이미 사회통념상 독립한 건물이라고 볼 수 있는 형태와 구조를 갖추고 있었다면 원래의 건축주가 그 건물의 소유권을 원시취득한다.

📖

11 ⓒ 무주의 부동산은 국유로 한다.
ⓔ 하천·공원은 공공용물이다.
ⓗ 입목에 관한 법률에 의하여 등기된 입목은 토지와 분리된 독립한 부동산으로 다루어지며, 소유권 및 저당권의 객체로 될 수 있다.
ⓢ 1필의 토지의 일부에 용익물권의 설정은 가능하며, 1동의 건물의 일부에도 전세권은 설정할 수 있다.

12 ⑤ 물건의 사용대가로 받는 금전 기타 물건은 천연과실이 아니라 법정과실이다.

13 ④ 농지에 부속된 양수시설은 농지의 종물에 해당하므로 농지의 소유권 이전 시에 당연히 수반된다.
① 일단의 증감변동하는 동산을 하나의 물건으로 보아 이를 채권담보의 목적으로 삼으려는 이른바 집합물에 대한 양도담보설정계약 체결도 가능하다.
② 일반적으로 대체물은 불특정물에 해당하지만 대체물의 경우에도 특정물에 해당할 수가 있다.
③ 바닷물에 침수된 경우에 당시의 기술로는 원상복구가 불가하거나 너무 많은 비용이 들게 될 때는 포락으로 소유권은 확실하게 소멸한다. 따라서 그 후에 기술의 발달로 복구가 되어도 이미 소멸한 소유권이 부활하지 않는다.

Answer　11. ④　12. ⑤　13. ④

14 동산과 부동산의 법률상 취급의 차이에 관한 다음 설명 중 옳지 않은 것은?

① 동산의 점유에는 공신력이 인정되나, 부동산의 등기는 공신력이 인정되지 아니한다.

② 시효에 의한 소유권취득의 태양과 기간이 서로 다르다.

③ 무주물의 귀속에 관하여는 동산이나 부동산이나 차이가 없다.

④ 동산과 부동산은 환매기간에서 차이가 있다.

⑤ 동산과 부동산은 강제집행절차와 방법에서 다르다.

15 다음 설명 중 옳지 않은 것은?

① 판례는 독립된 부동산으로서의 건물이라고 하기 위하여는 최소한의 기둥과 지붕 그리고 주벽이 이루어지면 된다고 한다.

② 수목 한 그루도 명인방법을 갖추어 토지와 독립하여 거래할 수 있다.

③ 명인방법을 갖춘 수목의 집단이라도 저당권의 목적물로 할 수 없다.

④ 수목 한 그루는 입목에 관한 법률에 의하여 등기할 수 없다.

⑤ 판례에 의하면 아무런 권원이 없는 자가 타인의 토지 위에 다년생 수목을 심은 경우 그 수목은 식재자의 소유이다.

16 부동산에 관한 다음 설명 가운데 틀린 것은? (다툼이 있으면 판례에 의함)

① 우리 민법상 건물은 토지와 별개의 부동산이며, 이로 인해 법정지상권제도가 존재한다.

② 명인방법을 갖춘 수목의 집단은 토지와는 별개의 부동산이다.

③ 1년생 농작물은 비록 권원 없이 타인의 토지에서 경작된 경우에도 경작자가 소유권을 갖지만 최소한 명인방법은 갖추어야 한다.

④ 경매대상인 토지를 평가함에 있어서 등기된 입목은 그 평가에 포함되지 아니한다.

⑤ 건물의 개수는 건물의 물리적 구조뿐만 아니라 거래관념을 고려하여 결정하여야 한다.

17 서울시 소유의 토지에 권원 없이 타인이 무단으로 농작물을 경작하였을 때 판례에 의하면 농작물의 소유권은 누구에게 귀속되는가?

① 서울시
② 경작자
③ 서울시와 경작자가 50%씩 공유
④ 서울시가 75%, 경작자가 25%씩 공유
⑤ 서울시가 25%, 경작자가 75%씩 공유

Part 03

제3절 주물과 종물

18 주물과 종물에 관한 다음 설명 중 틀린 것은?

① 주물의 소유자나 이용자의 상용에 공여되고 있더라도 주물 그 자체의 효용과 직접 관계가 없는 물건은 종물이 아니다.
② 종물은 주물의 구성부분을 이루는 것이 아니라, 주물과는 독립한 물건이어야 한다.
③ 종물은 주물의 처분에 따르는 것이 원칙이므로 종물을 따로 처분하기로 하는 약정은 무효이다.
④ 농지에 부속한 양수시설은 농지의 종물이다.
⑤ 어선의 의장품은 어선의 종물이다.

---

14 ③ 무주의 동산을 소유의 의사로 점유한 자는 그 소유권을 취득한다(제252조 제1항). 그러나 무주의 부동산은 국유로 한다(제252조 제2항).

15 ⑤ 부동산의 소유자는 원칙적으로 그의 부동산에 부합한 물건의 소유권을 취득한다. 그러나 예외적으로 부합한 물건이 타인의 권원에 의하여 부속된 것인 때에는, 그 부합물은 부동산의 소유자의 소유가 되지 않고 그것을 부속시킨 자의 소유로 된다(제256조 참조). 따라서 아무런 권원이 없는 자가 타인의 토지 위에 다년생 수목을 심은 경우 그 수목은 토지 소유자에게 속한다.

16 ③ 명인방법을 갖출 필요도 없다(대판 79다784).

17 ② 판례는 아무런 권원 없이 타인의 토지에서 농작물을 경작·재배한 경우라도 그 농작물이 성숙하여 독립한 물건으로서의 존재를 갖추었으면, 명인방법을 갖추지 않아도 그 농작물의 소유권은 언제나 경작자에게 속한다고 한다.

18 ③ 종물은 주물의 처분에 따른다는 제100조 제2항은 임의규정이므로 당사자의 특약으로 종물만을 따로 처분할 수도 있다.

Answer　14. ③　15. ⑤　16. ③　17. ②　18. ③

19 주물과 종물에 관한 설명 중 틀린 것은? (다툼이 있으면 판례에 의함)

① 명인방법을 갖추지 못하고 입목등기도 하지 않은 수목은 토지의 종물이다.

② 주유소의 주유기는 주유소 건물의 종물이다.

③ 종물은 동산이든 부동산이든 관계없다.

④ 횟집으로 사용할 점포건물에 붙여서 횟감용 생선을 보관하기 위하여 신축한 수족관 건물은 점포건물의 종물이다.

⑤ 건물에 인접한 대지의 지하에 매설된 정화조는 건물의 구성부분이지 종물은 아니다.

20 주물과 종물에 관한 설명으로 옳지 않은 것은? (다툼이 있으면 판례에 의함)

① 종물의 인도가 있어야 종물에도 동산질권이 성립한다.

② 주물의 소유자와 다른 사람의 소유에 속하는 물건은 종물이 될 수 없는 것이 원칙이다.

③ 주물이 처분된 경우, 동산인 종물에 대하여 상대방이 선의취득의 요건을 갖추면 종물이 타인 소유라고 하더라도 종물의 소유권을 취득한다.

④ '종물은 주물의 처분에 따른다'는 규정은 사법관계에만 적용될 뿐 공법상의 처분에는 적용되지 않는다.

⑤ 주물 위에 저당권이 설정된 경우 그 저당권의 효력은 저당권 설정 당시의 종물은 물론이고 설정 후의 종물에 대해서도 미친다.

21 다음 설명 중 옳지 않은 것은? (다툼이 있는 경우에는 판례에 의함) 2014 기출

① 주물과 종물은 모두 동일한 소유자에 속하여야 하므로 법률상 하나의 물건으로 취급된다.

② 권원 없이 타인의 토지에 한 그루의 수목을 식재한 사람은 그 소유권을 잃는다.

③ 물건의 소유자만이 아니라 그 물건의 수익권자도 과실을 수취할 수 있는 권리자이다.

④ 주물 소유자의 상용에 공여되는 물건이라도 주물 그 자체의 효용과 직접 관계없는 물건은 종물이 아니다.

⑤ 물건의 사용대가로 받는 금전 기타의 물건은 수취할 권리의 존속기간일수의 비율로 취득한다.

22 물건에 대한 설명으로 가장 틀린 것은?

① 신축건물이 지하 1층부터 지하 3층까지 기둥, 주벽 및 천장 슬래브 공사가 완료된 상태이고 지하 1층의 일부 점포가 일반에 분양되었으며 지하 1층은 구분소유권의 대상이 될 수 있는 구조라면, 건물도 부동산으로서 성립하고 있는 것이다.

② 민법상 토지에 고정된 발전기로부터 생산된 전기도 동산이다.

③ 민법상의 물건이란 유체물과 전기 기타 관리 가능한 자연력이다.

④ 토지 지하에 설치된 유류저장 탱크와, 주유소 건물의 상용에 공하기 위하여 그 건물에 부속시킨 주유기는 별개의 물건이므로 토지 및 건물에 대한 경매가 이루어지는 경우에도 그 경매의 목적물이 되는 것은 아니다.

⑤ 토지의 사용대가인 임대료는 물론, 자전거를 사용하며 지급하는 사용료도 법정과실이다.

23 종물 또는 종된 권리에 관한 설명 중 옳지 않은 것은?

① 종물은 법률상 독립한 물건이어야 한다.

② 법정지상권이 딸린 건물을 매도한 경우 민법 제100조 제2항을 유추하여 건물 소유권뿐만 아니라 그 법정지상권도 양도한 것으로 보아야 하므로 매수인은 건물 소유권이전등기로 법정지상권까지 취득한다.

③ 건물에 설정된 저당권의 효력은 종된 권리인 건물의 소유를 목적으로 하는 지상권에도 미친다.

④ 주물과 종물은 장소적으로 밀접한 관계에 있어야 한다.

⑤ 호텔의 각 방에 시설된 전화기, 호텔세탁실에 시설된 세탁기, 탈수기 등은 호텔 건물의 종물이라고 할 수 없다.

---

19 ① 토지의 일부이다.

20 ④ 종물이론은 압류와 같은 공법상의 처분에도 적용된다(대판 2006다29020).

21 ① 종물은 주물의 구성부분을 이루는 것이 아니라, 주물과는 독립한 물건이어야 한다.

22 ④ 토지 지하에 설치된 유류저장 탱크와 건물에 설치된 주유기는 토지에 부합되거나 건물의 상용에 공하기 위하여 부속시킨 종물로서 토지 및 건물에 대한 경매의 목적물이 된다(대결 2000마5527).

23 ② 관습법에 의한 법정지상권이 붙은 건물소유권의 양도가 있는 경우에 그 법정지상권에 관한 등기 없이는 건물양수자는 대지소유자에 대하여 법정지상권을 주장할 수 없다(대판 65다864).

Answer   19. ①   20. ④   21. ①   22. ④   23. ②

24 물건에 관한 설명으로 옳지 않은 것은? (다툼이 있으면 판례에 따름) 2016 기출

① 민법상 전기(電氣)는 물건이다.

② 주물이 압류된 경우 압류의 효력은 종물에도 미친다.

③ 종물은 주물의 처분에 따른다는 민법 제100조 제2항의 규정은 권리 상호 간에 적용될 수 없다.

④ 주물을 처분할 때 특약으로 종물을 제외할 수 있고 종물만을 별도로 처분할 수도 있다.

⑤ 법정과실은 수취할 권리의 존속기간일수의 비율로 취득하고, 천연과실은 그 원물로부터 분리하는 때에 이를 수취할 권리자에 속한다.

제4절 | 원물과 과실

25 과실에 관한 다음 설명 중 틀린 것은?

① 과실이라 함은 원물로부터 생기는 경제적 수익을 말한다.

② 수치인에게는 천연과실의 수취권이 있다.

③ 법정과실은 수취할 권리의 존속기간의 일수의 비율로 취득한다.

④ 천연과실은 원물로부터 분리하는 때의 수취할 권리자에게 귀속한다.

⑤ 선의의 점유자는 과실수취권이 있다.

26 다음 중에서 법정과실은?

① 과수의 열매　　　　　　　　② 주식배당금

③ 특허권 사용료　　　　　　　④ 이자

⑤ 근로자의 임금

27 원물과 과실에 관한 다음 설명 중 틀린 것은?

① 물건의 용법에 의하여 수취하는 산출물은 천연과실이다.

② 물건의 사용대가로 받는 금전 기타의 물건은 법정과실로 한다.

③ 천연과실은 그 원물로부터 분리하는 때에 이를 수취할 권리자에게 속한다.

④ 법정과실은 수취할 권리의 존속기간일수의 비율로 취득한다.

⑤ 돼지를 양도담보의 목적물로 하여 소유권을 양도하되 점유개정의 방법으로 양도담보 설정자가 계속하여 점유·관리하면서 무상으로 사용·수익하기로 약정한 경우, 양도담보 목적물로서 원물인 돼지가 출산한 새끼 돼지는 천연과실에 해당하며 그 수취권은 양도담보권자에게 귀속된다.

Part 03

28 다음 중 천연과실을 수취할 수 없는 자는?

① 유치권자   ② 임대인   ③ 선의의 점유자

④ 저당권자   ⑤ 질권자

29 물건에 관한 다음 기술 중 맞는 것을 모두 고른 것은?

> ㉠ 판례는 집합물의 경우에는 일정한 지정을 통해 특정할 수 있는 때에는 그 집합물 전부를 하나의 물건으로 인정한다.
> ㉡ 온천수는 토지와는 독립한 물건으로 다루어진다.
> ㉢ 횟집으로 사용할 점포건물에 붙여서 생선을 보관하기 위하여 신축한 수족관 건물은 점포건물의 종물에 해당한다.
> ㉣ 저당권의 효력은 저당권 설정 당시의 저당부동산의 종물에 미치고 그 설정 후의 종물에는 미치지 않는다.
> ㉤ 임금은 과실에 해당하지 않는다는 것이 통설적 견해이다.

① ㉠, ㉡, ㉢, ㉣   ② ㉠, ㉢, ㉤   ③ ㉡, ㉢, ㉣
④ ㉠, ㉢, ㉣, ㉤   ⑤ ㉢, ㉣, ㉤

24 ③ 주물·종물의 이론은 원래 물건 상호 간의 관계에 관한 것이지만, 권리 상호 간에도 유추적용된다.

25 ② 수치인은 과실수취권자가 아니다.

26 ① 물건의 용법에 의해서 수취되는 산출물인 천연과실이다.
②, ③, ⑤ 물건의 사용대가로 받는 금전 기타의 물건이 법정과실이다(제101조 제2항). 금전도 물건이므로 그 이용대가인 이자도 법정과실에 해당한다(통설). 그러나 노동의 대가(예 임금)나 권리사용의 대가(예 주식의 배당금, 특허권의 사용료)는 법정과실이 아니다.

27 ⑤ 돼지를 양도담보의 목적물로 하여 소유권을 양도하되 점유개정의 방법으로 양도담보설정자가 계속하여 점유·관리하면서 무상으로 사용·수익하기로 약정한 경우, 양도담보 목적물로서 원물인 돼지가 출산한 새끼 돼지는 천연과실에 해당하고 그 천연과실의 수취권은 원물인 돼지의 사용·수익권을 가지는 양도담보설정자에게 귀속되므로, 다른 특별한 약정이 없는 한 천연과실인 새끼 돼지에 대하여는 양도담보의 효력이 미치지 않는다(대판 96다25463).

28 ② 임대인이 아니라 임차인이 과실수취권자이다.

29 ㉠ 재고상품, 제품, 원자재 등과 같은 집합물을 하나의 물건으로 보아 이를 일정기간 계속하여 채권담보의 목적으로 삼으려는 이른바 집합물에 대한 양도담보권설정계약에 있어서는 그 목적동산을 종류, 장소 또는 수량지정 등의 방법에 의하여 특정할 수만 있다면 그 집합물 전체를 하나의 재산권으로 하는 담보권의 설정이 가능하다(대판 87누1043).
㉢ 횟집으로 사용할 점포 건물에 거의 붙여서 횟감용 생선을 보관하기 위하여, 즉 위 점포 건물의 상용에 공하기 위하여 신축한 수족관 건물은 위 점포 건물의 종물이라고 해석할 것이다(대판 92도3234).
㉤ 원물은 물건이어야 하므로 노동의 대가인 임금은 법정과실이 아니다.
㉡ 대법원은 온천에 관한 권리는 관습법상의 물권으로 볼 수 없다고 판시하였다.
㉣ 저당권의 효력은 저당권 설정 당시의 종물은 물론 설정 후의 종물에도 미친다(제358조).

Answer /   24. ③   25. ②   26. ④   27. ⑤   28. ②   29. ②

30 다음 기술 중 틀린 것은?

① 금전사용의 대가는 과실이다.

② 가옥사용의 대가는 과실이다.

③ 권리사용의 대가는 과실이 아니다.

④ 근로의 대가는 과실이 아니다.

⑤ 원물사용의 대가를 받을 수 있는 권리도 일종의 과실이다.

31 민법상 물건에 관한 설명으로 옳은 것은? (다툼이 있으면 판례에 따름) `2015 기출`

① 전기 기타 관리할 수 있는 자연력은 물건이 아니다.

② 주물의 소유자나 이용자의 사용에 공여되고 있으면 주물 그 자체의 효용과 직접 관계가 없는 물건이라도 종물에 해당한다.

③ 입목에 관한 법률에 따른 입목등기를 하지 않은 수목이더라도 명인방법을 갖추면 토지와 독립된 부동산으로서 거래의 객체가 된다.

④ 천연과실은 수취할 권리의 존속기간일수의 비율로 취득한다.

⑤ 당사자는 주물을 처분할 때에 특약으로 종물만을 별도로 처분할 수 없다.

32 물건에 관한 설명으로 옳지 않은 것은? (다툼이 있으면 판례에 따름) `2017 기출`

① 독립된 부동산으로서의 건물이라고 하기 위하여는 최소한의 기둥과 지붕 그리고 주벽이 이루어지면 된다.

② 주물과 종물을 별도로 처분하는 약정은 효력이 없다.

③ 주물과 다른 사람의 소유에 속하는 물건은 종물이 될 수 없다.

④ 법정과실은 수취할 권리의 존속기간일수의 비율로 취득한다.

⑤ 주물과 종물의 관계에 관한 법리는 주된 권리와 종된 권리 상호 간에도 적용된다.

33 물건에 관한 설명으로 옳은 것은? (다툼이 있으면 판례에 따름) 2022 기출

① 주물의 소유자의 상용에 공여되고 있더라도 주물 자체의 효용과 관계가 없는 물건은 종물이 아니다.

② 원본채권이 양도되면 특별한 사정이 없는 한 이미 변제기에 도달한 이자채권도 당연히 함께 양도된다.

③ 주물을 처분할 때 종물을 제외하거나 종물만을 별도로 처분하는 특약은 무효이다.

④ 피상속인이 유언으로 자신의 유골의 매장장소를 지정한 경우, 제사주재자는 피상속인의 의사에 따를 법률적 의무를 부담한다.

⑤ '종물은 주물의 처분에 따른다'고 규정한 민법 제100조 제2항의 '처분'에는 공법상 처분은 포함되지 않는다.

---

30 ⑤ 원물과 과실은 모두 물건이어야 하므로 원물사용의 대가를 받을 수 있는 권리는 과실이 될 수 없다.

31 ① 물건은 유체물 및 전기 기타 관리할 수 있는 자연력을 말한다(제98조).
② 주물의 소유자나 이용자의 사용에 공여되고 있더라도 주물 그 자체의 효용과 직접 관계가 없는 물건은 종물이 아니다(예 책상, TV, 난로 등은 가옥의 종물이 아니다).
④ 천연과실은 그 원물로부터 분리하는 때에 이를 수취할 권리자에게 속한다(제102조 제1항). 법정과실은 수취할 권리의 존속기간일수의 비율로 취득한다(제102조 제2항).
⑤ 제100조 제2항은 임의규정이므로 당사자의 특약으로 종물만을 따로 처분할 수 있다.

32 ② 종물은 주물의 처분에 따른다(제100조 제2항). 다만 제100조 제2항은 임의규정이므로 주물과 종물을 별도로 처분하는 약정도 유효하다.

33 ① 어느 건물이 주된 건물의 종물이기 위하여는 주물의 상용에 이바지하는 관계에 있어야 하고 이는 주물 자체의 경제적 효용을 다하게 하는 것을 말하는 것이므로, 주물의 소유자나 이용자의 사용에 공여되고 있더라도 주물 자체의 효용과 관계없는 물건은 종물이 아니다(대판 2007. 12. 13, 2007도7247).
② 원본채권이 양도된 경우 이미 변제기에 도달한 이자채권은 원본채권의 양도당시 그 이자채권도 양도한다는 의사표시가 없는 한 당연히 양도되지는 않는다(대판 1989. 3. 28, 88다카12803).
③ 종물은 주물의 처분에 따른다(제100조 제2항). 그러나 제100조 제2항은 임의규정이므로 당사자의 특약으로 종물만을 따로 처분할 수 있다.
④ 피상속인이 생전행위 또는 유언으로 자신의 유체·유골을 처분하거나 매장장소를 지정한 경우에, 선량한 풍속 기타 사회질서에 반하지 않는 이상 그 의사는 존중되어야 하고 이는 제사주재자로서도 마찬가지이지만, 피상속인의 의사를 존중해야 하는 의무는 도의적인 것에 그치고, 제사주재자가 무조건 이에 구속되어야 하는 법률적 의무까지 부담한다고 볼 수는 없다(대판 2008. 11. 20, 2007다27670).
⑤ 민법 제100조 제2항의 '처분'에는 공법상 처분(예 압류)도 포함된다.

Answer   30. ⑤   31. ③   32. ②   33. ①

34 과실(果實)에 관한 설명으로 옳지 않은 것은? (다툼이 있으면 판례에 의함)

① 명인방법을 갖춘 미분리 과실은 독립된 별개의 소유권 객체가 될 수 있다.

② 특약이 없는 한, 지료는 수취할 권리의 존속기간일수의 비율로 취득한다.

③ 유치권자는 유치물의 과실을 수취할 수 있다.

④ 특별한 사정이 없는 한, 매매목적물의 인도 전이라도 매수인은 매매대금을 완납한 때에는 그 이후의 과실수취권은 매도인에게 있다.

⑤ 타인의 토지 위에 지상권을 가진 자는 그 토지로부터 발생하는 과실을 수취할 수 있다.

35 민법상 물건에 관한 설명으로 옳지 않은 것은? (다툼이 있으면 판례에 따름) `2018 기출`

① 국립공원의 입장료는 법정과실이 아니다.

② 입목에 관한 법률에 따라 등기된 입목은 그 토지와 독립하여 거래의 객체가 될 수 없다.

③ 장소, 종류, 수량 등이 특정되어 있는 집합물은 양도담보의 대상이 될 수 있다.

④ 주물 소유자의 사용에 공여되고 있더라도 주물 그 자체의 효용과 직접 관계가 없는 물건은 종물이 아니다.

⑤ 지하에서 용출되는 온천수는 토지의 구성부분일 뿐 그 토지와 독립된 권리의 객체가 아니다.

36 물건에 관한 설명으로 옳은 것은? (다툼이 있으면 판례에 따름) `2019 기출`

① 주물의 구성부분도 종물이 될 수 있다.

② 천연과실은 수취할 권리의 존속기간일수의 비율로 취득한다.

③ 종물은 주물의 처분에 따른다는 민법 제100조 제2항은 강행규정이다.

④ 주물 그 자체의 효용과 직접 관계가 없는 물건은 주물 소유자의 사용에 공여되고 있더라도 종물이 아니다.

⑤ 건물의 개수는 공부상의 등록에 의하여만 결정된다.

37 민법상 물건에 관한 설명으로 옳지 않은 것은? (다툼이 있으면 판례에 따름) 2020 기출

① 건물의 개수(個數)를 결정함에 있어서 건축자나 소유자의 의사 등 주관적 사정은 고려되지 않는다.

② 주물 소유자의 상용에 공여되고 있더라도 주물 그 자체의 효용과 직접 관계없는 물건은 종물이 아니다.

③ 당사자는 특약으로 주물과 종물을 별도로 처분할 수 있다.

④ 국립공원의 입장료는 민법상 과실(果實)이 아니다.

⑤ 주물의 소유자가 아닌 다른 사람의 소유에 속하는 물건은 종물이 될 수 없다.

34 ④ 특별한 사정이 없는 한 매매계약이 있은 후에도 인도하지 아니한 목적물로부터 생긴 과실은 매도인에게 속하나, 매매목적물의 인도 전이라도 매수인이 매매대금을 완납한 때에는 그 이후의 과실수취권은 매수인에게 귀속된다(대판 93다28928).

35 ② 입목에 관한 법률에 의하여 입목등기를 한 수목의 집단, 즉 '입목'은 토지로부터 독립한 부동산으로 다루어진다.
③ 판례는 일단의 증감 변동하는 동산을 하나의 물건으로 보아 이를 채권담보의 목적으로 삼으려는 이른바 유동집합물에 대한 양도담보설정계약도 가능하다고 한다.

36 ④ 종물은 주물의 상용에 이바지하는 관계에 있어야 하고, 주물의 상용에 이바지한다 함은 주물 그 자체의 경제적 효용을 다하게 하는 것을 말하는 것으로서 주물의 소유자나 이용자의 상용에 공여되고 있더라도 주물 그 자체의 효용과 직접 관계가 없는 물건은 종물이 아니다(대판 1997. 10. 10. 97다3750).
① 종물은 주물과 독립한 물건이어야 한다.
② 천연과실은 그 원물로부터 분리하는 때에 이를 수취할 권리자에게 속한다.
③ 종물은 주물의 처분에 따른다는 민법 제100조 제2항은 임의규정이다.
⑤ 건물은 일정한 면적, 공간의 이용을 위하여 지상, 지하에 건설된 구조물을 말하는 것으로서, 건물의 개수는 토지와 달리 공부상의 등록에 의하여 결정되는 것이 아니라 사회통념 또는 거래관념에 따라 물리적 구조, 거래 또는 이용의 목적물로서 관찰한 건물의 상태 등 객관적 사정과 건축한 자 또는 소유자의 의사 등 주관적 사정을 참작하여 결정되는 것이다(대판 1997. 7. 8, 96다36517).

37 ① 건물은 일정한 면적, 공간의 이용을 위하여 지상, 지하에 건설된 구조물을 말하는 것으로서, 건물의 개수는 토지와 달리 공부상의 등록에 의하여 결정되는 것이 아니라 사회통념 또는 거래관념에 따라 물리적 구조, 거래 또는 이용의 목적물로서 관찰한 건물의 상태 등 객관적 사정과 건축한 자 또는 소유자의 의사 등 주관적 사정을 참작하여 결정되는 것이다(대판 1997. 7. 8, 96다36517).
② 주물의 소유자나 이용자의 상용에 공여되고 있더라도 주물 그 자체의 효용과 직접 관계가 없는 물건은 종물이 아니다.
③ 종물은 주물의 처분에 따른다(제100조 제2항). 다만 이 규정은 임의규정이므로 당사자의 특약으로 종물만을 따로 처분할 수 있다.
④ 국립공원의 입장료는 토지의 사용대가라는 민법상 과실이 아니라 수익자 부담의 원칙에 따라 국립공원의 유지·관리비용의 일부를 국립공원 입장객에게 부담시키고자 하는 것이어서 토지의 소유권이나 그에 기한 과실수취권과는 아무런 관련이 없다(대판 2001. 12. 28, 2000다27749).
⑤ 종물은 물건의 소유자가 그 물건의 상용에 공하기 위하여 자기 소유인 다른 물건을 이에 부속하게 한 것을 말하므로(민법 제100조 제1항) 주물과 다른 사람의 소유에 속하는 물건은 종물이 될 수 없다(대판 2008. 5. 8, 2007다36933·36940).

Answer 34. ④ 35. ② 36. ④ 37. ①

38 물건에 관한 설명으로 옳지 않은 것은? (다툼이 있으면 판례에 따름) 2021 기출

① 관리할 수 있는 자연력은 동산이다.

② 분묘에 안치되어 있는 선조의 유골은 그 제사주재자에게 승계된다.

③ 금전은 동산이다.

④ 주물을 점유에 의하여 시효취득하여도 종물을 점유하지 않았다면 그 효력은 종물에 미치지 않는다.

⑤ 권리의 과실(果實)은 민법상 과실(果實)이다.

39 원물과 과실에 대한 설명 중 틀린 것은?

① 국립공원의 입장료는 민법상 과실에 해당하지 않는다.

② 임대가옥의 소유자가 변경되었을 경우에는 반대약정이 없는 한 그 차임은 소유권의 존속기간일수의 비율로 취득한다.

③ 주식배당금은 법정과실에 해당하지 않는다.

④ 임야에서 채취한 석재(石材)는 천연과실이다.

⑤ 원물의 소유자, 선의의 점유자, 임대인은 천연과실을 수취할 권리가 있다.

38 ⑤ '물건'의 사용대가로 받은 금전 기타의 물건은 법정과실이다(제101조 제2항). 즉 우리 민법은 권리의 과실을 인정하지 않는다.
② 망인의 유체·유골은 제사주재자에게 승계되는 것이다(대판 2008. 11. 20, 2007다27670).
④ 점유를 요건으로 하는 권리, 예컨대 취득시효에 의한 소유권 취득·유치권·질권의 경우에는, 그 권리의 성질상 주물 이외에 종물에 대해서도 점유가 필요하며, 주물만을 점유한 경우에는 종물에 대해서는 위와 같은 권리가 인정되지 않는 것으로 해석된다.

39 ⑤ 임대인은 천연과실을 수취할 권리가 없다.

Answer

38. ⑤   39. ⑤

행정사 문제집
민법총칙

Part_

04

권리의
변동

권리변동 서론

01 권리변동의 모습에 관한 다음 기술 중에서 옳은 것은?

① 취득시효로 인한 권리의 취득은 권리의 상대적 취득이다.

② 상속으로 인한 권리의 취득은 승계취득 중의 특정승계이다.

③ 저당권의 설정은 권리의 이전적 승계이다.

④ 물건의 인도를 목적으로 하는 채권이 손해배상으로 변했다면 권리의 질적 변경이다.

⑤ 권리의 주체가 변경되는 것은 한편으로 권리의 절대적 소멸이다.

02 甲은 X부동산을 乙에게 매도하고 소유권이전등기를 해 주었다. 乙은 丙으로부터 금전을 차용하면서 X부동산에 丙을 위한 저당권을 설정하였다. 이에 관한 설명으로 옳은 것은?

① 甲과 乙 사이의 매매계약은 법률요건이고, 그로 인한 乙의 소유권이전등기청구권은 법률효과에 해당한다.

② 乙의 소유권 취득은 포괄승계에 해당한다.

③ 丙의 저당권 취득은 이전적 승계에 해당한다.

④ 乙의 저당권 설정은 준법률행위에 해당한다.

⑤ 乙의 저당권 설정은 소유권의 질적 변경에 해당한다.

03 다음 중 권리의 원시취득인 것은?

① 전세권의 설정　　　② 무허가건물의 매수　　　③ 재산의 상속

④ 채권의 양도　　　⑤ 유실물의 소유권 취득

04 권리의 원시취득에 해당하지 않는 것을 모두 고른 것은? (다툼이 있으면 판례에 의함)

㉠ 무주물인 동산의 선점　ⓛ 피상속인의 사망에 의한 상속　　ⓒ 회사의 합병
㉣ 시효취득　　　㉤ 건물의 신축

① ㉠, ⓛ　　　　② ⓛ, ⓒ　　　　③ ⓒ, ㉣

④ ⓛ, ⓒ, ㉣　　　⑤ ⓒ, ㉣, ㉤

05 권리변동에 관한 설명 중 틀린 것은?

① 건물을 신축한 경우, 이는 원시취득에 해당한다.

② 甲이 乙 소유의 토지를 저당 잡은 경우, 이는 설정적 승계에 해당한다.

③ 1순위 저당권이 소멸되어 2순위 저당권이 순위승진을 한 경우, 이는 권리의 내용상 변경이다.

④ 甲이 소유하는 가옥을 乙에게 매각하여 그 소유권을 상실한 경우, 이는 권리의 상대적 소멸이다.

⑤ 상속에 의하여 피상속인이 가지고 있던 권리가 상속인에게 승계된 경우, 이는 권리의 이전적 승계이다.

06 권리변동에 관한 설명 중 틀린 것은?

① 권리의 설정적 승계가 있게 되면 구 권리자의 권리는 신 권리자가 취득한 권리에 의해 일정한 제한을 받게 된다.

② 선순위의 저당권의 소멸로 인해 후순위저당권의 순위승진이 이루어지는 경우 권리의 성질적 변경에 해당한다.

③ 매매로 매도인의 권리가 상실하는 경우 이는 권리의 상대적 소멸이다.

④ 선의취득은 권리자의 권리를 기초로 하지 않는다는 점에서 원시취득에 해당한다.

⑤ 소유권의 대상물건에 제한물권이 설정되어 소유권이 내용이 감소되는 경우 이는 권리의 수량적 변경에 해당한다.

---

01 ④ 권리의 내용이 질적으로 변경되었으므로 (성)질적 변경에 해당한다.
　　① 권리의 절대적 발생(원시취득)이다.　　　② 포괄승계이다.
　　③ 설정적 승계이다.　　　　　　　　　　　⑤ 상대적 소멸이다.

02 ② 특정승계에 속한다.　　　　　　　　　③ 설정적 승계에 해당한다.
　　④ 법률행위이다.　　　　　　　　　　　⑤ 소유권의 양적 변경이다.

03 ⑤ 원시취득이란 어떤 권리가 타인의 권리에 기함이 없이 특정인에게 새로 발생하는 것을 말한다. 예컨대 시효취득(제245조), 선의취득(제249조), 무주물선점(제252조), 유실물습득(제253조), 건물의 신축 등이다.

04 ⓒ, ⓒ은 승계취득에 속한다.

05 ③ 작용의 변경에 해당한다.

06 ② 선순위저당권의 소멸에 의해 후순위저당권의 순위가 변경되는 것은 작용의 변경이다.

Answer　　01. ④　　02. ①　　03. ⑤　　04. ②　　05. ③　　06. ②

07 서로 연결된 내용이 맞지 않는 것은?

① 원시취득 – 선의취득, 유실물습득에 의한 소유권 취득

② 포괄승계 – 상속, 사인증여

③ 특정승계 – 매매에 의한 소유권 취득

④ 설정적 승계 – 지상권이나 저당권의 설정

⑤ 내용의 변경 – 물건의 증감, 소유권 위의 제한물권의 설정

08 법률사실과 법률요건에 관한 설명으로 틀린 것은?

① 임대차계약은 청약과 승낙이라는 의사표시의 합치로 성립하는 법률요건이다.

② 어떤 사정을 알지 못한다는 의미에서의 선의도 법률사실이다.

③ 시간의 경과는 사람의 정신작용에 의하지 않는 법률사실이다.

④ 무권대리행위의 추인 여부에 관한 상대방의 최고는 의사의 통지이다.

⑤ 민법 제552조에 따라 상대방이 최고했음에도 해제권자의 통지가 없기 때문에 해제권이 소멸하는 효과는 당사자의 의사에 근거한다.

09 다음 중 의사표시가 아닌 것은?

① 채권양도의 승낙

② 계약의 청약

③ 유언

④ 계약해제의 통지

⑤ 시효완성 후에 하는 채무의 승인

10 준법률행위가 아닌 것은?

① 취소할 수 있는 법률행위의 추인

② 사원총회의 소집통지

③ 시효중단사유인 채무의 승인

④ 승낙연착의 통지

⑤ 이혼청구권을 소멸시키는 사후용서

11 다음 기술 중 틀린 것은?

① 소유의 의사는 의사적 용태이다.　② 채권양도의 통지는 관념의 통지이다.

③ 가공은 사실행위이다.　④ 의사표시는 법률행위이다.

⑤ 악의는 관념적 용태이다.

12 다음 중 관념의 통지가 아닌 것은?

① 사원총회의 소집통지　② 채권양도의 통지나 승낙

③ 공탁의 통지　④ 제125조의 대리권을 수여한 뜻의 통지

⑤ 제한능력자의 상대방의 최고

13 다음 중 옳은 것은?

① 혼합사실행위−사무관리　② 관념적 용태−소유의 의사

③ 관념의 통지−변제수령의 거절　④ 의사의 통지−채권양도의 통지

⑤ 의사적 용태−선의, 악의

---

07 ② 사인증여는 특정승계에 해당한다.

08 ⑤ 준법률행위(예 최고, 통지)는 법률행위와는 달리 법률효과가 법률에 규정되어 있다. 즉, 해제권의 소멸이라는 법률효과는 당사자 의사에 의하여 생기는 것이 아니라 제552조 제2항의 규정에 따라 발생한다.

09 ① 관념의 통지이다.

10 ① 취소할 수 있는 법률행위의 추인은 취소할 수 있는 법률행위를 취소하지 않겠다고 하는 취소권자의 의사표시이다.

11 ④ 의사표시는 법률행위를 구성하는 법률사실이지 법률행위 그 자체는 아니다.

12 ⑤ 각종의 최고나 거절은 의사의 통지이다.

13 ② 소유의 의사는 의사적 용태이다.
③ 변제수령의 거절은 의사의 통지이다.
④ 채권양도의 통지는 관념의 통지이다.
⑤ 선의, 악의는 관념적 용태이다.

Answer　07. ②　08. ⑤　09. ①　10. ①　11. ④　12. ⑤　13. ①

02 법률행위

01 법률행위에 관한 설명으로 옳은 것을 모두 고른 것은?

> ㉠ 법률행위가 효력요건을 갖추지 않더라도 당사자가 의도한 법률효과는 발생한다.
> ㉡ 법률행위의 규범적 해석은 당사자의 내심적 의사가 가지는 주관적 의미를 확정하는 것이다.
> ㉢ 대리권수여행위는 위임장을 작성·교부하지 않더라도 성립하는 불요식행위이다.
> ㉣ 타인의 재산을 증가시키지 않으면서 행위자의 재산을 감소시키는 법률행위는 출연행위가 아니다.

① ㉠, ㉡   ② ㉡   ③ ㉡, ㉢
④ ㉣   ⑤ ㉢, ㉣

02 법률행위의 개념에 관한 설명으로 옳은 것은?

① 법률행위란 의사표시 그 자체이다.
② 법률행위란 법률효과이다.
③ 법률행위의 법률효과는 법률규정에 의해서 발생한다.
④ 법률행위가 되려면 적어도 두 개 이상의 법률사실이 필요하다.
⑤ 법률행위란 의사표시를 요소로 하는 법률요건이다.

03 법률요건과 법률사실에 대한 설명 중 잘못된 것은?

① 준법률행위는 의사표시를 요소로 하지 않는다.
② 법률행위는 의사표시를 요소로 하는 법률요건이다.
③ 하나의 법률사실만으로 성립하는 법률요건은 없다.
④ 준법률행위 중 의사의 통지와 관념의 통지에는 법률행위 규정 중 의사표시에 관한 규정, 대리에 관한 규정이 준용된다.
⑤ 준법률행위는 법률이 행위나 행위의 결과에 대해 독자적으로 일정한 법률효과를 부여한다.

04 법률행위의 일반적 효력요건이 아닌 것은?

① 당사자의 행위능력의 존재
② 법률행위가 일정한 방식을 갖출 것
③ 법률행위 목적의 사회적 타당성
④ 의사표시에 하자가 없을 것
⑤ 의사표시에 관하여 의사와 표시가 일치할 것

05 다음 중 법률요건이 아닌 것은?

① 사무관리　　　　② 불법행위　　　　③ 법률행위
④ 계약의 청약　　　⑤ 부당이득

06 상대방 없는 단독행위에 해당되는 것은?

① 동의　　　　　　② 재단법인의 설립행위　③ 채무면제
④ 해제　　　　　　⑤ 철회

---

01 ㉠ 성립요건을 갖추지 못한 경우에는 법률행위로서 성립이 되지 않으며, 효력요건을 갖추지 못한 경우에는
무효이거나 취소할 수 있게 된다.
㉡ 규범적 해석은 상대방 시각에서 표시행위가 가지고 있는 객관적 의미를 확정하는 것을 말한다.

02 ① 법률행위는 하나 또는 수개의 의사표시로 구성되는 법률요건이다.
② 법률행위는 법률요건, 즉 권리변동의 원인이고, 법률효과는 그 결과인 권리변동이다.
③ 법률행위의 법률효과는 당사자의 의사에 의하여 발생한다.
④ 하나 또는 수개의 법률사실이 모여서 법률행위 등의 법률요건을 구성한다.

03 ③ 단독행위는 하나의 법률사실로 이루어진다.

04 ② 법률행위에 일정한 방식을 갖추는 것은 특별성립요건이다(예 혼인성립에 있어서의 신고, 유언이나 어음행
위에 있어서 일정한 방식을 요하는 것 등).

05 ④ 계약의 청약은 의사표시로서, 법률요건인 법률행위를 이루는 법률사실이다.
①, ②, ⑤ 법률의 규정에 해당하는 법률요건이다.

06 ② 재단법인의 설립행위는 상대방 없는 단독행위이다.

Answer
01. ⑤　　02. ⑤　　03. ③　　04. ②　　05. ④　　06. ②

07 다음 중 계약인 법률행위는?

① 상계 ② 해제 ③ 면제

④ 경개 ⑤ 취소

08 법률행위의 분류와 그에 해당하는 예가 올바르게 연결된 것은?

① 상대방 없는 단독행위 - 유언 ② 상대방 있는 단독행위 - 증여

③ 불요식행위 - 법인 설립 ④ 준물권행위 - 저당권 설정

⑤ 물권행위 - 매매

09 법률행위에 관한 다음 연결 중 틀린 것은?

① 요식행위 - 유언, 어음행위

② 무상행위 - 증여, 사용대차

③ 물권행위 - 질권설정계약

④ 준물권행위 - 채권양도, 지식재산권의 양도

⑤ 사후행위 - 유언, 증여

10 다음 연결 중 틀린 것은?

① 단독행위 - 유증 ② 요식행위 - 어음행위

③ 무상행위 - 사용대차 ④ 계약 - 사인증여

⑤ 합동행위 - 재단법인 설립행위

11 다음 중 행위 그 자체로 법률행위가 아닌 것을 모두 고른 것은? `2015 기출`

㉠ 점유의 취득	㉡ 유실물의 습득
㉢ 매장물의 발견	㉣ 소유권의 포기
㉤ 무주물의 선점	

① ㉠, ㉡ ② ㉠, ㉣, ㉤ ③ ㉡, ㉢, ㉣

④ ㉢, ㉣, ㉤ ⑤ ㉠, ㉡, ㉢, ㉤

12 채권행위와 물권행위에 대한 설명으로 틀린 것은?

① 채권행위는 후에 이행의 문제를 남긴다.

② 물권행위는 이행의 문제를 남기지 않는다.

③ 처분권 없는 자의 채권행위나 물권행위는 무권한자의 행위로 무효이다.

④ 물권 이외의 권리의 변동을 목적으로 하나 이행의 문제를 남기지 않는 행위를 준물권 행위라 한다.

⑤ 처분권 없는 자의 준물권행위도 무효이다.

13 법률행위의 종류 또는 그 효과에 관한 설명으로 옳은 것은?

① 채권자는 단독행위로 채무를 면제할 수 없다.

② 처분권 없는 자의 물권행위는 무효이다.

③ 준물권행위는 이행의 문제를 남기므로 물권행위와 구별된다.

④ 방식을 갖추지 않은 요식행위는 원시적 불능으로 무효이다.

⑤ 출연행위는 모두 유상행위이다.

---

07 ①, ②, ③, ⑤ 단독행위이다.

08 ② 계약 ③ 요식행위 ④ 물권행위 ⑤ 채권행위

09 ⑤ 사후행위는 행위자의 사망으로 그 효과가 발생하는 행위이다. 모든 증여가 아니라 사인증여가 사후행위이다.

10 ⑤ 재단법인 설립행위는 상대방 없는 단독행위이고, 사단법인의 설립행위가 합동행위이다.

11 ㉣ 소유권 포기는 상대방 없는 단독행위로 법률행위이다.

12 ③ 채권행위는 의무부담행위에 불과하므로 처분권 없는 자의 채권행위도 유효하다. 그러나 물권행위는 처분 행위이므로 처분권이 필요하고 따라서 처분권 없는 자의 물권행위는 무효이다.

13 ② 처분행위에는 처분권이 필요하므로, 처분권 없는 자의 물권행위는 무효이다.
① 채무면제는 단독행위이다.
③ 준물권행위와 물권행위 모두 처분행위로서 이행의 문제를 남기지 않는다.
④ 방식을 갖추지 않은 요식행위는 법률행위의 불성립에 해당한다.
⑤ 출연행위는 다시 유상행위와 무상행위로 분류된다.

Answer 　07. ④ 　08. ① 　09. ⑤ 　10. ⑤ 　11. ⑤ 　12. ③ 　13. ②

14 법률행위에 관한 설명 중 틀린 것은?

① 의무부담행위는 이행의 문제가 남게 된다.

② 저당권을 설정하는 것은 의무부담행위이다.

③ 타인 소유의 물건에 관하여도 의무부담행위인 매매계약을 유효하게 체결할 수 있다.

④ 채무면제는 처분행위이다.

⑤ 처분행위가 유효하기 위해서는 처분권이 있어야 한다.

15 甲이 乙에 대한 채권을 丙으로 하여금 추심하도록 하기 위하여 그 채권을 丙에게 양도하는 것은?

① 신탁행위   ② 은닉행위

③ 폭리행위   ④ 탈법행위

⑤ 불법행위

16 법률행위에 관한 설명 중 틀린 것은? (다툼이 있으면 판례에 의함)

① 채무면제는 준물권행위이다.

② 대리권의 수여는 보조행위이다.

③ 유언은 사인행위이다.

④ 추심을 위한 채권양도는 민법상의 신탁행위이다.

⑤ 상계는 양 당사자의 의사표시의 합치로 이루어지는 계약이다.

17 법률행위에 관한 다음 설명 중 틀린 것은?

① 유언의 방식, 혼인의 신고는 특별성립요건이다.

② 조건부·기한부 법률행위의 조건의 성취·기한의 도래는 특별효력요건이다.

③ 채권양도는 준물권행위이다.

④ 대리권의 수여는 보조행위이다.

⑤ 대리권의 수여는 출연행위이다.

18 법률행위의 목적의 불능에 관한 설명 중 틀린 것은?

① 법률행위의 목적이 물리적으로 가능하더라도 사회통념상 불능이라고 볼 수 있으면 불능이 된다.

② 불능은 확정적인 것에 한하지 않고 일시적으로 불능인 경우라도 불능이 된다.

③ 법률행위의 목적이 그 법률행위 당시에 이미 실현불가능한 경우에도 손해배상책임이 발생할 수 있다.

④ 법률이 금지하고 있거나 법률상의 장애사유가 존재하는 경우도 불능이 된다.

⑤ 후발적 불능이 있으면 법률행위 자체는 무효로 되지 않으나 채무불이행이나 위험부담이 문제될 수 있다.

19 법률행위의 목적에 관한 설명으로 옳지 않은 것은?

① 효력규정인 강행법규에 위반하는 법률행위는 무효이다.

② 법률행위의 일부가 무효인 경우에는 원칙적으로 그 전부를 무효로 한다.

③ 법률행위의 목적은 법률행위 시에 반드시 확정되어 있을 필요는 없다.

④ 법률행위의 목적이 물리적으로 가능하더라도 사회통념상 실현할 수 없으면 무효이다.

⑤ 법률행위의 목적이 성립 당시에는 가능하였지만 그 이행 전에 불가능하게 된 경우, 그 법률행위는 무효가 된다.

14 ② 저당권과 같은 제한물권을 설정하는 것은 물권행위로서 처분행위이다.

15 ① 어떤 경제적 목적(예 채권담보, 채권추심 등)을 달성하기 위하여 신탁자가 수탁자에게 그 목적달성에 필요한 정도를 넘는 권리를 이전하면서, 한편으로는 수탁자에게 그 이전받은 권리를 당사자가 달성하려고 하는 경제적 목적의 범위를 넘어서 행사하여서는 안 될 의무를 부담하게 하는 법률행위를 말한다. 민법상의 신탁행위의 예로는 양도담보, 추심을 위한 채권양도 등을 들 수 있다.

16 ⑤ 상계는 상대방 있는 단독행위이다.

17 ⑤ 자신의 재산을 감소시키고 타인의 재산을 증가하게 하는 효과를 발생시키는 행위를 출연행위라 하고, 타인의 재산을 증가하게 함이 없이 행위자만이 재산이 감소하거나 또는 직접 재산의 증감이 일어나게 하지 않는 행위(예 소유권의 포기, 대리권의 수여)를 비출연행위라고 한다.

18 ② 불능은 확정적인 것이어야 한다. 일시적으로 불능한 것이라도 가능으로 될 개연성이 높은 것은 불능으로 볼 수 없다(대판 89다카11777).

19 ⑤ 법률행위를 무효로 만드는 불능은 원시적 불능에 한한다. 후발적 불능의 경우는 채무자에게 귀책사유가 있으면 채무자는 채무불이행책임(제390조)을 지는 반면, 채무자의 귀책사유가 없으면 위험부담(제537~538조)의 문제로 된다.

Answer

14. ②　　15. ①　　16. ⑤　　17. ⑤　　18. ②　　19. ⑤

20 법률행위의 목적에 관한 설명으로 옳지 않은 것은? (다툼이 있으면 판례에 따름) 2017 기출

① 불공정한 법률행위가 성립하기 위하여는 궁박, 경솔, 무경험의 요건이 모두 충족되어야 한다.

② 무상증여는 불공정한 법률행위가 될 수 없다.

③ 해외파견된 근로자가 귀국일로부터 3년간 회사에 근무하여야 하고, 이를 위반한 경우에는 해외파견에 소요된 경비를 배상하여야 한다는 회사의 사규는 반사회질서의 법률행위에 해당하지 않는다.

④ 공익법인이 주무관청의 허가 없이 기본재산을 처분하는 것은 무효이다.

⑤ 도박자금에 제공할 목적으로 금전의 대차를 한 때에는 그 대차계약은 반사회질서의 법률행위로 무효이다.

21 법률행위의 목적에 관한 설명 중 틀린 것은?

① 법률행위의 목적은 있어도 법률행위의 목적물은 존재하지 않는 경우가 있다.

② 법률행위의 목적은 법률행위 시에 확정되거나 확정할 수 있어야 한다.

③ 법률행위 목적의 가능·불능 판단은 그 시대의 사회관념에 의하여 결정된다.

④ 법률행위의 목적의 일부가 불능인 때에는 원칙적으로 그 부분만 불능으로 한다.

⑤ 법률행위의 목적이 임의법규에 위반되더라도 그 법률행위는 유효하다.

22 법률행위가 유효한 것은? (다툼이 있으면 판례에 의함)

① 특정되어 있지 않고 특정할 수도 없는 물건을 매도한 경우

② 건물이 매도되었는데 계약체결 전에 전부 소실된 경우

③ 토지가 포락(浦落)되어 원상복구를 할 수 없는데도 그 사실을 모르고 매도한 경우

④ 매매계약체결 후에 목적물인 토지 전부가 수용되어 소유권 이전이 불가능하게 된 경우

⑤ 甲이 자신의 토지를 乙에게 매도한 후 丙의 대리인 丁이 甲의 배임행위에 적극 가담하여 그 토지를 이중으로 매수하였으나 丙이 그 사정을 알지 못한 경우 甲과 丙 사이의 매매계약

23 강행규정에 관한 설명으로 옳은 것은? (다툼이 있으면 판례에 의함)

① 신의칙에 반하는 것은 강행규정에 위배되는 것이지만, 법원은 당사자의 주장이 있는 경우에 한하여 이를 판단할 수 있다.

② 강행규정에 위반한 자가 스스로 그 약정의 무효를 주장하는 것은 특별한 사정이 없는 한 신의칙에 반하는 행위로 허용될 수 없다.

③ 강행규정의 위반으로 인한 무효는 선의의 제3자에게 대항할 수 없다.

④ 강행규정의 위반으로 인한 무효는 추인에 의하여 유효로 될 수 없다.

⑤ 강행규정 위반으로 무효인 경우, 급부자는 언제나 그 급부한 것의 반환을 청구할 수 있다.

---

20 ① 궁박, 경솔, 무경험 중 하나만 갖추면 되고 3가지를 동시에 충족시킬 필요는 없다.
② 제104조가 규정하는 현저히 공정을 잃은 법률행위라 함은 자기의 급부에 비하여 현저하게 균형을 잃은 반대급부를 하게 하여 부당한 재산적 이익을 얻는 행위를 의미하는 것이므로, 증여나 기부행위와 같이 아무런 대가관계 없이 당사자 일방이 상대방에게 일방적인 급부를 하는 무상행위는 그 공정성 여부를 논의할 수 있는 성질의 법률행위가 아니다.
③ 해외파견된 근로자가 귀국일로부터 일정기간 소속회사에 근무하여야 한다는 사규나 약정은 민법 제103조 또는 제104조에 위반된다고 할 수 없고, 일정기간 근무하지 않으면 해외 파견 소요경비를 배상한다는 사규나 약정은 근로계약기간이 아니라 경비반환채무의 면제기간을 정한 것이므로 근로기준법 제21조에 위배하는 것도 아니다(대판 1982. 6. 22, 82다카90).
④ 기본재산의 처분은 정관의 변경을 초래하므로 주무관청의 허가가 필요하다. 따라서 허가 없이 한 처분행위는 무효이다.
⑤ 도박자금에 제공할 목적으로 금전의 대차를 한 때에는 그 대차계약은 민법 제103조의 반사회질서의 법률행위로 무효이다(대판 1973. 5. 22, 72다2249).

21 ④ 일부불능에는 원칙적으로 일부무효의 법리(제137조)가 적용되어 원칙적으로 그 전부를 무효로 한다.

22 ④ 법률행위의 성립 당시에는 가능하였지만 그 이행 전에 불능으로 된 것을 후발적 불능이라고 한다. 후발적 불능의 경우는 무효로 되는 것이 아니다.
① 목적이 불확정한 법률행위는 무효이다.
②, ③ 법률행위 성립 당시에 이미 그 목적이 실현 불가능한 경우를 원시적 불능이라 한다. 원시적 불능인 법률행위는 무효이다.
⑤ 대리인이 부동산이중매매에 적극 가담한 경우에 그러한 매매계약은 제103조의 반사회질서 법률행위로서 무효이다.

23 ① 법원은 직권으로 판단할 수 있다.
② 그러한 주장은 신의칙에 반하지 않는다.
③ 강행규정의 위반으로 인한 무효는 선의의 제3자에게도 대항할 수 있는 절대적 무효이다.
⑤ 강행규정 위반이면서 제103조의 반사회질서행위에 해당하는 경우에는 제746조의 불법원인급여에 해당하므로 이미 급부한 것의 반환을 청구할 수 없다.

Answer 20. ① 21. ④ 22. ④ 23. ④

24 당사자의 합의에 의한 특약 중 무효인 것은?

① 기간계산 시 초일을 산입하기로 하는 특약

② 종물은 주물의 처분에 따르지 않는다는 특약

③ 권리능력의 종기를 사망신고 시점으로 하는 특약

④ 의사표시의 효력발생시기를 발송시점으로 하는 특약

⑤ 법률행위의 일부가 무효인 경우에 나머지 부분은 유효로 하는 특약

25 강행법규에 위반한 법률행위에 관한 설명으로 옳은 것은? (다툼이 있으면 판례에 따름)

2020 기출

① 강행법규에 위반한 자가 스스로 그 약정의 무효를 주장하는 것은 특별한 사정이 없는 한 신의칙에 반한다.

② 형사사건에 대한 의뢰인과 변호사의 성공보수약정은 강행법규위반으로서 무효일 뿐 반사회적 법률행위는 아니다.

③ 부동산을 등기하지 않고 순차적으로 매도하는 중간생략등기합의는 강행법규에 위반하여 무효이다.

④ 개업공인중개사가 중개의뢰인과 직접 거래하는 행위를 금지하는 공인중개사법 규정은 강행규정이 아니라 단속규정이다.

⑤ 강행법규를 위반하여 무효인 계약에 대해서는 그 상대방의 선의, 무과실에 따라 표현대리 법리가 적용된다.

26 다음 중 유효인 약정은? (다툼이 있는 경우 판례에 의함)

> ㉠ 부첩관계의 종료를 정지조건으로 하는 자녀에 대한 양육비 지급약정
> ㉡ 공무원의 정당한 직무행위에 대하여 따로 사례비를 지급하기로 한 약정
> ㉢ 범죄행위를 중단시킬 대가로 금전을 지급하기로 한 약정
> ㉣ 甲과 친구인 乙 사이의 부동산명의신탁약정
> ㉤ 표시되거나 상대방에게 알려진 동기가 반사회적인 약정

① ㉠

② ㉠, ㉡

③ ㉡, ㉤

④ ㉡, ㉢

⑤ ㉢, ㉣, ㉤

27 **강행규정이 아닌 것은? (다툼이 있으면 판례에 따름)** 2019 기출

① 신의성실의 원칙에 관한 민법 제2조

② 권리능력의 존속기간에 관한 민법 제3조

③ 미성년자의 행위능력에 관한 민법 제5조

④ 사단법인의 사원권의 양도, 상속금지에 관한 민법 제56조

⑤ 법인해산 시 잔여재산의 귀속에 관한 민법 제80조

24 ③ 권리능력에 관한 규정은 강행규정으로 당사자의 특약으로 이를 배제할 수 없다.
①, ②, ④, ⑤ 임의규정에 반하는 계약으로 유효하다.

25 ④ 개업공인중개사 등이 중개의뢰인과 직접 거래를 하는 행위를 금지하는 공인중개사법 제33조 제6호의 규정 취지는 개업공인중개사 등이 거래상 알게 된 정보를 자신의 이익을 꾀하는 데 이용하여 중개의뢰인의 이익을 해하는 경우가 있으므로 이를 방지하여 중개의뢰인을 보호하고자 함에 있는바, 위 규정에 위반하여 한 거래행위가 사법상의 효력까지도 부인하지 않으면 안 될 정도로 현저히 반사회성, 반도덕성을 지닌 것이라고 할 수 없을 뿐만 아니라 행위의 사법상의 효력을 부인하여야만 비로소 입법 목적을 달성할 수 있다고 볼 수 없고, 위 규정을 효력규정으로 보아 이에 위반한 거래행위를 일률적으로 무효라고 할 경우 중개의뢰인이 직접 거래임을 알면서도 자신의 이익을 위해 한 거래도 단지 직접 거래라는 이유로 효력이 부인되어 거래의 안전을 해칠 우려가 있으므로, 위 규정은 강행규정이 아니라 단속규정이다(대판 2017. 2. 3, 2016다259677).
① 강행법규에 위반한 자가 스스로 그 약정의 무효를 주장하는 것은 특별한 사정이 없는 한 신의칙에 반하지 않는다.
② 형사사건에서의 성공보수약정은 수사·재판의 결과를 금전적인 대가와 결부시킴으로써, 기본적 인권의 옹호와 사회정의의 실현을 사명으로 하는 변호사 직무의 공공성을 저해하고, 의뢰인과 일반 국민의 사법제도에 대한 신뢰를 현저히 떨어뜨릴 위험이 있으므로, 선량한 풍속 기타 사회질서에 위배되는 것으로 평가할 수 있다(대판 2015. 7. 23, 2015다200111).
③ 부동산등기특별조치법상 조세포탈과 부동산투기 등을 방지하기 위하여 위 법률 제2조 제2항 및 제8조 제1호에서 등기하지 아니하고 제3자에게 전매하는 행위를 일정 목적범위 내에서 형사처벌하도록 되어 있으나 이로써 순차매도한 당사자 사이의 중간생략등기합의에 관한 사법상 효력까지 무효로 한다는 취지는 아니다(대판 1993. 1. 26, 92다39112).
⑤ 강행법규를 위반하여 무효인 계약에 대해서는 표현대리 법리가 적용되지 않는다.

26 ㉠ 부첩관계의 종료를 정지조건으로 하는 증여계약은 첩관계의 단절이므로 불법조건이 아니다.
㉡ 뇌물을 주기로 한 것이므로 불법조건이다.
㉢ 범죄행위를 할 것을 조건으로 금전을 지급하기로 약정한 경우는 물론 범죄행위를 하지 않을 것을 조건으로 금전을 지급하기로 약정을 한 경우도 불법조건이다.
㉣ 명의신탁약정은 부동산실명법상 원칙적으로 무효이다.
㉤ 동기가 표시된 경우이므로 무효이다.

27 ④ "사단법인의 사원의 지위는 양도 또는 상속할 수 없다"라고 한 민법 제56조의 규정은 강행규정은 아니라고 할 것이므로, 정관에 의하여 이를 인정하고 있을 때에는 양도·상속이 허용된다(대판 1992. 4. 14, 91다26850).
① 신의성실의 원칙에 반하는 것 또는 권리남용은 강행규정에 위배되는 것이므로 당사자의 주장이 없더라도 법원은 직권으로 판단할 수 있다(대판 1995. 12. 22, 94다42129).
②, ③ 민법상 능력 규정은 강행규정이다.
⑤ 민법의 청산절차에 관한 규정은 모두 제3자의 이해관계에 중대한 영향을 미치는 것으로서 강행규정이므로, 해산한 법인이 잔여재산의 귀속자에 관한 정관규정에 반하여 잔여재산을 달리 처분할 경우 그 처분행위는 청산법인의 목적범위 외의 행위로서 특단이 사정이 없는 한 무효이다(대판 2000. 12. 8, 98두5279).

Answer 24. ③ 25. ④ 26. ① 27. ④

28 반사회질서의 법률행위에 관한 설명 중 판례의 입장과 다른 것은?

① 당초부터 보험사고를 가장하여 보험금을 취득할 목적으로 생명보험계약을 체결한 경우 그 생명보험계약은 사회질서에 위배되는 법률행위로서 무효이다.

② 반사회적 행위에 의하여 조성된 재산인 이른바 비자금을 소극적으로 은닉하기 위한 임치계약도 사회질서에 반하는 법률행위로 볼 수 있다.

③ 소송에서 사실대로 증언하여 줄 것을 조건으로 과다한 급부를 할 것을 약정한 것은 반사회질서행위에 해당할 수 있다.

④ 반사회질서행위에는 표시되거나 상대방에게 알려진 법률행위의 동기가 반사회질서적인 경우도 포함된다.

⑤ 수사기관에서 허위진술을 해주는 대가로 작성된 각서에 기한 급부의 약정은 반사회질서행위이다.

29 선량한 풍속 기타 사회질서에 반하지 않는 것은?

① 범죄를 하지 않을 것을 조건으로 하여 일정한 대가적 급부를 하기로 하는 계약

② 도박으로 부담한 채무의 변제로서 토지를 양도하는 계약

③ 매매계약에서 매도인에게 부과될 공과금을 매수인이 책임진다는 취지의 특약

④ 사찰(寺刹)이 그 존립에 필요 불가결한 재산인 임야를 증여하는 계약

⑤ 행정기관에 진정서를 제출하여 상대방을 궁지에 빠뜨린 다음 이를 취하하는 조건으로 거액의 급부를 제공받기로 약정한 경우

30 반사회질서의 법률행위에 관한 설명으로 옳지 않은 것은? (다툼이 있으면 판례에 따름)

`2016 기출`

① 어느 법률행위가 선량한 풍속 기타 사회질서에 위반되어 무효인지의 여부는 법률행위 시를 기준으로 판단해야 한다.

② 금전소비대차 시 당사자 사이의 경제력 차이로 인하여 사회통념상 허용되는 한도를 초과하여 현저하게 고율의 이자약정이 체결되었다면, 그 허용할 수 있는 한도를 초과하는 부분의 이자약정은 반사회질서의 법률행위로서 무효이다.

③ 부첩관계를 해소하면서 첩의 희생을 위자하고 첩의 장래 생활대책을 마련해 준다는 뜻에서 금원을 지급하기로 한 약정은 공서양속에 반하지 않는다.

④ 의무의 강제에 의하여 얻어지는 채권자의 이익에 비하여 약정된 위약벌이 과도하게 무거운 경우, 그 일부 또는 전부가 공서양속에 반하여 무효로 된다.

⑤ 강제집행을 면할 목적으로 부동산에 허위의 근저당권설정등기를 경료하는 행위는 반사회질서의 법률행위로서 무효이다.

31 반사회적 법률행위 및 불공정행위에 관한 설명 중 옳은 것은? (다툼이 있으면 판례에 의함)

① 부담 없는 증여는 불공정행위라는 이유로 무효가 될 수 없다.

② 부동산이중매매가 반사회적 법률행위로서 무효가 되는 경우, 제1매수인은 매도인을 대위하여 제2매수인 명의로 된 소유권이전등기의 말소를 청구할 수 없다.

③ 부동산등기특별조치법을 위반한 중간생략등기는 사회질서에 반하여 무효이다.

④ 부첩관계를 맺은 대가로 부동산을 증여받은 첩으로부터 그 부동산을 전득한 자가 그 사실을 알았던 경우에는 소유권을 취득하지 못한다.

⑤ 불공정행위의 양 당사자는 이미 이행한 것의 반환을 청구할 수 있다.

28 ② 반사회적 행위에 의하여 조성된 재산인 이른바 비자금을 소극적으로 은닉하기 위하여 임치한 것이 사회질서에 반하는 법률행위로 볼 수 없으므로 불법원인급여가 아니다(대판 2000다49343).
⑤ 수사기관에서 참고인으로 진술하면서 자신이 잘 알지 못하는 내용에 대하여 허위의 진술을 하는 경우에 그 허위진술행위가 범죄행위를 구성하지 않는다고 하여도 이러한 행위 자체는 국가사회의 일반적인 도덕관념이나 국가사회의 공공질서이익에 반하는 행위라고 볼 것이니, 그 급부의 상당성 여부를 판단할 필요 없이 허위진술의 대가로 작성된 각서에 기한 급부의 약정은 민법 제103조 소정의 반사회적 질서행위로 무효이다(대판 2000다71999).

29 ③ 매매계약에서 매도인에게 부과될 공과금을 매수인이 책임진다는 취지의 특약을 하였다 하더라도 이는 공과금이 부과되는 경우 그 부담을 누가 할 것인가에 관한 약정으로서 그 자체가 불법조건이라고 할 수 없고 이것만 가지고 사회질서에 반한다고 단정하기도 어렵다(대판 93다296).

30 ⑤ 강제집행을 면할 목적으로 부동산에 허위의 근저당권설정등기를 경료하는 행위는 민법 제103조의 선량한 풍속 기타 사회질서에 위반한 사항을 내용으로 하는 법률행위로 볼 수 없다(대판 2004. 5. 28, 2003다70041).

31 ② 매도인의 매수인에 대한 배임행위에 가담하여 증여를 받아 이를 원인으로 소유권이전등기를 경료한 수증자에 대하여 매수인은 매도인을 대위하여 위 등기의 말소를 청구할 수는 있으나 직접 청구할 수는 없다는 것은 형식주의 아래서의 등기청구권의 성질에 비추어 당연하다(대판 83다카57).
③ 부동산등기특별조치법상 조세포탈과 부동산투기 등을 방지하기 위하여 위 법률 제2조 제2항 및 제8조 제1호에서 등기하지 아니하고 제3자에게 전매하는 행위를 일정 목적범위 내에서 형사처벌하도록 되어 있으나 이로써 순차 매도한 당사자 사이의 중간생략등기합의에 관한 사법상 효력까지 무효로 한다는 취지는 아니다(대판 92다39112).
④ 부부생활의 종료를 해제조건으로 하는 증여계약은 부첩관계를 유지시키고 부첩관계의 종료에 지장을 주는 조건으로서 공서양속에 반하여 무효라고 할 것이므로, 부첩관계인 원·피고 사이의 부부생활 그 조건만이 무효인 것이 아니라 증여계약 자체가 무효이다(대판 66다530). 증여계약 자체가 제103조 위반으로 무효이고 이는 제746조의 불법원인급여에 해당하므로 소유권은 확정적으로 첩에게 귀속한다. 따라서 전득자는 선의·악의에 관계없이 소유권을 취득한다.
⑤ 불공정행위는 불법원인이 폭리를 취한 자에게만 있으므로 제746조의 단서가 적용되어 피해자는 급부한 것의 반환을 폭리자에게 청구할 수 있다. 그러나 이 경우에 폭리자는 피해자에게 반환을 청구할 수 없다.

32 반사회질서행위에 관한 설명으로 옳지 않은 것은? (다툼이 있으면 판례에 의함)

① 법률행위의 성립과정에서 불법적 방법이 사용되었다면 그 법률행위는 반사회질서 행위로 언제나 무효이다.

② 강제집행을 면할 목적으로 부동산에 허위의 근저당권설정등기를 경료하는 행위는 제103조의 반사회질서 행위로 볼 수 없다.

③ 명의수탁자가 신탁재산을 처분하는 경우에는 그 매수인이 수탁자의 배임행위에 적극 가담하였다면 그 처분행위는 무효이다.

④ 양도소득세의 회피 및 투기의 목적으로 자신 앞으로 소유권이전등기를 하지 아니하고 미등기인 채로 매매계약을 체결하였다 하여 그것만으로 그 매매계약이 반사회질서 행위로서 무효로 된다고 할 수 없다.

⑤ 사회질서에 반하여 무효인 법률행위는 무효행위의 추인이 인정되지 않는다.

33 반사회적 법률행위에 관한 설명으로 옳지 않은 것은? (다툼이 있는 경우 판례에 의함)

2013 기출

① 부동산의 제2매수인이 다른 사람에게 매매목적물이 이미 매도된 것을 알고 매수하였다면, 그것만으로 그 이중매매는 반사회적 법률행위로서 무효가 된다.

② 소송에서 증언을 하여 줄 것을 주된 조건으로 통상적으로 용인될 수 있는 범위를 넘어선 급부를 제공할 것을 약정한 것은 반사회적 법률행위에 해당한다.

③ 표시되거나 상대방에게 알려진 법률행위의 동기가 반사회적인 경우 그 법률행위는 무효이다.

④ 부첩관계인 부부생활의 종료를 해제조건으로 하는 증여계약은 사회질서에 반하므로 무효이다.

⑤ 당사자의 일방이 상대방에게 공무원의 직무에 관한 사항에 관하여 특별한 청탁을 하게 하고 그에 대한 보수로 돈을 지급할 것을 내용으로 한 약정은 사회질서에 반하여 무효이다.

34 반사회질서의 법률행위에 관한 설명으로 옳은 것은? (다툼이 있으면 판례에 따름) 2017 기출

① 대물변제계약이 불공정한 법률행위로서 무효인 경우에도 목적부동산의 소유권을 이전받은 선의의 제3자에 대하여는 무효를 주장할 수 없다.

② 반사회질서의 법률행위라도 당사자가 그 무효임을 알고 추인하면 새로운 법률행위로서 유효하다.

③ 형사사건에 관하여 체결된 성공보수약정은 약정액이 통상적으로 용인될 수 있는 수준을 초과하여도 선량한 풍속 기타 사회질서에 위배되지 않는다.

④ 관련 법령에서 정한 한도를 초과하는 부동산 중개수수료 약정은 모두 무효이다.

⑤ 소송에서 증인이 증언을 조건으로 소송의 일방당사자로부터 통상적으로 용인될 수 있는 수준을 넘어서는 대가를 제공받기로 하는 약정은 무효이다.

32 ① 단지 법률행위의 성립과정에 강박이라는 불법적 방법이 사용된 데에 불과한 때에는 강박에 의한 의사표시의 하자나 의사의 흠결을 이유로 효력을 논의할 수는 있을지언정 반사회질서의 법률행위로서 무효라고 할 수는 없다(대판 2000다47361).

33 ① 부동산의 이중매매가 반사회적 법률행위로서 무효가 되기 위하여는 매도인의 배임행위와 매수인이 매도인의 배임행위에 적극 가담한 행위로 이루어진 매매로서, 그 적극 가담하는 행위는 매수인이 다른 사람에게 매매목적물이 매도된 것을 안다는 것만으로는 부족하고, 적어도 그 매도사실을 알고도 매도를 요청하여 매매계약에 이르는 정도가 되어야 한다(대판 93다55289).

34 ⑤ 어느 당사자가 그 증언이 필요함을 기화로 증언하여 주는 대가로 용인될 수 있는 정도(예컨대 증인에게 일당 및 여비가 지급되기는 하지만 증인이 증언을 위하여 법원에 출석함으로써 입게 되는 손해에는 미치지 못하는 경우 그러한 손해를 전보하여 주는 경우)를 초과하는 급부를 제공받기로 한 약정은 반사회질서적인 금전적 대가가 결부된 경우로 그러한 약정은 제103조 소정의 반사회질서행위에 해당하여 무효로 된다(대판 1994. 3. 11, 93다40522).

① 대물변제계약이 불공정한 법률행위로서 무효인 경우는 절대적 무효이므로 목적부동산의 소유권을 이전받은 선의의 제3자에 대하여도 무효를 주장할 수 있다.

② 무효행위의 추인을 위해서는 추인 시에 무효원인이 소멸하여야 한다. 따라서 강행법규 위반이나 사회질서에 반하거나 불공정한 법률행위여서 무효인 경우처럼, 무효원인이 해소되고 있지 않은 때에는 무효행위의 추인이 인정되지 않는다.

③ 형사사건에 관하여 체결된 성공보수약정이 가져오는 여러 가지 사회적 폐단과 부작용 등을 고려하면, 구속영장청구 기각, 보석 석방, 집행유예나 무죄 판결 등과 같이 의뢰인에게 유리한 결과를 얻어내기 위한 변호사의 변론활동이나 직무수행 그 자체는 정당하다 하더라도, 형사사건에서의 성공보수약정은 수사·재판의 결과를 금전적인 대가와 결부시킴으로써, 기본적 인권의 옹호와 사회정의의 실현을 사명으로 하는 변호사 직무의 공공성을 저해하고, 의뢰인과 일반 국민의 사법제도에 대한 신뢰를 현저히 떨어뜨릴 위험이 있으므로, 선량한 풍속 기타 사회질서에 위배되는 것으로 평가할 수 있다(대판 2015. 7. 23, 2015다200111).

④ … 위와 같은 규정들은 부동산중개의 수수료 약정 중 소정의 한도액을 초과하는 부분에 대한 사법상의 효력을 제한함으로써 국민생활의 편의를 증진하고자 함에 그 목적이 있는 것이므로 이른바, 강행법규에 속하는 것으로서 그 한도액을 초과하는 부분은 무효라고 보아야 한다(대판 2002. 9. 4, 2000다54406).

Answer   32. ①   33. ①   34. ⑤

35 반사회질서의 법률행위에 관한 설명으로 옳은 것은? (다툼이 있으면 판례에 따름) 2018 기출

① 강제집행을 면할 목적으로 부동산에 허위의 근저당권설정등기를 경료하는 행위는 반사회질서의 법률행위에 해당한다.

② 증인이 증언을 조건으로 소송당사자로부터 통상 용인될 수 있는 수준을 넘는 대가를 받기로 약정하더라도, 증인에게 증언거부권이 있다면 그 약정은 유효하다.

③ 상대방에게 표시되거나 알려진 법률행위의 동기가 사회질서에 반하더라도 반사회질서의 법률행위에 해당될 수 없다.

④ 어떠한 일이 있어도 이혼하지 아니하겠다는 각서를 써 준 경우, 그와 같은 의사표시는 반사회질서의 법률행위가 아니다.

⑤ 법률행위가 사회질서에 반하여 무효인 경우, 그 법률행위를 기초로 하여 권리를 취득한 선의의 제3자에게도 그 무효를 주장할 수 있다.

36 반사회질서의 법률행위에 관한 설명으로 옳지 않은 것은? (다툼이 있으면 판례에 따름) 2019 기출

① 선량한 풍속 기타 사회질서에 위반한 사항을 내용으로 하는 법률행위는 무효이다.

② 법률행위가 선량한 풍속 기타 사회질서에 위반되는지 여부는 법률행위가 이루어진 때를 기준으로 판단해야 한다.

③ 법률행위의 성립과정에 강박이라는 불법적인 방법이 사용된 경우, 그것만으로는 반사회질서의 법률행위라고 할 수 없다.

④ 다수의 보험계약을 통하여 보험금을 부정취득할 목적으로 체결된 보험계약은 그것만으로는 선량한 풍속 기타 사회질서에 반하지 않는다.

⑤ 양도소득세의 일부를 회피할 목적으로 매매계약서에 실제로 거래한 것보다 낮은 금액을 매매대금으로 기재한 경우, 그것만으로는 그 매매계약이 사회질서에 반하지 않는다.

37 甲은 乙과 도박으로 자기 돈 200만 원과 도박을 구경하던 丙으로부터 빌린 돈 100만 원을 모두 잃었다. 그 후 乙과 외상도박으로 乙에게 300만 원의 빚을 졌다. 이에 관한 설명으로 옳은 것은? (다툼이 있으면 판례에 의함)

① 甲과 乙의 도박계약은 유효하므로 甲은 乙에게 도박 빚 300만 원을 변제하여야 한다.

② 甲과 乙의 도박계약은 무효이므로 甲은 乙에게 도박으로 잃은 돈 200만 원의 반환을 청구할 수 있다.

③ 甲과 丙의 금전대여계약은 유효하므로 甲은 丙에게 100만 원을 변제하여야 한다.

④ 甲과 丙의 금전대여계약은 무효이므로 甲이 丙에게 100만 원을 변제하였다면 반환을 청구할 수 있다.

⑤ 甲과 乙의 도박계약 및 甲과 丙의 금전대여계약은 모두 무효이다.

35 ⑤ 선량한 풍속 기타 사회질서에 반하는 법률행위는 절대적 무효이다. 따라서 선의의 제3자에게도 그 무효를 주장할 수 있다.
① 강제집행을 면할 목적으로 부동산에 허위의 근저당권설정등기를 경료하는 행위는 민법 제103조의 선량한 풍속 기타 사회질서에 위반한 사항을 내용으로 하는 법률행위로 볼 수 없다(대판 2004. 5. 28, 2003다70041).
② 어느 당사자가 그 증언이 필요함을 기화로 증언하여 주는 대가로 용인될 수 있는 정도를 초과하는 급부를 제공받기로 한 약정은 반사회질서적인 금전적 대가가 결부된 경우로 그러한 약정은 제103조 소정의 반사회질서행위에 해당하여 무효가 된다(대판 1994. 3. 11, 93다40522).
③ 민법 제103조에 의하여 무효로 되는 반사회질서 행위는 법률행위의 목적인 권리·의무의 내용이 선량한 풍속 기타 사회질서에 위반되는 경우뿐 아니라 그 내용 자체는 반사회질서적인 것이 아니라고 하여도 법률적으로 이를 강제하거나 법률행위에 반사회질서적인 조건 또는 금전적 대가가 결부됨으로써 반사회질서적 성질을 띠게 되는 경우 및 표시되거나 상대방에게 알려진 법률행위의 동기가 반사회질서적인 경우를 포함한다(대판 2002. 12. 27, 2000다47361).
④ 개인의 자유를 심하게 제한하는 행위로서 반사회질서의 법률행위이다.

36 ④ 보험계약자가 다수의 보험계약을 통하여 보험금을 부정취득할 목적으로 보험계약을 체결한 경우, 이와 같은 보험계약은 민법 제103조 소정의 선량한 풍속 기타 사회질서에 반하여 무효이다(대판 2005. 7. 28, 2005 다23858).
① 제103조
② 반사회질서인지 여부에 대한 판단기준 시기는 법률행위 당시이다.
③ 단지 법률행위의 성립과정에 강박이라는 불법적 방법이 사용된 데에 불과한 때에는 강박에 의한 의사표시의 하자나 의사의 흠결을 이유로 효력을 논의할 수는 있을지언정 반사회질서의 법률행위로서 무효라고 할 수는 없다(대판 2002. 12. 27, 2000다47361).
⑤ 양도소득세의 일부를 회피할 목적으로 매매계약서에 실제로 거래한 가액을 매매대금으로 기재하지 아니하고 그보다 낮은 금액을 매매대금으로 기재하였다 하여, 그것만으로 그 매매계약이 사회질서에 반하는 법률행위로서 무효로 된다고 할 수는 없다(대판 2007. 6. 14, 2007다3285).

37 ①, ②, ④ 甲과 乙의 도박계약 및 甲과 丙의 금전대여계약은 반사회질서의 법률행위로서 모두 무효이다. 법률행위가 제103조에 반하여 무효이면, 그 급부가 이미 이행된 경우에는 제746조의 불법원인급여가 되어 부당이득반환청구권이 배제된다.

Answer 35. ⑤ 36. ④ 37. ⑤

38 반사회적 법률행위에 관한 설명으로 옳지 않은 것은? (다툼이 있으면 판례에 따름) `2020 기출`

① 해외파견 근로자의 귀국 후 일정기간 소속회사에 근무토록 한 약정은 특별한 사정이 없는 한 반사회적 법률행위라고 할 수 없다.

② 반사회적 법률행위로서 무효인 계약은 당사자가 무효임을 알고 추인하여도 원칙적으로는 새로운 법률행위로 볼 수 없다.

③ 매매계약의 동기가 반사회적이고 그 동기가 외부에 표시된 경우 그 매매계약은 무효이다.

④ 어느 법률행위가 선량한 풍속 기타 사회질서에 위반하는지는 특별한 사정이 없는 한 그 법률행위 당시를 기준으로 판단한다.

⑤ 수사기관에서 허위진술의 대가를 지급하기로 한 약정은 그 대가가 적정하다면 반사회적 법률행위에 해당하지 않는다.

39 반사회적 법률행위에 관한 설명으로 옳지 않은 것은? (다툼이 있으면 판례에 따름) `2021 기출`

① 형사사건의 변호사 성공보수약정은 반사회적 법률행위이다.

② 아버지 소유의 부동산이 이미 제3자에게 매도되어 제3자로부터 등기독촉을 받고 있는 사정을 잘 알고 있는 아들이 그 아버지로부터 그 부동산을 증여받은 경우, 그 증여는 반사회적 법률행위이다.

③ 살인을 포기할 것을 조건으로 한 증여는 반사회적 법률행위가 아니다.

④ 부부간에 어떠한 일이 있어도 이혼하지 않겠다는 합의는 반사회적 법률행위이다.

⑤ 수사기관에서 참고인으로 허위진술하는 대가로 돈을 받기로 한 약정은 반사회적 법률행위이다.

40 반사회질서의 법률행위에 해당하는 것을 모두 고른 것은? (다툼이 있으면 판례에 따름) `2022 기출`

> ㉠ 수사기관에서 참고인으로 자신이 잘 알지 못하는 내용에 대한 허위 진술의 대가로 작성된 각서에 기한 급부의 약정
> ㉡ 강제집행을 면하기 위해 부동산에 허위의 근저당권설정등기를 경료하는 행위
> ㉢ 전통사찰의 주지직을 거액의 금품을 대가로 양도·양수하기로 하는 약정이 있음을 알고도 이를 묵인한 상태에서 한 종교법인의 주지 임명행위

① ㉠   ② ㉡   ③ ㉠, ㉡

④ ㉡, ㉢   ⑤ ㉠, ㉡, ㉢

41 처(妻) 丙이 있는 甲(50세)은 乙녀(18세)와 첩(妾)계약을 하고, 아파트 한 채와 매달 생활비로 300
만 원을 주기로 하였다. 그 후 甲은 아파트의 소유권을 乙명의로 이전하고 乙과 6개월간 동거하면
서 2월분의 생활비만 지급하였다. 이에 관한 설명으로 옳은 것은? (다툼이 있으면 판례에 의함)

① 甲은 첩계약을 취소하고 생활비 지급을 거부할 수 있다.
② 丙은 첩계약의 무효를 주장할 수 없다.
③ 甲은 이미 지급한 생활비의 반환을 청구할 수 있다.
④ 乙은 첩계약을 취소하지 못한다.
⑤ 甲은 소유권에 기한 아파트의 반환을 청구할 수 없다.

38 ⑤ 수사기관에서 참고인으로 진술하면서 자신이 잘 알지 못하는 내용에 대하여 허위의 진술을 하는 경우에 그 허위진
술행위가 범죄행위를 구성하지 않는다고 하여도, 이러한 행위 자체는 국가사회의 일반적인 도덕관념이나 국가사회의
공공질서이익에 반하는 행위라고 볼 것이니, 그 급부의 상당성 여부를 판단할 필요 없이 허위진술의 대가로 작성된
각서에 기한 급부의 약정은 민법 제103조의 반사회적 질서행위로 무효이다(대판 2001. 4. 24, 2000다71999).
② 선량한 풍속 기타 사회질서에 반하는 법률행위는 당사자가 그 무효임을 알고 추인하여도, 새로운 법률행위
를 한 것으로서 효력이 발생하지 않는다(제139조 참조).
③ 민법 제103조에 의하여 무효로 되는 반사회질서 행위는 법률행위의 목적인 권리·의무의 내용이 선량한 풍속 기타
사회질서에 위반되는 경우뿐 아니라 그 내용 자체는 반사회질서적인 것이 아니라고 하여도 법률적으로 이를 강제하거
나 법률행위에 반사회질서적인 조건 또는 금전적 대가가 결부됨으로써 반사회질서적 성질을 띠게 되는 경우 및 표시
되거나 상대방에게 알려진 법률행위의 동기가 반사회질서적인 경우를 포함한다(대판 2002. 12. 27, 2000다47361).
④ 법률행위가 사회질서에 반하는지 여부는 원칙적으로 법률행위 당시를 기준으로 판단한다.

39 ③ 법률행위에 반사회질서적인 조건이 결부됨으로써 반사회성을 띠게 되는 경우에 해당한다.
① 형사사건에 관하여 체결된 성공보수약정이 가져오는 여러 가지 사회적 폐단과 부작용 등을 고려하면, 구속
영장청구 기각, 보석 석방, 집행유예나 무죄 판결 등과 같이 의뢰인에게 유리한 결과를 얻어내기 위한 변호사
의 변론활동이나 직무수행 그 자체는 정당하다 하더라도, 형사사건에서의 성공보수약정은 수사·재판의 결과
를 금전적인 대가와 결부시킴으로써, 기본적 인권의 옹호와 사회정의의 실현을 사명으로 하는 변호사 직무의
공공성을 저해하고, 의뢰인과 일반 국민의 사법제도에 대한 신뢰를 현저히 떨어뜨릴 위험이 있으므로, 선량한
풍속 기타 사회질서에 위배되는 것으로 평가할 수 있다(대판 2015. 7. 23, 2015다200111).
② 매도인이 매수인에게 목적부동산을 매도한 사실을 알고서 수증자가 매도인으로부터 증여를 원인으로 하여
소유권이전등기를 함으로써 매도인의 매수인에 대한 배임행위에 가담한 결과에 이르렀다면, 이는 실체관계에
부합하는 유효한 등기가 될 리가 없고 반사회질서의 행위로서 무효이다(대판 1983. 4. 26, 83다카57).

40 ㉠ 수사기관에서 참고인으로 진술하면서 자신이 잘 알지 못하는 내용에 대하여 허위의 진술을 하는 경우에 그 허위
진술행위가 범죄행위를 구성하지 않는다고 하여도, 이러한 행위 자체는 국가사회의 일반적인 도덕관념이나 국가사
회의 공공질서이익에 반하는 행위라고 볼 것이니, 그 급부의 상당성 여부를 판단할 필요 없이 허위진술의 대가로
작성된 각서에 기한 급부의 약정은 민법 제103조의 반사회적 질서행위로 무효이다(대판 2001. 4. 24, 2000다71999).
㉡ 강제집행을 면할 목적으로 부동산에 허위의 근저당권설정등기를 경료하는 행위는 제103조의 선량한 풍속
기타 사회질서에 위반한 사항을 내용으로 하는 법률행위로 볼 수 없다(대판 2004. 5. 28, 2003다70041).
㉢ 전통사찰의 주지직을 거액의 금품을 대가로 양도·양수하기로 하는 약정이 있음을 알고도 이를 묵인 혹은
방조한 상태에서 한 종교법인의 주지임명행위는 민법 제103조 소정의 반사회질서의 법률행위에 해당하지 않
는다(대판 2001. 2. 9, 99다38613).

41 ③, ⑤ 첩계약은 사회질서에 반하는 법률행위이므로 제103조에 의하여 무효이다. 이렇듯 법률행위가 제103조
에 반하여 무효이면, 그 급부가 이미 이행된 경우에는 제746조의 불법원인급여가 되어 부당이득반환청구권이
배제된다. 또한 소유권에 기한 반환청구도 할 수 없다.

Answer

38. ⑤   39. ③   40. ①   41. ⑤

42 甲은 乙과 부동산 매매계약을 체결하고 대금 전부를 지급받았으나, 부동산 가격이 폭등하자 丙에게 다시 매도하고 소유권이전등기를 해 주었다. 이에 관한 설명으로 옳지 않은 것은?

① 이중매매라는 사실만으로 甲·丙 간의 계약이 무효로 되는 것은 아니다.

② 甲·丙 간의 계약이 유효하면 특별한 사정이 없는 한 甲의 乙에 대한 소유권이전등기 의무는 이행불능이 된다.

③ 甲·丙 간의 계약이 무효가 아닌 한 먼저 소유권이전등기를 마친 丙이 소유권을 취득한다.

④ 丙이 甲·乙 간의 계약이 체결되었다는 것을 알고 있었더라도 그것만으로 甲·丙 간의 계약이 무효로 되는 것은 아니다.

⑤ 甲·丙 간의 계약이 무효이면 乙이 丙을 상대로 직접 자신에게 등기를 이전할 것을 청구할 수 있다.

43 선량한 풍속 기타 사회질서에 위반하여 무효인 약정에 해당하는 것을 모두 고른 것은? (다툼이 있는 경우 판례에 의함)

> ㉠ 영리를 목적으로 윤락행위를 하도록 권유·유인·알선 또는 강요하는 자가 영업상 관계있는 윤락행위를 한 자에 대하여 선불금을 지급하기로 하는 약정
> ㉡ 부정행위를 용서받는 대가로 처에게 부동산을 양도하되 부부관계가 유지되는 동안에는 처가 임의로 처분할 수 없다는 제한을 붙인 약정
> ㉢ 불륜관계를 단절하면서 그동안의 희생을 배상하고 장래 생활대책을 마련해 준다는 뜻에서 금원을 지급하기로 하는 약정
> ㉣ 해외파견된 근로자가 귀국일로부터 일정기간 소속회사에 근무하여야 한다는 사규나 약정
> ㉤ 공무원의 직무에 관하여 청탁하고 그 보수로 돈을 지급할 것을 내용으로 한 약정

① ㉠, ㉡   ② ㉠, ㉤   ③ ㉡, ㉢
④ ㉢, ㉣   ⑤ ㉣, ㉤

44 반사회질서 또는 불공정한 법률행위에 대한 다음 설명 중 판례의 견해와 다른 것으로만 묶인 것은?

> ㉠ 법률행위의 성립과정에 강박이라는 불법적 방법이 사용된 것에 불과한 경우라고 해도,
> 그것은 강박에 의한 의사표시의 하자나 의사의 흠결 이외에 반사회질서의 법률행위
> 로서 무효이다.
> ㉡ 부정행위를 용서받는 대가로 손해를 배상함과 아울러 가정에 충실하겠다는 서약의 취지
> 에서 처에게 부동산을 양도하되, 부부관계가 유지되는 동안에는 처가 임의로 처분할 수
> 없다는 제한을 붙인 약정은 선량한 풍속 기타 사회질서에 위반되는 것이라고는 볼 수 없다.
> ㉢ 기부행위와 같이 아무런 대가관계 없이 당사자 일방이 상대방에게 일방적인 급부를
> 하는 법률행위에 대해서도 불공정한 법률행위가 성립한다.
> ㉣ 해외파견된 근로자가 귀국일로부터 일정기간 소속회사에 근무하여야 한다는 사규나 약
> 정은 개인의 자유를 심히 제한하는 약정으로서 민법 제103조 또는 제104조에 위반된다.
> ㉤ 판례는 동기가 표시된 경우뿐만 아니라 동기가 상대방에게 알려진 경우에도 법률행
> 위의 동기가 반사회질서적인 경우에는 무효가 된다고 한다.
> ㉥ 양도소득세를 회피하기 위한 방법으로 부동산을 명의신탁한 것이라고 하더라도 그
> 이유 때문에 반사회적 법률행위로서 명의신탁이 무효라고 할 수는 없다.

① ㉠, ㉢, ㉣　　　　　② ㉡, ㉢, ㉣　　　　　③ ㉣, ㉤, ㉥
④ ㉠, ㉡, ㉤　　　　　⑤ ㉠, ㉣, ㉥

📖

42 ⑤ 부동산의 이중매매가 사회질서에 위반하는 경우에 제1매수인은 매도인을 대위하여 제2매수인에 대해 등기
말소를 청구할 수 있으나, 직접 청구할 수는 없다(판례).

43 ㉠ 영리를 목적으로 윤락행위를 하도록 권유·유인·알선 또는 강요하거나 이에 협력하는 것은 선량한 풍속 기타
사회질서에 위반되므로 그러한 행위를 하는 자가 영업상 관계있는 윤락행위를 하는 자에 대하여 가지는 채권은 계약의
형식에 관계없이 무효라고 보아야 한다. 또한 윤락행위를 할 자를 고용·모집하거나 그 직업을 소개·알선한 자가
윤락행위를 할 자를 고용·모집함에 있어 성매매의 유인·강요의 수단으로 이용되는 선불금 등 명목으로 제공한 금
품이나 그 밖의 재산상 이익 등은 불법원인급여에 해당하여 그 반환을 청구할 수 없다(대판 2004다27488·27495).
㉢ 당사자 일방이 상대방에게 공무원의 직무에 관한 사항에 관하여 특별한 청탁을 하게 하고 그에 대한 보수로
돈을 지급할 것을 내용으로 한 약정은 사회질서에 반하는 무효의 계약이다(대판 71다1645).

44 ㉠ 단지 법률행위의 성립과정에서 강박이라는 불법적 방법이 사용된 데 불과한 때에는 강박에 의한 의사표시
의 하자나 의사의 흠결을 이유로 효력을 논의할 수는 있을지언정 반사회질서의 법률행위로서 무효라고 할 수
는 없다(대판 92다7719).
㉢ 제104조가 규정하는 현저히 공정을 잃은 법률행위라 함은 자기의 급부에 비하여 현저하게 균형을 잃은
반대급부를 하게 하여 부당한 재산적 이익을 얻는 행위를 의미하는 것이므로, 증여계약과 같이 아무런 대가관
계 없이 당사자 일방이 상대방에게 일방적인 급부를 하는 법률행위는 그 공정성 여부를 논의할 수 있는 성질
의 법률행위가 아니다(대판 99다56833).
㉣ 해외파견된 근로자가 귀국일로부터 일정기간 소속회사에 근무하여야 한다는 사규나 약정은 제103조 또는
제104조에 위반된다고 할 수 없다(대판 82다카90).
㉤ 제103조에 의하여 무효로 되는 반사회질서행위는 법률행위의 목적인 권리의무내용이 선량한 풍속 기타 사회
질서에 위반되는 경우뿐만 아니라 그 내용 자체는 반사회질서적인 것이 아니라고 하여도 법률적으로 이를 강제
하거나 그 법률행위에 반사회질서적인 조건 또는 금전적 대가가 결부됨으로써 반사회질서적 성질을 띠게 되는
경우 및 표시되거나 상대방에게 알려진 법률행위의 동기가 반사회질서적인 경우를 포함한다(대판 84다카1402).

Answer
42. ⑤　　43. ②　　44. ①

45 다음 중 불공정한 법률행위에 관한 설명으로 옳지 않은 것의 조합은?

> ㉠ 객관적으로 급부와 반대급부 사이에 현저한 불균형이 존재하여야 한다.
> ㉡ 주관적으로 거래의 피해당사자가 궁박하여야 하며, 그 밖에 그 거래가 피해자의 경솔 또는 무경험을 이용하여 이루어져야 한다.
> ㉢ '궁박'이라 함은 경제적 원인에 기인한 경우에 한한다.
> ㉣ 대리인을 통해 거래가 이루어진 경우에는 경솔과 무경험은 대리인을 기준으로 하고, 궁박은 본인의 입장에서 판단하여야 한다.
> ㉤ 증여계약과 같이 아무런 대가관계 없이 당사자 일방이 상대방에게 일방적인 급부를 하는 법률행위에는 적용되지 않는다.

① ㉢, ㉤   ② ㉠, ㉢, ㉤   ③ ㉢, ㉣
④ ㉡, ㉣, ㉤   ⑤ ㉡, ㉢

46 다음 사례에 관한 설명 중 옳은 것은?

> 甲은 乙로부터 토지를 매수하면서, 양도소득세 회피 및 투기의 목적으로 자신 앞으로 소유권이전등기를 경료하지 아니하였다. 또한 이를 丙에게 훨씬 높은 금액에 미등기인 채로 전매하면서 만일 세무서가 이를 적발하여 甲에게 양도소득세 등이 부과될 경우 이를 丙이 부담하도록 요구하였다. 丙은 그 토지를 매수해야만 하는 궁박한 상태에 있었기 때문에 매매대금이 현저히 높은 액수임에도 불구하고 이를 수락하였다.

① 乙은, 甲과의 매매계약이 양도소득세 회피 및 투기를 목적으로 한 것이어서 사회질서에 반하는 법률행위이므로 그 무효를 甲에게 주장할 수 있다.

② 丙은, 甲과의 전매계약이 원래 매도인이 부담하여야 할 양도소득세를 매수인인 자신에게 부담하도록 한 것이어서 불법조건에 해당하여 사회질서에 반하는 법률행위이므로 그 무효를 甲에게 주장할 수 있다.

③ 丙이 甲과 전매계약을 체결하면서 궁박한 상태였다고 하더라도 경솔, 무경험은 아니었다면 이를 민법 제104조의 불공정법률행위라고 할 수 없다.

④ 丙이 甲과 전매계약을 체결하면서 경제적 원인에 기인하는 것이 아니라 정신적 · 심리적 원인에 기인하는 궁박한 상태에 있었던 경우에는 이를 민법 제104조의 불공정법률행위라고 할 수 없다.

⑤ 위 전매계약 당시 丙에게 위와 같은 불리한 사정이 있다는 점을 甲이 알고 있었다고 하더라도 甲이 이를 이용하려는 의사가 없었다면 丙은 위 전매계약이 민법 제104조의 불공정법률행위임을 주장할 수 없다.

47 불공정한 법률행위에 관하여 틀린 것은? (다툼이 있는 경우 판례에 의함)

① 법률행위의 일부가 불공정한 법률행위인 경우에는 일부무효의 법리에 따라 해결한다.

② 무경험이라 함은 일반적인 생활체험의 부족을 의미하는 것으로서 어느 특정 영역에 있어서의 경험부족이 아니라 거래일반에 대한 경험부족을 뜻한다.

③ 민법 제104조의 폭리행위는 민법 제103조의 사회질서 위반 법률행위의 예시이다.

④ 경매에 대하여도 민법 제104조가 적용될 수 있다.

⑤ 불공정한 법률행위로서 무효인 경우에는 추인에 의해서 당해 법률행위가 유효로 될 수 없다.

---

45 ⓛ 불공정한 법률행위가 성립하기 위한 요건인 궁박·경솔·무경험은 모두 구비되어야 하는 것이 아니고 그 중 일부만 갖추어져도 충분하다(대판 98다58825).
ⓒ '궁박'이라 함은 '급박한 곤궁'을 의미하는 것으로서 경제적 원인에 기인할 수도 있고 정신적 또는 심리적 원인에 기인할 수도 있다.

46 ⑤ 판례는 피해자의 궁박·경솔·무경험 등의 사정을 폭리자가 알고서 이용하려는 의사가 있어야 불공정한 법률행위가 성립된다(대판 86다카563)고 한다.
① 양도소득세의 회피 및 투기의 목적으로 자신 앞으로 소유권이전등기를 하지 아니하고 미등기인 채로 매매계약을 체결하였다 하여 그것만으로 그 매매계약이 사회질서에 반하는 법률행위로서 무효로 된다고 할 수 없다(대판 93다296).
② 매매계약에서 매도인에게 부과될 공과금을 매수인이 책임진다는 취지의 특약을 하였다 하더라도 이는 공과금이 부과되는 경우 그 부담을 누가 할 것인가에 관한 약정으로서 그 자체가 불법조건이라고 할 수 없다(대판 93다296).
③ 당사자 일방의 궁박, 경솔, 무경험은 모두 구비하여야 하는 요건이 아니고 그중 어느 하나만 갖추어져도 충분하다(대판 93다19924).
④ 여기에서 '궁박'이라 함은 '급박한 곤궁'을 의미하는 것으로서 경제적 원인에 기인할 수도 있고, 정신적 또는 심리적 원인에 기인할 수도 있으며, 당사자가 궁박의 상태에 있었는지 여부는 그의 신분과 재산상태 및 그가 처한 상황의 절박성의 정도 등 제반 상황을 종합하여 구체적으로 판단하여야 한다(대판 94다46374).

47 ④ 경매에 있어서는 불공정한 법률행위 또는 채무자에게 불리한 약정에 관한 것으로서 효력이 없다는 민법 제104조, 제608조는 적용될 여지가 없다(대결 80마77).

48 반사회질서적 법률행위와 관련한 다음의 기술 중 틀린 것은?

① 甲이 乙에게 부동산을 매도하고 그 대금 전액을 지급받았는데, 이러한 사정을 알고 있는 丙이 甲을 회유하여 이중으로 부동산을 매수하고 그 이전등기를 경료받은 경우, 甲과 丙 사이의 2차 매매계약은 무효이다.

② 사용자가 노조간부에게 조합원들의 임금인상 등의 요구를 무마하여 주는 대가로 금원을 지급하기로 한 약정은 무효이다.

③ 유부남인 甲은, 그가 경영하는 음식점의 여 종업원 乙과 동거하면서 아들을 낳았는데, 이러한 사정을 알게 된 본처와 사이에 불화가 심화되자, 乙에게 헤어지자고 하면서 위자료 및 자녀 양육비조로 1억 원을 지급하기로 한 약정은 유효이다.

④ 甲은 친구들과 함께 화투를 치다가, 이를 구경하던 乙로부터 1,000만 원을 차용하면서, 차용금을 한 달 내에 변제하지 아니할 경우 乙에게 甲 소유의 중고승용차(시가 1,100만 원 상당)를 양도하기로 한 약정은 무효이다.

⑤ 부동산의 이중양도가 선량한 풍속 등에 위반하여 무효로 되는 경우에 제1매수인은 자신이 직접 제2매수인에 대해 등기의 말소를 청구할 수는 있다.

49 불공정한 법률행위(민법 제104조)에 관한 설명으로 옳지 않은 것은? (다툼이 있으면 판례에 따름) 2015 기출

① 법률행위가 현저하게 공정을 잃은 경우, 그것은 경솔하게 이루어졌거나 궁박한 사정이 있었던 것으로 추정된다.

② 강제경매에서 시가보다 현저하게 낮게 매각된 경우에 불공정한 법률행위가 성립될 수 없다.

③ 불공정한 법률행위가 성립하기 위한 요건인 궁박, 경솔, 무경험은 그중 일부만 갖추어도 된다.

④ 불공정한 법률행위에서 궁박이란 급박한 곤궁을 의미하는 것으로서 정신적 원인에 기인할 수도 있다.

⑤ 대리행위의 경우에 경솔·무경험은 대리인을 기준으로 판단하고, 궁박 상태에 있었는지 여부는 본인을 기준으로 판단하여야 한다.

50 불공정한 법률행위에 관한 설명으로 옳지 않은 것은? (다툼이 있는 경우에는 판례에 의함)

2014 기출

① "궁박"은 "급박한 곤궁"을 의미하지만 이는 반드시 경제적 궁박으로 제한되지 않는다.

② 급부와 반대급부 간에 현저한 불균형이 있으면 궁박·경솔 또는 무경험으로 인한 법률행위로 추정된다.

③ 불공정한 법률행위에 해당하는지 여부는 법률행위 시를 기준으로 판단하여야 한다.

④ 증여와 같이 아무런 대가 없이 의무자가 일방적으로 급부하는 법률행위는 그 공정성 여부를 논의할 수 있는 성질의 법률행위가 되지 아니한다.

⑤ 불공정한 법률행위에 해당하여 무효가 된 때에도 무효행위의 전환이 인정될 수 있다.

Part 04

48 ⑤ 제1매수인은 소유자가 아니므로 자신이 직접 제2매수인에 대해 등기의 말소를 청구할 수는 없고, 제1매수인은 매도인에 대한 자기의 소유권이전청구권을 보전하기 위하여 매도인을 대위하여 제2매수인에 대해 등기의 말소를 청구할 수 있을 뿐이다(대판 83다카57).

49 ① 법률행위가 현저하게 공정을 잃었다고 하여 곧 그것이 궁박·경솔하게 이루어진 것으로 추정되지 아니하므로 불공정한 법률행위의 법리가 적용되려면 그 주장하는 측에서 궁박·경솔 또는 무경험으로 인하였음을 증명하여야 한다(판례).

50 ② 법률행위가 현저하게 공정을 잃었다고 하여 곧 그것이 궁박·경솔하게 이루어진 것으로 추정되지 아니하므로 불공정한 법률행위의 법리가 적용되려면 그 주장하는 측에서 궁박·경솔 또는 무경험으로 인하였음을 증명하여야 한다.

Answer

48. ⑤   49. ①   50. ②

51 불공정한 법률행위에 관한 설명으로 옳지 않은 것은? (다툼이 있으면 판례에 따름) 2018 기출

① 당사자의 궁박, 경솔 또는 무경험으로 인하여 현저하게 공정을 잃은 법률행위는 무효이다.

② 불공정한 법률행위에 해당하는지 여부는 법률행위 당시를 기준으로 판단하여야 한다.

③ 불공정한 법률행위가 성립하기 위한 요건인 궁박, 경솔, 무경험은 그중 일부만 갖추어져도 충분하다.

④ 법률행위가 현저하게 공정을 잃었다고 하여 곧바로 그것이 궁박한 사정으로 인정되는 것은 아니다.

⑤ 급부와 반대급부 사이의 현저한 불균형은 시가와의 차액 또는 시가와의 배율에 따라 일률적으로 판단해야 한다.

52 불공정한 법률행위에 관한 설명으로 옳은 것은? (다툼이 있으면 판례에 따름) 2019 기출

① 증여계약도 불공정한 법률행위가 될 수 있다.

② 급부와 반대급부 사이의 현저한 불균형을 판단함에 있어서 피해 당사자의 궁박, 경솔 또는 무경험의 정도는 고려대상이 아니다.

③ 대리행위의 경우, 경솔과 무경험은 대리인을 기준으로 하여 판단하고 궁박은 본인의 입장에서 판단해야 한다.

④ 피해 당사자가 궁박, 경솔 또는 무경험의 상태에 있었다면 상대방 당사자에게 그와 같은 사정을 알면서 이를 이용하려는 의사가 없어도 불공정한 법률행위가 성립한다.

⑤ 법률행위가 현저하게 공정을 잃은 경우 그것은 당사자의 궁박, 경솔 또는 무경험으로 인한 것으로 추정된다.

53 불공정한 법률행위에 관한 설명으로 옳은 것은? (다툼이 있으면 판례에 따름) 2022 기출

① 불공정한 법률행위는 원칙적으로 추인에 의해서 유효로 될 수 없다.

② 궁박은 경제적 원인에 기인하는 것을 말하며, 심리적 원인에 기인할 수 없다.

③ 특별한 사정이 없는 한 경솔·궁박은 본인을 기준으로 판단하고, 무경험은 대리인을 기준으로 판단한다.

④ 법률행위가 현저하게 공정성을 잃은 경우, 그 법률행위 당사자의 궁박·경솔·무경험은 추정된다.

⑤ 불공정한 법률행위에는 무효행위의 전환에 관한 민법 제138조는 적용되지 않는다.

---

51 ⑤ 급부와 반대급부 사이의 '현저한 불균형'은 단순히 시가와의 차액 또는 시가와의 배율로 판단할 수 있는 것은 아니고 구체적·개별적 사안에 있어서 일반인의 사회통념에 따라 결정하여야 한다(대판 2010. 7. 15, 2009다50308).

52 ③ 대판 2002. 10. 22, 2002다38927
① 증여계약과 같이 아무런 대가관계 없이 당사자 일방이 상대방에게 일방적인 급부를 하는 법률행위는 그 공정성 여부를 논의할 수 있는 성질의 법률행위가 아니다(대판 2000. 2. 11, 99다56833).
② 급부와 반대급부 사이의 '현저한 불균형'은 단순히 시가와의 차액 또는 시가와의 배율로 판단할 수 있는 것은 아니고 구체적·개별적 사안에 있어서 일반인의 사회통념에 따라 결정하여야 한다. 그 판단에 있어서는 피해 당사자의 궁박·경솔·무경험의 정도가 아울러 고려되어야 하고, 당사자의 주관적 가치가 아닌 거래상의 객관적 가치에 의하여야 한다(대판 2010. 7. 15, 2009다50308).
④ 피해 당사자가 궁박, 경솔 또는 무경험의 상태에 있었고 상대방 당사자에게 그와 같은 사정을 알면서 이를 이용하려는 의사가 있어야 불공정한 법률행위가 성립한다.
⑤ 법률행위가 현저하게 공정을 잃은 경우라도 그것이 당사자의 궁박, 경솔 또는 무경험으로 인한 것으로 추정되지 않는다.

53 ① 불공정한 법률행위여서 무효인 경우처럼, 무효원인이 해소되고 있지 않은 때에는 추인에 의해 유효하게 될 수 없다.
② 궁박이라 함은 '급박한 곤궁'을 의미하는 것으로서 경제적 원인에 기인할 수도 있고 정신적 또는 심리적 원인에 기인할 수도 있다.
③ 대리인에 의하여 법률행위가 이루어진 경우 그 법률행위가 민법 제104조의 불공정한 법률행위에 해당하는지 여부를 판단함에 있어서 경솔과 무경험은 대리인을 기준으로 하여 판단하고, 궁박은 본인의 입장에서 판단하여야 한다(대판 2002. 10. 22, 2002다38927).
④ 법률행위가 현저하게 공정을 잃었다고 하여 곧 그것이 궁박·경솔하게 이루어진 것으로 추정되지 아니하므로 제104조의 불공정한 법률행위의 법리가 적용되려면 그 주장하는 측에서 궁박·경솔 또는 무경험으로 인하였음을 증명하여야 한다.
⑤ 불공정한 법률행위에도 무효행위의 전환에 관한 민법 제138조는 적용된다.

Answer

51. ⑤   52. ③   53. ①

54 甲은 대리인 乙을 통해 자신의 X부동산을 丙에게 매도하였고, 丙은 이를 다시 丁에게 전매하였다. 그런데 甲은 丙과의 매매계약이 불공정한 법률행위로서 무효임을 주장하고 있다. 다음 설명 중 옳지 않은 것은?

① 불공정한 법률행위인지의 여부를 판단하는 기준 시기는 乙이 丙과 매매계약을 체결한 당시이다.

② 丙에게 궁박, 경솔 또는 무경험을 이용하고자 하는 의사가 없다면 불공정한 법률행위는 성립하지 않는다.

③ 경솔, 무경험은 乙을 기준으로, 궁박 상태에 있었는지 여부는 甲을 기준으로 판단한다.

④ 甲과 丙 사이의 매매계약이 불공정한 법률행위로서 무효가 되더라도 甲은 선의의 丁에게 대항할 수 없다.

⑤ 불공정한 법률행위로서 무효인 경우에는 그 후 甲이 추인하더라도 매매계약이 유효로 될 수 없다.

55 甲은 궁박(窮迫)하여 소유하던 건물(시가 2억 원 상당)을 乙에게 5천만 원에 매도하였다. 그 후 乙은 그 건물을 선의의 丙에게 양도하고 소유권이전등기를 경료하였다. 이에 관한 설명으로 옳은 것은? (다툼이 있으면 판례에 의함)

① 불공정한 법률행위가 성립하려면 乙이 甲의 궁박을 이용하였어야 한다.

② 甲에게 궁박은 있었으나 경솔하지 않았다면, 甲과 乙의 계약은 불공정한 법률행위가 될 수 없다.

③ 불공정한 법률행위의 주관적·객관적 요건을 모두 乙이 증명하여야 한다.

④ 甲과 乙의 계약이 불공정한 법률행위로 무효이더라도 丙이 선의이면 甲은 丙에 대하여 건물의 반환을 청구할 수 없다.

⑤ 甲과 乙의 매매계약이 불공정한 법률행위이더라도 甲이 추인하면 매매계약이 유효하게 된다.

56 법률행위의 해석에 관한 다음 설명 중 옳지 않은 것은?

① 자연적 해석은 표시의 문자적·언어적 의미에 구속되지 아니하고, 표의자의 내심의 효과의사를 밝혀 확정하는 것이다.

② 규범적 해석은 내심의 효과의사와 표시행위가 일치하지 아니한 경우에, 상대방의 시각에서 표시행위에 따라 법률행위의 성립을 인정하는 해석이다. 즉 표시행위로부터 추단되는 표시상의 효과의사를 탐구하는 것이다.

③ 규범적 해석은 상대방 있는 의사표시에 있어서 상대방의 신뢰의 보호와, 표의자가 내심적 효과의사와 다른 것으로 이해될 수 있는 표시행위를 한 경우에 그 불이익은 표의자 스스로 부담하여야 한다는 자기책임의 원칙에 그 근거가 있다.

④ 상대방 없는 단독행위, 상대방이 신의칙상 요구되는 배려를 하지 아니하여 표의자 내심의 효과의사를 알지 못한 경우 등에 있어서는 자연적 해석을 한다.

⑤ 보충적 해석에 의하여 보충되는 당사자의 의사는 당사자의 실제 의사 또는 주관적 의사이다.

---

54 ④ 불공정한 법률행위는 선의의 제3자 보호규정이 없는 절대적 무효이므로, 제3자의 선의·악의에 관계없이 그 자에게 무효를 주장할 수 있다(제104조 참조).

55 ② 궁박·경솔·무경험 중 하나만 갖추면 되고 3가지를 동시에 충족시킬 필요는 없다.
③ 폭리자 乙이 아니라 제104조에 의한 무효를 주장하려는 자, 즉 甲이 입증하여야 한다.
④ 불공정한 법률행위는 무효이다(제104조). 제104조의 무효는 절대적 무효이므로 그 무효인 당사자로부터 목적물을 전득한 제3자 丙은 선의이더라도 보호받지 못한다.
⑤ 법률행위가 사회질서에 반하거나, 불공정한 법률행위여서 무효인 경우처럼, 무효원인이 해소되고 있지 않은 때에는 무효행위의 추인이 허용되지 않는다.

56 ⑤ 여기서 보충되는 당사자의 의사는 당사자의 실제의사 또는 주관적 의사가 아니라 계약의 목적, 거래관행, 적용법규, 신의칙 등에 비추어 객관적으로 추인되는 정당한 이익조정의사를 말한다(대판 2005다13288).

Answer/   54. ④   55. ①   56. ⑤

57 판례의 입장에 비추어 불공정한 법률행위라고 보기 어려운 경우는?

① 전업주부이던 망인의 처가 망인의 사망 후 5일 만에 보험회사 담당자의 권유에 따라 보험약관상 인정되는 최소금액의 손해배상금만을 받기로 하고 부제소 합의를 한 경우

② 사실과 다른 고소에 의하여 구속되어 정신적·경제적으로 궁박한 상태에서 고소인의 주장을 그대로 인정하고 합의가 이루어진 경우

③ 의료기관이 환자를 치료하고 치료비를 청구함에 있어서 그 치료행위와 그에 대한 일반의료수가 사이에 현저한 불균형이 존재하고 그것이 환자 측의 궁박에 의하여 이루어진 경우

④ 유부녀와 통정한 후 상간자의 배우자와 고소를 하지 않기로 합의하면서 상당액의 합의금을 지급하기로 약정한 경우

⑤ 수사기관에 불법구금된 상태에서 구속을 면하기 위하여 거액의 손해배상을 추가로 지급하기로 합의한 경우

58 법률행위의 해석에 관한 다음 설명 중 타당하지 않은 것은? (다툼이 있으면 판례에 의함)

① 법률행위의 해석이란 당사자가 그 표시행위에 부여한 객관적인 의미를 명백하게 확정하는 것이다.

② 법률행위의 해석에 있어서 서면에 사용된 문구에 구애받을 것은 아니지만 어디까지나 당사자의 내심적 의사의 여하에 관계없이 그 서면의 기재 내용에 의하여 당사자가 그 표시행위에 부여한 객관적 의미를 합리적으로 해석하여야 한다.

③ 판례는 계약서 문면(文面)의 "최대한 노력하겠습니다"라는 문구의 객관적 의미를 문면 그 자체로 볼 때 그러한 의무를 법적으로 부담한다고 해석한다.

④ 당사자가 거래관행과 다른 내용의 의사표시를 한 경우에는 그 표시한 바가 기준이 된다.

⑤ 쌍방당사자가 모두 A토지를 매매계약의 목적물로 삼았으나 모두 착오를 일으켜 계약서상 B토지로 표시하였을 경우, 만약 B토지에 관하여 이전등기가 경료되었다면 이 등기는 무효이다.

59 사실인 관습에 관한 설명으로 가장 옳지 않은 것은? (다수설과 판례에 의함)

① 사실인 관습은 사회의 관행에 의하여 발생하였으나 아직 사회의 법적 확신이나 인식에 의하여 법적 규범으로서 승인되지 않은 사회생활규범이다.

② 사실인 관습은 법령으로서의 효력이 없는 단순한 관행에 지나지 아니한다.

③ 사실인 관습은 선량한 풍속 기타 사회질서에 반하지 않아야 한다.

④ 사실인 관습은 당사자의 목적, 임의규정, 신의성실원칙 등과 아울러 법률행위 해석의 기준이 된다.

⑤ 사실인 관습은 객관적으로 인식될 수 있으므로 법원은 사실인 관습의 존재를 직권으로 판단하여야 한다.

57 ④ 지역사회에서 상당한 사회적 지위와 명망을 가지고 있는 자가 유부녀와 통정한 후 상간자의 배우자로부터 고소를 당하게 되면 자신의 사회적 명예가 실추되고 구속될 여지도 있어 다소 궁박한 상태에 있었다고 볼 수는 있으나, 상간자의 배우자가 상대방의 그와 같은 처지를 적극적으로 이용하여 폭리를 취하려 하였다고 볼 수 없는 경우, 고소를 하지 않기로 합의하면서 금 1억 7천만 원의 약속어음공정증서를 작성한 행위는 불공정한 법률행위에 해당한다고 볼 수 없다고 판단하였다(대판 96다47951).

① 교통사고로 스포츠용품 대리점과 실내골프연습장을 운영하던 피해자가 사망한 후 망인의 채권자들이 그 손해배상청구권에 대하여 법적 조치를 취할 움직임을 보이자 전업주부로 가사를 전담하던 망인의 처가 망인의 사망 후 5일 만에 친지와 보험회사 담당자의 권유에 따라 보험회사와 사이에 보험약관상 인정되는 최소금액의 손해배상금만을 받기로 하고 부제소 합의를 한 경우, 그 합의는 불공정한 법률행위에 해당한다(대판 98다58825).

② 사실과 다른 고소에 의하여 구속된 상태에서, 시부모와 남편 및 본인까지도 병중에 있었고, 경영하던 회사는 부도 위기에 처하는 등 정신적·경제적으로 궁박한 상태에 있었으며, 합의의 내용도 고소인의 주장을 그대로 인정하고 이루어진 것이라면 그 합의가 불공정한 법률행위에 해당한다(대판 97다51506).

③ 의료기관 또는 의사가 환자를 치료하고 그 치료비를 청구함에 있어서 그 치료행위와 그에 대한 일반의료수가 사이에 현저한 불균형이 존재하고 그와 같은 불균형이 피해 당사자의 궁박·경솔 또는 무경험에 의하여 이루어진 경우에는 민법 제104조의 불공정한 법률행위에 해당하여 무효이므로 그 지급을 청구할 수 없다(대판 95다3282).

⑤ 일반인이 수사기관에서 법관의 영장에 의하지 않고 30시간 이상 불법구금된 상태에서 구속을 면하고자 하는 상황에 처해 있었다면, 특별한 사정이 없는 한 정신적 또는 심리적 원인에 기인한 급박한 곤궁의 상태에 있었다고 봄이 상당하고, 금 514,010,000원에 경락받은 토지지분을 편취한 데에 따른 손해배상으로 그 지분을 반환하는 외에 금 240,000,000원이라는 거액을 추가로 지급하기로 한 것은 불법행위로 인하여 상대방이 입게 된 정신적 고통 등의 손해를 감안하더라도 지나치게 과도한 것이라고 보지 않을 수 없으므로 특별한 사정이 없는 한 급부와 반대급부 사이에 현저한 불균형이 있다고 보아야 한다(대판 94다46374).

58 ③ 어떠한 의무를 부담하는 내용의 기재가 있는 문면에 "최대한 노력하겠습니다"라고 기재되어 있는 경우 특별한 사정이 없는 한 당사자가 위와 같은 문구를 기재한 객관적인 의미는 문면 그 자체로 볼 때 그러한 의무를 법적으로 부담할 수 없지만 사정이 허락하는 한 그 이행을 사실상 하겠다는 취지로 해석함이 상당하다(대판 93다32668).

59 ⑤ 사실인 관습은 당사자가 주장·입증하여야 한다.

Answer   57. ④   58. ③   59. ⑤

60 법률행위의 해석에 관한 설명으로 옳은 것은? (다툼이 있는 경우에는 판례에 의함) `2014 기출`

① 매매계약서에 "계약사항에 대한 이의가 생겼을 때에는 매도인의 해석에 따른다"라는 조항을 둔 경우, 법원은 매도인의 해석에 따라 판결하여야 한다.

② 분양약정에서 당사자들이 분양가격의 결정기준으로 합의하였던 기준들에 따른 분양가격의 결정이 불가능하게 된 경우, 새로운 분양가격에 관한 합의가 없으면 매수인은 위 분양약정에 기하여 바로 소유권이전등기절차의 이행을 청구할 수 없다.

③ 당사자가 합의로 지명한 감정인의 감정의견에 따라 보상금을 지급하기로 약정한 경우에는 당사자의 약정 취지에 반하는 감정이 이루어진 때에도 법원은 감정결과에 따라 판결하여야 한다.

④ 어떠한 의무를 부담하는 내용의 기재가 있는 서면에 "최대 노력하겠습니다"라고 기입한 경우 특별한 사정이 없으면 이는 그러한 의무를 법적으로 부담하는 채무자의 의사표시이다.

⑤ 부동산 매매계약에서 당사자가 모두 甲토지를 계약의 목적물로 삼았으나 그 지번 등에 관하여 착오를 일으켜 계약서에 그 목적물을 乙토지로 표시하였다면 乙토지에 관한 매매계약이 성립한 것으로 보아야 한다.

61 법률행위의 해석에 관한 설명으로 옳지 않은 것은? (다툼이 있으면 판례에 따름) `2020 기출`

① 일반적으로 계약의 당사자가 누구인지는 그 계약에 관여한 당사자의 의사해석의 문제에 해당한다.

② 의사표시의 해석은 당사자가 그 표시행위에 부여한 객관적인 의미를 명백하게 확정하는 것이다.

③ 표의자와 그 상대방이 생각한 의미가 서로 다른 경우, 합리적인 상대방의 시각에서 표의자가 표시한 내용을 어떻게 이해하였는지 고려하여 객관적·규범적으로 해석하여야 한다.

④ 법률행위의 내용이 처분문서로 작성된 경우 문서에 부여된 객관적 의미와 관계없이 원칙적으로 당사자의 내심적 의사에 구속되어 그 내용을 해석하여야 한다.

⑤ 법률행위의 내용이 처분문서로 작성된 경우 문언의 객관적인 의미가 명확하다면, 특별한 사정이 없는 한 문언대로 의사표시의 존재와 내용을 인정하여야 한다.

62 甲과 乙은 X토지를 매매목적물로 하기로 약정하였으나 X토지의 지번에 관하여 착오를 일
으켜서 계약서상 목적물로 Y토지의 지번을 표시하고 Y토지에 대해서 乙 명의로 소유권이
전등기가 경료되었다. 다음 설명 중 옳은 것은? (다툼이 있으면 판례에 의함)

① 甲과 乙 간에는 Y토지에 대하여 매매계약이 존재한다.

② 乙은 甲에 대하여 X토지에 대한 소유권이전등기를 청구할 수 있다.

③ 甲은 착오를 이유로 X토지에 대한 매매계약을 취소할 수 있다.

④ 甲은 乙에 대하여 Y토지에 대한 소유권이전등기의 말소를 청구할 수 없다.

⑤ 만일 丙이 선의로 乙로부터 Y토지에 대하여 소유권이전등기를 경료받았다면 丙은 Y
토지의 소유권을 취득한다.

---

60 ② 아파트 분양약정의 해석상 당사자 사이에 분양가격의 결정기준으로 합의하였던 기준들에 의하여 분양가격
결정이 불가능하게 되었다면, 당사자 사이에 새로운 분양가격에 관한 합의가 이루어지지 않는 한 그 분양약정
에 기하여 당사자 일방이 바로 소유권이전등기절차의 이행을 청구할 수는 없고, 여기에 법원이 개입하여 당사
자 사이에 체결된 계약의 해석의 범위를 넘어 판결로써 분양가격을 결정할 수 없다(대판 95다18222).
① 매매계약서에 계약사항에 대한 이의가 생겼을 때에는 매도인의 해석에 따른다는 조항은 법원의 법률행위
해석권을 구속하는 조항이라고 볼 수 없다(대판 74다1057).
③ 당사자의 약정 취지에 반하는 감정이 이루어진 때에는 법원은 감정결과에 따를 필요가 없다.
④ 어떠한 의무를 부담하는 내용의 기재가 있는 문면에 "최대 노력하겠습니다"라고 기재되어 있는 경우, 특별
한 사정이 없는 한 당사자가 위와 같은 문구를 기재한 객관적인 의미는 문면 그 자체로 볼 때 그러한 의무를
법적으로는 부담할 수 없지만 사정이 허락하는 한 그 이행을 사실상 하겠다는 취지로 해석함이 상당하다(대판
93다32668).
⑤ 부동산의 매매계약에 있어 쌍방당사자가 모두 특정의 甲토지를 계약의 목적물로 삼았으나 그 목적물의 지
번 등에 관하여 착오를 일으켜 계약을 체결함에 있어서는 계약서상 그 목적물을 甲토지와는 별개인 乙토지로
표시하였다 하여도 甲토지에 관하여 이를 매매의 목적물로 한다는 쌍방당사자의 의사합치가 있은 이상 위 매
매계약은 甲토지에 관하여 성립한 것으로 보아야 할 것이고 乙토지에 관하여 매매계약이 체결된 것으로 보아
서는 안 될 것이며, 만일 乙토지에 관하여 위 매매계약을 원인으로 하여 매수인명의로 소유권이전등기가 경료
되었다면 이는 원인이 없이 경료된 것으로서 무효이다(대판 93다2629·2636).

61 ④ 법원이 진정성립이 인정되는 처분문서를 해석함에 있어서는 특별한 사정이 없는 한 그 처분문서에 기재되어
있는 문언에 따라 당사자의 의사표시가 있었던 것으로 해석하여야 하는 것이다(대판 2003. 4. 8, 2001다38593).
② 법률행위의 해석은 당사자가 그 표시행위에 부여한 객관적인 의미를 명백하게 확정하는 것으로서, 서면에
사용된 문구에 구애받는 것은 아니지만 어디까지나 당사자의 내심적 의사의 여하에 관계없이 그 서면의 기재
내용에 의하여 당사자가 그 표시행위에 부여한 객관적 의미를 합리적으로 해석하여야 하는 것이다(대판 1996.
10. 25, 96다16049).

62 ② X토지에 관하여 매매의 목적물로 한다는 쌍방당사자의 의사합치가 있은 이상, 그 매매계약은 X토지에 관하
여 성립한 것으로 보아야 한다.

Answer 60. ② 61. ④ 62. ②

63 A토지와 B토지를 소유하고 있는 甲은 A토지를 매수인 乙에게 매도하기로 하고 乙과 함께 현장을 답사한 다음 매매계약서를 작성하였다. 그런데 甲과 乙은 토지지번에 관하여 착오를 일으켜 계약서상 매매목적물로 B토지의 지번을 기재하였고 乙도 이를 간과하여 결국 B토지에 관하여 매매계약을 원인으로 하는 소유권이전등기가 경료되었다. 그 후 乙은 B토지를 丙에게 매도하고 丙 앞으로 소유권이전등기를 마쳐주었다. 다음 중 틀린 설명은?

① 甲과 乙 간의 매매계약은 착오에 의한 의사표시로 규율되어야 한다.

② 甲과 乙 간의 매매계약은 A토지에 관하여 성립한 것으로 보아야 한다.

③ 부동산등기에는 공신력이 없으므로 丙은 B토지에 관하여 소유권을 취득할 수 없다.

④ 甲은 乙에게 A토지에 관하여 소유권이전등기를 해 줄 의무가 있다.

⑤ 乙이 B토지에 관하여 소유권을 취득하지 못하는 것은 자연적 해석의 방법에 따라 법률행위를 해석하였기 때문이다.

63 ① 자연적 해석에 의해 甲·乙 간에 A토지를 매매의 목적물로 한다는 의사합치가 있는 이상 착오는 문제될 여지가 없다.

②, ⑤ 쌍방당사자의 매매계약목적물에 대한 의사합치가 A토지인 이상, 잘못된 표시(B토지)는 해가 되지 않으므로(오표시무해원칙) A토지에 대하여 매매계약이 성립한다.

③ B토지에 대해서는 甲과 乙 사이에 매매계약(채권행위)과 물권적 합의(물권행위)가 없고 경료된 등기는 원인무효의 등기일 뿐이므로 무효인 등기를 기초로 한 丙의 등기 역시 원인무효로서 말소되어야 한다.

④ A토지에 대해 유효한 매매계약이 체결되었으므로 甲은 乙에게 A토지에 대한 소유권이전등기를, B토지에 대한 乙의 등기는 원인무효의 등기이므로 乙 및 丙은 甲에게 B토지에 대한 소유권이전등기말소절차를 각각 이행하여야 한다.

Answer 63. ①

의사표시

01 甲은 부산에 여행 중 호기심에 자갈치시장의 해산물경매현장을 구경하러 갔다가 우연히 맞은편에 친구가 있는 것을 발견하고 반갑게 손을 흔들어 주었다. 그런데 자갈치시장 해산물경매장에서는 관습상 손을 흔드는 것이 경매에 응하겠다는 의사표시에 해당되어 원치도 않는 해산물이 甲에게 낙찰되어 버렸다. 이 경우 甲이 취할 수 있는 가장 타당한 태도는?

① 비진의의사표시로서 무효를 주장한다.

② 일단 경매응찰로서 성립하고, 착오에 의한 의사표시라 하여 응찰을 취소할 수 있다.

③ 경매응찰로서 유효하다.

④ 표시의사가 없는 표시행위이기 때문에 의사표시가 되지 아니한다.

⑤ 허위표시로서 무효이다.

02 의사주의와 표시주의에 대한 설명으로 옳지 않은 것은?

① 의사주의는 사적자치의 원칙을 철저히 고수한다.

② 의사주의는 내심적 효과의사를 의사표시의 핵심으로 파악하면서 진정권리자의 보호에 치중한다.

③ 민법상 진의 아닌 의사표시는 의사주의에 충실한 규정이다.

④ 표시주의는 표시행위에 초점을 두면서 거래의 동적 안전을 중요시한다.

⑤ 현행 민법은 의사주의적 요소와 표시주의적 요소를 적절히 가미하고 있다.

---

01 ② 설문의 경우에는 손을 든 표시행위는 있었지만 표시의사가 존재하지 않는 경우에 해당하는데, 표시의사를 의사표시의 요소로 보지 않는 통설에 의하면 甲의 행위는 일단 의사표시로서 성립하고 다만, 착오에 의한 의사표시로서 이를 취소할 수 있다(제109조).

02 ③ 진의 아닌 의사표시는 표시주의에 충실한 규정이다.

Answer
01. ② 02. ③

03 의사표시와 관련된 설명으로 틀린 것은?

① 동기는 의사결정에 선행하여 그 원인이 된 심리적인 과정이므로 법률적인 의미가 없다고 한다.

② 표시의사는 의사표시의 성립요소가 아니라고 해석하는 것이 우리나라의 다수설이다.

③ 효과의사를 다시 표시상의 효과의사와 내심적 효과의사로 나누어 설명하기도 한다.

④ 효력주의의 이론은 의사와 표시의 이원적 구별을 배척하고 일체로서 파악한다.

⑤ 의사주의입장에서는 착오를 원칙적으로 유효하다고 본다.

04 비진의표시에 관한 설명 중 틀린 것은? (다툼이 있으면 판례에 의함)

① 비진의표시는 진의와 표시의 불일치를 표의자가 알고서 한다는 점에서 착오와 구별된다.

② 비진의표시는 표시된 내용대로 효력이 발생함이 원칙이다.

③ 은행대출한도를 넘은 甲을 위해 乙이 은행대출약정서에 주채무자로 서명날인한 경우, 은행이 이런 사정을 알았더라도 乙은 원칙적으로 대출금반환채무를 진다.

④ 대리인이 오직 자기 이익을 꾀할 목적으로 대리권을 남용한 경우, 비진의표시에 관한 규정이 유추적용될 수 있다.

⑤ 강박에 따라 제3자에게 증여한 경우, 표의자는 마음속에서 진정으로 원하지 않았으나 당시의 상황에서는 최선이라고 판단하여 의사표시를 하였다면 비진의표시가 된다.

05 진의 아닌 의사표시에 관한 설명으로 옳지 않은 것은?

① 사용자의 퇴직권유에 의해 의원면직의 형식으로 근로계약관계를 종료시킨 경우, 근로자가 최선이라고 판단하고 제출한 사직서는 진의 아닌 의사표시이다.

② 상대방이 표의자의 진의 아님을 알았거나 알 수 있었을 경우에는 진의 아닌 의사표시는 무효이다.

③ 상대방이 표의자의 진의 아님을 알았거나 알 수 있었다는 것은 의사표시의 무효를 주장하는 자가 증명하여야 한다.

④ 진의 아닌 의사표시의 무효는 선의의 제3자에게 대항하지 못한다.

⑤ 가족법상의 신분행위에는 진의 아닌 의사표시에 관한 민법 규정이 적용되지 않는다.

06 비진의표시에 대한 다음 설명 중 옳지 않은 것은? (다툼이 있는 경우 판례에 의함)

① 전체 공무원이 일괄사표를 제출함에 따라 공무원 甲도 함께 사직서를 제출한 경우, 甲의 내심의 의사는 사직할 뜻이 아니었으므로 사직서의 제출은 무효이다.

② 甲은 乙의 환심을 사기 위해 증여의사 없이 금반지를 乙에게 주었고, 乙은 그것을 丙에게 매도한 경우, 乙이 선의·무과실이면 丙이 악의이더라도 丙은 소유권을 취득한다.

③ 甲이 강박에 의하여 증여의 의사표시를 한 경우, 비록 재산을 강제로 뺏긴다는 것이 甲의 본심으로 잠재되어 있었더라도 비진의표시라고 할 수 없다.

④ 甲이 법률상 또는 사실상의 장애로 자기명의로 대출받을 수 없는 乙을 위하여 대출금 채무자로서의 명의를 빌려준 경우, 甲의 의사표시는 비진의표시라고 할 수 없다.

⑤ 비진의표시는 원칙적으로 유효하다.

---

03 ⑤ 의사주의에 따르면 착오는 무효가 된다.

04 ⑤ '진의'란 특정한 내용의 의사표시를 하고자 하는 표의자의 생각을 말하는 것이지 표의자가 진정으로 마음속에서 바라는 사항을 뜻하는 것은 아니므로 표의자가 의사표시의 내용을 진정으로 마음속에서 바라지는 아니하였다고 하더라도 당시의 상황에서는 그것이 최선이라고 판단하여 그 의사표시를 하였을 경우에는 이를 내심의 효과의사가 결여된 진의 아닌 의사표시라고 할 수 없다(대판 2002다11458).

05 ① 표의자가 의사표시의 내용을 진정으로 마음속에서 바라지는 아니하였다고 하더라도 당시의 상황에서는 그것을 최선이라고 판단하여 그 의사표시를 하였을 경우에는 이를 진의 아닌 의사표시라고 할 수 없다. 이는 사직의 의사 없는 근로자로 하여금 어쩔 수 없이 사직서를 작성·제출하게 하는 경우와는 다르다.

06 ① 공법행위에는 제107조가 적용되지 않고 표시된 대로 효과가 발생한다.
② 비진의표시의 상대방이 비진의표시임을 알았거나 알 수 있었어야만 무효인바, 사안처럼 상대방이 선의이고 무과실이면 그 비진의표시는 유효이므로, 제3자는 선의·악의를 불문하고 유효하게 소유권을 취득한다.

Answer / 03. ⑤ 04. ⑤ 05. ① 06. ①

07 진의 아닌 의사표시에 관한 판례의 입장에 부합하지 않는 것은?

① 재산을 강제로 뺏긴다는 것이 표의자의 본심으로 잠재되어 있었다 하여도, 표의자가 강박에 의하여서나마 증여를 하기로 하고 그에 따른 증여의 의사표시를 한 이상, 증여의 내심의 효과의사가 결여된 것이라고 할 수는 없다.

② 물의를 일으킨 사립대학교 조교수가 사직원이 수리되지 않을 것이라고 믿고 사태수습을 위하여 이사장 앞으로 형식상 사직원을 제출한 경우, 이사회에서 그러한 사실을 알았거나 알 수 있었을 경우가 아니라면 그 의사표시에 따라 효력이 발생한다.

③ 공무원이 사직의 의사표시를 하여 의원면직처분이 이루어진 경우에 사직원 제출자의 내심의 의사가 사직할 뜻이 아니었다면 진의 아닌 의사표시에 관한 민법 제107조가 준용된다.

④ 표의자가 의사표시의 내용을 진정으로 마음속에서 바라지는 아니하였더라도, 당시의 상황에서는 그것이 최선이라고 판단하여 그 의사표시를 하였을 경우에는 이를 내심의 효과의사가 결여된 진의 아닌 의사표시라고 할 수 없다.

⑤ 계약이 대리인에 의하여 체결된 경우, 그 대리인의 진의가 본인의 이익이나 의사에 반하여 자기 또는 제3자의 이익을 위한 것이고 상대방이 그 사정을 알았거나 알 수 있었다면 본인은 상대방에 대하여 아무런 계약상의 책임을 지지 않는다.

08 진의 아닌 의사표시에 관한 설명으로 옳지 않은 것은? (다툼이 있으면 판례에 의함)

① 남편을 안심시키려는 고객의 요청에 따라 증권회사 직원이 증권투자로 인한 고객의 손해에 대하여 책임을 지겠다는 내용의 각서를 고객에게 작성하여 주었다면, 이는 진의 아닌 의사표시로서 무효이다.

② 공무원이 사직의 의사표시를 하여 의원면직처분이 된 경우, 내심의 의사가 사직할 뜻이 아니었더라도 그 면직처분은 유효하다.

③ 진의 아닌 의사표시에서 진의란 특정한 내용의 의사표시를 하고자 하는 표의자의 생각을 뜻하는 것이 아니고, 표의자가 진정으로 마음속에서 바라는 사항을 뜻하는 것이다.

④ 진의 아닌 의사표시 규정은 대리인이 배임적 대리행위를 한 경우에 유추적용할 수 있다.

⑤ 진의 아닌 의사표시라는 이유로 무효를 주장하는 경우, 증명책임은 무효를 주장하는 자에게 있다.

09 甲은 매도의 의사 없이 乙과 토지의 매매계약을 체결하였다. 乙이 다시 丙에게 그 토지를 매각한 경우 丙이 확정적으로 토지의 소유권을 취득할 수 없는 경우는 다음 중 어느 것인가?

① 乙은 악의, 丙은 선의 · 유과실

② 乙은 선의 · 무과실, 丙은 악의

③ 乙은 선의 · 유과실, 丙은 악의

④ 乙은 선의 · 유과실, 丙은 선의 · 유과실

⑤ 乙은 선의 · 무과실, 丙은 선의 · 유과실

10 민법 제107조(진의 아닌 의사표시)에 관한 설명으로 옳지 않은 것은? (다툼이 있는 경우에는 판례에 의함) 2013 기출

① 대리권남용의 경우에도 유추적용될 수 있다.

② 근로자가 사직서가 수리되지 않으리라고 믿고 제출한 사실을 상대방이 알고 있으면 그 사직서제출행위는 무효로 된다.

③ 진의 아닌 의사표시는 원칙적으로 표시된 대로 법적 효과가 발생한다.

④ 표시가 진의와 다름을 표의자가 알고 있다는 점에서 착오와 구별된다.

⑤ 진의란 표의자가 진정으로 마음속에서 바라는 사항을 말하는 것이지 특정한 내용의 의사표시를 하고자 하는 표의자의 생각을 뜻하는 것은 아니다.

---

07 ③ 진의 아닌 의사표시에 관한 제107조는 그 성질상 사직의 의사표시와 같은 사인의 공법행위에는 준용되지 아니하므로 그 의사가 외부에 표시된 이상 그 의사는 표시된 대로 효력을 발한다(대판 97누13962).

08 ③ 진의 아닌 의사표시에 있어서의 진의란 특정한 내용의 의사표시를 하고자 하는 표의자의 생각을 말하는 것이지 표의자가 진정으로 마음속에서 바라는 사항을 뜻하는 것은 아니다(대판 99다34475).

09 상대방이 선의 · 무과실이면 제3자는 선악을 불문하고 소유권을 취득할 수 있고(②, ⑤), 상대방이 알았거나(악의) 혹은 알 수 있었을 경우(과실)에는 무효가 되어도 선의의 제3자에게는 대항할 수 없다. 이 경우 제3자는 선의이기만 하면 된다(①, ④).

10 ⑤ '진의'란 특정한 내용의 의사표시를 하고자 하는 표의자의 생각을 말하는 것이지 표의자가 진정으로 마음속에서 바라는 사항을 뜻하는 것은 아니므로 표의자가 의사표시의 내용을 진정으로 마음속에서 바라지는 아니하였다고 하더라도 당시의 상황에서는 그것이 최선이라고 판단하여 그 의사표시를 하였을 경우에는 이를 내심의 효과의사가 결여된 진의 아닌 의사표시라고 할 수 없다(대판 2002다11458).

Answer 07. ③ 08. ③ 09. ③ 10. ⑤

11 비진의표시에 관한 설명으로 옳은 것은? (다툼이 있으면 판례에 따름) 2020 기출

① 비진의표시에서 '진의'는 표의자가 진정으로 마음속에서 바라는 사항을 뜻한다.

② 비진의표시에서 '진의'는 특정한 내용의 의사표시를 하고자 하는 표의자의 생각을 의미하는 것은 아니다.

③ 표의자가 진정 마음에서 바라지는 아니하였더라도 당시의 상황에서는 최선이라고 판단하여 의사표시를 하였다면 비진의표시는 아니다.

④ 표의자가 강박에 의하여 증여를 하기로 하고 그에 따른 증여의 의사표시를 하였더라도, 재산을 강제로 뺏긴다는 본심이 잠재되어 있다면 그 증여는 비진의표시에 해당한다.

⑤ 공무원의 사직의 의사표시와 같은 공법행위에도 비진의표시에 관한 민법의 규정이 적용된다.

12 통정허위표시에 관한 다음 설명 중 잘못된 것은?

① 계약에 그 적용이 있고, 단독행위에는 적용되지 않는다.

② 신탁행위는 당사자 사이에 일정한 경제적 목적에 의한 제한이 있으나 권리를 이전하려는 진의가 있으므로 허위표시가 아니다.

③ 허위표시는 무효이므로 이행 전이면 이행할 필요가 없다.

④ 허위표시는 당사자 간의 합의에 의해 이를 철회할 수 있다.

⑤ 무효인 통정허위표시도 이를 추인할 수 있으나 추인하더라도 원칙적으로 소급하여 유효로 되지는 않는다.

13 허위표시에 관한 다음 기술 중 틀린 것은?

① 채무자가 상대방과 통정하여 가장행위를 한 경우에, 채권자는 허위표시로서 무효인 그 법률행위에 대해 채권자취소권을 행사할 수 있다.

② 남편이 아내에게 부동산을 매도하여 소유권이전등기를 경료한 경우 가장매매로 추정하는 것이 판례이다.

③ 강제집행을 면할 목적으로 허위로 타인에게 부동산을 이전한 경우에 급부자는 무효를 이유로 그 반환을 청구할 수 있다.

④ 제3자는 선의로 추정되므로, 무효를 주장하는 자가 제3자의 악의를 입증하여야 한다.

⑤ 자기 부동산을 아내에게 증여하면서 증여세를 면탈하기 위해 매매의 형식을 빌리는 경우, 매매나 증여 모두 허위표시로서 무효이다.

14 허위표시에 관한 설명으로 옳은 것을 모두 고른 것은? (다툼이 있으면 판례에 따름) `2018 기출`

> ㉠ 허위표시의 무효로서 대항할 수 없는 제3자의 범위는 허위표시를 기초로 새로운 법률상 이해관계를 맺었는지에 따라 실질적으로 파악해야 한다.
> ㉡ 가장매도인이 가장매수인으로부터 부동산을 취득한 제3자에게 자신의 소유권을 주장하려면 특별한 사정이 없는 한, 가장매도인은 그 제3자의 악의를 증명하여야 한다.
> ㉢ 허위표시를 한 자는 그 의사표시가 무효라는 사실을 주장할 수 없다.

① ㉠   ② ㉡
③ ㉠, ㉡   ④ ㉠, ㉢
⑤ ㉡, ㉢

Part 04

---

11 ③ 표의자가 의사표시의 내용을 진정으로 마음속에서 바라지는 아니하였다고 하더라도 당시의 상황에서 그것을 최선이라고 판단하여 의사표시를 하였을 경우에는 이를 내심의 효과의사가 결여된 진의 아닌 의사표시라고 할 수 없다(대판 2000. 4. 25, 99다34475).
①, ② 진의 아닌 의사표시에 있어서의 진의란 특정한 내용의 의사표시를 하고자 하는 표의자의 생각을 말하는 것이지 표의자가 진정으로 마음속에서 바라는 사항을 뜻하는 것은 아니다(대판 2000. 4. 25, 99다34475).
④ 비록 재산을 강제로 뺏긴다는 것이 표의자의 본심으로 잠재되어 있었다 하여도 표의자가 강박에 의하여서나마 이 사건 증여를 하기로 하고 그에 따른 증여의 의사표시를 한 이상 증여의 내심의 효과의사가 결여된 것이라고 할 수는 없을 것이다(대판 1993. 7. 16, 92다41528·92다41535).
⑤ 공무원이 사직의 의사표시를 하여 의원면직처분을 하는 경우, 그 사직의 의사표시는 그 법률관계의 특수성에 비추어 외부적·객관적으로 표시된 바를 존중하여야 할 것이므로, 비록 사직원제출자의 내심의 의사가 사직할 뜻이 아니었다고 하더라도 진의 아닌 의사표시에 관한 민법 제107조는 그 성질상 사직의 의사표시와 같은 사인의 공법행위에는 준용되지 아니하므로 그 의사가 외부에 표시된 이상 그 의사는 표시된 대로 효력을 발한다(대판 1997. 12. 12, 97누13962).

12 ① 계약에 한하지 않고 상대방 있는 단독행위에도 적용된다.

13 ⑤ 매매는 허위표시로서 무효이나, 증여는 은닉행위로서 그 요건을 갖추고 있으므로 유효하다.

14 ㉠ 제3자란 허위표시의 당사자 및 포괄승계인 이외의 자로서, 허위표시에 의하여 외형상 형성된 법률관계를 토대로 실질적으로 새로운 법률상 이해관계를 맺은 자를 말한다.
㉡ 제3자는 선의로 추정되므로, 무효를 주장하는 자가 제3자의 악의를 입증하여야 한다.
㉢ 통정한 허위의 의사표시는 선의의 제3자를 제외한 누구에 대하여서나 무효이고, 또한 누구든지 그 무효를 주장할 수 있다(대판 2003. 3. 28, 2002다72125).

`Answer`   11. ③   12. ①   13. ⑤   14. ③

15 甲과 乙은 강제집행을 면할 목적으로 서로 통모하여 甲 소유의 X토지를 乙에게 매도하는 내용의 허위 매매계약서를 작성하고, 이에 근거하여 乙 앞으로 소유권이전등기를 마쳤다. 이에 관한 설명으로 옳지 않은 것은? (다툼이 있으면 판례에 따름) 2017 기출

① 甲은 X토지에 대하여 乙 명의의 소유권이전등기의 말소를 청구할 수 있다.

② 乙의 채권자 丙이 乙 명의의 X토지를 가압류하면서 丙이 甲과 乙 사이의 매매계약이 허위표시임을 알았다면 丙의 가압류는 무효이다.

③ 乙이 사망한 경우 甲은 乙의 단독상속인 丁에게 X토지에 대한 매매계약의 무효를 주장할 수 있다.

④ 乙의 채권자 丙이 乙 명의의 X토지를 가압류한 경우 丙이 보호받기 위해서는 선의이고 무과실이어야 한다.

⑤ 乙 명의의 X토지를 가압류한 丙은 특별한 사정이 없는 한 선의로 추정된다.

16 甲은 강제집행을 면할 목적으로 乙과 통정하여 자신의 부동산에 대한 가장매매계약을 체결하고 소유권이전등기를 해주었다. 그 후 乙은 丙으로부터 금원을 대출받으면서 그 부동산에 저당권을 설정해 주었다. 이에 관한 설명으로 옳지 않은 것은? (다툼이 있으면 판례에 의함)

① 甲·乙 간의 매매계약은 당사자 사이에서는 무효이다.

② 甲뿐만 아니라 乙도 매매계약의 무효를 주장할 수 있다.

③ 甲은 乙과의 매매계약을 추인할 수 있으나 그 추인의 효력은 소급하지 않는다.

④ 甲이 丙의 악의를 이유로 丙에게 저당권등기의 말소를 청구하려면 甲이 丙의 악의를 증명하여야 한다.

⑤ 甲·乙 간의 통정사실을 알지 못한 데에 丙에게 과실이 있다면 甲은 丙에게 저당권등기의 말소를 청구할 수 있다.

17 甲은 자기 소유 토지를 乙에게 증여하기로 약정하였다. 그런데 세금문제 등을 우려하여 乙과 짜고 마치 매매계약을 체결한 것처럼 꾸며 乙 앞으로 이전등기를 하였다. 옳은 것은?

① 매매계약은 유효하다.

② 증여계약은 무효이다.

③ 甲은 乙을 상대로 이전등기의 말소를 청구할 수 없다.

④ 乙이 이런 사실을 안 丙에게 매도하고 이전등기한 경우, 甲은 丙을 상대로 이전등기의 말소를 청구할 수 있다.

⑤ 乙이 이런 사실을 안 丙에게 매도하고 이전등기한 경우, 乙은 丙을 상대로 이전등기의 말소를 청구할 수 있다.

18 허위표시의 무효로 대항할 수 없는 제3자에 속하지 않는 자는? (다툼이 있으면 판례에 의함)

① 가장소비대차의 대주가 파산선고를 받았을 때의 파산관재인

② 가장저당권의 실행에 의해 부동산을 매수한 자

③ 채권의 가장양도에서 가장양수인에게 채무를 변제하지 않고 있던 채무자

④ 허위의 근저당권설정계약이 유효하다고 믿고 그 피담보채권에 압류결정을 받은 자

⑤ 가장채무가 존재한다고 믿고 보증계약을 체결한 뒤 그 보증채무를 이행하여 구상권을 취득한 보증인

19 甲은 자기 소유 아파트에 대해 채권자 A의 강제집행을 면탈할 목적으로 乙과 통정하여 乙 명의로 이전등기를 하였다. 그 후 乙은 이 사정을 모르는 丙에게 그 아파트를 매도하여 丙 명의로 이전등기가 경료되었다. 다음 설명 중 틀린 것은?

① 甲은 허위표시의 무효를 丙에게 주장할 수 없다.

② 乙은 丙에 대해 원인행위의 무효를 이유로 말소등기를 청구할 수 없다.

③ 丙이 취득한 아파트는 A에 의한 강제집행의 대상이 될 수 없다.

④ 甲은 乙에게 원인무효를 이유로 부당이득반환을 청구할 수 없다.

⑤ 甲·乙 사이의 허위표시에 앞선 甲 소유 아파트의 가등기권리자는 허위표시에서의 제 3자로 볼 수 없다.

📖

15 ④ 乙의 채권자 丙이 乙 명의의 X토지를 가압류한 경우 丙이 보호받기 위해서는 선의이면 족하고 무과실은 요하지 않는다.
① 甲과 乙의 X토지 매매계약은 허위표시로서 무효이므로, 甲은 乙 명의의 소유권이전등기의 말소를 청구할 수 있다.
③ 허위표시의 무효는 선의의 제3자에게 대항하지 못한다(제108조 제2항). 여기서 제3자란 허위표시의 당사자 및 포괄승계인 이외의 자로서, 허위표시에 의하여 외형상 형성된 법률관계를 토대로 실질적으로 새로운 법률상 이해관계를 맺은 자를 말한다. 상속인 丁은 포괄승계인이므로 여기의 제3자에 해당하지 않는다.
⑤ 乙 명의의 X토지를 가압류한 丙은 제108조 제2항의 제3자에 해당한다. 제3자는 선의로 추정되므로, 무효를 주장하는 자가 제3자의 악의를 입증하여야 한다.

16 ⑤ 선의이면 되고 무과실은 요건이 아니므로, 丙에게 과실이 있다 하더라도 甲은 丙에게 저당권등기의 말소를 청구할 수 없다.

17 ①, ②, ③ 매매계약은 가장매매로서 무효이나, 은닉행위인 증여계약은 유효이다. 따라서 乙은 완전한 소유권을 취득한 것이고 甲은 乙에 대해서 부당이득반환을 청구할 수 없다.
④, ⑤ 乙이 완전한 소유권자이므로 악의의 丙도 역시 완전한 권리를 취득하였고 따라서 甲이나 乙은 丙을 상대로 이전등기의 말소를 청구할 수 없다.

18 ③ 채권의 가장양도의 채무자는 가장양도를 토대로 새로운 이해관계를 맺은 자가 아니므로 제3자에 속하지 않는다.

19 ④ 통정허위표시는 반사회질서행위는 아니므로 불법원인급여가 성립하지 않는다. 따라서 甲은 乙에게 원인무효를 주장하여 부당이득의 반환을 청구할 수 있다.

Answer
15. ④ 16. ⑤ 17. ③ 18. ③ 19. ④

20 통정허위표시의 무효는 선의의 제3자에 대항할 수 없다. 여기의 제3자에 해당하지 않는 자는? (다툼이 있으면 판례에 의함)

① 부동산 가장매수인을 상속한 자
② 통정허위표시에 의해 설정된 전세권에 관하여 저당권을 취득한 자
③ 부동산의 가장매매의 매수인으로부터 그 부동산을 다시 매수하여 이전등기를 갖춘 자
④ 통정허위표시에 의한 저당권부 채권을 담보로 금원을 대여하고 그 저당권부 채권을 가압류한 자
⑤ 가장매매에 의해 매수인 앞으로 이전등기된 부동산에 소유권이전청구권을 보전하기 위해 가등기를 갖춘 자

21 통정허위표시에 관한 설명 중 옳지 않은 것은?

① 통정허위표시에 관한 규정은 원칙적으로 신분행위에는 적용될 수 없으므로, 신분행위에서는 통정허위표시의 무효를 선의의 제3자에게 주장할 수 있다.
② 통정한 허위표시에 의하여 형성된 법률관계로 생긴 채권을 가압류한 채권자가 있는 경우, 그 가압류채권자가 선의라 하더라도 그에게 허위표시의 무효를 가지고 대항할 수 있다.
③ 선의의 제3자에게는 허위표시의 무효를 주장할 수 없지만, 이때 제3자가 무과실이어야 할 필요는 없다.
④ 가장매매의 매도인은 매수인의 상속인이 그 허위표시에 대하여 선의라 하더라도, 그에게 허위표시의 무효를 가지고 대항할 수 있다.
⑤ 토지거래허가구역 내 토지거래계약이 허위표시에 의하여 이루어진 경우, 거래당사자는 거래허가신청 전(前) 단계에서 허위표시임을 주장하여 거래허가신청협력에 대한 거절의사를 명백히 함으로써 계약을 확정적으로 무효화시키고, 자신의 거래허가절차에 협력할 의무를 면할 수 있다.

22 통정허위표시에 관한 설명으로 옳지 않은 것은? (다툼이 있으면 판례에 의함)

① 통정허위표시도 채권자취소권의 대상이 될 수 있다.

② 가장소비대차에 있어서 대주의 지위를 이전받은 자는 허위표시의 무효로부터 보호받는 선의의 제3자가 아니다.

③ 허위표시를 기초로 새로운 이해관계를 맺은 선의의 제3자에게는 그 누구도 허위표시의 무효로 대항하지 못한다.

④ 부동산의 가장양수인으로부터 저당권을 설정받은 자가 가장양도행위에 대해 선의라면 가장양도인은 가장양수인으로부터 당해 부동산의 소유권등기명의를 회복할 수 없다.

⑤ 표의자는 허위표시를 기초로 권리를 취득한 선의의 제3자로부터 다시 권리를 취득한 악의의 전득자에 대하여 허위표시의 무효로 대항하지 못한다.

23 허위표시에 기초하여 새로운 법률상의 이해관계를 맺은 자(통정허위표시에서의 제3자)에 해당하지 않는 것은? (다툼이 있으면 판례에 따름) `2015 기출`

① 가장매매의 매수인으로부터 목적부동산을 다시 매수하여 소유권이전등기를 마친 자

② 가장매매의 매수인으로부터 매매계약에 의한 소유권이전청구권보전을 위한 가등기를 마친 자

③ 허위표시인 전세권설정계약에 기하여 등기까지 마친 전세권에 대하여 저당권을 취득한 자

④ 허위표시인 근저당권설정계약이 유효하다고 믿고 그 피담보채권에 대하여 가압류한 자

⑤ 채권의 가장양도에서 가장양수인에게 채무를 변제하지 않고 있었던 채무자

---

20 ① 여기서 제3자란 허위표시의 당사자 및 포괄승계인 이외의 자로서 허위표시에 의하여 외형상 형성된 법률관계를 토대로 허위양수인과 새로운 법률원인으로 이해관계를 갖게 된 자를 의미한다. 상속인은 포괄승계인이므로 제3자에 해당하지 않는다.

21 ② 통정한 허위표시에 의하여 형성된 법률관계로 생긴 채권을 가압류한 채권자는 보호되는 제3자에 해당한다.

22 ④ 가장양도인은 선의의 제3자인 저당권자에게는 허위표시의 무효를 주장할 수 없으나, 허위표시의 상대방인 가장양수인에게는 무효를 주장하여 당해 부동산의 소유권등기명의를 회복할 수 있다.

23 ⑤ 채권의 가장양도에서 가장양수인에게 채무를 변제하지 않고 있었던 채무자는 가장양도를 하기 이전부터 존재하던 채무자이므로, 새로운 법률상의 이해관계를 맺은 자에 해당하지 않는다.

Answer   20. ①   21. ②   22. ④   23. ⑤

24 통정허위표시에 기하여 새롭게 이해관계를 맺은 제3자에 해당하지 않는 사람은? (다툼이 있으면 판례에 따름) 2020 기출

① 통정허위표시인 매매계약에 기하여 부동산 소유권을 취득한 양수인으로부터 그 부동산을 양수한 사람
② 통정허위표시인 채권양도계약의 양도인에 대하여 채무를 부담하고 있던 사람
③ 통정허위표시인 저당권 설정행위로 취득된 저당권의 실행으로 그 목적인 부동산을 경매에서 매수한 사람
④ 통정허위표시인 금전소비대차계약에서 대주가 파산한 경우 파산관재인으로 선임된 사람
⑤ 통정허위표시에 의하여 부동산 소유권을 취득한 양수인과 매매계약을 체결하고 소유권 이전등기청구권 보전을 위한 가등기를 마친 사람

25 통정허위표시에 관한 설명으로 옳지 않은 것은? (다툼이 있으면 판례에 따름) 2016 기출

① 통정허위표시는 무효이나, 그 무효로써 선의의 제3자에게 대항하지 못한다.
② 선의의 제3자가 되기 위해서는 선의임에 과실이 없어야 한다.
③ 제3자는 특별한 사정이 없는 한 선의로 추정할 것이므로, 제3자가 악의라는 사실에 관한 주장·입증책임은 그 허위표시의 무효를 주장하는 자에게 있다.
④ 통정허위표시에 의한 매매의 매수인으로부터 매수목적물에 대하여 선의로 저당권을 설정받은 자는 선의의 제3자에 해당된다.
⑤ 통정허위표시로 설정된 전세권에 대하여 선의로 저당권을 취득한 자는 선의의 제3자에 해당된다.

26 통정허위표시를 기초로 새로운 법률상의 이해관계를 맺은 제3자를 모두 고른 것은? (다툼이 있으면 판례에 따름) 2022 기출

> ㉠ 가장매매의 매수인으로부터 그와의 매매계약에 의한 소유권이전청구권 보전을 위한 가등기를 마친 자
> ㉡ 허위의 선급금 반환채무 부담행위에 기하여 그 채무를 보증하고 이행까지 하여 구상권을 취득한 자
> ㉢ 가장소비대차에 있어 대주의 계약상의 지위를 이전받은 자

① ㉠　　　　　　　② ㉡　　　　　　　③ ㉠, ㉡
④ ㉠, ㉢　　　　　　⑤ ㉡, ㉢

27 통정허위표시에 관한 설명으로 옳은 것은? (다툼이 있는 경우에는 판례에 의함) 2014 기출

① 통정은 상대방과 짜고 함을 의미하지만, 이때 표의자의 상대방이 단순히 진의와 다른 표시가 있다는 사실을 인식하면 충분하다.

② 대리인이 그 권한 안에서 본인의 이름으로 의사표시를 함에 있어서 상대방과 통정하여 진의와 다른 의사를 표시한 경우, 그 의사표시는 본인에게 효력이 생긴다.

③ 허위표시의 당사자가 아닌 사람은 허위표시의 무효로써 허위표시에 기초하여 새로운 법률상 이해관계를 가진 선의의 제3자에게 대항할 수 있다.

④ 상대방과 허위표시로써 성립한 가장채권을 보유한 채권자에 대하여 파산이 선고된 경우 파산관재인은 허위표시의 무효로부터 보호되는 선의의 제3자가 될 수 없다.

⑤ 통정한 허위표시에 의하여 외형상 형성된 법률관계로 생긴 채권을 가압류한 경우, 그 가압류권자는 허위표시에 기초하여 새로운 법률상 이해관계를 가지게 된 제3자에 해당한다.

24 ② 통정허위표시에 있어 제3자란 허위표시의 당사자 및 포괄승계인 이외의 자로서, 허위표시에 의하여 외형상 형성된 법률관계를 토대로 실질적으로 새로운 법률상 이해관계를 맺은 자를 말한다. 따라서 통정허위표시인 채권양도계약의 양도인에 대하여 기존에 채무를 부담하고 있던 사람은 이에 해당하지 않는다.
④ 파산자가 상대방과 통정한 허위의 의사표시를 통하여 가장채권을 보유하고 있다가 파산이 선고된 경우 그 가장채권도 일단 파산재단에 속하게 되고, 파산선고에 따라 파산자와는 독립한 지위에서 파산채권자 전체의 공동의 이익을 위하여 직무를 행하게 된 파산관재인은 그 허위표시에 따라 외형상 형성된 법률관계를 토대로 실질적으로 새로운 법률상 이해관계를 가지게 된 민법 제108조 제2항의 제3자에 해당한다(대판 2003. 6. 24, 2002다48214).

25 ② 제108조 제2항에서 선의의 제3자의 무과실을 요구하고 있지 않으므로 선의이면 되고 무과실은 요건이 아니다.

26 ㉡ 보증인이 주채무자의 기망행위에 의하여 주채무가 있는 것으로 믿고 주채무자와 보증계약을 체결한 다음 그에 따라 보증채무자로서 그 채무까지 이행한 경우, 그 보증인은 주채무자에 대한 구상권 취득에 관하여 법률상의 이해관계를 가지게 되었고 그 구상권 취득에는 보증의 부종성으로 인하여 주채무가 유효하게 존재할 것을 필요로 한다는 이유로 결국 그 보증인은 주채무자의 채권자에 대한 채무 부담행위라는 허위표시에 기초하여 구상권 취득에 관한 법률상 이해관계를 가지게 되었다고 보아 민법 제108조 제2항 소정의 '제3자'에 해당한다(대판 2000. 7. 6, 99다51258).
㉢ 구 상호신용금고법 소정의 계약이전은 금융거래에서 발생한 계약상의 지위가 이전되는 사법상의 법률효과를 가져오는 것이므로, 계약이전을 받은 금융기관은 계약이전을 요구받은 금융기관과 대출채무자 사이의 통정허위표시에 따라 형성된 법률관계를 기초로 하여 새로운 법률상 이해관계를 가지게 된 민법 제108조 제2항의 제3자에 해당하지 않는다(대판 2004. 1. 15, 2002다31537).

27 ⑤ 통정한 허위표시에 의하여 외형상 형성된 법률관계로 생긴 채권을 가압류한 경우, 그 가압류권자는 허위표시에 기초하여 새로운 법률상 이해관계를 가지게 되므로 민법 제108조 제2항의 제3자에 해당한다(대판 2003다70041).
① 통정이란 상대방과의 합의를 의미하고 상대방이 단순히 이를 인식하고 있다는 것만으로는 부족하다.
② 대리행위의 하자는 대리인을 표준으로 결정하므로, 대리인이 상대방과 통정허위표시를 한 경우, 그 의사표시는 무효이므로 본인에게 효력이 미치지 않는다.
③ 상대방과 통정한 허위의 의사표시는 무효이고 누구든지 그 무효를 주장할 수 있는 것이 원칙이나, 허위표시의 당사자와 포괄승계인 이외의 자로서 허위표시에 의하여 외형상 형성된 법률관계를 토대로 실질적으로 새로운 법률상 이해관계를 맺은 선의의 제3자에 대하여는 허위표시의 당사자뿐만 아니라 그 누구도 허위표시의 무효를 대항하지 못하는 것이다(대판 99다51258).
④ 파산자가 상대방과 통정한 허위의 의사표시를 통하여 가장채권을 보유하고 있다가 파산이 선고된 경우 그 가장채권도 일단 파산재단에 속하게 되고, 파산선고에 따라 파산자와는 독립한 지위에서 파산채권자 전체의 공동의 이익을 위하여 직무를 행하게 된 파산관재인은 그 허위표시에 따라 외형상 형성된 법률관계를 토대로 실질적으로 새로운 법률상 이해관계를 가지게 된 민법 제108조 제2항의 제3자에 해당한다(대판 2002다48214).

Answer 24. ② 25. ② 26. ③ 27. ⑤

28 甲은 채권자 丙으로부터의 강제집행을 면하기 위하여 乙과 짜고 자신의 유일한 재산인 X토지를 乙 명의로 매매를 원인으로 하는 소유권이전등기를 해 주었다. 다음 설명 중 옳지 않은 것은? (다툼이 있는 경우에는 판례에 의함) 2013 기출

① 甲·乙 간의 매매계약은 허위표시로서 당사자 간에는 언제나 무효이다.

② 丙은 乙을 상대로 매매계약의 취소와 함께 이전등기의 말소를 구하는 소송을 제기할 수 있다.

③ 乙로부터 X토지를 상속받은 자는 매매계약이 허위표시임을 몰랐던 경우에도 그 소유권을 취득할 수 없다.

④ 乙로부터 X토지에 대한 저당권을 설정받은 자가 저당권설정 당시에 매매계약이 허위표시임을 과실로 알지 못했다면 그 저당권자는 선의의 제3자로서 보호받을 수 없다.

⑤ 乙로부터 X토지를 매수하여 소유권이전청구권 보전을 위한 가등기를 마친 자에 대하여 甲이 甲·乙 간의 매매계약이 허위표시임을 이유로 X토지의 소유권을 주장하려면, 甲은 가등기권리자의 악의를 증명하여야 한다.

29 甲이 乙에게 X부동산을 허위표시로 매도하고 이전등기를 해 주었다. 이에 관한 설명으로 옳지 않은 것은? (다툼이 있으면 판례에 따름) 2021 기출

① 甲은 乙을 상대로 매매대금의 지급을 청구할 수 없다.

② 甲은 乙을 상대로 X부동산의 반환을 구할 수 있다.

③ 만약 乙과 X부동산에 대해 저당권설정계약을 체결하고 저당권설정등기를 한 丙이 허위표시에 대해 선의인 경우, 甲은 그 저당권등기의 말소를 구할 수 없다.

④ 만약 乙명의로 등기된 X부동산을 가압류한 丙이 허위표시에 대해 선의이지만 과실이 있는 경우, 甲은 丙에 대하여 가압류의 무효를 주장할 수 없다.

⑤ 만약 X부동산이 乙로부터 丙, 丙으로부터 丁에게 차례로 매도되어 각기 그 명의로 이전등기까지 된 경우, 허위표시에 대해 丙이 악의이면 丁이 선의이더라도 甲은 丁명의의 이전등기의 말소를 구할 수 있다.

30 착오에 관한 설명 중 옳지 않은 것은?

① 매도인이 목적물의 시가를 몰라서 매매대금과 시가에 차이가 있는 경우에도 매도인은 원칙적으로 착오를 이유로 매매계약을 취소할 수 없다.

② 상대방에 의해 유발된 동기의 착오에 관해서는 판례는 착오에 의한 취소를 긍정한다.

③ 숨은 불합의의 경우에는 착오를 이유로 계약을 취소할 여지가 없다.

④ 판례는 법률에 관한 착오의 경우라도 그것이 법률행위의 내용의 중요부분에 관한 것인 때에는 표의자가 착오를 이유로 취소할 수 있다고 본다.

⑤ 매매에 따른 양도소득세를 매수인이 부담하기로 하고 그 세액을 매수인이 계산하여 이를 따로 지급하였는데 후에 양도소득세가 더 부과된 경우처럼, 당사자 쌍방이 동일한 착오에 빠져 있는 사정이라면, 매도인은 착오를 이유로 매매계약을 취소할 수 없다는 것이 판례의 견해이다.

31 착오로 인한 의사표시에 관한 설명 중 틀린 것은?

① 착오가 표의자의 경과실로 생긴 때에도 표의자는 착오를 이유로 그 의사표시를 취소할 수 있다.

② 임차인이 목적물을 임대인의 소유인 것으로 착각하여 임차한 경우, 특별한 사정이 없는 한 법률행위의 내용의 중요부분에 착오가 있다고 할 수 없다.

③ 시가(時價)에 관한 착오를 이유로 의사표시를 취소할 수 있음이 원칙이다.

④ 착오를 이유로 의사표시가 취소된 경우, 이로 인해 상대방에게 손해가 발생한 때에도 불법행위가 성립하지 않는다.

⑤ 토지의 현황·경계에 관한 착오는 법률행위 내용의 중요부분의 착오에 해당할 수 있다.

---

28 ④ 민법 제108조 제2항에 규정된 통정허위표시에 있어서의 제3자는 그 선의 여부가 문제이지 이에 관한 과실 유무를 따질 것이 아니다(대판 2002다1321). 따라서 저당권자에게 과실이 있더라도 제3자로 보호받을 수 있다.

29 ⑤ 악의의 제3자로부터 전득한 자가 선의라면 제108조 제2항의 선의의 제3자로서 보호된다. 따라서 丙이 악의이고 丁이 선의이면 丁은 보호되는 선의의 제3자에 해당하므로 甲은 丁명의 이전등기의 말소를 구할 수 없다.
② 제108조의 통정허위표시는 제103조의 반사회질서행위가 아니므로 제746조의 불법원인급여에 해당하지 않는다. 따라서 급부자는 반환을 청구할 수 있다.
④ 제108조의 보호되는 제3자는 선의이면 충분하고 무과실은 요건이 아니다.

30 ⑤ 이 경우도 취소할 수 있다고 본다(대판 93다24810).

31 ③ 물건의 수량·시가에 관한 착오는 원칙적으로 중요부분의 착오가 되지 않는다. 그러나 그 물건의 객관적인 가격이나 예기된 수량과 상당히 큰 차가 있는 경우에는 중요부분의 착오가 될 수도 있다.

Answer /   28. ④   29. ⑤   30. ⑤   31. ③

32 甲은 매매대상 토지 중 20~30평가량만 도로에 편입될 것이라는 중개인의 말을 믿고 주택 신축을 위하여 乙 소유의 토지를 매수하였고 그와 같은 사정이 계약체결과정에서 현출되어 乙도 이를 알고 있었는데 실제로는 전체 면적의 약 30%에 해당하는 197평이 도로에 편입된 것이 밝혀졌다. 이 경우의 법률관계에 관한 설명 중 가장 부적절한 것은? (판례에 의함)

① 동기의 착오가 주로 문제된다.

② 이는 법률행위 내용의 중요부분의 착오라 할 수 있다.

③ 위 사안에서 매수인의 동기는 당해 의사표시의 내용으로 삼을 것을 상대방에게 표시되고 의사표시의 해석상 법률행위의 내용으로 되어 있다고 볼 수 있다.

④ 위 사안에서 매수인 甲이 당시 정육점을 운영하고 있었고, 편입 부분에 관하여 중개인들의 말을 믿고 착오에 빠졌다면 특별한 사정이 없는 한 위 착오는 甲의 중대한 과실에 기인한 것이라고 볼 수 없다.

⑤ 동기의 착오를 이유로 표의자가 법률행위를 취소하려면 당사자들 사이에 그 동기를 의사표시의 내용으로 삼기로 하는 합의까지 이루어져야 한다.

33 乙은 甲 소유 토지에 고속도로가 개설될 것으로 믿고(그러나 실제로는 고속도로의 예정지가 아니었음) 甲으로부터 그 토지를 매수하였다. 다수설에 따를 때 가장 타당한 것은?

① 표시에 대응하는 의사가 있으므로 乙은 원칙적으로 착오를 이유로 취소할 수 없다.

② 홍콩 달러가 미국 달러와 화폐가치가 같은 것으로 믿는 경우처럼 乙은 취소할 수 있다.

③ 전신기사가 본인이 전하려는 내용과 다른 내용을 타전한 경우처럼 乙은 취소할 수 있다.

④ 위의 매매는 투기라는 반사회적 법률행위로 乙의 의사와 관계없이 무효이다.

⑤ 위의 경우는 의사와 표시의 불일치를 본인이 모르는 전형적인 착오로서 취소할 수 있다.

34 착오로 인한 의사표시에 관한 다음의 설명 중 가장 잘못된 것은?

① 혼인, 입양의 경우에는 당사자의 의사가 절대적 의의를 가지므로 착오에 의한 의사표시는 아무런 효력이 없다.

② 착오를 이유로 의사표시를 취소하려는 자는 착오의 존재뿐 아니라 그 착오가 의사표시에 결정적인 영향을 미쳤다는 점을 입증하여야 한다.

③ 부동산이 양도된 경우, 양도인에 대하여 부과될 양도소득세 등의 세액에 관한 착오가 미필적인 장래의 불확실한 사실에 관한 것이라도 민법 제109조 소정의 착오에서 제외되는 것은 아니다.

④ 착오로 인한 법률행위를 취소하는 경우에는 취소시점 이후로는 그 법률행위가 실효된 것으로 취급하지만, 원칙적으로 취소의 소급효는 없다.

⑤ 표의자에게 경과실이 있는 경우에도 착오로 인한 의사표시를 당사자 사이의 합의로 취소할 수 없는 것으로 할 수 있다.

32 ⑤ 동기의 착오가 법률행위의 내용의 중요부분의 착오에 해당함을 이유로 표의자가 법률행위를 취소하려면 그 동기를 당해 의사표시의 내용으로 삼을 것을 상대방에게 표시하고 의사표시의 해석상 법률행위의 내용으로 되어 있다고 인정되면 충분하고 당사자들 사이에 별도로 그 동기를 의사표시의 내용으로 삼기로 하는 합의까지 이루어질 필요는 없지만, 그 법률행위의 내용의 착오는 보통 일반인이 표의자의 입장에 섰더라면 그와 같은 의사표시를 하지 아니하였으리라고 여겨질 정도로 그 착오가 중요한 부분에 관한 것이어야 할 것이다. 원심 인정의 위 사실관계에 의하면, 원고가 이 사건 매매계약 체결 당시에 이 사건 토지 중 20~30평 정도의 토지 이상은 분할되어 도로로 편입되지 않을 것이라고 믿은 것은 이 사건 매매계약과 관련하여 동기의 착오라고 할 것이지만, 원·피고 사이에 매매계약의 내용으로 표시되었다고 볼 것이고 나아가 기록에 의하면, 일반인이라도 원고의 입장에서라면 이 사건 토지 중 전체 면적의 약 30%가 분할되는 것을 알았다면 이 사건 토지를 매수하지 아니하였으리라는 사정이 엿보이므로, 결국 원고는 이 사건 매매계약을 체결함에 있어 그 내용의 중요부분에 관한 착오가 있었다고 보아야 할 것이다(대판 2000다12259).

33 ① 사안은 동기의 착오의 경우이다. 다수설은 원칙적으로 동기의 착오를 이유로 의사표시를 취소할 수 없으나, 다만 동기가 표시되어 상대방이 알고 있는 경우에는 그 동기도 의사표시의 내용이 되므로 착오를 이유로 의사표시를 취소할 수 있다고 본다.

34 ④ 취소한 법률행위는 처음부터 무효인 것으로 본다(제141조 본문).

Answer
　32. ⑤　　33. ①　　34. ④

35 **착오에 의한 의사표시에 관한 설명 중 틀린 것은? (다툼이 있는 경우 판례에 의함)**

① 착오로 인하여 표의자가 경제적인 불이익을 입지 않는다면 중요부분의 착오가 아니어서 취소할 수 없다.

② 환자가 의료과실로 사망한 것으로 전제하고 의사가 유족들에게 손해배상금을 지급하기로 한 합의가 이루어졌으나 그 사인이 진료와는 관련이 없는 것으로 판명되었다면 착오를 이유로 취소할 수 있다.

③ 신원보증서류에 서명날인한다는 착각에 빠져 연대보증서면에 서명날인한 것은 표시상의 착오인데, 그 착오가 제3자의 기망행위에 의해 일어났다면 표의자는 사기취소와 착오취소를 경합적으로 주장할 수 있다.

④ 신용보증기금이 신용보증을 하는 데 주채무자인 기업의 신용 유무는 중요부분의 착오이므로 취소할 수 있다.

⑤ 동기가 상대방의 부정한 방법에 의하여 유발된 경우에는 동기가 표시되지 않았다고 하더라도 동기의 착오에 의한 의사표시는 취소될 수 있다.

36 **민법 제109조(착오로 인한 의사표시)에 관한 설명으로 옳지 않은 것은? (다툼이 있는 경우에는 판례에 의함)** 2013 기출

① 동기의 착오를 이유로 법률행위를 취소하기 위해서는 당사자 사이에 그 동기를 의사표시의 내용으로 삼기로 하는 별도의 합의가 있어야 한다.

② 동기의 착오가 상대방에 의하여 유발된 경우에는 동기의 표시 여부와 관계없이 취소가 인정된다.

③ 매도인이 매수인의 중도금 지급채무 불이행을 이유로 매매계약을 적법하게 해제한 후라도 매수인은 착오를 이유로 그 매매계약을 취소할 수 있다.

④ 착오한 표의자의 중대한 과실 유무에 관한 증명책임은 의사표시를 취소하게 하지 않으려는 상대방에게 있다.

⑤ 착오로 인하여 표의자가 경제적 불이익을 입은 것이 아니라면, 이는 법률행위 내용의 중요부분의 착오가 아니다.

37 **착오로 인한 의사표시에 관한 설명으로 옳지 않은 것은? (다툼이 있으면 판례에 따름)**

`2019 기출`

① 장래의 미필적 사실의 발생에 대한 기대나 예상이 빗나간 것에 불과한 것은 착오라고 할 수 없다.

② 표의자가 착오로 인하여 경제적인 불이익을 입은 것이 아니라면 이를 법률행위 내용의 중요부분의 착오라고 할 수 없다.

③ 표의자가 경과실로 인하여 착오에 빠져 법률행위를 하고 그 착오를 이유로 법률행위를 취소하는 것은 위법하다고 할 수 없다.

④ 착오로 인한 의사표시 취소에 관한 민법 제109조 제1항의 적용을 당사자의 합의로 배제할 수 있다.

⑤ 의사표시의 착오가 표의자의 중대한 과실로 인한 때에는 상대방이 표의자의 착오를 알고 이용한 경우에도 표의자는 그 의사표시를 취소할 수 없다.

📖

35 ③ 신원보증서류에 서명날인한다는 착각에 빠진 상태로 연대보증의 서면에 서명날인한 경우 결국 위와 같은 행위는 강학상 기명날인의 착오(또는 서명의 착오), 즉 어떤 사람이 자신의 의사와 다른 법률효과를 발생시키는 내용의 서면에 그것을 읽지 않거나 올바르게 이해하지 못한 채 기명날인을 하는 이른바 표시상의 착오에 해당하므로, 비록 위와 같은 착오가 제3자의 기망행위에 의하여 일어난 것이라 하더라도 민법 제110조 제2항의 규정을 적용할 것이 아니라 착오에 의한 의사표시에 관한 법리만을 적용하여 취소권 행사의 가부를 가려야 한다(대판 2004다43824).

36 ① 동기의 착오가 법률행위의 내용의 중요부분의 착오에 해당함을 이유로 표의자가 법률행위를 취소하려면 그 동기를 당해 의사표시의 내용으로 삼을 것을 상대방에게 표시하고 의사표시의 해석상 법률행위의 내용으로 되어 있다고 인정되면 충분하고 당사자들 사이에 별도로 그 동기를 의사표시의 내용으로 삼기로 하는 합의까지 이루어질 필요는 없다(대판 97다44737).

37 ⑤ 의사표시의 착오가 표의자의 중대한 과실로 인한 때라도 상대방이 표의자의 착오를 알고 이용한 경우라면 표의자는 그 의사표시를 취소할 수 있다.
① 민법 제109조의 의사표시에 착오가 있다고 하려면 법률행위를 할 당시에 실제로 없는 사실을 있는 사실로 잘못 깨닫거나 아니면 실제로 있는 사실을 없는 것으로 잘못 생각하듯이 표의자의 인식과 그 대조사실이 어긋나는 경우라야 할 것이므로, 표의자가 행위를 할 당시에 장래에 있을 어떤 사항의 발생이 미필적임을 알아 그 발생을 예기한 데 지나지 않는 경우는, 표의자의 심리상태에 인식과 대조에 불일치가 있다고 할 수 없어 착오로 다룰 수는 없다 할 것이다(대판 2010. 5. 27, 2009다94841).
② 착오가 법률행위 내용의 중요부분에 있다고 하기 위하여는 표의자에 의하여 추구된 목적을 고려하여 합리적으로 판단하여 볼 때 표시와 의사의 불일치가 객관적으로 현저하여야 하고, 만일 그 착오로 인하여 표의자가 무슨 경제적인 불이익을 입은 것이 아니라고 한다면 이를 법률행위 내용의 중요부분의 착오라고 할 수 없다(대판 1999. 2. 23, 98다47924).
③ 불법행위로 인한 손해배상책임이 성립하기 위하여는 가해자의 고의 또는 과실 이외에 행위의 위법성이 요구되므로, 전문건설공제조합이 계약보증서를 발급하면서 조합원이 수급할 공사의 실제 도급금액을 확인하지 아니한 과실이 있다고 하더라도 민법 제109조에서 중과실이 없는 착오자의 착오를 이유로 한 의사표시의 취소를 허용하고 있는 이상, 전문건설공제조합이 과실로 인하여 착오에 빠져 계약보증서를 발급한 것이나 그 착오를 이유로 보증계약을 취소한 것이 위법하다고 할 수는 없다(대판 1997. 8. 22, 97다13023).
④ 착오로 인한 의사표시 취소에 관한 민법 제109조는 임의규정이다.

`Answer`　35. ③　36. ①　37. ⑤

38 착오에 관한 설명으로 옳지 않은 것은? (다툼이 있는 경우에는 판례에 의함) `2014 기출`

① 법률행위의 일부분에만 착오가 있고 그 법률행위가 가분적이면 그 나머지 부분이라도 유지하려는 당사자의 가정적 의사가 인정되는 경우 그 일부만의 취소도 가능하다.

② 표의자가 착오로 의사표시를 하였으나 그에게 아무런 경제적 불이익이 발생하지 않은 때에는 중요부분의 착오가 되지 아니한다.

③ 법률행위의 중요부분의 착오는 착오가 없었더라면 표의자뿐만 아니라 일반인도 표의자의 처지에서 그러한 의사표시를 하지 않았을 것이라고 생각될 정도로 중요한 것이어야 한다.

④ 등기명의자가 소유권이전등기의 무효를 주장한 종전 소유자의 공동상속인 중 1인을 단독상속인으로 오인하여 소유권환원에 관하여 합의한 경우, 이는 중요부분의 착오이다.

⑤ 채무자의 채무불이행을 원인으로 적법하게 해제된 매매계약도 착오를 이유로 취소될 수 있다.

39 착오로 인한 의사표시에 관한 설명으로 옳지 않은 것은? (다툼이 있으면 판례에 따름)

`2017 기출`

① 의사표시의 동기에 착오가 있더라도 당사자 사이에서 그 동기를 의사표시의 내용으로 삼은 경우에는 의사표시의 내용의 착오가 되어 취소할 수 있다.

② 착오로 인한 의사표시에 있어서 표의자에게 중대한 과실이 있는지의 여부에 관한 증명책임은 표의자에게 있다.

③ 근저당권설정계약에서 채무자의 동일성에 관한 착오는 법률행위 내용의 중요부분에 관한 착오에 해당한다.

④ 대리인에 의한 계약체결의 경우 착오의 유무는 대리인을 표준으로 결정한다.

⑤ 당사자는 합의를 통하여 착오로 인한 의사표시 취소에 관한 민법 제109조 제1항의 적용을 배제할 수 있다.

40 착오의 의사표시에 관한 설명으로 옳지 않은 것은? (다툼이 있으면 판례에 따름) `2020 기출`

① 동기의 착오를 이유로 취소하려면 당사자 사이에 동기를 의사표시의 내용으로 하는 합의가 필요하다.

② 착오를 이유로 취소하기 위해서는 일반인이 표의자라면 그러한 의사표시를 하지 않았을 정도의 중요부분에 착오가 있어야 한다.

③ 착오를 이유로 취소할 수 없는 중대한 과실은 표의자의 직업 등에 비추어 보통 요구되는 주의를 현저히 결여한 것을 의미한다.

④ 매매계약이 적법하게 해제된 후에도 착오를 이유로 그 매매계약을 취소할 수 있다.

⑤ 상대방의 기망으로 표시상의 착오에 빠진 자의 행위에 대하여 착오취소의 법리가 적용된다.

38 ④ 등기명의자 甲과 종전 소유자의 상속인으로서 소유권이전등기의 원인무효를 주장하는 乙 사이에 토지 소유권 환원의 방법으로 乙 앞으로 소유권이전등기를 경료하여 주기로 하는 합의가 이루어진 경우, 乙이 공동상속인들 중 1인이라면 공유물에 대한 보존행위로서 단독으로 공유물에 관한 원인무효의 등기의 말소를 구하거나 소유권 이전등기에 관한 합의를 할 수 있다고 보아야 하므로, 甲이 乙을 단독상속인으로 믿고서 그와 같은 소유권환원의 합의에 이르렀더라도 그와 같은 착오는 합의내용의 중요부분에 해당한다고 볼 수 없다(대판 95다35371).

39 ② 중대한 과실이 있다는 입증책임은 표의자로 하여금 그 의사표시를 취소케 하지 않으려는 상대방이 부담한다.
① 동기의 착오가 법률행위의 내용의 중요부분의 착오에 해당함을 이유로 표의자가 법률행위를 취소하려면 그 동기를 당해 의사표시의 내용으로 삼을 것을 상대방에게 표시하고 의사표시의 해석상 법률행위의 내용으로 되어 있다고 인정되면 충분하고 당사자들 사이에 별도로 그 동기를 의사표시의 내용으로 삼기로 하는 합의 까지 이루어질 필요는 없다. 다만, 예외적으로 동기가 상대방의 부정한 방법에 의하여 유발되었거나 상대방으로부터 제공된 경우에는 그 동기가 표시되지 않더라도 취소할 수 있다.
④ 의사표시의 효력이 의사의 흠결, 사기, 강박 또는 어느 사정을 알았거나 과실로 알지 못한 것으로 인하여 영향을 받을 경우에 그 사실의 유무는 대리인을 표준하여 결정한다(제116조 제1항).
⑤ 착오로 인한 의사표시 취소에 관한 민법 제109조 규정은 임의규정이므로, 특약에 의해 그 적용을 배제할 수 있다.

40 ① 동기의 착오가 법률행위의 내용의 중요부분의 착오에 해당함을 이유로 표의자가 법률행위를 취소하려면 그 동기를 당해 의사표시의 내용으로 삼을 것을 상대방에게 표시하고 의사표시의 해석상 법률행위의 내용으로 되어 있다고 인정되면 충분하고 당사자들 사이에 별도로 그 동기를 의사표시의 내용으로 삼기로 하는 합의 까지 이루어질 필요는 없다.
② 법률행위의 내용의 착오는 보통 일반인이 표의자의 입장에 섰더라면 그와 같은 의사표시를 하지 아니하였으리라고 여겨질 정도로 그 착오가 중요한 부분에 관한 것이어야 한다(대판 1998. 2. 10, 97다44737).
④ 매도인이 매수인의 중도금지급채무불이행을 이유로 매매계약을 적법하게 해제한 후라도 매수인으로서는 상대방이 한 계약해제의 효과로서 발생하는 손해배상책임을 지거나 매매계약에 따른 계약금의 반환을 받을 수 없는 불이익을 면하기 위하여 착오를 이유로 한 취소권을 행사하여 매매계약 전체를 무효로 돌리게 할 수 있다(대판 1996. 12. 6, 95다24982 · 24999).
⑤ 신원보증서류에 서명날인한다는 착각에 빠진 상태로 연대보증의 서면에 서명날인한 경우, 결국 위와 같은 행위는 강학상 기명날인의 착오(또는 서명의 착오), 즉 어떤 사람이 자신의 의사와 다른 법률효과를 발생시키는 내용의 서면에, 그것을 읽지 않거나 올바르게 이해하지 못한 채 기명날인을 하는 이른바 표시상의 착오에 해당하므로, 비록 위와 같은 착오가 제3자의 기망행위에 의하여 일어난 것이라 하더라도 그에 관하여는 사기에 의한 의사표시에 관한 법리, 특히 상대방이 그러한 제3자의 기망행위 사실을 알았거나 알 수 있었을 경우가 아닌 한 의사표시자가 취소권을 행사할 수 없다는 민법 제110조 제2항의 규정을 적용할 것이 아니라, 착오에 의한 의사표시에 관한 법리만을 적용하여 취소권 행사의 가부를 가려야 한다(대판 2005. 5. 27, 2004다43824).

Answer   38. ④   39. ②   40. ①

41 착오에 관한 설명으로 옳지 않은 것은? (다툼이 있으면 판례에 따름) 2021 기출

① 법률행위의 내용의 중요부분에 착오가 있으면 취소할 수 있는 것이 원칙이다.

② 1심 판결에서 패소한 자가 항소심 판결 선고 전에 패소를 예상하고 법률행위를 하였으나 이후 항소심에서 승소판결이 선고된 경우 착오를 이유로 그 법률행위를 취소할 수 있다.

③ 의사표시의 착오가 표의자의 중대한 과실로 발생하였으나 상대방이 표의자의 착오를 알고 이용한 경우 표의자는 의사표시를 취소할 수 있다.

④ 착오한 표의자의 중대한 과실 유무에 관한 증명책임은 의사표시를 취소하게 하지 않으려는 상대방에게 있다.

⑤ 착오자의 착오로 인한 취소로 상대방이 손해를 입게 되더라도, 착오자는 불법행위로 인한 손해배상책임을 부담하지 않는다.

42 착오로 인한 의사표시에 관한 설명으로 옳지 않은 것은? (다툼이 있으면 판례에 따름) 2022 기출

① 법률행위 내용의 중요부분에 착오가 있는 경우, 그 착오가 표의자의 중과실로 인한 것이 아니라면 특별한 사정이 없는 한 이를 이유로 의사표시를 취소할 수 있다.

② 표의자는 자신에게 중과실이 없음에 대한 주장·증명책임을 부담한다.

③ 착오로 인한 의사표시에 관한 민법 제109조 제1항의 적용은 당사자의 합의로 배제할 수 있다.

④ 착오로 인하여 표의자가 경제적 불이익을 입지 않았다면 이는 법률행위 내용의 중요 부분의 착오로 볼 수 없다.

⑤ 표의자가 장래에 있을 어떤 사항의 발생이 미필적임을 알아 그 발생을 예기한 데 지나지 않는 경우, 그 기대가 이루어지지 않은 것을 착오로 볼 수는 없다.

43 甲이 자신 소유의 X 토지를 乙에게 매도하면서 乙의 매매대금의 지급과 동시에 乙 앞으로 소유권이전등기를 마쳐주기로 약정하였다. 이에 관한 설명으로 옳지 않은 것은? (다툼이 있으면 판례에 따름) 2022 기출

① 甲과 乙이 소유권이전등기와 매매대금의 지급을 이행하였으나 위 매매계약이 통정허위표시로 무효인 경우, 특별한 사정이 없는 한 甲이 지급받은 매매대금과 乙명의로 마쳐진 소유권등기를 각각 부당이득으로 반환 청구할 수 있다.

② 甲과 乙의 매매계약이 甲이 미성년자임을 이유로 적법하게 취소된 경우, 甲은 특별한 사정이 없는 한 이익이 현존하는 한도에서 상환할 책임이 있다.

③ 甲이 乙의 매매대금지급 불이행을 이유로 매매계약을 적법하게 해제한 경우, 乙은 계약해제에 따른 손해배상책임을 면하기 위해 착오를 이유로 그 매매계약을 취소할 수 없다.

④ 甲과 乙이 각각 소유권이전등기와 매매대금의 지급을 이행한 이후, 乙이 甲의 사기를 이유로 위 매매계약을 적법하게 취소한 경우, 甲의 매매대금반환과 乙의 소유권이전등기말소는 특별한 사정이 없는 한 동시에 이행되어야 한다.

⑤ 甲과 乙의 매매계약이 관련 법령에 따라 관할청의 허가를 받아야 함에도 아직 토지거래허가를 받지 않아 유동적 무효 상태인 경우, 乙은 甲에게 계약의 무효를 주장하여 이미 지급한 계약금의 반환을 부당이득으로 청구할 수 없다.

---

41 ② 의사표시에 착오가 있다고 하려면 법률행위를 할 당시에 실제로 없는 사실을 있는 사실 또는 실제로 있는 사실을 없는 것으로 잘못 생각하듯이 표의자의 인식과 대조사실이 어긋나는 경우라야 할 터이므로 판결 선고 전에 이미 그 선고결과를 예상하고 법률행위를 하였으나 실제로 선고된 판결이 그 예상과 다르다 하더라도 이 표의자의 심리상태에 인식과 대조사실에 불일치가 있다고는 할 수 없어 착오로 다룰 수는 없다(대판 1972. 3. 28, 71다2193).

③ 민법 제109조 제1항 단서는 의사표시의 착오가 표의자의 중대한 과실로 인한 때에는 그 의사표시를 취소하지 못한다고 규정하고 있는데, 위 단서 규정은 표의자의 상대방의 이익을 보호하기 위한 것이므로, 상대방이 표의자의 착오를 알고 이를 이용한 경우에는 착오가 표의자의 중대한 과실로 인한 것이라고 하더라도 표의자는 의사표시를 취소할 수 있다(대판 2014. 11. 27, 2013다49794).

⑤ 불법행위로 인한 손해배상책임이 성립하기 위하여는 가해자의 고의 또는 과실 이외에 행위의 위법성이 요구되므로, 전문건설공제조합이 계약보증서를 발급하면서 조합원이 수급할 공사의 실제 도급금액을 확인하지 아니한 과실이 있다고 하더라도 민법 제109조에서 중과실이 없는 착오자의 착오를 이유로 한 의사표시의 취소를 허용하고 있는 이상, 전문건설공제조합이 과실로 인하여 착오에 빠져 계약보증서를 발급한 것이나 그 착오를 이유로 보증계약을 취소한 것이 위법하다고 할 수는 없다(대판 1997. 8. 22, 97다13023).

42 ② 중대한 과실이 있다는 입증책임은 표의자로 하여금 그 의사표시를 취소케 하지 않으려는 상대방이 부담한다.

⑤ 민법 제109조에 따라 의사표시에 착오가 있다고 하려면 법률행위를 할 당시에 실제로 없는 사실을 있는 사실로 잘못 깨닫거나 아니면 실제로 있는 사실을 없는 것으로 잘못 생각하듯이 의사표시자의 인식과 그러한 사실이 어긋나는 경우라야 한다. 의사표시자가 행위를 할 당시 장래에 있을 어떤 사항의 발생을 예측한 데 지나지 않는 경우는 의사표시자의 심리상태에 인식과 대조사실의 불일치가 있다고 할 수 없어 이를 착오로 다룰 수 없다. 장래에 발생할 막연한 사정을 예측하거나 기대하고 법률행위를 한 경우 그러한 예측이나 기대와 다른 사정이 발생하였다고 하더라도 그로 인한 위험은 원칙적으로 법률행위를 한 사람이 스스로 감수하여야 하고 상대방에게 전가해서는 안 되므로 착오를 이유로 취소를 구할 수 없다(대판 2020. 5. 14, 2016다12175).

43 ③ 매도인이 매매계약을 적법하게 해제한 후에도 매수인이 착오를 이유로 매매계약을 취소할 수 있는지 여부(적극) : 매도인이 매수인의 중도금지급채무불이행을 이유로 매매계약을 적법하게 해제한 후라도 매수인으로서는 상대방이 한 계약해제의 효과로서 발생하는 손해배상책임을 지거나 매매계약에 따른 계약금의 반환을 받을 수 없는 불이익을 면하기 위하여 착오를 이유로 한 취소권을 행사하여 매매계약 전체를 무효로 돌리게 할 수 있다(대판 1996. 12. 6, 95다24982, 24999).

Answer / 　41. ② 　42. ② 　43. ③

44 사기 · 강박에 의한 의사표시에 관한 설명으로 옳지 않은 것은? (다툼이 있으면 판례에 따름)

① 제3자의 사기에 의하여 계약을 체결한 경우, 그 계약을 취소하지 않고 제3자에 대하여 불법행위로 인한 손해배상을 청구할 수 있다.

② 대리인에 대한 사기 · 강박의 사실 유무는 대리인을 표준으로 한다.

③ 채무자가 보증인을 기망하여 보증계약을 체결한 때, 보증인은 채권자의 그 사실에 대한 인식 여부와 관계없이 보증계약을 취소할 수 있다.

④ 강박행위가 되기 위해서는 구체적으로 어떠한 해악을 하겠다는 고지가 있어야 한다.

⑤ 기망행위자가 상대방의 피용자이거나 상대방이 사용자책임을 져야 할 관계에 있는 피용자에 지나지 않는 경우에는 민법 제110조 제2항에서 말하는 제3자에 해당한다.

45 사기, 강박에 의한 의사표시에 관한 설명으로 옳지 않은 것은? (다툼이 있으면 판례에 따름)

2017 기출

① 제3자에 의한 사기행위로 계약을 체결한 경우에는 그 계약을 취소해야만 제3자에 대하여 불법행위로 인한 손해배상을 청구할 수 있다.

② 신의성실의 원칙상 고지의무가 있는 자가 소극적으로 진실을 숨기는 것은 기망행위에 해당한다.

③ 강박에 의하여 의사결정을 스스로 할 수 있는 여지가 완전히 박탈된 상태에서 이루어진 법률행위는 무효이다.

④ 상대방 있는 의사표시에 관하여 제3자가 사기를 행한 경우에는 상대방이 그 사실을 알았거나 알 수 있었을 경우에 한하여 그 의사표시를 취소할 수 있다.

⑤ 강박에 의한 의사표시라고 하려면 상대방이 불법으로 어떤 해악을 고지함으로 인하여 공포를 느끼고 의사표시를 한 것이어야 한다.

46 甲이 乙을 기망하여 乙 소유 토지를 丙에게 시가에 비해 현저히 저렴한 가격으로 처분하도록 유인하였고, 이에 따라 乙은 丙과 그 토지에 대한 매매계약을 체결한 후 소유권이전등기를 마쳐주었다. 乙은 甲의 사기를 이유로 丙과의 매매계약을 취소하고자 한다. 이에 관한 설명으로 옳은 것을 모두 고른 것은? (다툼이 있으면 판례에 따름) 2018 기출

> ㉠ 甲의 기망사실을 丙이 알 수 있었던 경우, 乙은 위 계약을 취소할 수 있다.
> ㉡ 甲의 사기로 불법행위가 성립하더라도, 乙은 위 계약을 취소하지 않는 한 甲에 대하여 불법행위로 인한 손해배상을 청구할 수 없다.
> ㉢ 선의의 제3자 丁이 丙으로부터 위 토지를 매수하여 소유권이전등기를 마쳤다면, 그 후 乙이 자신과 丙 사이의 매매계약을 취소하여도 이를 근거로 丁 명의의 소유권이전등기의 말소를 청구할 수 없다.

① ㉠

② ㉡

③ ㉠, ㉢

④ ㉡, ㉢

⑤ ㉠, ㉡, ㉢

44 ③ 보증계약에 있어서 채무자는 제3자에 해당한다. 따라서 채권자가 알았거나 알 수 있었을 경우에 한하여 취소할 수 있다.

45 ① 제3자의 사기행위로 인하여 피해자가 주택건설사와 사이에 주택에 관한 분양계약을 체결하였다고 하더라도 제3자의 사기행위 자체가 불법행위를 구성하는 이상, 제3자로서는 그 불법행위로 인하여 피해자가 입은 손해를 배상할 책임을 부담하는 것이므로, 피해자가 제3자를 상대로 손해배상청구를 하기 위하여 반드시 그 분양계약을 취소할 필요는 없다(대판 1998. 3. 10, 97다55829).
② 작위에 의한 적극적 기망행위뿐만 아니라, 부작위 특히 침묵도 '고지의무 또는 설명의무'가 전제되는 경우에는 기망행위가 될 수 있다.
③ 상대방 또는 제3자의 강박에 의하여 의사결정의 자유가 완전히 박탈된 상태에서 이루어진 의사표시는 효과의사에 대응하는 내심의 의사가 결여된 것이므로 무효라고 볼 수밖에 없으나, 강박이 의사결정의 자유를 완전히 박탈하는 정도에 이르지 아니하고 이를 제한하는 정도에 그친 경우에는 그 의사표시는 취소할 수 있음에 그치고 무효라고까지 볼 수 없다(대판 1984. 12. 11, 84다카1402).

46 ㉠ 상대방 있는 의사표시에 관하여 제3자가 사기나 강박을 행한 경우에는 상대방이 그 사실을 알았거나 알 수 있었을 경우에 한하여 그 의사표시를 취소할 수 있다.
㉢ 사기를 이유로 한 의사표시의 취소는 선의의 제3자에게 대항하지 못한다(제110조 제3항).
㉡ 제3자의 사기행위로 인하여 피해자가 주택건설사와 사이에 주택에 관한 분양계약을 체결하였다고 하더라도 제3자의 사기행위 자체가 불법행위를 구성하는 이상, 제3자로서는 그 불법행위로 인하여 피해자가 입은 손해를 배상할 책임을 부담하는 것이므로, 피해자가 제3자를 상대로 손해배상청구를 하기 위하여 반드시 그 분양계약을 취소할 필요는 없다(대판 1998. 3. 10, 97다55829)

Answer / 44. ③   45. ①   46. ③

47 사기, 강박에 의한 의사표시에 관한 설명으로 옳은 것을 모두 고른 것은? (다툼이 있으면 판례에 따름) 2019 기출

> ㉠ 부작위에 의한 기망행위도 인정될 수 있다.
> ㉡ 제3자의 사기로 계약을 체결한 경우, 그 계약을 취소하지 않으면 그 제3자에 대하여 손해배상을 청구할 수 없다.
> ㉢ 부정행위에 대한 고소, 고발은 부정한 이익의 취득을 목적으로 하는 경우에도 위법한 강박행위가 될 수 없다.

① ㉠   ② ㉡
③ ㉠, ㉢   ④ ㉡, ㉢
⑤ ㉠, ㉡, ㉢

48 사기에 의한 의사표시에 관한 설명으로 옳지 않은 것은? (다툼이 있으면 판례에 따름) 2021 기출

① 상대방이 기망하였으나 표의자가 기망되지 않고 의사표시를 하였다면 기망을 이유로 그 의사표시를 취소할 수 없다.

② 제3자가 행한 사기로 계약을 체결한 경우 상대방이 그 사실을 알았거나 알 수 있었을 경우에 한하여 그 계약을 취소할 수 있다.

③ 상대방의 대리인이 사기를 행하여 계약을 체결한 경우 그 대리인은 '제3자에 의한 사기'에서의 '제3자'에 해당되지 않는다.

④ 상대방이 사용자책임을 져야 할 관계에 있는 피용자가 사기를 행하여 계약을 체결한 경우 그 피용자는 '제3자에 의한 사기'에서의 '제3자'에 해당한다.

⑤ '제3자에 의한 사기'로 계약을 체결한 피기망자는 그 계약을 취소하지 않은 상태에서 그 제3자에 대하여 불법행위로 인한 손해배상청구를 할 수 없다.

49 사기에 의한 의사표시에 관한 설명으로 옳지 않은 것은? (다툼이 있으면 판례에 따름)

2022 기출

① 광고에 있어 다소의 과장은 일반 상거래의 관행과 신의칙에 비추어 시인될 수 있는 한 기망성이 결여된다.

② 부작위에 의한 기망행위에서 고지의무는 조리상 일반원칙에 의해서는 인정될 수 없다.

③ 사기에 의한 의사표시가 인정되기 위해서는 의사표시자에게 재산상의 손실을 주려는 사기자의 고의는 필요하지 않다.

④ 기망행위로 인하여 법률행위의 내용으로 표시되지 않은 동기에 관하여 착오를 일으킨 경우에도 그 법률행위를 사기에 의한 의사표시를 이유로 취소할 수 있다.

⑤ 사기에 의한 의사표시의 취소는 선의의 제3자에게 대항하지 못한다.

---

47 ㉠ 신의칙상 어떤 상황을 설명해야 할 고지의무가 있음에도 불구하고 고지하지 않은 경우에는 부작위에 의한 기망행위에 해당한다.
㉡ 제3자의 사기로 계약을 체결한 경우, 그 계약을 취소하지 않더라도 그 제3자에 대하여 불법행위로 인한 손해배상을 청구할 수 있다.
㉢ 부정행위에 대한 고소, 고발도 부정한 이익의 취득을 목적으로 하는 경우에는 위법한 강박행위가 될 수 있다.

48 ⑤ 제3자의 사기행위로 인하여 피해자가 주택건설사와 사이에 주택에 관한 분양계약을 체결하였다고 하더라도 제3자의 사기행위 자체가 불법행위를 구성하는 이상, 제3자로서는 그 불법행위로 인하여 피해자가 입은 손해를 배상할 책임을 부담하는 것이므로, 피해자가 제3자를 상대로 손해배상청구를 하기 위하여 반드시 그 분양계약을 취소할 필요는 없다(대판 1998. 3. 10, 97다55829).
③ 상대방 있는 의사표시에 관하여 제3자가 사기나 강박을 행한 경우에는 상대방이 그 사실을 알았거나 알 수 있었을 경우에 한하여 그 의사표시를 취소할 수 있으나, 상대방의 대리인 등 상대방과 동일시할 수 있는 자의 사기나 강박은 제3자의 사기·강박에 해당하지 아니한다(대판 1999. 2. 23, 98다60828·60835).

49 ② 부동산 거래에 있어 거래 상대방이 일정한 사정에 관한 고지를 받았더라면 그 거래를 하지 않았을 것임이 경험칙상 명백한 경우에는 신의성실의 원칙상 사전에 상대방에게 그와 같은 사정을 고지할 의무가 있으며, 그와 같은 고지의무의 대상이 되는 것은 직접적인 법령의 규정뿐 아니라 널리 계약상, 관습상 또는 조리상의 일반원칙에 의하여도 인정될 수 있다(대판 2006. 10. 12, 2004다48515).
③ 표의자를 기망하여 착오에 빠지게 하려는 고의와 착오에 기하여 의사표시를 하게 하려는 고의, 즉 2단계의 고의만 있으면 된다.

Answer | 47. ① 48. ⑤ 49. ②

50 의사표시에 관한 설명으로 옳지 않은 것은? (다툼이 있으면 판례에 의함)

① 강박에 의한 법률행위가 취소되는 것에 그치지 않고 무효로 되기 위하여는, 의사표시 자로 하여금 의사결정을 스스로 할 수 있는 여지를 완전히 박탈한 상태에서 의사표시가 이루어져 단지 법률행위의 외형만이 만들어진 것에 불과한 정도이어야 한다.

② 신원보증서류에 서명날인한다는 착각에 빠진 상태로 연대보증의 서면에 서명날인한 경우, 비록 이러한 착오가 제3자의 기망행위에 의하여 일어난 것이라 하더라도 사기에 의한 의사표시에 관한 민법 제110조 제2항의 규정을 적용할 것이 아니라, 착오에 의한 의사표시에 관한 법리만을 적용하여 취소권 행사의 가부를 가려야 한다.

③ 어떤 법률행위가 사기에 의한 것으로 취소되는 경우에, 그 법률행위가 동시에 불법행 위를 구성하는 때에는, 취소의 효과로 생기는 부당이득반환청구권과 불법행위로 인한 손해배상청구권은 경합하여 병존하는 것이므로, 채권자는 어느 것이라도 선택하여 행 사할 수 있다.

④ 특별한 사정이 없는 한 교환계약의 당사자가 자기 소유 목적물의 시가를 묵비하더라도 기망행위가 되지 않는다.

⑤ 제3자의 사기·강박에 의하여 상대방 있는 의사표시를 한 자는 상대방이 그 사실을 알았던 때에 한하여 취소할 수 있다.

51 선의의 제3자 보호규정이 없는 경우는?

① 비진의표시   ② 착오에 의한 의사표시

③ 제한능력자의 의사표시   ④ 허위표시

⑤ 강박에 의한 의사표시

52 甲은 상가건물을 지어 분양하면서 그곳에 첨단 오락타운을 조성하고 전문경영인에 의한 위탁경영을 통하여 일정 수익을 보장한다는 취지의 광고를 하였다. 이 광고를 보고 乙은 甲과 분양계약을 체결하였으나 나중에 알고 보니 실제는 광고와 달랐다. 甲의 광고에 다소의 과장된 점이 있기는 하였으나 그것은 일반상거래의 관행과 신의칙에 비추어 시인될 수 있는 정도였다. 이 사안에 관한 다음 설명 중 옳은 것은? (다툼이 있으면 판례의 입장에 의함)

① 착오를 이유로 취소할 수도 있고 사기를 이유로 취소할 수도 있다.

② 착오를 이유로 취소할 수는 있으나 사기를 이유로 취소할 수는 없다.

③ 착오를 이유로 취소할 수는 없으나 사기를 이유로 취소할 수는 있다.

④ 착오를 이유로 취소할 수도 없고 사기를 이유로 취소할 수도 없다.

⑤ 甲의 행태는 무효에 해당하는 것으로 보아야 한다.

53 의사표시에 관한 설명으로 옳은 것은? (다툼이 있으면 판례에 따름) 2015 기출

① 착오에 의한 의사표시의 취소는 선의의 제3자에게 대항할 수 있다.

② 부동산 매매에서 시가에 관한 착오는 특별한 사정이 없는 한 법률행위의 중요부분에 관한 착오라고 할 수 없다.

③ 채무자의 법률행위가 통정허위표시에 해당되어 무효인 경우에는 채권자취소권의 대상이 되지 않는다.

④ 진의 아닌 의사표시는 상대방이 표의자의 진의 아님을 알았거나 알 수 있었을 경우에 그 효력이 있다.

⑤ 강박이 의사결정의 자유를 완전히 박탈하는 정도에 이르지 않고 이를 제한하는 정도에 그친 경우에 그 의사표시는 무효이다.

50 ⑤ 상대방 있는 의사표시에 관하여 제3자가 사기나 강박을 행한 경우에는 상대방이 그 사실을 알았거나 알 수 있었을 경우에 한하여 그 의사표시를 취소할 수 있다(제110조 제2항).

51 ③ 제한능력자의 의사표시는 제한능력자 또는 법정대리인이 이를 취소할 수 있고 이러한 취소는 누구에게도 대항할 수 있다. 따라서 제한능력자와 그 상대방의 법률관계에 기해 새롭게 이해관계를 맺은 제3자가 있는 경우 제3자의 선악을 불문하고 취소로서 제3자에게 대항할 수 있다.

52 ④ [1] 상가를 분양하면서 그곳에 첨단 오락타운을 조성·운영하고 전문경영인에 의한 위탁경영을 통하여 분양계약자들에게 일정액 이상의 수익을 보장한다는 광고를 하고, 분양계약 체결 시 이러한 광고내용을 계약상대방에게 설명하였더라도, 체결된 분양계약서에는 이러한 내용이 기재되지 않은 점과, 그 후의 위 상가 임대운영경위 등에 비추어 볼 때, 위와 같은 광고 및 분양계약 체결 시의 설명은 청약의 유인에 불과할 뿐 상가분양계약의 내용으로 되었다고 볼 수 없고, 따라서 분양 회사는 위 상가를 첨단 오락타운으로 조성·운영하거나 일정한 수익을 보장할 의무를 부담하지 않는다.
[2] 상품의 선전 광고에 있어서 거래의 중요한 사항에 관하여 구체적 사실을 신의성실의 의무에 비추어 비난받을 정도의 방법으로 허위로 고지한 경우에는 기망행위에 해당한다고 할 것이나, 그 선전 광고에 다소의 과장 허위가 수반되는 것은 그것이 일반 상거래의 관행과 신의칙에 비추어 시인될 수 있는 한 기망성이 결여된다고 할 것이고, 또한 용도가 특정된 특수시설을 분양받을 경우 그 운영을 어떻게 하고, 그 수익은 얼마나될 것인지와 같은 사항은 투자자들의 책임과 판단하에 결정될 성질의 것이므로, 상가를 분양하면서 그곳에 첨단 오락타운을 조성하고 전문경영인에 의한 위탁경영을 통하여 일정 수익을 보장한다는 취지의 광고를 하였다고 하여 이로써 상대방을 기망하여 분양계약을 체결하게 하였다거나 상대방이 계약의 중요부분에 관하여 착오를 일으켜 분양계약을 체결하게 된 것이라 볼 수 없다(대판 99다55601·55618).

53 ① 착오에 의한 의사표시의 취소는 선의의 제3자에게 대항할 수 없다(제109조 제2항).
③ 채무자의 법률행위가 통정허위표시에 해당되어 무효인 경우에도 채권자취소권의 대상이 된다.
④ 진의 아닌 의사표시는 상대방이 표의자의 진의 아님을 알았거나 알 수 있었을 경우에 그 효력이 없다(제107조 제1항 단서).
⑤ 강박에 의하여 의사결정의 자유가 완전히 박탈된 상태에서 이루어진 의사표시는 효과의사에 대응하는 내심의 의사가 결여된 것이므로 무효라고 볼 수밖에 없으나, 강박이 의사결정의 자유를 완전히 박탈하는 정도에 이르지 아니하고 이를 제한하는 정도에 그친 경우에는 그 의사표시는 취소할 수 있음에 그치고 무효라고까지 볼 수 없다(대판 1984. 12. 11, 84다카1402).

Answer   50. ⑤   51. ③   52. ④   53. ②

54 A가 그 소유토지를 B의 기망에 의하여 착오를 일으켜 B에게 헐값으로 매도하였다. 이 경우에 다음 설명 중 맞는 것은 어느 것인가?

① 이 매매계약은 무효이다.

② A는 B의 기망만을 주장하여 매매계약을 취소할 수 있다.

③ A는 자기의 착오만을 주장하여 이 매매계약을 취소할 수 있다.

④ 이러한 매매계약은 불공정한 법률행위로서 무효이므로 취소할 필요조차 없다.

⑤ A는 매매계약취소의 의사표시를 함에 있어 B의 기망을 주장할 수도 있고 자기의 착오를 주장할 수도 있다.

55 의사표시에 관한 설명으로 옳은 것은? 2016 기출

① 의사표시자가 그 통지를 발송한 후 사망하여도 의사표시의 효력에 영향을 미치지 아니한다.

② 진의 아닌 의사표시에서 상대방이 표의자의 진의 아님을 알았거나 알 수 있었을 경우, 표의자는 그 의사표시를 취소할 수 있다.

③ 표의자가 과실로 상대방의 소재를 알지 못하는 경우, 의사표시는 민사소송법 공시송달의 규정에 의하여 송달할 수 있다.

④ 상대방이 있는 의사표시는 상대방이 요지(了知)한 때에 그 효력이 생긴다.

⑤ 상대방 있는 의사표시에 관하여 제3자가 강박을 행한 경우, 상대방이 그 사실을 알았던 경우에 한하여 그 의사표시를 취소할 수 있다.

56 甲이 의사표시를 발송했는데 그 의사표시가 도달하기 전에 상대방 乙이 제한능력자가 되었다. 이 경우 맞는 설명은?

① 甲은 의사표시의 도달을 주장할 수 있다.

② 이 경우 의사표시는 자동적으로 철회된다.

③ 乙은 의사표시의 도달을 주장할 수 없다.

④ 甲은 乙의 법정대리인이 그 도달을 안 후에 그 의사표시의 효력을 주장할 수 있다.

⑤ 甲과 乙 모두 의사표시의 도달을 주장할 수 있다.

57 의사표시의 효력발생에 관한 도달주의에 대하여 틀린 것은?

① 의사표시의 연착의 불이익은 표의자가 진다.

② 발신 후라도 도달 전에는 철회가 가능하다.

③ 우편함에 투입된 것을 제3자가 주워 수령자에게 전달해도 무방하다.

④ 의사표시의 부도달(不到達)의 불이익은 표의자가 입는다.

⑤ 작성한 후 발신 전에 사망한 경우에도 도달의 효력이 발생한다.

58 의사표시의 효력에 관한 설명으로 옳지 않은 것은? (다툼이 있으면 판례에 의함)

① 상대방 있는 의사표시는 그 통지가 상대방에게 도달한 때에 그 효력이 발생한다.

② 표의자가 의사표시 통지를 발송한 후 사망한 경우, 그 의사표시는 효력을 상실한다.

③ 격지자 간의 계약은 승낙의 통지를 발송한 때에 성립한다.

④ 표의자는 의사표시의 발송 후에도 도달 전에는 그 의사표시를 철회할 수 있다.

⑤ 내용증명우편이나 등기우편과는 달리, 보통우편의 방법으로 발송되었다는 사실만으로는 그 우편물이 상당기간 내에 도달하였다고 추정할 수 없다.

54 ⑤ 사기와 착오가 경합한 경우에는 표의자는 어느 쪽이든 그 요건을 입증하여 사기 또는 착오를 주장할 수 있다.

55 ② 의사표시는 표의자가 진의 아님을 알고 한 것이라도 그 효력이 있다. 그러나 상대방이 표의자의 진의 아님을 알았거나 이를 알 수 있었을 경우에는 무효로 한다(제107조 제1항).
③ 표의자가 과실 없이 상대방을 알지 못하거나 상대방의 소재를 알지 못하는 경우에는 의사표시는 민사소송법 공시송달의 규정에 의하여 송달할 수 있다(제113조).
④ 상대방이 있는 의사표시는 상대방에게 도달한 때에 그 효력이 생긴다(제111조 제1항).
⑤ 상대방 있는 의사표시에 관하여 제3자가 사기나 강박을 행한 경우에는 상대방이 그 사실을 알았거나 알 수 있었을 경우에 한하여 그 의사표시를 취소할 수 있다(제110조 제2항).

56 ④ 제112조
①, ③, ⑤ 표의자는 제한능력자에의 의사표시 도달을 주장할 수 없지만 제한능력자 측에서 의사표시 도달 및 효력발생을 주장하는 것은 무방하다.

57 ⑤ 발신 후 도달 전에 사망한 경우에도 일단 도달하면 효력이 발생한다(제111조 제2항). 그러나 발신 전에 사망한 경우에는 효력이 생길 여지가 없다.

58 ② 의사표시자가 그 통지를 발송한 후 사망하거나 제한능력자가 되어도 의사표시의 효력에 영향을 미치지 아니하므로(제111조 제2항), 후에 의사표시가 도달하는 한 효력이 발생한다.

Answer
54. ⑤　　55. ①　　56. ④　　57. ⑤　　58. ②

59 서울에 사는 甲은 부산에 사는 乙에게 특정 골동품을 1,000만 원에 사고 싶으니 팔라고 하는 내용의 편지를 써서 우체통에 넣고 집으로 돌아오는 길에 교통사고를 당하여 즉사하였다. 이 의사표시의 효력은 어떻게 되는가?

① 甲이 사망하였으므로 이 의사표시는 어떠한 경우이든 효력이 생길 수 없다.

② 甲의 사망과 관계없이 편지를 우체통에 넣을 때에 효력이 생긴다.

③ 甲의 사망과 관계없이 편지가 乙에게 배달될 때에 효력이 생긴다.

④ 甲의 사망과 관계없이 乙이 편지를 읽을 때에 효력이 생긴다.

⑤ 甲이 사망하지 않았다면 그 편지가 乙에게 배달될 때에 효력이 생기지만 이 경우에는 그 편지가 배달되기 전에 甲이 사망하였으므로 그 효력은 편지를 우체통에 넣었을 때에 생긴다.

60 의사표시의 효력발생시기에 관한 설명으로 옳지 않은 것은? (다툼이 있는 경우에는 판례에 의함) 2014 기출

① 상대방이 있는 의사표시는 상대방에게 도달한 때에 그 효력이 생기는 것이 원칙이다.

② 표의자는 그의 의사표시가 상대방에게 도달하였으나 상대방이 이행에 착수하기 전에는 그 의사표시를 철회할 수 있다.

③ 제한능력자에게 의사를 표시한 사람은 제한능력자의 법정대리인이 의사표시가 도달한 사실을 안 후에는 그 의사표시로써 제한능력자에게 대항할 수 있다.

④ 상대방이 정당한 사유 없이 의사표시의 수령을 거절한 경우에는 그 의사표시는 상대방이 그 내용을 알 수 있는 객관적 상태에 놓여 있는 때에 효력이 생긴다.

⑤ 의사표시의 부도달에 대한 위험은 표의자에게 있다.

61 의사표시의 효력발생에 관한 설명으로 옳지 않은 것은? (다툼이 있으면 판례에 따름) 2018 기출

① 의사표시가 기재된 내용증명우편물이 발송되고 반송되지 아니하면 특별한 사정이 없는 한, 그 무렵에 송달되었다고 볼 수 있다.

② 의사표시의 도달로 인정되려면 사회통념상 상대방이 그 통지를 현실적으로 수령하여 그 내용을 알아야 한다.

③ 의사표시를 받은 상대방이 제한능력자라 하더라도 그의 법정대리인이 그 의사표시가 도달한 사실을 안 후에는 의사표시자는 그 효력을 주장할 수 있다.

④ 의사표시자가 통지를 발송한 후 제한능력자가 되어도 그 의사표시의 효력에 영향을 미치지 아니한다.

⑤ 상대방 있는 의사표시에 관하여 민법은 상대방에게 도달한 때에 그 효력이 생기는 것을 원칙으로 한다.

62 甲은 자기 소유의 부동산을 1억 원에 매도하겠다는 청약을 등기우편으로 乙에게 보냈다. 이에 관한 설명으로 옳지 않은 것은? (다툼이 있으면 판례에 따름) 2019 기출

① 甲의 청약은 乙에게 도달한 때에 효력이 생긴다.

② 甲이 등기우편을 발송한 후 성년후견개시의 심판을 받은 경우, 乙에게 도달한 甲의 청약은 효력이 발생하지 않는다.

③ 甲의 등기우편은 반송되는 등 특별한 사정이 없는 한 乙에게 배달된 것으로 인정하여야 한다.

④ 甲은 등기우편이 乙에게 도달하기 전에 자신의 청약을 철회할 수 있다.

⑤ 甲의 청약이 효력을 발생하기 위해서 乙이 그 내용을 알 것까지는 요하지 않는다.

59 ③ 의사표시를 발신한 후 사망하거나 행위능력을 상실하더라도 의사표시의 효력에는 영향이 없다. 따라서 의사표시가 상대방에게 도달하면 효력이 발생한다.

60 ② 표의자는 발송 후 도달 전에는 철회할 수 있다. 일단 도달하면 상대방이 이행에 착수하기 전이라도 철회할 수 없다.

61 ② 도달이란 사회통념상 상대방이 그 통지내용을 알 수 있는 객관적 상태에 놓여 있는 것을 말한다(요지가능상태설). 따라서 그 내용을 알아야만 도달이 되는 것은 아니다.
④ 의사표시자가 그 통지를 발송한 후 사망하거나 제한능력자가 되어도 의사표시의 효력에는 영향을 미치지 않으므로(제111조 제2항), 후에 의사표시가 도달하는 한 효력이 발생한다.

62 ② 의사표시자가 그 통지를 발송한 후 사망하거나 제한능력자가 되어도 의사표시의 효력에 영향을 미치지 아니한다(제111조 제2항). 따라서 乙에게 도달한 甲의 청약은 효력이 발생한다.
① 상대방 있는 의사표시는 도달주의가 원칙이다.
③ 우편법 등 관계 규정의 취지에 비추어 볼 때 우편물이 등기취급의 방법으로 발송된 경우 반송되는 등의 특별한 사정이 없는 한 그 무렵 수취인에게 배달되었다고 보아야 한다(대판 1992. 3. 27, 91누3819).
④ 도달 전에는 의사표시를 철회할 수 있다.
⑤ 채권양도의 통지와 같은 준법률행위의 도달은 의사표시와 마찬가지로 사회관념상 채무자가 통지의 내용을 알 수 있는 객관적 상태에 놓여졌을 때를 지칭하고, 그 통지를 채무자가 현실적으로 수령하였거나 그 통지의 내용을 알았을 것까지는 필요하지 않다(대판 1983. 8. 23, 82다카439).

Answer
    59. ③   60. ②   61. ②   62. ②

63 **의사표시에 관한 설명으로 옳지 않은 것은?** `2022 기출`

① 청약의 의사표시는 그 표시가 상대방에게 도달한 때에 그 효력이 생긴다.

② 의사표시자가 청약의 의사표시를 발송한 후 사망하였다면, 그 의사표시는 처음부터 무효인 것으로 본다.

③ 행위능력을 갖춘 미성년자에게는 특별한 사정이 없는 한 의사표시의 수령능력이 인정된다.

④ 표의자가 과실없이 상대방을 알지 못하는 경우, 민사소송법 공시송달의 규정에 의하여 의사표시를 송달할 수 있다.

⑤ 의사표시의 상대방이 의사표시를 받은 때에 제한능력자인 경우, 특별한 사정이 없는 한 의사표시자는 그 의사표시로써 대항할 수 없다.

---

63 ② 의사표시를 발송한 후에 의사표시자가 사망하거나 제한능력자가 되어도 그 의사표시의 효력에는 아무런 영향을 미치지 않으므로(제111조 제2항), 후에 의사표시가 도달하는 한 효력이 발생한다.

Answer 　63. ②

04 법률행위의 대리

01 다음 중 대리가 허용되는 것으로만 연결된 것은?

㉠ 의사의 통지   ㉡ 사무관리
㉢ 어음행위   ㉣ 물건의 현실인도
㉤ 매매   ㉥ 채권양도의 통지

① ㉠, ㉡, ㉥　　　　　　② ㉠, ㉢, ㉤, ㉥

③ ㉠, ㉢, ㉣, ㉤, ㉥　　④ ㉢, ㉣, ㉤, ㉥

⑤ ㉢, ㉣, ㉤

02 다음 중 대리가 인정되는 것은?

① 유언　　　　　　　　　② 채무의 승인

③ 사무관리　　　　　　　④ 부정행위에 대한 용서

⑤ 가공

---

01 대리는 원칙적으로 재산법상의 법률행위에 허용된다. 다만 준법률행위 중 의사의 통지·관념의 통지에 대하여는 대리의 규정이 유추적용된다. ㉡ 사무관리 ㉣ 물건의 현실인도는 사실행위에 속하므로 대리가 허용되지 않는다.

02 ② 준법률행위 중 의사의 통지나 관념의 통지에는 법률행위에 관한 규정이 유추적용되므로 대리가 허용된다. 소멸시효의 중단사유인 채무의 승인은 관념의 통지에 속한다.

Answer　01. ②　02. ②

03 수권행위에 관한 설명 중 틀린 것은?

① 수권행위는 불요식행위이며 상대방 있는 단독행위이다.

② 수권행위가 비진의표시 또는 허위표시이거나 착오, 사기 또는 강박에 의해 행해졌다면 무효이거나 취소될 수 있다.

③ 수권행위의 하자 유무는 대리인을 기준으로 하여 정한다.

④ 본인의 수권행위에서 본인은 행위능력자이어야 하므로, 본인이 미성년자라면 제한능력을 이유로 수권행위를 취소할 수 있다.

⑤ 수권행위가 무효 또는 취소되면, 그 수권행위에 기한 대리행위는 무권대리가 된다.

04 대리에 관한 설명으로 옳지 않은 것은? (다툼이 있는 경우에는 판례에 의함) `2014 기출`

① 매매계약을 체결할 권한을 수여받은 대리인은 특별한 사정이 없으면, 그 매매계약에 따른 중도금과 잔금을 받을 권한을 갖는다.

② 매매계약의 체결과 이행에 관하여 포괄적인 권한을 수여받은 대리인은 특별한 사정이 없으면, 상대방에 대하여 약정된 매매대금의 지급기일을 연기할 권한을 갖는다.

③ 대여금의 영수권한만을 위임받은 대리인은 그 대여금 채무의 일부를 면제하기 위하여는 특별수권이 필요하다.

④ 특별한 사정이 없으면, 예금계약의 체결을 위임받은 자의 대리권에는 그 예금을 담보로 하여 대출을 받거나 이를 처분할 수 있는 권한이 포함되지 않는다.

⑤ 본인을 위하여 금전소비대차와 그 담보를 위한 담보권설정계약을 체결할 권한을 수여받은 대리인은 특별한 사정이 없으면, 금전소비대차계약과 담보권설정계약이 체결된 후에 이를 해제할 권한을 갖는다.

05 대리권에 관한 설명으로 옳지 않은 것은? (다툼이 있으면 판례에 의함)

① 대리행위의 하자 유무는 대리인을 기준으로 하지만, 수권행위의 하자 유무는 본인을 기준으로 한다.

② 계약체결의 대리권을 가진 대리인은 그 계약을 해제할 권한도 당연히 가진다.

③ 주식의 명의개서에 관하여 매수인이 매도인의 대리인이 되는 것은 허용된다.

④ 자기계약·쌍방대리의 금지는 법정대리에도 적용된다.

⑤ 자기계약의 금지에 위반한 법률행위라도 본인이 추인하면 유효하다.

06 甲은 乙에게 매매계약체결의 대리권을 수여하였고, 乙은 甲을 대리하여 丙 소유의 토지에 관하여 丙과 매매계약을 체결하였다. 그 계약의 효력이 甲에게 미치는 경우를 모두 고른 것은? (다툼이 있으면 판례에 따름) 2018 기출

> ㉠ 甲이 피한정후견인 乙에게 대리권을 수여하여 위 계약이 체결된 경우
> ㉡ 甲이 수권행위를 통하여 乙과 丁이 공동으로 대리하도록 정하였음에도 乙이 단독의 의사결정으로 위 계약을 체결한 경우
> ㉢ 乙이 위 토지에 대한 丙의 선행 매매사실을 알면서도 丙의 배임적 이중매매행위에 적극 가담하여 위 계약을 체결하였으나 이러한 사실을 甲이 알지 못한 경우

① ㉠
② ㉢
③ ㉠, ㉡
④ ㉡, ㉢
⑤ ㉠, ㉡, ㉢

07 당사자 일방으로부터 부동산 매매계약의 체결에 관한 대리권만 수여받은 대리인이 특별한 사정이 없는 한 할 수 있는 행위에 해당하는 것은? (다툼이 있으면 판례에 따름) 2020 기출

① 매도인을 대리하여 중도금이나 잔금을 수령하는 행위
② 매도인을 대리하여 약정된 매매대금의 지급기일을 연기해주는 행위
③ 매도인을 대리하여 잔금채권을 담보로 대출을 받는 행위
④ 매수인을 대리하여 매매계약을 해제하는 행위
⑤ 매수인을 대리하여 매매목적 부동산을 처분하는 행위

---

03 ③ 대리행위의 하자 유무는 대리인을 기준으로 정하지만, 수권행위의 하자 유무는 본인을 기준으로 정한다.

04 ⑤ 특별한 다른 사정이 없는 한 본인을 대리하여 금전소비대차 내지 그를 위한 담보권설정계약을 체결할 권한을 수여받은 대리인에게 본래의 계약관계를 해제할 대리권까지 있다고 볼 수 없다(대판 92다39365).

05 ② 특별한 사정이 없는 한 계약을 해제할 대리권까지 있다고 볼 수 없다.

06 ㉠ 대리인은 행위능력자임을 요하지 아니한다(제117조).
㉡ 공동대리의 제한에 위반하여 1인의 대리인이 단독으로 대리행위를 한 경우에는 그 대리행위는 무권대리가 된다.
㉢ 의사표시의 효력이 의사의 흠결, 사기, 강박 또는 어느 사정을 알았거나 과실로 알지 못한 것으로 인하여 영향을 받을 경우에 그 사실의 유무는 대리인을 표준하여 결정한다(제116조 제1항). 따라서 이중매매가 제2매수인의 적극 가담으로 인하여 반사회적 법률행위로서 제103조 무효가 되는 경우에 그 적극 가담의 기준은 제2매수인의 대리인 乙이다.

07 ① 부동산의 소유자로부터 매매계약을 체결할 대리권을 수여받은 대리인은 특별한 사정이 없는 한 그 매매계약에서 약정한 바에 따라 중도금이나 잔금을 수령할 권한도 있다고 보아야 한다(대판 1994. 2. 8, 93다39379).

Answer 03. ③ 04. ⑤ 05. ② 06. ① 07. ①

08 대리에 관한 설명으로 옳지 않은 것은? (다툼이 있으면 판례에 따름) `2019 기출`

① 대리인은 행위능력자임을 요하지 않는다.

② 유언은 대리가 허용되지 않는다.

③ 대리에 있어 본인을 위한 것임을 표시하는 현명은 묵시적으로 할 수는 없다.

④ 임의대리의 경우 그 원인된 법률관계의 종료 전에 본인이 수권행위를 철회할 수 있다.

⑤ 대리인이 수인인 때에는 원칙적으로 각자가 본인을 대리한다.

09 대리행위에 관한 설명으로 옳은 것은? (다툼이 있으면 판례에 따름) `2021 기출`

① 미성년자 甲의 법정대리인 乙이 제3자 丙의 이익만을 위한 대리행위를 하고 그 사정을 상대방 丁이 알고 있었다면, 그 대리행위는 甲에게 효과가 없다.

② 매매위임장을 제시하고 매매계약을 체결하면서 계약서에 대리인의 성명만 기재하는 경우, 특단의 사정이 없는 한 그 계약은 본인에게 효력이 없다.

③ 특정한 법률행위를 위임한 경우에 대리인이 본인의 지시에 좇아 그 행위를 한 때에는 본인은 자기가 안 사정에 관하여 대리인의 부지(不知)를 주장할 수 있다.

④ 하나의 물건에 대해 본인과 대리인이 각각 계약을 체결한 경우, 대리인이 체결한 계약은 무효이다.

⑤ 본인은 임의대리인이 제한능력자라는 이유로 대리행위를 취소할 수 있다.

10 甲은 자기 소유의 건물을 매각하도록 대리권을 乙에게 주고 백지위임장을 써 주었다. 乙은 동 건물에 대하여 자기 스스로 매수인이 되어 매매계약을 체결하고 자기명의로 등기를 필하였다. 이 경우 타당한 설명은?

① 乙의 행위는 자기계약이므로 甲·乙 간의 계약은 무효이고 甲의 추인에 의하여도 효력이 생기지 않는다.

② 乙의 행위는 甲으로부터의 백지위임장이 있기 때문에 유효하다.

③ 乙의 행위는 무권대리가 되며, 甲이 추인하면 乙의 행위도 계약 시에 소급하여 유효하다.

④ 乙의 행위는 쌍방대리에 해당하며 효력이 없다.

⑤ 甲이 미리 乙에게 甲·乙 간의 매매계약을 허락한 경우에도, 乙의 행위가 유효하게 성립할 여지는 없다.

11 자기계약과 쌍방대리에 관한 설명 중 틀린 것은?

① 甲으로부터 부동산매각의 대리권을 수여받은 乙이 그 부동산의 매수인이 되는 경우는 자기계약이 된다.

② 乙이 매도인 甲의 대리인으로서 또한 매수인 丙의 대리인으로서 매매계약을 혼자 체결하는 경우는 쌍방대리가 된다.

③ 부득이한 경우에는 자기계약이 허용된다.

④ 이행기가 도래하지 않은 채무의 이행에는 원칙적으로 쌍방대리가 허용되지 않는다.

⑤ 쌍방대리의 금지규정에 위반된 대리행위는 무권대리행위로 된다.

---

08 ③ 대리에 있어 본인을 위한 것임을 표시하는 현명은 묵시적으로 할 수 있다.
② 유언 등 신분행위에는 원칙적으로 대리가 허용되지 않는다.
① 제117조 ④ 제128조 ⑤ 제119조

09 ① 사안은 대리권남용의 문제이다. 진의 아닌 의사표시가 대리인에 의하여 이루어지고 그 대리인의 진의가 본인의 이익이나 의사에 반하여 자기 또는 제3자의 이익을 위한 배임적인 것임을 그 상대방이 알았거나 알 수 있었을 경우에는, 민법 제107조 제1항 단서의 유추해석상 그 대리인의 행위는 본인의 대리행위로 성립할 수 없으므로 본인은 대리인의 행위에 대하여 아무런 책임이 없다(대판 1996. 4. 26, 94다29850).
② 매매위임장을 제시하고 매매계약을 체결하는 자는 특단의 사정이 없는 한 소유자를 대리하여 매매행위하는 것이라고 보아야 한다(대판 1982. 5. 25, 81다1349, 81다카1209).
③ 특정한 법률행위를 위임한 경우에 대리인이 본인의 지시에 좇아 그 행위를 한 때에는 본인은 자기가 안 사정 또는 과실로 인하여 알지 못한 사정에 관하여 대리인의 부지(不知)를 주장하지 못한다(제116조 제2항).
④ 하나의 물건에 대해 본인과 대리인이 각각 계약을 체결한 경우에 대리인이 체결한 계약이 무효가 되는 것은 아니다. 대리인의 행위와 본인의 행위는 경합할 수 있기 때문이다. 예컨대 그 물건이 부동산이라면 먼저 이전등기를 받은 상대방이 소유권을 취득하게 된다.

10 ① 무권대리는 유동적 무효로 본인의 추인에 의해 유효로 된다(제130조).
② 백지위임장 교부는 건물매각에 대한 수권행위이지 자기계약에 대한 대리권수여가 아니다.
④ 자기계약에 해당한다.
⑤ 자기계약·쌍방대리라도 본인의 허락이 있으면 금지되지 않는다(제124조).

11 ③ 자기계약·쌍방대리는 원칙적으로 금지된다. 그러나 본인의 허락이 있는 경우와 채무의 이행은 허용된다(제124조).

Answer   08. ③   09. ①   10. ③   11. ③

12 자기계약 또는 쌍방대리의 금지규정의 취지에 저촉되지 않는 행위는?

① 토지매각의 대리권을 수여받은 자가 그 토지를 매수하는 계약을 체결하는 행위
② 부동산입찰절차에서 동일물건에 관하여 이해관계가 다른 2인 이상의 대리인이 되어 입찰하는 행위
③ 항변권 있는 채무의 변제
④ 주식매매에서의 주식명의개서의 신청
⑤ 본인에게 변제기 도래의 채권을 가지는 대리인이 본인의 부동산으로 대물변제받는 행위

13 자기계약과 쌍방대리에 관한 설명으로 옳은 것을 모두 고른 것은?

> ㉠ 대리인은 부동산 매매계약에 따른 소유권이전등기를 신청함에 있어서 쌍방대리를 할 수 있다.
> ㉡ 부동산입찰 절차에서 동일물건에 관하여 동일인이 이해관계가 다른 2인 이상의 대리인이 된 경우, 그 대리인이 한 입찰행위는 유효하다.
> ㉢ 대리인이 계약을 체결함에 있어서 본인이 미리 자기계약을 허락한 경우에는 그 계약은 유효하다.
> ㉣ 친권자가 본인의 지위와 법정대리인으로서의 지위에서 자기의 부동산을 미성년인 자(子)에게 증여하는 자기계약은 무효이다.

① ㉠, ㉡   ② ㉠, ㉢   ③ ㉡, ㉢
④ ㉡, ㉣   ⑤ ㉢, ㉣

14 대리권에 관한 설명 중 틀린 것은? (다툼이 있으면 판례에 의함)

① 임의대리권의 발생원인인 수권행위의 하자 유무는 대리인을 기준으로 판단한다.
② 대리인이 될 때에는 피성년후견인이 아니었다가 대리인이 된 후에 성년후견개시의 심판을 받은 경우에는 대리권은 소멸한다.
③ 임의대리권은 그 대리권수여의 원인된 법률관계의 종료에 의하여 소멸한다.
④ 원인된 법률관계가 종료하기 전이라도 본인이 수권행위를 철회하면 임의대리권은 소멸한다.
⑤ 대리인이 대리권을 남용한 경우에도 원칙적으로 대리행위로서 유효하고, 다만 대리인이 본인의 이익을 위하여 대리행위를 하는 것이 아니라는 것을 상대방이 알았거나 알 수 있었을 때에는 제107조 제1항 단서를 유추적용하여 그 대리행위는 무효가 된다.

15 대리에 관한 설명 중 가장 옳지 않은 것은?

① 대리행위는 본인을 위한 것임을 표시하여 함이 원칙이나, 상대방이 대리인으로서 한 것임을 알았거나 알 수 있었다면 대리행위로 인정된다.

② 수동대리의 경우에도 본인을 위한 것임을 표시하여야 하나 이를 표시하여야 하는 사람은 의사표시를 수령하는 대리인이 아니라 의사표시를 하는 상대방이다.

③ 타인의 대리인으로 계약을 한 자가 대리권을 증명하지 못하고 또 본인의 추인을 얻지 못한 때에는 무권대리인의 선택에 좇아 계약의 이행 또는 손해배상의 책임이 있다.

④ 상행위의 경우에는 현명주의가 적용되지 않는다.

⑤ 채무의 이행은 자기계약으로 할 수 있다.

---

12 ④ 단순한 채무의 이행에 준하는 것으로서 자기계약이나 쌍방대리가 허용된다.

13 ⓒ 부동산 입찰절차에서 동일물건에 관하여 이해관계가 다른 2인 이상의 대리인이 된 경우에는 그 대리인이 한 입찰은 무효이다(대결 2003마44).
ⓔ 친권자가 부동산을 그 자(子)에게 증여하는 행위는, 미성년자인 자에게 이익만을 주는 행위이므로, 친권자와 자 사이의 이해상반행위에 속하지 아니하고, 또 자기계약이지만 유효하다(대판 73다1859).

14 ① 대리행위의 하자 유무는 대리인을 기준으로 하지만(제116조 제1항), 수권행위의 하자 유무는 본인을 기준으로 한다.

15 ③ 타인의 대리인으로 계약을 한 자가 그 대리권을 증명하지 못하고 또 본인의 추인을 얻지 못한 때에는 상대방의 선택에 좇아 계약의 이행 또는 손해배상의 책임이 있다(제135조 제1항).

Answer /   12. ④   13. ②   14. ①   15. ③

16 임의대리에 관한 설명으로 옳지 않은 것은? (다툼이 있으면 판례에 따름) 2021 기출

① 권한을 정하지 아니한 대리인은 대리의 목적물에 대해 모든 개량행위를 할 수 있다.

② 대리권은 그 권한에 부수하여 필요한 한도에서 상대방의 의사표시를 수령하는 수령대리권을 포함하는 것이 원칙이다.

③ 수권행위는 묵시적인 의사표시로 할 수 있다.

④ 대리권의 존속 중 원인된 법률관계가 종료하기 전에는 본인은 수권행위를 철회할 수 있다.

⑤ 대리인에 대한 성년후견의 개시는 대리권의 소멸사유이다.

17 임의대리권의 범위에 관한 설명으로 옳지 않은 것은? (다툼이 있으면 판례에 따름)

2022 기출

① 임의대리권의 범위는 원칙적으로 수권행위에 의하여 정해진다.

② 특별한 사정이 없는 한 통상의 임의대리권은 필요한 한도에서 수령대리권을 포함한다.

③ 매도인으로부터 매매계약체결에 대한 대리권을 수여받은 자는 특별한 사정이 없는 한 그 매매계약에 따른 중도금을 수령할 권한이 있다.

④ 매도인으로부터 매매계약의 체결과 이행에 대해 포괄적인 대리권을 수여받은 자는 특별한 사정이 없는 한 약정된 매매대금의 지급기일을 연기해 줄 권한이 없다.

⑤ 부동산을 매수할 권한을 수여받은 자는 원칙적으로 그 부동산을 처분할 권한이 없다.

18 임의대리와 법정대리에 공통된 대리권의 소멸원인이 아닌 것은?

① 본인의 사망　　　　　　　　　② 대리인의 사망

③ 대리인의 성년후견의 개시　　　④ 본인의 성년후견의 개시

⑤ 대리인의 파산

19 甲은 乙의 대리인이다. 甲의 대리권 소멸사유가 아닌 것은?

① 법정대리인인 甲이 사망한 경우

② 甲이 일시적으로 의사무능력자가 된 경우

③ 乙이 사망한 경우 법정대리인인 甲의 대리권

④ 甲이 피성년후견인이 된 경우

⑤ 乙이 성년이 된 경우 친권자인 甲의 대리권

20 법정대리권의 소멸사유가 아닌 것은?

① 본인의 사망　　　　　　　　　② 본인과 법정대리인 간의 이익상반행위

③ 대리인의 사망　　　　　　　　④ 대리인의 파산

⑤ 본인의 행위능력 취득 또는 회복

21 민법에서 정한 임의대리권의 소멸사유에 해당하지 않는 것은? 2018 기출

① 본인의 사망

② 대리인의 사망

③ 본인의 성년후견 개시

④ 본인과 대리인 사이의 원인된 법률관계의 종료

⑤ 본인과 대리인 사이의 원인된 법률관계의 종료 전 수권행위의 철회

---

16 ① 권한을 정하지 아니한 대리인은 보존행위와 대리의 목적인 물건이나 권리의 성질을 변하지 아니하는 범위에서 그 이용 또는 개량하는 행위만을 할 수 있다(제118조).
② 임의대리에 있어서 대리권의 범위는 수권행위(대리권수여행위)에 의하여 정하여지는 것이므로 어느 행위가 대리권의 범위 내의 행위인지의 여부는 개별적인 수권행위의 내용이나 그 해석에 의하여 판단할 것이나, 일반적으로 말하면 수권행위의 통상의 내용으로서의 임의대리권은 그 권한에 부수하여 필요한 한도에서 상대방의 의사표시를 수령하는 이른바 수령대리권을 포함하는 것으로 보아야 한다(대판 1994. 2. 8, 93다39379).
④ 법률행위에 의하여 수여된 대리권은 전조(대리권의 공통소멸사유)의 경우 외에 그 원인된 법률관계의 종료에 의하여 소멸한다. 법률관계의 종료 전에 본인이 수권행위를 철회한 경우에도 같다(제128조).

17 ④ 매매계약의 체결과 이행에 관하여 포괄적으로 대리권을 수여받은 대리인은 특별한 다른 사정이 없는 한 상대방에 대하여 약정된 매매대금지급기일을 연기하여 줄 권한도 가진다고 보아야 할 것이다(대판 1992. 4. 14, 91다43107).

18 ④ 대리권의 공통 소멸원인은 본인의 사망, 대리인의 사망·성년후견의 개시·파산이다(제127조).

19 ② 대리인이 일시적으로 의사무능력자가 되었다고 하여 대리권이 소멸하는 것은 아니다.

20 ② 예컨대 친권자와 자 사이의 이해상반행위(제921조)는 특별대리인의 선임사유이지, 법정대리권의 소멸사유가 아니다.

21 ③ 본인이 아니라 대리인이 성년후견의 개시가 공통소멸사유이다(제127조).

Answer　　16. ①　　17. ④　　18. ④　　19. ②　　20. ②　　21. ③

22 대리에 관하여 타당한 내용을 모두 찾아 묶은 것은? (다툼이 있는 경우 판례에 의함)

> ㉠ 무권대리가 상대방 없는 단독행위인 경우에는 언제나 절대무효이고, 본인의 추인이 있더라도 아무런 효력이 생기지 아니한다.
> ㉡ 계약체결의 대리권을 부여받은 대리인은 원칙적으로 그 대리권에 기하여 체결된 계약의 해제나 합의해제를 할 수 있는 대리권이 있음은 물론이고 상대방의 해제의 의사표시를 수령할 수 있는 대리권도 있다.
> ㉢ 민법 제118조(대리권의 범위)는 대리권의 범위가 불분명한 경우에 관한 보충적 규정에 불과하고, 대리권의 범위가 분명하거나 표현대리가 성립할 경우에는 적용되지 않는다.
> ㉣ 민법은 채무의 이행(변제)에 있어서는 쌍방대리를 허용하므로(제124조 단서), 변제의 일종인 대물변제에 있어서도 쌍방대리가 원칙적으로 허용된다.
> ㉤ 복대리인은 대리인이 그의 이름으로 선임하므로 대리인의 대리인이며, 임의대리인은 본인의 승낙이 있거나 부득이 한 사유가 있는 때에만 복대리인을 선임할 수 있다.

① ㉠, ㉢   ② ㉢, ㉤   ③ ㉣, ㉤
④ ㉠, ㉡, ㉣   ⑤ ㉡, ㉣, ㉤

23 대리에 관한 설명으로 옳지 않은 것은? (다툼이 있는 경우에는 판례에 의함) `2013 기출`

① 본인이 대리인에게 자기계약을 허락한 경우에는 그 대리행위는 유효하다.
② 대리에 의한 의사표시의 효력이 의사의 흠결로 영향을 받을 경우에는 그 사실 유무는 대리인을 기준으로 정한다.
③ 대리권의 범위가 불분명한 대리인은 소멸시효의 중단과 같은 보존행위는 할 수 있지만 금전을 이자부로 대여하는 이용행위는 할 수 없다.
④ 유권대리의 주장이 있다고 하여 표현대리의 주장이 당연히 포함되는 것은 아니다.
⑤ 대리인이 여러 명인 경우에는 대리인은 원칙적으로 각자가 본인을 대리한다.

24 대리에 관한 설명으로 옳지 않은 것은? (다툼이 있으면 판례에 따름) `2022 기출`

① 대리인은 행위능력자임을 요하지 아니한다.
② 사실상의 용태에 의하여 대리권의 수여가 추단될 수 있다.
③ 임의대리의 원인된 법률관계가 종료하기 전이라도 본인은 수권행위를 철회할 수 있다.
④ 수권행위에서 권한을 정하지 아니한 대리인은 보존행위만을 할 수 있다.
⑤ 복대리인은 본인의 대리인이다.

25 법률행위의 대리에 관한 설명으로 옳은 것은? (다툼이 있으면 판례에 따름) <small>2017 기출</small>

① 권한의 범위가 정해지지 않은 임의대리인은 부패하기 쉬운 농산물을 처분할 수 없다.

② 대리인은 행위능력자이어야 한다.

③ 부동산 입찰절차에서 동일물건에 관하여 이해관계가 다른 2인 이상의 대리인이 된 경우에는 그 대리인이 한 입찰은 무효이다.

④ 예금계약의 체결을 위임받은 자의 대리권에는 당연히 그 예금을 담보로 하여 대출을 받거나 이를 처분할 수 있는 권한이 포함되어 있다.

⑤ 복대리인은 그 권한 내에서 대리인을 대리한다.

---

22 ㉣ 쌍방대리가 허용되는 채무의 이행(제124조 단서)은 단순한 변제행위를 말하는 것이므로, 새로운 이해관계를 수반하는 대물변제의 경우에는 쌍방대리가 허용되지 않는다.
㉤ 복대리인은 대리인이 그의 권한으로, 즉 대리인의 이름으로 선임한 본인의 대리인이다(제123조).

23 ③ 권한을 정하지 않은 대리인은 보존행위와 성질이 변하지 않는 범위에서 이용개량행위를 할 수 있다(제118조).

24 ④ 권한을 정하지 아니한 대리인은 다음 각 호의 행위만(1. 보존행위, 2. 대리의 목적인 물건이나 권리의 성질을 변하지 아니하는 범위에서 그 이용 또는 개량하는 행위)을 할 수 있다(제118조).
② 대리권을 수여하는 수권행위는 불요식의 행위로서 명시적인 의사표시에 의함이 없이 묵시적인 의사표시에 의하여 할 수도 있으며, 어떤 사람이 대리인의 외양을 가지고 행위하는 것을 본인이 알면서도 이의를 하지 아니하고 방임하는 등 사실상의 용태에 의하여 대리권의 수여가 추단되는 경우도 있다(대판 2016. 5. 26, 2016다 203315).

25 ③ 민법 제124조는 "대리인은 본인의 허락이 없으면 본인을 위하여 자기와 법률행위를 하거나 동일한 법률행위에 관하여 당사자 쌍방을 대리하지 못한다."라고 규정하고 있으므로 부동산 입찰절차에서 동일물건에 관하여 이해관계가 다른 2인 이상의 대리인이 된 경우에는 그 대리인이 한 입찰은 무효이다(대결 2004.2.13., 자 2003마44).
① 권한을 정하지 아니한 대리인은 다음 각호의 행위(1. 보존행위, 2. 대리의 목적인 물건이나 권리의 성질을 변하지 아니하는 범위에서 그 이용 또는 개량하는 행위)만을 할 수 있다(제118조). 부패하기 쉬운 농산물을 처분하는 것은 보존행위에 속하므로 할 수 있다.
② 대리인은 행위능력자임을 요하지 아니한다(제117조).
④ 예금계약의 체결을 수임받은 자가 가지는 대리권에 당연히 그 예금을 담보로 하여 대부를 받거나 기타 이를 처분할 수 있는 대리권이 포함되어 있는 것은 아니다(대판 1992. 6. 23, 91다14987).
⑤ 복대리인은 그 권한 내에서 본인을 대리한다(제123조 제1항).

Answer
    22. ①   23. ③   24. ④   25. ③

26 본인 甲이 대리행위의 상대방 丙에게 강박을 하였다. 甲의 대리인 乙은 이러한 사실을 모르고 있다. 이 경우에 관한 다음 설명 중 옳은 것은?

① 대리행위의 하자는 대리인을 표준하여 결정되므로 丙은 취소할 수 없다.

② 乙에게 중대한 과실이 있는 경우에 한하여 丙은 취소할 수 있다.

③ 乙이 甲의 강박사실을 알 수 있었을 경우에 한하여 丙은 취소할 수 있다.

④ 乙이 甲의 강박사실을 몰랐지만 丙은 취소할 수 있다.

⑤ 乙이 제한능력자인 경우에 한하여 丙은 취소할 수 있다.

27 대리행위에 관한 다음 설명 중 틀린 것은?

① 대리인이 그 권한 내에서 본인을 위한 것임을 표시한 의사표시는 직접 본인에게 대하여 효력이 생긴다.

② 대리인이 본인을 위한 것임을 표시하지 아니한 때에는 그 의사표시는 대리인 자기를 위한 것으로 본다.

③ 본인은 대리인의 제한능력을 이유로 대리행위를 취소할 수 있다.

④ 대리인이 제한능력자인 경우 본인과 대리인 사이의 기초적인 내부관계는 제한능력을 이유로 취소될 수 있다.

⑤ 대리인은 반드시 대리인임을 표시하여 의사표시를 하여야 하는 것이 아니고 본인명의로도 할 수 있다.

28 대리행위에 관한 설명으로 옳은 것은?

① 대리인이 법률행위를 하면서 본인을 위한 것임을 표시하지 아니한 경우, 그 행위는 언제나 자기를 위한 것으로 본다.

② 대리인은 본인과의 사이에서 대리인과 상대방의 지위를 언제나 동시에 가질 수 없다.

③ 대리행위의 하자로 인해 취소권이 발생한 경우, 그 취소권은 대리인에게 귀속된다.

④ 임의대리인이 본인의 지시에 좇아 대리행위를 한 경우, 본인은 자기가 알고 있는 사정에 관하여 대리인의 부지(不知)를 주장하지 못한다.

⑤ 상대방이 본인을 강박하여 대리인과 법률행위를 한 경우, 본인은 대리행위를 취소할 수 있다.

29 甲의 대리인 乙이 丙과 매매계약을 체결하였다. 이 경우 다음 설명 중 옳은 것은?

① 乙이 매매대금을 횡령할 생각을 가지고 계약을 체결하였다면 이는 유효한 대리행위가 아니다.

② 乙이 실수로 甲을 위한 것임을 표시하지 않고 계약을 체결한 경우에, 丙이 계약당사자를 乙이라고 생각하여 乙에게 이행을 청구해 오면, 乙은 자신의 내심의 의사(대리의사)와 표시행위가 일치하지 않음을 이유로 계약을 취소할 수 있다.

③ 주위 사정에 비추어 볼 때 계약당사자가 甲임을 丙이 알 수 있었다면, 甲과 丙 간에 매매계약이 성립한다.

④ 계약서에 乙이 甲의 이름만 적고 또 甲의 인장만을 날인했다면, 이는 유효한 대리행위가 될 수 없다.

⑤ 乙이 丙을 기망하여 계약이 체결된 경우에도 甲이 선의이면 丙은 계약을 취소할 수 없다.

---

26 ④ 본인이 상대방을 강박한 것이므로 당사자 사이의 사기·강박이 된다. 상대방 丙은 대리인 乙의 인식 여부와 관계없이 취소할 수 있다.

27 ③ 대리인은 행위능력자임을 요하지 않는다. 따라서 본인은 대리인의 제한능력을 이유로 대리행위를 취소할 수 없다.

28 ④ 특정한 법률행위를 위임한 경우에 대리인이 본인의 지시에 좇아 그 행위를 한 때에는 본인은 자기가 안 사정 또는 과실로 인하여 알지 못한 사정에 관하여 대리인의 부지를 주장하지 못한다(제116조 제2항).
① 대리인이 본인을 위한 것임을 표시하지 아니한 때에는 그 의사표시는 자기를 위한 것으로 본다. 그러나 상대방이 대리인으로서 한 것임을 알았거나 알 수 있었을 때에는 유효한 대리행위가 된다(제115조 단서 참조).
② 자기계약이란 대리인이 한편으로는 본인을 대리하면서 다른 한편으로는 대리인 자신이 상대방이 되어 계약을 하는 것을 말한다. 이러한 자기계약은 원칙적으로 금지된다. 다만, 본인의 허락이 있는 경우와 채무의 이행은 자기계약이더라도 허용된다.
③ 대리행위의 하자로 인하여 발생하는 효과(취소권)는 본인에게 귀속된다.
⑤ 의사표시의 효력이 의사의 흠결·사기·강박 또는 어느 사정을 알았거나 과실로 알지 못한 것으로 인하여 영향을 받을 경우에 그 사실의 유무는 대리인을 표준하여 결정한다(제116조 제1항).

29 ③ 제115조 단서
① 대리인이 자신의 사적 이익을 추구한 경우(대리권 남용)에도 제107조 제1항 단서 유추·적용설(다수설·판례)에 의해 원칙적으로 유효한 대리행위이다.
② 대리인이 본인을 표시하지 아니한 경우에는 대리인 자신을 위한 것으로 본다(제115조). 따라서 대리인은 착오를 이유로 취소할 수 없다.
④ 대리인은 대리인임을 표시하여 의사표시를 하여야 하는 것이 아니고 본인명의로도 할 수 있다(대판 63다67).
⑤ 대리인이 상대방을 사기한 경우에는 제110조 제2항의 제3자의 사기에 해당하지 않으므로, 상대방은 언제나 취소할 수 있다.

Answer 26. ④ 27. ③ 28. ④ 29. ③

30 甲의 대리인 乙이 丙과 매매계약을 체결하였다. 이에 관한 설명 중 옳은 것은?

① 乙이 丙과 계약체결 시 실수로 그 계약이 甲을 위한 것임을 표시하지 않은 경우, 丙이 계약당사자를 乙이라고 생각하고 乙에게 계약의 이행을 청구해 오면, 乙은 자신의 내심의 의사는 甲을 위해 계약을 체결하려는 것이었음을 이유로 자신의 의사표시를 취소할 수 있다.

② 乙이 甲을 위한 것임을 표시하지 않고 丙과 계약을 체결하고 丙도 乙을 계약당사자라고 과실 없이 믿은 경우에는, 丙은 乙에 대해서 뿐만 아니라 甲에 대해서도 계약의 이행을 청구할 수 있다.

③ 위 매매계약이 불공정한 법률행위인가를 판단함에는 경솔 · 무경험은 乙을 기준으로 판단하여야 하고, 궁박상태에 있었는가의 여부는 甲의 입장에서 판단하여야 한다.

④ 매매계약 체결 시에 丙이 乙에 대해 강박을 행하였다 하더라도, 甲은 그 사실을 과실 없이 알지 못했던 경우에만 그 계약을 취소할 수 있다.

⑤ 매매계약 체결 시에 乙이 丙을 기망했다 하더라도, 甲이 그 사실을 몰랐던 경우에는 丙은 그 계약을 취소할 수 없다.

31 대리에 관한 설명으로 옳지 않은 것은? (다툼이 있으면 판례에 의함)

① 대리행위의 효과는 일단 대리인에게 귀속하였다가 본인과 대리인 간의 내부적 법률관계에 따라 본인에게 이전한다.

② 대리인이 행한 당해 법률행위의 부수적 효과인 취소권, 해제권 등도 모두 본인에게 귀속된다.

③ 대리행위의 효과는 본인에게 귀속하므로 본인은 권리능력이 있어야 한다.

④ 대리인의 대리행위 시 본인이 의사능력 및 행위능력을 가질 필요는 없다.

⑤ 지명채권 양도의 통지도 대리인을 통하여 할 수 있다.

32 복대리에 관한 설명으로 옳은 것은? (다툼이 있으면 판례에 의함)

① 복대리권은 대리권의 존재와 범위에 영향을 받지 않는다.

② 대리인이 대리권 소멸 후 복대리인을 선임하였다면, 복대리인의 대리행위로는 표현대리가 성립할 수 없다.

③ 복대리인은 대리인의 대리행위에 의하여 선임되는 본인의 대리인이다.

④ 법정대리인이 부득이한 사유로 복대리인을 선임한 경우에는 본인에 대하여 선임 · 감독상의 책임만 있다.

⑤ 자신이 직접 처리할 필요가 없는 법률행위에 관하여 임의대리인은 본인의 명시적인 금지가 있더라도 복대리인을 선임할 수 있다.

Part 04

---

30 ③ 매도인의 대리인이 매매한 경우에 있어서 그 매매가 불공정한 법률행위인가를 판단함에는 매도인의 경솔, 무경험은 그 대리인을 기준으로 하여 판단하여야 하고 궁박상태에 있었는지의 여부는 매도인 본인의 입장에서 판단되어야 한다(대판 71다2255).
① 상대방의 보호와 거래의 안전을 위하여 대리인의 취소권은 배제된다(제115조).
② 대리인이 본인을 위한 것임을 현명하지 않고 거래를 하였고, 상대방도 대리인으로서 한 것임을 알았거나 알 수 있었을 경우가 아니면, 상대방 丙은 본인 甲에 대하여 이행을 청구할 수 없다.
④ 대리인이 상대방의 강박에 의하여 의사를 표시한 경우에는 본인은 제110조 제1항에 의하여 대리인의 의사 표시를 취소할 수 있다.
⑤ 대리인의 사기에 의하여 상대방이 의사표시를 하였을 경우에 상대방은 기망에 인한 의사표시를 취소할 수 있다(대판 4291민상101).

31 ① 대리행위의 효과는 직접 본인에게 생긴다.

32 ④ 법정대리인은 원칙적으로 복대리인의 행위에 관하여 선임 · 감독에 과실이 있는지를 묻지 않고 '모든 책임'을 진다(제122조 본문). 즉, 법정의 무과실책임이다. 다만, 부득이한 사유로 복대리인을 선임한 경우에는 임의 대리인과 동일한 책임(선임 · 감독의 책임)만을 진다(제122조 단서).
① 복대리인은 대리인에 의해서 선임되기 때문에 복대리권은 대리권의 존부와 범위에 의존한다.
② 대리인이 대리권 소멸 후 직접 상대방과 사이에 대리행위를 한 경우는 물론, 복대리인을 선임하여 복대리인으로 하여금 상대방과 대리행위를 하게 한 경우에도 상대방이 대리권 소멸사실을 알지 못하고 복대리인에게 적법한 대리권이 있는 것으로 믿었고 그와 같이 믿은 데 과실이 없다면 민법 제129조에 의한 표현대리가 성립한다(대판 97다55317).
③ 복대리인은 대리인의 대리행위에 의하여 선임되는 것이 아니라 대리인이 스스로의 이름으로 선임한다.
⑤ 대리의 목적인 법률행위의 성질상 대리인 자신에 의한 처리가 필요하지 아니한 경우에는 본인이 복대리금지의 의사를 명시하지 아니하는 한 복대리인의 선임에 관하여 묵시적인 승낙이 있는 것으로 보는 것이 타당하다(대판 94다30690).

Answer   30. ③   31. ①   32. ④

33 복대리에 관한 다음 설명 중 틀린 것은?

① 법정대리에서의 복대리인은 임의대리인의 복임권과 같은 범위에서 복임권을 가진다.

② 본인의 승낙이 있거나 부득이한 사유가 있어 임의대리인이 복대리인을 선임한 때에는 본인에게 대하여 그 선임감독에 관한 책임이 있다.

③ 임의대리인이 본인의 지명에 의하여 복대리인을 선임하였다 하더라도 대리인의 책임이 경감되거나 면제되는 것은 아니다.

④ 법정대리인은 복대리인의 행위에 대하여 원칙적으로 무과실책임을 진다.

⑤ 대리인의 대리권이 소멸하면 복대리인의 대리권이 당연히 소멸한다.

34 복대리에 관한 다음 설명 중 틀린 것은?

① 법정대리인이 선임한 복대리인의 행위로 인하여 손해가 발생하였다면 선임 및 감독의 무위반을 이유로 본인에게 대하여 손해배상책임을 부담한다.

② 복대리인은 대리인이 자신의 이름으로 선임한 본인의 대리인이다.

③ 법정대리인은 원칙적으로 언제나 복대리인을 선임할 수 있다.

④ 본인과 복대리인 사이에도 본인과 대리인 사이에 존재하는 내부관계가 인정된다.

⑤ 복대리인이 행한 대리행위의 효과는 직접 본인에게 귀속된다.

35 복대리에 관한 설명으로 옳지 않은 것은?

① 미성년자의 후견인은 본인의 승낙 또는 부득이한 사유 없이도 복대리인을 선임할 수 있다.

② 복대리에도 표현대리에 관한 법리가 적용된다.

③ 임의대리인이 본인의 지명에 의하여 복대리인을 선임한 경우에도 본인에 대하여 책임을 지는 경우가 있다.

④ 임의대리인은 본인의 승낙이 있는 경우에 한하여 복대리인을 선임할 수 있다.

⑤ 복대리인이 대리행위를 할 때에는 본인의 이름으로 법률행위를 해야 한다.

36 미성년자 甲의 법정대리인 乙이 복대리인 丙을 선임한 경우에 관한 설명으로 옳지 않은 것은?

2021 기출

① 乙은 항상 복임권이 있다.

② 丙도 법정대리인의 지위를 가진다.

③ 乙이 부득이한 사유로 丙을 선임한 경우라면 甲에 대하여 그 선임감독에 관한 책임이 있다.

④ 乙이 사망한 경우 丙의 복대리인의 지위는 원칙적으로 소멸한다.

⑤ 丙은 자신이 수령한 법률행위의 목적물을 乙에게 인도할 의무가 있다.

37 법정대리인이 복대리인을 선임하는 경우에 관한 설명으로 옳은 것은? (다툼이 있으면 판례에 따름) 2018 기출

① 복대리권은 복임행위가 철회되더라도 소멸되지 않는다.

② 본인의 승낙이 있거나 부득이한 사유가 없으면 복대리인을 선임하지 못한다.

③ 부득이한 사유로 복대리인을 선임한 경우, 본인에 대하여 그 선임·감독에 관한 책임이 있다.

④ 본인의 지명 없이 복대리인을 선임한 경우, 그 불성실함을 알고 본인에 대한 통지나 그 해임을 태만한 때가 아니면 책임이 없다.

⑤ 법정대리인이 대리권 소멸 후에 복대리인을 선임하여 그에게 대리행위를 하게 하였다면 특별한 사정이 없는 한, 민법 제129조의 표현대리가 성립할 수 없다.

33 ③ 대리인이 본인의 지명에 의하여 복대리인을 선임한 경우에는 그 부적임 또는 불성실함을 알고 본인에게 대한 통지나 그 해임을 태만한 때가 아니면 책임이 없다(제121조 제2항).

34 ① 법정대리인은 원칙적으로 자신의 책임하에 복대리인을 선임할 수 있으므로 선임감독상의 제한된 책임만을 부담하는 것이 아니라 전적인 책임을 진다.

35 ④ 임의대리인은 본인의 승낙이 있거나 부득이한 사유가 있는 때가 아니면 복대리인을 선임하지 못한다.

36 ② 법정대리인의 복대리인이든 임의대리인의 복대리인이든 상관없이 복대리인은 언제나 임의대리인이다.
③ 법정대리인은 그 책임으로 복대리인을 선임할 수 있다. 그러나 부득이한 사유로 인한 때에는 선임감독에 관한 책임만 있다(제122조).
④ 대리인의 사망으로 대리인의 대리권이 소멸하면 복대리권도 소멸한다.

37 ③ 제122조 단서
① 복대리권은 대리인의 복임행위에 의해 발생하므로, 대리인의 복대리인에 대한 복임행위의 철회에 의해 복대리권은 소멸한다.
② 법정대리인은 그 책임으로 복대리인을 선임할 수 있다(제122조).
④ 법정대리인은 복대리인의 행위에 관하여 선임·감독에 과실이 있는지를 묻지 않고 '모든 책임'을 진다(제122조 본문). 즉, 법정의 무과실책임이다. 다만, 부득이한 사유로 복대리인을 선임한 경우에는 임의대리인의 경우과 동일한 책임(선임·감독의 책임)만을 진다(제122조 단서).
⑤ 대리인이 대리권 소멸 후 직접 상대방과 사이에 대리행위를 하는 경우는 물론, 대리인이 대리권 소멸 후 복대리인을 선임하여 복대리인으로 하여금 상대방과 사이에 대리행위를 하도록 한 경우에도 상대방이 대리권 소멸 사실을 알지 못하여 복대리인에게 적법한 대리권이 있는 것으로 믿었고, 그와 같이 믿은 데 과실이 없다면 민법 제129조에 의한 표현대리가 성립할 수 있다.

Answer 33. ③ 34. ① 35. ④ 36. ② 37. ③

38 복대리에 관한 설명으로 옳지 않은 것은? (다툼이 있으면 판례에 따름) 2015 기출

① 복대리인은 대리인의 대리인이 아니다.

② 복대리에서도 표현대리가 성립할 수 있다.

③ 복대리인은 본인이나 제3자에 대하여 대리인과 동일한 권리의무가 있다.

④ 복대리인이 선임된 후에 대리인의 대리권이 소멸하더라도 복대리권은 소멸하지 않는다.

⑤ 법정대리인이 부득이한 사유로 복대리인을 선임한 경우, 본인에 대하여 복대리인의 선임감독에 관한 책임이 있다.

39 복대리권의 소멸사유가 아닌 것은? 2017 기출

① 본인의 사망 ② 대리인의 파산

③ 복대리인의 파산 ④ 대리인의 성년후견의 개시

⑤ 본인의 성년후견의 개시

40 대리에 관한 설명으로 옳은 것은? 2016 기출

① 복대리인은 그 권한 내에서 대리인을 대리한다.

② 임의대리인의 대리권의 범위를 정하지 아니한 경우, 대리인은 보존행위뿐만 아니라 처분행위도 할 수 있다.

③ 대리인은 본인의 허락이 있어도 부동산 매매에 관하여 자기계약을 체결하지 못한다.

④ 임의대리에서 본인은 원인된 법률관계가 존속하고 있으면, 수권행위를 철회하여 임의 대리권을 소멸시킬 수 없다.

⑤ 복대리인은 본인이나 제3자에 대하여 대리인과 동일한 권리의무가 있다.

41 복대리에 관한 설명으로 옳은 것은? 2019 기출

① 복대리인은 대리인의 대리인이다.

② 법정대리인은 복대리인을 선임하지 못한다.

③ 복대리인의 대리권은 대리인의 대리권의 범위를 넘지 못한다.

④ 임의대리인이 부득이한 사유로 복대리인을 선임한 경우, 본인에 대하여 그 선임감독에 관한 책임이 없다.

⑤ 복대리인이 선임된 후 대리인의 대리권이 소멸하더라도 복대리권은 소멸하지 않는다.

---

38 ④ 복대리인의 대리권은 그 존립에 있어서 대리인의 대리권에 의존한다. 따라서 대리인의 대리권이 소멸하면 복대리인의 복대리권도 소멸한다.

39 ⑤ 복대리권도 대리권이므로 대리권의 일반적 소멸사유에 의해 소멸한다(예 본인의 사망, 복대리인의 사망·성년후견의 개시·파산). 또한 복대리권은 대리권을 기초로 하므로 대리권이 소멸하면 복대리권도 소멸한다(예 본인의 사망, 대리인의 사망·성년후견의 개시·파산). 본인의 성년후견의 개시는 복대리권의 소멸사유에 해당하지 않는다.

40 ① 복대리인은 그 권한 내에서 본인을 대리한다(제123조 제1항).
② 보존행위와 대리의 목적인 물건이나 권리의 성질을 변하지 아니하는 범위에서 그 이용 또는 개량하는 행위만 할 수 있다.
③ 대리인은 본인의 허락이 없으면 본인을 위하여 자기와 법률행위를 하거나 동일한 법률행위에 관하여 당사자쌍방을 대리하지 못한다. 그러나 채무의 이행은 할 수 있다(제124조). 즉 본인의 허락이 있는 경우와 채무의 이행의 경우에는 자기계약·쌍방대리가 허용된다.
④ 법률행위에 의하여 수여된 대리권은 전 조의 경우 외에 그 원인된 법률관계의 종료에 의하여 소멸한다. 법률관계의 종료 전에 본인이 수권행위를 철회한 경우에도 같다(제128조).

41 ③ 복대리인의 대리권은 그 범위에 있어서 대리인의 대리권을 넘지 못한다.
① 복대리인은 본인의 대리인이다.
② 법정대리인은 그 책임으로 복대리인을 선임할 수 있다. 그러나 부득이한 사유로 인한 때에는 전 조 제1항에 정한 책임만이 있다(제122조).
④ 대리권이 법률행위에 의하여 부여된 경우에는 대리인은 본인의 승낙이 있거나 부득이한 사유있는 때가 아니면 복대리인을 선임하지 못한다(제120조). 전 조의 규정에 의하여 대리인이 복대리인을 선임한 때에는 본인에게 대하여 그 선임감독에 관한 책임이 있다(제121조).
⑤ 복대리인의 대리권은 대리인의 대리권을 전제로 하는 것이므로, 복대리인이 선임된 후 대리인의 대리권이 소멸하면 복대리권도 소멸한다.

Answer | 38. ④ 39. ⑤ 40. ⑤ 41. ③

42 甲은 乙의 대리인이다. 다음 설명 중 옳은 것은?

① 임의대리인 甲은 자기책임으로 자유롭게 복대리인을 선임할 수 있다.

② 甲이 복대리인을 선임하는 경우 甲은 乙의 이름으로 복대리인을 선임하여야 한다.

③ 甲이 선임한 복대리인 丙은 甲의 이름으로 법률행위를 하여야 한다.

④ 甲이 선임한 복대리인 丙의 복대리권은 甲의 대리권이 소멸하여도 소멸하지 않는다.

⑤ 법정대리인 甲이 부득이한 사유로 복대리인 丙을 선임한 경우, 甲은 乙에 대하여 丙의 선임감독에 관한 책임이 있다.

43 甲의 임의대리인 乙은 자신의 이름으로 甲의 대리인 丙을 선임하였다. 다음 설명 중 옳은 것은? (다툼이 있는 경우에는 판례에 의함) 2013 기출

① 乙은 언제나 甲의 대리인을 선임할 수 있는 권한을 가진다.

② 丙이 甲의 지명에 의해 선임된 경우에는 乙은 丙이 부적임자임을 알고 甲에게 통지하지 않았더라도 선임감독의 책임을 지지 않는다.

③ 甲과 丙 사이에는 아무런 권리·의무관계가 없다.

④ 丙의 대리행위가 권한을 넘은 표현대리에 해당하면 甲은 그 상대방에 대하여 본인으로서 책임을 져야 한다.

⑤ 丙이 甲의 지명에 의해 선임된 경우에는 乙의 대리권이 소멸하여도 丙의 대리권은 소멸하지 않는다.

44 대리에 관한 다음 설명 중 잘못된 것은? (다툼이 있는 경우 판례에 의함)

① 제한능력자도 대리행위를 할 수 있다.

② 제129조에 의하여 표현대리로 인정되는 경우에 그 표현대리의 권한을 넘은 대리행위가 있을 때에도 제126조의 표현대리가 성립할 수 있다.

③ 무권대리행위의 추인은 무권대리인 또는 상대방의 동의나 승낙을 요하지 않는 단독행위로서 추인은 의사표시의 전부에 대하여 행하여져야 하고, 그 일부에 대하여 추인을 하거나 그 내용을 변경하여 추인을 하였을 경우에는 상대방의 동의를 얻지 못하는 한 무효이다.

④ 표현대리행위가 성립하는 경우에 상대방에게 과실이 있다면 과실상계의 법리를 유추적용하여 본인의 책임을 감경할 수 있다.

⑤ 사술을 써서 대리행위의 표시를 하지 아니하고 단지 본인의 성명을 모용하여 자기가 마치 본인인 것처럼 기망하여 본인명의로 직접 법률행위를 한 경우에는 특별한 사정이 없는 한 민법 제126조 소정의 표현대리는 성립될 수 없다.

42 ① 임의대리인은 본인의 승낙이 있거나 부득이한 사유가 있는 때가 아니면 복대리인을 선임하지 못한다.
② 복대리인은 대리인이 대리인 자신의 이름으로 선임한 자이다.
③ 복대리인은 본인의 대리인이므로 본인 乙의 이름으로 법률행위를 하여야 한다.
④ 대리인의 대리권이 소멸하면 복대리인의 복대리권도 소멸한다.

43 ① 임의대리인은 원칙적으로 복임권이 없다.
② 본인이 지명한 경우에 복대리인의 부적임 또는 불성실함을 알고도 본인에게 대한 통지나 해임을 태만한 때가 아니면 책임이 없다(제121조 제2항).
③ 복대리인은 본인이나 제3자에 대하여 대리인과 동일한 권리와 의무가 있다(제123조 제2항).
⑤ 복대리권은 대리권에 종속되므로 대리인의 대리권이 소멸하면 복대리권도 소멸한다.

44 ④ 표현대리행위가 성립하는 경우에 그 본인은 표현대리행위에 의하여 전적인 책임을 져야 하고, 상대방에게 과실이 있다고 하더라도 과실상계의 법리를 유추적용하여 본인의 책임을 경감할 수 없다(대판 95다49554).

Answer 42. ⑤ 43. ④ 44. ④

45 甲으로부터 대리권을 수여받은 乙은 甲의 승낙을 얻어 스스로 丙을 복대리인으로 선임하였다. 다음 설명 중 옳지 않은 것은?

① 丙은 甲의 대리인이다.

② 丙의 선임으로 乙의 대리권이 소멸하는 것은 아니다.

③ 乙의 대리권이 소멸하면 丙의 대리권도 소멸한다.

④ 乙은 甲에 대하여 丙의 선임감독에 관한 책임을 진다.

⑤ 丙이 권한을 넘은 대리행위를 하여도 표현대리에 관한 규정은 적용되지 않는다.

46 표현대리에 관한 설명으로 옳지 않은 것은? (다수설과 판례에 의함)

① 표현대리는 넓은 의미에서 무권대리이다.

② 표현대리가 성립되면 상대방은 민법 제135조의 무권대리책임을 물을 수 없다.

③ 권한을 넘은 표현대리가 성립하려면 같은 종류의 기본대리권이 존재하여야 한다.

④ 대리권 수여표시에 의한 표현대리는 임의대리에만 인정된다.

⑤ 대리권 수여표시에 의한 표현대리가 성립하는 것을 막기 위하여는 본인이 상대방의 악의·과실의 입증책임이 있다.

47 표현대리에 관한 설명으로 옳지 않은 것은? (다툼이 있으면 판례에 따름) 2017 기출

① 권한을 넘은 표현대리에 있어서 법정대리권은 기본대리권이 될 수 없다.

② 대리행위가 강행법규 위반으로 무효인 경우에는 표현대리가 성립할 수 없다.

③ 유권대리에 관한 주장 속에 표현대리의 주장이 포함되어 있다고 볼 수 없다.

④ 민법 제129조의 대리권 소멸 후의 표현대리로 인정되는 경우에, 그 표현대리의 권한을 넘는 대리행위가 있을 때에는 민법 제126조의 표현대리가 성립될 수 있다.

⑤ 대리권 수여의 표시에 의한 표현대리가 성립하려면 대리권 없음에 대하여 상대방이 선의이고 무과실이어야 한다.

48 표현대리에 관한 설명으로 옳지 않은 것은? (다툼이 있으면 판례에 따름) 2020 기출

① 민법 제125조의 표현대리가 성립하기 위한 대리권 수여의 표시는 사회통념상 대리권을 추단할 수 있는 직함의 사용을 승낙한 경우도 포함한다.

② 대리인이 복대리인을 통하여 대리권의 범위를 넘는 법률행위를 한 경우에도 권한을 넘은 표현대리에 관한 민법 제126조가 적용된다.

③ 표현대리가 성립하여 본인이 이행책임을 지는 경우, 상대방에게 과실이 있으면 과실 상계의 법리를 적용하여 본인의 책임을 경감할 수 있다.

④ 대리권 소멸 후의 표현대리가 인정된 경우에 그 표현대리의 권한을 넘는 대리행위가 있으면 권한을 넘은 표현대리가 성립할 수 있다.

⑤ 권한을 넘은 표현대리에 관한 민법 제126조는 임의대리뿐만 아니라 법정대리에도 적용된다.

---

45 ⑤ 복대리인이 권한을 넘은 대리행위를 한 경우에도 표현대리가 인정된다.

46 ③ 기본대리권을 넘은 월권행위는 기본대리권과 같은 종류이거나 비슷한 것이어야 하는 것은 아니다.

47 ① 제126조의 표현대리는 임의대리와 법정대리에 모두 적용된다.
② 증권회사 또는 그 임·직원의 부당권유행위를 금지하는 증권거래법 제52조 제1호는 공정한 증권거래질서의 확보를 위하여 제정된 강행법규로서 이에 위배되는 주식거래에 관한 투자수익보장약정은 무효이고, 투자수익보장이 강행법규에 위반되어 무효인 이상 증권회사의 지점장에게 그와 같은 약정을 체결할 권한이 수여되었는지 여부에 불구하고 그 약정은 여전히 무효이므로 표현대리의 법리가 준용될 여지가 없다(대판 1996. 8. 23, 94다38199).
③ 유권대리에 관한 주장 속에 무권대리에 속하는 표현대리의 주장이 포함되어 있다고 볼 수 없으며, 따로 표현대리에 관한 주장이 없는 한 법원은 나아가 표현대리의 성립 여부를 심리판단할 필요가 없다(대판 1983. 12. 13, 83다카1489).

48 ③ 표현대리행위가 성립하는 경우에 그 본인은 표현대리행위에 의하여 전적인 책임을 져야 하고, 상대방에게 과실이 있다고 하더라도 과실상계의 법리를 유추적용하여 본인의 책임을 경감할 수 없다(대판 1996. 7. 12, 95다49554).
① 민법 제125조의 표현대리에서 본인에 의한 대리권 수여의 표시는 반드시 대리권 또는 대리인이라는 말을 사용하여야 하는 것이 아니라 사회통념상 대리권을 추단할 수 있는 직함이나 명칭 등의 사용을 승낙 또는 묵인한 경우에도 대리권 수여의 표시가 있은 것으로 볼 수 있다(대판 1998. 6. 12, 97다53762).
② 복대리인이 권한을 넘은 대리행위를 한 경우에도 표현대리가 인정된다(대판 1967. 11. 21, 66다2197).
④ 제129조에 의하여 표현대리로 인정되는 경우에 그 표현대리의 권한을 넘은 대리행위가 있을 때에도 제126조의 표현대리가 성립할 수 있다(대판 1979. 3. 27, 79다234).
⑤ 제126조이 표현대리는 임의대리와 법정대리에 모두 적용된다(다수설, 판례)

Answer
45. ⑤ 46. ③ 47. ① 48. ③

49 대리권수여의 표시에 의한 표현대리에 관한 설명으로 가장 옳지 않은 것은? (다수설과 판례에 의함)

① 본인이 제3자에 대하여 타인에게 대리권을 수여한다는 통지를 요건으로 한다.

② 단순히 구두(口頭)로 대리권수여의사를 표시하거나 자기명의의 사용을 묵인한 경우에도 대리권수여의 표시에 의한 표현대리가 성립할 수 있다.

③ 대리권수여의 표시에 의한 표현대리는 법정대리인에게는 적용될 수 없다.

④ 판례에 따르면 복대리의 경우에도 대리권수여에 의한 표현대리가 성립할 수 있다.

⑤ 판례와 다수설은 대리권수여에 의한 표현대리를 유권대리로 보아 무권대리인의 손해배상책임에 관한 규정을 적용하지 않는다.

50 권한을 넘은 표현대리에 관한 설명으로 옳지 않은 것은? (다툼이 있으면 판례에 의함)

① 대리인이 임의로 선임한 복대리인이 권한 외의 법률행위를 한 경우 표현대리가 성립할 수 있다.

② 상대방의 유권대리의 주장 속에는 표현대리의 주장이 포함되어 있다고 볼 수 없다.

③ 주택건설촉진법에 의하여 설립된 주택조합의 대표자가 조합원 총회의 결의를 거치지 아니하고, 조합원의 총유에 속하는 건물을 처분한 행위에 관하여는 민법 제126조의 표현대리에 관한 규정이 준용되지 않는다.

④ 대리행위와 수여받은 대리권 사이에 아무런 관계가 없는 경우에도 적용된다.

⑤ 대리권이 있다고 믿을 만한 정당한 이유의 유무는 대리행위의 상대방을 기준으로 판단하는 것이 원칙이다.

51 권한을 넘은 표현대리(민법 제126조)에 관한 설명으로 옳지 않은 것은? (다툼이 있으면 판례에 따름) 2021 기출

① 권한을 넘은 대리행위와 기본대리권이 반드시 동종의 것이어야 하는 것은 아니다.

② 대리인이 사술을 써서 대리행위의 표시를 하지 아니하고 단지 본인의 성명을 모용하여 자기가 본인인 것처럼 기망하여 본인 명의로 직접 법률행위를 한 경우에는 특별한 사정이 없는 한 권한을 넘은 표현대리는 성립할 수 없다.

③ 권한을 넘은 표현대리에 관한 규정에서의 제3자에는 당해 표현대리행위의 직접 상대방이 된 자 외에 전득자도 포함된다.

④ 권한을 넘은 표현대리에 있어서 정당한 이유의 유무는 대리행위 당시를 기준으로 하여 판단한다.

⑤ 복임권이 없는 대리인이 선임한 복대리인의 대리권도 권한을 넘은 표현대리에서의 기본대리권이 될 수 있다.

---

49 ⑤ 판례와 다수설은 표현대리를 무권대리의 일종으로 본다.

50 ⑤ 정당한 이유의 유무는 보통인을 기준으로 판단한다(대판 99다47525).

51 ③ 권한을 넘은 표현대리에 관한 규정에서의 제3자는 당해 표현대리행위의 직접 상대방에 한하며 상대방과 거래한 전득자는 포함되지 않는다.
⑤ 대리인이 사자 내지 임의로 선임한 복대리인을 통하여 권한 외의 법률행위를 한 경우, 상대방이 그 행위자를 대리권을 가진 대리인으로 믿었고 또한 그렇게 믿는 데에 정당한 이유가 있는 때에는, 복대리인 선임권이 없는 대리인에 의하여 선임된 복대리인의 권한도 기본대리권이 될 수 있을 뿐만 아니라, 그 행위자가 사자라고 하더라도 대리행위의 주체가 되는 대리인이 별도로 있고 그들에게 본인으로부터 기본대리권이 수여된 이상, 민법 제126조를 적용함에 있어서 기본대리권의 흠결 문제는 생기지 않는다(대판 1998. 3. 27, 97다48982).

Answer 49. ⑤ 50. ⑤ 51. ③

52 표현대리에 관한 설명으로 옳지 않은 것은? (다툼이 있으면 판례에 의함)

① 표현대리가 성립하는 경우에도 선의의 상대방은 본인의 추인이 있을 때까지 무권대리를 이유로 계약을 철회할 수 있다.

② 강행법규에 반하여 무효인 법률행위에 대하여는 표현대리의 법리가 준용될 수 없다.

③ 대리권수여표시에 의한 표현대리에서 대리권의 수여표시는 대리인이라는 문자를 사용한 경우에만 한정되지 않는다.

④ 권한을 넘은 표현대리에 있어서 기본대리권에는 복대리권도 포함된다.

⑤ 권한을 넘은 표현대리에서 제3자가 그 권한이 있다고 믿을 만한 정당한 이유가 있는가의 유무는 대리행위 당시뿐만 아니라 이후의 사정도 종합적으로 고려하여 판단하여야 한다.

53 표현대리에 관한 설명 중 옳은 것은? (다툼이 있으면 판례에 의함)

① 권한을 넘은 표현대리 규정은 임의대리에만 적용된다.

② 대리행위가 허위표시로서 무효인 경우에는 표현대리가 성립할 수 없다.

③ 기본대리권이 권한을 넘은 대리행위와 동종이어야 권한을 넘은 표현대리가 성립한다.

④ 대리인이 대리행위의 표시를 하지 않은 채 사술을 써서 단지 본인의 성명을 모용하여 자기가 마치 본인인 것처럼 기망하여 본인 명의로 직접 법률행위를 한 경우에도 제 126조의 표현대리는 직접 성립될 수 있다.

⑤ 대리권이 소멸된 후 선임된 복대리인이 선의·무과실인 상대방과 대리행위를 한 경우에는 표현대리가 성립할 수 없다.

54 다음 중 대리에 관한 설명으로 옳지 않은 것은? (다툼이 있는 경우 판례에 의함)

① 사실행위를 위한 사자라 하더라도 외관상 그에게 어떠한 권한이 있는 것 같은 표시 내지 행동이 있어 상대방이 그를 믿었고 또 그를 믿음에 있어 정당한 사유가 있었다면 표현대리의 법리에 의하여 본인에게 책임지워 상대방을 보호한다.

② 대리의 목적인 법률행위의 성질상 대리인 자신에 의한 처리가 필요하지 아니한 경우에는 본인이 복대리 금지의 의사를 명시하지 아니하는 한 복대리인의 선임에 관하여 묵시적인 승낙이 있는 것으로 볼 수 있다.

③ 표현대리에 관한 민법 제126조의 규정에서 제3자라 함은 당해 표현대리행위의 직접 상대방이 된 자뿐만 아니라, 그로부터의 전득자도 포함한다.

④ 본인이 매매계약을 체결한 무권대리인으로부터 매매대금의 일부를 수령한 경우 특별한 사정이 없으면 이는 묵시적 추인으로 본다.

⑤ 무권대리인이 본인을 위해서 계약을 해제한 경우, 해제의 의사표시 당시에 상대방이 그에 동의하거나 대리권을 다투지 아니한 때에는 계약의 무권대리규정이 준용된다.

---

52 ⑤ 정당한 이유의 유무는 대리행위 시를 기준으로 판단하며, 그 이후의 사정은 고려할 것이 아니다(다수설, 판례).

53 ② 표현대리규정에 의하여 본인이 대리행위의 구속을 받기 위해서는 대리권의 부존재를 제외하고 대리행위에 다른 장애사유가 있어서는 안되기 때문이다.
① 법정대리, 임의대리 모두 적용된다.
③ 표현대리인이 기본대리권을 갖고 있는 것으로 충분하고 그것이 반드시 그 월권대리행위와 같거나 유사한 종류의 대리권이어야 하는 것은 아니다.
④ 민법 제126조의 표현대리는 대리인이 본인을 위한다는 의사를 명시 혹은 묵시적으로 표시하거나 대리의사를 가지고 권한 외의 행위를 하는 경우에 성립하고, 사술을 써서 위와 같은 대리행위의 표시를 하지 아니하고 단지 본인의 성명을 모용하여 자기가 마치 본인인 것처럼 기망하여 본인 명의로 직접 법률행위를 한 경우에는 특별한 사정이 없는 한 위 법조 소정의 표현대리는 성립될 수 없다(대판 2001다49814).
⑤ 대리인이 대리권 소멸 후 직접 상대방과 사이에 대리행위를 하는 경우는 물론, 대리인이 대리권 소멸 후 복대리인을 선임하여 복대리인으로 하여금 상대방과 사이에 대리행위를 하도록 한 경우에도, 상대방이 대리권 소멸 사실을 알지 못하여 복대리인에게 적법한 대리권이 있는 것으로 믿었고, 그와 같이 믿은 데 과실이 없다면 민법 제129조에 의한 표현대리가 성립할 수 있다(대판 97다55317).

54 ③ 표현대리에 관한 민법 제126조의 규정에서 제3자라 함은 당해 표현대리행위의 직접 상대방이 된 자만을 의미한다.

Answer
52. ⑤   53. ②   54. ③

55 표현대리에 관하여 다음 중 틀린 것은? (다툼이 있으면 판례에 의함)

① 말소등기신청을 위한 대리권을 수여받은 자가 대물변제를 한 경우에 권한을 넘은 표현대리가 성립할 수 있다.

② 권한을 넘은 표현대리에서 월권행위와 기본대리권이 동종 내지 유사한 것이어야 하는 것은 아니다.

③ 과거에 가졌던 대리권이 소멸되어 민법 제129조에 의하여 표현대리로 인정되는 경우에 그 표현대리의 권한을 넘는 대리행위가 있을 때에는 민법 제126조에 의한 표현대리가 성립할 수 있다.

④ 본인을 사칭하여 인감증명을 발급받은 후 이를 이용하여 부동산을 매매한 경우에는 권한을 넘은 표현대리가 성립할 수 있다.

⑤ 소송에서 乙의 표현대리인 丙과 계약을 체결한 甲이 계약체결의 효과가 乙에게 귀속되어야 한다는 주장을 할 뿐 표현대리의 주장을 따로이 하지 않는 경우에 법원은 표현대리의 성립 여부를 심리·판단할 필요가 없다.

56 표현대리에 관한 설명으로 옳지 않은 것은? (다툼이 있는 경우에는 판례에 의함) `2014 기출`

① 표현대리가 성립하면 본인은 표현대리행위에 대하여 전적으로 책임을 져야 하고, 과실상계의 법리를 유추적용하여 본인의 책임을 경감할 수 없다.

② 대리권수여의 표시에 의한 표현대리는 본인과 대리행위를 한 사람 사이의 기본적인 법률관계의 성질이나 그 효력의 유무와는 관계없이, 어떤 자가 본인을 대리하여 제3자와 법률행위를 함에 있어 본인이 그 사람에게 대리권을 수여하였다는 표시를 제3자에게 한 경우에 성립한다.

③ 등기신청행위를 기본대리권으로 가진 사람이 대물변제라는 사법행위를 한 경우, 그 대리행위는 기본대리권과 같은 종류의 행위가 아니므로 권한을 넘은 표현대리가 성립할 수 없다.

④ 권한을 넘은 표현대리에서 무권대리인에게 그 권한이 있다고 믿을 만한 정당한 이유가 있는가의 여부는 대리행위 당시를 기준으로 결정하여야 한다.

⑤ 기본적인 어떠한 대리권도 없었던 사람에 대하여 대리권소멸 후의 표현대리는 성립할 수 없다.

57 표현대리에 관한 설명으로 옳지 않은 것은? (다툼이 있으면 판례에 따름) `2018 기출`

① 유권대리에 관한 주장에는 표현대리의 주장이 포함되어 있지 않다.

② 강행법규에 위반하여 무효인 행위에 대해서는 표현대리의 법리가 적용되지 않는다.

③ 표현대리가 성립된다고 하여 무권대리의 성질이 유권대리로 전환되는 것은 아니다.

④ 표현대리가 성립하는 경우, 상대방에게 과실이 있으면 과실상계의 법리에 따라 본인의 책임을 경감할 수 있다.

⑤ 대리인이 사자(使者)를 통하여 권한을 넘은 법률행위를 하더라도 민법 제126조의 표현대리가 성립할 수 있다.

58 표현대리에 관한 다음 설명 중 가장 잘못된 것은?

① 민법 제126조의 표현대리규정은 법정대리에도 적용된다.

② 증권회사로부터 위임받은 고객의 유치·투자상담 및 권유·위탁매매약정실적의 제고 등의 업무는 사실행위에 불과하므로 이를 기본대리권으로 하여서는 권한 초과의 표현대리가 성립할 수 없다.

③ 표현대리가 성립하는 경우에 그 본인은 표현대리행위에 의하여 책임을 져야 하지만, 상대방에게 과실이 있는 때에는 과실상계의 법리를 유추적용하여 본인의 책임을 경감할 수 있다.

④ 유권대리에 관한 주장 속에는 표현대리의 주장이 포함되어 있다고 볼 수 없다.

⑤ 민법 제129조에 의한 대리권 소멸 후의 표현대리로 인정되는 경우에, 그 표현대리의 권한을 넘는 대리행위가 있을 때에는 민법 제126조의 표현대리가 성립될 수 있다.

---

55 ④ 기본대리권이 존재하지 않으므로 권한을 넘은 표현대리가 성립할 수 없다.

56 ③ 공법상의 대리권: 기본대리권이 등기신청, 영업허가신청, 이사취임등록 등 공법상의 행위에 관한 것이고 표현대리행위가 사법상의 행위(대물변제, 매매 등)일지라도 제126조의 표현대리는 성립한다(대판 78다282·283).

57 ④ 표현대리행위가 성립하는 경우에 그 본인은 표현대리행위에 의하여 전적인 책임을 져야 하고, 상대방에게 과실이 있다고 하더라도 과실상계의 법리를 유추적용하여 본인의 책임을 경감할 수 없다(대판 1996. 7. 12. 95다49554).

58 ③ 표현대리행위가 성립하는 경우에 그 본인은 표현대리행위에 의하여 전적인 책임을 져야 하고, 상대방에게 과실이 있다고 하더라도 과실상계의 법리를 유추적용하여 본인의 책임을 경감할 수 없다(대판 95다49554).

`Answer`　　55. ④　　56. ③　　57. ④　　58. ③

59 제126조의 권한을 넘은 표현대리에 관한 다음 설명 중 틀린 것은?

① 기본대리권이 등기신청, 영업허가신청, 이사취임등록 등 공법상의 행위에 관한 것이고 표현대리행위가 대물변제, 매매 등 사법상의 행위일지라도 제126조의 표현대리는 성립할 수 있다.

② 어음행위의 대리권을 수여받은 자가 수권의 범위를 넘어 어음행위를 한 경우에 권한을 넘은 표현대리가 성립하지 않은 때에는 본인은 수권의 범위 내에서 대리인과 함께 어음상의 채무를 부담한다.

③ 표현대리가 성립하는 경우에도 선의의 상대방은 본인의 추인이 있을 때까지 무권대리를 이유로 계약을 철회할 수 있다.

④ 사술을 써서 대리행위의 표시를 하지 아니하고 단지 본인의 성명을 모용하여 자기가 마치 본인인 것처럼 기망하여 본인 명의로 직접 법률행위를 한 경우에는 특별한 사정이 없는 한 제126조의 표현대리는 성립될 수 없다.

⑤ 권한을 넘은 표현대리에서 정당한 이유가 있는지 여부의 판단은 사실심변론종결 시를 기준으로 한다.

60 다음 중 표현대리가 되지 않는 것은 어느 것인가?

① 甲은 제3자에 대하여 乙이 자기의 법정대리인이 된 것을 통지하였으나 사실은 乙이 법정대리인이 되지 않았을 경우에 乙과 그 제3자 간의 법률행위

② 甲의 수금원 乙이 해고당했음에도 불구하고 이를 모르는 丙으로부터 여전히 甲의 대리인으로서 수금한 때

③ 甲으로부터 차금의 대리권을 받은 乙이 그 위임장을 변조하여 甲 소유의 부동산을 매각한 때

④ 甲이 乙에게 甲의 대리인으로서 50만 원의 차금을 의뢰하였는데, 乙은 자기도 돈이 필요하여 100만 원의 차금을 한 때

⑤ 甲이 乙에게 대리권을 주었다고 신문에 광고하였으나 실은 아직 乙에게 수권하기 전에 乙이 甲의 대리인으로 계약을 체결한 때

61 대리권 소멸 후의 표현대리(제129조)에 관한 기술 중 틀린 것은?

① 대리인이 이전에는 대리권을 가지고 있었지만, 대리행위 당시에는 대리권이 소멸하고 있는 경우에 적용된다.

② 제3자라 함은 대리행위의 상대방만을 가리키며 그 상대방과 거래한 제3자는 포함되지 않는다.

③ 상대방은 선의·무과실이어야 하며 상대방이 이를 입증하여야 한다.

④ 대리권이 존재하였다는 것과 상대방의 신뢰 사이에 인과관계가 있어야 한다.

⑤ 임의대리와 법정대리 양자에 모두 적용된다.

62 표현대리에 관한 설명으로 옳은 것은? (다툼이 있으면 판례에 따름) 2015 기출

① 유권대리에 관한 주장 속에는 무권대리에 속하는 표현대리의 주장이 포함되어 있다고 볼 수 없다.

② 대리권소멸 후의 표현대리에 관한 규정은 법정대리에는 적용되지 않는다.

③ 표현대리가 성립하여 대리행위의 효과가 본인에게 귀속되면 표현대리의 성질이 유권대리로 전환된다.

④ 기본대리권이 월권행위와 관련이 없는 경우에는 권한을 넘은 표현대리는 성립할 여지가 없다.

⑤ 대리권을 추단할 수 있는 직함이나 명칭 등의 사용을 본인이 승낙 또는 묵인하였더라도 대리권 수여의 표시가 있은 것으로 볼 수 없다.

---

59 ⑤ 대리행위 시를 기준으로 한다.

60 ① 제125조의 표현대리는 임의대리에 한하여 적용되며, 법정대리에는 적용되지 않는다(통설).

61 ③ 본인이 입증하여야 한다(다수설).

62 ② 대리권소멸 후의 표현대리에 관한 규정은 임의대리뿐만 아니라 법정대리에도 적용된다.
③ 표현대리는 기본적으로 무권대리이기 때문에 표현대리가 성립하여 대리행위의 효과가 본인에게 귀속되었다고 해서 표현대리가 유권대리로 전환되는 것은 아니다.
④ 기본대리권과 월권행위는 동종 유사한 행위일 필요가 없고 전혀 별개의 행위라도 권한을 넘은 표현대리가 성립한다.
⑤ 본인에 의한 대리권 수여의 표시는 반드시 대리권 또는 대리인이라는 말을 사용하여야 하는 것이 아니라 사회통념상 대리권을 추단할 수 있는 직함이나 명칭 등의 사용을 승낙 또는 묵인한 경우에도 대리권 수여의 표시가 있은 것으로 볼 수 있다(대판 1998. 6. 12, 97다53762).

Answer

59. ⑤　　60. ①　　61. ③　　62. ①

63 계약의 무권대리에 관한 설명으로 옳지 않은 것은? (다툼이 있으면 판례에 의함)

① 본인이 무권대리인의 상대방에게 한 무권대리의 추인은 유효하다.

② 추인은 원칙적으로 소급효를 갖지만, 제3자의 권리를 해하지 못한다.

③ 계약 당시에 상대방이 대리인으로 계약한 자에게 대리권이 없음을 알았다면 그 계약을 철회할 수 없다.

④ 본인이 추인을 거절한 경우, 상대방이 무권대리인에게 책임을 묻기 전이라면 무효행위의 추인이 아니라 무권대리의 추인이 가능하다.

⑤ 상대방이 상당기간을 정해 추인 여부를 최고했음에도 그 기간 내에 본인의 확답이 없으면 추인을 거절한 것이다.

64 대리에 관한 설명으로 옳은 것을 모두 고른 것은? 2021 기출

> ㉠ 계약의 무권대리에 대한 추인은 다른 의사표시가 없으면 추인한 때부터 그 효력이 생긴다.
> ㉡ 무권대리의 상대방이 상당한 추인기간을 설정한 경우, 그 기간 내에 본인이 확답을 발하지 않은 때에는 추인한 것으로 본다.
> ㉢ 대리인이 수인인 경우 각자가 본인을 대리하는 것이 원칙이다.
> ㉣ 채무의 이행의 경우 본인의 허락이 없어도 쌍방대리는 유효하다.

① ㉠, ㉡   ② ㉠, ㉢

③ ㉡, ㉢   ④ ㉡, ㉣

⑤ ㉢, ㉣

65 무권대리에 관한 다음 설명 중 틀린 것은? (다툼이 있으면 판례에 의함)

① 무권대리인도 추인의 상대방이 될 수 있지만, 상대방이 추인 있었음을 알지 못하였다면 그에 대하여 추인의 효과를 주장하지 못한다.

② 대리권이 부존재하더라도 대리행위 자체가 다른 사유에 의해 무효로 된 경우에는 무권대리인의 상대방에 대한 책임(제135조)이 부정된다.

③ 무권대리행위의 상대방이 계약 당시 무권대리라는 것을 알았더라도 최고권은 인정된다.

④ 민법 제135조는 그 책임의 내용으로 계약의 이행 또는 손해배상을 들고 있는데, 이에 대해서는 무권대리인이 선택권을 가진다.

⑤ 무권대리에 기한 계약이 쌍무계약이고 무권대리인이 급부를 이행하는 경우에 무권대리인은 반대급부청구권을 취득한다.

66 무권대리에 관한 설명으로 옳지 않은 것은? (다툼이 있으면 판례에 따름) _{2019 기출}

① 무권대리인이 체결한 계약은 본인이 이를 추인할 수 있다.

② 무권대리인이 체결한 계약의 상대방은 상당한 기간을 정하여 본인에게 추인 여부의 확답을 최고할 수 있다.

③ 대리권 없이 타인의 부동산을 매도한 자가 그 부동산을 단독상속한 후 그 대리행위가 무권대리로 무효임을 주장하는 것은 신의칙상 허용될 수 없다.

④ 무권대리행위가 제3자의 기망 등 위법행위로 야기되었더라도 민법 제135조에 따른 무권대리인의 상대방에 대한 책임은 부정되지 않는다.

⑤ 민법 제135조에 따른 무권대리인의 상대방에 대한 책임은 대리권 흠결에 관하여 무권대리인에게 귀책사유가 있어야만 인정된다.

Part 04

63 ④ 본인의 추인거절이 있으면 무권대리는 무효인 것으로 확정되므로, 더 이상 무권대리의 추인은 불가능하고 무효행위의 추인을 할 수 있을 뿐이다.

64 ⓒ 대리인이 수인인 때에는 각자가 본인을 대리한다. 그러나 법률 또는 수권행위에 다른 정한 바가 있는 때에는 그러하지 아니하다(제119조).
ⓔ 대리인은 본인의 허락이 없으면 본인을 위하여 자기와 법률행위를 하거나 동일한 법률행위에 관하여 당사자 쌍방을 대리하지 못한다. 그러나 채무의 이행은 할 수 있다(제124조).
ⓐ 무권대리의 추인은 다른 의사표시가 없는 때에는 계약 시에 소급하여 그 효력이 생긴다. 그러나 제3자의 권리를 해하지 못한다(제133조).
ⓑ 대리권 없는 자가 타인의 대리인으로 계약을 한 경우에 상대방은 상당한 기간을 정하여 본인에게 그 추인 여부의 확답을 최고할 수 있다. 본인이 그 기간 내에 확답을 발하지 않은 때에는 추인을 거절한 것으로 본다(제131조).

65 ④ 상대방이 선택권을 갖는다(제135조 제1항).
① 민법 제132조는 본인이 무권대리인에게 무권대리행위를 추인한 경우에 상대방이 이를 알지 못하는 동안에는 본인은 상대방에게 추인의 효과를 주장하지 못한다는 취지이므로 상대방은 그때까지 민법 제134조에 의한 철회를 할 수 있고, 또 무권대리인에의 추인이 있었음을 주장할 수도 있다(대판 80다2314).
② 제135조의 무권대리인의 책임은 대리행위가 일단 유효하게 행해지고 난 이후, 대리인이 대리권을 증명하지 못하거나 본인의 추인을 얻지 못한 경우에 지는 책임이다. 따라서 무권대리행위가 다른 사유로 무효가 되는 경우라면 무권대리인에게 제135조의 책임이 성립할 여지가 없다.
③ 철회권은 선의의 상대방에게만 인정되나(제134조 단서), 최고권은 이러한 제한이 없으므로 악의의 상대방에게도 최고권이 인정된다.
⑤ 상대방이 이행의 청구를 선택하면 무권대리인과 상대방 사이에는 유효한 계약이 체결된 것처럼 되므로 무권대리인이 급부를 이행했다면 당연히 상대방에게 반대급부를 청구할 수 있다.

66 ⑤ 민법 제135조에 따른 무권대리인의 상대방에 대한 책임은 무과실책임이다.
① 제130조 ② 제131조
③ 대판 1994. 9. 27, 94다20617
④ 무권대리인의 상대방에 대한 책임은 무과실책임으로서 대리권의 흠결에 관하여 대리인에게 과실 등의 귀책사유가 있어야만 인정되는 것이 아니고, 무권대리행위가 제3자의 기망이나 문서위조 등 위법행위로 야기되었다고 하더라도 책임은 부정되지 아니한다(대판 2014. 2. 27, 2013다213038).

Answer / 63. ④ 64. ⑤ 65. ④ 66. ⑤

67 무권대리인의 상대방의 최고권과 철회권에 관한 기술 중 틀린 것은?

① 상대방이 선의인 경우 최고권을 가진다.

② 상대방이 악의인 경우에도 본인의 추인이 있을 때까지 철회권을 가진다.

③ 상대방이 선의의 경우 본인의 추인이 있을 때까지 철회권을 가진다.

④ 상대방이 악의인 경우 최고권을 가진다.

⑤ 철회권을 행사하기 전에 먼저 최고권을 행사해야 된다는 것은 아니다.

68 무권대리에 관한 설명 중 틀린 것은?

① 무권대리행위의 추인은 무권대리인, 무권대리행위의 직접의 상대방 및 그 무권대리행위로 인한 권리 또는 법률관계의 승계인에 대하여도 할 수 있다.

② 무권대리행위에 대하여 상대방은 본인에게 추인의 여부를 최고할 수 있으며, 본인이 추인한 경우에 그 무권대리행위의 효과는 원칙적으로 장래를 향하여 본인에게 귀속한다.

③ 판례에 의하면, 대리권한 없이 타인의 부동산을 매도한 자가 그 부동산을 상속한 후, 소유자의 지위에서 자신의 대리행위가 무권대리로 무효임을 주장하여 등기말소 등을 구하는 것은 금반언원칙이나 신의칙상 허용될 수 없다.

④ 본인이 추인이나 거절의 의사표시를 상대방에 대하여 하지 아니하였더라도 상대방이 그 사실을 안 때에는 이 의사표시로 상대방에게 대항할 수 있다.

⑤ 타인의 대리인으로 계약을 체결한 자는 그 대리권의 존재를 증명하지 못하고 본인의 추인을 얻지 못한 경우에는 상대방이 선의이고 무과실인 때에 상대방의 선택에 의하여 계약을 이행하거나 손해를 배상하여야 한다.

69 무권대리의 추인을 인정할 수 있는 것(○)과 추인을 인정할 수 없는 것(×)을 바르게 표시한 것은? (다툼이 있는 경우 판례에 의함)

> ㉠ 매매계약을 체결한 무권대리인으로부터 본인이 매매대금의 일부를 받은 경우
> ㉡ 무권대리인이 차용한 금원의 변제기에 채권자가 본인에게 그 변제를 독촉하자 본인이 그 유예를 요청한 경우
> ㉢ 무권대리인이 임대차계약을 체결한 것에 대해 본인이 임대인명의의 영수증을 받고 무권대리인에게 차임의 일부를 지급한 경우
> ㉣ 무권대리행위가 범죄로 성립된다는 사실을 알고도 본인이 장기간 형사고소를 하지 않은 경우

① ㉠ (○), ㉡ (○), ㉢ (○), ㉣ (×)

② ㉠ (○), ㉡ (○), ㉢ (×), ㉣ (×)

③ ㉠ (○), ㉡ (×), ㉢ (○), ㉣ (×)

④ ㉠ (×), ㉡ (○), ㉢ (×), ㉣ (○)

⑤ ㉠ (×), ㉡ (×), ㉢ (×), ㉣ (○)

67 ②, ③ 철회권은 상대방이 계약 당시에 무권대리인임을 모르는 경우(선의)에 한하여 본인이 아직 추인하지 않고 있는 동안 그 계약을 철회할 수 있다(제134조).
①, ④ 최고권은 선악을 불문하고 행사할 수 있다.

68 ② 추인은 다른 의사표시가 없는 때에는 계약 시에 소급하여 그 효력이 생긴다.

69 ㉣ 타인의 형사책임을 수반하는 무권대리행위에 의하여 권리의 침해를 받은 자가 그 침해사실을 알고도 장기간 형사고소나 민사소송을 제기하지 않은 경우에 그 사실만으로 그 행위에 대하여 묵시적인 추인이 있었다고 단정할 수 없다(대판 67다2294·2295).

Answer

67. ②   68. ②   69. ①

70 무권대리에 관한 설명 중 옳은 것을 모두 고른 것은?

○ 무권대리행위의 상대방은 계약 당시 무권대리임을 알았던 경우에는 자신의 의사표시를 철회할 수 없다.
○ 무권대리행위에 대하여 본인의 추인이 있으면 무권대리행위는 처음부터 유권대리행위이었던 것과 마찬가지로 다루어지지만, 본인과 상대방 사이에 법률행위의 효력발생시기에 관한 다른 약정이 있는 경우에는 그에 의하게 된다.
○ 판례에 의하면, 대리권한 없이 타인의 부동산을 매도한 자가 그 부동산을 상속한 후, 소유자의 지위에서 자신의 대리행위가 무권대리로 무효임을 주장하여 등기말소 등을 구하는 것은 금반언의 원칙이나 신의성실의 원칙상 허용될 수 없다.
○ 무권대리행위의 상대방이 계약 당시 무권대리임을 안 경우에는 본인에 대한 추인 여부의 확답을 최고할 수 없다.
○ 본인이 무권대리인의 법률행위에 대하여 추인거절의 의사표시를 한 후에는 다시 추인할 수 없다.
○ 판례는 본인이 무권대리 사실을 알고 있으면서 이의를 제기하지 않은 것만으로도 추인이 된다고 한다.

① ㉠, ㉡, ㉢
② ㉠, ㉡, ㉢, ㉤
③ ㉡, ㉢, ㉤
④ ㉢, ㉣, ㉤
⑤ ㉢, ㉣, ㉤, ㉥

71 무권대리인 乙은 甲의 대리인이라 칭하면서 甲 소유의 부동산을 丙에게 매도하였다. 이에 관한 설명으로 옳지 않은 것은?

① 甲이 丙에게 乙의 무권대리행위를 추인하면, 위 매매계약은 추인한 때로부터 효력이 있다.
② 甲이 乙에게 무권대리행위를 추인하였지만 丙이 이를 알지 못하였다면 甲은 추인으로써 丙에게 대항할 수 없다.
③ 丙은 甲에게 상당한 기간을 정하여 추인 여부의 확답을 최고할 수 있다.
④ 丙이 乙의 대리권 없음을 알지 못하였다면, 丙은 甲의 추인이 있기 전에 계약을 철회할 수 있다.
⑤ 乙이 제한능력자일 때에는, 乙은 丙에 대하여 계약의 이행 또는 손해배상책임을 지지 않는다.

72 무권대리행위의 추인에 관한 설명으로 옳지 않은 것은? (다툼이 있으면 판례에 따름)

2015 기출

① 추인의 의사표시는 본인으로부터 그에 관한 대리권을 수여받은 임의대리인도 할 수 있다.

② 추인의 의사표시는 무권대리인뿐만 아니라 무권대리행위의 상대방에 대하여도 할 수 있다.

③ 무권대리행위의 상대방이 계약 당시 무권대리임을 안 경우에는 본인에 대해 추인 여부의 확답을 최고할 수 없다.

④ 추인은 의사표시 전부에 대하여 행하여져야 하고, 그 내용을 변경하여 추인할 경우에는 상대방의 동의가 없는 한 무효이다.

⑤ 본인이 무권대리인에게 무권대리행위를 추인한 경우, 계약 당시에 대리권 없음을 알지 못한 상대방은 그 추인 사실을 알기 전까지 무권대리인과 체결한 계약을 철회할 수 있다.

Part 04

---

70 ㉠ 무권대리인의 상대방의 철회권은 최고권과 달리 선의자에게만 인정된다(제134조).
  ㉡ 추인은 다른 의사표시가 없을 때에는 계약 시에 소급하여 그 효력이 생긴다. 그러나 제3자의 권리를 해하지 못한다(제133조).
  ㉢ 판례는 무권대리인이 본인의 지위를 상속한 경우에 신의칙상 추인을 거절할 수 없다고 한다(대판 94다20617).
  ㉣ 추인거절로 무권대리행위는 확정적으로 무효가 된다.
  ㉤ 최고권은 악의의 상대방에게도 인정된다(제131조).
  ㉥ 본인이 무권대리행위의 사실을 알고 있으면서 이의를 제기하지 않았거나, 상당기간 방치하였다는 것만으로는 추인이 되지 않는다.

71 ① 무권대리의 추인은 다른 의사표시가 없을 때에는 계약 시에 소급하여 그 효력이 생긴다.

72 ③ 무권대리인 상대방의 최고권은 선의·악의 관계없이 인정된다(제131조).

Answer 70. ②   71. ①   72. ③

73 계약에 대한 무권대리에 관한 설명으로 옳은 것은? (다툼이 있으면 판례에 따름) 2021 기출

① 범죄가 되는 무권대리행위에 대하여 장기간 형사고소를 하지 아니하였다는 사실만으로 묵시적인 추인이 있었다고 볼 수 있다.

② 본인이 추인을 거절하더라도 상대방은 철회권을 행사할 수 있다.

③ 본인이 무권대리행위의 일부에 대해 추인을 한 경우, 그에 대하여 상대방의 동의를 얻으면 유효하다.

④ 본인이 무권대리인에게 한 추인의 의사표시는 항상 효력이 없다.

⑤ 무권대리인의 계약상대방에 대한 책임(민법 제135조 제1항)은 대리권의 흠결에 관하여 대리인에게 과실이 있어야 인정된다.

74 무권대리인이 체결한 계약의 추인 및 추인거절에 관한 설명으로 옳지 않은 것은? (다툼이 있으면 판례에 따름) 2018 기출

① 추인은 묵시적인 방법으로도 할 수 있다.

② 기간을 정한 상대방의 최고에 대하여 본인이 그 기간 내에 추인 여부의 확답을 발하지 않으면 추인을 거절한 것으로 본다.

③ 추인의 거절을 이미 알고 있는 상대방에 대해서는 그 거절의 의사표시를 하지 않아도 대항할 수 있다.

④ 무권대리행위를 한 후 본인의 지위를 단독으로 상속한 무권대리인은 선의인 상대방에 대하여 무권대리행위의 추인을 거절하지 못한다.

⑤ 추인은 무권대리행위의 상대방에 대하여는 할 수 있지만, 무권대리행위로 인한 권리의 승계인에 대해서는 할 수 없다.

75 무권대리행위에 대한 본인의 추인에 관한 설명으로 옳은 것은? (다툼이 있으면 판례에 따름) 2022 기출

① 추인은 무권대리인의 동의가 있어야 유효하다.

② 추인은 무권대리인이 아닌 무권대리행위의 상대방에게 하여야 한다.

③ 무권대리행위가 범죄가 되는 경우, 본인이 그 사실을 알고 장기간 형사고소를 하지 않았다면 묵시적 추인이 인정된다.

④ 추인은 무권대리행위가 있음을 알고 하여야 한다.

⑤ 무권대리행위의 일부에 대한 추인은 상대방의 동의가 없더라도 유효하다.

76 甲이 만 18세인 대학생 乙에게 X아파트 분양계약체결에 관한 대리권을 수여하였고, 乙은 甲을 대리하여 丙이 분양하는 X아파트를 3억 원에 분양받기로 하는 계약을 체결한 경우에 관한 설명으로 옳지 않은 것은? (다툼이 있으면 판례에 따름) **2015 기출**

① 丙은 甲에 대하여 X아파트 분양계약에 따른 이행을 청구할 수 있다.

② 乙의 법정대리인은 X아파트 분양계약을 법정대리인의 동의가 없다는 이유로 취소할 수 없다.

③ 丙이 X아파트에 대한 소유권이전등기를 해 주지 않은 경우, 특별한 사정이 없는 한 乙은 甲을 대리하여 계약을 해제할 수 없다.

④ 만일 乙이 무권대리인이었고, 丙이 이를 알지 못하였다면, 丙은 乙에게 계약의 이행을 청구할 수 있다.

⑤ 만일 X아파트 단지 인근에 쓰레기 매립장이 건설예정인 사실을 알고 있는 丙이 乙에게 이를 고지하지 않았다면 이는 부작위에 의한 기망행위가 된다.

📖

73 ③ 무권대리행위의 추인은 무권대리인에 의하여 행하여진 불확정한 행위에 관하여 그 행위의 효과를 자기에게 직접 발생케 하는 것을 목적으로 하는 의사표시이며, 무권대리인 또는 상대방의 동의나 승낙을 요하지 않는 단독행위로서 추인은 의사표시의 전부에 대하여 행하여져야 하고, 그 일부에 대하여 추인을 하거나 그 내용을 변경하여 추인을 하였을 경우에는 상대방의 동의를 얻지 못하는 한 무효이다(대판 1982. 1. 26, 81다카549).
① 무권대리행위에 대한 추인은 무권대리행위로 인한 효과를 자기에게 귀속시키려는 의사표시이니만큼 무권대리행위에 대한 추인이 있었다고 하려면 그러한 의사가 표시되었다고 볼 만한 사유가 있어야 하고, 무권대리행위가 범죄가 되는 경우에 대하여 그 사실을 알고도 장기간 형사고소를 하지 아니하였다 하더라도 그 사실만으로 묵시적인 추인이 있었다고 할 수는 없는바, 권한 없이 기명날인을 대행하는 방식에 의하여 약속어음을 위조한 경우에 피위조자가 이를 묵시적으로 추인하였다고 인정하려면 추인의 의사가 표시되었다고 볼 만한 사유가 있어야 한다(대판 1998. 2. 10, 97다31113).
② 대리권 없는 자가 한 계약은 본인의 추인이 있을 때까지 상대방은 본인이나 그 대리인에 대하여 이를 철회할 수 있다. 그러나 계약 당시에 상대방이 대리권 없음을 안 때에는 그러하지 아니하다(제134조).
④ 추인의 의사표시를 무권대리인에게 한 경우에도 그 사실을 상대방이 안 때에는 추인의 효력을 상대방에게 주장할 수 있다(제132조 단서).
⑤ 민법 제135조의 무권대리인의 상대방에 대한 책임은 무과실책임으로서 대리권의 흠결에 관하여 대리인에게 과실 등의 귀책사유가 있어야만 인정되는 것이 아니고, 무권대리행위가 제3자의 기망이나 문서위조 등 위법행위로 야기되었다고 하더라도 책임은 부정되지 아니한다(대판 2014. 2. 27, 2013다213038).

74 ⑤ 추인의 의사표시는 무권대리인에 대해서는 물론, 무권대리행위의 직접의 상대방 및 그 무권대리행위로 인한 권리 또는 법률관계의 승계인에게도 가능하다.

75 ④ 추인은 무권대리행위의 효과를 자기에게 귀속시키도록 하는 상대방 있는 단독행위로서 무권대리행위가 있음을 알고 하여야 한다.
① 추인권은 일종의 형성권이다. 따라서 추인에는 무권대리인의 동의나 승낙이 필요하지 않다.
② 추인의 의사표시는 무권대리인에 대해서는 물론, 무권대리행위의 직접의 상대방 및 그 무권대리행위로 인한 권리 또는 법률관계의 승계인에게도 가능하다.
③ 타인의 형사책임을 수반하는 무권대리행위에 의하여 권리의 침해를 받은 자가 그 침해사실을 알고서도 장기간 형사고소나 민사소송을 제기하지 않은 경우에 그 사실만으로 그 행위에 대하여 묵시적 추인이 있었다고 단정할 수 없다(대판 1967. 12. 18, 67다2294, 2295).
⑤ 추인은 원칙적으로 무권대리행위의 전부에 대하여 행하여져야 하고, 그 일부에 대하여 추인을 하거나 그 내용을 변경하여 추인을 하였을 경우에는, 상대방의 동의를 얻지 못하는 한 무효이다.

76 ④ 대리인으로서 계약을 맺은 자에게 대리권이 없다는 사실을 상대방(丙)이 알았거나 알 수 있었을 때 또는 대리인으로서 계약을 맺은 사람(乙)이 제한능력자일 때에는 상대방에 대한 무권대리인의 책임규정(제135조 제1항)을 적용하지 아니한다.

Answer 73. ③ 74. ⑤ 75. ④ 76. ④

77 표현대리와 협의의 무권대리에 관한 설명으로 옳지 않은 것은? (다툼이 있으면 판례에 따름)

2016 기출

① 유권대리에 관한 주장 속에는 표현대리의 주장이 당연히 포함되어 있다고 볼 수는 없다.

② 처음부터 어떠한 대리권도 없었던 자에 대하여 대리권 소멸 후의 표현대리는 성립할 수 없다.

③ 증권회사로부터 위임받은 고객의 유치, 투자상담 및 권유, 위탁매매약정실적의 제고 등의 업무는 사실행위에 불과하나 이를 기본대리권으로 하여 권한을 넘은 표현대리가 성립할 수 있다.

④ 협의의 무권대리인이 타인의 대리인으로 한 계약은 본인이 이를 추인하지 아니하면 본인에 대하여 효력이 없다.

⑤ 협의의 무권대리행위의 상대방은 계약 당시 무권대리행위임을 안 때에는 본인이나 그 대리인에 대하여 자신의 의사표시를 철회할 수 없다.

78 무권대리와 표현대리에 관한 설명으로 옳지 않은 것은? (다툼이 있으면 판례에 따름)

2021 기출

① 유권대리에 관한 주장 속에는 무권대리에 속하는 표현대리의 주장이 포함되어 있다고 볼 수 없다.

② 표현대리가 성립하는 경우, 상대방에게 과실이 있어도 과실상계의 법리를 유추적용하여 본인의 책임을 경감할 수 없다.

③ 대리행위가 강행법규 위반으로 무효인 경우 표현대리 법리가 적용되지 않는다.

④ 상대방은 계약 당시에 대리인에게 대리권이 없음을 안 때에는 계약을 철회할 수 없다.

⑤ 제한능력자인 무권대리인은 민법 제135조 제1항에 따라 계약을 이행할 책임 또는 손해를 배상할 책임이 있다.

79 **협의의 무권대리에 관한 설명으로 옳은 것은? (다툼이 있으면 판례에 따름)** 2017 기출

① 상대방이 상당한 기간을 정하여 본인에게 무권대리행위의 추인 여부의 확답을 최고한 경우 본인이 그 기간 내에 확답을 발하지 아니한 때에는 추인한 것으로 본다.

② 무권대리행위의 추인은 무권대리인이나 상대방에게 명시적인 방법으로만 할 수 있다.

③ 상대방은 계약 당시에 대리인에게 대리권이 없음을 안 때에도 본인의 추인이 있을 때까지 계약을 철회할 수 있다.

④ 본인이 무권대리행위의 내용을 변경하여 추인한 경우에는 상대방의 동의를 얻지 못하는 한 무효이다.

⑤ 대리인으로서 계약을 맺은 자에게 대리권이 없다는 사실을 알 수 있었던 상대방은 무권대리인에게 계약을 이행할 책임 또는 손해를 배상할 책임을 물을 수 있다.

📖

77 ③ 제126조의 표현대리가 성립하기 위해서는 무권대리인에게 법률행위에 관한 기본대리권이 있어야 하는바, 증권회사로부터 위임받은 고객의 유치 · 투자상담 및 권유 · 위탁매매약정실적의 제고 등의 업무는 사실행위에 불과하므로 이를 기본대리권으로 하여서는 권한 초과의 표현대리가 성립할 수 없다(대판 1992. 5. 26, 91다32190).

78 ⑤ 제135조의 무권대리인의 상대방에 대한 책임이 인정되기 위해서는 그 무권대리인이 행위능력자이어야 한다(제135조 제2항).
① 유권대리에 있어서는 본인이 대리인에게 수여한 대리권의 효력에 의하여 법률효과가 발생하는 반면 표현대리에 있어서는 대리권이 없음에도 불구하고 법률이 특히 거래상대방 보호와 거래안전유지를 위하여 본래 무효인 무권대리행위의 효과를 본인에게 미치게 한 것으로서 표현대리가 성립된다고 하여 무권대리의 성질이 유권대리로 전환되는 것은 아니므로, 양자의 주요사실은 다르다고 볼 수밖에 없으니 유권대리에 관한 주장 속에 무권대리에 속하는 표현대리의 주장이 포함되어 있다고 볼 수 없다(대판 1983. 12. 13, 83다카1489).
③ 계약체결의 요건을 규정하고 있는 강행법규를 위반한 계약은 무효이므로 그 경우에 계약상대방이 선의 · 무과실이더라도 표현대리 법리가 적용될 여지는 없다. 따라서 도시 및 주거환경정비법에 의한 주택재건축조합의 대표자가 그 법에 정한 강행규정에 위반하여 적법한 총회의 결의 없이 계약을 체결한 경우에는 상대방이 그러한 법적 제한이 있다는 사실을 몰랐다거나 총회결의가 유효하기 위한 정족수 또는 유효한 총회결의가 있었는지에 관하여 잘못 알았더라도 계약이 무효임에는 변함이 없다(대판 2016. 5. 12, 2013다49381).

79 ④ 추인은 원칙적으로 무권대리행위의 전부에 대하여 행하여져야 하고, 그 일부에 대하여 추인을 하거나 그 내용을 변경하여 추인을 하였을 경우에는, 상대방의 동의를 얻지 못하는 한 무효이다.
① 대리권 없는 자가 타인의 대리인으로 계약을 한 경우에 상대방은 상당한 기간을 정하여 본인에게 그 추인 여부의 확답을 최고할 수 있다. 본인이 그 기간 내에 확답을 발하지 아니한 때에는 추인을 거절한 것으로 본다(제131조).
② 추인은 반드시 명시적으로 하여야 하는 것은 아니며, 묵시적으로도 할 수 있다.
③ 대리권 없는 자가 한 계약은 본인의 추인이 있을 때까지 상대방은 본인이나 그 대리인에 대하여 이를 철회할 수 있다. 그러나 계약 당시에 상대방이 대리권 없음을 안 때에는 그러하지 아니하다(제134조). 즉 철회권은 '선의'의 상대방에게만 인정된다.
⑤ 다른 자의 대리인으로서 계약을 맺은 자가 그 대리권을 증명하지 못하고 또 본인의 추인을 받지 못한 경우에는 그는 상대방의 선택에 따라 계약을 이행할 책임 또는 손해를 배상할 책임이 있다(제135조 제1항). 다만 대리인으로서 계약을 맺은 자에게 대리권이 없다는 사실을 상대방이 알았거나 알 수 있었을 때 또는 대리인으로서 계약을 맺은 사람이 제한능력자일 때에는 제1항을 적용하지 아니한다(제135조 제2항). 즉 상대방은 선의 · 무과실이어야 한다.

Answer /   77. ③   78. ⑤   79. ④

80 甲의 아들인 성년자 乙이 아무런 권한 없이 丙에게 甲의 대리인이라고 사칭하고, 甲 소유의 X아파트를 丙에게 매각하였다. 다음 설명 중 옳지 않은 것은? (다툼이 있으면 판례에 따름)

2016 기출

① 乙이 丙에게 X아파트를 매각한 직후 甲이 X아파트를 丁에게 매각하고 소유권이전등기를 경료해 준 이후에, 甲이 乙의 무권대리행위를 추인하더라도 丁은 X아파트의 소유권을 취득한다.

② 甲은 丙에 대하여 적극적으로 추인의 의사가 없음을 표시하여 무권대리행위를 무효로 확정지을 수 있다.

③ 丙이 매매계약 당시 乙에게 대리권이 없음을 알지 못하였던 경우, 丙은 甲의 추인이 있기 전에 乙을 상대로 매매계약을 철회할 수 있다.

④ 丙은 상당한 기간을 정하여 甲에게 X아파트 매매계약의 추인 여부의 확답을 최고할 수 있고, 甲이 그 기간 내에 확답을 발하지 않으면 추인한 것으로 본다.

⑤ 乙이 자신의 대리권을 증명하지 못하고 甲의 추인을 받지 못한 경우, 乙은 과실이 없어도 丙의 선택에 따라 계약을 이행하거나 손해를 배상할 책임이 있다.

81 무권대리인 甲은 乙의 대리인이라 칭하고 乙 소유 X부동산을 丙에게 처분하는 매매계약을 체결하였다. 다음 설명 중 옳은 것은? (다툼이 있으면 판례에 의함)

① 丙은 乙에게 상당한 기간을 정하여 추인 여부의 확답을 최고할 수 있고, 乙이 그 기간 내에 확답을 발하지 않으면 추인한 것으로 본다.

② 乙은 甲에게 무권대리행위를 추인할 수는 없다.

③ 乙이 丙에게 甲의 무권대리행위를 추인하면 매매계약은 추인한 때로부터 유효하게 된다.

④ 계약체결 시 甲이 무권대리인이라는 사실을 알았던 丙은 乙에게 최고권을 행사할 수 없다.

⑤ 丙이 甲에게 무권대리인의 책임을 물어 X부동산의 소유권이전을 청구할 경우, 甲이 제한능력자라면 이를 이유로 丙에게 대항할 수 있다.

82 대리권 없는 乙이 甲을 대리하여 甲 소유 X건물에 대하여 丙과 매매계약을 체결하였다. 표현대리가 성립하지 않는 경우 이에 관한 설명으로 옳은 것은? (다툼이 있으면 판례에 따름)

`2020 기출`

① 계약체결 당시 乙이 무권대리인임을 丙이 알았다면 丙은 甲에게 추인 여부의 확답을 최고할 수 없다.

② 甲은 丙에 대하여 계약을 추인할 수 있으나 乙에 대해서는 이를 추인할 수 없다.

③ 계약체결 당시 乙이 무권대리인임을 丙이 알았더라도 甲이 추인하기 전이라면 丙은 乙을 상대로 의사표시를 철회할 수 있다.

④ 甲이 추인을 거절한 경우, 丙의 선택으로 乙에게 이행을 청구하였으나 이를 이행하지 않은 乙은 丙에 대하여 채무불이행에 따른 손해배상책임을 진다.

⑤ 甲이 사망하여 乙이 단독상속한 경우 乙은 본인의 지위에서 위 계약의 추인을 거절할 수 있다.

---

80 ④ 대리권 없는 자가 타인의 대리인으로 계약을 한 경우에 상대방은 상당한 기간을 정하여 본인에게 그 추인 여부의 확답을 최고할 수 있다. 본인이 그 기간 내에 확답을 발하지 아니한 때에는 추인을 거절한 것으로 본다(제131조).

81 ① 추인을 거절한 것으로 본다(제131조).
② 추인의 의사표시는 무권대리인에 대해서도 가능하다.
③ 추인은 원칙적으로 계약 시에 소급하여 그 효력이 생긴다.
④ 악의의 상대방에게도 최고권은 인정된다.

82 ④ 다른 자의 대리인으로서 계약을 맺은 자가 그 대리권을 증명하지 못하고 또 본인의 추인을 받지 못한 경우에는 그는 상대방의 선택에 따라 계약을 이행할 책임 또는 손해를 배상할 책임이 있다(민법 제135조 제1항). 이때 상대방이 계약의 이행을 선택한 경우 무권대리인은 계약이 본인에게 효력이 발생하였더라면 본인이 상대방에게 부담하였을 것과 같은 내용의 채무를 이행할 책임이 있다. 무권대리인은 마치 자신이 계약의 당사자가 된 것처럼 계약에서 정한 채무를 이행할 책임을 지는 것이다. 무권대리인이 계약에서 정한 채무를 이행하지 않으면 상대방에게 채무불이행에 따른 손해를 배상할 책임을 진다(대판 2018. 6. 28, 2018다210775).
① 악의의 상대방, 즉 계약 당시 무권대리임을 알았던 상대방도 최고를 할 수 있다.
② 추인의 의사표시는 무권대리인에 대해서는 물론, 무권대리행위의 직접의 상대방 및 그 무권대리행위로 인한 권리 또는 법률관계의 승계인에게도 가능하다.
③ 철회권은 '선의'의 상대방에게만 인정된다.
⑤ 판례는 이러한 경우에 있어 무권대리인이 본인의 지위에서 추인을 거절하는 것은 금반언의 원칙이나 신의칙상 허용되지 않는다고 본다.

Answer
　　80. ④　　81. ⑤　　82. ④

83 대리권 없는 乙이 甲의 대리인이라 칭하며 甲 소유의 X토지를 丙에게 매도하였다. 다음 설명 중 옳은 것은? (다툼이 있는 경우에는 판례에 의함) 2013 기출

① 甲은 乙을 상대로 추인권을 행사할 수 있다.

② 甲의 추인이 있기 전에 甲과 丁이 X토지에 대하여 매매계약을 체결하고 丁이 소유권 이전을 위한 가등기를 해 두었더라도, 甲이 무권대리인의 매매계약을 추인하면 그로 인한 소급효는 丁에게도 미친다.

③ 乙이 단독으로 甲을 상속한 경우, 乙은 丙과 체결한 매매계약에 대하여 추인거절권을 행사할 수 있다.

④ 甲의 추인이 있기 전이라면, 丙이 매매계약 체결 당시 乙에게 대리권 없음을 알았던 경우라도 丙은 매매계약을 철회할 수 있다.

⑤ 甲이 추인을 거절한 경우, 丙은 乙을 상대로 계약의 이행과 손해배상을 청구할 수 있다.

84 甲이 전혀 알지 못하는 乙이 甲의 위임장을 위조하여 甲을 대리함으로써 甲의 토지를 丙에게 매매한 후에 丙의 명의로 이전등기가 경료되었다. 이 경우의 법률관계에 관하여 타당한 것은? (다툼이 있는 경우 판례에 의함)

① 甲은 乙의 대리행위를 추인할 수 있는바, 甲의 추인이 있으면 乙이 한 대리행위는 그 추인을 한 때로부터 효력이 있다. 그러므로 추인으로 제3자의 권리가 침해되지는 않는다.

② 악의인 丙도 甲에 대하여 추인 여부의 확답을 최고할 수 있으며, 丙의 최고에 대하여 甲이 상당한 기간 내에 확답을 발하지 않으면 추인한 것으로 본다.

③ 악의인 丙도 甲에게 철회를 할 수 있으며, 丙이 철회한 경우에는 丙은 乙에게 이행 또는 손해배상을 청구할 수 없다.

④ 丙은 乙에게 대리권 없음을 알 수 있었을 때에는 乙에게 이행 또는 손해배상을 청구할 수 없다. 그러나 乙이 제한능력자일 때에는 丙은 乙에게 이행 또는 손해배상을 청구할 수 있다.

⑤ 乙이 그 대리행위 후에 甲을 단독상속한 경우에, 乙은 토지의 소유자였던 甲의 지위에서 자신의 대리행위가 무권대리로 무효임을 주장하여 丙의 명의로 된 등기의 말소를 청구할 수 없다.

85 甲의 아들 乙은 甲의 대리인이라고 칭하고 甲 소유의 부동산에 관하여 丙과 매매계약을 체결하였다. 다음 설명 중 옳은 것은?

① 甲이 乙에 대하여 추인을 한 후에는 丙은 아직 그 사실을 알지 못하였더라도 乙과 맺은 계약을 철회할 수 없다.

② 甲은 丙에 대하여 추인을 거절한 후에도 이를 번복하여 추인할 수 있다.

③ 판례에 의하면, 甲이 사망하여 乙이 단독상속한 경우에 乙은 추인을 거절할 수 있다고 한다.

④ 丙이 甲에게 상당한 기간을 정하여 추인 여부의 확답을 최고한 경우에 甲이 그 기간 내에 확답을 발하지 않은 때에는 甲은 추인한 것으로 간주된다.

⑤ 甲의 추인이 있으면 원칙적으로 乙의 행위는 처음부터 유권대리행위였던 것과 동일한 법률효과를 발생한다.

---

83 ② 추인의 소급효는 제3자의 권리를 해하지 못한다(제133조).
③ 무권대리인이 본인을 상속한 경우에 본인의 지위에서 추인을 거절하는 것은 신의칙에 반한다(대판 94다20617).
④ 상대방은 선의인 경우에 한하여 본인의 추인이 있기 전에 철회를 할 수 있다.
⑤ 상대방의 선택에 따라 계약을 이행할 책임 또는 손해를 배상할 책임이 있다(제135조 제1항).

84 ⑤ 乙이 대리권 없이 甲 소유 부동산을 丙에게 매도하여 부동산소유권이전등기 등에 관한 특별조치법에 의하여 소유권이전등기를 마쳐주었다면 그 매매계약은 무효이고 이에 터잡은 이전등기 역시 무효가 되나, 乙은 甲의 무권대리인으로서 제135조 제1항의 규정에 의하여 매수인 丙에게 부동산에 대한 소유권이전등기를 이행할 의무가 있으므로, 그러한 지위에 있는 乙이 甲으로부터 부동산을 상속받아 그 소유자가 되어 소유권이전등기이행의무를 이행하는 것이 가능하게 된 시점에서 자신이 소유자라고 하여, 자신으로부터 부동산을 전전매수한 丁에게 원래 자신의 매매행위가 무권대리행위여서 무효였다는 이유로 丁 앞으로 경료된 소유권이전등기가 무효의 등기라고 주장하여 그 등기의 말소를 청구하거나 부동산의 점유로 인한 부당이득금의 반환을 구하는 것은 금반언의 원칙이나 신의성실의 원칙에 반하여 허용될 수 없다(대판 94다20617).
① 무권대리의 추인은 다른 의사표시가 없을 때에는 계약 시에 소급하여 그 효력이 생긴다. 그러나 제3자의 권리를 해하지 못한다(제133조).
② 추인을 거절한 것으로 본다(제131조).
③ 악의인 丙은 甲에게 철회를 할 수 없다(제134조).
④ 대리인으로서 계약을 맺은 자에게 대리권이 없다는 사실을 상대방이 알았거나 알 수 있었을 때 또는 대리인으로서 계약을 맺은 사람이 제한능력자일 때에는 제1항을 적용하지 아니하므로(제135조 제2항), 丙은 무권대리인 乙에게 계약의 이행 또는 손해배상의 책임을 물을 수 없다.

85 ⑤ 甲이 추인하면 소급하여 유효한 계약이 되므로(제133조) 타당한 설명이다.
① 甲이 乙에게 추인하였다면 丙이 추인한 사실을 알기 전에는 丙에게 대항할 수 없다(제132조). 따라서 丙은 철회권을 여전히 가진다.
② 일단 추인을 거절한 후에는 무권대리행위는 무효인 것으로 확정되므로, 甲은 다시 추인할 수 없고 또 상대방 丙도 최고권이나 철회권을 행사할 필요가 없게 된다.
③ 본인이 사망하여 무권대리인이 본인의 지위를 상속한 경우 무권대리행위가 당연히 유효한 것으로 되는지에 대하여는 견해대립이 있는데, 판례는 乙이 본인의 지위에서 무권대리를 주장하여 등기말소를 주장하는 것은 금반언원칙이나 신의칙상 허용될 수 없다고 한다(대판 94다20617).
④ 추인을 거절한 것으로 간주된다(제131조).

Answer 83. ① 84. ⑤ 85. ⑤

86 乙의 아들인 甲은 乙의 대리인이라고 칭하고 乙 소유의 토지를 매매하기로 丙과 계약을 체결하였다. 이에 대한 설명 중 옳지 않은 것은?

① 대리권을 증명하지 못한 甲은 丙의 선택에 따라 丙에게 계약을 이행하거나 손해를 배상할 책임을 부담한다.

② 매매계약 체결 사실을 알게 된 乙이 즉시 甲에게 계약을 추인한다는 의사표시를 하였는데, 그 후 이러한 사정을 모르는 丙이 甲에게 계약의 철회를 통보하자, 甲이 丙에게 乙의 계약추인 사실을 통보하였더라도 丙은 乙에 대하여 계약의 이행을 거절할 수 있다.

③ 丙이 乙에게 상당한 기간을 정하여 계약의 추인 여부의 확답을 최고하였는데, 乙이 그 최고기간이 경과하였어도 丙이 계약을 명시적으로 철회하지 않는 한 乙은 丙에게 추인의 통보를 하고 丙에게 계약의 이행을 청구할 수 있다.

④ 乙이 계약의 일부에 대하여만 추인을 하는 경우 丙은 추인된 일부계약의 이행을 거절할 수 있다.

⑤ 甲이 乙의 사망으로 그 토지를 상속한 후 소유자의 지위에서 자신의 대리행위가 무권대리로 무효임을 주장하여 등기말소를 구하는 것은 신의성실의 원칙에 반한다.

87 甲의 아들 乙은 소유권이전등기에 필요한 서류를 위조한 다음, 甲의 대리인으로 사칭하여 甲 소유 부동산을 丙에게 매도하였다. 다음 설명 중 옳은 것은? (다툼이 있으면 판례에 의함)

① 乙이 甲을 상속한 경우에 乙은 추인거절권을 행사할 수 있다.

② 乙이 미성년자이더라도 乙은 무권대리인으로서 책임을 진다.

③ 丙명의로 이전등기된 경우, 甲의 추인이 없더라도 丙명의의 등기는 실체관계에 부합하여 유효하다.

④ 乙이 대리권을 증명하지 못하고 甲의 추인을 얻지 못한 경우, 丙은 乙에 대해 소유권이전등기 또는 손해배상을 청구할 수 있다.

⑤ 丙이 甲에게 상당한 기간을 정하여 추인 여부의 확답을 최고하였는데, 甲이 그 기간 내에 확답을 발하지 아니한 때에는 추인한 것으로 본다.

88 甲으로부터 복사기 1대의 임차에 관한 대리권을 수여받은 乙은 그 대리권의 범위를 넘어, 甲의 대리인으로서 丙과 복사기 1대를 매수하는 계약을 체결했다. 이 사례에 관한 다음 설명 중 가장 옳지 않은 것은?

① 丙이 乙에게 매매계약 체결의 대리권이 없음을 안 경우, 甲이 매매계약의 추인을 거절하면 丙은 甲·乙 누구에 대해서도 매매대금의 지급을 청구할 수 없다.

② 乙이 미성년자인 경우 丙이 그 사실을 알았는가의 여부를 불문하고 丙은 乙에게 이행 또는 손해배상을 청구할 수 없다.

③ 丙이 乙에게 매매계약 체결의 대리권이 없음을 알았을 때는 丙은 대리권이 없음을 이유로 매매계약을 철회할 수 없다.

④ 丙이 乙에게 매매계약 체결의 대리권이 있다고 믿은 데 정당한 이유가 있다면, 甲은 丙의 매매대금청구를 거부할 수 없다.

⑤ 丙이 乙에게 매매계약 체결의 대리권이 없는 것을 알았을 경우, 丙은 甲에게 매매계약을 추인할 것인가의 여부를 최고할 수 없다.

---

86 ③ 상대방의 최고의 효과는 상당기간 내에 본인이 확답을 발하지 않은 경우 추인을 거절한 것으로 간주된다(제131조). 따라서 최고기간이 지난 후에 본인이 추인을 하여도 무권대리행위는 효력이 발생하지 않는다.

87 ① 무권대리인이 본인을 상속한 경우에 무권대리행위는 당연히 유효하게 되고 본인의 지위에서 추인을 거절할 수 없다(당연유효설, 다수설). 판례는 이 경우에 추인거절은 '금반언의 원칙이나 신의성실의 원칙'에 반하여 허용될 수 없다고 한다.
② 제한능력자는 제135조의 상대방에 대한 무권대리인의 책임을 지지 않는다(제135조 제2항).
③ 무권대리행위는 본인의 추인이 없으면 본인에 대하여 효력이 없다.
⑤ 추인을 거절한 것으로 본다.

88 ⑤ 악의의 상대방, 즉 계약 당시 무권대리임을 알았던 상대방도 최고를 할 수 있다.

Answer　　86. ③　87. ④　88. ⑤

89 甲의 처 乙은 자신이 하는 사업이 부진하여 경제적으로 압박을 받게 되자 甲의 허락도 없이 甲이 맡긴 인감을 이용하여 甲의 대리인이라고 칭하고 甲의 X토지를 丙에게 매각하였다. 그런데 후에 밝혀진 바에 의하면 대리권이 乙에게 있다고 믿을 만한 정당한 사유가 존재하지 않았다. 이 경우에 관한 설명 중 가장 옳지 않은 것은?

① 甲이 乙에 대하여만 추인의 의사표시를 하였지만 丙도 그 사실을 알았다면 丙은 계약을 철회할 수 없다.

② 乙이 甲의 추인을 얻지 못한 경우에는, 乙은 丙에 대하여 이행책임을 부담할 수 있다.

③ 乙이 甲의 추인을 얻지 못한 경우에는, 乙은 丙에 대하여 손해배상책임을 부담할 수 있다.

④ 乙이 토지를 매각한 후에 甲의 사망으로 인하여 단독상속인이 된 경우, 乙은 甲의 지위에서 丙 앞으로 경료된 소유권이전등기의 무효를 주장할 수 있다.

⑤ 乙이 토지를 매각한 후 사망하여 甲이 그 단독상속인이 된 경우, 甲은 추인을 거절할 수 있지만 무권대리인 乙의 책임을 상속하여 부담한다.

---

89 ④ 무권대리인이 본인을 상속한 경우, 무권대리인이 본인의 지위에서 무권대리를 주장하는 것은 신의칙에 반하여 허용되지 않는다(대판 94다20617).

Answer / 89. ④

05 법률행위의 무효와 취소

01 다음 중 법률행위의 무효사유가 아닌 것은?

① 무권대리행위
② 선량한 풍속에 반하는 법률행위
③ 피성년후견인의 재산상 법률행위
④ 통정허위표시
⑤ 법률행위 당시 이미 성취될 수 없는 조건을 정지조건으로 한 경우

02 다음 중 무효가 아닌 경우는?

① 매매목적물이 계약체결 다음 날 멸실된 경우
② 불공정한 법률행위
③ 표의자가 진의 아닌 의사표시를 하였는데 상대방이 그러한 사정을 안 경우
④ 상대방과 통정하여 의사표시를 한 경우
⑤ 총을 겨누고 매매계약을 체결할 것을 강요하여 계약을 체결한 경우

---

01 ③ 취소사유에 해당한다(제10조).

02 ① 이는 후발적 불능에 해당한다. 채무자의 귀책사유에 의한 후발적 불능의 경우에는 채무불이행(이행불능)의 문제가 발생하며, 채무자의 귀책사유가 없는 후발적 불능의 경우에는 쌍무계약이면 위험부담의 문제가 남게 될 뿐이다.
⑤ 상대방 또는 제3자의 강박에 의해 의사결정의 자유가 완전히 박탈된 상태에서 이루어진 의사표시는 효과의사에 대응하는 내심의 의사가 결여된 것이므로 무효이다(판례).

Answer / 01. ③ 02. ①

03 법률행위의 당사자 외에 선의의 제3자에 대하여도 무효를 주장할 수 있는 경우를 모두 고른 것은? (다툼이 있으면 판례에 따름) 2019 기출

> ㉠ 의사무능력자의 법률행위
> ㉡ 반사회질서의 법률행위
> ㉢ 무효인 진의 아닌 의사표시
> ㉣ 통정한 허위의 의사표시

① ㉠, ㉡　　　　　　　　　　　② ㉠, ㉢
③ ㉢, ㉣　　　　　　　　　　　④ ㉠, ㉡, ㉣
⑤ ㉡, ㉢, ㉣

04 다음 중 무효가 아닌 것은?
① 甲이 乙에게 매도한 부동산임을 잘 알면서 배임행위에 적극 가담하여 甲으로부터 甲의 형인 丙이 증여를 받은 경우
② 도박으로 부담한 채무의 변제로서 토지를 양도하는 계약
③ 사찰의 존립과 존재 의의를 상실케 하는 임야의 증여
④ 장래 집필하는 원고의 출판권을 모두 특정출판사에 양도하기로 하는 출판계약
⑤ 증여세를 면하려고 매매를 원인으로 하는 소유권이전등기를 하는 행위

05 다음 중 무효인 법률행위는?
① 미성년자 甲이 법정대리인의 동의 없이 乙로부터 중고 컴퓨터를 매수한 경우
② 甲이 사고차량을 무사고차량으로 속여 乙에게 매각한 경우
③ 甲이 乙 소유의 부동산을 丙에게 매도한 경우
④ 甲이 위조품인 도자기를 진품으로 착각하여 乙로부터 고가로 매수한 경우
⑤ 甲이 진의 없이 자신 소유의 고화(古畵)를 乙에게 증여하였으나 乙이 甲의 진의 아님을 알았던 경우

06 무효에 관한 설명으로 옳지 않은 것은? (다툼이 있으면 판례에 의함)

① 무효는 법률효과가 처음부터 생기지 않는 것이나, 취소는 일단 법률효과를 발생시킨 후 그 효과를 소멸시킬 여지를 인정하는 것이다.

② 법률행위 성립 후 이행 전에 당사자 일방의 과실로 목적물이 멸실되더라도 그 법률행위가 무효로 되는 것은 아니다.

③ 법률행위의 일부분이 무효인 때에는 그 전부를 무효로 함이 원칙이다.

④ 매매계약을 체결하고 그에 기하여 임의로 지급된 계약금은 비록 그 계약이 유동적 무효상태에 있더라도 부당이득으로 반환을 구할 수 있다.

⑤ 일부무효의 효과에 관하여 민법 외에 다른 법률에 규정이 있다면 그 법률의 규정에 의한다.

07 무효인 법률행위에 관한 설명으로 옳지 않은 것은? (다툼이 있으면 판례에 따름) 2018 기출

① 무효행위의 추인은 그 무효 원인이 소멸한 후에 하여야 그 효력이 있다.

② 무효행위의 추인은 원칙적으로 소급효가 없다.

③ 불공정한 법률행위로서 무효인 경우에는 추인에 의하여 유효로 될 수 없다.

④ 불공정한 법률행위로서 무효인 경우에는 무효행위의 전환에 관한 민법 제138조가 적용될 수 없다.

⑤ 토지거래허가구역 내의 토지매매계약에서 토지거래허가를 받기 전에 처음부터 그 허가를 배제하기로 하는 약정은 확정적으로 무효이다.

---

03 ㉠ 의사무능력자의 법률행위 ㉡ 반사회질서의 법률행위는 누구에게나 주장할 수 있는 절대적 무효이다. ㉢ 무효인 진의 아닌 의사표시 ㉣ 통정한 허위의 의사표시는 선의의 제3자에게는 주장할 수 없는 상대적 무효이다.

04 ⑤ 부동산등기는 현실의 권리관계에 부합하는 한 그 권리취득의 경위나 방법 등이 사실과 다르다고 하더라도 그 등기의 효력에는 아무런 영향이 없는 것이므로 증여에 의하여 부동산을 취득하였지만 등기원인을 매매로 기재하였다고 하더라도 그 등기의 효력에는 아무런 하자가 없다(대판 80다791).

05 ⑤ 비진의표시로서 제107조 제1항 단서에 해당하여 무효이다. ①, ②, ④는 취소할 수 있는 법률행위이고 ③은 타인권리의 매매로서 유효인 법률행위이다.

06 ④ 계약이 유동적 무효상태로 있는 한 이를 부당이득으로 반환을 구할 수는 없고 유동적 무효상태가 확정적으로 무효로 되었을 때 비로소 부당이득으로 그 반환을 구할 수 있다.

07 ④ 불공정한 법률행위로서 무효인 경우에도 무효행위의 전환에 관한 민법 제138조가 적용될 수 있다(대판 2010. 7. 15, 2009다50308).

Answer 03. ①   04. ⑤   05. ⑤   06. ④   07. ④

08 법률행위의 효력에 관한 설명으로 옳지 않은 것은? (다툼이 있으면 판례에 의함)

① 매도인이 이미 제3자에게 부동산을 매각한 사실을 매수인이 알면서 매수하였더라도 그것만으로는 그 매매계약을 사회질서에 반하는 법률행위라고 단정할 수 없다.

② 의사능력이 없는 미성년자의 법률행위는 무효인 동시에 취소할 수 있다.

③ 하나의 법률행위가 가분적인 경우, 일부취소도 가능하다.

④ 증여계약과 같이 아무런 대가관계가 없이 일방적인 급부를 제공하는 법률행위는 불공정한 법률행위가 되지 않는다.

⑤ 가장매매의 매수인이 추인하면 그 매매계약은 계약 시에 소급하여 유효하게 된다.

09 법률행위의 무효와 취소에 관한 설명으로 옳지 않은 것은? (다툼이 있으면 판례에 의함)

① 취소권은 형성권으로서 취소권자가 단독으로 행사할 수 있다.

② 법률행위의 무효로 인하여 쌍방이 부당이득반환의무를 부담하는 경우, 쌍방의 의무는 동시이행관계이다.

③ 법률행위의 일부분이 무효인 때에는 나머지 부분은 원칙적으로 유효하다.

④ 법률행위가 취소되어 무효가 되었더라도 무효행위의 추인요건을 갖춘 경우, 이를 추인할 수 있다.

⑤ 법률행위가 무효이더라도 선의의 제3자에게 무효를 주장할 수 없는 경우가 있다.

10 다음 중 옳은 것은?

① 무효는 특정인의 주장을 필요로 하지 않고서 당연히 효력이 없으나, 취소는 취소권자의 주장이 있은 후에야 비로소 효력이 없게 된다.

② 법률행위의 일부분이 무효인 때에는 언제나 그 전부를 무효로 한다.

③ 취소한 법률행위는 처음부터 무효인 것으로 보므로 미성년자는 그 행위로 인하여 받은 모든 이익을 상환할 책임이 있다.

④ 무효인 법률행위도 추인하면 그 효력이 생기는 것이 원칙이다.

⑤ 무효인 법률행위도 당사자가 이를 알고 추인하면 처음부터 유효한 것으로 된다.

11 「국토의 계획 및 이용에 관한 법률」상의 토지거래허가지역 내의 토지에 관하여 토지거래 허가를 받기 전에 체결한 매매계약은 유동적 무효라고 보는 것이 판례의 입장이다. 다음 설명 중 판례의 입장과 다른 것은?

① 허가를 받기 전까지는 소유권 등 권리의 이전에 관한 계약의 효력이 발생하지 않는다는 점에서는 확정적 무효의 경우와 동일하다.

② 유동적 무효인 상태에 있어서는 계약상 채무불이행을 이유로 계약을 해제할 수 없다.

③ 양 당사자는 매매계약을 효력 있는 것으로 완성하여야 할 협력의무를 부담하지만 이러한 협력의무의 이행을 소구할 수는 없다.

④ 매매계약이 확정적으로 무효가 되지 아니하는 한 계약체결 시 지급된 계약금에 대하여 이를 부당이득으로 반환청구할 수 없다.

⑤ 관할관청의 불허가처분이 있거나 당사자 쌍방이 허가신청을 하지 않기로 의사표시를 명백히 한 경우에는 확정적 무효로 된다.

08 ⑤ 무효행위의 추인에는 원칙적으로 소급효가 없다. 즉, 추인한 때로부터 새로운 법률행위를 한 것으로서의 효력이 발생할 뿐이다.

09 ③ 법률행위의 일부분이 무효인 때에는 그 전부를 무효로 한다. 그러나 그 무효부분이 없더라도 법률행위를 하였을 것이라고 인정될 때에는 나머지 부분은 무효가 되지 아니한다(제137조).

10 ② 법률행위의 일부분이 무효인 때에는 그 전부를 무효로 한다. 그러나 그 무효부분이 없더라도 법률행위를 하였을 것이라고 인정될 때에는 나머지부분은 무효가 되지 아니한다(제137조).
③ 제한능력자는 현존이익의 한도에서 상환할 책임이 있다(제141조).
④ 무효인 법률행위는 추인하여도 그 효력이 생기지 아니한다.
⑤ 다만 당사자가 그 무효임을 알고 추인한 때에는 새로운 법률행위로 본다(제139조).

11 ③ 허가를 전제로 거래계약을 체결한 당사자는 그 계약이 효력 있는 것으로 완성될 수 있도록 협력할 의무가 있고, 허가신청절차에 협력하지 않는 상대방에 대하여 그 협력의무의 이행을 소송으로써 구할 이익이 있다(대판 90다12243).

Answer / 08. ⑤ 09. ③ 10. ① 11. ③

12 「국토의 계획 및 이용에 관한 법률」상 토지거래허가를 받지 않은 매매계약의 효력에 대한 대법원 판례의 입장에 관한 다음의 설명 중 옳은 것은?

① 토지거래허가를 면탈하거나 배제하는 내용의 매매계약인 경우에도 유동적 무효가 된다.

② 유효 여부가 확정되기 전에도 매수인은 매매계약에 기하여 임의로 지급한 계약금을 부당이득으로서 반환청구할 수 있다.

③ 유동적 무효의 상태에서 동시에 착오의 사유가 있는 경우, 취소를 주장할 수 있는 당사자는 허가신청 전에 착오를 주장하여 허가신청에 대한 거절의 의사를 명백히 함으로써 그 계약을 확정적으로 무효화시킬 수 있다.

④ 유동적 무효의 상태에서는 아직 계약의 효력이 확정되어 있지 않으므로, 매매계약의 양 당사자에게 계약의 효력이 있는 것으로 완성될 수 있도록 서로 협력할 의무는 발생하지 아니한다.

⑤ 토지거래허가구역으로 지정된 토지에 대한 거래계약에 관하여 허가를 받지 못하고 있던 중 토지거래허가구역의 지정기간이 만료된 경우, 그 계약은 확정적으로 무효로 된다.

13 甲은 토지거래허가구역 안의 토지에 대하여 乙과 매매계약을 체결하고 계약금을 수령하였다. 다음 중 판례의 태도로서 옳은 것은?

① 허가가 있기 전에도 甲에게는 소유권이전등기의무가 있다.

② 甲과 乙 사이에 허가를 배제하기로 하는 특약이 있으면 甲은 소유권이전의무를 부담한다.

③ 계약체결 후 토지거래허가구역지정이 해제되더라도 계약은 확정적으로 유효하게 되는 것은 아니다.

④ 甲과 乙 사이에 특약이 없는 한 허가가 있기 전에 甲이 계약금의 배액을 상환하고 계약해제를 요구한 경우, 乙이 이를 거절하고 잔금을 제공하더라도 다른 약정이 없는 한 계약은 적법하게 해제된다.

⑤ 불허가처분이 있더라도 乙은 甲에 대하여 부당이득을 이유로 계약금의 반환을 청구할 수 없다.

14 토지거래허가구역 내의 토지매매계약이 확정적 무효로 되는 경우를 모두 고른 것은? (다툼이 있으면 판례에 의함)

> ㉠ 관할 관청의 불허가처분이 있는 경우
> ㉡ 처음부터 토지거래허가를 배제하는 내용의 계약인 경우
> ㉢ 당사자 쌍방이 허가신청협력의무의 이행거절의사를 명백히 표시한 경우
> ㉣ 상대방의 허가신청협력의무 불이행을 이유로 일방적으로 해제의 의사표시를 한 경우
> ㉤ 허가받기 전의 상태에서 계약상 채무불이행을 이유로 손해배상을 청구한 경우

① ㉠, ㉡
② ㉢, ㉣
③ ㉠, ㉡, ㉢
④ ㉢, ㉣, ㉤
⑤ ㉠, ㉡, ㉣, ㉤

12 ① 구 국토이용관리법상의 규제지역 내의 토지에 대하여 관할 도지사의 허가를 받기 전에 체결한 매매계약은 처음부터 그 허가를 배제하거나 잠탈하는 내용의 계약일 경우에는 확정적으로 무효로서 유효하게 될 여지가 없다(대판 99다68812).
② 허가를 배제하거나 잠탈하는 내용이 아닌 유동적 무효상태의 매매계약을 체결하고 매도인이 이에 기하여 임의로 지급한 계약금은 그 계약이 유동적 무효상태로 있는 한 이를 부당이득으로 반환을 구할 수는 없고 유동적 무효상태가 확정적으로 무효로 되었을 때 비로소 부당이득으로 그 반환을 구할 수 있다(대판 91다33766).
④ 규제지역 내의 토지에 대하여 거래계약이 체결된 경우에 계약을 체결한 당사자 사이에 있어서는 그 계약이 효력 있는 것으로 완성될 수 있도록 서로 협력할 의무가 있음이 당연하므로, 계약의 쌍방당사자는 공동으로 관할관청의 허가를 신청할 의무가 있고, 이러한 의무에 위배하여 허가신청절차에 협력하지 않는 당사자에 대하여 상대방은 협력의무의 이행을 소송으로써 구할 이익이 있다(대판 90다12243).
⑤ 허가구역 지정기간 중에 허가구역 안의 토지에 대하여 토지거래허가를 받지 아니하고 토지거래계약을 체결한 후 허가구역 지정해제 등이 된 때에는 그 토지거래계약이 허가구역 지정이 해제되기 전에 확정적으로 무효로 된 경우를 제외하고는, 더 이상 관할 행정청으로부터 토지거래허가를 받을 필요가 없이 확정적으로 유효로 되어 거래 당사자는 그 계약에 기하여 바로 토지의 소유권 등 권리의 이전 또는 설정에 관한 이행청구를 할 수 있고, 상대방도 반대급부의 청구를 할 수 있다고 보아야 할 것이지, 여전히 그 계약이 유동적 무효상태에 있다고 볼 것은 아니다(대판 98다40459).

13 ④ 국토이용관리법상의 규제구역 내의 토지에 대하여 허가받을 것을 전제로 매매계약을 체결한 경우에 있어 그 허가를 받기까지 매수인의 대금지급이 없었음을 이유로 매도인이 계약을 해제할 수 있는지 여부(소극): 매매계약을 체결한 경우에 있어 관할 관청으로부터 토지거래허가를 받기까지는 매매계약이 그 계약내용대로의 효력이 있을 수 없는 것이어서 매수인으로서도 그 계약내용에 따른 대금지급의무가 있다고 할 수 없으며, 설사 계약상 매수인의 대금지급의무가 매도인의 소유권이전등기의무에 선행하여 이행하기로 약정되어 있었다고 하더라도, 매수인에게 그 대금지급의무가 없음은 마찬가지여서 매도인으로서는 그 대금지급이 없었음을 이유로 계약을 해제할 수 없다(대판 90다12243).

14 ㉠, ㉢ 국토의 계획 및 이용에 관한 법률의 거래허가를 받지 않은 유동적 무효상태의 계약은 관할 도지사에 의한 불허가처분이 있을 때뿐만이 아니라 당사자 쌍방이 허가신청을 하지 아니하기로 의사표시를 명백히 한 경우 등에도 확정적으로 무효로 된다(대판 91다41316).
㉡ 허가를 받기 전의 거래계약이 처음부터 허가를 배제하거나 잠탈하는 내용의 계약일 경우에는 확정적 무효이다.

Answer
12. ③   13. ④   14. ③

15 甲과 乙 사이에 「국토의 계획 및 이용에 관한 법률」상 토지거래허가구역 내의 토지에 대하여 관할관청으로부터의 허가 없이 매매계약이 체결되었다. 다음 설명 중 판례에 의할 때 옳은 것은?

① 甲과 乙 사이의 매매계약이 처음부터 그 허가를 배제하거나 잠탈하는 내용의 계약인 경우에도 유동적 무효이다.

② 甲과 乙 사이의 매매계약이 유동적 무효인 상태에서는 甲·乙 쌍방은 그 계약이 효력이 있는 것으로 완성될 수 있도록 서로 협력할 의무도 없다.

③ 관할관청으로부터 허가받기 전의 상태에서는 甲·乙 쌍방은 권리의 이전 또는 설정에 관한 어떠한 내용의 이행청구도 할 수 없고, 甲은 乙의 거래계약상 채무불이행을 이유로 손해배상을 청구할 수도 없다.

④ 甲과 乙 사이의 매매계약이 유동적 무효인 상태에서 그 토지에 대한 토지거래허가구역지정이 해제된 경우, 매매계약은 확정적 무효로 된다.

⑤ 甲이 乙의 강박에 의하여 매매계약을 체결한 경우, 토지거래허가를 받지 않아 유동적 무효상태에서는 甲은 강박을 이유로 매매계약의 취소를 주장할 수 없다.

16 甲은 토지거래허가구역 내의 X토지에 대하여 관할관청으로부터 허가를 받지 않고 乙에게 매도하는 계약을 체결하였고, 乙은 계약금을 지급한 경우에 관한 설명으로 옳지 않은 것은? (다툼이 있으면 판례에 따름) 2015 기출

① 甲은 허가를 받기 전에도 특별한 사정이 없는 한 계약금의 배액을 상환하고 적법하게 계약을 해제할 수 있다.

② 甲·乙 쌍방이 허가신청을 하지 않기로 의사표시를 명백히 한 경우에는 X토지에 대한 매매계약은 확정적으로 유효이다.

③ 乙은 매매계약이 확정적으로 무효가 되지 않는 한 계약체결 시 지급한 계약금에 대하여 이를 부당이득으로 반환청구할 수 없다.

④ 매매계약과 별개의 약정으로, 甲과 乙은 매매 잔금이 지급기일에 지급되지 않는 경우에 매매계약을 자동해제하기로 정할 수 있다.

⑤ 매매계약을 체결한 이후에 X토지에 대한 토지거래허가구역지정이 해제된 경우, 甲과 乙 사이의 매매계약은 특별한 사정이 없는 한 확정적으로 유효가 된다.

17 「국토의 계획 및 이용에 관한 법률」상의 토지거래허가구역 내의 토지를 매매한 경우에 관한 설명으로 옳지 않은 것은? (다툼이 있으면 판례에 따름) 2016 기출

① 토지매매계약은 관할관청의 허가를 받아야만 그 효력이 발생하고 그 허가를 받기 전에는 채권적 효력도 발생하지 아니한다.

② 처음부터 토지거래허가를 배제하거나 잠탈하는 내용의 계약일 경우에는 확정적으로 무효로서 유효화될 여지가 없다.

③ 당사자들이 계약상 대금지급의무를 소유권이전등기의무에 선행하여 이행하기로 약정하였더라도, 허가 전이라면 매매대금 미지급을 이유로 계약을 해제할 수 없다.

④ 매도인의 토지거래허가 신청절차 협력의무와 매수인의 매매대금지급의무가 동시이행의 관계에 있는 것은 아니다.

⑤ 계약의 쌍방당사자는 공동허가신청절차에 협력할 의무가 있지만, 이러한 의무에 일방이 위배하더라도 상대방은 협력의무의 이행을 소구할 수는 없다.

---

15 ① 허가를 받기 전의 거래계약이 처음부터 허가를 배제하거나 잠탈하는 내용의 계약인 경우에는 허가 여부를 기다릴 것도 없이 확정적으로 무효이다.
② 국토의 계획 및 이용에 관한 법률상의 토지거래규제구역 내의 토지에 관하여 관할관청의 허가 없이 체결된 매매계약이라고 하더라도, 거래 당사자 사이에는 그 계약이 효력이 있는 것으로 완성될 수 있도록 서로 협력할 의무가 있어, 그 매매계약의 쌍방당사자는 공동으로 관할관청의 허가를 신청할 의무가 있고, 이러한 의무에 위배하여 허가신청에 협력하지 아니하는 당사자에 대하여 상대방은 협력의무의 이행을 청구할 수 있는 것이다.
④ 토지거래계약이 체결된 후 허가구역 지정해제 등이 된 때에는 그 토지거래계약이 허가구역 지정이 해제되기 전에 확정적으로 무효로 된 경우를 제외하고는 더 이상 관할 행정청으로부터 토지거래허가를 받을 필요가 없어 확정적으로 유효로 되어 거래당사자는 그 계약에 기하여 바로 토지소유권 등 권리의 이전 또는 설정에 관한 이행청구를 할 수 있고, 상대방도 반대급부의 청구를 할 수 있다고 보아야 할 것이지 여전히 계약이 유동적 무효의 상태에 있다고 할 것은 아니다(대판 98다40459 전합).
⑤ 그 토지 거래가 계약당사자의 표시와 불일치한 의사 또는 사기·강박이 있는 의사에 의하여 이루어진 경우에는 거래허가를 신청하기 전에 이러한 사유를 주장하여 거래허가신청협력에 대한 거절의사를 일방적으로 명백히 함으로써 그 계약을 확정적으로 무효화시키고 자신의 거래허가절차에 협력할 의무를 면할 수 있다(대판 97다36118).

16 ② 당사자 쌍방이 허가신청을 하지 아니하기로 의사표시를 명백히 한 경우에는 유동적 무효 상태의 계약은 확정적으로 무효가 된다(대판 1995. 12. 12, 95다8236).

17 ⑤ 계약의 쌍방당사자는 공동으로 관할관청의 허가를 신청할 의무가 있고, 이러한 의무에 위배하여 허가신청절차에 협력하지 않는 당사자에 대하여 상대방은 협력의무의 이행을 소송으로써 구할 이익이 있다.

Answer   15. ③   16. ②   17. ⑤

18 「국토의 계획 및 이용」에 관한 법률이 정하는 토지거래허가구역 내의 토지거래행위에 관한 설명으로 옳지 않은 것은? (다툼이 있는 경우에는 판례에 의함) 2014 기출

① 권리의 이전 또는 설정에 관한 토지거래계약은 그에 대한 허가를 받을 때까지는 효력이 전혀 없다.

② 당사자의 일방이 허가신청절차에 협력하지 아니한다면 상대방은 소송으로써 그 이행을 구할 수 있다.

③ 매수인이 대금을 선급하기로 약정하였다면 허가를 받기 전에도 매도인은 대금 미지급을 이유로 계약을 해제할 수 있다.

④ 일단 허가를 받으면 토지거래계약은 처음부터 효력이 있으므로 거래계약을 다시 체결할 필요가 없다.

⑤ 토지매매계약의 무효가 확정되지 않은 상태에서는 매수인은 임의로 지급한 계약금을 부당이득으로 반환을 청구할 수 없다.

19 甲이 토지거래허가구역 내의 자신의 토지에 대하여 乙과 매매계약을 체결한 경우에 관한 설명으로 옳은 것은? (다툼이 있으면 판례에 따름) 2019 기출

① 토지거래허가를 받기 전에도 위 계약의 채권적 효력은 발생한다.

② 토지거래허가를 받기 전에도 乙은 甲에게 소유권이전의무 불이행으로 인한 손해배상청구를 할 수 있다.

③ 위 계약 체결 후 토지거래허가를 받은 경우, 위 계약은 특별한 사정이 없는 한 그 허가를 받은 때부터 유효가 된다.

④ 토지거래허가를 받기 전에 甲이 허가신청협력의무의 이행거절의사를 명백히 표시한 경우, 위 계약은 확정적으로 무효가 된다.

⑤ 토지거래허가를 받지 못하여 위 계약이 확정적으로 무효가 된 경우, 그 무효가 됨에 있어 귀책사유가 있는 자는 위 계약의 무효를 주장할 수 없다.

20 무효행위의 전환에 관한 다음의 설명 중 옳지 않은 것은?

① 무효행위의 전환은 일단 성립한 법률행위가 무효인 경우에 비로소 문제되므로 법률행위가 성립하지 않은 때에는 무효행위전환의 문제가 생길 여지가 없다.

② 판례는 단독행위에 대해서는 무효행위의 전환을 인정하지 않고 있다.

③ 무효행위의 전환은 당사자가 그 무효를 알았더라면 다른 법률행위를 하는 것을 의욕하였으리라고 인정되어야 한다.

④ 무효행위의 전환은 무효인 법률행위가 다른 법률행위의 요건을 구비하였을 경우에 인정된다.

⑤ 판례는 입양, 상속 등과 관련된 신분행위에 있어서도 무효행위의 전환을 인정하고 있다.

21 무효인 법률행위의 전환에 관한 설명 중 틀린 것은? (다툼이 있으면 판례에 의함)

① 혼인 외의 출생자를 혼인 중의 출생자로 신고한 경우에 인지신고로서는 유효하다.

② 타인의 자를 입양하기 위하여 데려다 기르면서 아예 자기의 자로 출생신고를 한 경우에는 입양신고로서의 효력을 인정한다.

③ 상속재산 전부를 공동상속인 중 1인에게 상속시킬 방편으로 나머지 상속인들이 법원에 한 상속포기신고가 그 법정기간 경과 후에 한 경우 재산상속포기로서의 효력은 생기지 않으며 상속재산에 관한 협의분할이 이루어진 것으로 볼 수도 없다.

④ 비밀증서에 의한 유언이 그 방식에 흠결이 있는 경우 그 증서가 자필증서의 방식에 적합한 때에는 자필증서에 의한 유언으로 본다.

⑤ 승낙자가 청약에 대하여 조건을 붙이거나 변경을 가하여 승낙한 때에는 그 청약의 거절과 동시에 새로 청약한 것으로 본다.

---

18 ③ 허가를 받을 것을 전제로 한 거래계약은 허가받기 전의 상태에서 상대방의 계약상 채무불이행을 이유로 계약을 해제하거나 그로 인한 손해배상을 청구할 수 없다.

19 ④ 유동적 무효상태하에서 당사자 일방이 허가신청협력의무의 이행거절의사를 명백히 표시한 경우에는 허가 전 거래계약관계 즉 계약의 유동적 무효상태가 더 이상 지속한다고 볼 수는 없고 그 계약관계는 확정적으로 무효라고 인정되는 상태에 이르렀다고 하여야 할 것이다(대판 1993. 6. 22, 91다21435). ← 이 사건의 경우 원고와 피고 모두 위 매매계약 당시 이 사건 토지가 위 법 소정의 규제지역에 속하여 있는 사실을 모르고 계약을 체결하였다가 매수인인 원고가 뒤늦게 이를 알고서 매도인인 피고에게 허가신청절차에 협력할 것을 요구하였으나 피고는 그 협력을 거부하고 오히려 원고의 잔대금미지급을 이유로 위 매매계약의 해제 및 계약금 몰수를 주장하고 있는 사실을 엿볼 수 있어 당사자 일방이 허가신청협력 의무의 이행거절의사를 명백히 표시하였다고 할 것이고 이러한 경우에는 허가 전 거래계약관계 즉 계약의 유동적 무효상태가 더 이상 지속한다고 볼 수는 없고 그 계약관계는 확정적으로 무효라고 인정되는 상태에 이르렀다고 하여야 할 것이다.
① 토지거래허가를 받기 전에는 위 계약의 채권적 효력도 발생하지 않는다.
② 토지거래허가를 받기 전에는 乙은 甲에게 소유권이전의무 불이행으로 인한 손해배상청구를 할 수 없다.
③ 위 계약 체결 후 토지거래허가를 받은 경우, 위 계약은 특별한 사정이 없는 한 소급하여 계약 체결 시부터 유효가 된다.
⑤ 토지거래허가를 받지 못하여 위 계약이 확정적으로 무효가 된 경우, 그 무효가 됨에 있어 귀책사유가 있는 자도 위 계약의 무효를 주장할 수 있다.

20 ② 민법 자체에서 단독행위의 전환을 인정하고 있으며(제1071조), 판례는 무효인 상속포기를 상속재산의 협의분할로 인정한 예가 있다(대판 88누9305).

21 ③ 상속재산 전부를 상속인 중 1인(乙)에게 상속시킬 방편으로 그 나머지 상속인들이 상속포기신고를 하였으나 그 상속포기가 민법 제1019조 제1항 소정의 기간을 초과한 후에 신고된 것이어서 상속포기로서의 효력이 없더라도 乙과 나머지 상속인들 사이에는 乙이 고유의 상속분을 초과하여 상속재산 전부를 취득하고 나머지 상속인들은 그 상속재산을 전혀 취득하지 않기로 하는 의사의 합치가 있었다고 할 것이므로 그들 사이에 위와 같은 내용의 상속재산의 협의분할이 이루어진 것이라고 보아야 한다(대판 88누9305).
⑤ 제534조

Answer

18. ③   19. ④   20. ②   21. ③

---

22 무효행위의 전환에 대한 설명으로 가장 옳지 않은 것은?

① 불공정한 법률행위에도 무효행위의 전환이 인정된다.

② 비밀증서에 의한 유언이 요건에 흠결이 있어서 무효인 경우에도 자필증서의 방식에 적합한 때에는 자필증서로서 유효하다.

③ 甲男이 자신의 혼인 외 출생자인 乙을 혼인 중의 출생자로 신고하여 자신의 호적에 등재하였다면 甲男이 乙을 인지한 효력이 있다.

④ 불요식행위인 경우에는 요식행위로의 전환이 가능하고, 요식행위인 경우에는 요식행위로의 전환도 당연히 가능하다.

⑤ 전환되는 다른 법률행위에 대한 당사자의 의사는 법률행위의 보충적 해석에 의하여 인정되는 가정적 의사이다.

23 무효행위의 추인에 대한 다음의 기술로 옳지 않은 것은?

① 무효행위의 추인은 법률행위의 효과가 확정적 무효인 경우를 전제로 한다.

② 불공정한 법률행위로서 무효인 경우에 추인에 의하여 무효인 법률행위는 유효로 된다.

③ 유동적 무효(무권대리)의 경우에는 본인이 추인을 함으로써 소급하여 그 효과를 발생시킬 수 있다.

④ 무효인 법률행위는 당사자가 무효임을 알고 추인할 경우 그때부터 새로운 법률행위를 한 것으로 볼 뿐이고 소급효가 없는 것이다.

⑤ 추인할 당시에도 무효원인이 소멸하지 않는 한 그 추인을 하더라도 무효이다.

24 무효행위의 추인에 관한 설명으로 옳지 않은 것은?

① 당사자가 무효임을 알고 무효행위를 추인한 때에는 새로운 법률행위를 한 것으로 본다.

② 무효행위의 추인은 무효사유가 종료하기 전에도 가능하다.

③ 반사회질서 위반행위 또는 불공정한 법률행위는 추인하더라도 유효로 되지 않는다.

④ 추인을 할 때에는 새로운 법률행위로서의 법률요건을 갖추어야 한다.

⑤ 취소한 법률행위는 처음부터 무효인 것으로 간주되므로 그 후에는 취소할 수 있는 법률행위의 추인은 되지 않으나, 다만 무효인 법률행위의 추인의 요건과 효력으로서 추인할 수는 있다.

25 무효행위의 추인에 관한 설명 중 틀린 것은?

① 무효행위의 추인은 확정적 무효인 경우를 전제로 한다.

② 판례는 입양, 혼인 등의 신분행위가 무효인 경우에 그 내용에 맞는 신분관계가 실질적으로 형성되어 당사자 쌍방이 이의 없이 그 신분관계를 계속하여 왔다면, 추인의 소급효를 인정한다.

③ 강행법규에 위반한 법률행위는 추인하더라도 당해 법규가 존속하는 한 새로운 행위로서의 효력은 생기지 않는다.

④ 무효인 가등기를 유효한 등기로 전용키로 한 약정은 그때부터 유효하다.

⑤ 추인을 하면 원칙적으로 소급하여 효력이 발생한다.

26 무효인 법률행위의 추인이 인정되는 경우에 그 추인에 관한 설명 중 틀린 것은?

① 추인을 하면 원칙적으로 소급하여 효력이 발생한다.

② 추인을 할 때에는 새로운 법률행위로서의 법률요건을 갖추어야 한다.

③ 추인을 하는 자는 그 법률행위가 무효임을 알면서 추인하여야 한다.

④ 추인은 묵시적으로도 할 수 있다.

⑤ 허위표시에 의한 매매계약의 당사자가 추인을 하면 새로운 매매계약을 한 것으로 본다.

---

22 ④ 요식행위나 불요식행위에서 다른 불요식행위로의 전환은 쉽게 인정된다. 그러나 무효인 불요식행위에서 요식행위로의 전환은 성질상 인정되기 어렵다. 문제는 무효인 요식행위에서 요식행위로의 전환인데, 이러한 전환도 예외적으로 인정되는 경우가 있다.

23 ② 법률행위가 사회질서에 반하거나, 불공정한 법률행위여서 무효인 경우처럼 무효원인이 해소되고 있지 않은 때에는 추인에 의해 유효하게 될 수 없다. 강행규정 위반의 경우도 마찬가지이다.

24 ② 무효행위의 추인은 무효사유가 종료한 후에 하여야 한다.

25 ⑤ 무효행위의 추인이라 함은 법률행위로서의 효과가 확정적으로 발생하지 않는 무효행위를 뒤에 유효케 하는 의사표시를 말하는 것으로 무효인 행위를 사후에 유효로 하는 것이 아니라 새로운 의사표시에 의하여 새로운 행위가 있는 것으로 그때부터 유효케 되는 것이므로 원칙적으로 소급효가 인정되지 않는 것이다(대판 83므22).

26 ① 무효행위의 추인은 그 무효원인이 없어진 것을 전제로 하여 그 추인한 때로부터 새로운 법률행위를 한 것으로 본다. 따라서 원칙적으로 소급효가 없다.

Answer | 22. ④ 23. ② 24. ② 25. ⑤ 26. ①

27 무효인 법률행위에 관한 설명으로 옳지 않은 것은? (다툼이 있으면 판례에 따름) 2017 기출

① 무효인 재산상 법률행위를 당사자가 무효임을 알고 추인한 경우 제3자에 대한 관계에서도 처음부터 유효한 법률행위가 된다.

② 무효인 법률행위가 다른 법률행위의 요건을 구비한 경우, 당사자가 그 무효를 알았다면 다른 법률행위를 하는 것을 의욕하였으리라고 인정될 때에는 다른 법률행위로서의 효력을 가진다.

③ 무효행위의 추인은 무효원인이 소멸한 후에 하여야 효력이 있다.

④ 무효행위의 추인은 명시적일 뿐만 아니라 묵시적으로도 할 수 있다.

⑤ 법률행위의 일부분이 무효인 때에는 그 전부를 무효로 한다. 그러나 그 무효부분이 없더라도 법률행위를 하였을 것이라고 인정될 때에는 나머지 부분은 무효가 되지 아니한다.

28 법률행위의 무효에 관한 설명으로 옳지 않은 것은? (다툼이 있으면 판례에 따름) 2020 기출

① 법률행위의 일부가 무효인 때에는 원칙적으로 그 전부를 무효로 한다.

② 무효인 법률행위에 따른 법률효과를 침해하는 것처럼 보이는 채무불이행이 있다면 채무불이행으로 인한 손해배상을 청구할 수 있다.

③ 불공정한 법률행위로서 무효인 경우 무효행위의 전환에 관한 민법 제138조가 적용될 수 있다.

④ 법률행위가 불성립하는 경우 무효행위의 추인을 통해 유효로 전환할 수 없다.

⑤ 무효행위의 추인은 그 무효 원인이 소멸한 후에 하여야 효력이 있다.

29 법률행위의 무효에 관한 설명으로 옳은 것은? (다툼이 있으면 판례에 따름) 2021 기출

① 법률행위의 일부분이 무효이면 그 일부분만 무효로 되는 것이 원칙이다.

② 의사무능력을 이유로 법률행위가 무효인 경우 의사무능력자는 이익의 현존 여부를 불문하고 받은 이익 전부를 반환하여야 한다.

③ 무효인 법률행위에 대해 당사자가 무효임을 알고 추인하면 그 법률행위는 소급하여 유효하게 되는 것이 원칙이다.

④ 불공정한 법률행위로서 무효인 경우 그 무효인 법률행위는 추인에 의하여 유효로 될 수 없다.

⑤ 반사회적 법률행위로서 무효인 경우 그 무효로 선의의 제3자에게 대항할 수 없다.

30 법률행위의 무효에 관한 설명으로 옳은 것은? (다툼이 있으면 판례에 따름) `2022 기출`

① 진의 아닌 의사표시는 원칙적으로 무효이다.

② 법률행위가 무효와 취소사유를 모두 포함하고 있는 경우, 당사자는 취소권이 있더라도 무효에 따른 효과를 제거하기 위해 이미 무효인 법률행위를 취소할 수 없다.

③ 법률행위의 무효는 제한능력자, 착오나 사기·강박에 의하여 의사표시를 한 자, 그의 대리인 또는 승계인 이외에는 주장할 수 없다.

④ 타인의 권리를 목적으로 하는 매매계약은 특별한 사정이 없는 한 유효하다.

⑤ 무효인 법률행위는 추인할 수 있는 날로부터 3년, 법률행위를 한 날로부터 10년 이후에는 추인할 수 없다.

---

27 ① 무효행위의 추인에는 원칙적으로 소급효가 없다(제139조 참조). 다만 다수설은 당사자 사이에서만 행위 시에 소급시키는 추인(약정에 의한 채권적·소급적 추인)을 인정한다.

28 ② 무효인 법률행위는 그 법률행위가 성립한 당초부터 당연히 효력이 발생하지 않는 것이므로, 무효인 법률행위에 따른 법률효과를 침해하는 것처럼 보이는 위법행위나 채무불이행이 있다고 하여도 법률효과의 침해에 따른 손해는 없는 것이므로 그 손해배상을 청구할 수는 없다(대판 2003. 3. 28, 2002다72125).
③ 매매계약이 약정된 매매대금의 과다로 말미암아 민법 제104조에서 정하는 불공정한 법률행위에 해당하여 무효인 경우에도 무효행위의 전환에 관한 민법 제138조가 적용될 수 있다(대판 2010. 7. 15, 2009다50308).

29 ④ 대판 1994. 6. 24, 94다10900
② 제한능력자의 책임을 제한하는 민법 제141조 단서는 부당이득에 있어 수익자의 반환범위를 정한 민법 제748조의 특칙으로서 무능력자의 보호를 위해 그 선의·악의를 묻지 아니하고 반환범위를 현존 이익에 한정시키려는 데 그 취지가 있으므로, 의사능력의 흠결을 이유로 법률행위가 무효가 되는 경우에도 유추적용되어야 할 것이나, 법률상 원인 없이 타인의 재산 또는 노무로 인하여 이익을 얻고 그로 인하여 타인에게 손해를 가한 경우에 그 취득한 것이 금전상의 이득일 때에는 그 금전은 이를 취득한 자가 소비하였는가의 여부를 불문하고 현존하는 것으로 추정되므로, 위 이익이 현존하지 아니함은 이를 주장하는 자, 즉 의사무능력자 측에 입증책임이 있다(대판 2009. 1. 15, 2008다58367). 따라서 제141조 단서에 의해 의사무능력자도 그 행위로 인하여 받은 이익이 현존하는 한도에서 상환할 책임이 있다.
③ 무효인 법률행위는 추인하여도 그 효력이 생기지 아니한다. 그러나 당사자가 그 무효임을 알고 추인한 때에는 새로운 법률행위로 본다(제139조).

30 ④ 매매계약은 채권계약이므로, 타인의 권리를 목적으로 하는 매매계약도 특별한 사정이 없는 한 유효하다.
① 의사표시는 표의자가 진의 아님을 알고 한 것이라도 그 효력이 있다. 그러나 상대방이 표의자의 진의 아님을 알았거나 이를 알 수 있었을 경우에는 무효로 한다(제107조 제1항).
③ 무효는 누구든지 주장할 수 있다.

`Answer`   27. ①   28. ②   29. ④   30. ④

31 다음 중 취소할 수 있는 법률행위의 취소권자에 해당되지 않는 자는?

① 제한능력자 본인

② 착오에 의한 의사표시를 한 자

③ 취소권 있는 회사를 합병한 회사

④ 제3자의 사기에 의하여 의사표시를 한 자

⑤ 임의대리인이 행한 하자 있는 법률행위에 있어 그 임의대리인

32 법률행위의 취소권자에 관한 설명으로 틀린 것은?

① 제한능력자는 자기가 한 법률행위를 단독으로 취소할 수 있다.

② 제한능력자가 한 취소행위에 법정대리인의 동의가 없었음을 이유로 그 취소행위를 다시 취소할 수 없다.

③ 제한능력자의 법정대리인은 제한능력자가 갖는 취소권을 대리행사하는 것이 아니라 고유의 취소권을 가진다.

④ 임의대리인은 본인으로부터 취소권에 관한 대리권을 수여받은 경우에 한하여 취소할 수 있다.

⑤ 하자 있는 의사표시를 한 자의 승계인은 취소권이 없다.

33 법률행위의 취소에 관한 다음 설명 중 틀린 것은? (다툼이 있으면 판례에 의함)

① 甲으로부터 부동산의 매각을 위임받은 대리인 乙이 丙의 기망에 의하여 丙과 매매계약을 체결한 경우, 취소권은 원칙적으로 본인에게 귀속되므로 임의대리인 乙은 취소권에 대한 특별수권이 있어야 위 매매계약을 취소할 수 있다.

② 취소할 수 있는 법률행위의 상대방이 확정된 경우에는 그 취소는 그 상대방에 대한 의사표시로 하여야 한다.

③ 법률행위의 취소를 당연한 전제로 한 소송상의 이행청구나 이를 전제로 한 이행거절 가운데는 취소의 의사표시가 포함되어 있다고 볼 수 있다.

④ 채권자와 연대보증인 사이의 연대보증계약이 주채무자의 기망에 의하여 체결되어 적법하게 취소되었으나, 그 보증책임이 금전채무로서 채무의 성격상 가분적이고 연대보증인에게 보증한도를 일정 금액으로 하는 보증의사가 있었으므로, 연대보증인의 연대보증계약의 취소는 그 일정 금액을 초과하는 범위 내에서만 효력이 생긴다.

⑤ 매매계약 체결 시 토지의 일정 부분을 매매대상에서 제외시키는 특약을 한 경우, 그 특약만을 기망에 의한 법률행위로서 취소할 수 있다.

34 법률행위의 취소에 관한 설명으로 옳은 것은? (다툼이 있으면 판례에 의함)

① 강박에 의해 의사표시를 한 자의 특정승계인은 법률행위의 취소권자가 될 수 없다.

② 제한능력자가 법률행위를 취소한 경우에는 그 행위로 인한 이익이 현존하더라도 상환할 책임이 없다.

③ 매수인이 유발한 동기착오에 의해 체결된 토지매매계약이 이행 후 취소된 경우, 매수인의 소유권이전등기말소의무는 매도인의 매매대금반환의무보다 먼저 이행되어야 한다.

④ 취소권자의 상대방이 취소할 수 있는 행위로 취득한 권리의 일부를 양도하더라도 취소권자의 취소권은 소멸한다.

⑤ 매도인이 중도급지금의무의 불이행을 이유로 매매계약을 적법하게 해제한 후에도, 매수인은 착오를 이유로 그 매매계약을 취소할 수 있다.

---

31 ⑤ 대리인은 법정대리인과 임의대리인으로 구별하여, 전자는 고유의 취소권을 갖지만 후자는 본인으로부터 취소대리권의 수권행위가 있는 경우에 한하여 취소권자가 된다.

32 ⑤ 하자 있는 의사표시를 한 자의 승계인(포괄승계인과 특정승계인)도 취소권을 행사할 수 있다.

33 ⑤ [1] 하나의 법률행위의 일부분에만 취소사유가 있는 경우에 그 법률행위가 가분적이거나 그 목적물의 일부가 특정될 수 있다면, 그 나머지 부분이라도 이를 유지하려는 당사자의 가정적 의사가 인정되는 경우 그 일부만의 취소도 가능하고, 또 그 일부의 취소는 법률행위의 일부에 관하여 효력이 생긴다고 할 것이나, 이는 어디까지나 어떤 목적 혹은 목적물에 대한 법률행위가 존재함을 전제로 한다.
[2] 매매계약 체결 시 토지의 일정 부분을 매매대상에서 제외시키는 특약을 한 경우, 이는 매매계약의 대상 토지를 특정하여 그 일정 부분에 대하여는 매매계약이 체결되지 않았음을 분명히 한 것으로써 그 부분에 대한 어떠한 법률행위가 이루어진 것으로는 볼 수 없으므로, 그 특약만을 기망에 의한 법률행위로서 취소할 수는 없다(대판 98다56607).

34 ① 특정승계인도 일정한 경우 취소권자가 된다(제140조).
② 제한능력자는 그 행위로 인하여 받은 이익이 현존하는 한도에서 상환할 책임이 있다(제141조 단서).
③ 매매계약이 취소된 경우에 쌍방의 부당이득반환의무는 동시이행관계에 있다.
④ 법정추인사유인 취소할 수 있는 행위로 취득한 권리의 전부나 일부의 양도(제145조 제5호)는 취소권자의 양도에 한한다. 따라서 취소권자의 상대방이 양도한 경우는 법정추인사유가 아니므로 취소권자의 취소권은 소멸하지 않는다.

Answer

31. ⑤　　32. ⑤　　33. ⑤　　34. ⑤

35 甲은 18세 때 시가 5,000만 원에 상당하는 명화(名畫)를 법정대리인인 丙의 동의 없이 乙에게 400만 원에 매도하였으나, 그 당시 乙은 甲의 외모로 보아 그가 성년이라고 생각하였다. 현재 甲이 미성년자라고 할 때 다음 설명 중 옳은 것은? 2017 기출

① 甲은 매매계약을 취소할 수 없다.

② 丙은 매매계약을 추인할 수 있으나, 甲은 추인할 수 없다.

③ 乙이 丙에게 1개월 이상의 기간을 정하여 매매계약을 추인할 것인지 확답을 촉구한 경우, 丙이 그 기간 내에 확답을 발송하지 않으면 그 매매계약을 취소한 것으로 본다.

④ 丙이 적법하게 매매계약을 취소한 경우 그 매매계약은 취소한 때로부터 무효인 것으로 본다.

⑤ 甲이 매매대금을 전부 유흥비로 탕진한 후 丙이 매매계약을 적법하게 취소한 경우, 乙은 명화를 반환하고 매매대금 전부를 반환받을 수 있다.

36 법률행위의 취소에 대한 다음 설명 중 잘못된 것은?

① 취소할 수 있는 법률행위로부터 생긴 채권에 관하여, 취소의 원인이 종료한 후에 취소권자가 이의를 유보하고, 상대방에게 이행하거나 상대방의 이행을 받은 경우는 추인한 것으로 본다.

② 임의대리에 있어서 대리인의 행위에 취소원인이 있는 경우, 임의대리인이 취소를 하려면 원칙적으로 본인으로부터 취소에 관한 대리권이 따로 주어져 있어야 한다.

③ 甲이 乙로부터 사기를 당하여 甲 소유의 토지를 乙에게 매도하기로 계약을 체결한 경우에 甲이 위 사기 사실을 알게 된 다음 매매대금채권을 丙에게 양도하고 사망하였다면, 甲이 사기 사실을 알게 된 다음 매매대금채권을 丙에게 양도한 것은 법정추인에 해당하므로 상속인 丁도 취소권을 행사할 수 없다.

④ 법정대리인이 추인하는 경우에는 취소의 원인이 종료하지 않아도 추인의 효력이 있다.

⑤ 법정대리인의 동의 없이 법률행위를 한 미성년자가 성년이 되기 전에 이행청구를 한 경우, 법정추인으로 볼 수 없다.

37 취소에 대한 설명 중 맞는 것은? (다툼이 있으면 판례에 의함)

① 제한능력을 이유로 하는 법률행위의 취소는 선의의 제3자에게 대항할 수 없다.

② 매도인이 사기를 이유로 매수인에게 소유권이전등기의 말소를 청구하는 경우에는 매매계약을 취소한다는 의사표시가 포함되어 있다고 볼 수 있다.

③ 제한능력자의 법정대리인의 취소권행사는 제한능력자가 갖고 있는 취소권을 대리하여 행사하는 것이다.

④ 취소할 수 있는 법률행위를 추인한 후에도 다시 그 법률행위를 취소할 수 있다.

⑤ 포괄승계인이든 특정승계인이든 취소권의 승계는 인정되지 않는다.

38 취소할 수 있는 행위의 추인에 관한 기술로서 가장 옳지 않은 것은?

① 하자 있는 의사표시를 한 자의 승계인은 취소권이 없다.

② 추인은 취소의 원인이 종료한 후에 하지 아니하면 효력이 없다.

③ 원칙적으로 취소권자가 추인할 수 있다.

④ 통설에 의하면, 추인은 결국 취소권의 포기이므로 그 행위가 취소할 수 있는 것임을 알고 하여야 한다.

⑤ 제한능력자도 취소권을 행사할 수 있다.

39 취소할 수 있는 법률행위의 추인에 관한 설명으로 옳지 않은 것은?

① 상대방이 취소권자에 대하여 이행의 청구를 한 경우에는 법정추인이 된다.

② 추인은 그 행위가 취소할 수 있는 것임을 알고 하여야 한다.

③ 취소권자가 취소할 수 있는 법률행위를 적법하게 추인하면 더 이상 취소할 수 없다.

④ 법정대리인은 취소원인이 종료하기 전이라도 추인할 수 있다.

⑤ 취소권자가 추인할 수 있는 후에 이의를 유보하지 않고 담보를 제공한 경우에는 추인한 것으로 간주된다.

---

35 ② 취소할 수 있는 법률행위의 추인은 '취소의 원인이 소멸된 후'에 하여야 한다(제144조 제1항). 미성년자 甲은 능력자가 된 후에 추인하여야 한다. 그러나 미성년자의 법정대리인 丙이 추인하는 경우에는 취소원인이 소멸되기 전이라도 추인할 수 있다(제144조 제2항 참조). 다만 미성년자 甲은 능력자가 되기 전이라도 법정대리인의 동의를 얻어서 추인할 수는 있다.
① 제한능력자는 자기가 한 법률행위를 단독으로 취소할 수 있다.
③ 제한능력자가 아직 능력자가 되지 못한 경우에는 그의 법정대리인에게 제1항의 촉구를 할 수 있고, 법정대리인이 그 정하여진 기간 내에 확답을 발송하지 아니한 경우에는 그 행위를 추인한 것으로 본다(제15조 제2항).
④ 취소된 법률행위는 처음부터 무효인 것으로 본다(제141조 본문).
⑤ 제한능력자는 그 행위로 인하여 받은 이익이 현존하는 한도에서 상환할 책임이 있다(제141조 단서). 따라서 甲이 매매대금을 전부 유흥비로 탕진한 후에는 현존이익이 없으므로 乙은 명화를 반환하더라도 매매대금을 반환받을 수 없다.

36 ① 법정추인은 이의의 유보가 없어야 성립한다.

37 ① 제한능력을 이유로 한 취소는 절대적 취소로서 선의의 제3자에 대한 보호규정이 없다.
③ 제한능력자의 법정대리인은 제한능력자와 별도로 독자적인 취소권을 가진다. 이 경우 어느 일방의 취소권이 기간만료로 소멸하면 두 사람 모두의 취소권이 소멸하는 것으로 해석한다.
④ 취소할 수 있는 법률행위를 추인하면 확정적으로 유효가 된다.
⑤ 취소권자인 승계인에는 포괄승계인과 특정승계인을 모두 포함한다. 단 취소권만의 승계는 인정되지 않는다.

38 ① 제한능력, 착오·사기·강박에 의한 의사표시를 한 자의 승계인도 취소권을 행사할 수 있다.

39 ① 법정추인사유로서 이행의 청구는 취소권자의 이행청구만을 말하며, 상대방이 이행청구한 경우는 제외된다.

Answer / 35. ②   36. ①   37. ②   38. ①   39. ①

40 법률행위의 추인에 관한 기술 중 틀린 것은?

① 취소권자와 추인권자의 자격요건은 완전히 일치한다.

② 미성년자가 혼인한 후에는 자기 스스로 혼인 전에 법정대리인의 동의 없이 한 법률행위를 추인할 수 있다.

③ 피성년후견인이 행위능력자로 되기 전에는 성년후견인의 동의를 얻었더라도 스스로 추인의 의사표시를 할 수 없다.

④ 법률행위를 취소한 경우에도 무효인 법률행위의 추인의 요건에 따라 당사자는 이를 추인할 수 있고, 이 경우 그 추인한 때로부터 새로운 법률행위를 한 것으로 본다.

⑤ 판례는 무권리자의 처분행위에 대해 권리자가 추인을 한 경우에 무권대리의 추인의 법리를 유추적용한 바 있다.

41 법률행위의 취소에 관한 설명으로 옳지 않은 것은? (다툼이 있으면 판례에 의함)

① 법률행위의 취소 사유가 없는 경우에는 당사자 쌍방이 각각 취소의 의사표시를 하였다 하더라도 그 법률행위가 취소되는 것은 아니다.

② 취소는 재판상 행하여질 것이 요구되는 경우 외에는 상대방에 의하여 인식될 수 있다면 어떠한 방법에 의하더라도 무방하다.

③ 미성년자가 법률행위를 취소한 경우, 미성년자는 그 행위로 인하여 받은 이익이 현존하는 한도에서 상환할 책임이 있다.

④ 취소권의 존속기간의 법적 성질은 제척기간이다.

⑤ 피성년후견인은 행위능력자가 되기 전이라도 후견인의 동의를 얻어 추인할 수 있다.

42 법률행위의 취소에 관한 다음 기술 중 타당하지 않은 것은?

① 추인자가 수개의 취소원인 중 하나만을 알고 추인한 경우에는 그 취소사유에 관한 취소권만 소멸하고, 나머지 알지 못한 취소원인에 기한 취소권은 소멸하지 않는다.

② 제한능력자가 사기를 당하여 법률행위를 한 경우에 사기를 이유로 취소한 후 다시 제한능력을 이유로 취소하는 것도 가능하다.

③ 취소할 수 있는 행위에 의하여 취득한 권리를 특정승계한 경우는 취소권을 승계하나, 취소권만 특정승계하는 것은 허용되지 않는다.

④ 매매계약을 한 후 매도인이 소유권이전등기의 말소등기 절차이행을 청구하거나 매수인이 대금반환을 청구하는 것은 그 전에 매매계약을 취소하는 의사표시가 포함된 것으로 해석할 수 있다.

⑤ 취소의 의사표시에 착오, 사기·강박, 제한능력 등 취소사유가 있으면 다시 취소할 수 있다.

43 법률행위의 취소에 관한 설명으로 옳은 것은? (다툼이 있으면 판례에 따름) 2018 기출

① 취소원인의 진술이 없는 취소의 의사표시는 그 효력이 없다.

② 이미 취소된 법률행위는 무효인 법률행위의 추인의 요건과 효력으로서도 추인할 수 없다.

③ 해제된 계약은 이미 소멸하여 그 효력이 없으므로 착오를 이유로 다시 취소할 수 없다.

④ 취소할 수 있는 법률행위의 추인은 취소권자가 취소할 수 있는 법률행위임을 알고서 추인하여야 한다.

⑤ 민법이 취소권을 행사할 수 있는 기간으로 정한 '추인할 수 있는 날로부터 3년, 법률행위를 한 날로부터 10년'은 소멸시효기간이다.

40 ① 취소권자와 추인권자는 원칙적으로 같으나(제140조, 제143조) 추인은 취소의 원인이 종료한 후에 하지 않으면 효력이 없는 점에서 제한능력자는 능력자가 되기 전에는 취소권만 있을 뿐 추인권은 없으므로 자격요건이 완전히 일치한다고 볼 수는 없다.

41 ⑤ 피성년후견인이 아닌 제한능력자, 즉 미성년자와 피한정후견인은 법정대리인 또는 후견인의 동의를 얻어 행위능력자가 되기 전이라도 추인할 수 있다(제5・10조).

42 ⑤ 취소의 의사표시의 취소도 가능하다. 다만, 제한능력자는 자기가 한 법률행위를 단독으로 취소할 수 있으므로, 법정대리인 또는 후견인의 동의가 없었다고 하는 것을 내세워 그 취소를 다시 취소할 수 없다.

43 ④ 추인은 취소할 수 있는 행위임을 알고 하여야 한다.
① 취소의 의사표시란 반드시 명시적이어야 하는 것은 아니고, 취소자가 그 착오를 이유로 자신의 법률행위의 효력을 처음부터 배제하려고 한다는 의사가 드러나면 족한 것이며, 취소원인의 진술 없이도 취소의 의사표시는 유효한 것이므로, 신원보증서류에 서명날인하는 것으로 잘못 알고 이행보증보험약정서를 읽어보지 않은 채 서명날인한 것일 뿐 연대보증약정을 한 사실이 없다는 주장은 위 연대보증약정을 착오를 이유로 취소한다는 취지로 볼 수 있다(대판 2005. 5. 27, 2004다43824).
② 취소한 법률행위는 처음부터 무효인 것으로 간주되므로 취소할 수 있는 법률행위가 일단 취소된 이상 그 후에는 취소할 수 있는 법률행위의 추인에 의하여 이미 취소되어 무효인 것으로 간주된 당초의 의사표시를 다시 확정적으로 유효하게 할 수는 없고, 다만 무효인 법률행위의 추인의 요건과 효력으로서 추인할 수는 있다(대판 1997. 12. 12, 95다38240).
③ 매도인이 매수인의 중도금지급채무불이행을 이유로 매매계약을 적법하게 해제한 후라도 매수인으로서는 상대방이 한 계약해제의 효과로서 발생하는 손해배상책임을 지거나 매매계약에 따른 계약금의 반환을 받을 수 없는 불이익을 면하기 위하여 착오를 이유로 한 취소권을 행사하여 매매계약 전체를 무효로 돌리게 할 수 있다(대판 1996. 12. 6, 95다24982・24999).
⑤ 취소권은 추인할 수 있는 날로부터 3년 내에, 법률행위를 한 날로부터 10년 내에 행사하여야 한다. 이 기간은 제척기간이다.

Answer 40. ① 41. ⑤ 42. ⑤ 43. ④

44 법률행위의 취소에 관한 설명으로 옳지 않은 것은? (다툼이 있으면 판례에 따름) 2020 기출

① 제한능력을 이유로 법률행위가 취소되면 제한능력자는 그 행위로 인해 받은 이익이 현존하는 한도에서 상환할 책임이 있다.

② 취소권은 추인할 수 있는 날로부터 3년 내에, 법률행위를 한 날로부터 10년 내에 행사 하여야 한다.

③ 취소할 수 있는 법률행위는 추인에 의하여 유효한 것으로 확정된다.

④ 취소된 법률행위는 원칙적으로 처음부터 무효인 것으로 본다.

⑤ 미성년자가 한 법률행위는 그가 단독으로 유효하게 취소할 수 없다.

45 법률행위의 취소에 관한 설명으로 옳지 않은 것은? (다툼이 있으면 판례에 따름) 2021 기출

① 제한능력자도 단독으로 취소권을 행사할 수 있다.

② 법률행위의 취소로 무효가 된 그 법률행위는 무효행위의 추인의 법리에 따라 추인할 수 없다.

③ 근로계약이 취소된 경우 이미 제공된 근로자의 노무를 기초로 형성된 취소 이전의 법 률관계는 소급하여 효력을 잃지 않는다.

④ 취소권자가 추인할 수 있은 후에 이의를 보류한 상태에서 취소할 수 있는 계약을 이행 한 때에는 법정추인이 되지 않는다.

⑤ 계약이 해제된 후에도 해제의 상대방은 해제로 인한 불이익을 면하기 위하여 취소권 을 행사하여 계약 전체를 무효로 돌릴 수 있다.

46 민법 제145조의 법정추인사유에 해당하지 않는 것은?

① 취소권자가 채무자로서 담보를 제공한 경우

② 취소권자가 채권자로서 담보의 제공을 받은 경우

③ 취소권자가 채권자로서 강제집행하는 경우

④ 취소권자가 상대방으로부터 이행의 청구를 받은 경우

⑤ 취소권자가 상대방에게 취소할 수 있는 법률행위로부터 생긴 채무를 전부 또는 일부 이행한 경우

47 취소할 수 있는 법률행위의 법정추인에 해당하지 않는 것은? (다툼이 있으면 판례에 따름)

2022 기출

① 취소할 수 있는 행위로부터 생긴 채무의 이행을 위해 취소권자가 상대방에게 일부 이행을 한 경우
② 취소할 수 있는 행위로부터 생긴 채무의 이행을 위해 취소권자가 상대방에게 이행을 청구하는 경우
③ 취소할 수 있는 행위로부터 생긴 채무의 이행을 위해 취소권자가 상대방에게 저당권을 설정해 준 경우
④ 취소권자가 취소할 수 있는 행위에 의하여 성립된 채권을 소멸시키고 그 대신 다른 채권을 성립시키는 경개를 하는 경우
⑤ 취소할 수 있는 행위로부터 취득한 권리의 전부를 취소권자의 상대방이 제3자에게 양도하는 경우

---

44 ⑤ 제한능력자는 자기가 한 법률행위를 단독으로 취소할 수 있다.
① 제한능력자는 그 행위로 인하여 받은 이익이 현존하는 한도에서 상환할 책임이 있다(제141조 단서).
② 취소권은 ㉠ 추인할 수 있는 날로부터 3년 내에, ㉡ 법률행위를 한 날로부터 10년 내에 행사하여야 한다(제146조). 위 3년, 10년의 두 기간 중 어느 것이든 먼저 만료하는 것이 있으면 취소권은 소멸한다.
③ 추인이 있으면 다시는 취소할 수 없으며(제143조 제1항), 그 결과 취소할 수 있는 법률행위는 확정적으로 유효로 된다.
④ 취소된 법률행위는 처음부터 무효인 것으로 본다(제141조 본문).

45 ② 취소한 법률행위는 처음부터 무효인 것으로 간주되므로 취소할 수 있는 법률행위가 일단 취소된 이상 그 후에는 취소할 수 있는 법률행위의 추인에 의하여 이미 취소되어 무효인 것으로 간주된 당초의 의사표시를 다시 확정적으로 유효하게 할 수는 없고, 다만 무효인 법률행위의 추인의 요건과 효력으로서 추인할 수는 있다(대판 1997. 12. 12, 95다38240).
③ 근로계약의 무효 또는 취소를 주장할 수 있다 하더라도 근로계약에 따라 그동안 행하여진 근로자의 노무 제공의 효과를 소급하여 부정하는 것은 타당하지 않으므로 이미 제공된 근로자의 노무를 기초로 형성된 취소 이전의 법률관계까지 효력을 잃는다고 보아서는 아니 되고, 취소의 의사표시 이후 장래에 관하여만 근로계약의 효력이 소멸된다고 보아야 한다(대판 2017. 12. 22, 2013다25194·25200).
④ 이의를 보류한 때에는 법정추인이 되지 않는다(제145조 단서).

46 ④ 제145조 제2호는 취소권자가 상대방에게 청구하는 경우에 한한다.

47 ⑤ 법정추인사유인 취소할 수 있는 행위로 취득한 권리의 전부나 일부의 양도는 취소권자의 양도에 한하고 상대방의 양도는 이에 포함되지 않는다.

Answer 44. ⑤ 45. ② 46. ④ 47. ⑤

48 다음 중 법정추인사유에 해당하는 것을 모두 고르면?

> ㉠ 미성년자가 스스로 취소할 수 있는 법률행위로부터 생긴 채무를 이행한 경우
> ㉡ 자신의 착오를 안 취소권자가 취소할 수 있는 법률행위를 통하여 양도받은 건물을 타인에게 임대한 경우
> ㉢ 사기의 사실을 안 취소권자가 취소할 수 있는 법률행위를 근거로 해서 상대방(채권자)으로부터 강제집행을 받은 경우
> ㉣ 사기의 사실을 안 취소권자가 채무자로서 상대방(채권자)에게 채권의 담보로 저당권을 설정한 경우
> ㉤ 상대방(채권자)이 사기의 사실을 안 취소권자에게 이행의 청구를 한 경우

① ㉡, ㉤ ② ㉠, ㉡, ㉢ ③ ㉡, ㉢, ㉣
④ ㉢, ㉣, ㉤ ⑤ ㉠, ㉡, ㉢, ㉣

49 취소할 수 있는 법률행위로서 법정추인이 되는 경우가 아닌 것은? `2017 기출`

① 취소할 수 있는 행위로부터 생긴 채권에 관하여 취소권자가 상대방에게 이행한 경우
② 취소권자가 취소할 수 있는 행위로 취득한 권리를 전부 양도한 경우
③ 취소권자의 상대방이 이행을 청구하는 경우
④ 취소권자가 채무자로서 담보를 제공하는 경우
⑤ 취소권자가 채권자로서 강제집행하는 경우

50 고등학생 17세의 甲은 어머니 모르게 자신의 PC를 대학생 26세인 乙에게 70만 원에 매매계약을 체결하였다. 계약 당일 10만 원을 선금조로 받은 甲은 며칠 뒤 중도금조로 20만 원의 지급을 청구하였다. 중도금을 수령한 甲이 자신의 제한능력을 이유로 이를 취소한 경우의 법률관계에 대한 설명으로 틀린 것은?

① 법정대리인인 어머니 몰래 계약을 체결한 행위는 미성년자 甲과 법정대리인인 어머니가 이를 취소할 수 있다.
② 중도금을 수령한 행위는 취소할 수 있는 법률행위에 대한 이행행위이므로 법정추인이 되어 甲은 매매계약을 취소할 수 없다.
③ 법정대리인 어머니의 취소로 매매계약은 소급해서 효력을 상실하게 된다.
④ 법률행위가 취소로 인해 무효가 되는 경우 부당이득반환의 법리에 따라 乙은 PC를 반환하여야 한다.
⑤ 미성년자 甲이 20만 원을 소비해버린 경우 현존이익으로 10만 원만을 반환하면 된다.

51 대학에 입학한 미성년자 甲은 법정대리인인 아버지 乙의 허락을 받지는 않았지만 乙이 기꺼이 입학 축하 선물로 대금을 납부해 줄 것이라고 믿고 전자제품대리점을 운영하는 丙으로부터 고가의 오디오 1대를 구입하는 매매계약을 체결하였다. 다음 설명 중 틀린 것은?

① 丙이 약속한 날에 오디오를 가져오자 甲은 자신의 방에 이를 설치하게 하였는데 그때가 마침 甲의 만 19세 생일 다음 날인 경우 甲은 丙과의 매매계약을 취소할 수 없다.

② 丙이 약속한 날에 오디오를 인도해 주지 않자, 미성년자인 甲은 아버지 乙의 동의를 얻어 丙에게 이행을 청구한 경우에는 매매계약을 취소할 수 없다.

③ 성년이 된 甲은 乙의 허락 없이 오디오를 구입한 것을 후회하고 있었다. 그러던 중 甲의 친구인 성년자 丁에게 오디오를 매도한 경우, 甲은 丙과의 매매계약을 취소할 수 없다.

④ 甲과 丙과의 매매계약 시 오디오 가격을 200만 원으로 합의하였으나, 계약서상에 20만 원으로 표기한 경우에 丙은 매매계약을 취소할 수 없다.

⑤ 미성년자 甲이 요건을 갖추어 매매계약을 취소한 경우에는, 취소된 법률행위는 처음부터 효력이 없게 되는 것이므로, 미성년자 甲은 항상 받은 이익 전부를 반환하여야 한다.

---

48 ㉡ 제한물권 또는 임차권 등을 설정하는 것도 취소권자가 취소할 수 있는 행위로 취득한 권리의 전부나 일부를 양도한 경우에 해당하므로(제145조 제5호), 법정추인사유에 해당한다.
㉢ 취소권자가 적극적으로 채권자로서 집행하는 경우뿐만 아니라 소극적으로 강제집행을 용인한 경우에도 법정추인사유에 해당한다(제145조 제6호).
㉣ 취소권자가 채무자로서 담보를 제공하거나 채권자로서 담보를 제공받는 경우 모두 법정추인사유에 해당한다(제145조 제4호).
㉠ 법정추인이 되기 위해서는 추인할 수 있는 후, 즉 취소의 원인이 종료한 후에 제145조에서 정한 행위가 있어야 한다. 따라서 성년이 되기 전에 미성년자가 스스로 채무를 이행한 경우에는 취소의 원인이 종료한 후가 아니므로, 법정추인이 되지 아니한다.
㉤ 취소권자가 이행의 청구를 하는 경우에만 법정추인사유에 해당하고(제145조 제2호), 상대방이 취소권자에게 이행의 청구를 한 경우에는 법정추인사유에 해당하지 않는다.

49 ③ 법정추인사유로서의 이행의 청구는 취소권자의 이행의 청구만을 의미한다. 따라서 취소권자의 상대방이 이행을 청구하는 경우는 법정추인이 되지 않는다.

50 ② 법정추인도 취소원인이 종료된 경우에 인정되는 것이므로 미성년인 상태에서 중도금을 수령한 행위는 법정추인이 되지 않는다. 때문에 甲은 이를 취소할 수 있다.

51 ⑤ 제한능력자는 그 행위로 인하여 받은 이익이 현존하는 한도에서 상환할 책임이 있다(제141조 단서).

Answer   48. ③   49. ③   50. ②   51. ⑤

52 다음 중 법정추인에 해당하지 않는 것은?

① 미성년자 甲이 독자적으로 乙과 乙 소유 토지에 대한 매매계약을 체결한 후, 법정대리인의 동의를 얻어 乙에게 매매대금을 지급한 경우

② 甲이 미성년자 乙의 차 1대를 매수한 후, 乙의 법정대리인에게 자동차의 소유권 이전을 청구한 경우

③ 甲이 乙의 사기에 의하여 乙 소유의 토지에 대한 매매계약을 체결한 후, 기망상태에서 벗어나 매매대금채무를 담보하기 위하여 자신의 소유토지에 저당권을 설정해 준 경우

④ 미성년자 甲에 대하여 매매대금채무 300만 원을 부담하고 있다가 성년이 된 후에 대금채무를 소멸시키고 그 대신 오토바이 1대를 주기로 약정한 경우

⑤ 미성년자 甲이 乙에게 1,000만 원을 빌려주었으나 변제기일이 지나도 乙이 채무를 이행하지 않자 甲의 법정대리인 丙이 乙의 재산에 대하여 강제집행을 한 경우

53 취소권이 소멸하는 때가 아닌 것은?

① 법정추인사유가 발생한 때

② 취소권을 포기한 때

③ 성년후견종료의 심판이 있는 때부터 1년이 경과한 때

④ 법정대리인이 제한능력자의 법률행위를 안 날로부터 3년이 경과한 때

⑤ 미성년자가 법률행위를 한 날로부터 10년이 경과한 때

54 법률행위의 무효와 취소에 관한 설명으로 옳은 것은? (다툼이 있으면 판례에 따름) `2016 기출`

① 무효인 법률행위의 추인은 명시적으로 하여야 하고 묵시적으로는 할 수 없다.

② 법률행위가 취소되면 처음부터 무효인 것으로 되지만, 제한능력자는 그 행위로 인하여 받은 이익이 현존하는 한도에서 상환(償還)할 책임이 있다.

③ 착오에 의한 의사표시를 한 자가 사망한 경우, 그 상속인은 피상속인의 착오를 이유로 취소할 수 없다.

④ 취소권은 추인할 수 있는 날로부터 10년 내에 행사하면 된다.

⑤ 법률행위의 일부분이 무효인 경우, 그 무효부분이 없더라도 법률행위를 하였을 것이라고 인정될 때에도 그 전부를 무효로 한다.

55 법률행위의 무효와 취소에 관한 설명 중 옳은 것을 모두 고른 것은?

> ㉠ 불공정한 법률행위는 피해자가 그 무효임을 알고 추인한 때에는 그때로부터 유효한 법률행위가 된다.
>
> ㉡ 착오를 이유로 의사표시가 취소된 경우, 그로 인해 상대방에게 손해가 발생한 때에도 표의자는 불법행위로 인한 손해배상책임을 지지 않는다.
>
> ㉢ 매매계약이 적법하게 해제된 경우에도 그 계약의 취소가 가능하다.
>
> ㉣ 취소할 수 있는 법률행위를 적법하게 추인한 후에는 다시 취소할 수 없고, 적법하게 취소한 후에는 무효인 법률행위로서도 다시 추인할 수 없다.
>
> ㉤ 법률행위의 취소는 취소의 원인이 종료한 후에 하지 않으면 효력이 없다.

① ㉠, ㉡   ② ㉡, ㉢   ③ ㉢, ㉣
④ ㉣, ㉤   ⑤ ㉠, ㉣, ㉤

---

52 법정추인은 취소할 수 있는 행위에 대해 일정한 사유(6가지)가 있는 경우 추인한 것으로 간주하는 제도이다(제145조).
② 제2호인 이행청구로서 취소권자가 이행을 청구하는 것은 법정추인사유이나, 상대방으로부터 이행청구를 받는 것은 법정추인사유가 아니다.
① 제145조 제1호인 전부나 일부의 이행에 해당한 경우로서 취소권자가 이행한 것뿐만 아니라 상대방의 이행을 수령한 것도 포함한다.
③ 제4호인 담보제공으로서 취소권자가 담보를 제공하는 것뿐 아니라 담보제공을 받는 것도 법정추인사유다.
④ 제3호인 경개로서 취소권자가 채권자인가 채무자인가를 불문한다.
⑤ 제6호인 강제집행으로서 취소권자가 강제집행을 하는 것뿐 아니라 강제집행을 받으면서 이의주장을 하지 않는 것을 포함한다.

53 ③ 성년후견종료의 심판이 있는 때부터 추인할 수 있으므로 3년이 경과하면 취소권이 소멸한다.

54 ② 제141조
① 무효인 법률행위의 추인은 묵시적인 방법으로도 할 수 있다.
③ 상속인은 포괄승계인으로서 취소권자에 해당한다.
④ 취소권은 추인할 수 있는 날로부터 3년 내에, 법률행위를 한 날로부터 10년 내에 행사하여야 한다(제146조).
⑤ 법률행위의 일부분이 무효인 때에는 그 전부를 무효로 한다. 그러나 그 무효부분이 없더라도 법률행위를 하였을 것이라고 인정될 때에는 나머지 부분은 무효가 되지 아니한다(제137조).

55 ㉠ 제103조, 제104조의 경우는 무효사유가 종료된 것이 아니므로, 추인해도 여전히 무효이다.
㉣ 이미 취소한 법률행위는 그 효력이 소급적으로 무효로 확정되므로 다시 취소할 수 있는 법률행위로는 추인을 할 수가 없지만, 무효인 법률행위의 추인의 요건을 갖추어 무효행위로서는 추인이 가능하다.
㉤ 추인은 취소의 원인이 종료한 후에 하여야 하나, 취소는 그렇지 않다.

Answer 52. ②   53. ③   54. ②   55. ②

56 민법상의 법률행위의 무효와 취소에 관한 설명으로 옳은 것은? (다툼이 있는 경우에는 판례에 의함) 2013 기출

① 의사무능력자가 한 법률행위는 상대적 무효이다.

② 법률행위의 일부분이 무효인 때에는 원칙적으로 나머지 부분은 유효하게 존속한다.

③ 폭리행위로 무효인 법률행위도 추인에 의하여 유효하게 될 수 있다.

④ 미성년자가 법률행위를 한 후, 성년자가 되기 전에 그가 이를 추인하더라도 그 추인은 효력이 없다.

⑤ 취소권은 법률행위를 한 날로부터 3년 내에 행사하여야 한다.

57 법률행위의 무효와 취소에 관한 설명으로 옳지 않은 것은? (다툼이 있으면 판례에 따름)
2019 기출

① 무효인 법률행위는 추인하여도 원칙적으로 그 효력이 생기지 않는다.

② 법률행위의 일부분이 무효인 경우에 대하여 규정하고 있는 민법 제137조는 임의규정이다.

③ 취소할 수 있는 법률행위에서 취소권자의 상대방이 그 취소할 수 있는 행위로 취득한 권리를 양도하는 경우 법정추인이 된다.

④ 하나의 법률행위의 일부분에만 취소사유가 있다고 하더라도 그 법률행위가 가분적이거나 그 목적물의 일부가 특정될 수 있다면, 그 나머지 부분이라도 이를 유지하려는 당사자의 가정적 의사가 인정되는 경우 그 일부만의 취소도 가능하다.

⑤ 임차권양도계약과 권리금 계약이 결합하여 경제적·사실적 일체로 행하여진 경우, 그 권리금계약 부분에만 취소사유가 존재하여도 특별한 사정이 없는 한 권리금계약 부분만을 따로 떼어 취소할 수는 없다.

58 무효 또는 취소할 수 있는 법률행위의 추인에 관한 설명으로 옳은 것은? (다툼이 있으면 판례에 따름) 2020 기출

① 무효인 계약은 계약당사자가 무효임을 알고 추인한 경우 계약성립시부터 새로운 법률행위를 한 것으로 본다.

② 불공정한 법률행위로서 무효인 경우 당사자가 무효임을 알고 추인하면 그 법률행위는 유효로 된다.

③ 무권리자가 타인의 권리를 처분하는 행위는 권리자가 이를 알고 추인하여도 그 처분의 효력이 발생하지 않는다.

④ 취소할 수 있는 법률행위를 추인할 수 있는 자는 그 법률행위의 취소권자이다.

⑤ 피성년후견인은 취소할 수 있는 법률행위를 단독으로 유효하게 추인할 수 있다.

---

56 ① 상대적 무효가 아니라 절대적 무효이다.
② 법률행위의 일부분이 무효인 때에는 원칙은 전부 무효이다(제137조).
③ 불공정한 법률행위로서 무효인 경우에는 추인에 의하여 무효인 법률행위가 유효로 될 수 없다(대판 94다10900).
⑤ 취소권은 법률행위를 한 날로부터 10년, 추인할 수 있는 날로부터 3년 이내에 행사하여야 한다(제146조).

57 ③ 취소권자가 양도하는 경우에 한하여 법정추인이 된다.
① 무효인 법률행위는 추인하여도 그 효력이 생기지 아니한다. 그러나 당사자가 그 무효임을 알고 추인한 때에는 새로운 법률행위로 본다(제139조).
④ 판례는 일정 요건이 갖추어진 경우에 일부만의 취소를 인정한다.
⑤ [1] 여러 개의 계약이 체결된 경우에 각 계약이 전체적으로 경제적, 사실적으로 일체로서 행하여진 것으로 그 하나가 다른 하나의 조건이 되어 어느 하나의 존재 없이는 당사자가 다른 하나를 의욕하지 않았을 것으로 보이는 경우 등에는, 하나의 계약에 대한 기망 취소의 의사표시는 법률행위의 일부무효이론과 궤를 같이하는 법률행위 일부취소의 법리에 따라 전체 계약에 대한 취소의 효력이 있다. [2] 임차권의 양수인 갑이 양도인 을의 기망행위를 이유로 을과 체결한 임차권양도계약 및 권리금계약을 각 취소 또는 해제한다고 주장한 사안에서, 위 권리금계약은 임차권양도계약과 결합하여 전체가 경제적·사실적으로 일체로 행하여진 것으로서, 어느 하나의 존재 없이는 당사자가 다른 하나를 의욕하지 않았을 것으로 보이므로 권리금계약 부분만을 따로 떼어 취소할 수 없다(대판 2013. 5. 9, 2012다115120).

58 ④ 취소할 수 있는 법률행위는 제140조에 규정한 자(취소권자)가 추인할 수 있고 추인 후에는 취소하지 못한다(제143조 제1항).
① 무효행위의 추인에는 원칙적으로 소급효가 없다. 즉, 추인한 때로부터 새로운 법률행위를 한 것으로서의 효력이 발생할 뿐이다.
② 불공정한 법률행위로서 무효인 경우에는 추인에 의하여 무효인 법률행위가 유효로 될 수 없다(대판 1994. 6. 24, 94다10900).
③ 무권리자가 타인의 권리를 자기의 이름으로 또는 자기의 권리로 처분한 경우에, 권리자는 후일 이를 추인함으로써 그 처분행위를 인정할 수 있고, 이러한 경우 특별한 사정이 없는 한 권리자 본인에게 위 처분행위의 효력이 발생함은 사적자치의 원칙에 비추어 당연하다 할 것이다(대판 2001. 11. 9, 2001다44291).
⑤ 추인은 '취소의 원인이 종료한 후'에 하여야 한다(제144조 제1항). 제한능력자는 능력자가 된 후, 착오·사기·강박에 의하여 의사표시를 한 자는 그 상태를 벗어난 후에 추인하여야 한다. 그러나 법정대리인이 추인하는 경우에는 취소원인이 종료하기 전이라도 추인할 수 있다. 피성년후견인이 아닌 제한능력자, 즉 미성년자와 피한정후견인은 법정대리인의 동의를 얻어 능력자가 되기 전이라도 추인할 수 있다(제5·10조).

Answer 56. ④ 57. ③ 58. ④

법률행위의 조건과 기한

01 다음 중 조건을 붙일 수 있는 것은?

① 상속의 포기   ② 어음행위

③ 인지   ④ 유증

⑤ 사기에 의한 의사표시의 취소

02 "내일 눈이 오지 않으면, 우산을 주겠다."라고 하는 경우에 어떤 조건에 해당하는가?

① 해제조건 · 적극조건

② 정지조건 · 혼성조건

③ 해제조건 · 비수의조건

④ 정지조건 · 소극조건

⑤ 해제조건 · 혼성조건

03 다음 중 민법상 조건에 관한 설명으로 맞지 않는 것은?

① 조건성취의 효력은 당사자의 의사표시가 있으면 성취 전으로 소급할 수 있다.

② 조건의 성취가 미정인 상태의 권리의무는 담보로 할 수 없다.

③ 유언에 정지조건이 있는 경우에 그 조건이 유언자의 사망 후에 성취한 때에는 그 조건 성취한 때로부터 유언의 효력이 생긴다.

④ 어음보증에 조건을 붙이는 것은 허용된다.

⑤ 조건의 성취로 인하여 불이익을 받을 당사자가 신의성실에 반하여 조건의 성취를 방해한 경우, 조건이 성취된 것으로 의제되는 시점은 신의성실에 반하는 행위가 없었더라면 조건이 성취되었으리라고 추산되는 시점이다.

04 甲은 乙에게 행정사시험에 합격하면 자동차를 사 주기로 약속하였다. 다음 설명 중 잘못된 것은?

① 행정사시험에 합격하면 그때부터 甲은 乙에게 자동차를 사 줄 채무가 발생한다.

② 행정사시험의 합격 여부는 乙이 입증하여야 한다.

③ 정지조건부 법률행위라는 사실은 甲이 입증하여야 한다.

④ 甲이 신의성실에 반하여 조건성취를 방해하였다면 乙은 자동차를 사 줄 것을 요구할 수 있다.

⑤ 약속 당시 이미 합격하였다면 법률행위는 효력이 없다.

05 조건에 관한 설명으로 옳지 않은 것은? (다툼이 있는 경우에는 판례에 의함) 2014 기출

① 조건은 법률행위의 효력의 발생 또는 소멸을 장래 발생이 확실한 사실에 의존시키는 법률행위의 부관이다.

② "행정사시험에 합격하면 자동차를 사 주겠다."라고 약속한 경우 약속 당시 이미 시험에 합격했다면, 이는 조건 없는 증여계약이다.

③ "내일 해가 서쪽에서 뜨면 자동차를 사 주겠다."라는 내용의 증여계약은 무효이다.

④ 혼인이나 입양 등 가족법상의 법률행위는 원칙적으로 조건과 친하지 않다.

⑤ 조건의 성취로 인하여 불이익을 받을 당사자가 신의성실에 반하여 조건의 성취를 방해한 때에는 상대방은 그 조건이 성취한 것으로 주장할 수 있다.

01 ④ 단독행위라도 상대방에게 불리하지 않은 경우(유증, 채무면제)에는 조건을 붙일 수 있다.

02 ④ '내일 눈이 오지 않으면'은 조건이 되는 사실이 현상의 유지를 내용으로 하므로 소극조건이다. 또한 '비가 내리면' 우산을 받게 되므로 법률행위의 효력발생이 장래의 불확실한 사실에 의존하므로 정지조건이다.

03 ② 조건의 성취가 미정한 권리의무는 일반규정에 의하여 처분, 상속, 보존 또는 담보로 할 수 있다(제149조).
③ 제1073조 제2항

04 ⑤ 기성조건이 정지조건이면 조건 없는 법률행위로 유효이다.

05 ① 조건이란 법률행위의 '효력'의 발생 또는 소멸을 '장래의 불확실한 사실'의 성부(成否)에 의존케 하는 법률행위의 부관이다.
② 조건이 법률행위의 당시 이미 성취한 것인 경우에는 그 조건이 정지조건이면 조건 없는 법률행위로 하고 해제조건이면 그 법률행위는 무효로 한다(제151조 제2항).
③ 조건이 법률행위의 당시에 이미 성취할 수 없는 것인 경우에는 그 조건이 해제조건이면 조건 없는 법률행위로 하고 정지조건이면 그 법률행위는 무효로 한다(제151조 제3항).
⑤ 제150조 제1항

Answer 01. ④   02. ④   03. ②   04. ⑤   05. ①

06 조건에 관한 설명으로 옳지 않은 것은? (다툼이 있으면 판례에 따름) <u>2017 기출</u>

① 조건의 성취가 미정인 권리의무는 일반규정에 의하여 처분, 상속, 보존 또는 담보로 할 수 있다.

② 조건이 선량한 풍속 기타 사회질서에 위반한 것인 때에는 그 법률행위는 무효로 한다.

③ 당사자가 조건성취 전에 특별한 의사표시를 하지 않으면 조건성취의 효력은 소급효가 없다.

④ 해제조건부 법률행위의 경우 법률행위 당시 조건이 이미 성취할 수 없는 것인 때에는 그 법률행위는 무효이다.

⑤ 조건부 법률행위의 당사자는 조건의 성부가 미정인 동안에 조건의 성취로 인하여 생길 상대방의 이익을 해하지 못한다.

07 조건에 관한 설명 중 옳지 않은 것은? (다툼이 있으면 판례에 의함)

① 합의내용이 이행되지 않을 경우에 합의를 무효로 하기로 하였다면, 계약당사자가 부도가 난 후 상대방에게 합의서상의 채무를 이행할 수 없다고 통고하였다면, '합의서 내용이 불이행된 때'라는 조건이 성취되었다고 볼 수 있다.

② 계약당사자 일방이 이행지체에 빠진 상대방에 대하여 일정한 기간을 정하여 채무이행을 최고함과 동시에 그 기간 내에 이행이 없을 때에는 계약을 해제하겠다는 의사표시는 유효하다.

③ 어떠한 법률행위가 정지조건부 법률행위에 해당한다는 사실에 대한 주장입증책임은 그 법률효과의 발생을 다투려는 자에게 있다.

④ 정지조건부 법률행위에 있어서 정지조건이 성취되었다는 사실에 대한 입증책임은 이에 의하여 권리를 취득하려는 자에게 있다.

⑤ 상계의 의사표시에는 조건을 붙일 수 있다.

08 조건부 법률행위로서 유효한 것은?

① 딸과 사위가 이미 이혼한 사실을 모르는 장인이 이혼하면 돌려받기로 하고 그 사위에게 건물을 증여하기로 하는 약정

② 건물이 철거되면 그 부지를 매수하기로 하는 약정

③ 금괴밀수에 성공하면 5억 원을 배당해 주기로 하는 약정

④ 사육하고 있는 진돗개가 죽으면 풍산개 한 마리를 사 주기로 하는 약정

⑤ 해저 1만m에 빠진 결혼반지를 찾아주면 사례금을 지급하기로 하는 약정

09 조건부 법률행위에 관한 설명 중 옳은 것을 모두 고르면? (다툼이 있는 경우 판례에 의함)

> ㉠ 부첩관계의 종료를 해제조건으로 하는 증여계약의 경우 그 증여계약은 효력이 있고 조건만 무효이다.
> ㉡ 정지조건부증여계약에서 그 조건이 불능인 사실을 내용으로 한 경우, 그 증여계약은 무효가 된다.
> ㉢ 불법행위를 하지 않을 것을 정지조건으로 하는 법률행위는 무효이다.
> ㉣ 조건부 어음보증은 어음거래의 안정성을 저해하므로 그 효력이 없다.
> ㉤ 유언에는 조건을 붙일 수 없다.
> ㉥ 채무면제는 조건을 붙일 수 있다.
> ㉦ 정지조건부 법률행위는 권리가 성립한 때에 소급하여 효력이 발생한다.
> ㉧ 조건의 성취로 인하여 이익을 받은 당사자가 신의성실에 반하여 조건을 성취시킨 때에는 상대방은 그 조건이 성취되지 아니한 것으로 주장할 수 있다.
> ㉨ 약혼예물의 수수는 혼인 불성립을 해제조건으로 하는 증여와 유사한 성질의 것이다.

① ㉠, ㉡, ㉢, ㉧
② ㉠, ㉡, ㉣, ㉦
③ ㉡, ㉢, ㉥, ㉨
④ ㉡, ㉢, ㉥, ㉧, ㉨
⑤ ㉢, ㉣, ㉥, ㉦, ㉨

---

06 ④ 조건이 법률행위의 당시에 이미 성취할 수 없는 것인 경우에는 그 조건이 해제조건이면 조건 없는 법률행위로 하고 정지조건이면 그 법률행위는 무효로 한다(제151조 제3항).
③ 조건성취의 효과는 원칙적으로 조건성취 시로부터 발생하고 소급하지 않는다. 다만 당사자가 조건성취의 효력을 그 성취 전에 소급하게 할 의사를 표시한 때에는 그 의사에 의한다(제147조 제3항).

07 ⑤ 상계의 의사표시에는 조건 또는 기한을 붙이지 못한다(제493조 제1항).

08 ① 기성조건이 해제조건이면 그 법률행위는 무효이다(제151조 제2항).
③ 불법조건이 붙은 법률행위는 불법조건만이 무효인 것이 아니고 법률행위 전부가 무효로 된다(제151조 제1항).
④ 기한부 법률행위이다.
⑤ 불능조건이 정지조건이면 그 법률행위는 무효이다(제151조 제3항).

09 ㉠ 조건만이 무효인 것이 아니라, 증여계약 자체가 무효이다.
㉣ 어음거래의 안전성이 저해되는 것이 아니므로 조건부 어음보증은 유효하다.

| Answer |

06. ④   07. ⑤   08. ②   09. ④

10 조건과 기한에 관한 설명으로 옳지 않은 것은? (다툼이 있으면 판례에 의함)

① 건축허가 신청이 불허되면 계약은 효력을 상실한다는 특약은 해제조건에 관한 약정이다.

② 조건이 법률행위 당시에 이미 성취된 것인 때에는 그 조건이 해제조건이면 그 법률행위는 무효로 한다.

③ 일정한 사유가 발생한 후 채권자의 통지나 청구 등 채권자의 의사행위를 기다려 비로소 이행기가 도래하는 것으로 약정하는 경우, 그 특약은 채권자의 이익을 위한 것으로 본다.

④ 조건부 법률행위는 조건을 붙이고자 하는 의사와 그 표시가 요구된다.

⑤ 부첩관계의 종료를 해제조건으로 하는 증여계약은 조건 없는 법률행위가 된다.

11 법률행위의 조건에 관한 설명으로 옳은 것은? (다툼이 있으면 판례에 의함)

① 조건성취로 이익을 받을 당사자가 신의칙에 반하여 조건을 성취시킨 때에는 상대방은 그 법률행위를 취소할 수 있다.

② 법정조건은 법률행위의 부관으로서의 조건이 아니다.

③ 불능조건이 정지조건으로 되어 있는 법률행위는 조건 없는 법률행위이다.

④ 조건에 친하지 않은 법률행위에 불법조건을 붙인다면 조건 없는 법률행위로 전환된다.

⑤ 채무면제는 단독행위이므로 조건을 붙일 수 없다.

12 조건부 법률행위에 관한 설명으로 옳은 것은?

① 법률행위 당시에 정지조건이 이미 성취된 것이면 그 법률행위는 무효이다.

② 법률행위의 조건이 선량한 풍속 기타 사회질서에 위반한 것인 때에도 그 법률행위는 유효하다.

③ 조건을 붙을 수 없는 법률행위에 조건을 붙인 경우에 그 법률행위는 원칙적으로 전부 무효가 된다.

④ 건축허가를 받지 못할 때에는 토지매매계약을 무효로 하기로 한 약정은 정지조건부 법률행위에 해당한다.

⑤ 조건이 법률행위의 당시에 이미 성취할 수 없는 것인 경우에 그 조건이 해제조건이면 그 법률행위는 무효이다.

13 조건과 기한에 대한 다음 설명 중 옳은 것은?

① 조건은 법률행위의 성립에 관한 것이다.

② 법률행위에 한해 적용되므로, 의사의 통지와 같은 준법률행위의 경우에는 조건을 붙일 수 없다.

③ 해제조건부 증여로 인한 부동산소유권이전등기를 마쳤다 하더라도 그 해제조건이 성취되면 그 소유권은 증여자에게 복귀한다고 할 것이고, 이 경우 당사자 간에 특별한 의사표시가 없는 한 그 조건성취의 효과는 소급한다.

④ 조건은 장래의 불확실한 사실에 의존케 하는 것이므로 장래 실현 불가능한 것도 가능하다.

⑤ 당사자가 불확정한 사실이 발생한 때를 이행기한으로 정한 경우에는, 그 사실이 발생한 때는 물론 그 사실의 발생이 불가능하게 된 때에도 이행기한은 도래한 것으로 보아야 한다.

---

10 ⑤ 불법조건이 붙은 법률행위는 불법조건만이 무효인 것이 아니고 법률행위 전부가 무효로 된다.

11 ① 상대방은 그 조건이 성취하지 아니한 것으로 주장할 수 있다(제150조 제2항).
③ 불능조건이 정지조건이면 그 법률행위는 무효로 한다(제151조 제3항).
④ 조건을 붙일 수 없는 법률행위에 조건을 붙인 경우에는 원칙적으로 법률행위 전부가 무효로 된다.
⑤ 단독행위에는 원칙적으로 조건을 붙이지 못하나 채무면제처럼 상대방에게 이익만을 주는 경우에는 조건을 붙일 수 있다.

12 ① 조건이 법률행위의 당시 이미 성취한 것인 경우에는 그 조건이 정지조건이면 조건 없는 법률행위로 한다(제151조 제2항).
② 조건이 선량한 풍속 기타 사회질서에 위반한 것인 때에는 그 법률행위는 무효로 한다(제151조 제1항).
④ 해제조건부 계약이다.
⑤ 조건이 법률행위의 당시에 이미 성취할 수 없는 것인 경우에는 그 조건이 해제조건이면 조건 없는 법률행위로 한다(제151조 제3항).

13 ① 조건이란 법률행위 효력의 발생 또는 소멸을 장래 불확실한 사실의 성부에 의존케 하는 법률행위 부관이다.
② 의사의 통지나 관념의 통지 같은 준법률행위의 경우에도 성질이 허용하는 한 조건, 기한을 붙일 수 있다.
③ 해제조건부 증여에 기하여 부동산소유권이전등기가 경료되었다 하더라도 그 해제조건이 성취되면 그 부동산소유권은 증여자에게 복귀한다고 할 것이고, 이 경우에 당사자 간에 별단의 의사표시가 없는 한 그 조건성취의 효과는 소급하지 아니한다(대판 92다5584).
④ 조건이 되는 사실은 발생 여부가 객관적으로 불확실한 장래의 사실이어야 한다.

Answer 10. ⑤   11. ②   12. ③   13. ⑤

14 "甲이 사망하면 채무를 이행하겠다"라는 계약은 다음 중 어느 것에 해당하는가?

① 정지조건부 계약
② 혼성조건부 계약
③ 해제조건부 계약
④ 확정시기부 계약
⑤ 불확정시기부 계약

15 법률행위의 조건과 기한에 관한 설명으로 옳은 것은? (다툼이 있으면 판례에 따름)

2016 기출

① 조건성취로 불이익을 받을 자가 고의가 아닌 과실로 신의성실에 반하여 조건의 성취를 방해한 경우, 상대방은 조건이 성취된 것으로 주장할 수 없다.
② 정지조건이 성취되면 법률효과는 그 성취된 때로부터 발생하며, 당사자의 의사로 이를 소급시킬 수 없다.
③ 조건이 선량한 풍속 기타 사회질서에 위반한 것인 때에는 그 조건은 무효로 되지만 그 조건이 붙은 법률행위가 무효로 되는 것은 아니다.
④ "3년 안에 甲이 사망하면 현재 甲이 사용 중인 乙 소유의 자전거를 乙이 丙에게 증여한다"라는 계약은 조건부 법률행위이다.
⑤ 조건의 성취가 미정한 권리는 일반규정에 의하여 처분할 수 없다.

16 당사자 간에 불확정한 사실이 발생한 때를 이행기한으로 정한 경우, 만일 그 사실의 발생이 불가능하게 되었다면 법률적 효과는? (학설이 대립되는 경우 판례에 따름)

① 그 사실이 발생하지 아니하였으므로 기한이 도래하지 않은 것으로 보아야 한다.
② 그 사실의 발생이 불가능하게 된 때에도 이행기한은 도래한 것으로 보아야 한다.
③ 조건성취방해에 관한 규정을 유추적용하여 상대방은 기한도래를 주장할 수 없다고 보아야 한다.
④ 해제조건인 불가능조건에 관한 규정을 유추적용하여 기한 없는 법률행위로 된다고 보아야 한다.
⑤ 정지조건인 불가능조건에 관한 규정을 유추적용하여 법률행위가 무효로 된다고 보아야 한다.

17 기한에 관한 설명으로 가장 옳지 않은 것은? (다수설과 판례에 의함)

① 신축 중인 건물의 분양계약에 따른 중도금지급기일을 '1층 골조공사 완료 시'로 정한 경우, 그 중도금지급의무는 불확정기한을 이행기로 정한 것이다.

② 기한의 이익을 가지는 자는 원칙적으로 법률관계의 성질에 따라 결정된다.

③ 다른 약정이 없을 경우 기한의 이익은 채무자를 위하여 존재하는 것으로 추정된다.

④ 채무자가 자신이 설정한 담보물을 손상, 감소 또는 멸실하게 한 때에는 기한의 이익을 상실한다.

⑤ 기한이 일정한 당사자의 이익만을 위하여 존재하는 경우 그 당사자는 자유롭게 기한의 이익을 포기할 수 있고 포기는 소급효를 갖는다.

18 기한에 관한 설명으로 틀린 것은?

① 기한이 도래한 법률행위에는 소급효가 인정된다.

② 어음행위에는 원칙적으로 조건을 붙일 수 없지만, 시기는 붙일 수 있다.

③ 기한의 이익은 포기할 수 있으나 상대방의 이익을 해하지 못한다.

④ 채무자가 과실로 담보제공의 의무를 이행하지 않았다면, 채권자는 즉시 채무의 이행을 청구할 수 있다.

⑤ 채무자가 담보제공의 의무를 이행하지 않은 때에도 채권자는 본래의 이행기에 이행을 청구할 수 있다.

---

14 ⑤ 사실의 발생은 확실하나, 그 발생시기가 확정되지 않은 경우이므로 불확정시기부 계약이라 할 수 있다.

15 ① 조건의 성취로 인하여 불이익을 받을 당사자가 신의성실에 반하여 조건의 성취를 방해한 때에는 상대방은 그 조건이 성취한 것으로 주장할 수 있다(제150조 제1항). 이때 고의에 의한 경우만이 아니라 과실에 의한 경우도 신의성실에 반하여 조건의 성취를 방해한 때에 해당한다.
② 당사자가 조건성취의 효력을 그 성취 전에 소급하게 할 의사를 표시한 때에는 그 의사에 의한다(제147조 제3항).
③ 조건이 선량한 풍속 기타 사회질서에 위반한 것인 때에는 그 법률행위는 무효로 한다(제151조 제1항).
⑤ 조건의 성취가 미정한 권리의무는 일반규정에 의하여 처분, 상속, 보존 또는 담보로 할 수 있다(제149조).

16 ② 당사자가 불확정한 사실이 발생한 때를 이행기한으로 정한 경우에 있어서 그 사실이 발생한 때는 물론 그 사실의 발생이 불가능하게 된 때에도 이행기한은 도래한 것으로 보아야 한다(대판 88다카10579).

17 ⑤ 기한의 이익의 포기는 성질상 장래를 향하여만 효력을 발생하고 소급효가 없다.

18 ① 기한도래의 효력에는 소급효가 없다. 이는 절대적이며, 당사자의 특약에 의하여서도 소급효를 인정할 수 없다.

Answer
14. ⑤ 15. ④ 16. ② 17. ⑤ 18. ①

19 기한에 관하여 틀린 것은?

① 기한은 채무자의 이익을 위한 것으로 추정함이 원칙이다.

② 기한에는 소급효가 없으나 당사자 간의 특약으로 소급효를 인정할 수 있다.

③ 기한의 이익을 포기하면 그때에 기한이 도래한 것이 된다.

④ 기한의 이익의 상실에 관한 민법 제388조는 임의규정이다.

⑤ 기한의 이익이 채권자를 위한 것이며 채권자만이 포기할 수 있다는 약정은 유효이다.

20 조건과 기한에 관한 설명 중 타당한 것은?

① 조건은 법률행위의 성립 또는 소멸을 장래 불확실한 사실의 성부에 의존케 하는 부관이다.

② 법률이 그 내용을 정하고 있거나 효력발생시기를 정하고 있는 것도 조건이나 기한으로 볼 수 있다.

③ 합격자 발표가 2009년 5월 1일이라는 장래의 날짜로 되어 있는 경우, 합격하면 자동차를 사 준다고 하거나, 불합격하면 차를 사 준다는 것은 모두 정지조건이다.

④ 기한도래의 효력은 소급하지 않으나 당사자에게만 효력이 있는 소급효를 약정할 수 있다.

⑤ 기한이익의 포기가 상대방의 이익을 침해한 경우는 항상 포기할 수 없다.

21 법률행위의 조건과 기한에 관한 설명으로 옳지 않은 것은? (다툼이 있으면 판례에 따름)

2015 기출

① 기한의 이익은 포기할 수 있지만, 상대방의 이익을 해하지 못한다.

② 정지조건 있는 법률행위는 조건이 성취한 때로부터 그 효력을 잃는다.

③ 조건의 성취가 미정한 권리의무는 일반규정에 의하여 처분, 상속, 보존 또는 담보로 할 수 있다.

④ 조건부 법률행위에 있어 조건의 내용 자체가 불법적인 것이어서 무효일 경우, 그 조건만을 분리하여 무효로 할 수 없다.

⑤ 불확정한 사실이 발생할 때를 이행기한으로 정한 경우, 그 사실이 발생할 때뿐만 아니라 발생이 불가능하게 된 때에도 이행기한은 도래한 것으로 보아야 한다.

22 조건이나 기한에 관한 설명으로 옳지 않은 것은? 2013 기출

① 당사자가 조건 성취의 효력을 그 성취 전에 소급하게 할 의사를 표시한 때에는 그 의사에 의한다.

② 기한의 이익은 당사자의 특약이나 법률행위의 성질상 분명하지 않으면 채권자를 위한 것으로 추정한다.

③ 해제조건이 법률행위 당시 이미 성취될 수 없는 것이면 조건 없는 법률행위로 한다.

④ 조건이 사회질서에 위반한 것인 때에는 그 법률행위는 무효로 한다.

⑤ 조건의 성취가 미정한 권리는 일반규정에 의하여 처분할 수 있다.

23 조건과 기한에 관한 설명으로 옳지 않은 것은? (다툼이 있으면 판례에 따름) 2018 기출

① 조건이란 법률행위 효력의 발생 또는 소멸을 장래 발생할 것이 확실한 사실에 의존하게 하는 법률행위의 부관을 말한다.

② 조건의 성취로 이익을 받을 당사자가 신의성실에 반하여 조건을 성취시킨 경우, 상대방은 그 조건이 성취하지 아니한 것으로 주장할 수 있다.

③ 조건이 법률행위 당시 이미 성취한 것인 경우, 그 조건이 정지조건이면 조건 없는 법률행위로 한다.

④ 종기(終期) 있는 법률행위는 기한이 도래한 때로부터 그 효력을 잃는다.

⑤ 기한은 채무자의 이익을 위한 것으로 추정한다.

---

19 ② 기한은 절대적으로 소급하지 않는다. 소급효를 인정하면 기한을 붙인 의미가 없어지기 때문이다.

20 ③ 법률행위 효력의 '발생'을 장래 불확실한 사실에 의존케 하는 것이므로 정지조건이다.
① 법률행위 '효력'의 발생 또는 소멸을 장래 불확실한 사실의 성부에 의존케 하는 것이다.
② 법인설립 시 주무관청 허가나 유언에서 유언자 사망과 같이 법률행위 효력이 발생하기 위하여 법률이 명문으로 요구하는 조건을 법정조건이라 하는데 법정조건은 조건이 아니다. 조건은 당사자들이 임의로 정한 것이어야 하기 때문이다.
④ 기한의 본질상 당사자의 특약에 의해서도 소급효를 인정할 수 없다.
⑤ 상대방의 손해를 배상하고 포기할 수 있다.

21 ② 정지조건이 있는 법률행위는 조건이 성취한 때로부터 그 효력이 생긴다(제147조 제1항).

22 ② 기한의 이익이 누구에게 있는지 명확하지 않은 경우에는 채무자를 위한 것으로 추정한다(제153조 제1항).

23 ① 조건이란 법률행위 효력의 발생 또는 소멸을 장래 발생할 것이 불확실한 사실에 의존하게 하는 법률행위의 부관을 말한다.

Answer 19. ②   20. ③   21. ②   22. ②   23. ①

24 법률행위의 조건과 기한에 관한 설명으로 옳지 않은 것은? (다툼이 있으면 판례에 따름)

2019 기출

① 기한부 권리는 일반규정에 의하여 처분할 수 있다.

② 조건 있는 법률행위의 당사자는 조건의 성부가 미정한 동안에 조건의 성취로 인하여 생길 상대방의 이익을 해하지 못한다.

③ 해제 조건 있는 법률행위는 조건이 성취한 때로부터 그 효력을 잃지만, 당사자의 의사에 따라 이를 소급하게 할 수 있다.

④ 시기 있는 법률행위는 기한이 도래한 때로부터 그 효력이 생긴다.

⑤ 부첩관계의 종료를 해제조건으로 하는 증여계약에서 그 조건은 무효이므로 그 증여계약은 조건 없는 법률행위가 된다.

25 조건과 기한에 관한 설명으로 옳은 것은?

2020 기출

① 기한은 채권자의 이익을 위한 것으로 본다.

② 정지조건은 법률행위 효력의 발생을 장래의 확실한 사실에 의존케 하는 조건이다.

③ 해제조건은 법률행위 효력의 발생을 장래의 불확실한 사실에 의존케 하는 조건이다.

④ 불법조건이 붙은 법률행위는 원칙적으로 불법조건을 제외한 나머지는 유효하다.

⑤ 시기있는 법률행위는 기한이 도래한 때로부터 그 효력이 생긴다.

26 법률행위의 부관에 관한 설명으로 옳은 것은? (다툼이 있으면 판례에 따름)

2022 기출

① 상계의 의사표시에는 원칙적으로 조건을 붙일 수 있다.

② 조건부 법률행위에서 조건의 내용자체가 불법적이어서 무효인 경우, 원칙적으로 그 조건만이 무효이고 나머지 법률행위는 유효이다.

③ 해제조건부 법률행위의 조건이 불능조건인 경우, 그 법률행위는 무효이다.

④ 시기(始期) 있는 법률행위는 기한이 도래한 때로부터 그 효력을 잃는다.

⑤ 기한은 특별한 사정이 없는 한 채무자의 이익을 위한 것으로 추정한다.

24 ⑤ 부첩관계의 종료를 해제조건으로 하는 증여계약은 불법조건의 경우로서 그 계약 전부가 무효이다.
① 제154조
② 제148조
③ 제147조 제2항, 제3항
④ 제152조 제1항

25 ⑤ 제152조 제1항
① 기한은 채무자의 이익을 위한 것으로 추정한다(제153조 제1항).
② 정지조건은 법률행위 효력의 발생을 장래의 불확실한 사실에 의존케 하는 조건이다.
③ 해제조건은 법률행위 효력의 소멸을 장래의 불확실한 사실에 의존케 하는 조건이다.
④ 불법조건이 붙은 법률행위는 불법조건만이 무효인 것이 아니고 법률행위 전부가 무효로 된다(제151조 제1항).

26 ⑤ 기한은 채무자의 이익을 위한 것으로 추정한다(제153조 제1항).
① 상계는 상대방에 대한 의사표시로 한다. 이 의사표시에는 조건 또는 기한을 붙이지 못한다(제493조 제1항).
② 조건이 선량한 풍속 기타 사회질서에 위반한 경우가 불법조건이다. 불법조건이 붙은 법률행위는 불법조건만이 무효인 것이 아니고 법률행위 전부가 무효로 된다(제151조 제1항).
③ 불능조건이 정지조건이면 그 법률행위는 무효이고, 해제조건이면 조건 없는 법률행위가 된다(제151조 제3항).
④ 시기 있는 법률행위는 기한이 도래한 때로부터 그 효력이 생긴다(제152조 제1항).

Answer   24. ⑤   25. ⑤   26. ⑤

07 기간

01 1970년 7월 25일 오전 6시에 출생한 자는 어느 때에 성년이 되는가?

① 1989년 7월 25일 오전 6시   ② 1989년 7월 24일 오후 12시

③ 1989년 7월 25일 오후 12시   ④ 1989년 7월 24일 오후 6시

⑤ 1989년 7월 26일 오후 6시

02 2000년 5월 25일 오후 11시에 출생한 자가 성년이 되는 때는? `2019 기출`

① 2018년 5월 25일 오후 11시   ② 2019년 5월 25일 오전 0시

③ 2019년 5월 25일 오후 11시   ④ 2020년 5월 25일 오전 0시

⑤ 2020년 5월 25일 오후 11시

03 다음 중 기간의 계산이 틀린 것은?

① 오늘 오후 4시부터 4시간은 오늘 오후 8시가 된다.

② 기간이 오전 0시로부터 시작하는 경우에는 초일을 산입한다.

③ 7월 8일 오후 3시부터 3개월은 10월 8일 오후 12시가 된다.

④ 7월 3일 오후 3시부터 5일과 3시간은 7월 9일 오전 3시가 된다.

⑤ 7월 1일 오후 3시부터 10일간은 7월 10일 오후 12시까지이다.

04 다음 중 기간(期間)에 관한 기술 중 틀린 것은?

① 내일(1월 1일)부터 5일간이라 하면 1월 5일까지이다.

② 기간이 오전 0시로부터 시작하는 경우에는 초일을 산입한다.

③ 오늘(5월 3일)부터 1개월이라 하면 6월 3일까지이다.

④ 오는 4월 6일부터 1주일이라 하면 4월 13일까지이다.

⑤ 4시부터 4시간이라 하면 8시까지이다.

05 사단법인의 총회소집을 1주일 전에 사원에게 통지하여야 하는 경우에 총회를 2006년 12월 15일 오후 2시에 개최하고자 한다면, 소집권자는 총회소집을 늦어도 2006년 언제까지 통지해야 하는가?

① 12월 6일 24시까지 통지도달
② 12월 7일 24시까지 통지발송
③ 12월 7일 24시까지 통지도달
④ 12월 8일 24시까지 통지발송
⑤ 12월 8일 24시까지 통지도달

06 민법의 기간규정에 관한 설명 중 틀린 것은? (다툼이 있는 경우 판례에 의함)

① 기간의 계산에 대해서는 법률행위로 달리 정할 수 없다.
② 연령계산에는 출생일을 산입한다.
③ 기간은 법률사실로서 사건에 속한다.
④ 정년이 53세라 함은 만 53세에 달하는 날을 의미하지, 만 53세가 만료하는 날을 의미하지 않는다.
⑤ 기간의 말일이 공휴일에 해당하는 때에는 기간은 다음 날로 만료하지만, 기간의 초일이 공휴일인 경우에는 그 적용이 없다.

---

01 연령계산에서는 출생일을 산입한다(제158조).

02 ② 기간의 기산점을 정함에 있어 연령계산에는 출생일을 산입한다. 따라서 2000년 5월 25일 오후 11시에 출생한 자는 기산일이 2000년 5월 25일이므로 성년이 되는 때는 2019년 5월 24일 오후 12시(2019년 5월 25일 오전 0시)이다.

03 ⑤ 7월 1일 오후 3시부터 10일간은 역법적 계산법에 따라 7월 11일 24시가 된다.

04 ④ 오는 4월 6일부터 1주일이라 하면 4월 12일까지이다. 이 경우는 기간이 오전 0시로부터 시작하는 경우로 보아 초일을 산입한다.

05 ② 사단법인의 사원총회를 1주일 전에 통지하여야 할 경우에, 사원총회일이 12월 15일이라고 한다면, 14일이 기산점이 되어 그날로부터 역으로 7일을 계산한 날의 말일인 8일의 오전 0시에 만료하기 때문에, 7일 중으로 총회소집통지가 발송되어야 한다.

06 ① 기간의 계산은 법령, 재판상의 처분 또는 법률행위에 다른 정한 바가 없으면 본장(제6장 기간)의 규정에 의한다(제155조).

Answer   01. ②   02. ②   03. ⑤   04. ④   05. ②   06. ①

07 **기간의 계산에 관한 설명으로 옳은 것은? (다툼이 있으면 판례에 의함)**

① 어느 법률이 2009년 1월 30일에 공포되고 부칙에서 공포 후 6월이 경과한 날부터 시행하도록 되어 있다면, 그 법률은 2009년 7월 31일 0시부터 시행된다.

② 2007년 8월 1일 선박 중에 있다가 그 선박침몰 사고로 생사불명인 자에 대해 2009년 8월 31일 실종선고가 내려졌다면 그 자는 2008년 7월 31일 24시에 사망한 것으로 본다.

③ 1989년 8월 5일 오전 8시에 태어난 자는 2008년 8월 6일 0시부터 성년자이다.

④ 2009년 5월 22일 오후 1시에 오토바이를 빌리면서 3월 내에 반환하기로 한 경우 8월 22일이 토요일이므로 그 익일인 8월 23일 24시가 만료점이 된다.

⑤ 2009년 9월 8일 오후 2시에 사단법인의 사원총회를 소집하려면, 별도의 정함이 없는 한, 2009년 9월 2일 24시까지 사원들에게 소집통지가 발송되어야 한다.

08 **기간에 관한 계산으로 옳지 않은 것은?** 2013 기출

① 1993. 5. 30. 01시에 출생한 사람은 2012. 5. 30. 0시부터 성년자가 된다.

② 2013. 5. 15. 08시에 승용차를 빌리면서 12시간 후에 반환하기로 약정하였다면, 같은 날 20시까지 이행하여야 한다.

③ 2012. 3. 8. 14시에 돈을 빌리면서 1년 후에 변제하기로 약정하였다면, 2013. 3. 8. 24시까지 이행하여야 한다.

④ 2013. 3. 23. 토요일 13시에 매매목적물을 인도받으면서 1개월 후에 대금을 변제하겠다고 약정하였다면, 2013. 4. 24. 24시까지 이행하여야 한다.

⑤ 사단법인의 사원총회 소집을 1주 전에 통지하여야 하는 경우, 총회일이 2013. 5. 15. 10시라면 늦어도 2013. 5. 7. 24시까지는 총회소집의 통지를 발송하여야 한다.

09 **민법상 기간에 관한 설명으로 옳지 않은 것은? (다툼이 있으면 판례에 따름)** 2015 기출

① 기간을 일, 주, 월 또는 연으로 정한 때에 그 기간의 초일을 산입하기로 한 당사자 사이의 약정은 유효하다.

② 1996. 6. 5. 08시에 출생한 사람은 2015. 6. 5. 0시부터 성년자가 된다.

③ 월로 정한 기간의 기산일이 공휴일인 경우에는 그 다음 날부터 기산한다.

④ 2015. 5. 31. 09시부터 1개월인 경우, 2015. 6. 30. 24시에 기간이 만료한다.

⑤ 2015. 6. 10. 09시에 甲이 乙에게 자전거를 빌리면서 10시간 후에 반환하기로 한 경우, 甲은 乙에게 2015. 6. 10. 19시까지 반환하여야 한다.

10 **민법상 기간에 관한 설명으로 옳은 것은? (다툼이 있으면 판례에 따름)** 2016 기출

① 월로 정한 기간의 기산일이 공휴일인 경우에는 그 다음 날부터 기산한다.

② 기한을 일, 주, 월 또는 연으로 정한 때에 기간의 초일을 산입하지 아니하는 것은 강행규정이며 당사자의 약정으로 달리 정할 수 없다.

③ 2016. 4. 30. 10시부터 2개월인 경우 2016. 6. 30. 10시로 기간이 만료한다.

④ 사단법인의 사원총회일이 2016. 7. 19. 10시인 경우 늦어도 7. 12. 24시까지 사원에게 총회소집통지를 발신하면 된다.

⑤ 1997. 6. 1. 07시에 출생한 사람은 2016. 6. 1. 0시부터 성년자가 된다.

📖

07 ② 선박의 침몰은 제27조 제2항의 특별실종에 해당하여 실종기간은 1년이고, 그 기산점은 초일불산입원칙에 의해 2007년 8월 2일이며 만료점은 2008년 8월 1일 24시가 된다.
③ 연령의 계산에는 출생일을 산입한다(제158조). 따라서 2008년 8월 5일 0시부터 성년자이다.
④ 기간의 말일이 '토요일 또는 공휴일'에 해당하는 때에는 기간은 그 익일, 즉 다음 날이 종료한 때 만료한다(제161조). 따라서 23일도 공휴일이므로 그 익일인 8월 24일 24시가 만료점이 된다.
⑤ 총회의 소집은 1주일 전에 통지를 발하여야 하므로(제71조), 사원총회일이 9월 8일이라고 한다면, 7일이 기산점이 되어 그날로부터 역으로 7일을 계산한 날의 말일인 1일 오전 0시에 만료한다. 따라서 8월 31일 중으로 총회소집통지가 발송되어야 한다.

08 ④ 기간을 일·주·월·연으로 정한 때에는 기간의 초일은 산입하지 아니한다(제157조). 따라서 기산점은 2013. 3. 24.이고 만료점은 2013. 4. 23. 24시이다.

09 ③ 기간의 기산일이 아니라 말일이 토요일 또는 공휴일에 해당한 때에는 기간은 그 익일로 만료한다(제161조).

10 ① 기간의 기산일이 공휴일인 경우에는 그날부터 기산한다.
② 임의규정이므로 당사자의 약정으로 달리 정할 수 있다.
③ 2016. 6. 30. 24시로 기간이 만료한다.
④ 총회의 소집은 1주일 전에 그 회의의 목적사항을 기재한 통지를 발하고 기타 정관에 정한 방법에 의하여야 한다(제71조). 따라서 사원총회일이 7월 19일이라고 한다면, 18일이 기산점이 되어 그날로부터 역으로 7일을 계산한 날의 말일인 12일 오전 0시에 만료한다. 따라서 11일 24시까지는 총회소집통지가 발송되어야 한다.

Answer 07. ① 08. ④ 09. ③ 10. ⑤

11 甲은 乙에게 1천만 원을 빌려주면서 대여기간을 각 대여일로부터 1개월로 약정하였다. 민법의 기간에 관한 규정에 따를 때 변제기가 옳은 것을 모두 고른 것은? (8월 15일 외에는 평일을 전제로 함) 2020 기출

> ㉠ 대여일 : 1월 31일 14시, 변제기 : 2월 28일(윤년 아님) 24시
> ㉡ 대여일 : 3월 14일 17시, 변제기 : 4월 14일 17시
> ㉢ 대여일 : 7월 15일 17시, 변제기 : 8월 15일(공휴일)의 익일인 8월 16일 24시

① ㉢   ② ㉠, ㉡

③ ㉠, ㉢   ④ ㉡, ㉢

⑤ ㉠, ㉡, ㉢

12 민법상 기간에 관한 설명으로 옳은 것은? (다툼이 있으면 판례에 따름) 2017 기출

① 기간이 오전 0시부터 시작하는 경우라고 하더라도 초일을 산입하지 않는다.

② 기간의 계산에 관하여 법률행위에서 다르게 정하고 있더라도 민법의 기간 계산방법이 우선한다.

③ 초일이 공휴일이라고 해서 다음날부터 기간을 기산하는 것은 아니다.

④ 민법상 기간의 계산에 관한 규정은 공법관계에는 적용되지 않는다.

⑤ 주, 월 또는 연(年)의 처음으로부터 기간을 기산하지 아니하는 때에는 최후의 주, 월 또는 연(年)에서 그 기산일에 해당한 날로 기간이 만료한다.

13 기간에 관한 설명으로 옳지 않은 것은? (다툼이 있으면 판례에 따름) 2018 기출

① 기간의 계산은 법령, 재판상의 처분 또는 법률행위에 다른 정한 바가 없으면 민법 규정에 의한다.

② 연령이 아닌 기간 계산에서 기간을 월(月)로 정한 경우, 그 기간이 오전 0시로부터 시작하는 때에는 초일을 산입한다.

③ 기간의 초일이 공휴일이라 하더라도 그 기간은 초일부터 기산한다.

④ 기간을 주(週)로 정한 때에는 역(曆)에 의하여 계산한다.

⑤ 기간의 말일이 토요일인 때에는 기간은 그 전일로 만료한다.

14 기간에 관한 설명으로 옳지 않은 것은? (다툼이 있으면 판례에 따름) 2021 기출

① 계약 기간의 기산점을 오는 7월 1일부터 기산하여 주(週)로 정한 때에는 기간의 초일 은 산입하지 아니한다.

② 기간을 시(時)로 정한 때에는 즉시로부터 기산한다.

③ 기간을 월(月)로 정한 경우에 최종의 월에 해당일이 없는 때에는 그 월의 말일로 기간 이 만료한다.

④ 기간의 말일이 토요일 또는 공휴일에 해당한 때에는 기간은 그 익일로 만료한다.

⑤ 정년이 60세라 함은 만 60세에 도달하는 날을 말하는 것이라고 보는 것이 상당하다.

---

11 ㉠ 초일불산입원칙에 따라 기산점은 2월 1일이다. 또한 기간을 월·연으로 정한 경우에 최종의 월에 해당일이 없는 때에는 그 월의 말일로 기간이 만료한다(제160조 제3항). 따라서 만료점은 2월 28일 24시이다.
㉢ 기간의 말일이 토요일 또는 공휴일에 해당한 때에는 기간은 그 익일로 만료한다(제161조). 따라서 만료점은 8월 16일 24시이다.
㉡ 초일불산입원칙에 따라 기산점은 3월 15일이다. 또한 주·월·연의 처음으로부터 기간을 기산하지 아니한 때에는 최후의 주, 월 또는 연에서 그 기산일에 해당한 날의 전일(前日)로 기간이 만료한다(제160조 제2항). 따라서 만료점은 4월 14일 24시이다.

12 ③ 기간의 말일이 토요일 또는 공휴일에 해당한 때에는 기간은 그 익일로 만료한다는 규정(제161조)의 취지는 기간의 만료일이 공휴일에 해당함으로써 발생할 불이익을 막자고 함에 그 뜻이 있는 것이므로, 초일이 공휴일 인 경우에는 적용되지 않는다.
① 기간을 일·주·월·연으로 정한 때에는 기간의 초일은 산입하지 아니한다(제157조 본문). 즉, 익일부터 기산한다. 그러나 기간이 오전 0시부터 시작하는 때에는 초일을 산입한다(제157조 단서).
② 기간의 계산은 법령, 재판상의 처분 또는 법률행위에 다른 정한 바가 없으면 본장의 규정에 의한다(제155조).
④ 민법의 기간에 관한 규정은 사법관계뿐만 아니라 공법관계에도 적용된다.
⑤ 주·월·연의 처음으로부터 기간을 기산하지 아니한 때에는 최후의 주, 월 또는 연에서 그 기산일에 해당 한 날의 전일(前日)로 기간이 만료한다(제160조 제2항). 예컨대 7월 15일에 앞으로 1년이라고 한 때에는 기산 일은 7월 16일이 되고, 만료점은 그 다음해 7월 16일의 전일인 7월 15일 오후 12시이다.

13 ⑤ 기간의 말일이 토요일 또는 공휴일에 해당한 때에는 기간은 그 익일로 만료한다(제161조).

14 ① '오는 7월 1일부터'처럼 미래의 시점을 표시하는 경우는 오전 0시부터 시작하는 것으로 보아 초일을 산입한 다(제157조 단서).
⑤ 노사 간의 협약에 의하여 광부의 정년을 53세로 한 때에는 광부의 가동연령을 만 53세 '되는' 시기로 인정 함이 정당하다(대판 1969. 4. 22, 69다183).

Answer   11. ③   12. ③   13. ⑤   14. ①

15 기간에 관한 설명으로 옳은 것은? 2014 기출

① 기간의 계산에 관한 「민법」 규정은 강행규정이다.

② 연령을 계산할 때에는 출생일을 산입하지 아니한다.

③ 기간을 일, 주, 월 또는 연으로 정한 때에는 기간 말일의 개시로 만료한다.

④ 시, 분, 초를 단위로 하는 기간은 자연적 계산방법에 따라 즉시부터 기산한다.

⑤ 기간의 계산에 관한 「민법」 규정은 기산일로부터 소급하여 계산되는 기간의 계산방법에 대하여 적용되지 아니한다.

16 민법상 기간에 관한 설명으로 옳지 않은 것은? (다툼이 있으면 판례에 따름) 2022 기출

① 연령 계산에는 출생일을 산입한다.

② 기간의 초일(初日)이 공휴일에 해당한 때에는 기간은 그 익일부터 기산한다.

③ 기간을 시, 분, 초로 정한 때에는 즉시로부터 기산한다.

④ 기간을 주, 월 또는 연으로 정한 때에는 역(曆)에 의하여 계산한다.

⑤ 기간을 일, 주, 월로 정한 때에는 그 기간이 오전 영(零)시로부터 시작하는 때가 아니면 기간의 초일은 산입하지 않는다.

---

15 ④ 제156조
① 임의규정이다.
② 연령의 계산에는 출생일을 산입한다(제158조).
③ 기간을 일·주·월·연으로 정한 때에는 기간 말일의 종료로 기간이 만료한다(제159조).
⑤ 유추적용된다.

16 ② 기간의 초일이 공휴일이라 하더라도 기간은 초일부터 기산한다(대판 1982. 2. 23, 81누204).

Answer/ 15. ④ 16. ②

소멸시효

제1절 │ 서설

01 제척기간에 관한 설명으로 옳지 않은 것은? (다툼이 있으면 판례에 의함)

① 제척기간에 의한 권리소멸의 효과는 그 기간이 경과한 때로부터 장래에 향하여 생긴다.

② 제척기간에 의한 권리소멸의 여부는 당사자의 주장에 관계없이 법원이 직권으로 조사하여야 한다.

③ 불법행위를 한 날로부터 10년이 경과하면 손해배상청구를 할 수 없도록 한 민법의 규정은 제척기간이 아니라 소멸시효에 관한 규정이다.

④ 형성권의 행사기간은 당사자의 약정에 관계없이 10년이다.

⑤ 제척기간에는 기간의 중단이 있을 수 없다.

02 소멸시효와 제척기간에 관한 기술 중 틀린 것은?

① 소멸시효기간은 법률행위에 의하여 이를 단축 또는 경감할 수 있지만, 제척기간은 당사자 사이의 약정으로 단축하거나 연장할 수 없다.

② 소멸시효는 그 기산일에 소급하여 권리소멸의 효과가 생기지만, 제척기간의 경우 기간이 경과한 때로부터 장래에 향하여 권리가 소멸한다.

③ 소멸시효는 권리자의 청구 또는 채무자의 승인이 있으면 중단되고 그때까지 경과된 시효기간은 산입되지 않는 반면, 제척기간에서는 권리자의 권리주장이 있으면 그 효과가 발생하며 이를 기초로 다시 기간이 갱신된다든지 하는 문제가 발생하지 않는다.

④ 소멸시효의 이익을 포기할 수 있으나, 제척기간에는 포기가 인정되지 않는다.

⑤ 소멸시효의 완성에 의한 권리의 소멸은 법원의 직권조사사항이나, 제척기간의 경과로 인한 권리의 소멸은 변론주의의 원칙상 이를 주장하는 자가 원용한 때에 비로소 고려된다.

01 ④ 판례는 형성권의 제척기간은 별도의 규정이나 당사자 간의 약정이 없는 한 10년이라고 한다.

02 ⑤ 제척기간에 의한 권리의 소멸은 당사자가 이를 주장하지 않더라도 법원이 당연히 고려하여야 하는 직권조사사항이다(대판 99다18725).

Answer   01. ④   02. ⑤

03 소멸시효와 제척기간에 관한 설명으로 옳지 않은 것은? (다툼이 있으면 판례에 의함)

① 소멸시효는 객관적으로 권리가 발생하여 그 권리를 행사할 수 있는 때로부터 진행하며, 권리의 존재나 권리행사 가능성을 알지 못하였고 알지 못함에 과실이 없다는 사실은 그 진행을 방해하는 사유가 될 수 없다.

② 당사자가 매매예약완결권의 행사기간을 정하지 않고 행사할 수 있는 시기만을 정한 경우 예약완결권은 권리를 행사할 수 있는 때로부터 10년이 경과하면 소멸한다.

③ 우수현상광고의 광고자가 계약체결의무를 위반한 경우 채무불이행을 원인으로 당선자가 청구하는 손해배상청구권의 소멸시효기간은 계약이 체결되었을 때 그가 취득하게 될 이행청구권에 따른다.

④ 매수인이 매도인으로부터 그 부동산을 인도받아 사용·수익하다가 제3자에게 그 부동산을 처분하고 점유를 승계하여 준 경우, 매수인이 가지는 이전등기청구권의 소멸시효는 진행되지 않는다.

⑤ 당사자가 매매예약완결권의 행사기간을 정하지 않은 경우 완결권자에게 이미 예약 목적물인 부동산이 인도된 때에도 그 예약이 성립한 때로부터 10년 내에 완결권을 행사하여야 한다.

04 소멸시효와 제척기간에 대한 다음 설명 중 가장 옳지 않은 것은?

① 소멸시효나 제척기간에는 다같이 중단이 인정된다.

② 형성권의 존속기간은 제척기간이다.

③ 제척기간의 이익은 당사자가 주장하지 않더라도 법원이 당연히 고려하여야 한다.

④ 제척기간에 의한 권리소멸의 효과는 소급하지 않는다.

⑤ 소멸시효에 관하여는 시효이익의 포기가 있으나, 제척기간에는 없다.

05 소멸시효와 제척기간에 관한 설명으로 옳지 않은 것은? (다툼이 있으면 판례에 따름)

2020 기출

① 권리자의 청구로 소멸시효가 중단된 경우 그때까지 경과된 기간은 시효기간에 산입된다.

② 소멸시효가 완성되면 그 기산일에 소급하여 권리소멸의 효과가 생긴다.

③ 소멸시효의 이익을 포기하기 위해서는 원칙적으로 소멸시효의 완성사실을 알아야 한다.

④ 제척기간의 기산점은 특별한 사정이 없는 한 원칙적으로 권리가 발생한 때이다.

⑤ 제척기간은 그 성질상 기간의 중단이 있을 수 없다.

03 ②, ⑤ [1] 매매예약의 완결권은 일종의 형성권으로서 당사자 사이에 그 행사기간을 약정한 때에는 그 기간 내에, 그러한 약정이 없는 때에는 그 예약이 성립한 때로부터 10년 내에 이를 행사하여야 하고, 그 기간을 지난 때에는 예약완결권은 제척기간의 경과로 인하여 소멸한다.

[2] 제척기간은 권리자로 하여금 당해 권리를 신속하게 행사하도록 함으로써 법률관계를 조속히 확정시키려는 데 그 제도의 취지가 있는 것으로서, 소멸시효가 일정한 기간의 경과와 권리의 불행사라는 사정에 의하여 권리 소멸의 효과를 가져오는 것과는 달리 그 기간의 경과 자체만으로 곧 권리 소멸의 효과를 가져오게 하는 것이므로 그 기간 진행의 기산점은 특별한 사정이 없는 한 원칙적으로 권리가 발생한 때이고, 당사자 사이에 매매예약완결권을 행사할 수 있는 시기를 특별히 약정한 경우에도 그 제척기간은 당초 '권리의 발생일로부터 10년'간의 기간이 경과되면 만료되는 것이지 그 기간을 넘어서 그 약정에 따라 '권리를 행사할 수 있는 때로부터 10년'이 되는 날까지로 연장된다고 볼 수 없다(대판 94다22682·22699).

③ [1] 우수현상광고의 광고자로서 당선자에게 일정한 계약을 체결할 의무가 있는 자가 그 의무를 위반함으로써 계약의 종국적인 체결에 이르지 않게 되어 상대방이 그러한 계약체결의무의 채무불이행을 원인으로 하는 손해배상을 청구한 경우 그 손해배상청구권은 계약이 체결되었을 경우에 취득하게 될 계약상의 이행청구권과 실질적이고 경제적으로 밀접한 관계가 형성되어 있기 때문에, 그 손해배상청구권의 소멸시효기간은 계약이 체결되었을 때 취득하게 될 이행청구권에 적용되는 소멸시효기간에 따른다.

[2] 우수현상광고의 당선자가 광고주에 대하여 우수작으로 판정된 계획설계에 기초하여 기본 및 실시설계계약의 체결을 청구할 수 있는 권리를 가지고 있는 경우, 이러한 청구권에 기하여 계약이 체결되었을 경우에 취득하게 될 계약상의 이행청구권은 설계에 종사하는 자의 공사에 관한 채권으로서 이에 관하여는 제163조 제3호 소정의 3년의 단기소멸시효가 적용되므로, 위의 기본 및 실시설계계약의 체결의무의 불이행으로 인한 손해배상청구권의 소멸시효 역시 3년의 단기소멸시효가 적용된다(대판 2002다57119).

04 ① 소멸시효에는 중단이 있으나(제168조), 제척기간에는 중단이 없다.

② 형성권의 행사기간은 제척기간으로 본다.

③ 시효원용권자가 시효완성의 사실을 원용한 때에 비로소 고려되는 소멸시효의 완성에 의한 권리 소멸과 달리 제척기간에 의한 권리의 소멸은 당사자가 이를 주장하지 않더라도 법원이 당연히 고려하여야 하는 직권조사사항이다(대판 99다18725).

④ 소멸시효는 그 기산일에 소급하여 효력이 생기는 데 반해(제167조), 제척기간의 경우는 기간이 경과한 때로부터 장래에 향하여 권리가 소멸한다.

⑤ 소멸시효의 이익은 포기할 수 있으나(제184조 제1항), 제척기간은 포기가 인정되지 않는다.

05 ① 시효가 중단된 때에는 중단까지에 경과한 시효기간은 이를 산입하지 아니하고 중단사유가 종료한 때로부터 새로이 진행한다(제178조 제1항).

② 소멸시효는 그 기산일에 소급하여 효력이 생긴다(제167조).

④ 이와 달리 소멸시효의 기산점은 권리를 행사할 수 있는 때이다.

⑤ 소멸시효와 달리 제척기간은 그 성질상 기간의 중단이 있을 수 없다.

Answer   03. ②   04. ①   05 ①

06 소멸시효와 제척기간에 관한 설명으로 옳은 것은? (다툼이 있으면 판례에 따름) 2022 기출

① 소멸시효가 완성되면 그 기간이 경과한 때부터 장래에 향하여 권리가 소멸하지만, 제척기간이 완성되면 그 기산일에 소급하여 권리가 소멸한다.

② 소멸시효는 그 성질상 기간의 중단이 있을 수 없지만, 제척기간은 권리자의 청구가 있으면 기간이 중단된다.

③ 소멸시효가 완성된 이후 그 이익을 포기하는 것은 원칙적으로 인정되지만, 제척기간은 그 포기가 인정되지 않는다.

④ 소멸시효 완성에 의한 권리소멸은 법원의 직권조사 사항이지만, 제척기간에 의한 권리의 소멸은 원용권자가 이를 주장하여야 한다.

⑤ 매도인의 하자담보책임에 기한 매수인의 손해배상청구권과 같이 청구권에 관하여 제척기간을 정하고 있는 경우에는 제척기간이 적용되므로 소멸시효는 당연히 적용될 수 없다.

제2절 | 소멸시효의 요건

07 다음 중 소멸시효에 걸리는 것은?

① 상린권(相隣權)
② 점유권
③ 담보물권
④ 지역권
⑤ 소유물반환청구권

08 소멸시효에 걸리지 않는 권리는?

① 판결에 의하여 확정된 대여금반환청구권
② 유치권으로 담보된 공사대금지급청구권
③ 건물의 무단 신축자에 대한 토지공유자의 철거청구권
④ 인격권 침해로 인한 손해배상청구권
⑤ 점유자의 회복자에 대한 비용상환청구권

09 다음 중 독립적으로 소멸시효로 인하여 소멸할 가능성이 있는 권리는?

① 상린권

② 유치권

③ 할부금채권

④ 공유물분할청구권

⑤ 저당권

10 소멸시효의 대상이 되는 권리를 모두 고른 것은? <u>2019 기출</u>

| ㉠ 해제조건부 채권 | ㉡ 불확정기한부 채권 |
| ㉢ 소유권 | ㉣ 인격권 |

① ㉠, ㉡

② ㉠, ㉢

③ ㉠, ㉣

④ ㉡, ㉢

⑤ ㉡, ㉣

---

06 ③ 소멸시효에서는 시효이익을 포기할 수 있으나, 제척기간에는 기간의 만료로 권리 자체가 소멸하기 때문에 포기가 인정되지 않는다.

① 소멸시효는 그 기산일에 소급하여 권리소멸의 효과가 생기지만, 제척기간의 경우 기간이 경과한 때로부터 장래에 향하여 권리가 소멸한다.

② 소멸시효에는 시효중단제도가 있으나, 제척기간은 기간의 중단이 인정되지 않는다.

④ 제척기간의 경과로 인한 권리의 소멸은 당사자의 주장이 없더라도 당연히 직권으로 조사하여 재판에 고려해야 하는 직권조사사항이다. 이에 반해 소멸시효완성에 의한 권리의 소멸은 변론주의의 원칙상 당사자가 시효소멸을 주장해야 재판의 기초로 삼을 수 있다.

⑤ 매도인에 대한 하자담보에 기한 손해배상청구권에 대하여는 민법 제582조의 제척기간이 적용되고, 이는 법률관계의 조속한 안정을 도모하고자 하는 데에 취지가 있다. 그런데 하자담보에 기한 매수인의 손해배상청구권은 권리의 내용·성질 및 취지에 비추어 민법 제162조 제1항의 채권 소멸시효의 규정이 적용되고, 민법 제582조의 제척기간 규정으로 인하여 소멸시효 규정의 적용이 배제된다고 볼 수 없다(대판 2011. 10. 13, 2011다10266).

07 ① 상린권(제215조 이하), 공유물분할청구권(제268조) 등은 일정 권리에 수반하여 존재하기 때문에 그 기초가 되는 권리관계가 존속하는 한 독립하여 소멸시효에 걸리지 아니한다.

② 점유권은 물건에 대한 사실상의 지배상태가 있으면 존속하고 사실상태가 소멸하면 당연히 소멸하는 권리로, 소멸시효의 대상이 되지 않는다.

③ 담보물권(유치권, 질권, 저당권 등)은 피담보채권에 부종성을 가지므로, 피담보채권이 존속하는 한 담보물권만이 독립하여 소멸시효에 걸리지는 않는다.

⑤ 소유권에 기한 물권적 청구권은 소유권이 소멸시효에 걸리지 않기 때문에 소멸시효에 걸리지 않는다.

08 ③ 이는 소유권에 기한 물권적 청구권이므로 소멸시효에 걸리지 않는다.

09 ③ 채권은 소멸시효의 대상이 된다.

10 ㉠ 해제조건부 채권, ㉡ 불확정기한부 채권은 채권으로서 소멸시효의 대상이다. 반면에 ㉢ 소유권은 그 항구성으로 인해 소멸시효의 대상이 되지 않으며, ㉣ 인격권은 비재산권이므로 소멸시효의 대상이 되지 않는다.

Answer
06. ③ 07. ④ 08. ③ 09. ③ 10. ①

11 소멸시효에 관한 다음 설명 중 틀린 것은?

① 점유에 있어서는 소멸시효의 문제가 생길 여지가 없다.

② 피담보채권이 존재하는 한 담보물권만이 소멸시효에 걸리는 일은 없다.

③ 소유물반환청구권은 소멸시효에 걸리지 않는다.

④ 동시이행의 항변권이 붙은 채권의 소멸시효는 채권자가 변제의 제공을 하여 채무자의 동시이행의 항변권이 소멸된 때부터 진행한다.

⑤ 판례에 따르면 이행불능으로 인한 손해배상청구권은 본래의 의무의 이행이 불능으로 된 때로부터 소멸시효가 진행된다.

12 소멸시효에 관한 설명으로 틀린 것은?

① 매매대금채무의 이행지체로 인한 지연손해금채권의 소멸시효기간은 10년이다.

② 소유권이전등기 말소등기의무의 이행불능으로 인한 전보배상청구권의 소멸시효는 말소등기의무가 이행불능 상태에 돌아간 때로부터 진행된다.

③ 공유관계가 존속하는 한, 그 공유물분할청구권만이 독립하여 소멸시효에 걸리지 않는다.

④ 기한을 정하고 있지 않은 채권의 경우, 소멸시효의 기산점은 특별한 규정이 없는 한 채권이 발생한 때이지만 지체책임은 이행청구를 받은 때로부터 부담한다.

⑤ 채무불이행으로 인한 손해배상청구권의 소멸시효의 기산점은 본래의 채권을 행사할 수 있는 때이다.

13 소멸시효의 기산점에 관한 설명 중 옳은 것은?

① 기한을 정하지 아니한 권리는 권리가 발생한 때로부터 소멸시효가 진행한다.

② 정지조건부권리는 조건이 성취되지 않은 것으로 확정된 때로부터 소멸시효가 진행한다.

③ 부작위를 목적으로 하는 채권은 위반행위를 하였음을 채권자가 안 때부터 소멸시효가 진행한다.

④ 병원에 장기간 입원하여 치료받은 환자의 치료비채권은 환자가 퇴원한 때로부터 소멸시효가 진행한다.

⑤ 공동불법행위자 중 1인의 다른 공동불법행위자에 대한 구상금채권은 불법행위 시로부터 소멸시효가 진행한다.

14 A 소유 부동산이 B, C에게 순차로 전매 인도되었으나, 소유권이전등기가 경료되지 않은 경우, B의 A에 대한 소유권이전등기청구권의 소멸시효에 관하여 판례의 입장과 가장 가까운 설명은?

① 채권적 청구권이므로 10년이 경과하면 시효로 소멸한다.

② 물권적 합의에 의한 것으로서, 성질상 소멸시효에 걸리지 않는다.

③ 매수인이 인도받아 점유하고 있는 상태로서 등기명의보다는 매수인의 수익상태를 더욱 보호하여야 하므로, 물권적 청구권으로서 소멸시효에 걸리지 않는다.

④ 매도인으로서는 등기의무의 존재를 승인한 것으로서, 승인상태가 계속되고 있는 것이므로, 소멸시효가 완성되지 않는다.

⑤ 부동산을 전매한 것은 보다 적극적인 권리행사의 일환이므로, 스스로 점유하는 경우와 마찬가지로 소멸시효가 진행되지 않는다.

11 ④ 동시이행항변권이 붙어 있는 채권은 이행기가 도래한 때부터 소멸시효가 진행한다(대판 90다9797).

12 ⑤ 손해배상청구권은 채무불이행이 있어야 비로소 성립하므로 채무불이행 시부터 소멸시효가 진행한다(대판 94다54269).

13 ② 조건이 성취한 때
③ 위반행위가 있는 때
④ 개개의 진료가 종료한 때
⑤ 구상권자가 현실로 피해자에게 지급한 때

14 ⑤ [1] 매수인이 목적 부동산을 인도받아 계속 점유하는 경우에는 그 소유권이전등기청구권의 소멸시효가 진행하지 않는다.
[2] 부동산의 매수인이 그 부동산을 인도받은 이상 이를 사용·수익하다가 그 부동산에 대한 보다 적극적인 권리 행사의 일환으로 다른 사람에게 그 부동산을 처분하고 그 점유를 승계하여 준 경우에도 그 이전등기청구권의 행사 여부에 관하여 그가 그 부동산을 스스로 계속 사용·수익만 하고 있는 경우와 특별히 다를 바 없으므로 위 두 어느 경우나 이전등기청구권의 소멸시효는 진행되지 않는다고 보아야 한다(대판 98다32175).

Answer 11. ④ 12. ⑤ 13. ① 14. ⑤

15 甲이 자신 소유의 X 토지를 乙에게 매도하고, 乙은 甲에게 매매대금을 모두 지급하였다. 甲과 乙이 행사하는 다음 등기청구권 중 소멸시효가 진행되는 경우를 모두 고른 것은? (다툼이 있으면 판례에 따름) 2022 기출

> ㉠ 乙이 甲을 상대로 위 매매계약에 기하여 X 토지에 대해 소유권이전등기청구권을 행사하는 경우
>
> ㉡ 乙이 위 매매계약에 기하여 甲으로부터 X 토지를 인도받아 사용·수익하고 있으나, 아직 甲의 명의로 소유권이전등기가 남아 있어 甲을 상대로 X 토지에 대해 소유권이전등기청구권을 행사하는 경우
>
> ㉢ 乙이 위 매매계약에 기하여 甲으로부터 X 토지에 대해 소유권이전등기를 경료받았으나, 이후 甲과 乙의 매매계약이 적법하게 취소되어 甲이 乙을 상대로 소유권에 기한 말소등기청구권을 행사하는 경우

① ㉠

② ㉡

③ ㉠, ㉢

④ ㉡, ㉢

⑤ ㉠, ㉡, ㉢

16 소멸시효의 기산점에 관한 다음 설명 중 옳지 않은 것은? (다툼이 있는 경우 판례에 의함)

① 이행기일이 도래한 후에 채권자가 채무자에게 기한을 유예한 경우에는 유예한 이행기일로부터 다시 시효가 진행된다.

② 무권대리인에 대한 상대방의 계약이행 또는 손해배상청구권의 소멸시효는 어느 권리를 행사할 것인지 선택권을 행사할 수 있는 때부터 진행된다.

③ 신축 중인 건물에 대한 매매계약에 따른 소유권이전등기청구권의 소멸시효는 건물이 완공된 때로부터 진행한다.

④ 채무자가 소멸시효 완성 후에 채무를 승인함으로써 시효이익을 포기한 경우에는 그 채무는 소멸시효가 완성된 때로부터 시효가 다시 진행한다.

⑤ 부동산에 대한 매매대금채권이 소유권이전등기청구권과 동시이행의 관계에 있다면 매매대금청구권은 이행기부터 소멸시효가 진행한다.

17 소멸시효의 기산점에 관한 기술 중 옳지 않은 것은? (다툼이 있는 경우 판례에 의함)

① 정지조건부 채권은 그 조건이 성취된 때로부터 소멸시효가 진행한다.

② 부동산이중매매에 의하여 제1매수인에 대한 소유권이전등기의무가 이행불능으로 되었음을 원인으로 한 손해배상청구권의 소멸시효는 제2매매계약이 체결된 때로부터 진행한다.

③ 확정기한부 채권은 기한도래 시 소멸시효가 진행하는데 이는 동시이행의 항변권이 있더라도 마찬가지이다.

④ 불확정기한부 채권은 채권자의 기한도래에 대해 지(知)·부지(不知)나 과실의 유무를 묻지 않고, 객관적으로 기한이 도래된 때부터 소멸시효가 진행한다.

⑤ 부작위를 내용으로 하는 채권은 그 위반행위가 있는 때로부터 소멸시효가 진행한다.

18 소멸시효의 기산점에 관한 다음 설명 중 옳지 않은 것은? (다툼이 있는 경우 판례에 의함)

① 무효인 과세처분에 기해 오납한 세금의 반환청구권의 소멸시효는 납세자가 그 과세처분의 무효를 안 날로부터 진행한다.

② 공동불법행위자 중 1인의 다른 공동불법행위자에 대한 구상금채권은 구상권자가 현실로 피해자에게 손해금을 지급한 때로부터 소멸시효가 진행한다.

③ 부작위를 목적으로 하는 채권의 소멸시효는 위반행위를 한 때로부터 진행된다.

④ 보증인의 주채무자에 대한 사전구상권과 사후구상권은 이들 권리가 발생하여 행사할 수 있는 때로부터 각각 소멸시효가 진행된다.

⑤ 소유권이전등기의무의 이행불능으로 인한 전보배상청구권의 소멸시효는 이전등기의무가 이행불능상태에 돌아간 때부터 진행된다.

---

15 ㉠ 매수인의 소유권이전등기청구권은 채권적 청구권이므로 원칙적으로 소멸시효에 걸린다.
㉡ 매수인이 목적부동산을 인도받아 계속 점유하는 경우에는 그 소유권이전등기청구권의 소멸시효가 진행하지 않는다는 것이 당원의 확립된 판례이다(대판 전합 1999. 3. 18, 98다32175).
㉢ 소유권에 기한 물권적 청구권은 소멸시효에 걸리지 않는다(통설·판례).

16 ④ 포기한 때부터 시효가 새로 진행한다.

17 ② 매매로 인한 부동산소유권이전채무가 이행불능됨으로써 매수인이 매도인에 대하여 갖게 되는 손해배상채권은 그 부동산소유권의 이전채무가 이행불능된 때에 발생하는 것이고 그 계약체결일에 생기는 것은 아니므로 위 손해배상채권의 소멸시효는 계약체결일이 아닌 소유권이전채무가 이행불능된 때부터 진행한다(대판 90다카22513).

18 ① 오납 시부터 진행한다.
④ 보증인의 주채무자에 대한 사후구상권과 사전구상권은 그 발생원인을 서로 달리하는 별개의 독립된 권리라 할 것이므로 그 소멸시효는 각각 그 권리가 발생되어 이를 행사할 수 있는 때부터 각별로 진행한다(대판 80다2699).

Answer / 15. ① 16. ④ 17. ② 18. ①

19 소멸시효의 기산점에 관한 설명으로 옳지 않은 것은? (다툼이 있으면 판례에 따름) 2017 기출

① 채무불이행으로 인한 손해배상청구권의 소멸시효는 계약이 성립한 때로부터 진행한다.

② 확정기한부채권의 소멸시효는 그 기한이 도래한 때로부터 진행한다.

③ 정지조건부 권리의 소멸시효는 그 조건이 성취된 때로부터 진행한다.

④ 부작위를 목적으로 하는 채권의 소멸시효는 위반행위를 한 때로부터 진행한다.

⑤ 동시이행의 항변권이 붙은 채권의 소멸시효는 그 이행기로부터 진행한다.

20 甲은 2000. 6. 1. 오후에 乙에게 1억 원을 빌려주면서 변제기를 2002. 6. 1. 정오(12시)로 정하였다. 그러나 약정기일에 乙이 변제하지 않자, 甲은 乙에게 변제를 독촉하는 내용증명 우편을 보냈고 乙은 2002. 8. 7. 15시에 이를 수령하였다. 甲의 대여금채권의 소멸시효는 언제 완성되는가?

① 2010. 6. 1. 자정(24시)   ② 2012. 6. 1. 정오(12시)

③ 2012. 6. 1. 자정(24시)   ④ 2012. 8. 7. 자정(24시)

⑤ 2012. 8. 7. 15시

21 민법상 원칙적으로 적용되는 소멸시효의 기산점에 관한 설명으로 옳지 않은 것은? (다툼이 있으면 판례에 따름) 2020 기출

① 변제기가 확정기한인 때에는 그 기한이 도래한 때부터 기산된다.

② 변제기가 불확정기한인 때에는 채권자가 기한도래의 사실을 안 때부터 기산된다.

③ 기한의 정함이 없는 채권은 그 채권이 발생한 때부터 기산된다.

④ 부작위를 목적으로 하는 채권의 소멸시효는 위반행위를 한 때부터 진행한다.

⑤ 정지조건부 채권은 조건이 성취된 때부터 기산된다.

22 甲이 동료교사 乙에게 이자 없이 5백만 원을 빌려주었고, 동료교사 丙은 乙의 채무를 보증하였다. 이 경우 소멸시효에 관한 설명으로 옳지 않은 것은? (다툼이 있으면 판례에 의함)

① 甲의 乙에 대한 채권은 10년의 소멸시효에 걸린다.

② 乙이 甲에게 3월 후에 갚기로 약정하였다면, 甲의 乙에 대한 채권의 소멸시효는 3월이 경과한 때부터 진행한다.

③ 乙이 甲에게 甲의 부(父) 丁이 사망하면 갚기로 약정하였다면, 甲의 乙에 대한 채권의 소멸시효는 乙이 丁의 사망을 안 때부터 진행한다.

④ 甲은 乙과의 합의로 미리 그 채권의 소멸시효를 연장 또는 가중할 수 없다.

⑤ 丙이 보증채무를 이행한 경우, 丙의 乙에 대한 구상권은 보증채무를 이행한 때부터 소멸시효가 진행한다.

23 변호사의 직무에 관한 채권에 대한 판결이 확정되었다. 그 소멸시효기간은?

① 채권발생 시로부터 10년

② 채권발생 시로부터 3년

③ 판결확정 시부터 10년

④ 판결확정 시부터 3년

⑤ 채권발생 시부터 3년 또는 판결확정 시부터 10년

---

19 ① 채무불이행으로 인한 손해배상청구권의 소멸시효는 채무불이행 시로부터 진행한다(대판 1995. 6. 30, 94다54269).
⑤ 부동산에 대한 매매대금 채권이 소유권이전등기청구권과 동시이행의 관계에 있다고 할지라도 매도인은 매매대금의 지급기일 이후 언제라도 그 대금의 지급을 청구할 수 있는 것이며, 다만 매수인은 매도인으로부터 그 이전등기에 관한 이행의 제공을 받기까지 그 지급을 거절할 수 있는 데 지나지 아니하므로 매매대금청구권은 그 지급기일 이후 시효의 진행에 걸린다(대판 1991. 3. 22, 90다9797).

20 ③ 확정기한부권리는 기한이 도래한 때부터 소멸시효가 진행한다. 따라서 초일불산입원칙에 따라 기산점은 2002. 6. 2.이고 만료점은 10년이 지난 2012. 6. 1. 오후 12시가 된다.

21 ② 불확정기한부권리의 경우 기한이 객관적으로 도래한 때부터 시효가 진행한다.
④ 제166조 제2항
⑤ 조건이 성취되어야 권리행사가 가능하므로, 조건의 성취시가 소멸시효의 기산점이다.

22 ③ 불확정기한부권리의 경우 기한이 객관적으로 도래한 때부터 시효가 진행한다. 즉 丁이 사망한 때부터 진행한다.

23 ③ 변호사의 직무에 관한 채권의 소멸시효기간은 3년이지만(제163조 제5호), 이러한 단기소멸시효에 해당하는 채권이라도 판결에 의하여 확정된 때에는 판결확정 시로부터 10년의 소멸시효에 걸린다(제165조).

Answer 19. ① 20. ③ 21. ② 22. ③ 23. ③

24 1998년 4월 15일 甲과 乙의 소비대차계약에 따라 금전 1억 원을 10년 동안 빌려주었다. 이자율은 10년간 50%로 약정하면서 이 50%의 이자를 매 2년마다 한번에 10%(1,000만 원)씩 5회로 분할하여 지급하기로 합의하였다. 이 경우에 2년마다 변제기가 도래하는 이자채권의 소멸시효기간은 몇 년인가?

① 20년   ② 10년

③ 5년   ④ 3년

⑤ 1년

25 3년의 단기소멸시효에 걸리는 채권을 모두 고른 것은?

> ㉠ 매도인의 매수인에 대한 부동산 매매대금채권
> ㉡ 노역인, 연예인의 임금 및 그에 공급한 물건의 대금채권
> ㉢ 생산자 및 상인이 판매한 생산물 및 상품의 대가
> ㉣ 매매대금 상당액의 반환을 구하는 부당이득반환채권
> ㉤ 도급받은 공사의 공사대금채권과 그 공사에 부수되는 채권

① ㉠, ㉢   ② ㉡, ㉣   ③ ㉢, ㉤

④ ㉠, ㉣, ㉤   ⑤ ㉡, ㉢, ㉤

26 민법상 소멸시효에 관한 설명으로 옳은 것을 모두 고른 것은? (다툼이 있으면 판례에 따름)

`2020 기출`

> ㉠ 소유권은 재산권이므로 소멸시효의 대상이 된다.
> ㉡ 음식점의 음식대금채권의 소멸시효는 1년이다.
> ㉢ 점유자가 점유를 상실하면 그때로부터 점유권의 소멸시효가 진행된다.

① ㉠   ② ㉡   ③ ㉢

④ ㉡, ㉢   ⑤ ㉠, ㉡, ㉢

27 다음 중 3년의 단기소멸시효에 걸리는 채권을 모두 고른 것은? (다툼이 있으면 판례에 따름)

2016 기출

> ㉠ 의사의 치료에 관한 채권
> ㉡ 노역인의 임금 채권
> ㉢ 도급받은 자의 공사에 관한 채권
> ㉣ 2년 후에 원금과 이자를 한꺼번에 받기로 하고 대여한 경우의 이자채권
> ㉤ 상인인 가구상이 판매한 자개장롱의 대금채권

① ㉠, ㉤
② ㉠, ㉢, ㉤
③ ㉡, ㉢, ㉣
④ ㉢, ㉣, ㉤
⑤ ㉠, ㉡, ㉢, ㉣

---

24 ② 민법 제163조 제1호 소정의 '1년 이내의 기간으로 정한 금전 또는 물건의 지급을 목적으로 하는 채권'이란 1년 이내의 정기에 지급되는 채권을 의미하는 것이지, 변제기가 1년 이내의 채권을 말하는 것이 아니므로, 이자채권이라고 하더라도 1년 이내의 정기에 지급하기로 한 것이 아닌 이상 위 규정 소정의 3년의 단기소멸시효에 걸리는 것이 아니다(대판 96다25302). 따라서 사안의 이자채권은 일반채권으로 10년의 소멸시효가 적용된다(제162조 제1항).

25 ㉢ 제163조 제6호
㉤ 제163조 제3호

26 ㉡ 제164조 제1호
㉠ 소유권은 소멸시효에 걸리지 않는다(제162조 제2항 참조).
㉢ 점유권은 점유라는 사실 상태에 따르는 물권이므로 성질상 소멸시효에 걸리지 않는다.

27 ㉠ 3년(제163조 제2호)
㉢ 3년(제163조 제3호)
㉤ 3년(제163조 제6호)
㉡ 1년(제164조 제3호)
㉣ 민법 제163조 제1호 소정의 이자·부양료·급료·사용료 기타 1년 이내의 기간으로 정한 금전 또는 물건의 지급을 목적으로 하는 채권이라 함은 1년 이내의 정기에 지급되는 채권을 의미하는 것이고 변제기가 1년 이내의 채권을 말하는 것이 아니므로, 1회의 변제로써 소멸되는 소비대차의 원리금채권은 물론이고 이자채권이라고 하더라도 1년 이내의 정기에 지급하기로 한 것이 아닌 이상 위 규정 소정의 3년의 단기소멸시효에 걸리는 것이 아니다(대판 1996. 9. 20, 96다25302).

Answer 24. ② 25. ③ 26. ② 27. ②

28 1년의 단기소멸시효에 걸리는 채권이 아닌 것은? `2017 기출`

① 노역인의 임금채권   ② 의사의 치료비 채권

③ 여관의 숙박료 채권   ④ 의복의 사용료 채권

⑤ 음식점의 음식료 채권

29 민법상 1년의 소멸시효 기간의 적용을 받는 채권이 아닌 것은? `2022 기출`

① 음식점의 음식대금채권   ② 여관의 숙박대금채권

③ 판결에 의하여 확정된 채권   ④ 의복 등 동산의 사용료 채권

⑤ 연예인의 임금채권

30 소멸시효에 관한 다음 설명 중 옳지 않은 것은? (판례에 의함)

① 민법 제163조 제2호 소정의 '의사의 치료에 관한 채권'에 있어서는 특약이 없는 한 그 개개의 진료가 종료될 때마다 각각의 당해 진료에 필요한 비용의 이행기가 도래하여 그에 대한 시효가 진행된다.

② 금전채무의 이행지체로 인하여 발생하는 지연손해금은 민법 제163조 제1호 소정의 3년간의 단기소멸시효의 대상이다.

③ 소멸시효의 중단사유로서의 승인은 소멸시효의 진행이 개시된 이후에만 가능하고 그 이전에 승인을 하더라도 시효가 중단되지 않는다.

④ 소멸시효 완성 전에 채무의 일부를 변제한 경우에는 그 수액에 관하여 다툼이 없는 한 채무승인으로서의 효력이 있어 시효중단의 효과가 발생한다.

⑤ 소멸시효가 진행하지 않는 '권리를 행사할 수 없는' 경우라 함은 그 권리행사에 법률상의 장애사유, 예컨대 기간의 미도래나 조건불성취 등이 있는 경우를 말한다.

31 소멸시효기간에 관한 설명으로 틀린 것을 모두 고른 것은? (다툼이 있으면 판례에 의함)

> ㉠ 1개월 단위로 지급되는 집합건물의 관리비채권은 10년의 소멸시효에 걸린다.
> ㉡ 상인이 판매한 상품의 대금채권은 3년의 소멸시효에 걸린다.
> ㉢ 상인이 아닌 물상보증인이 상인인 채무자에게 구상권을 행사하는 경우 그 구상권은 5년의 소멸시효에 걸린다.
> ㉣ 도급으로 인한 공사대금채권은 3년의 소멸시효에 걸린다.

① ㉠, ㉡
② ㉠, ㉢
③ ㉡, ㉢
④ ㉡, ㉣
⑤ ㉢, ㉣

28 ② 의사의 치료비 채권은 3년의 단기소멸시효에 걸리는 채권이다(제163조 제2호).

29 ③ 판결에 의하여 확정된 채권은 단기의 소멸시효에 해당한 것이라도 그 소멸시효는 10년으로 한다(제165조 제1항).

30 ② 금전채무의 이행지체로 인하여 발생하는 지연손해금은 그 성질이 손해배상금이지 이자가 아니며, 제163조 제호가 규정한 '1년 이내의 기간으로 정한 채권'도 아니므로 3년간의 단기소멸시효의 대상이 되지 아니한다(대판 98다42141).
① 제163조 제2호 소정의 '의사의 치료에 관한 채권'에 있어서는, 특약이 없는 한 그 개개의 진료가 종료될 때마다 각각의 당해 진료에 필요한 비용의 이행기가 도래하여 그에 대한 소멸시효가 진행된다고 해석함이 상당하고, 장기간 입원치료를 받는 경우라 하더라도 다른 특약이 없는 한 입원치료 중에 환자에 대하여 치료비를 청구함에 아무런 장애가 없으므로 퇴원 시부터 소멸시효가 진행된다고 볼 수는 없다(대판 2001다52568).
③ 소멸시효의 중단사유로서의 승인은 시효이익을 받을 당사자인 채무자가 그 권리의 존재를 인식하고 있다는 뜻을 표시함으로써 성립하는 것이므로 이는 소멸시효의 진행이 개시된 이후에만 가능하고 그 이전에 승인을 하더라도 시효가 중단되지는 않는다고 할 것이고, 또한 현존하지 아니하는 장래의 채권을 미리 승인하는 것은 채무자가 그 권리의 존재를 인식하고서 한 것이라고 볼 수 없어 허용되지 않는다고 할 것이다(대판 2001다52568).
⑤ 소멸시효에서 권리를 행사할 수 없는 때라 함은 권리행사에 법률상의 장애사유 예컨대 기간의 미도래나 조건불성취 등이 있는 경우를 말하는 것이고 사실상 권리의 존부나 권리행사의 가능성을 알지 못하였거나 알지 못함에 과실이 없다는 사유는 법률상 장애사유에 해당한다고 할 수 없다(대판 93다3622).

31 ㉠ 제163조 제1호에 해당하므로 소멸시효기간은 3년이다(대판 2005다65821).
㉢ 물상보증인의 채무자에 대한 구상권은 그들 사이의 물상보증위탁계약의 법적 성질과 관계없이 민법에 의하여 인정된 별개의 독립한 권리이고, 그 소멸시효에 있어서는 민법상 일반채권에 관한 규정(10년)이 적용된다(대판 2001다6237).

32 소멸시효에 관한 다음 설명 중 옳지 않은 것은? (판례에 의함)

① 물품대금의 지급을 확보하기 위한 방법으로 어음을 교부받은 경우, 물품대금청구의 소를 제기하면 어음금채권의 소멸시효도 중단되나, 반대로 어음금청구의 소를 제기하더라도 물품대금채권의 소멸시효는 중단되지 않는다.

② 민법 제766조 제2항이 규정하고 있는 '불법행위를 한 날로부터 10년'의 기간은 소멸시효기간에 해당한다.

③ 금전채무의 이행지체로 인하여 발생하는 지연손해금은 그 성질이 손해배상금이지 이자가 아니며, 민법 제163조 제1호의 1년 이내의 기간으로 정한 채권도 아니므로 3년간의 단기소멸시효의 대상이 되지 아니한다.

④ 소멸시효기간 만료로 인한 권리소멸에 관한 것은 그 시효의 이익을 받는 자가 시효완성의 항변을 하지 않으면, 그 의사에 반하여 재판할 수 없다.

⑤ 공동불법행위자 중 1인의 다른 공동불법행위자에 대한 구상금채권은 일반채권과 같이 구상권자가 현실로 피해자에게 손해금을 지급한 때로부터 10년간 이를 행사하지 아니함으로써 시효소멸한다.

33 소멸시효에 관한 다음의 기술 중 틀린 것은?

① 부작위를 내용으로 하는 채권은 그 소멸시효기간이 채무자가 위반행위를 한 때로부터 진행된다.

② 주채무자에 대하여 이행청구소송을 제기하면 보증인에 대한 소멸시효도 그 진행이 중단된다.

③ 소멸시효가 완성된 후 주채무자가 시효이익을 포기하면, 보증인은 이제 그 시효의 완성을 소송상 주장할 수 없게 된다.

④ 원래는 3년의 단기소멸시효에 걸리는 채권이라도 판결에 의하여 그 존재가 확정되면 그 소멸시효기간은 10년으로 연장된다.

⑤ 식당주인이 가지는 음식외상대금채권은 1년의 단기소멸시효에 걸린다.

34 민법상 소멸시효에 관한 설명으로 옳은 것은? (다툼이 있으면 판례에 따름) <u>2019 기출</u>

① 판결에 의하여 확정된 채권은 판결확정 당시에 변제기가 도래하지 않아도 10년의 소멸시효에 걸린다.

② 본래의 소멸시효 기산일과 당사자가 주장하는 기산일이 서로 다른 경우에 법원은 당사자가 주장하는 기산일을 기준으로 소멸시효를 계산해야 한다.

③ 소멸시효의 기산점이 되는 '권리를 행사할 수 있는 때'란 권리를 행사하는 데 있어 사실상의 장애가 없는 경우를 말한다.

④ 어떤 권리의 소멸시효기간이 얼마나 되는지에 대해서 법원은 당사자의 주장에 따라 판단하여야 한다.

⑤ 어떤 채권이 1년의 단기소멸시효에 걸리는 경우, 그 채권의 발생원인이 된 계약에 기하여 상대방이 가지는 반대채권도 당연히 1년의 단기소멸시효에 걸린다.

---

32 ① 원인채권의 지급을 확보하기 위한 방법으로 어음이 수수된 경우에 원인채권에 기하여 청구를 한 것만으로는 어음채권의 소멸시효를 중단시키지 못한다. 그러나 어음채권에 기하여 청구를 하는 반대의 경우에는 원인채권의 소멸시효를 중단시키는 효력이 있다(판례).

33 ③ 시효이익의 포기는 상대적이므로 포기한 사람 이외의 사람에게는 영향을 미치지 않는다. 따라서 주채무자가 시효이익을 포기하더라도 보증인은 여전히 시효완성을 주장할 수 있다.

34 ② 소멸시효의 기산일은 채무의 소멸이라고 하는 법률효과 발생의 요건에 해당하는 소멸시효 기간 계산의 시발점으로서 소멸시효 항변의 법률요건을 구성하는 구체적인 사실에 해당하므로 이는 변론주의의 적용 대상이고, 따라서 본래의 소멸시효 기산일과 당사자가 주장하는 기산일이 서로 다른 경우에는 변론주의의 원칙상 법원은 당사자가 주장하는 기산일을 기준으로 소멸시효를 계산하여야 하는데, 이는 당사자가 본래의 기산일보다 뒤의 날짜를 기산일로 하여 주장하는 경우는 물론이고 특별한 사정이 없는 한 그 반대의 경우에 있어서도 마찬가지이다(대판 1995. 8. 25, 94다35886).
① 판결에 의하여 확정된 채권은 단기의 소멸시효에 해당한 것이라도 그 소멸시효는 10년으로 한다. 그러나 판결확정 당시에 변제기가 도래하지 아니한 채권에는 적용하지 아니한다(제165조 참조).
③ 소멸시효의 기산점이 되는 '권리를 행사할 수 있는 때'란 권리를 행사하는 데 있어 법률상의 장애가 없는 경우를 말한다.
④ 소멸시효기간은 변론주의의 적용대상이 되지 않고 법원이 직권으로 판단할 수 있다.
⑤ 일정한 채권의 소멸시효기간에 관하여 이를 특별히 1년의 단기로 정하는 민법 제164조는 그 각호에서 개별적으로 정하여진 채권의 채권자가 그 채권의 발생원인이 된 계약에 기하여 상대방에 대하여 부담하는 반대채무에 대하여는 적용되지 아니한다. 따라서 그 채권의 상대방이 그 계약에 기하여 가지는 반대채권은 원칙으로 돌아가, 다른 특별한 사정이 없는 한 민법 제162조 제1항에서 정하는 10년의 일반소멸시효기간의 적용을 받는다(대판 2013. 11. 14, 2013다65178).

Answer 32. ① 33. ③ 34. ②

35 소멸시효에 관한 설명으로 옳지 않은 것은? (다툼이 있는 경우에는 판례에 의함) 2013 기출

① 채권은 10년, 소유권 이외의 재산권은 20년 동안 행사하지 않으면 소멸시효가 완성됨이 원칙이다.

② 음식점의 음식료에 대한 채권이 판결에 의하여 확정된 경우, 그 소멸시효기간은 1년이다.

③ 원본채권이 시효로 소멸하면, 변제기가 도래하지 아니한 이자채권도 소멸한다.

④ 부작위를 목적으로 하는 채권은 위반행위를 한 때로부터 소멸시효가 진행한다.

⑤ 소멸시효의 이익은 시효기간의 완성 전에는 포기할 수 없다.

36 소멸시효에 관한 설명으로 옳지 않은 것은? (다툼이 있으면 판례에 따름) 2021 기출

① 채권 및 소유권 이외의 재산권은 10년간 행사하지 아니하면 시효가 완성한다.

② 점유권은 시효에 걸리지 아니한다.

③ 시효는 권리행사에 법률상의 장애사유가 없는 때로부터 진행한다.

④ 정지조건부 권리는 조건이 성취된 때부터 시효가 진행된다.

⑤ 부작위를 목적으로 하는 채권의 시효는 위반행위를 한 때로부터 진행한다.

제3절 소멸시효의 중단과 정지

37 소멸시효의 중단과 정지에 관한 설명으로 틀린 것은?

① 소송계속 중 청구의 변경도 시효중단의 사유가 된다.

② 현존하지 아니한 장래의 채권을 미리 승인하면 소멸시효의 진행이 중단된다.

③ 가압류에 의한 시효중단의 효력은 가압류의 집행보전의 효력이 존속하는 동안은 계속된다.

④ 부부일방의 타방에 대한 권리는 혼인관계가 종료한 때로부터 6개월 내에는 소멸시효가 완성되지 않는다.

⑤ 공유자의 한 사람이 공유물의 보존행위로서 그 공유물의 일부 지분에 관하여서만 재판상 청구를 하였으면 다른 공유자에 대해서는 시효중단의 효력이 없다.

38 다음 중 소멸시효의 중단사유가 아닌 것은?

① 가처분   ② 파산절차 참가
③ 이행의 청구   ④ 유치권의 행사
⑤ 재판상 화해를 위한 소환

39 소멸시효의 중단에 관한 다음 설명 중 틀린 것은? (다툼이 있으면 판례에 의함)

① 소멸시효의 중단사유인 재판상의 청구는 권리자가 원고로서 시효를 주장하는 자를 피고로 하여 소를 제기하는 것만을 말한다는 것이 일관된 판례이다.

② 가압류에 의한 시효중단의 효력은 가압류의 집행보전의 효력이 존속하는 동안 계속되고, 가압류의 피보전채권에 관하여 본안의 승소판결이 확정되었다 하여도 가압류에 의한 시효중단의 효력이 소멸되지 않는다.

③ 최고를 여러 번 거듭하다가 재판상 청구를 한 경우 시효중단의 효력은 재판상 청구를 한 시점을 기준으로 이로부터 소급하여 6개월 이내에 한 최고 시에 발생할 뿐이다.

④ 채무자가 채무 일부를 변제한 경우에는 특별한 사정이 없는 한 잔존 채무에 대한 묵시적 승인으로서 시효중단의 효력이 있다.

⑤ 시효가 중단된 때에는 중단사유가 종료된 때로부터 새로 시효기간이 진행한다.

---

35 ② 판결에 의하여 확정된 채권은 단기의 소멸시효에 해당한 것이라도 그 소멸시효는 10년으로 한다(제165조 제1항).

36 ① 채권 및 소유권 이외의 재산권은 20년간 행사하지 아니하면 소멸시효가 완성한다(제162조 제2항).
③ 소멸시효는 권리를 행사할 수 있는 때로부터 진행한다(제166조 제1항). 권리를 행사할 수 있는 때라 함은 권리를 행사하는 데 있어 법률상의 장애가 없음을 의미한다.
⑤ 제166조 제2항

37 ② 소멸시효의 중단사유로서의 승인은 시효이익을 받을 당사자인 채무자가 그 권리의 존재를 인식하고 있다는 뜻을 표시함으로써 성립하는 것이므로 이는 소멸시효의 진행이 개시된 이후에만 가능하고 그 이전에 승인을 하더라도 시효가 중단되지는 않는다고 할 것이고, 또한 현존하지 아니하는 장래의 채권을 미리 승인하는 것은 채무자가 그 권리의 존재를 인식하고서 한 것이라고 볼 수 없어 허용되지 않는다고 할 것이다(대판 2001다52568).

38 ④ 채권담보를 위해 유치권을 행사하더라도 이는 피담보채권 자체의 행사가 아니므로 채권의 소멸시효는 진행된다(제326조 참조).

39 ① 시효중단사유의 하나로 규정하고 있는 재판상의 청구라 함은, 통상적으로는 권리자가 원고로서 시효를 주장하는 자를 피고로 하여 소송물인 권리를 소의 형식으로 주장하는 경우를 가리키지만, 이와 반대로 시효를 주장하는 자가 원고가 되어 소를 제기한 데 대하여 피고로서 응소하여 그 소송에서 '적극적으로 권리를 주장하고 그것이 받아들여진 경우'도 마찬가지로 이에 포함된다(대판 92다47861).

Answer   35. ②   36. ①   37. ②   38. ④   39. ①

40 다음 소멸시효 중단사유 중 가장 효력이 약하다고 할 수 있는 것은?

① 재판상 청구   ② 가처분   ③ 승인

④ 최고   ⑤ 파산절차참가

41 시효중단사유인 '재판상의 청구'에 관한 설명 중 판례의 입장과 다른 것은?

① 파면처분무효확인의 소는 보수금채권을 실현하는 수단이라는 성질을 가지고 있으므로 보수금채권 자체에 관한 이행소송을 제기하지 않았다 하더라도 위 소의 제기에 의하여 보수금채권에 대한 시효는 중단된다.

② 원인채권의 지급을 확보하기 위한 방법으로 어음이 수수된 경우에 원인채권에 기하여 청구를 한 것만으로는 어음채권 그 자체를 행사한 것으로 볼 수 없어 어음채권의 소멸시효를 중단시키지 못한다.

③ 형사소송에서 소송촉진 등에 관한 특례법에서 정한 배상명령을 신청한 경우를 제외하고는 고소나 그 고소에 기하여 개시된 형사재판을 재판상의 청구로 볼 수 없다.

④ 오납한 조세에 대한 부당이득반환청구권을 실현하기 위한 수단이 되는 과세처분의 취소 또는 무효확인을 구하는 소는 재판상의 청구에 해당하지 않는다.

⑤ 피고로서 응소하여 그 소송에서 적극적으로 권리를 주장하고 그것이 받아들여진 경우도 재판상의 청구에 포함된다.

42 다음 중 소멸시효의 중단사유가 아닌 것은?

① 승인   ② 가압류   ③ 천재 기타 사변

④ 가처분   ⑤ 재판상 화해를 위한 소환

43 소멸시효 중단사유에 관한 다음 설명 중 옳지 않은 것은?

① 파산절차 참가는 채권자가 이를 취소하거나 그 청구가 각하된 때에는 시효중단의 효력이 없다.

② 강제집행절차에서 배당요구를 하는 것도 압류에 준하여 시효중단의 효력이 있다.

③ 시효중단의 효력이 있는 승인에는 상대방의 권리에 관한 처분의 능력이나 권한이 있어야 한다.

④ 압류, 가압류, 가처분이 시효의 이익을 받을 자에 대하여 하지 않은 때에는, 이를 그에게 통지하여야 시효중단의 효력이 생긴다.

⑤ 화해를 위한 소환은 상대방이 출석하지 아니한 때에는 1개월 내에 소를 제기하여야 시효중단의 효력이 있다.

44 시효중단의 효력에 관한 설명 중 틀린 것은?

① 손해배상청구권을 공동상속한 자 중 1인이 자기의 상속분을 행사하여 승소판결을 얻었다면, 다른 공동상속인의 상속분에도 시효중단의 효력이 미친다.

② 물상보증인의 재산에 대하여 압류를 한 경우에, 이를 채무자에게 통지하면 채무자에 대해서도 시효가 중단된다.

③ 요역지가 수인의 공유인 경우에 어느 1인에 의한 지역권 소멸시효의 중단은 다른 공유자에 대해서도 효력이 있다.

④ 연대채무자 중 1인에 대한 이행청구는 다른 연대채무자에게도 시효중단의 효력이 미친다.

⑤ 주채무자에 대한 시효중단은 보증인에게도 효력이 있다.

---

40 ④ 최고는 잠정적·예비적 시효중단사유이므로, 6월 내에 재판상의 청구, 파산절차참가, 화해를 위한 소환, 임의출석, 압류 또는 가압류, 가처분을 하지 아니하면 시효중단의 효력이 없다(제174조).

41 ④ 일반적으로 위법한 행정처분의 취소, 변경을 구하는 행정소송은 사권을 행사하는 것으로 볼 수 없으므로 사권에 대한 시효중단사유가 되지 못하는 것이나, 다만 오납한 조세에 대한 부당이득반환청구권을 실현하기 위한 수단이 되는 과세처분의 취소 또는 무효확인을 구하는 소는 그 소송물이 객관적인 조세채무의 존부확인으로서 실질적으로 민사소송인 채무부존재확인의 소와 유사할 뿐 아니라, 과세처분의 유효 여부는 그 과세처분으로 납부한 조세에 대한 환급청구권의 존부와 표리관계에 있어 실질적으로 동일 당사자인 조세부과권자와 납세의무자 사이의 양면적 법률관계라고 볼 수 있으므로, 위와 같은 경우에는 과세처분의 취소 또는 무효확인청구의 소가 비록 행정소송이라고 할지라도 조세환급을 구하는 부당이득반환청구권의 소멸시효 중단사유인 재판상 청구에 해당한다고 볼 수 있다(대판 91다32053 전합).

42 ③ 정지사유이지 중단사유는 아니다(제182조).

43 ③ 시효중단의 효력 있는 승인에는 상대방의 권리에 관한 처분의 능력이나 권한 있음을 요하지 아니한다(제177조).

44 ① 시효의 중단은 원칙적으로 당사자 및 그 승계인 간에만 효력이 있다. 따라서 재산상 손해배상청구권을 공동상속인의 한 사람이 자기의 상속분에 관하여 행사하여 승소판결을 얻었다 하여 다른 공동상속인이 상속한 권리부분에 관하여 소멸시효 중단의 효력은 없다(대판 66다2279).

45 甲은 乙에 대하여 채권을 가지고 있다. 다음 설명 중 옳은 것은? (다툼이 있으면 판례에 의함)

① 甲이 소멸시효 기간 만료 전 최고를 한 후 6개월 이내에 소를 제기한 경우, 그 소 제기 시에 시효중단의 효력이 생긴다.

② 甲의 乙에 대한 시효중단의 효력은 乙의 보증인에게는 미치지 않는다.

③ 乙이 명시적으로 채무를 승인한 경우뿐만 아니라 묵시적으로 승인한 경우에도 소멸시효는 중단될 수 있다.

④ 甲이 乙을 사기죄로 고소하여 형사재판이 개시된 경우, 특별한 사정이 없는 한 소멸시효의 중단사유인 재판상의 청구로 볼 수 있다.

⑤ 甲이 이미 사망한 乙을 피신청인으로 하여 가압류신청을 한 경우, 법원의 가압류결정이 내려지면 소멸시효가 중단된다.

46 소멸시효의 중단 또는 정지에 관한 설명으로 옳지 않은 것은? (다툼이 있으면 판례에 따름) 2015 기출

① 재판상의 청구는 그 소송이 취하된 경우에는 그로부터 6개월 내에 다시 재판상의 청구 등을 하지 않는 한 소멸시효 중단의 효력이 없다.

② 당연 무효의 가압류·가처분은 소멸시효의 중단사유에 해당하지 않는다.

③ 부부 중 한쪽이 다른 쪽에 대하여 갖는 권리는 혼인관계가 종료된 때부터 6개월 내에는 소멸시효가 완성되지 않는다.

④ 승인은 소멸시효의 진행이 개시된 이후에만 가능하고, 그 이전에는 승인을 하더라도 시효가 중단되지 않는다.

⑤ 시효중단의 효력 있는 승인에는 상대방의 권리에 관한 처분의 능력이나 권한이 있을 것을 요한다.

47 소멸시효에 관한 설명으로 옳은 것은? (다툼이 있으면 판례에 따름) 2016 기출

① 물상보증인이 채권자를 상대로 채무자의 채무가 모두 소멸하였다고 주장하면서 근저당권말소청구소송을 제기하였는데 채권자가 피고로서 응소하여 적극적으로 권리를 주장하고 받아들여진 경우에도 그 채권의 소멸시효는 중단되지 않는다.

② 비법인사단이 총유물을 매도한 후 그 대표자가 매수인에게 소유권이전등기의무에 대하여 시효중단의 효력이 있는 승인을 하는 경우에 있어 사원총회의 결의를 거치지 아니하였다면 그 승인은 무효이다.

③ 채권자가 물상보증인의 소유인 부동산에 경료된 근저당권을 실행하기 위하여 경매를 신청한 경우, 그 경매와 관련하여 채무자에게 압류사실이 통지되었는지 여부와 무관하게 소멸시효 중단의 효력이 발생한다.

④ 담보가등기가 경료된 부동산을 양수하여 소유권이전등기를 마친 자는 그 가등기담보권에 의하여 담보된 채권의 채무자가 시효이익을 포기한 경우 독자적으로 시효이익을 주장할 수 없다.

⑤ 대여금 채권의 소멸시효가 진행하는 중 채권자가 채무자 소유의 부동산에 가압류집행을 함으로써 소멸시효의 진행을 중단시킨 경우 그 기입등기일로부터 새롭게 소멸시효기간이 진행한다.

---

45 ① 최고 시에 시효중단의 효력이 생긴다.
② 주채무자에 대한 시효의 중단은 보증인에 대하여 그 효력이 있다(제440조).
④ 원칙적으로 형사소송은 시효의 중단사유인 재판상 청구로 보지 않는다.
⑤ 가압류 등은 유효하여야 하므로, 무효인 가압류에 의해서는 소멸시효가 중단되지 않는다.

46 ⑤ 시효중단의 효력 있는 승인에는 상대방의 권리에 관한 처분의 능력이나 권한 있음을 요하지 아니한다(제177조).

47 ① 시효를 주장하는 자의 소 제기에 대한 응소행위가 민법상 시효중단사유로서의 재판상 청구에 준하는 행위로 인정되려면 의무 있는 자가 제기한 소송에서 권리자가 의무 있는 자를 상대로 응소하여야 할 것이므로, 담보가등기가 설정된 후에 그 목적부동산의 소유권을 취득한 제3취득자나 물상보증인 등 시효를 원용할 수 있는 지위에 있으나 직접 의무를 부담하지 아니하는 자가 제기한 소송에서의 응소행위는 권리자의 의무자에 대한 재판상 청구에 준하는 행위에 해당한다고 볼 수 없다(대판 2007. 1. 11, 2006다33364).
② 비법인사단의 사원총회가 그 총유물에 관한 매매계약의 체결을 승인하는 결의를 하였다면, 통상 그러한 결의에는 그 매매계약의 체결에 따라 발생하는 채무의 부담과 이행을 승인하는 결의까지 포함되었다고 봄이 상당하므로, 비법인사단의 대표자가 그 채무에 대하여 소멸시효 중단의 효력이 있는 승인을 하거나 그 채무를 이행할 경우에는 특별한 사정이 없는 한 별도로 그에 대한 사원총회의 결의를 거칠 필요는 없다고 보아야 한다(대판 2009. 11. 26, 2009다64383).
③ 압류 등을 시효의 이익을 받을 자에 대하여 하지 않은 때에는, 이를 그에게 통지한 후가 아니면 시효중단의 효력이 없다(제176조). 따라서 물상보증인의 부동산을 압류한 경우에는, 그 사실을 채무자에게 통지하여야 그에게 시효중단의 효력이 미친다.
④ 소멸시효이익의 포기는 상대적이며, 시효이익을 받을 자가 수인인 경우에 그중 1인이 포기하더라도 다른 사람에게는 영향을 미치지 않는다.
⑤ 시효가 중단된 때에는 중단까지에 경과한 시효기간은 이를 산입하지 아니하고 중단사유가 종료한 때로부터 새로이 진행한다(제178조 제1항). 따라서 압류·가압류·가처분의 경우는 절차가 종료한 때로부터 새로이 진행한다.

Answer 45. ③ 46. ⑤ 47. ①

48 소멸시효에 관한 설명 중 틀린 것은? (다툼이 있는 경우 판례에 의함)

① 소멸시효가 완성된 경우 그 채무자에 대한 다른 일반채권자는 자기의 채권을 보전하기 위하여 필요한 한도 내에서 채무자를 대위하여 소멸시효의 완성을 주장할 수 있을 뿐 채권자의 지위에서 독자적으로 소멸시효의 완성을 주장할 수 없다.

② 채권자가 확정판결에 기한 채권의 실현을 위해 민사집행법상의 재산명시신청을 하고 그 결정이 채무자에게 송달된 경우, 시효중단사유인 최고로서의 효력이 있다.

③ 청구부분이 특정될 수 있는 경우에 있어서의 일부청구는 나머지 부분에 대한 시효중단의 효력이 없고 나머지 부분에 관하여는 소를 제기하거나 그 청구를 확장(청구의 변경)하는 서면을 법원에 제출한 때에 비로소 시효중단의 효력이 생긴다.

④ 시효중단의 효력은 당사자 및 그 승계인 사이에만 미치는데, 여기의 승계인에는 포괄승계인은 물론 특정승계인도 포함된다.

⑤ 이행최고를 한 다음 6월 내에 거듭 최고를 하고 그때부터 6월 내에 재판상 청구를 하면 시효중단의 효력은 최초의 최고 시에 소급하여 발생한다.

49 소멸시효의 중단과 정지에 관한 설명으로 옳지 않은 것은? 2013 기출

① 파산절차참가는 채권자가 이를 취소한 때에는 시효중단의 효력이 없다.

② 임의출석의 경우에 화해가 성립되지 아니한 때에는 1월 내에 소를 제기하지 아니하면 시효중단의 효력이 없다.

③ 재판상의 청구를 한 후에 소의 각하가 있고 6월 내에 다시 재판상의 청구를 한 경우, 소멸시효는 다시 재판상의 청구를 한 때로부터 중단된 것으로 본다.

④ 천재 기타 사변으로 인하여 소멸시효를 중단할 수 없을 때에는 그 사유가 종료한 때로부터 1월 내에는 시효가 완성하지 아니한다.

⑤ 물상보증인의 부동산을 압류한 경우에 그 사실을 주채무자에게 통지한 후가 아니면 그 주채무자에게 시효중단의 효력이 없다.

50 소멸시효의 중단사유에 관한 설명으로 옳지 않은 것은? (다툼이 있으면 판례에 따름) 2018 기출

① 지급명령 신청은 시효중단사유가 아니다.

② 부동산의 가압류로 중단된 시효는 특별한 사정이 없는 한, 가압류등기가 말소된 때로부터 새로이 진행된다.

③ 채무승인이 있었다는 사실은 이를 주장하는 채권자 측에서 증명하여야 한다.

④ 채무의 일부변제도 채무승인으로서 시효중단사유가 될 수 있다.

⑤ 시효중단의 효력이 있는 승인에는 상대방의 권리에 관한 처분의 능력이나 권한이 있음을 요하지 않는다.

51 소멸시효에 관한 설명으로 옳은 것은? (다툼이 있는 경우에는 판례에 의함) 2014 기출

① 시효의 중단사유가 재판상의 청구인 때에는 중단까지 경과한 시효기간은 이를 산입하지 아니하고 재판이 확정된 때로부터 새로이 시효가 진행한다.

② 건물이 완공되지 않아 소유권이전등기청구권을 행사할 수 없었다는 사유는 그 청구권의 소멸시효의 진행을 막는 법률상의 장애사유가 되지 아니한다.

③ 근저당권설정등기청구권은 피담보채권에 부종하는 청구권이므로 독자적인 시효기간의 적용을 받지 아니한다.

④ 물상보증인이 피담보채무의 부존재를 이유로 제기한 저당권설정등기 말소청구소송에서 저당권자가 청구기각의 판결을 구하였다면 이를 직접 채무자에 대한 재판상 청구로 볼 수 있다.

⑤ 채무자는 소멸시효의 진행이 개시된 이후는 물론 그 이전에도 채무를 승인하여 시효를 중단할 수 있다.

---

48 ⑤ 최고를 여러 번 거듭하다가 재판상 청구 등을 한 경우에 있어서의 시효중단의 효력은 항상 최초의 최고시에 발생하는 것이 아니라 재판상 청구 등을 한 시점을 기준으로 하여 이로부터 소급하여 6월 이내에 한 최고시에 발생한다(대판 87다카233).

49 ③ 재판상의 청구는 소송의 각하, 기각 또는 취하의 경우에는 시효중단의 효력이 없다(제170조 제1항). 그러나 이 경우에도 재판 외의 최고로서의 효력은 인정되므로 6월 내에 재판상 청구, 파산절차참가, 압류 또는 가압류·가처분을 한 때에는 시효는 최초의 재판상 청구로 인하여 중단된 것으로 본다(제170조 제2항).

50 ① 지급명령의 신청이 있으면 소멸시효가 중단된다.

51 ① 재판상의 청구로 인하여 중단한 시효는 재판이 확정된 때로부터 새로이 진행한다(제178조 제2항).
② 건물에 관한 소유권이전등기청구권에 있어서 건물이 완공되지 아니하여 이를 행사할 수 없었다는 사유는 법률상의 장애사유에 해당한다(대판 2007다28024·28031).
③ 근저당권설정 약정에 의한 근저당권설정등기청구권은 그 피담보채권이 될 채권과 별개로 소멸시효에 걸린다(대판 2002다7213).
④ 타인의 채무를 담보하기 위하여 자기의 물건에 담보권을 설정한 물상보증인은 채권자에 대하여 물적 유한책임을 지고 있어 그 피담보채권의 소멸에 의하여 직접 이익을 받는 관계에 있으므로 소멸시효의 완성을 주장할 수 있는 것이지만, 채권자에 대하여는 아무런 채무도 부담하고 있지 아니하므로, 물상보증인이 그 피담보채무의 부존재 또는 소멸을 이유로 제기한 저당권설정등기 말소등기절차이행청구소송에서 채권자 겸 저당권자가 청구기각의 판결을 구하고 피담보채권의 존재를 주장하였다고 하더라도 이로써 직접 채무자에 대하여 재판상 청구를 한 것으로 볼 수는 없는 것이므로 피담보채권의 소멸시효에 관하여 규정한 민법 제168조 제1호 소정의 '청구'에 해당하지 아니한다(대판 2003다30890).
⑤ 소멸시효의 중단사유로서의 승인은 시효이익을 받을 당사자인 채무자가 그 권리의 존재를 인식하고 있다는 뜻을 표시함으로써 성립하는 것이므로 이는 소멸시효의 진행이 개시된 이후에만 가능하고 그 이전에 승인을 하더라도 시효가 중단되지는 않는다고 할 것이고, 또한 현존하지 아니하는 장래의 채권을 미리 승인하는 것은 채무지기 그 권리의 존재를 인식하고서 한 것이라고 볼 수 없어 허용되지 않는다고 할 것이다(대판 2001다52568).

Answer / 48. ⑤ 49. ③ 50. ① 51. ①

52 소멸시효에 관한 설명으로 옳은 것은? 2017 기출

① 시효중단사유가 종료하면 남은 시효기간이 경과함으로써 소멸시효는 완성된다.

② 주된 권리의 소멸시효가 완성되어도 종속된 권리에는 그 영향을 미치지 않는다.

③ 소멸시효 중단의 효력은 당사자 사이에서만 효력이 있다.

④ 소멸시효는 특약에 의하여 이를 배제, 연장 또는 가중할 수 있다.

⑤ 판결에 의하여 확정된 채권은 단기의 소멸시효에 해당한 것이라도 그 소멸시효는 10년으로 한다.

53 소멸시효에 관한 설명으로 옳지 않은 것은? (다툼이 있으면 판례에 따름) 2018 기출

① 시효의 이익을 받은 자가 소송에서 소멸시효완성 사실을 주장하지 않으면, 그 의사에 반하여 재판할 수 없다.

② 천재 기타 사변으로 인하여 소멸시효를 중단할 수 없는 경우에는 그 사유가 종료한 때에 시효가 완성된다.

③ 부작위를 목적으로 하는 채권의 소멸시효는 위반행위를 한 때로부터 진행한다.

④ 파산절차에 의하여 확정된 채권이 확정 당시에 변제기가 이미 도래한 경우, 그 시효는 10년으로 한다.

⑤ 소멸시효는 그 기산일에 소급하여 효력이 생긴다.

54 소멸시효의 중단에 관한 설명으로 옳지 않은 것은? (다툼이 있으면 판례에 따름) 2021 기출

① 채무자가 제기한 소에 대하여 채권자가 응소하여 그 소송에서 적극적으로 권리를 주장하고 그것이 받아들여진 경우 재판상의 청구가 될 수 있다.

② 시효완성 전에 한 채무의 일부변제는 특별한 사정이 없는 한 시효중단사유가 될 수 있다.

③ 현존하지 않는 장래의 채권을 시효진행이 개시되기 전에 미리 승인하는 것도 허용된다.

④ 임의출석의 경우에 화해가 성립되지 아니한 때에는 1월 내에 소를 제기하지 아니하면 시효중단의 효력이 없다.

⑤ 시효의 중단은 당사자 및 그 승계인 사이에만 효력이 있는 것이 원칙이다.

제4절 │ 소멸시효의 효력

55 소멸시효에 관한 다음 설명 중 옳지 않은 것은?

① 소멸시효의 완성으로 인하여 채무를 면하게 되는 자는 기산일 이후의 이자를 지급할 필요가 없다.

② 소멸시효가 완성된 채권이 시효의 완성 전에 상계할 수 있었던 것이면 상계할 수 있다.

③ 시효의 중단은 당사자 간에만 효력이 있다.

④ 절대적 소멸설은 소멸시효의 완성으로 권리가 당연히 소멸한다고 한다.

⑤ 상대적 소멸설은 소멸시효의 완성으로 권리가 당연히 소멸하는 것이 아니라 시효의 이익을 받을 자에게 권리의 소멸을 주장할 권리가 생길 뿐이라고 한다.

52 ⑤ 판결에 의하여 확정된 채권은 단기의 소멸시효에 해당한 것이라도 그 소멸시효는 10년으로 한다(제165조 제1항).
① 시효가 중단된 때에는 중단까지에 경과한 시효기간은 이를 산입하지 아니하고 중단사유가 종료한 때로부터 새로이 진행한다(제178조 제1항).
② 주된 권리의 소멸시효가 완성한 때에는 종속된 권리에 그 효력이 미친다(제183조).
③ 시효의 중단은 당사자 및 그 승계인 간에만 효력이 있다(제169조).
④ 소멸시효는 법률행위에 의하여 이를 배제, 연장 또는 가중할 수 없으나 이를 단축 또는 경감할 수 있다.

53 ② 천재 기타 사변으로 인하여 소멸시효를 중단할 수 없을 때에는 그 사유가 종료한 때로부터 1월 내에는 시효가 완성하지 아니한다(제182조).
③ 제166조 제2항
④ 제165조 제2항
⑤ 제167조

54 ③ 소멸시효의 중단사유로서의 승인은 시효이익을 받을 당사자인 채무자가 그 권리의 존재를 인식하고 있다는 뜻을 표시함으로써 성립하는 것이므로 이는 소멸시효의 진행이 개시된 이후에만 가능하고 그 이전에 승인을 하더라도 시효가 중단되지는 않는다고 할 것이고, 또한 현존하지 아니하는 장래의 채권을 미리 승인하는 것은 채무자가 그 권리의 존재를 인식하고서 한 것이라고 볼 수 없어 허용되지 않는다고 할 것이다(대판 2001. 11. 9, 2001다52568).
② 시효완성 전에 채무의 일부를 변제한 경우에는, 그 수액에 관하여 다툼이 없는 한 채무승인으로서의 효력이 있어 시효중단의 효과가 발생한다(대판 1996. 1. 23, 95다39854).

55 ③ 시효의 중단은 원칙적으로 당사자 및 그 승계인 간에만 효력이 있다

Answer   52. ⑤   53. ②   54. ③   55. ③

56 시효이익의 포기에 관한 설명 중 틀린 것은?

① 소멸시효의 이익은 시효기간이 완성하기 전에 미리 포기할 수 있다.

② 소멸시효의 이익을 포기함에는 처분능력과 권한이 있어야 한다.

③ 소멸시효이익의 포기는 상대방 있는 단독행위이다.

④ 포기의 효과는 상대적이다.

⑤ 시효이익의 포기는 소급효가 있다.

57 소멸시효이익의 포기에 관한 판례의 입장과 다른 것은?

① 소멸시효이익 포기의 의사표시를 할 수 있는 자는 시효완성의 이익을 받을 당사자 또는 대리인에 한정된다.

② 주채무자가 시효이익을 포기하더라도 보증인이나 물상보증인에게는 포기의 효과가 미치지 않는다.

③ 소멸시효완성 이후에 있은 과세부과처분에 대하여 세액을 납부하였다면 소멸시효의 이익을 포기한 것으로 보아야 한다.

④ 채권의 소멸시효가 완성된 후에 채무자가 그 기한의 유예를 요청하였다면 그때에 소멸시효의 이익을 포기한 것으로 보아야 한다.

⑤ 채무자가 소멸시효완성 후 채무를 일부 변제한 때에는 그 액수에 관하여 다툼이 없는 한 그 채무 전체를 묵시적으로 승인한 것으로 보아야 하고, 이 경우 시효완성의 사실을 알고 그 이익을 포기한 것으로 추정된다.

58 소멸시효완성 후 시효이익의 포기에 관한 설명으로 옳지 않은 것은? (다툼이 있으면 판례에 따름) 2018 기출

① 시효완성 후 시효이익의 포기는 허용되지만, 시효완성 전 시효이익의 포기는 허용되지 않는다.

② 시효이익의 포기는 그 의사표시로 인하여 권리에 직접적인 영향을 받는 상대방에게 도달한 때에 그 효력이 발생한다.

③ 주채무자가 시효이익을 포기하면 보증인에게도 그 효과가 미친다.

④ 시효이익을 포기한 경우에는 그때부터 새로이 소멸시효가 진행한다.

⑤ 시효완성 후 당해 채무의 이행을 채무자가 약정한 경우에는 특별한 사정이 없는 한, 시효이익을 포기한 것으로 보아야 한다.

---

56 ① 완성 전에는 미리 포기할 수 없다(제184조 제1항).
②, ③ 시효이익의 포기는 시효완성의 이익을 당사자의 의사에 의하여 포기하는 것으로 상대방 있는 단독행위이고 처분행위이므로 처분능력과 처분권한이 있어야 한다.
④ 소멸시효이익을 받을 자가 수인인 경우 그중 1인의 포기는 다른 사람들에게도 영향을 미치지 않는다.
⑤ 시효이익을 포기하면 처음부터 소멸시효가 완성되지 않는 것으로 된다.

57 ③ 소멸시효완성 이후에 있은 과세처분에 기하여 세액을 납부하였다 하더라도 이를 들어 바로 소멸시효의 이익을 포기한 것으로 볼 수 없다(대판 87다카70).

58 ③ 소멸시효이익의 포기는 상대적이며, 시효이익을 받을 자가 수인인 경우에 그중 1인이 포기하더라도 다른 사람에게는 영향을 미치지 않는다. 따라서 주채무자의 시효이익의 포기는 보증인에 대해서는 그 효력이 없다.
① 소멸시효의 이익은 미리 포기하지 못한다(제184조 제1항).

Answer 56. ① 57. ③ 58. ③

59 소멸시효에 관한 설명으로 옳은 것을 모두 고른 것은? 2014 기출

> ㉠ 기한을 정하지 않은 권리의 소멸시효는 권리가 발생한 때로부터 진행한다.
> ㉡ 소멸시효는 그 기산일에 소급하여 효력이 생긴다.
> ㉢ 소멸시효의 중단은 그 당사자 사이에만 효력이 생긴다.
> ㉣ 시효중단의 효력이 있는 승인에는 상대방의 권리에 관한 처분의 능력이나 권한 있음을 요하지 아니한다.

① ㉠, ㉡   ② ㉠, ㉢   ③ ㉢, ㉣
④ ㉠, ㉡, ㉣   ⑤ ㉡, ㉢, ㉣

60 소멸시효에 관한 설명으로 옳지 않은 것은? (다툼이 있으면 판례에 따름) 2021 기출

① 시효기간 만료로 인한 권리의 소멸은 시효의 이익을 받은 자가 시효완성의 항변을 하지 않으면 그 의사에 반하여 재판할 수 없다.

② 시효를 원용할 수 있는 사람은 권리의 소멸에 의하여 직접 이익을 받는 사람에 한정된다.

③ 시효가 완성된 채권의 시효이익을 채무자가 포기하면 포기한 때로부터 그 채권의 시효가 새로 진행한다.

④ 시효는 법률행위에 의하여 이를 배제하거나 경감할 수 없다.

⑤ 시효는 그 기산일에 소급하여 효력이 생긴다.

59　㉠ 기한의 정함이 없는 권리는 권리가 발생한 때(**예** 채권성립 시)부터 소멸시효가 진행한다.
　　㉡ 제167조
　　㉣ 제177조
　　㉢ 시효의 중단은 당사자 및 그 승계인 간에만 효력이 있다(제169조).

60　④ 소멸시효는 법률행위에 의하여 이를 배제, 연장 또는 가중할 수 없으나 이를 단축 또는 경감할 수 있다(제184조 제2항).
　　① 당사자의 원용이 없어도 시효완성의 사실로서 채무는 당연히 소멸하고, 다만 소멸시효의 이익을 받는 자가 소멸시효 이익을 받겠다는 뜻을 항변하지 않는 이상 그 의사에 반하여 재판할 수 없을 뿐이다(대판 1979. 2. 13, 78다2157).
　　② 소멸시효를 원용할 수 있는 사람은 권리의 소멸에 의하여 직접 이익을 받는 자에 한정되는바, 사해행위취소소송의 상대방이 된 사해행위의 수익자는, 사해행위가 취소되면 사해행위에 의하여 얻은 이익을 상실하고 사해행위취소권을 행사하는 채권자의 채권이 소멸하면 그와 같은 이익의 상실을 면하는 지위에 있으므로, 그 채권의 소멸에 의하여 직접 이익을 받는 자에 해당하는 것으로 보아야 한다(대판 2007. 11. 29, 2007다54849).

Answer

　59. ④　　60. ④

행정사 문제집
민법총칙

부록

제1~10회 기출문제
민법총칙

제1회 행정사 민법총칙

[2013. 6. 29. 실시]

01 반사회적 법률행위에 관한 설명으로 옳지 않은 것은? (다툼이 있는 경우에는 판례에 의함)

① 부동산의 제2매수인이 다른 사람에게 매매목적물이 이미 매도된 것을 알고 매수하였다면, 그것만으로 그 이중매매는 반사회적 법률행위로서 무효가 된다.

② 소송에서 증언을 하여 줄 것을 주된 조건으로 통상적으로 용인될 수 있는 범위를 넘어선 급부를 제공할 것을 약정한 것은 반사회적 법률행위에 해당한다.

③ 표시되거나 상대방에게 알려진 법률행위의 동기가 반사회적인 경우 그 법률행위는 무효이다.

④ 부첩관계인 부부생활의 종료를 해제조건으로 하는 증여계약은 사회질서에 반하므로 무효이다.

⑤ 당사자의 일방이 상대방에게 공무원의 직무에 관한 사항에 관하여 특별한 청탁을 하게 하고 그에 대한 보수로 돈을 지급할 것을 내용으로 한 약정은 사회질서에 반하여 무효이다.

> 해설 ① 부동산의 이중매매가 반사회적 법률행위로서 무효가 되기 위하여는 매도인의 배임행위와 매수인이 매도인의 배임행위에 적극 가담한 행위로 이루어진 매매로서, 그 적극 가담하는 행위는 매수인이 다른 사람에게 매매목적물이 매도된 것을 안다는 것만으로는 부족하고, 적어도 그 매도사실을 알고도 매도를 요청하여 매매계약에 이르는 정도가 되어야 한다(대판 93다55289).

02 물건에 관한 설명으로 옳지 않은 것은? (다툼이 있는 경우에는 판례에 의함)

① 최소한의 기둥과 지붕 및 주벽이 있는 건물은 토지와는 별개의 독립한 물건으로 인정될 수 있다.

② 입목에 관한 법률에 따라 등기된 입목에는 저당권이 설정될 수 있다.

③ '종물은 주물의 처분에 따른다'라는 민법의 규정은 임의규정이다.

④ 전기 기타 관리할 수 있는 자연력은 물건이다.

⑤ 물건의 사용대가로 받는 금전 기타 물건은 천연과실이다.

> 해설 ⑤ 물건의 사용대가로 받는 금전 기타 물건은 천연과실이 아니라 법정과실이다.

03 조건이나 기한에 관한 설명으로 옳지 않은 것은?

① 당사자가 조건 성취의 효력을 그 성취 전에 소급하게 할 의사를 표시한 때에는 그 의사에 의한다.

② 기한의 이익은 당사자의 특약이나 법률행위의 성질상 분명하지 않으면 채권자를 위한 것으로 추정한다.

③ 해제조건이 법률행위 당시 이미 성취될 수 없는 것이면 조건 없는 법률행위로 한다.

④ 조건이 사회질서에 위반한 것인 때에는 그 법률행위는 무효로 한다.

⑤ 조건의 성취가 미정한 권리는 일반규정에 의하여 처분할 수 있다.

해설 ② 기한의 이익이 누구에게 있는지 명확하지 않은 경우에는 채무자를 위한 것으로 추정한다(제153조 제1항).

04 법인의 이사에 관한 설명으로 옳은 것은?

① 법인이 설립허가의 취소로 해산하는 경우 원칙적으로 이사는 청산인이 될 수 없다.

② 이사가 여러 명인 경우, 법인의 사무에 관하여 공동으로 법인을 대표하는 것이 원칙이다.

③ 이사는 정관 또는 총회의 결의로 금지하지 아니한 사항에 한하여 타인으로 하여금 특정한 행위를 대리하게 할 수 있다.

④ 이사의 대표권에 대한 제한은 정관의 기재만으로도 선의의 제3자에게 대항할 수 있다.

⑤ 법인과 이사의 이익이 상반하는 사항에 대해서는 법원이 이해관계인이나 검사의 청구에 의하여 임시이사를 선임하여야 한다.

해설 ① 법인이 해산한 때에는 파산의 경우를 제하고는 이사가 청산인이 된다(제82조).
② 법인의 대표에는 대리에 관한 규정이 준용되므로 이사가 수인인 경우 이사 각자가 법인을 대표한다.
④ 이사의 대표권의 제한을 정관에 기재하여 유효한 경우에도 이를 등기하지 않으면 제3자에게 대항할 수 없다(제60조).
⑤ 법인과 이사의 이익에 상반하는 사항에 관하여는 이사는 대표권이 없다. 이 경우에는 특별대리인을 선임하여야 한다(제64조).

05 기간에 관한 계산으로 옳지 않은 것은?

① 1993. 5. 30. 01시에 출생한 사람은 2013. 5. 30. 0시부터 성년자가 된다.

② 2013. 5. 15. 08시에 승용차를 빌리면서 12시간 후에 반환하기로 약정하였다면, 같은 날 20시까지 이행하여야 한다.

③ 2012. 3. 8. 14시에 돈을 빌리면서 1년 후에 변제하기로 약정하였다면, 2013. 3. 8. 24시까지 이행하여야 한다.

④ 2013. 3. 23. 토요일 13시에 매매목적물을 인도받으면서 1개월 후에 대금을 변제하겠다고 약정하였다면, 2013. 4. 24. 24시까지 이행하여야 한다.

⑤ 사단법인의 사원총회 소집을 1주 전에 통지하여야 하는 경우, 총회일이 2013. 5. 15. 10시라면 늦어도 2013. 5. 7. 24시까지는 총회소집의 통지를 발송하여야 한다.

해설 ④ 기간을 일·주·월·연으로 정한 때에는 기간의 초일은 산입하지 아니한다(제157조). 따라서 기산점은 2013. 3. 24.이고 만료점은 2013. 4. 23. 24시이다.

06 민법 제107조(진의 아닌 의사표시)에 관한 설명으로 옳지 않은 것은? (다툼이 있는 경우에는 판례에 의함)

① 대리권남용의 경우에도 유추적용될 수 있다.

② 근로자가 사직서가 수리되지 않으리라고 믿고 제출한 사실을 상대방이 알고 있으면 그 사직서제출행위는 무효로 된다.

③ 진의 아닌 의사표시는 원칙적으로 표시된 대로 법적 효과가 발생한다.

④ 표시가 진의와 다름을 표의자가 알고 있다는 점에서 착오와 구별된다.

⑤ 진의란 표의자가 진정으로 마음속에서 바라는 사항을 말하는 것이지 특정한 내용의 의사표시를 하고자 하는 표의자의 생각을 뜻하는 것은 아니다.

해설 ⑤ '진의'란 특정한 내용의 의사표시를 하고자 하는 표의자의 생각을 말하는 것이지 표의자가 진정으로 마음속에서 바라는 사항을 뜻하는 것은 아니므로 표의자가 의사표시의 내용을 진정으로 마음속에서 바라지는 아니하였다고 하더라도 당시의 상황에서는 그것이 최선이라고 판단하여 그 의사표시를 하였을 경우에는 이를 내심의 효과의사가 결여된 진의 아닌 의사표시라고 할 수 없다(대판 2002다11458).

07 민법 제109조(착오로 인한 의사표시)에 관한 설명으로 옳지 않은 것은? (다툼이 있는 경우에는 판례에 의함)

① 동기의 착오를 이유로 법률행위를 취소하기 위해서는 당사자 사이에 그 동기를 의사표시의 내용으로 삼기로 하는 별도의 합의가 있어야 한다.

② 동기의 착오가 상대방에 의하여 유발된 경우에는 동기의 표시 여부와 관계없이 취소가 인정된다.

③ 매도인이 매수인의 중도금 지급채무 불이행을 이유로 매매계약을 적법하게 해제한 후라도 매수인은 착오를 이유로 그 매매계약을 취소할 수 있다.

④ 착오한 표의자의 중대한 과실 유무에 관한 증명책임은 의사표시를 취소하게 하지 않으려는 상대방에게 있다.

⑤ 착오로 인하여 표의자가 경제적 불이익을 입은 것이 아니라면, 이는 법률행위 내용의 중요부분의 착오가 아니다.

해설 ① 동기의 착오가 법률행위의 내용의 중요부분의 착오에 해당함을 이유로 표의자가 법률행위를 취소하려면 그 동기를 당해 의사표시의 내용으로 삼을 것을 상대방에게 표시하고 의사표시의 해석상 법률행위의 내용으로 되어 있다고 인정되면 충분하고 당사자들 사이에 별도로 그 동기를 의사표시의 내용으로 삼기로 하는 합의까지 이루어질 필요는 없다(대판 97다44737).

08 소멸시효의 중단과 정지에 관한 설명으로 옳지 않은 것은?

① 파산절차참가는 채권자가 이를 취소한 때에는 시효중단의 효력이 없다.

② 임의출석의 경우에 화해가 성립되지 아니한 때에는 1월 내에 소를 제기하지 아니하면 시효중단의 효력이 없다.

③ 재판상의 청구를 한 후에 소의 각하가 있고 6월 내에 다시 재판상의 청구를 한 경우, 소멸시효는 다시 재판상의 청구를 한 때로부터 중단된 것으로 본다.

④ 천재 기타 사변으로 인하여 소멸시효를 중단할 수 없을 때에는 그 사유가 종료한 때로부터 1월 내에는 시효가 완성하지 아니한다.

⑤ 물상보증인의 부동산을 압류한 경우에 그 사실을 주채무자에게 통지한 후가 아니면 그 주채무자에게 시효중단의 효력이 없다.

해설 ③ 재판상의 청구는 소송의 각하, 기각 또는 취하의 경우에는 시효중단의 효력이 없다(제170조 제1항). 그러나 이 경우에도 재판 외의 최고로서의 효력은 인정되므로 6월 내에 재판상 청구, 파산절차참가, 압류 또는 가압류 · 가처분을 한 때에는 시효는 최초의 재판상 청구로 인하여 중단된 것으로 본다(제170조 제2항).

09 만 18세의 甲이 법정대리인의 동의 없이 단독으로 할 수 있는 행위가 아닌 것은? (다툼이 있는 경우에는 판례에 의함)

① 甲이 타인의 대리인으로 체결하는 부동산 매매계약

② 모(母)와 공동으로 받는 상속에 대한 甲의 승인

③ 甲이 법정대리인의 동의 없이 체결한 오토바이 매매계약에 대한 취소

④ 부양의무를 이행하지 않는 친권자 乙에 대한 甲의 부양료 청구

⑤ 甲이 자신의 재산에 대하여 행하는 유언

해설 ② 상속을 승인하는 행위는 이익을 얻을 뿐만 아니라 의무도 부담하기 때문에 단독으로 할 수 없다.
① 대리인은 행위능력자임을 요하지 않는다(제117조).
③ 미성년자는 취소권자이기 때문에 법정대리인의 동의를 받지 않더라도 취소권을 행사할 수 있다.

④ 미성년자라 하더라도 권리만을 얻는 행위는 법정대리인의 동의가 필요 없으며 친권자와 자 사이에 이해상반되는 행위를 함에는 그 자의 특별대리인을 선임하도록 하는 규정이 있는 점에 비추어 볼 때, 청구인(미성년자인 혼인 외의 자)은 피청구인(생부)이 인지를 함으로써 청구인의 친권자가 되어 법정대리인이 된다 하더라도 피청구인이 청구인을 부양하고 있지 않은 이상 그 부양료를 피청구인에게 직접 청구할 수 있다 할 것이다(대판 72므5).
⑤ 만 17세에 달한 자는 유언능력이 있다(제1061조).

10 대리권 없는 乙이 甲의 대리인이라 칭하며 甲 소유의 X토지를 丙에게 매도하였다. 다음 설명 중 옳은 것은? (다툼이 있는 경우에는 판례에 의함)

① 甲은 乙을 상대로 추인권을 행사할 수 있다.
② 甲의 추인이 있기 전에 甲과 丁이 X토지에 대하여 매매계약을 체결하고 丁이 소유권이전을 위한 가등기를 해 두었더라도, 甲이 무권대리인의 매매계약을 추인하면 그로 인한 소급효는 丁에게도 미친다.
③ 乙이 단독으로 甲을 상속한 경우, 乙은 丙과 체결한 매매계약에 대하여 추인거절권을 행사할 수 있다.
④ 甲의 추인이 있기 전이라면, 丙이 매매계약 체결 당시 乙에게 대리권 없음을 알았던 경우라도 丙은 매매계약을 철회할 수 있다.
⑤ 甲이 추인을 거절한 경우, 丙은 乙을 상대로 계약의 이행과 손해배상을 청구할 수 있다.

해설 ② 추인의 소급효는 제3자의 권리를 해하지 못한다(제133조).
③ 무권대리인이 본인을 상속한 경우에 본인의 지위에서 추인을 거절하는 것은 신의칙에 반한다(대판 94다20617).
④ 상대방은 선의인 경우에 한하여 본인의 추인이 있기 전에 철회를 할 수 있다.
⑤ 상대방의 선택에 따라 계약을 이행할 책임 또는 손해를 배상할 책임이 있다(제135조 제1항).

11 신의성실의 원칙(이하 '신의칙'이라 함)에 관한 설명으로 옳은 것은? (다툼이 있는 경우에는 판례에 의함)

① 신의칙 위반에 대해서도 변론주의 원칙이 적용되므로 당사자의 주장이 없으면 법원이 직권으로 이를 판단할 수 없다.
② 회사의 이사로 재직하면서 보증 당시 그 채무액과 변제기가 특정되어 있는 회사의 확정채무에 대하여 보증을 한 후 이사직을 사임하였다면, 사정변경을 이유로 그 보증계약을 해지할 수 있다.
③ 법정대리인의 동의 없이 신용구매계약을 체결한 미성년자가 사후에 법정대리인의 동의 없음을 사유로 들어 이를 취소하는 것은 신의칙에 반하지 않는다.
④ 국가는 국민을 보호할 의무가 있기 때문에 소멸시효가 완성되었더라도 국가가 이를 주장하는 것은 신의칙에 반한다.
⑤ 사정변경이 해제권을 취득하는 당사자의 책임 있는 사유로 생긴 경우에도 그 당사자는 사정변경을 이유로 계약을 해제할 수 있다.

해설 ③ 신용카드 가맹점이 미성년자와 신용구매계약을 체결할 당시 향후 그 미성년자가 법정대리인의 동의가 없었음을 들어 스스로 위 계약을 취소하지는 않으리라고 신뢰하였다 하더라도 그 신뢰가 객관적으로 정당한 것이라고 할 수 있을지 의문일 뿐만 아니라, 그 미성년자가 가맹점의 이러한 신뢰에 반하여 취소권을 행사하는 것이 정의관념에 비추어 용인될 수 없는 정도의 상태라고 보기도 어려우며, 미성년자의 법률행위에 법정대리인의 동의를 요하도록 하는 것은 강행규정인데, 위 규정에 반하여 이루어진 신용구매계약을 미성년자 스스로 취소하는 것을 신의칙 위반을 이유로 배척한다면, 이는 오히려 위 규정에 의해 배제하려는 결과를 실현시키는 셈이 되어 미성년자 제도의 입법 취지를 몰각시킬 우려가 있으므로, 법정대리인의 동의 없이 신용구매계약을 체결한 미성년자가 사후에 법정대리인의 동의 없음을 사유로 들어 이를 취소하는 것이 신의칙에 위배된 것이라고 할 수 없다(대판 2005다71659).

① 신의성실의 원칙에 반하는 것 또는 권리남용은 강행규정에 위배되는 것이므로 당사자의 주장이 없더라도 법원은 직권으로 판단할 수 있다(대판 94다42129).
② 회사의 이사가 채무액과 변제기가 특정되어 있는 회사채무에 대하여 보증계약을 체결한 경우에는 계속적 보증이나 포괄근보증의 경우와는 달리 이사직 사임이라는 사정변경을 이유로 보증인인 이사가 일방적으로 보증계약을 해지할 수 없다(대판 2004다30675).
④ 국가에게 국민을 보호할 의무가 있다는 사유만으로 국가가 소멸시효의 완성을 주장하는 것 자체가 신의성실의 원칙에 반하여 권리남용에 해당한다고 할 수는 없다(대판 2008다15865).
⑤ 사정변경으로 인한 계약해제는, 계약 성립 당시 당사자가 예견할 수 없었던 현저한 사정의 변경이 발생하였고 그러한 사정의 변경이 해제권을 취득하는 당사자에게 책임 없는 사유로 생긴 것으로서, 계약내용대로의 구속력을 인정한다면 신의칙에 현저히 반하는 결과가 생기는 경우에 계약준수 원칙의 예외로서 인정되는 것이다(대판 2004다31302).

12 甲의 임의대리인 乙은 자신의 이름으로 甲의 대리인 丙을 선임하였다. 다음 설명 중 옳은 것은? (다툼이 있는 경우에는 판례에 의함)

① 乙은 언제나 甲의 대리인을 선임할 수 있는 권한을 가진다.
② 丙이 甲의 지명에 의해 선임된 경우에는 乙은 丙이 부적임자임을 알고 甲에게 통지하지 않았더라도 선임감독의 책임을 지지 않는다.
③ 甲과 丙 사이에는 아무런 권리·의무관계가 없다.
④ 丙의 대리행위가 권한을 넘은 표현대리에 해당하면 甲은 그 상대방에 대하여 본인으로서 책임을 져야 한다.
⑤ 丙이 甲의 지명에 의해 선임된 경우에는 乙의 대리권이 소멸하여도 丙의 대리권은 소멸하지 않는다.

해설 ① 임의대리인은 원칙적으로 복임권이 없다.
② 본인이 지명한 경우에 복대리인의 부적임 또는 불성실함을 알고도 본인에게 대한 통지나 해임을 태만한 때가 아니면 책임이 없다(제121조 제2항).
③ 복대리인은 본인이나 제3자에 대하여 대리인과 동일한 권리와 의무가 있다(제123조 제2항).
⑤ 복대리권은 대리권에 종속되므로 대리인의 대리권이 소멸하면 복대리권도 소멸한다.

13 민법상의 법률행위의 무효와 취소에 관한 설명으로 옳은 것은? (다툼이 있는 경우에는 판례에 의함)

① 의사무능력자가 한 법률행위는 상대적 무효이다.
② 법률행위의 일부분이 무효인 때에는 원칙적으로 나머지 부분은 유효하게 존속한다.
③ 폭리행위로 무효인 법률행위도 추인에 의하여 유효하게 될 수 있다.
④ 미성년자가 법률행위를 한 후, 성년자가 되기 전에 그가 이를 추인하더라도 그 추인은 효력이 없다.
⑤ 취소권은 법률행위를 한 날로부터 3년 내에 행사하여야 한다.

해설 ① 상대적 무효가 아니라 절대적 무효이다.
② 법률행위의 일부분이 무효인 때에는 원칙은 전부 무효이다(제137조).
③ 불공정한 법률행위로서 무효인 경우에는 추인에 의하여 무효인 법률행위가 유효로 될 수 없다(대판 94다10900).
⑤ 취소권은 법률행위를 한 날로부터 10년, 추인할 수 있는 날로부터 3년 이내에 행사하여야 한다(제146조).

14 민법 제35조(법인의 불법행위능력)에 관한 설명으로 옳지 않은 것은? (다툼이 있는 경우에는 판례에 의함)

① 법인을 실질적으로 운영하면서 법인을 사실상 대표하여 법인 사무를 집행하는 사람도 법인의 대표자에 포함된다.

② 대표권 없는 이사의 행위에 대해서는 법인의 불법행위가 성립하지 않는다.

③ 대표기관의 행위가 외형상 법인의 직무에 관한 행위로 인정될 수 있더라도, 그것이 개인의 사리를 도모하기 위한 것이라면 직무에 관한 행위에 해당하지 않는다.

④ 대표기관이 강행규정을 위반한 계약을 체결하여 그 상대방이 손해를 입은 경우에도 직무관련성이 인정되면 법인의 불법행위책임이 인정된다.

⑤ 법인이 대표자의 선임·감독에 주의를 다하였음을 증명하더라도 법인의 불법행위책임으로부터 면책되지 않는다.

해설 ③ 법인이 그 대표자의 불법행위로 인하여 손해배상의무를 지는 것은 그 대표자의 직무에 관한 행위로 인하여 손해가 발생한 것임을 요한다 할 것이나, 그 직무에 관한 것이라는 의미는 행위의 외형상 법인의 대표자의 직무행위라고 인정할 수 있는 것이라면 설사 그것이 대표자 개인의 사리를 도모하기 위한 것이었거나 혹은 법령의 규정에 위배된 것이었다 하더라도 위의 직무에 관한 행위에 해당한다고 보아야 한다(대판 2003다15280).

15 X부동산을 소유한 甲은 재산관리인을 선임하지 않고 장기간 해외출장을 떠났다. 다음 설명 중 옳은 것은? (다툼이 있는 경우에는 판례에 의함)

① 법원은 직권으로 X부동산의 관리에 필요한 처분을 명하여야 한다.

② 甲의 채권자의 청구에 의하여 법원이 선임한 재산관리인은 甲의 임의대리인이다.

③ 법원이 선임한 재산관리인은 원칙적으로 법원의 허가 없이 X부동산을 처분할 수 있다.

④ 甲의 재산관리인이 甲을 위해 법원의 허가 없이 X부동산을 처분하였다면, 그 후 법원의 허가를 얻더라도 그 처분은 효력이 없다.

⑤ 甲이 사망한 경우, 재산관리인이 그 사실을 확인하였더라도 법원에 의하여 재산관리인 선임 결정이 취소되지 않는 한, 재산관리인은 계속하여 X부동산을 관리할 수 있다.

해설 ① 법원은 이해관계인이나 검사의 청구에 의하여 재산관리에 필요한 처분을 명하여야 한다.
② 임의대리인이 아니라 일종의 법정대리인이다.
③ 법원이 선임한 재산관리인이 제118조에 규정한 권한을 넘는 행위를 함에는 법원의 허가를 받아야 한다(제25조). 따라서 처분행위를 하려면 법원의 허가를 받아야 한다.
④ 법원의 재산관리인의 초과행위허가의 결정은 그 허가받은 재산에 대한 장래의 처분행위를 위한 경우뿐만 아니라 기왕의 처분행위를 추인하는 행위를 행위로도 할 수 있다고 봄이 상당하므로 부재자의 재산관리인 법원의 초과행위허가결정을 받아 그 허가결정등본을 매수인에게 교부한 때에는 그 이전에 한 부재자소유의 주식매매계약을 추인한 것으로 볼 수 있다(대판 80다3063).

16 권리능력 없는 사단에 관한 설명으로 옳지 않은 것은? (다툼이 있는 경우에는 판례에 의함)

① 권리능력 없는 사단도 그 명의로 등기할 수 있다.

② 권리능력 없는 사단의 사원은 총유물에 대한 지분권을 갖지 못한다.

③ 권리능력 없는 사단의 사원의 지위는 달리 정함이 없는 한 양도할 수 없다.

④ 달리 정함이 없는 한 권리능력 없는 사단의 대표자가 총회의 결의없이 행한 총유물의 처분에 대해서는 권한을 넘은 표현대리에 관한 제126조의 규정이 준용된다.

⑤ 권리능력 없는 사단에 대하여는 사단법인에 관한 민법규정 가운데서 법인격을 전제로 하는 것을 제외하고는 이를 유추적용한다.

해설 ④ 비법인사단인 교회의 대표자는 총유물인 교회 재산의 처분에 관하여 교인총회의 결의를 거치지 아니하고는 이를 대표하여 행할 권한이 없다. 그리고 교회의 대표자가 권한 없이 행한 교회 재산의 처분행위에 대하여는 민법 제126조의 표현대리에 관한 규정이 준용되지 아니한다(대판 2006다23312).

17 甲은 채권자 丙으로부터의 강제집행을 면하기 위하여 乙과 짜고 자신의 유일한 재산인 X토지를 乙 명의로 매매를 원인으로 하는 소유권이전등기를 해 주었다. 다음 설명 중 옳지 않은 것은? (다툼이 있는 경우에는 판례에 의함)

① 甲·乙 간의 매매계약은 허위표시로서 당사자 간에는 언제나 무효이다.

② 丙은 乙을 상대로 매매계약의 취소와 함께 이전등기의 말소를 구하는 소송을 제기할 수 있다.

③ 乙로부터 X토지를 상속받은 자는 매매계약이 허위표시임을 몰랐던 경우에도 그 소유권을 취득할 수 없다.

④ 乙로부터 X토지에 대한 저당권을 설정받은 자가 저당권설정 당시에 매매계약이 허위표시임을 과실로 알지 못했다면 그 저당권자는 선의의 제3자로서 보호받을 수 없다.

⑤ 乙로부터 X토지를 매수하여 소유권이전청구권 보전을 위한 가등기를 마친 자에 대하여 甲이 甲·乙 간의 매매계약이 허위표시임을 이유로 X토지의 소유권을 주장하려면, 甲은 가등기권리자의 악의를 증명하여야 한다.

해설 ④ 민법 제108조 제2항에 규정된 통정허위표시에 있어서의 제3자는 그 선의 여부가 문제이지 이에 관한 과실 유무를 따질 것이 아니다(대판 2002다1321). 따라서 저당권자에게 과실이 있더라도 제3자로 보호받을 수 있다.

18 소멸시효에 관한 설명으로 옳지 않은 것은? (다툼이 있는 경우에는 판례에 의함)

① 채권은 10년, 소유권 이외의 재산권은 20년 동안 행사하지 않으면 소멸시효가 완성됨이 원칙이다.

② 음식점의 음식료에 대한 채권이 판결에 의하여 확정된 경우, 그 소멸시효기간은 1년이다.

③ 원본채권이 시효로 소멸하면, 변제기가 도래하지 아니한 이자채권도 소멸한다.

④ 부작위를 목적으로 하는 채권은 위반행위를 한 때로부터 소멸시효가 진행한다.

⑤ 소멸시효의 이익은 시효기간의 완성 전에는 포기할 수 없다.

해설 ② 판결에 의하여 확정된 채권은 단기의 소멸시효에 해당한 것이라도 그 소멸시효는 10년으로 한다(제165조 제1항).

19 대리에 관한 설명으로 옳지 않은 것은? (다툼이 있는 경우에는 판례에 의함)

① 본인이 대리인에게 자기계약을 허락한 경우에는 그 대리행위는 유효하다.

② 대리에 의한 의사표시의 효력이 의사의 흠결로 영향을 받을 경우에는 그 사실 유무는 대리인을 기준으로 정한다.

③ 대리권의 범위가 불분명한 대리인은 소멸시효의 중단과 같은 보존행위는 할 수 있지만 금전을 이자부로 대여하는 이용행위는 할 수 없다.

④ 유권대리의 주장이 있다고 하여 표현대리의 주장이 당연히 포함되는 것은 아니다.

⑤ 대리인이 여러 명인 경우에는 대리인은 원칙적으로 각자가 본인을 대리한다.

해설 ③ 권한을 정하지 않은 대리인은 보존행위와 성질이 변하지 않는 범위에서 이용개량행위를 할 수 있다(제118조).

20 甲이 탄 비행기가 2006년 6월 7일 추락하여, 2010년 4월 12일 법원에 甲의 실종선고가 청구되었고, 2011년 2월 13일 실종선고가 내려졌다. 다음 설명 중 옳은 것은? (다툼이 있는 경우에는 판례에 의함)

① 甲은 2011년 2월 13일에 사망한 것으로 본다.

② 甲에게 선순위의 상속인이 있는 경우 특별한 사정이 없는 한 후순위의 상속인은 甲의 실종선고를 청구할 수 없다.

③ 실종선고는 甲의 사법상의 법률관계뿐만 아니라 공법상의 법률관계에도 효과를 미친다.

④ 甲이 살아 돌아온 사실만으로 甲에 대한 실종선고는 그 효력을 상실한다.

⑤ 甲의 실종선고가 취소되면 실종선고를 직접원인으로 하여 재산을 취득한 자가 악의인 경우에는 그 받은 이익이 현존하는 한도에서 반환할 의무가 있다.

해설 ② 부재자의 종손자로서, 부재자가 사망할 경우 제1순위의 상속인이 따로 있어 제2순위의 상속인에 불과한 청구인은 특별한 사정이 없는 한 위 부재자에 대하여 실종선고를 청구할 수 있는 신분상 또는 경제상의 이해관계를 가진 자라고 할 수 없다(대판 자 92스4 결정).
① 실종기간 만료 시에 사망한 것으로 보기 때문에(제28조), 초일불산입의 원칙에 따라 기산일은 2006년 6월 8일이 되고 특별 실종이므로 1년이 경과한 2007년 6월 7일 24시에 사망한 것으로 간주된다.
③ 실종선고는 실종자의 종래 주소 또는 거소를 중심으로 하는 사법적 법률관계만을 종료케 하는 것이므로 공법상의 법률관계에는 효과를 미치지 않는다.
④ 실종선고를 받는 자는 사망한 것으로 간주되므로, 선고가 취소되지 않는 한 살아 돌아온 사실만으로 선고의 효과를 다투지 못한다.
⑤ 악의인 경우에는 그 받은 이익에 이자를 붙여서 반환하고 손해가 있으면 이를 배상하여야 한다(제29조 제2항).

제2회 행정사 민법총칙

[2014. 6. 21. 실시]

01 신의성실의 원칙(이하 "신의칙"이라 함)에 관한 설명으로 옳지 않은 것은? (다툼이 있는 경우에는 판례에 의함)

① 신의칙이란 법률관계의 당사자로서 형평에 어긋나거나 신뢰를 버리는 내용 또는 방법으로 권리를 행사하거나 의무를 이행하여서는 아니 된다는 추상적 규범을 말한다.

② 신의칙에 관한 제2조는 강행규정이므로 법원은 그 위반 여부를 직권으로 판단할 수 있다.

③ 강행규정을 위반한 행위를 한 사람이 그 무효를 주장하는 것은 특별한 사정이 없으면, 신의칙에 반하지 아니한다.

④ 권리의 행사로 권리자가 얻는 이익보다 상대방이 잃은 이익이 현저하게 크다는 사정만으로 권리남용이 인정된다.

⑤ 본인을 상속한 무권대리인이 무권대리행위의 무효를 주장하는 것은 신의칙에 반한다.

해설 ④ 권리행사가 권리의 남용에 해당한다고 할 수 있으려면, 주관적으로 그 권리행사의 목적이 오직 상대방에게 고통을 주고 손해를 입히려는 데 있을 뿐 행사하는 사람에게 아무런 이익이 없는 경우이어야 하고, 객관적으로는 그 권리행사가 사회질서에 위반된다고 볼 수 있어야 하는 것이며, 이와 같은 경우에 해당하지 않는 한 비록 그 권리의 행사에 의하여 권리행사자가 얻는 이익보다 상대방이 잃을 손해가 현저히 크다 하여도 그러한 사정만으로는 이를 권리남용이라 할 수 없고, 다만 이러한 주관적 요건은 권리자의 정당한 이익을 결여한 권리행사로 보여지는 객관적인 사정에 의하여 추인할 수 있다(대판 97다42823).

02 민법 제35조(법인의 불법행위능력)에 관한 설명으로 옳지 않은 것은? (다툼이 있는 경우에는 판례에 의함)

① "법인의 대표자"에는 법인을 실질적으로 운영하면서 법인을 사실상 대표하여 법인의 사무를 집행하는 사람을 포함한다.

② "직무에 관하여"는 행위의 외형상 대표자의 직무행위로 인정할 수 있는 행위이면 된다.

③ 법인의 불법행위가 성립하게 되면 가해행위를 한 대표자는 손해배상책임을 면한다.

④ 비법인사단의 대표자의 행위가 직무에 관한 행위에 해당하지 아니함을 피해자가 알았거나 중대한 과실로 인하여 알지 못한 때에는 비법인사단에 손해배상책임을 물을 수 없다.

⑤ 법인의 목적범위 외의 행위로 인하여 타인에게 손해를 기한 때에는 그 사항의 의결에 찬성하거나 그 의결을 집행한 사원, 이사 및 기타 대표자가 연대하여 배상하여야 한다.

해설 ③ 법인은 이사 기타 대표자가 그 직무에 관하여 타인에게 가한 손해를 배상할 책임이 있다. 이사 기타 대표자는 이로 인하여 자기의 손해배상책임을 면하지 못한다(제35조 제1항).

03 법인에 관한 설명으로 옳지 않은 것은?
(다툼이 있는 경우에는 판례에 의함)

① 영리법인은 모두 사단법인이다.

② 감사는 법인의 임의기관이다.

③ 특별한 사정이 없으면, 사단법인의 사원의 지위는 양도 또는 상속할 수 없다.

④ 특별한 사정이 없으면, 사단법인의 해산결의는 총사원 4분의 3 이상의 동의로 한다.

⑤ 법인의 해산과 청산은 청산인이 감독한다.

해설 ⑤ 법인의 해산 및 청산은 법원이 검사, 감독한다(제95조).

04 미성년자 甲이 법정대리인 乙의 동의 없이 자신의 노트북 컴퓨터를 丙에게 매각하였다. 다음 설명 중 옳은 것은?

① 丙은 乙이 추인하기 전에 거절권을 행사할 수 있다.

② 丙이 그 물건을 다시 丁에게 증여한 경우, 甲은 丁을 상대로 매매계약을 취소할 수 있다.

③ 계약체결 시에 甲이 미성년자임을 안 丙은 그의 의사표시를 철회할 수 있다.

④ 甲이 속임수로써 乙의 동의가 있는 것으로 믿게 한 경우, 甲은 계약을 원인으로 얻은 모든 이득을 반환하고 계약을 취소할 수 있다.

⑤ 丙은 19세가 된 甲에게 1개월 이상의 기간을 정하여 매매계약을 추인할 것인지 여부의 확답을 촉구할 수 있다.

해설 ⑤ 제한능력자의 상대방은 제한능력자가 능력자가 된 후에 그에게 1개월 이상의 기간을 정하여 그 취소할 수 있는 행위를 추인할 것인지 여부의 확답을 촉구할 수 있다. 능력자로 된 사람이 그 기간 내에 확답을 발송하지 아니하면 그 행위를 추인한 것으로 본다(제15조 제1항).
① 상대방의 거절권은 단독행위의 경우에 인정된다. 본 사안은 매매계약이 문제된 사안이므로 거절권을 행사할 수는 없다.
② 취소할 수 있는 법률행위의 상대방이 확정한 경우에는 그 취소는 그 상대방에 대한 의사표시로 하여야 한다(제142조). 즉 취소의 상대방은 丙이다.

③ 선의의 상대방만 철회할 수 있다(제16조 제1항 단서 참조).
④ 제한능력자가 속임수로써 자기를 능력자로 믿게 한 경우에는 그 행위를 취소할 수 없다(제17조 제1항).

05 성년후견, 한정후견, 특정후견에 관한 설명으로 옳지 않은 것은?

① 피성년후견인의 법률행위는 취소할 수 있다.

② 가정법원은 한정후견개시의 심판을 할 때 본인의 의사를 고려하여야 한다.

③ 가정법원이 피한정후견인에 대하여 성년후견개시의 심판을 할 때에는 종전의 한정후견의 종료 심판을 한다.

④ 특정후견은 본인의 의사에 반하여 할 수 있다.

⑤ 특정후견의 심판을 하는 경우에는 특정후견의 기간 또는 사무의 범위를 정하여야 한다.

해설 ④ 특정후견은 본인의 의사에 반하여 할 수 없다(제14조의 2 제2항).

06 관습법과 사실인 관습에 관한 설명으로 옳지 않은 것은? (다툼이 있는 경우에는 판례에 의함)

① 관습법은 헌법을 최상위규범으로 하는 전체 법질서에 반하지 않고 정당성과 합리성이 있어야 한다.

② 관습법은 바로 법원(法源)으로서 법령과 같은 효력을 갖는 관습이므로 법령에 저촉하는 관습법도 법칙으로서 효력이 있다.

③ 사실인 관습은 사회의 관행에 의하여 발생한 사회생활규범인 점에서 관습법과 같다.

④ 사실인 관습은 단순한 관행으로서 법률행위의 당사자의 의사를 보충한다.

⑤ 관습법도 사회 구성원이 그러한 관행의 법적 구속력에 대하여 확신을 갖지 않게 된 경우 그 법적 규범으로서 효력을 잃는다.

해설 ② 관습법은 바로 법원으로서 법령과 같은 효력을 갖는 관습으로서 법령에 저촉되지 않는 한 법칙으로서의 효력이 있는 것이며, 이에 반하여 사실인 관습은 법령으로서의 효력이 없는 단순한 관행으로서 법률행위의 당사자의 의사를 보충함에 그치는 것이다(대판 80다3231).

07 법인의 이사에 관한 설명으로 옳지 않은 것은? (다툼이 있는 경우에는 판례에 의함)

① 이사의 임면에 관한 사항은 정관의 필요적 기재사항이다.

② 이사의 대표권의 제한은 이를 등기하지 않으면 악의의 제3자에게도 대항할 수 없다.

③ 이사가 그의 권한으로 선임한 대리인은 법인의 기관이다.

④ 특별한 사정이 없으면, 법인과 이사의 이익이 상반하는 사항에 관하여는 그 이사는 대표권이 없다.

⑤ 이사의 직무대행자는 원칙적으로 법인의 통상사무에 속하는 행위만을 할 수 있다.

해설 ③ 이사는 원칙적으로 자신이 대표권을 행사하여야 한다. 다만, 정관 또는 총회의 결의로 금지하지 아니한 사항에 한하여 타인으로 하여금 특정의 행위를 대리하게 할 수 있다(제62조). 이때 이사가 선임한 대리인은 법인의 기관은 아니고, 법인의 대리인일 뿐이다.

08 다음 설명 중 옳지 않은 것은? (다툼이 있는 경우에는 판례에 의함)

① 주물과 종물은 모두 동일한 소유자에 속하여야 하므로 법률상 하나의 물건으로 취급된다.

② 권원 없이 타인의 토지에 한 그루의 수목을 식재한 사람은 그 소유권을 잃는다.

③ 물건의 소유자만이 아니라 그 물건의 수익권자도 과실을 수취할 수 있는 권리자이다.

④ 주물 소유자의 상용에 공여되는 물건이라도 주물 그 자체의 효용과 직접 관계없는 물건은 종물이 아니다.

⑤ 물건의 사용대가로 받는 금전 기타의 물건은 수취할 권리의 존속기간일수의 비율로 취득한다.

해설 ① 종물은 주물의 구성부분을 이루는 것이 아니라, 주물과는 독립한 물건이어야 한다.

09 불공정한 법률행위에 관한 설명으로 옳지 않은 것은? (다툼이 있는 경우에는 판례에 의함)

① "궁박"은 "급박한 곤궁"을 의미하지만 이는 반드시 경제적 궁박으로 제한되지 않는다.

② 급부와 반대급부 간에 현저한 불균형이 있으면 궁박·경솔 또는 무경험으로 인한 법률행위로 추정된다.

③ 불공정한 법률행위에 해당하는지 여부는 법률행위 시를 기준으로 판단하여야 한다.

④ 증여와 같이 아무런 대가 없이 의무자가 일방적으로 급부하는 법률행위는 그 공정성 여부를 논의할 수 있는 성질의 법률행위가 되지 아니한다.

⑤ 불공정한 법률행위에 해당하여 무효가 된 때에도 무효행위의 전환이 인정될 수 있다.

해설 ② 법률행위가 현저하게 공정을 잃었다고 하여 곧 그것이 궁박·경솔하게 이루어진 것으로 추정되지 아니하므로 불공정한 법률행위의 법리가 적용되려면 그 주장하는 측에서 궁박, 경솔 또는 무경험으로 인하였음을 증명하여야 한다.

10 「국토의 계획 및 이용에 관한 법률」이 정하는 토지거래허가구역 내의 토지거래행위에 관한 설명으로 옳지 않은 것은? (다툼이 있는 경우에는 판례에 의함)

① 권리의 이전 또는 설정에 관한 토지거래계약은 그에 대한 허가를 받을 때까지는 효력이 전혀 없다.

② 당사자의 일방이 허가신청절차에 협력하지 아니한다면 상대방은 소송으로써 그 이행을 구할 수 있다.

③ 매수인이 대금을 선급하기로 약정하였다면 허가를 받기 전에도 매도인은 대금 미지급을 이유로 계약을 해제할 수 있다.

④ 일단 허가를 받으면 토지거래계약은 처음부터 효력이 있으므로 거래계약을 다시 체결할 필요가 없다.

⑤ 토지매매계약의 무효가 확정되지 않은 상태에서는 매수인은 임의로 지급한 계약금을 부당이득으로 반환을 청구할 수 없다.

해설 ③ 허가를 받을 것을 전제로 한 거래계약은 허가받기 전의 상태에서 상대방의 계약상 채무불이행을 이유로 계약을 해제하거나 그로 인한 손해배상을 청구할 수 없다.

11 법률행위의 해석에 관한 설명으로 옳은 것은? (다툼이 있는 경우에는 판례에 의함)

① 매매계약서에 "계약사항에 대한 이의가 생겼을 때에는 매도인의 해석에 따른다"라는 조항을 둔 경우, 법원은 매도인의 해석에 따라 판결하여야 한다.

② 분양약정에서 당사자들이 분양가격의 결정기준으로 합의하였던 기준들에 따른 분양가격의 결정이 불가능하게 된 경우, 새로운 분양가격에 관한 합의가 없으면 매수인은 위 분양약정에 기하여 바로 소유권이전등기절차의 이행을 청구할 수 없다.

③ 당사자가 합의로 지명한 감정인의 감정의견에 따라 보상금을 지급하기로 약정한 경우에는 당사자의 약정 취지에 반하는 감정이 이루어진 때에도 법원은 감정결과에 따라 판결하여야 한다.

④ 어떠한 의무를 부담하는 내용의 기재가 있는 서면에 "최대 노력하겠습니다"라고 기입한 경우 특별한 사정이 없으면 이는 그러한 의무를 법적으로 부담하는 채무자의 의사표시이다.

⑤ 부동산 매매계약에서 당사자가 모두 甲토지를 계약의 목적물로 삼았으나 그 지번 등에 관하여 착오를 일으켜 계약서에 그 목적물을 乙토지로 표시하였다면 乙토지에 관한 매매계약이 성립한 것으로 보아야 한다.

해설 ② 아파트 분양약정의 해석상 당사자 사이에 분양가격의 결정기준으로 합의하였던 기준들에 의하여 분양가격 결정이 불가능하게 되었다면, 당사자 사이에 새로운 분양가격에 관한 합의가 이루어지지 않는 한 그 분양약정에 기하여 당사자 일방이 바로 소유권이전등기절차의 이행을 청구할 수는 없고, 여기에 법원이 개입하여 당사자 사이에 체결된 계약의 해석의 범위를 넘어 판결로써 분양가격을 결정할 수 없다(대판 95다18222).
① 매매계약서에 계약사항에 대한 이의가 생겼을 때에는 매도인의 해석에 따른다는 조항은 법원의 법률행위해석권을 구속하는 조항이라고 볼 수 없다(대판 74다1057).
③ 당사자의 약정 취지에 반하는 감정이 이루어진 때에는 법원은 감정결과에 따를 필요가 없다.
④ 어떠한 의무를 부담하는 내용의 기재가 있는 문면에 "최대 노력하겠습니다"라고 기재되어 있는 경우, 특별한 사정이 없는 한 당사자가 위와 같은 문구를 기재한 객관적인 의미는 문면 그 자체로 볼 때 그러한 의무를 법적으로는 부담할 수 없지만 사정이 허락하는 한 그 이행을 사실상 하겠다는 취지로 해석함이 상당하다(대판 93다32668).
⑤ 부동산의 매매계약에 있어 쌍방당사자가 모두 특정의 甲토지를 계약의 목적물로 삼았으나 그 목적물의 지번 등에 관하여 착오를 일으켜 계약을 체결함에 있어서는 계약서상 그 목적물을 甲토지와는 별개인 乙토지로 표시하였다 하여도 甲토지에 관하여 이를 매매의 목적물로 한다는 쌍방당사자의 의사합치가 있는 이상 위 매매계약은 甲토지에 관하여 성립한 것으로 보아야 할 것이고 乙토지에 관하여 매매계약이 체결된 것으로 보아서는 안 될 것이며, 만일 乙토지에 관하여 위 매매계약을 원인으로 하여 매수인명의로 소유권이전등기가 경료되었다면 이는 원인이 없이 경료된 것으로서 무효이다(대판 93다2629·2636).

12 통정허위표시에 관한 설명으로 옳은 것은? (다툼이 있는 경우에는 판례에 의함)

① 통정은 상대방과 짜고 함을 의미하지만, 이때 표의자의 상대방이 단순히 진의와 다른 표시가 있다는 사실을 인식하면 충분하다.

② 대리인이 그 권한 안에서 본인의 이름으로 의사표시를 함에 있어서 상대방과 통정하여 진의와 다른 의사를 표시한 경우, 그 의사표시는 본인에게 효력이 생긴다.

③ 허위표시의 당사자가 아닌 사람은 허위표시의 무효로써 허위표시에 기초하여 새로운 법률상 이해관계를 가진 선의의 제3자에게 대항할 수 있다.

④ 상대방과 허위표시로써 성립한 가장채권을 보유한 채권자에 대하여 파산이 선고된 경우 파산관재인은 허위표시의 무효로부터 보호되는 선의의 제3자가 될 수 없다.

⑤ 통정한 허위표시에 의하여 외형상 형성된 법률관계로 생긴 채권을 가압류한 경우, 그 가압류권자는 허위표시에 기초하여 새로운 법률상 이해관계를 가지게 된 제3자에 해당한다.

해설 ⑤ 통정한 허위표시에 의하여 외형상 형성된 법률관계로 생긴 채권을 가압류한 경우, 그 가압류권자는 허위표시에 기초하여 새로운 법률상 이해관계를 가지게 되므로 민법 제108조 제2항의 제3자에 해당한다(대판 2003다70041).
① 통정이란 상대방과의 합의를 의미하고 상대방이 단순히 이를 인식하고 있다는 것만으로는 부족하다.
② 대리행위의 하자는 대리인을 표준으로 결정하므로, 대리인이 상대방과 통정허위표시를 한 경우, 그 의사표시는 무효이므로 본인에게 효력이 미치지 않는다.
③ 상대방과 통정한 허위의 의사표시는 무효이고 누구든지 그 무효를 주장할 수 있는 것이 원칙이나, 허위표시의 당사자와 포괄승계인 이외의 자로서 허위표시에 의하여 외형상 형성된 법률관계를 토대로 실질적으로 새로운 법률상 이해관계를 맺은 선의의 제3자에 대하여는 허위표시의 당사자뿐만 아니라 그 누구도 허위표시의 무효를 대항하지 못하는 것이다(대판 99다51258).

④ 파산자가 상대방과 통정한 허위의 의사표시를 통하여 가장채권을 보유하고 있다가 파산이 선고된 경우 그 가장채권도 일단 파산재단에 속하게 되고, 파산선고에 따라 파산자와는 독립한 지위에서 파산채권자 전체의 공동의 이익을 위하여 직무를 행하게 된 파산관재인은 그 허위표시에 따라 외형상 형성된 법률관계를 토대로 실질적으로 새로운 법률상 이해관계를 가지게 된 민법 제108조 제2항의 제3자에 해당한다(대판 2002다48214).

13 착오에 관한 설명으로 옳지 않은 것은? (다툼이 있는 경우에는 판례에 의함)

① 법률행위의 일부분에만 착오가 있고 그 법률행위가 가분적이면 그 나머지 부분이라도 유지하려는 당사자의 가정적 의사가 인정되는 경우 그 일부만의 취소도 가능하다.

② 표의자가 착오로 의사표시를 하였으나 그에게 아무런 경제적 불이익이 발생하지 않은 때에는 중요부분의 착오가 되지 아니한다.

③ 법률행위의 중요부분의 착오는 착오가 없었더라면 표의자뿐만 아니라 일반인도 표의자의 처지에서 그러한 의사표시를 하지 않았을 것이라고 생각될 정도로 중요한 것이어야 한다.

④ 등기명의자가 소유권이전등기의 무효를 주장한 종전 소유자의 공동상속인 중 1인을 단독상속인으로 오인하여 소유권환원에 관하여 합의한 경우, 이는 중요부분의 착오이다.

⑤ 채무자의 채무불이행을 원인으로 적법하게 해제된 매매계약도 착오를 이유로 취소될 수 있다.

해설 ④ 등기명의자 甲과 종전 소유자의 상속인으로서 소유권이전등기의 원인무효를 주장하는 乙 사이에 토지 소유권 환원의 방법으로 乙 앞으로 소유권이전등기를 경료하여 주기로 하는 합의가 이루어진 경우, 乙이 공동상속인들 중 1인이라면 공유물에 대한 보존행위로서 단독으로 공유물에 관한 원인무효의 등기의 말소를 구하거나 소유권이전등기에 관한 합의를 할 수 있다고 보아야 하므로, 甲이 乙을 단독상속인으로 믿고서 그와 같은 소유권환원의 합의에 이르렀더라도 그와 같은 착오는 합의내용의 중요부분에 해당한다고 볼 수 없다(대판 95다35371).

14 기간에 관한 설명으로 옳은 것은?

① 기간의 계산에 관한 민법규정은 강행규정이다.
② 연령을 계산할 때에는 출생일을 산입하지 아니한다.
③ 기간을 일, 주, 월 또는 연으로 정한 때에는 기간말일의 개시로 만료한다.
④ 시, 분, 초를 단위로 하는 기간은 자연적 계산방법에 따라 즉시부터 기산한다.
⑤ 기간의 계산에 관한 민법규정은 기산일로부터 소급하여 계산되는 기간의 계산방법에 대하여 적용되지 아니한다.

해설 ④ 제156조
① 임의규정이다.
② 연령의 계산에는 출생일을 산입한다(제158조).
③ 기간을 일·주·월·연으로 정한 때에는 기간말일의 종료로 기간이 만료한다(제159조).
⑤ 유추적용된다.

15 의사표시의 효력발생시기에 관한 설명으로 옳지 않은 것은? (다툼이 있는 경우에는 판례에 의함)

① 상대방이 있는 의사표시는 상대방에게 도달한 때에 그 효력이 생기는 것이 원칙이다.
② 표의자는 그의 의사표시가 상대방에게 도달하였으나 상대방이 이행에 착수하기 전에는 그 의사표시를 철회할 수 있다.
③ 제한능력자에게 의사를 표시한 사람은 제한능력자의 법정대리인이 의사표시가 도달한 사실을 안 후에는 그 의사표시로써 제한능력자에게 대항할 수 있다.

④ 상대방이 정당한 사유 없이 의사표시의 수령을 거절한 경우에는 그 의사표시는 상대방이 그 내용을 알 수 있는 객관적 상태에 놓여 있는 때에 효력이 생긴다.
⑤ 의사표시의 부도달에 대한 위험은 표의자에게 있다.

해설 ② 표의자는 발송 후 도달 전에는 철회할 수 있다. 일단 도달하면 상대방이 이행에 착수하기 전이라도 철회할 수 없다.

16 대리에 관한 설명으로 옳지 않은 것은? (다툼이 있는 경우에는 판례에 의함)

① 매매계약을 체결할 권한을 수여받은 대리인은 특별한 사정이 없으면, 그 매매계약에 따른 중도금과 잔금을 받을 권한을 갖는다.
② 매매계약의 체결과 이행에 관하여 포괄적인 권한을 수여받은 대리인은 특별한 사정이 없으면, 상대방에 대하여 약정된 매매대금의 지급기일을 연기할 권한을 갖는다.
③ 대여금의 영수권한만을 위임받은 대리인은 그 대여금 채무의 일부를 면제하기 위하여는 특별수권이 필요하다.
④ 특별한 사정이 없으면, 예금계약의 체결을 위임받은 자의 대리권에는 그 예금을 담보로 하여 대출을 받거나 이를 처분할 수 있는 권한이 포함되지 않는다.
⑤ 본인을 위하여 금전소비대차와 그 담보를 위한 담보권설정계약을 체결할 권한을 수여받은 대리인은 특별한 사정이 없으면, 금전소비대차계약과 담보권설정계약이 체결된 후에 이를 해제할 권한을 갖는다.

해설 ⑤ 특별한 다른 사정이 없는 한 본인을 대리하여 금전소비대차 내지 그를 위한 담보권설정계약을 체결할 권한을 수여받은 대리인에게 본래의 계약관계를 해제할 대리권까지 있다고 볼 수 없다(대판 92다39365).

17 표현대리에 관한 설명으로 옳지 않은 것은? (다툼이 있는 경우에는 판례에 의함)

① 표현대리가 성립하면 본인은 표현대리행위에 대하여 전적으로 책임을 져야 하고, 과실상계의 법리를 유추적용하여 본인의 책임을 경감할 수 없다.

② 대리권 수여의 표시에 의한 표현대리는 본인과 대리행위를 한 사람 사이의 기본적인 법률관계의 성질이나 그 효력의 유무와는 관계없이, 어떤 자가 본인을 대리하여 제3자와 법률행위를 함에 있어 본인이 그 사람에게 대리권을 수여하였다는 표시를 제3자에게 한 경우에 성립한다.

③ 등기신청행위를 기본대리권으로 가진 사람이 대물변제라는 사법행위를 한 경우, 그 대리행위는 기본대리권과 같은 종류의 행위가 아니므로 권한을 넘은 표현대리가 성립할 수 없다.

④ 권한을 넘은 표현대리에서 무권대리인에게 그 권한이 있다고 믿을 만한 정당한 이유가 있는가의 여부는 대리행위 당시를 기준으로 결정하여야 한다.

⑤ 기본적인 어떠한 대리권도 없었던 사람에 대하여 대리권소멸 후의 표현대리는 성립할 수 없다.

> **해설** ③ 공법상의 대리권: 기본대리권이 등기신청, 영업허가신청, 이사취임등록 등 공법상의 행위에 관한 것이고 표현대리행위가 사법상의 행위(대물변제, 매매 등)일지라도 제126조의 표현대리는 성립한다(대판 78다282·283).

18 소멸시효에 관한 설명으로 옳은 것은? (다툼이 있는 경우에는 판례에 의함)

① 시효의 중단사유가 재판상의 청구인 때에는 중단까지 경과한 시효기간은 이를 산입하지 아니하고 재판이 확정된 때로부터 새로이 시효가 진행한다.

② 건물이 완공되지 않아 소유권이전등기청구권을 행사할 수 없었다는 사유는 그 청구권의 소멸시효의 진행을 막는 법률상의 장애사유가 되지 아니한다.

③ 근저당권설정등기청구권은 피담보채권에 부종하는 청구권이므로 독자적인 시효기간의 적용을 받지 아니한다.

④ 물상보증인이 피담보채무의 부존재를 이유로 제기한 저당권설정등기 말소청구소송에서 저당권자가 청구기각의 판결을 구하였다면 이를 직접 채무자에 대한 재판상 청구로 볼 수 있다.

⑤ 채무자는 소멸시효의 진행이 개시된 이후는 물론 그 이전에도 채무를 승인하여 시효를 중단할 수 있다.

> **해설** ① 재판상의 청구로 인하여 중단한 시효는 재판이 확정된 때로부터 새로이 진행한다(제178조 제2항).
> ② 건물에 관한 소유권이전등기청구권에 있어서 건물이 완공되지 아니하여 이를 행사할 수 없었다는 사유는 법률상의 장애사유에 해당한다(대판 2007다28024·28031).
> ③ 근저당권설정 약정에 의한 근저당권설정등기청구권은 그 피담보채권이 될 채권과 별개로 소멸시효에 걸린다(대판 2002다7213).
> ④ 타인의 채무를 담보하기 위하여 자기의 물건에 담보권을 설정한 물상보증인은 채권자에 대하여 물적 유한책임을 지고 있어 그 피담보채권의 소멸에 의하여 직접 이익을 받는 관계에 있으므로 소멸시효의 완성을 주장할 수 있는 것이지만, 채권자에 대하여는 아무런 채무도 부담하고 있지 아니하므로, 물상보증인이 그 피담보채무의 부존재 또는 소멸을 이유로 제기한 저당권설정등기 말소등기절차이행청구소송에서 채권자 겸 저당권자가 청구기각의 판결을 구하고 피담보채권의 존재를 주장하였다고 하더라도 이로써 직접 채무자에 대하여 재판상 청구를 한 것

으로 볼 수는 없는 것이므로 피담보채권의 소멸시효에 관하여 규정한 민법 제168조 제1호 소정의 '청구'에 해당하지 아니한다(대판 2003다30890).

⑤ 소멸시효의 중단사유로서의 승인은 시효이익을 받을 당사자인 채무자가 그 권리의 존재를 인식하고 있다는 뜻을 표시함으로써 성립하는 것이므로 이는 소멸시효의 진행이 개시된 이후에만 가능하고 그 이전에 승인을 하더라도 시효가 중단되지는 않는다고 할 것이고, 또한 현존하지 아니하는 장래의 채권을 미리 승인하는 것은 채무자가 그 권리의 존재를 인식하고서 한 것이라고 볼 수 없어 허용되지 않는다고 할 것이다(대판 2001다52568).

19 조건에 관한 설명으로 옳지 않은 것은? (다툼이 있는 경우에는 판례에 의함)

① 조건은 법률행위의 효력의 발생 또는 소멸을 장래 발생이 확실한 사실에 의존시키는 법률행위의 부관이다.

② "행정사시험에 합격하면 자동차를 사 주겠다."라고 약속한 경우 약속 당시 이미 시험에 합격했다면, 이는 조건 없는 증여계약이다.

③ "내일 해가 서쪽에서 뜨면 자동차를 사 주겠다."라는 내용의 증여계약은 무효이다.

④ 혼인이나 입양 등 가족법상의 법률행위는 원칙적으로 조건과 친하지 않다.

⑤ 조건의 성취로 인하여 불이익을 받을 당사자가 신의성실에 반하여 조건의 성취를 방해한 때에는 상대방은 그 조건이 성취한 것으로 주장할 수 있다.

해설 ① 조건이란 법률행위의 '효력'의 발생 또는 소멸을 '장래의 불확실한 사실'의 성부(成否)에 의존케 하는 법률행위의 부관이다.
② 조건이 법률행위의 당시 이미 성취한 것인 경우에는 그 조건이 정지조건이면 조건 없는 법률행위로 하고 해제조건이면 그 법률행위는 무효로 한다(제151조 제2항).

③ 조건이 법률행위의 당시에 이미 성취할 수 없는 것인 경우에는 그 조건이 해제조건이면 조건 없는 법률행위로 하고 정지조건이면 그 법률행위는 무효로 한다(제151조 제3항).
⑤ 제150조 제1항

20 소멸시효에 관한 설명으로 옳은 것을 모두 고른 것은?

> ㉠ 기한을 정하지 않은 권리의 소멸시효는 권리가 발생한 때로부터 진행한다.
> ㉡ 소멸시효는 그 기산일에 소급하여 효력이 생긴다.
> ㉢ 소멸시효의 중단은 그 당사자 사이에만 효력이 생긴다.
> ㉣ 시효중단의 효력이 있는 승인에는 상대방의 권리에 관한 처분의 능력이나 권한있음을 요하지 아니한다.

① ㉠, ㉡   ② ㉠, ㉢
③ ㉢, ㉣   ④ ㉠, ㉡, ㉣
⑤ ㉡, ㉢, ㉣

해설 ㉠ 기한의 정함이 없는 권리는 권리가 발생한 때(예 채권성립 시)부터 소멸시효가 진행한다.
㉡ 제167조
㉣ 제177조
㉢ 시효의 중단은 당사자 및 그 승계인 간에만 효력이 있다(제169조).

Answer

| 01. ④ | 02. ③ | 03. ⑤ | 04. ⑤ | 05. ④ | 06. ② | 07. ③ | 08. ① | 09. ② | 10. ③ |
| 11. ② | 12. ⑤ | 13. ④ | 14. ④ | 15. ② | 16. ⑤ | 17. ③ | 18. ① | 19. ① | 20. ④ |

제2회 행정사 민법총칙 기출문제   **383**

제3회 행정사 민법총칙

[2015. 6. 20. 실시]

01 민법의 법원(法源)에 관한 설명으로 옳지 않은 것은? (다툼이 있으면 판례에 따름)

① 민사에 관하여 법률에 규정이 없으면 관습법에 의하고 관습법이 없으면 조리에 의한다.

② 헌법에 의하여 체결·공포된 조약이나 일반적으로 승인된 국제법규가 민사에 관한 것이라도 민법의 법원이 될 수 없다.

③ 공동선조와 성과 본을 같이 하는 후손은 성별의 구별 없이 성년이 되면 당연히 종중의 구성원이 된다고 보는 것이 조리에 합당하다.

④ 법령과 같이 효력을 갖는 관습법은 특별한 사정이 없으면 당사자의 주장·증명을 기다릴 필요 없이 법원이 직권으로 이를 확정하여야 한다.

⑤ 헌법을 최상위 규범으로 하는 전체 법질서에 반하는 사회생활규범은 사회의 거듭된 관행으로 생성된 것일지라도 관습법으로서의 효력이 인정될 수 없다.

> **해설** ② 헌법에 의하여 체결·공포된 조약과 일반적으로 승인된 국제법규는 국내법과 같은 효력을 가지므로, 그 내용이 민사에 관한 것일 경우에는 민법의 법원이 될 수 있다.

02 신의성실의 원칙에 관한 설명으로 옳은 것은? (다툼이 있으면 판례에 따름)

① 병원은 입원환자의 휴대품 등의 도난을 방지하는 데 필요한 적절한 조치를 강구할 신의성실의 원칙상의 보호의무가 없다.

② 채무자의 소멸시효에 기한 항변권의 행사에는 신의성실의 원칙이 적용되지 않는다.

③ 강행법규를 위반한 자가 스스로 그 약정의 무효를 주장하는 것은 특별한 사정이 없는 한 신의성실의 원칙에 반한다.

④ 송전선이 토지 위를 통과하고 있다는 점을 알면서 그 토지를 시가대로 취득한 자의 송전선 철거 청구는 신의성실의 원칙에 반하거나 권리남용으로서 허용될 수 없다.

⑤ 미성년자가 법정대리인의 동의 없이 신용구매계약을 체결한 후에 법정대리인의 동의 없음을 사유로 이를 취소하는 것은 신의성실의 원칙에 반하지 않는다.

> **해설** ① 환자가 병원에 입원하여 치료를 받는 경우에 있어서, 병원은 진료뿐만 아니라 환자에 대한 숙식의 제공을 비롯하여 간호, 보호 등 입원에 따른 포괄적 채무를 지는 것인 만큼, 병원은 병실에의 출입자를 통제·감독하든가 그것이 불가능하다면 최소한 입원환자에게 휴대품을 안전하게 보관할 수 있는 시정장치가 있는 사물함을 제공하는 등으로 입원환자의 휴대품 등의 도난을 방지함에 필요한 적절한 조치를 강구하여 줄 신의칙상의 보호의무가 있다고 할 것이고, 이를 소홀히 하여 입원환자와는 아무런 관련이 없는 자가 입원환자의 병실에 무단출입하여 입원환자의 휴대품 등을 절취하였다면 병원은 그로 인한 손해배상책임을 면하지 못한다(대판 2003. 04. 11, 2002다63275).

② 채무자의 소멸시효에 기한 항변권의 행사도 우리 민법의 대원칙인 신의성실의 원칙과 권리남용금지의 원칙의 지배를 받는 것이어서, 채무자가 시효완성 전에 채권자의 권리행사나 시효중단을 불가능 또는 현저히 곤란하게 하였거나, 그러한 조치가 불필요하다고 믿게 하는 행동을 하였거나, 객관적으로 채권자가 권리를 행사할 수 없는 장애사유가 있었거나, 또는 일단 시효완성 후에 채무자가 시효를 원용하지 아니할 것 같은 태도를 보여 권리자로 하여금 그와 같이 신뢰하게 하였거나, 채권자보호의 필요성이 크고, 같은 조건의 다른 채권자가 채무의 변제를 수령하는 등의 사정이 있어 채무이행의 거절을 인정함이 현저히 부당하거나 불공평하게 되는 등의 특별한 사정이 있는 경우에는 채무자가 소멸시효의 완성을 주장하는 것이 신의성실의 원칙에 반하여 권리남용으로서 허용될 수 없다(대판 2014. 5. 29, 2011다95847).
③ 강행법규에 위반한 자가 스스로 그 약정의 무효를 주장하는 것이 신의칙에 위반되는 권리의 행사라는 이유로 그 주장을 배척한다면, 이는 오히려 강행법규에 의하여 배제하려는 결과를 실현시키는 셈이 되어 입법취지를 완전히 몰각하게 되므로 달리 특별한 사정이 없는 한 위와 같은 주장은 신의칙에 반하는 것이라고 할 수 없다(대판 2004. 6. 11, 2003다1601).
④ 송전선이 토지 위를 통과하고 있다는 점을 알고서 토지를 취득하였다고 하여 그 취득자가 그 소유 토지에 대한 소유권의 행사가 제한된 상태를 용인하였다고 할 수 없으므로, 그 취득자의 송전선 철거 청구 등 권리행사가 신의성실의 원칙에 반하지 않는다(대판 1995. 08. 25, 94다27069).

03 성년후견, 한정후견, 특정후견에 관한 설명으로 옳은 것은?

① 지방자치단체의 장은 성년후견개시의 원인이 소멸된 경우에는 성년후견종료의 심판을 청구할 수 없다.
② 성년후견인은 피성년후견인의 법률행위가 일용품의 구입 등 일상생활에 필요하고 그 대가가 과도하지 않더라도 그 행위를 취소할 수 있다.
③ 가정법원은 피한정후견인이 한정후견인의 동의를 받아야 하는 행위의 범위를 정할 수 없다.

④ 가정법원은 취소할 수 없는 피성년후견인의 법률행위의 범위를 정할 수 있다.
⑤ 가정법원은 성년후견개시의 심판을 할 때 본인의 의사를 고려할 필요가 없다.

해설 ④ 제10조 제2항
① 성년후견개시의 원인이 소멸된 경우에는 가정법원은 본인, 배우자, 4촌 이내의 친족, 성년후견인, 성년후견감독인, 검사 또는 지방자치단체의 장의 청구에 의하여 성년후견종료의 심판을 한다(제11조).
② 일용품의 구입 등 일상생활에 필요하고 그 대가가 과도하지 아니한 법률행위는 성년후견인이 취소할 수 없다(제10조 제4항).
③ 가정법원은 피한정후견인이 한정후견인의 동의를 받아야 하는 행위의 범위를 정할 수 있다(제13조 제1항).
⑤ 가정법원은 성년후견개시의 심판을 할 때 본인의 의사를 고려하여야 한다(제9조 제2항).

04 제한능력자의 상대방 보호에 관한 설명으로 옳은 것을 모두 고른 것은?

> ㉠ 상대방은 제한능력자가 능력자로 된 후에 그에게 유예기간을 정하여 취소할 수 있는 행위에 대한 추인 여부의 확답을 원칙적으로 촉구할 수 없다.
> ㉡ 상대방은 제한능력자가 능력자로 된 후에 그 법정대리인이었던 자에게 취소할 수 있는 행위에 대한 추인 여부의 확답을 촉구한 경우 그 촉구는 유효하다.
> ㉢ 계약 당시에 제한능력자임을 상대방이 알지 못한 경우, 제한능력자가 맺은 계약은 추인이 있을 때까지 상대방이 그 의사표시를 철회할 수 있다.
> ㉣ 제한능력자가 속임수로써 자기를 능력자로 믿게 한 경우에는 그 행위를 취소할 수 없다.

① ㉠, ㉡   ② ㉡, ㉣
③ ㉢, ㉣   ④ ㉠, ㉡, ㉢
⑤ ㉠, ㉢, ㉣

해설 ㉠ 제한능력자의 상대방은 제한능력자가 능력자가 된 후에 그에게 1개월 이상의 기간을 정하여 그 취소할 수 있는 행위를 추인할 것인지 여부의 확답을 촉구할 수 있다(제15조 제1항).
㉡ 제한능력자의 상대방은 제한능력자가 능력자가 된 후에는 그에게, 아직 능력자가 되지 못한 경우에는 그의 법정대리인에게 추인할 것인지 여부의 확답을 촉구할 수 있다. 따라서 제한능력자가 능력자로 된 후에 그 법정대리인이었던 자에게 추인 여부의 확답을 촉구한 경우 그 촉구는 무효이다.
㉢ 제16조 제1항
㉣ 제17조 제1항

05 민법상 법인의 소멸에 관한 설명으로 옳지 않은 것은? (다툼이 있으면 판례에 따름)

① 법인이 목적 이외의 사업을 하거나 설립허가의 조건에 위반하거나 기타 공익을 해하는 행위를 한 경우, 주무관청은 법인의 설립허가를 취소할 수 있다.
② 청산이 종결한 때에는 청산인은 3주간 내에 이를 등기하고 주무관청에 신고하여야 한다.
③ 청산 중의 법인은 채권신고기간이 경과하더라도 변제기에 이르지 않은 채권에 대해서는 변제할 수 없다.
④ 청산절차에 관한 규정은 모두 제3자의 이해관계에 중대한 영향을 미치는 것으로서 강행규정이다.
⑤ 법인에 대한 청산종결등기가 마쳐졌더라도 청산사무가 종결되지 않는 한 그 범위 내에서 청산법인으로 존속한다.

해설 ③ 청산 중의 법인은 변제기에 이르지 아니한 채권에 대하여도 변제할 수 있다(제91조 제1항).

06 법인의 불법행위능력(민법 제35조)에 관한 설명으로 옳지 않은 것은? (다툼이 있으면 판례에 따름)

① 법인을 실질적으로 운영하면서 법인을 사실상 대표하여 법인의 사무를 집행하는 자가 대표자로 등기되어 있지 않은 경우, 그가 그 직무에 관하여 타인에게 손해를 가하더라도 법인의 불법행위가 성립하지 않는다.
② 대표권이 없는 이사는 법인의 기관이기는 하지만 대표기관은 아니기 때문에 그 이사의 행위로 인하여 법인의 불법행위가 성립하지 않는다.
③ 대표자의 행위가 대표자 개인의 사리를 도모하기 위한 것이었다 하더라도 외관상, 객관적으로 직무에 관한 행위라고 인정할 수 있는 것이라면, 특별한 사정이 없는 한 그 직무에 관한 행위에 해당한다.
④ 대표자의 행위가 직무에 관한 행위에 해당하지 아니함을 피해자 자신이 알았거나 또는 중대한 과실로 인하여 알지 못한 경우에는 법인에게 손해배상책임을 물을 수 없다.
⑤ 법인의 목적범위 외의 행위로 타인에게 손해를 가한 경우, 그 사항의 의결에 찬성하거나 그 의결을 집행한 사원, 이사 및 기타 대표자가 연대하여 배상책임을 진다.

해설 ① 법인의 대표자에는 그 명칭이나 직위 여하, 또는 대표자로 등기되었는지 여부를 불문하고 당해 법인을 실질적으로 운영하면서 법인을 사실상 대표하여 법인의 사무를 집행하는 사람을 포함한다고 해석함이 상당하다(대판 2011. 04. 28, 2008다15438).

07 민법상 법인의 기관에 관한 설명으로 옳은 것은? (다툼이 있으면 판례에 따름)

① 사단법인의 이사와 감사는 필수기관이다.

② 이사가 없거나 결원이 있는 경우에 이로 인하여 손해가 생길 염려가 있는 때에는 법원은 이해관계인이나 검사의 청구에 의하여 직무대행자를 선임하여야 한다.

③ 사단법인의 사원의 지위는 양도 또는 상속할 수 없다는 민법의 규정은 강행규정이므로, 정관으로 이에 반하는 규정을 둘 수 없다.

④ 법인과 이사의 이익이 상반하는 사항에 관하여는 임시이사를 선임하여야 한다.

⑤ 사원총회에서 결의할 수 있는 것은 정관에 다른 규정이 없는 한 총회를 소집할 때 미리 통지한 사항에 한정된다.

해설 ① 모든 법인에서 이사는 필수기관이지만, 감사는 임의기관이다.
② 이사가 없거나 결원이 있는 경우에 이로 인하여 손해가 생길 염려가 있는 때에는 법원은 이해관계인이나 검사의 청구에 의하여 임시이사를 선임하여야 한다(제63조).
③ 사단법인의 사원의 지위는 양도 또는 상속할 수 없다는 민법의 규정(제56조)은 강행규정이 아니므로 정관에 의하여 이를 인정하고 있을 때에는 양도·상속이 허용된다.
④ 법인과 이사의 이익이 상반하는 사항에 관하여는 특별대리인을 선임하여야 한다(제64조).

08 민법상 물건에 관한 설명으로 옳은 것은? (다툼이 있으면 판례에 따름)

① 전기 기타 관리할 수 있는 자연력은 물건이 아니다.

② 주물의 소유자나 이용자의 사용에 공여되고 있으면 주물 그 자체의 효용과 직접 관계가 없는 물건이라도 종물에 해당한다.

③ 입목에 관한 법률에 따른 입목등기를 하지 않은 수목이더라도 명인방법을 갖추면 토지와 독립된 부동산으로서 거래의 객체가 된다.

④ 천연과실은 수취할 권리의 존속기간일수의 비율로 취득한다.

⑤ 당사자는 주물을 처분할 때에 특약으로 종물만을 별도로 처분할 수 없다.

해설 ① 물건은 유체물 및 전기 기타 관리할 수 있는 자연력을 말한다(제98조).
② 주물의 소유자나 이용자의 사용에 공여되고 있더라도 주물 그 자체의 효용과 직접 관계가 없는 물건은 종물이 아니다(예 책상, TV, 난로 등은 가옥의 종물이 아니다).
④ 천연과실은 그 원물로부터 분리하는 때에 이를 수취할 권리자에게 속한다(제102조 제1항). 법정과실은 수취할 권리의 존속기간일수의 비율로 취득한다(제102조 제2항).
⑤ 제100조 제2항은 임의규정이므로 당사자의 특약으로 종물만을 따로 처분할 수 있다.

09 의사표시에 관한 설명으로 옳은 것은? (다툼이 있으면 판례에 따름)

① 착오에 의한 의사표시의 취소는 선의의 제3자에게 대항할 수 있다.

② 부동산 매매에서 시가에 관한 착오는 특별한 사정이 없는 한 법률행위의 중요부분에 관한 착오라고 할 수 없다.

③ 채무자의 법률행위가 통정허위표시에 해당되어 무효인 경우에는 채권자취소권의 대상이 되지 않는다.

④ 진의 아닌 의사표시는 상대방이 표의자의 진의 아님을 알았거나 알 수 있었을 경우에 그 효력이 있다.

⑤ 강박이 의사결정의 자유를 완전히 박탈하는 정도에 이르지 않고 이를 제한하는 정도에 그친 경우에 그 의사표시는 무효이다.

해설 ① 착오에 의한 의사표시의 취소는 선의의 제3자에게 대항할 수 없다(제109조 제2항).
③ 채무자의 법률행위가 통정허위표시에 해당되어 무효인 경우에도 채권자취소권의 대상이 된다.
④ 진의 아닌 의사표시는 상대방이 표의자의 진의 아님을 알았거나 알 수 있었을 경우에 그 효력이 없다(제107조 제1항 단서).
⑤ 강박에 의하여 의사결정의 자유가 완전히 박탈된 상태에서 이루어진 의사표시는 효과의사에 대응하는 내심의 의사가 결여된 것이므로 무효라고 볼 수밖에 없으나, 강박이 의사결정의 자유를 완전히 박탈하는 정도에 이르지 아니하고 이를 제한하는 정도에 그친 경우에는 그 의사표시는 취소할 수 있음에 그치고 무효라고까지 볼 수 없다(대판 1984. 12. 11, 84다카1402).

10 다음 중 행위 그 자체로 법률행위가 아닌 것을 모두 고른 것은?

> ㉠ 점유의 취득 ㉡ 유실물의 습득
> ㉢ 매장물의 발견 ㉣ 소유권의 포기
> ㉤ 무주물의 선점

① ㉠, ㉡ ② ㉠, ㉣, ㉤
③ ㉡, ㉢, ㉣ ④ ㉢, ㉣, ㉤
⑤ ㉠, ㉡, ㉢, ㉤

해설 ㉣ 소유권 포기는 상대방 없는 단독행위로 법률행위이다.

11 불공정한 법률행위(민법 제104조)에 관한 설명으로 옳지 않은 것은? (다툼이 있으면 판례에 따름)

① 법률행위가 현저하게 공정을 잃은 경우, 그것은 경솔하게 이루어졌거나 궁박한 사정이 있었던 것으로 추정된다.
② 강제경매에서 시가보다 현저하게 낮게 매각된 경우에 불공정한 법률행위가 성립될 수 없다.

③ 불공정한 법률행위가 성립하기 위한 요건인 궁박, 경솔, 무경험은 그중 일부만 갖추어도 된다.
④ 불공정한 법률행위에서 궁박이란 급박한 곤궁을 의미하는 것으로서 정신적 원인에 기인할 수도 있다.
⑤ 대리행위의 경우에 경솔·무경험은 대리인을 기준으로 판단하고, 궁박 상태에 있었는지 여부는 본인을 기준으로 판단하여야 한다.

해설 ① 법률행위가 현저하게 공정을 잃었다고 하여 곧 그것이 궁박·경솔하게 이루어진 것으로 추정되지 아니하므로 불공정한 법률행위의 법리가 적용되려면 그 주장하는 측에서 궁박·경솔 또는 무경험으로 인하였음을 증명하여야 한다(판례).

12 허위표시에 기초하여 새로운 법률상의 이해관계를 맺은 자(통정허위표시에서의 제3자)에 해당하지 않는 것은? (다툼이 있으면 판례에 따름)

① 가장매매의 매수인으로부터 목적부동산을 다시 매수하여 소유권이전등기를 마친 자
② 가장매매의 매수인으로부터 매매계약에 의한 소유권이전청구권보전을 위한 가등기를 마친 자
③ 허위표시인 전세권설정계약에 기하여 등기까지 마친 전세권에 대하여 저당권을 취득한 자
④ 허위표시인 근저당권설정계약이 유효하다고 믿고 그 피담보채권에 대하여 가압류한 자
⑤ 채권의 가장양도에서 가장양수인에게 채무를 변제하지 않고 있었던 채무자

해설 ⑤ 채권의 가장양도에서 가장양수인에게 채무를 변제하지 않고 있었던 채무자는 가장양도를 하기 이전부터 존재하던 채무자이므로, 새로운 법률상의 이해관계를 맺은 자에 해당하지 않는다.

13 복대리에 관한 설명으로 옳지 않은 것은? (다툼이 있으면 판례에 따름)

① 복대리인은 대리인의 대리인이 아니다.

② 복대리에서도 표현대리가 성립할 수 있다.

③ 복대리인은 본인이나 제3자에 대하여 대리인과 동일한 권리의무가 있다.

④ 복대리인이 선임된 후에 대리인의 대리권이 소멸하더라도 복대리권은 소멸하지 않는다.

⑤ 법정대리인이 부득이한 사유로 복대리인을 선임한 경우, 본인에 대하여 복대리인의 선임감독에 관한 책임이 있다.

해설 ④ 복대리인의 대리권은 그 존립에 있어서 대리인의 대리권에 의존한다. 따라서 대리인의 대리권이 소멸하면 복대리인의 복대리권도 소멸한다.

14 표현대리에 관한 설명으로 옳은 것은? (다툼이 있으면 판례에 따름)

① 유권대리에 관한 주장 속에는 무권대리에 속하는 표현대리의 주장이 포함되어 있다고 볼 수 없다.

② 대리권소멸 후의 표현대리에 관한 규정은 법정대리에는 적용되지 않는다.

③ 표현대리가 성립하여 대리행위의 효과가 본인에게 귀속되면 표현대리의 성질이 유권대리로 전환된다.

④ 기본대리권이 월권행위와 관련이 없는 경우에는 권한을 넘은 표현대리는 성립할 여지가 없다.

⑤ 대리권을 추단할 수 있는 직함이나 명칭 등의 사용을 본인이 승낙 또는 묵인하였더라도 대리권 수여의 표시가 있은 것으로 볼 수 없다.

해설 ② 대리권소멸 후의 표현대리에 관한 규정은 임의대리뿐만 아니라 법정대리에도 적용된다.

③ 표현대리는 기본적으로 무권대리이기 때문에 표현대리가 성립하여 대리행위의 효과가 본인에게 귀속되었다고 해서 표현대리가 유권대리로 전환되는 것은 아니다.

④ 기본대리권과 월권행위는 동종 유사한 행위일 필요가 없고 전혀 별개의 행위라도 권한을 넘은 표현대리가 성립한다.

⑤ 본인에 의한 대리권 수여의 표시는 반드시 대리권 또는 대리인이라는 말을 사용하여야 하는 것이 아니라 사회통념상 대리권을 추단할 수 있는 직함이나 명칭 등의 사용을 승낙 또는 묵인한 경우에도 대리권 수여의 표시가 있은 것으로 볼 수 있다(대판 1998. 6. 12, 97다53762).

15 법률행위의 조건과 기한에 관한 설명으로 옳지 않은 것은? (다툼이 있으면 판례에 따름)

① 기한의 이익은 포기할 수 있지만, 상대방의 이익을 해하지 못한다.

② 정지조건 있는 법률행위는 조건이 성취한 때로부터 그 효력을 잃는다.

③ 조건의 성취가 미정한 권리의무는 일반규정에 의하여 처분, 상속, 보존 또는 담보로 할 수 있다.

④ 조건부 법률행위에 있어 조건의 내용 자체가 불법적인 것이어서 무효일 경우, 그 조건만을 분리하여 무효로 할 수 없다.

⑤ 불확정한 사실이 발생할 때를 이행기한으로 정한 경우, 그 사실이 발생할 때뿐만 아니라 발생이 불가능하게 된 때에도 이행기한은 도래한 것으로 보아야 한다.

해설 ② 정지조건이 있는 법률행위는 조건이 성취한 때로부터 그 효력이 생긴다(제147조 제1항).

16 무권대리행위의 추인에 관한 설명으로 옳지 않은 것은? (다툼이 있으면 판례에 따름)

① 추인의 의사표시는 본인으로부터 그에 관한 대리권을 수여받은 임의대리인도 할 수 있다.

② 추인의 의사표시는 무권대리인 뿐만 아니라 무권대리행위의 상대방에 대하여도 할 수 있다.

③ 무권대리행위의 상대방이 계약 당시 무권대리임을 안 경우에는 본인에 대해 추인 여부의 확답을 최고할 수 없다.

④ 추인은 의사표시 전부에 대하여 행하여져야 하고, 그 내용을 변경하여 추인할 경우에는 상대방의 동의가 없는 한 무효이다.

⑤ 본인이 무권대리인에게 무권대리행위를 추인한 경우, 계약 당시에 대리권 없음을 알지 못한 상대방은 그 추인 사실을 알기 전까지 무권대리인과 체결한 계약을 철회할 수 있다.

해설 ③ 무권대리인의 상대방의 최고권은 선의·악의 관계없이 인정된다(제131조).

17 甲이 만 18세인 대학생 乙에게 X아파트 분양계약체결에 관한 대리권을 수여하였고, 乙은 甲을 대리하여 丙이 분양하는 X아파트를 3억 원에 분양받기로 하는 계약을 체결한 경우에 관한 설명으로 옳지 않은 것은? (다툼이 있으면 판례에 따름)

① 丙은 甲에 대하여 X아파트 분양계약에 따른 이행을 청구할 수 있다.

② 乙의 법정대리인은 X아파트 분양계약을 법정대리인의 동의가 없다는 이유로 취소할 수 없다.

③ 丙이 X아파트에 대한 소유권이전등기를 해주지 않은 경우, 특별한 사정이 없는 한 乙은 甲을 대리하여 계약을 해제할 수 없다.

④ 만일 乙이 무권대리인이었고, 丙이 이를 알지 못하였다면, 丙은 乙에게 계약의 이행을 청구할 수 있다.

⑤ 만일 X아파트 단지 인근에 쓰레기 매립장이 건설예정인 사실을 알고 있는 丙이 乙에게 이를 고지하지 않았다면 이는 부작위에 의한 기망행위가 된다.

해설 ④ 대리인으로서 계약을 맺은 자에게 대리권이 없다는 사실을 상대방(丙)이 알았거나 알 수 있었을 때 또는 대리인으로서 계약을 맺은 사람(乙)이 제한능력자일 때에는 상대방에 대한 무권대리인의 책임규정(제135조 제1항)을 적용하지 아니한다.

18 甲은 토지거래허가구역 내의 X토지에 대하여 관할관청으로부터 허가를 받지 않고 乙에게 매도하는 계약을 체결하였고, 乙은 계약금을 지급한 경우에 관한 설명으로 옳지 않은 것은? (다툼이 있으면 판례에 따름)

① 甲은 허가를 받기 전에도 특별한 사정이 없는 한 계약금의 배액을 상환하고 적법하게 계약을 해제할 수 있다.

② 甲·乙 쌍방이 허가신청을 하지 않기로 의사표시를 명백히 한 경우에는 X토지에 대한 매매계약은 확정적으로 유효이다.

③ 乙은 매매계약이 확정적으로 무효가 되지 않는 한 계약체결 시 지급한 계약금에 대하여 이를 부당이득으로 반환청구할 수 없다.

④ 매매계약과 별개의 약정으로, 甲과 乙은 매매 잔금이 지급기일에 지급되지 않는 경우에 매매계약을 자동해제하기로 정할 수 있다.

⑤ 매매계약을 체결한 이후에 X토지에 대한 토지거래허가구역지정이 해제된 경우, 甲과 乙 사이의 매매계약은 특별한 사정이 없는 한 확정적으로 유효가 된다.

해설 ② 당사자 쌍방이 허가신청을 하지 아니하기로 의사표시를 명백히 한 경우에는 유동적 무효 상태의 계약은 확정적으로 무효가 된다(대판 1995. 12. 12, 95다8236).

19 민법상 기간에 관한 설명으로 옳지 않은 것은? (다툼이 있으면 판례에 따름)

① 기간을 일, 주, 월 또는 연으로 정한 때에 그 기간의 초일을 산입하기로 한 당사자 사이의 약정은 유효하다.

② 1996. 6. 5. 08시에 출생한 사람은 2015. 6. 5. 0시부터 성년자가 된다.

③ 월로 정한 기간의 기산일이 공휴일인 경우에는 그 다음 날부터 기산한다.

④ 2015. 5. 31. 09시부터 1개월인 경우, 2015. 6. 30. 24시에 기간이 만료한다.

⑤ 2015. 6. 10. 09시에 甲이 乙에게 자전거를 빌리면서 10시간 후에 반환하기로 한 경우, 甲은 乙에게 2015. 6. 10. 19시까지 반환하여야 한다.

해설 ③ 기간의 기산일이 아니라 말일이 토요일 또는 공휴일에 해당한 때에는 기간은 그 익일로 만료한다(제161조).

20 소멸시효의 중단 또는 정지에 관한 설명으로 옳지 않은 것은? (다툼이 있으면 판례에 따름)

① 재판상의 청구는 그 소송이 취하된 경우에는 그로부터 6개월 내에 다시 재판상의 청구 등을 하지 않는 한 소멸시효 중단의 효력이 없다.

② 당연 무효의 가압류·가처분은 소멸시효의 중단사유에 해당하지 않는다.

③ 부부 중 한쪽이 다른 쪽에 대하여 갖는 권리는 혼인관계가 종료된 때부터 6개월 내에는 소멸시효가 완성되지 않는다.

④ 승인은 소멸시효의 진행이 개시된 이후에만 가능하고, 그 이전에는 승인을 하더라도 시효가 중단되지 않는다.

⑤ 시효중단의 효력 있는 승인에는 상대방의 권리에 관한 처분의 능력이나 권한이 있을 것을 요한다.

해설 ⑤ 시효중단의 효력 있는 승인에는 상대방의 권리에 관한 처분의 능력이나 권한 있음을 요하지 아니한다(제177조).

Answer

01. ②	02. ⑤	03. ④	04. ③	05. ③	06. ①	07. ⑤	08. ③	09. ②	10. ⑤
11. ①	12. ⑤	13. ④	14. ①	15. ②	16. ③	17. ④	18. ②	19. ③	20. ⑤

제4회 행정사 민법총칙

[2016. 6. 11. 실시]

01 신의성실의 원칙 등에 관한 설명으로 옳은 것을 모두 고른 것은? (다툼이 있으면 판례에 따름)

> ㉠ 병원은 병실에의 출입자를 통제·감독하든가 그것이 불가능하다면 입원환자의 휴대품 등의 도난을 방지함에 필요한 적절한 조치를 강구하여 줄 신의칙상의 보호의무가 있다.
> ㉡ 인지청구권에는 실효의 법리가 적용된다.
> ㉢ 매매계약체결 후 9년이 지났고 시가가 올랐다는 사정만으로 계약을 해제할 만한 사정변경이 있다고 볼 수 없다.
> ㉣ 실효의 원칙은 항소권과 같은 소송법상의 권리에도 적용될 수 있다.

① ㉠, ㉢
② ㉡, ㉣
③ ㉠, ㉡, ㉣
④ ㉠, ㉢, ㉣
⑤ ㉠, ㉡, ㉢, ㉣

해설 ㉡ 인지청구권은 본인의 일신전속적인 신분관계상의 권리로서 포기할 수도 없으며 포기하였더라도 그 효력이 발생할 수 없는 것이고, 이와 같이 인지청구권의 포기가 허용되지 않는 이상 거기에 실효의 법리가 적용될 여지도 없다(대판 2001. 11. 27, 2001므1353).

02 권리능력에 관한 설명으로 옳은 것은?

① 2인 이상이 동일한 위난으로 사망한 경우 동시에 사망한 것으로 본다.
② 태아는 모든 법률관계에서 권리의 주체가 될 수 있다.
③ 의사능력이 없는 자는 권리능력도 인정되지 않는다.
④ 외국인은 대한민국의 도선사(導船士)가 될 수 있다.
⑤ 우리 민법은 외국인의 권리능력에 관하여 명문규정을 두고 있지 않다.

해설 ① 2인 이상이 동일한 위난으로 사망한 경우에는 동시에 사망한 것으로 추정한다(제30조).
② 우리 민법은 태아를 모든 법률관계에 있어서 이미 출생한 것으로 보지 않고, 태아의 보호에 특히 중요하다고 생각되는 법률관계만을 개별적으로 열거하여 이에 한하여만 이미 출생한 것으로 보아 권리능력을 부여하는 개별적 보호주의를 채택하고 있다.
③ 의사능력이 없는 자도 권리능력은 인정된다.
④ 외국인은 대한민국의 도선사가 될 수 없다(도선법 제6조).

03 성년후견, 한정후견, 특정후견에 관한 설명으로 옳지 않은 것은?

① 가정법원은 한정후견개시의 심판을 직권으로 하지 못한다.
② 한정후견종료의 심판은 장래에 향하여 효력을 가진다.
③ 특정후견은 본인의 의사에 반하여 할 수 있다.
④ 가정법원은 취소할 수 없는 피성년후견인의 법률행위의 범위를 정할 수 있다.
⑤ 정신적 제약으로 사무를 처리할 능력이 지속적으로 결여된 사람에 대하여 지방자치단체의 장도 성년후견개시의 심판을 청구할 수 있다.

해설 ③ 특정후견은 본인의 의사에 반하여 할 수 없다(제14조의 2 제2항).

04 부재와 실종에 관한 설명으로 옳지 않은 것은? (다툼이 있으면 판례에 따름)

① 법원이 선임한 재산관리인은 관리할 재산목록을 작성하여야 한다.

② 특별실종의 경우 실종선고를 받은 자는 실종선고일부터 1년의 기간이 만료한 때에 사망한 것으로 본다.

③ 실종자의 범죄 또는 실종자에 대한 범죄의 성부 등은 실종선고와 관계없이 결정된다.

④ 실종선고가 확정되면 선고 자체가 취소되지 않는 한 실종자의 생존 기타 반증을 들어 선고의 효과를 다툴 수 없다.

⑤ 부재자가 스스로 재산관리인을 둔 경우 그 재산관리인은 부재자의 임의대리인이다.

해설 ② 실종선고를 받은 자는 실종기간이 만료한 때에 사망한 것으로 본다(제28조).

05 민법상 법인의 권리능력과 불법행위능력에 관한 설명으로 옳지 않은 것은? (다툼이 있으면 판례에 따름)

① 법인은 법률의 규정에 좇아 정관으로 정한 목적의 범위 내에서 권리와 의무의 주체가 된다.

② 법인의 피용자가 사무집행에 관하여 불법행위를 한 경우, 법인은 민법 제756조의 책임을 부담한다.

③ 법인의 목적범위 외의 행위로 인하여 타인에게 손해를 가한 때에는 그 사항의 의결에 찬성하거나 그 의결을 집행한 사원, 이사 및 기타 대표자가 연대하여 배상하여야 한다.

④ 법인의 대표자의 행위가 직무에 관한 행위에 해당하지 아니함을 피해자가 중대한 과실로 인하여 알지 못한 경우에도 법인에게 불법행위책임을 물을 수 있다.

⑤ 민법 제35조 제1항의 법인의 대표자에는 그 명칭이나 직위 여하 또는 대표자로 등기되었는지 여부를 불문하고 당해 법인을 실질적으로 운영하면서 법인을 사실상 대표하여 법인의 사무를 집행하는 사람을 포함한다고 해석함이 상당하다.

해설 ④ 법인의 대표자의 행위가 직무에 관한 행위에 해당하지 아니함을 피해자 자신이 알았거나 또는 중대한 과실로 인하여 알지 못한 경우에는 법인에 손해배상책임을 물을 수 없다(대판 2004. 3. 26, 2003다34045).

06 민법상 법인에 관한 설명으로 옳은 것은?

① 사교 등 비영리를 목적으로 하는 사단은 주무관청의 허가 없이 신고만으로 법인을 설립할 수 있다.

② 이사가 없는 경우에 이로 인하여 손해가 생길 염려 있는 경우, 법원은 이해관계인의 청구에 의하여 특별대리인을 선임하여야 한다.

③ 법인이 주사무소소재지를 관할하는 등기소의 관할구역 외로 주사무소를 이전하는 경우, 구소재지에서는 3주간 내에 이전등기를 하고 신소재지에서는 3주간 내에 설립등기 사항에 게기한 사항을 등기하여야 한다.

④ 이사의 대표권에 대한 제한은 이를 정관에 기재하지 아니하여도 그 효력이 있다.

⑤ 법인은 정관 또는 총회의 결의로 감사를 두어야 한다.

해설 ③ 제51조 제1항
① 학술, 종교, 자선, 기예, 사교 기타 영리 아닌 사업을 목적으로 하는 사단 또는 재단은 주무관청의 허가를 얻어 이를 법인으로 할 수 있다(제32조).
② 이사가 없거나 결원이 있는 경우에 이로 인하여 손해가 생길 염려가 있는 때에는 법원은 이해관계인이나 검사의 청구에 의하여 임시이사를 선임하여야 한다(제63조).
④ 이사의 대표권에 대한 제한은 이를 정관에 기재하지 아니하면 그 효력이 없다(제41조).
⑤ 법인은 정관 또는 총회의 결의로 감사를 둘 수 있다(제66조).

07 법인의 정관에 관한 설명으로 옳지 않은 것은? (다툼이 있으면 판례에 따름)

① 법인의 존립시기나 해산사유는 재단법인 정관의 필요적 기재사항이다.

② 사단법인의 정관의 변경은 주무관청의 허가를 얻지 아니하면 그 효력이 없다.

③ 재단법인의 설립자가 그 명칭, 사무소소재지 또는 이사임면의 방법을 정하지 아니하고 사망한 때에는 이해관계인 또는 검사의 청구에 의하여 법원이 이를 정한다.

④ 사단법인의 정관은 정수에 관하여 정관에 다른 규정이 없는 한 총사원 3분의 2 이상의 동의가 있는 때에 한하여 이를 변경할 수 있다.

⑤ 재단법인의 목적을 달성할 수 없는 때에는 설립자나 이사는 주무관청의 허가를 얻어 설립의 취지를 참작하여 그 목적 기타 정관의 규정을 변경할 수 있다.

해설 ① 재단법인의 설립자는 일정한 재산을 출연하고 제40조 제1호 내지 제5호의 사항을 기재한 정관을 작성하여 기명날인하여야 한다(제43조). 따라서 제40조 제6호(사원자격의 득실에 관한 규정)와 제7호(법인의 존립시기나 해산시기)는 필요적 기재사항이 아니다. 사원에 관한 규정은 재단법인에서는 사원이 없기 때문에 당연한 것이고, 존립시기·해산사유에 관한 규정은 재단법인의 영속성을 고려하고 설립자의 의사를 존중하기 위하여 임의적 기재사항으로 하였다.

08 반사회질서의 법률행위에 관한 설명으로 옳지 않은 것은? (다툼이 있으면 판례에 따름)

① 어느 법률행위가 선량한 풍속 기타 사회질서에 위반되어 무효인지의 여부는 법률행위 시를 기준으로 판단해야 한다.

② 금전소비대차 시 당사자 사이의 경제력 차이로 인하여 사회통념상 허용되는 한도를 초과하여 현저하게 고율의 이자약정이 체결되었다면, 그 허용할 수 있는 한도를 초과하는 부분의 이자약정은 반사회질서의 법률행위로서 무효이다.

③ 부첩관계를 해소하면서 첩의 희생을 위자하고 첩의 장래 생활대책을 마련해 준다는 뜻에서 금원을 지급하기로 한 약정은 공서양속에 반하지 않는다.

④ 의무의 강제에 의하여 얻어지는 채권자의 이익에 비하여 약정된 위약벌이 과도하게 무거운 경우, 그 일부 또는 전부가 공서양속에 반하여 무효로 된다.

⑤ 강제집행을 면할 목적으로 부동산에 허위의 근저당권설정등기를 경료하는 행위는 반사회질서의 법률행위로서 무효이다.

해설 ⑤ 강제집행을 면할 목적으로 부동산에 허위의 근저당권설정등기를 경료하는 행위는 민법 제103조의 선량한 풍속 기타 사회질서에 위반한 사항을 내용으로 하는 법률행위로 볼 수 없다(대판 2004. 5. 28, 2003다70041).

09 의사표시에 관한 설명으로 옳은 것은?

① 의사표시자가 그 통지를 발송한 후 사망하여도 의사표시의 효력에 영향을 미치지 아니한다.

② 진의 아닌 의사표시에서 상대방이 표의자의 진의 아님을 알았거나 알 수 있었을 경우, 표의자는 그 의사표시를 취소할 수 있다.

③ 표의자가 과실로 상대방의 소재를 알지 못하는 경우, 의사표시는 민사소송법 공시송달의 규정에 의하여 송달할 수 있다.

④ 상대방이 있는 의사표시는 상대방이 요지(了知)한 때에 그 효력이 생긴다.

⑤ 상대방 있는 의사표시에 관하여 제3자가 강박을 행한 경우, 상대방이 그 사실을 알았던 경우에 한하여 그 의사표시를 취소할 수 있다.

해설 ② 의사표시는 표의자가 진의 아님을 알고 한 것이라도 그 효력이 있다. 그러나 상대방이 표의자의 진의 아님을 알았거나 이를 알 수 있었을 경우에는 무효로 한다(제107조 제1항).
③ 표의자가 과실 없이 상대방을 알지 못하거나 상대방의 소재를 알지 못하는 경우에는 의사표시는 민사소송법 공시송달의 규정에 의하여 송달할 수 있다(제113조).
④ 상대방이 있는 의사표시는 상대방에게 도달한 때에 그 효력이 생긴다(제111조 제1항).
⑤ 상대방 있는 의사표시에 관하여 제3자가 사기나 강박을 행한 경우에는 상대방이 그 사실을 알았거나 알 수 있었을 경우에 한하여 그 의사표시를 취소할 수 있다(제110조 제2항).

10 통정허위표시에 관한 설명으로 옳지 않은 것은? (다툼이 있으면 판례에 따름)

① 통정허위표시는 무효이나, 그 무효로써 선의의 제3자에게 대항하지 못한다.

② 선의의 제3자가 되기 위해서는 선의임에 과실이 없어야 한다.

③ 제3자는 특별한 사정이 없는 한 선의로 추정할 것이므로, 제3자가 악의라는 사실에 관한 주장·입증책임은 그 허위표시의 무효를 주장하는 자에게 있다.

④ 통정허위표시에 의한 매매의 매수인으로부터 매수목적물에 대하여 선의로 저당권을 설정받은 자는 선의의 제3자에 해당된다.

⑤ 통정허위표시로 설정된 전세권에 대하여 선의로 저당권을 취득한 자는 선의의 제3자에 해당된다.

해설 ② 제108조 제2항에서 선의의 제3자의 무과실을 요구하고 있지 않으므로 선의이면 되고 무과실은 요건이 아니다.

11 대리에 관한 설명으로 옳은 것은?

① 복대리인은 그 권한 내에서 대리인을 대리한다.

② 임의대리인의 대리권의 범위를 정하지 아니한 경우, 대리인은 보존행위뿐만 아니라 처분행위도 할 수 있다.

③ 대리인은 본인의 허락이 있어도 부동산 매매에 관하여 자기계약을 체결하지 못한다.

④ 임의대리에서 본인은 원인된 법률관계가 존속하고 있으면, 수권행위를 철회하여 임의대리권을 소멸시킬 수 없다.

⑤ 복대리인은 본인이나 제3자에 대하여 대리인과 동일한 권리의무가 있다.

해설 ① 복대리인은 그 권한 내에서 본인을 대리한다(제123조 제1항).
② 보존행위와 대리의 목적인 물건이나 권리의 성질을 변하지 아니하는 범위에서 그 이용 또는 개량하는 행위만 할 수 있다.
③ 대리인은 본인의 허락이 없으면 본인을 위하여 자기와 법률행위를 하거나 동일한 법률행위에 관하여 당사자 쌍방을 대리하지 못한다. 그러나 채무의 이행은 할 수 있다(제124조). 즉 본인의 허락이 있는 경우와 채무의 이행의 경우에는 자기계약·쌍방대리가 허용된다.
④ 법률행위에 의하여 수여된 대리권은 전조의 경우 외에 그 원인된 법률관계의 종료에 의하여 소멸한다. 법률관계의 종료 전에 본인이 수권행위를 철회한 경우에도 같다(제128조).

12 표현대리와 협의의 무권대리에 관한 설명으로 옳지 않은 것은? (다툼이 있으면 판례에 따름)

① 유권대리에 관한 주장 속에는 표현대리의 주장이 당연히 포함되어 있다고 볼 수는 없다.

② 처음부터 어떠한 대리권도 없었던 자에 대하여 대리권 소멸 후의 표현대리는 성립할 수 없다.

③ 증권회사로부터 위임받은 고객의 유치, 투자상담 및 권유, 위탁매매약정실적의 제고 등의 업무는 사실행위에 불과하나 이를 기본대리권으로 하여 권한을 넘은 표현대리가 성립할 수 있다.

④ 협의의 무권대리인이 타인의 대리인으로 한 계약은 본인이 이를 추인하지 아니하면 본인에 대하여 효력이 없다.

⑤ 협의의 무권대리행위의 상대방은 계약 당시 무권대리행위임을 안 때에는 본인이나 그 대리인에 대하여 자신의 의사표시를 철회할 수 없다.

해설 ③ 제126조의 표현대리가 성립하기 위해서는 무권대리인에게 법률행위에 관한 기본대리권이 있어야 하는 바, 증권회사로부터 위임받은 고객의 유치·투자상담 및 권유·위탁매매약정실적의 제고 등의 업무는 사실행위에 불과하므로 이를 기본대리권으로 하여서는 권한 초과의 표현대리가 성립할 수 없다(대판 1992. 5. 26, 91다32190).

13 甲의 아들인 성년자 乙이 아무런 권한 없이 丙에게 甲의 대리인이라고 사칭하고, 甲 소유의 X아파트를 丙에게 매각하였다. 다음 설명 중 옳지 않은 것은? (다툼이 있으면 판례에 따름)

① 乙이 丙에게 X아파트를 매각한 직후 甲이 X아파트를 丁에게 매각하고 소유권이전등기를 경료해 준 이후에, 甲이 乙의 무권대리행위를 추인하더라도 丁은 X아파트의 소유권을 취득한다.

② 甲은 丙에 대하여 적극적으로 추인의 의사가 없음을 표시하여 무권대리행위를 무효로 확정지을 수 있다.

③ 丙이 매매계약 당시 乙에게 대리권이 없음을 알지 못하였던 경우, 丙은 甲의 추인이 있기 전에 乙을 상대로 매매계약을 철회할 수 있다.

④ 丙은 상당한 기간을 정하여 甲에게 X아파트 매매계약의 추인 여부의 확답을 최고할 수 있고, 甲이 그 기간 내에 확답을 발하지 않으면 추인한 것으로 본다.

⑤ 乙이 자신의 대리권을 증명하지 못하고 甲의 추인을 받지 못한 경우, 乙은 과실이 없어도 丙의 선택에 따라 계약을 이행하거나 손해를 배상할 책임이 있다.

해설 ④ 대리권 없는 자가 타인의 대리인으로 계약을 한 경우에 상대방은 상당한 기간을 정하여 본인에게 그 추인 여부의 확답을 최고할 수 있다. 본인이 그 기간 내에 확답을 발하지 아니한 때에는 추인을 거절한 것으로 본다(제131조).

14 「국토의 계획 및 이용에 관한 법률」상의 토지거래허가구역 내의 토지를 매매한 경우에 관한 설명으로 옳지 않은 것은? (다툼이 있으면 판례에 따름)

① 토지매매계약은 관할관청의 허가를 받아야만 그 효력이 발생하고 그 허가를 받기 전에는 채권적 효력도 발생하지 아니한다.

② 처음부터 토지거래허가를 배제하거나 잠탈하는 내용의 계약일 경우에는 확정적으로 무효로서 유효화될 여지가 없다.

③ 당사자들이 계약상 대금지급의무를 소유권이전등기의무에 선행하여 이행하기로 약정하였더라도, 허가 전이라면 매매대금 미지급을 이유로 계약을 해제할 수 없다.

④ 매도인의 토지거래허가 신청절차 협력의무와 매수인의 매매대금지급의무가 동시이행의 관계에 있는 것은 아니다.

⑤ 계약의 쌍방당사자는 공동허가신청절차에 협력할 의무가 있지만, 이러한 의무에 일방이 위배하더라도 상대방은 협력의무의 이행을 소구할 수는 없다.

해설 ⑤ 계약의 쌍방당사자는 공동으로 관할관청의 허가를 신청할 의무가 있고, 이러한 의무에 위배하여 허가신청절차에 협력하지 않는 당사자에 대하여 상대방은 협력의무의 이행을 소송으로써 구할 이익이 있다.

15 물건에 관한 설명으로 옳지 않은 것은? (다툼이 있으면 판례에 따름)

① 민법상 전기(電氣)는 물건이다.

② 주물이 압류된 경우 압류의 효력은 종물에도 미친다.

③ 종물은 주물의 처분에 따른다는 민법 제100조 제2항의 규정은 권리 상호 간에 적용될 수 없다.

④ 주물을 처분할 때 특약으로 종물을 제외할 수 있고 종물만을 별도로 처분할 수도 있다.

⑤ 법정과실은 수취할 권리의 존속기간일수의 비율로 취득하고, 천연과실은 그 원물로부터 분리하는 때에 이를 수취할 권리자에 속한다.

해설 ③ 주물·종물의 이론은 원래 물건 상호 간의 관계에 관한 것이지만, 권리 상호 간에도 유추적용된다.

16 법률행위의 무효와 취소에 관한 설명으로 옳은 것은? (다툼이 있으면 판례에 따름)

① 무효인 법률행위의 추인은 명시적으로 하여야 하고 묵시적으로는 할 수 없다.

② 법률행위가 취소되면 처음부터 무효인 것으로 되지만, 제한능력자는 그 행위로 인하여 받은 이익이 현존하는 한도에서 상환(償還)할 책임이 있다.

③ 착오에 의한 의사표시를 한 자가 사망한 경우, 그 상속인은 피상속인의 착오를 이유로 취소할 수 없다.

④ 취소권은 추인할 수 있는 날로부터 10년 내에 행사하면 된다.

⑤ 법률행위의 일부분이 무효인 경우, 그 무효부분이 없더라도 법률행위를 하였을 것이라고 인정될 때에도 그 전부를 무효로 한다.

해설 ② 제141조
① 무효인 법률행위의 추인은 묵시적인 방법으로도 할 수 있다.
③ 상속인은 포괄승계인으로서 취소권자에 해당한다.
④ 취소권은 추인할 수 있는 날로부터 3년 내에, 법률행위를 한 날로부터 10년 내에 행사하여야 한다(제146조).
⑤ 법률행위의 일부분이 무효인 때에는 그 전부를 무효로 한다. 그러나 그 무효부분이 없더라도 법률행위를 하였을 것이라고 인정될 때에는 나머지 부분은 무효가 되지 아니한다(제137조).

17 법률행위의 조건과 기한에 관한 설명으로 옳은 것은? (다툼이 있으면 판례에 따름)

① 조건성취로 불이익을 받을 자가 고의가 아닌 과실로 신의성실에 반하여 조건의 성취를 방해한 경우, 상대방은 조건이 성취된 것으로 주장할 수 없다.

② 정지조건이 성취되면 법률효과는 그 성취된 때로부터 발생하며, 당사자의 의사로 이를 소급시킬 수 없다.

③ 조건이 선량한 풍속 기타 사회질서에 위반한 것인 때에는 그 조건은 무효로 되지만 그 조건이 붙은 법률행위가 무효로 되는 것은 아니다.

④ "3년 안에 甲이 사망하면 현재 甲이 사용 중인 乙 소유의 자전거를 乙이 丙에게 증여한다"라는 계약은 조건부 법률행위이다.

⑤ 조건의 성취가 미정한 권리는 일반규정에 의하여 처분할 수 없다.

> **해설** ① 조건의 성취로 인하여 불이익을 받을 당사자가 신의성실에 반하여 조건의 성취를 방해한 때에는 상대방은 그 조건이 성취한 것으로 주장할 수 있다(제150조 제1항). 이때 고의에 의한 경우만이 아니라 과실에 의한 경우도 신의성실에 반하여 조건의 성취를 방해한 때에 해당한다.
> ② 당사자가 조건성취의 효력을 그 성취 전에 소급하게 할 의사를 표시한 때에는 그 의사에 의한다(제147조 제3항).
> ③ 조건이 선량한 풍속 기타 사회질서에 위반한 것인 때에는 그 법률행위는 무효로 한다(제151조 제1항).
> ⑤ 조건의 성취가 미정한 권리의무는 일반규정에 의하여 처분, 상속, 보존 또는 담보로 할 수 있다(제149조).

18 민법상 기간에 관한 설명으로 옳은 것은? (다툼이 있으면 판례에 따름)

① 월로 정한 기간의 기산일이 공휴일인 경우에는 그 다음 날부터 기산한다.

② 기한을 일, 주, 월 또는 연으로 정한 때에 기간의 초일을 산입하지 아니하는 것은 강행규정이며 당사자의 약정으로 달리 정할 수 없다.

③ 2016. 4. 30. 10시부터 2개월인 경우 2016. 6. 30. 10시로 기간이 만료한다.

④ 사단법인의 사원총회일이 2016. 7. 19. 10시인 경우 늦어도 7. 12. 24시까지 사원에게 총회소집통지를 발신하면 된다.

⑤ 1997. 6. 1. 07시에 출생한 사람은 2016. 6. 1. 0시부터 성년자가 된다.

> **해설** ① 기간의 기산일이 공휴일인 경우에는 그날부터 기산한다.
> ② 임의규정이므로 당사자의 약정으로 달리 정할 수 있다.
> ③ 2016. 6. 30. 24시로 기간이 만료한다.
> ④ 총회의 소집은 1주간 전에 그 회의의 목적사항을 기재한 통지를 발하고 기타 정관에 정한 방법에 의하여야 한다(제71조). 따라서 사원총회일이 7월 19일이라고 한다면, 18일이 기산점이 되어 그날로부터 역으로 7일을 계산한 날의 말일인 12일 오전 0시에 만료한다. 따라서 11일 24시까지는 총회소집통지가 발송되어야 한다.

19 소멸시효에 관한 설명으로 옳은 것은? (다툼이 있으면 판례에 따름)

① 물상보증인이 채권자를 상대로 채무자의 채무가 모두 소멸하였다고 주장하면서 근저당권말소청구소송을 제기하였는데 채권자가 피고로서 응소하여 적극적으로 권리를 주장하고 받아들여진 경우에도 그 채권의 소멸시효는 중단되지 않는다.

② 비법인사단이 총유물을 매도한 후 그 대표자가 매수인에게 소유권이전등기의무에 대하여 시효중단의 효력이 있는 승인을 하는 경우에 있어 사원총회의 결의를 거치지 아니하였다면 그 승인은 무효이다.

③ 채권자가 물상보증인의 소유인 부동산에 경료된 근저당권을 실행하기 위하여 경매를 신청한 경우, 그 경매와 관련하여 채무자에게 압류사실이 통지되었는지 여부와 무관하게 소멸시효 중단의 효력이 발생한다.

④ 담보가등기가 경료된 부동산을 양수하여 소유권이전등기를 마친 자는 그 가등기담보권에 의하여 담보된 채권의 채무자가 시효이익을 포기한 경우 독자적으로 시효이익을 주장할 수 없다.

⑤ 대여금 채권의 소멸시효가 진행하는 중 채권자가 채무자 소유의 부동산에 가압류집행을 함으로써 소멸시효의 진행을 중단시킨 경우 그 기입등기일로부터 새롭게 소멸시효기간이 진행한다.

해설 ① 시효를 주장하는 자의 소 제기에 대한 응소행위가 민법상 시효중단사유로서의 재판상 청구에 준하는 행위로 인정되려면 의무 있는 자가 제기한 소송에서 권리자가 의무 있는 자를 상대로 응소하여야 할 것이므로, 담보가등기가 설정된 후에 그 목적부동산의 소유권을 취득한 제3취득자나 물상보증인 등 시효를 원용할 수 있는 지위에 있으나 직접 의무를 부담하지 아니하는 자가 제기한 소송에서의 응소행위는 권리자의 의무자에 대한 재판상 청구에 준하는 행위에 해당한다고 볼 수 없다(대판 2007. 1. 11, 2006다33364).

② 비법인사단의 사원총회가 그 총유물에 관한 매매계약의 체결을 승인하는 결의를 하였다면, 통상 그러한 결의에는 그 매매계약의 체결에 따라 발생하는 채무의 부담과 이행을 승인하는 결의까지 포함되었다고 봄이 상당하므로, 비법인사단의 대표자가 그 채무에 대하여 소멸시효 중단의 효력이 있는 승인을 하거나 그 채무를 이행할 경우에는 특별한 사정이 없는 한 별도로 그에 대한 사원총회의 결의를 거칠 필요는 없다고 보아야 한다(대판 2009. 11. 26, 2009다64383).

③ 압류 등을 시효의 이익을 받을 자에 대하여 하지 않은 때에는, 이를 그에게 통지한 후가 아니면 시효중단의 효력이 없다(제176조). 따라서 물상보증인의 부동산을 압류한 경우에는, 그 사실을 채무자에게 통지하여야 그에게 시효중단의 효력이 미친다.

④ 소멸시효이익의 포기는 상대적이며, 시효이익을 받을 자가 수인인 경우에 그중 1인이 포기하더라도 다른 사람에게는 영향을 미치지 않는다.

⑤ 시효가 중단된 때에는 중단까지에 경과한 시효기간은 이를 산입하지 아니하고 중단사유가 종료한 때로부터 새로이 진행한다(제178조 제1항). 따라서 압류·가압류·가처분의 경우는 절차가 종료한 때로부터 새로이 진행한다.

20 다음 중 3년의 단기소멸시효에 걸리는 채권을 모두 고른 것은? (다툼이 있으면 판례에 따름)

> ㉠ 의사의 치료에 관한 채권
> ㉡ 노역인의 임금 채권
> ㉢ 도급받은 자의 공사에 관한 채권
> ㉣ 2년 후에 원금과 이자를 한꺼번에 받기로 하고 대여한 경우의 이자채권
> ㉤ 상인인 가구상이 판매한 자개장롱의 대금채권

① ㉠, ㉤
② ㉠, ㉢, ㉤
③ ㉡, ㉢, ㉣
④ ㉢, ㉣, ㉤
⑤ ㉠, ㉡, ㉢, ㉣

해설 ㉠ 3년(제163조 제2호)
㉢ 3년(제163조 제3호)
㉤ 3년(제163조 제6호)
㉡ 1년(제164조 제3호)
㉣ 민법 제163조 제1호 소정의 이자·부양료·급료·사용료 기타 1년 이내의 기간으로 정한 금전 또는 물건의 지급을 목적으로 하는 채권이라 함은 1년 이내의 정기에 지급되는 채권을 의미하는 것이고 변제기가 1년 이내의 채권을 말하는 것이 아니므로, 1회의 변제로써 소멸되는 소비대차의 원리금채권은 물론이고 이자채권이라고 하더라도 1년 이내의 정기에 지급하기로 한 것이 아닌 이상 위 규정 소정의 3년의 단기소멸시효에 걸리는 것이 아니다(대판 1996. 9. 20, 96다25302).

Answer

| 01. ④ | 02. ⑤ | 03. ③ | 04. ② | 05. ④ | 06. ③ | 07. ① | 08. ⑤ | 09. ① | 10. ② |
| 11. ⑤ | 12. ③ | 13. ④ | 14. ⑤ | 15. ③ | 16. ② | 17. ④ | 18. ⑤ | 19. ① | 20. ② |

제4회 행정사 민법총칙 기출문제　**399**

제5회 행정사 민법총칙

[2017. 5. 27. 실시]

01 관습법과 사실인 관습에 관한 설명으로 옳지 않은 것은? (다툼이 있으면 판례에 따름)

① 관습법은 성문법에 대하여 보충적 효력을 가진다.

② 관습법이 성립하기 위해서는 사회 구성원의 법적 확신과 인식이 있어야 한다.

③ 사실인 관습은 법원(法源)으로서의 효력이 인정된다.

④ 사실인 관습은 그 존재를 당사자가 주장·증명하여야 한다.

⑤ 사실인 관습은 당사자의 의사가 명확하지 아니한 때에 그 의사를 보충함에 그친다.

> **해설** ③ 사실인 관습은 법령으로서의 효력이 없는 단순한 관행으로서 법률행위의 당사자의 의사를 보충함에 그치는 것이다(대판 1983. 6. 14, 80다3231).

02 신의성실의 원칙에 관한 설명으로 옳지 않은 것은? (다툼이 있으면 판례에 따름)

① 제한능력자의 행위라는 이유로 법률행위를 취소하는 것은 신의성실의 원칙에 위배되지 않는다.

② 강행법규에 위반하여 약정을 체결한 당사자가 그 약정의 무효를 주장하는 것은 신의성실의 원칙에 반하지 아니한다.

③ 무권대리인이 본인을 단독 상속한 경우 본인의 지위에서 추인을 거절하는 것은 신의성실의 원칙에 위배된다.

④ 이사가 회사재직 중 회사의 확정채무를 보증한 후 사임한 경우에 사정변경을 이유로 보증계약을 해지할 수 있다.

⑤ 법원은 당사자의 주장이 없더라도 직권으로 신의성실의 원칙에 위반되는지 여부를 판단할 수 있다.

> **해설** ④ 사정변경을 이유로 보증계약을 해지할 수 있는 것은 포괄근보증이나 한정근보증과 같이 채무액이 불확정적이고 계속적인 거래로 인한 채무에 대하여 한 보증에 한하는바, 회사의 이사로 재직하면서 보증 당시 그 채무액과 변제기가 특정되어 있는 회사의 확정채무에 대하여 보증을 한 후 이사직을 사임하였다 하더라도, 사정변경을 이유로 보증계약을 해지할 수 없다(대판 1996. 2. 9, 95다27431).

03 제한능력자에 관한 설명으로 옳은 것을 모두 고른 것은? (다툼이 있으면 판례에 따름)

> ㉠ 미성년자의 법률행위에 법정대리인의 묵시적 동의가 인정되는 경우에는 미성년자는 제한능력을 이유로 그 법률행위를 취소할 수 없다.
> ㉡ 법정대리인이 취소한 미성년자의 법률행위는 취소 시부터 효력을 상실한다.
> ㉢ 피성년후견인의 법률행위 중 일상생활에 필요하고, 대가가 과도하지 아니한 법률행위는 성년후견인이 취소할 수 없다.
> ㉣ 제한능력자가 맺은 계약은 제한능력자 측에서 추인하기 전까지 상대방이 이를 거절할 수 있다.
> ㉤ 제한능력자와 계약을 맺은 선의의 상대방은 제한능력자 측에서 추인하기 전까지 제한능력자를 상대로 그 의사표시를 철회할 수 있다.

① ㉠, ㉡, ㉢ 　② ㉠, ㉢, ㉤
③ ㉠, ㉣, ㉤ 　④ ㉡, ㉢, ㉣
⑤ ㉡, ㉣, ㉤

해설 ㉡ 취소된 법률행위는 처음부터 무효인 것으로 본다(제141조 본문).
㉣ 제한능력자가 맺은 계약은 추인이 있을 때까지 상대방이 그 의사표시를 철회할 수 있다. 다만, 상대방이 계약 당시에 제한능력자임을 알았을 경우에는 그러하지 아니하다(제16조 제1항).

04 부재와 실종에 관한 설명으로 옳은 것은? (다툼이 있으면 판례에 따름)

① 실종선고를 받은 사람은 사망한 것으로 추정되므로 반증을 들어 실종선고의 효과를 다툴 수 있다.
② 부재자 재산관리인의 권한초과행위에 대한 법원의 허가결정은 기왕의 법률행위를 추인하는 방법으로는 할 수 없다.
③ 법원이 선임한 재산관리인은 재산의 보존행위를 하는 경우에 법원의 허가를 얻어야 한다.
④ 부재자 재산관리인으로서 권한초과행위의 허가를 받고 그 선임결정이 취소되기 전에 그 권한에 의하여 이루어진 행위는 부재자에 대한 실종기간이 만료된 뒤에 이루어졌다고 하더라도 유효하다.
⑤ 실종선고 확정 전 실종자를 당사자로 하여 선고된 판결은 효력이 없다.

해설 ④ 부재자 재산관리인으로서 권한초과행위의 허가를 받고 그 선임결정이 취소되기 전에 위 권한에 의하여 이루어진 행위는 부재자에 대한 실종 선고기간이 만료된 뒤에 이루어졌다고 하더라도 유효하다(대판 1981. 7. 28, 80다2668).
① 실종선고를 받은 자는 사망한 것으로 간주되므로, 선고가 취소되지 않는 한 생존 기타의 반증을 들어서 실종선고의 효과를 다툴 수 없다.
② 법원의 부재자 재산관리인의 초과행위결정의 효력은 그 허가받은 재산에 대한 장래의 처분행위뿐만 아니라 기왕의 처분행위를 추인하는 행위로도 할 수 있다.
③ 법원이 선임한 재산관리인은 제118조에서 규정한 행위(1. 보존행위 2. 물건이나 권리의 성질을 변하지 아니하는 범위에서 그 이용 또는 개량하는 행위)를 자유롭게 할 수 있다.
⑤ 실종선고의 효력이 발생하기 전에는 실종기간이 만료된 실종자라 하여도 소송상 당사자능력을 상실하는 것은 아니므로 실종선고 확정 전에는 실종기간이 만료된 실종자를 상대로 하여 제기된 소도 적법하고 실종자를 당사자로 하여 선고된 판결도 유효하다(대판 1992. 07. 14, 92다2455).

05 비법인사단에 관한 설명으로 옳지 않은 것을 모두 고른 것은? (다툼이 있으면 판례에 따름)

> ㉠ 비법인사단의 대표자가 직무에 관하여 타인에게 손해를 가한 경우에 비법인사단은 불법행위책임을 부담한다.
> ㉡ 비법인사단에 이사의 결원이 생긴 경우에는 임시이사 선임에 관한 민법규정이 유추적용되지 않는다.
> ㉢ 비법인사단에는 대표권 제한 등기에 관한 규정이 적용되지 않는다.
> ㉣ 비법인사단이 타인 간의 금전채무를 보증하는 행위는 총유물의 관리·처분행위라고 볼 수 있다.
> ㉤ 비법인사단이 성립되기 이전에 설립 주체인 개인이 취득한 권리의무는 설립 후의 비법인사단에 귀속될 수 있다.

① ㉠, ㉡, ㉣   ② ㉠, ㉢, ㉤
③ ㉡, ㉢, ㉣   ④ ㉡, ㉢, ㉤
⑤ ㉡, ㉣, ㉤

해설 ㉡ 민법 제63조는 법인의 조직과 활동에 관한 것으로서 법인격을 전제로 하는 조항이 아니고, 법인 아닌 사단이나 재단의 경우에도 이사가 없거나 결원이 생길 수 있으며, 통상의 절차에 따른 새로운 이사의 선임이 극히 곤란하고 종전 이사의 긴급처리권도 인정되지 아니하는 경우에는 사단이나 재단 또는 타인에게 손해가 생길 염려가 있을 수 있으므로, 민법 제63조는 법인 아닌 사단이나 재단에도 유추적용할 수 있다(대결 2009.11.19., 자 2008마699).
㉣ 비법인사단이 타인 간의 금전채무를 보증하는 행위는 총유물 그 자체의 관리·처분이 따르지 아니하는 단순한 채무부담행위에 불과하여 이를 총유물의 관리·처분행위라고 볼 수는 없다(대판 2007. 4. 19, 2004다60072·60089).
㉤ 발기인이 취득한 권리·의무는 구체적 사정에 따라 발기인 개인 또는 발기인조합에 귀속되는 것으로서, 이들에게 귀속된 권리·의무를 설립 후의 사단법인에 귀속시키기 위하여는 양수나 채무인수 등의 특별한 이전행위가 있어야 한다.

06 법인의 불법행위책임에 관한 설명으로 옳지 않은 것은? (다툼이 있으면 판례에 따름)

① 대표권이 없는 이사의 행위로 인하여는 법인의 불법행위가 성립하지 않는다.
② 외형상 법인의 대표자의 직무행위라고 인정할 수 있는 것이라면 그것이 법령규정에 위반한 행위라도 직무에 관한 행위에 해당한다.
③ 법인의 대표자의 행위가 직무에 관한 행위에 해당하지 아니함을 피해자가 중대한 과실로 인하여 알지 못한 경우에 법인은 손해배상책임을 부담하지 않는다.
④ 이사의 대표권에 대한 제한은 정관에 기재하여야 효력이 발생하고, 등기하면 제3자에게 대항할 수 있다.
⑤ 법인의 권리능력을 벗어나는 행위의 효과는 법인에게 귀속되지 않기 때문에 이로 인하여 상대방이 손해를 입었더라도 그 행위를 집행한 대표기관은 책임을 부담하지 않는다.

해설 ⑤ 법인의 목적범위 외의 행위로 인하여 타인에게 손해를 가한 때에는 그 사항의 의결에 찬성하거나 그 의결을 집행한 사원, 이사 및 기타 대표자가 연대하여 배상하여야 한다(제35조 제2항).

07 물건에 관한 설명으로 옳지 않은 것은? (다툼이 있으면 판례에 따름)

① 독립된 부동산으로서의 건물이라고 하기 위하여는 최소한의 기둥과 지붕 그리고 주벽이 이루어지면 된다.

② 주물과 종물을 별도로 처분하는 약정은 효력이 없다.

③ 주물과 다른 사람의 소유에 속하는 물건은 종물이 될 수 없다.

④ 법정과실은 수취할 권리의 존속기간일수의 비율로 취득한다.

⑤ 주물과 종물의 관계에 관한 법리는 주된 권리와 종된 권리 상호 간에도 적용된다.

해설 ② 종물은 주물의 처분에 따른다(제100조 제2항). 다만 제100조 제2항은 임의규정이므로 주물과 종물을 별도로 처분하는 약정도 유효하다.

08 민법상 기간에 관한 설명으로 옳은 것은? (다툼이 있으면 판례에 따름)

① 기간이 오전 0시부터 시작하는 경우라고 하더라도 초일을 산입하지 않는다.

② 기간의 계산에 관하여 법률행위에서 다르게 정하고 있더라도 민법의 기간 계산방법이 우선한다.

③ 초일이 공휴일이라고 해서 다음 날부터 기간을 기산하는 것은 아니다.

④ 민법상 기간의 계산에 관한 규정은 공법관계에는 적용되지 않는다.

⑤ 주, 월 또는 연(年)의 처음으로부터 기간을 기산하지 아니하는 때에는 최후의 주, 월 또는 연(午)에서 그 기산일에 해당한 날로 기간이 만료한다.

해설 ③ 기간의 말일이 토요일 또는 공휴일에 해당한 때에는 기간은 그 익일로 만료한다는 규정(제161조)의 취지는 기간의 만료일이 공휴일에 해당함으로써 발생할 불이익을 막고자 함에 그 뜻이 있는 것이므로, 초일이 공휴일인 경우에는 적용되지 않는다.
① 기간을 일·주·월·연으로 정한 때에는 기간의 초일은 산입하지 아니한다(제157조 본문). 즉, 익일부터 기산한다. 그러나 기간이 오전 0시부터 시작하는 때에는 초일을 산입한다(제157조 단서).
② 기간의 계산은 법령, 재판상의 처분 또는 법률행위에 다른 정한 바가 없으면 본장의 규정에 의한다(제155조).
④ 민법의 기간에 관한 규정은 사법관계뿐만 아니라 공법관계에도 적용된다.
⑤ 주·월·연의 처음으로부터 기간을 기산하지 아니한 때에는 최후의 주, 월 또는 연에서 그 기산일에 해당한 날의 전일(前日)로 기간이 만료한다(제160조 제2항). 예컨대 7월 15일에 앞으로 1년이라고 한 때에는 기산일은 7월 16일이 되고, 만료점은 그 다음해 7월 16일의 전일인 7월 15일 오후 12시이다.

09 협의의 무권대리에 관한 설명으로 옳은 것은? (다툼이 있으면 판례에 따름)

① 상대방이 상당한 기간을 정하여 본인에게 무권대리행위의 추인 여부의 확답을 최고한 경우 본인이 그 기간 내에 확답을 발하지 아니한 때에는 추인한 것으로 본다.

② 무권대리행위의 추인은 무권대리인이나 상대방에게 명시적인 방법으로만 할 수 있다.

③ 상대방은 계약 당시에 대리인에게 대리권이 없음을 안 때에도 본인의 추인이 있을 때까지 계약을 철회할 수 있다.

④ 본인이 무권대리행위의 내용을 변경하여 추인한 경우에는 상대방의 동의를 얻지 못하는 한 무효이다.

⑤ 대리인으로서 계약을 맺은 자에게 대리권이 없다는 사실을 알 수 있었던 상대방은 무권대리인에게 계약을 이행할 책임 또는 손해를 배상할 책임을 물을 수 있다.

해설 ④ 추인은 원칙적으로 무권대리행위의 전부에 대하여 행하여져야 하고, 그 일부에 대하여 추인을 하거나 그 내용을 변경하여 추인을 하였을 경우에는, 상대방의 동의를 얻지 못하는 한 무효이다.

① 대리권 없는 자가 타인의 대리인으로 계약을 한 경우에 상대방은 상당한 기간을 정하여 본인에게 그 추인 여부의 확답을 최고할 수 있다. 본인이 그 기간 내에 확답을 발하지 아니한 때에는 추인을 거절한 것으로 본다(제131조).

② 추인은 반드시 명시적으로 하여야 하는 것은 아니며, 묵시적으로도 할 수 있다.

③ 대리권 없는 자가 한 계약은 본인의 추인이 있을 때까지 상대방은 본인이나 그 대리인에 대하여 이를 철회할 수 있다. 그러나 계약 당시에 상대방이 대리권 없음을 안 때에는 그러하지 아니하다(제134조). 즉 철회권은 '선의'의 상대방에게만 인정된다.

⑤ 다른 자의 대리인으로서 계약을 맺은 자가 그 대리권을 증명하지 못하고 또 본인의 추인을 받지 못한 경우에는 그는 상대방의 선택에 따라 계약을 이행할 책임 또는 손해를 배상할 책임이 있다(제135조 제1항). 다만 대리인으로서 계약을 맺은 자에게 대리권이 없다는 사실을 상대방이 알았거나 알 수 있었을 때 또는 대리인으로서 계약을 맺은 사람이 제한능력자일 때에는 제1항을 적용하지 아니한다(제135조 제2항). 즉 상대방은 선의·무과실이어야 한다.

10 반사회질서의 법률행위에 관한 설명으로 옳은 것은? (다툼이 있으면 판례에 따름)

① 대물변제계약이 불공정한 법률행위로서 무효인 경우에도 목적부동산의 소유권을 이전받은 선의의 제3자에 대하여는 무효를 주장할 수 없다.

② 반사회질서의 법률행위라도 당사자가 그 무효임을 알고 추인하면 새로운 법률행위로서 유효하다.

③ 형사사건에 관하여 체결된 성공보수약정은 약정액이 통상적으로 용인될 수 있는 수준을 초과하여도 선량한 풍속 기타 사회질서에 위배되지 않는다.

④ 관련 법령에서 정한 한도를 초과하는 부동산 중개수수료 약정은 전부 무효이다.

⑤ 소송에서 증인이 증언을 조건으로 소송의 일방당사자로부터 통상적으로 용인될 수 있는 수준을 넘어서는 대가를 제공받기로 하는 약정은 무효이다.

해설 ⑤ 어느 당사자가 그 증언이 필요함을 기화로 증언하여 주는 대가로 용인될 수 있는 정도(예컨대 증인에게 일당 및 여비가 지급되기는 하지만 증인이 증언을 위하여 법원에 출석함으로써 입게 되는 손해에는 미치지 못하는 경우 그러한 손해를 전보하여 주는 경우)를 초과하는 급부를 제공받기로 한 약정은 반사회질서적인 금전적 대가가 결부된 경우로 그러한 약정은 제103조 소정의 반사회질서행위에 해당하여 무효로 된다(대판 1994. 3. 11, 93다40522).

① 대물변제계약이 불공정한 법률행위로서 무효인 경우는 절대적 무효이므로 목적부동산의 소유권을 이전받은 선의의 제3자에 대하여도 무효를 주장할 수 있다.

② 무효행위의 추인을 위해서는 추인 시에 무효원인이 소멸하여야 한다. 따라서 강행법규 위반이나 사회질서에 반하거나 불공정한 법률행위여서 무효인 경우처럼, 무효원인이 해소되고 있지 않은 때에는 무효행위의 추인이 인정되지 않는다.

③ 형사사건에 관하여 체결된 성공보수약정이 가져오는 여러 가지 사회적 폐단과 부작용 등을 고려하면, 구속영장청구 기각, 보석 석방, 집행유예나 무죄 판결 등과 같이 의뢰인에게 유리한 결과를 얻어내기 위한 변호사의 변론활동이나 직무수행 그 자체는 정당하다 하더라도, 형사사건에서의 성공보수약정은 수사·재판의 결과를 금전적인 대가와 결부시킴으로써, 기본적 인권의 옹호와 사회정의의 실현을 사명으로 하는 변호사 직무의 공공성을 저해하고, 의뢰인과 일반 국민의 사법제도에 대한 신뢰를 현저히 떨어뜨릴 위험이 있으므로, 선량한 풍속 기타 사회질서에 위배되는 것으로 평가할 수 있다(대판 2015. 7. 23, 2015다200111).

④ … 위와 같은 규정들은 부동산중개의 수수료 약정 중 소정의 한도액을 초과하는 부분에 대한 사법상의 효력을 제한함으로써 국민생활의 편의를 증진하고자 함에 그 목적이 있는 것이므로 이른바, 강행법규에 속하는 것으로서 그 한도액을 초과하는 부분은 무효라고 보아야 한다(대판 2002. 9. 4, 2000다54406).

11 법률행위의 목적에 관한 설명으로 옳지 않은 것은? (다툼이 있으면 판례에 따름)

① 불공정한 법률행위가 성립하기 위하여는 궁박·경솔·무경험의 요건이 모두 충족되어야 한다.

② 무상증여는 불공정한 법률행위가 될 수 없다.

③ 해외파견된 근로자가 귀국일로부터 3년간 회사에 근무하여야 하고, 이를 위반한 경우에는 해외파견에 소요된 경비를 배상하여야 한다는 회사의 사규는 반사회질서의 법률행위에 해당하지 않는다.

④ 공익법인이 주무관청의 허가 없이 기본재산을 처분하는 것은 무효이다.

⑤ 도박자금에 제공할 목적으로 금전의 대차를 한 때에는 그 대차계약은 반사회질서의 법률행위로 무효이다.

해설 ① 궁박, 경솔, 무경험 중 하나만 갖추면 되고 3가지를 동시에 충족시킬 필요는 없다.

② 제104조가 규정하는 현저히 공정을 잃은 법률행위라 함은 자기의 급부에 비하여 현저하게 균형을 잃은 반대급부를 하게 하여 부당한 재산적 이익을 얻는 행위를 의미하는 것이므로, 증여나 기부행위와 같이 아무런 대가관계 없이 당사자 일방이 상대방에게 일방적인 급부를 하는 무상행위는 그 공정성 여부를 논의할 수 있는 성질의 법률행위가 아니다.

③ 해외파견된 근로자가 귀국일로부터 일정기간 소속회사에 근무하여야 한다는 사규나 약정은 민법 제103조 또는 제104조에 위반된다고 할 수 없고, 일정기간 근무하지 않으면 해외파견 소요경비를 배상한다는 사규나 약정은 근로계약기간이 아니라 경비반환채무의 면제기간을 정한 것이므로 근로기준법 제21조에 위배하는 것도 아니다(대판 1982. 6. 22, 82다카90).

④ 기본재산의 처분은 정관의 변경을 초래하므로 주무관청의 허가가 필요하다. 따라서 허가 없이 한 처분행위는 무효이다.

⑤ 도박자금에 제공할 목적으로 금전의 대차를 한 때에는 그 대차계약은 민법 제103조의 반사회질서의 법률행위로 무효이다(대판 1973. 5. 22, 72다2249).

12 甲과 乙은 강제집행을 면할 목적으로 서로 통모하여 甲 소유의 X토지를 乙에게 매도하는 내용의 허위 매매계약서를 작성하고, 이에 근거하여 乙 앞으로 소유권이전등기를 마쳤다. 이에 관한 설명으로 옳지 않은 것은? (다툼이 있으면 판례에 따름)

① 甲은 X토지에 대하여 乙 명의의 소유권이전등기의 말소를 청구할 수 있다.

② 乙의 채권자 丙이 乙 명의의 X토지를 가압류하면서 丙이 甲과 乙 사이의 매매계약이 허위표시임을 알았다면 丙의 가압류는 무효이다.

③ 乙이 사망한 경우 甲은 乙의 단독상속인 丁에게 X토지에 대한 매매계약의 무효를 주장할 수 있다.

④ 乙의 채권자 丙이 乙 명의의 X토지를 가압류한 경우 丙이 보호받기 위해서는 선의이고 무과실이어야 한다.

⑤ 乙 명의의 X토지를 가압류한 丙은 특별한 사정이 없는 한 선의로 추정된다.

해설 ④ 乙의 채권자 丙이 乙 명의의 X토지를 가압류한 경우 丙이 보호받기 위해서는 선의이면 족하고 무과실은 요하지 않는다.

① 甲과 乙의 X토지 매매계약은 허위표시로서 무효이므로, 甲은 乙 명의의 소유권이전등기의 말소를 청구할 수 있다.

③ 허위표시의 무효는 선의의 제3자에게 대항하지 못한다(제108조 제2항). 여기서 제3자란 허위표시의 당사자 및 포괄승계인 이외의 자로서, 허위표시에 의하여 외형상 형성된 법률관계를 토대로 실질적으로 새로운 법률상 이해관계를 맺은 자를 말한다. 상속인 丁은 포괄승계인이므로 여기의 제3자에 해당하지 않는다.

⑤ 乙 명의의 X토지를 가압류한 丙은 제108조 제2항의 제3자에 해당한다. 제3자는 선의로 추정되므로, 무효를 주장하는 자가 제3자의 악의를 입증하여야 한다.

13 착오로 인한 의사표시에 관한 설명으로 옳지 않은 것은? (다툼이 있으면 판례에 따름)

① 의사표시의 동기에 착오가 있더라도 당사자 사이에서 그 동기를 의사표시의 내용으로 삼은 경우에는 의사표시의 내용의 착오가 되어 취소할 수 있다.

② 착오로 인한 의사표시에 있어서 표의자에게 중대한 과실이 있는지의 여부에 관한 증명책임은 표의자에게 있다.

③ 근저당권설정계약에서 채무자의 동일성에 관한 착오는 법률행위 내용의 중요부분에 관한 착오에 해당한다.

④ 대리인에 의한 계약체결의 경우 착오의 유무는 대리인을 표준으로 결정한다.

⑤ 당사자는 합의를 통하여 착오로 인한 의사표시 취소에 관한 민법 제109조 제1항의 적용을 배제할 수 있다.

해설 ② 중대한 과실이 있다는 입증책임은 표의자로 하여금 그 의사표시를 취소케 하지 않으려는 상대방이 부담한다.
① 동기의 착오가 법률행위의 내용의 중요부분의 착오에 해당함을 이유로 표의자가 법률행위를 취소하려면 그 동기를 당해 의사표시의 내용으로 삼을 것을 상대방에게 표시하고 의사표시의 해석상 법률행위의 내용으로 되어 있다고 인정되면 충분하고 당사자들 사이에 별도로 그 동기를 의사표시의 내용으로 삼기로 하는 합의까지 이루어질 필요는 없다. 다만, 예외적으로 동기가 상대방의 부정한 방법에 의하여 유발되었거나 상대방으로부터 제공된 경우에는 그 동기가 표시되지 않더라도 취소할 수 있다.
④ 의사표시의 효력이 의사의 흠결, 사기, 강박 또는 어느 사정을 알았거나 과실로 알지 못한 것으로 인하여 영향을 받을 경우에 그 사실의 유무는 대리인을 표준하여 결정한다(제116조 제1항).
⑤ 착오로 인한 의사표시 취소에 관한 민법 제109조 규정은 임의규정이므로, 특약에 의해 그 적용을 배제할 수 있다.

14 사기, 강박에 의한 의사표시에 관한 설명으로 옳지 않은 것은? (다툼이 있으면 판례에 따름)

① 제3자에 의한 사기행위로 계약을 체결한 경우에는 그 계약을 취소해야만 제3자에 대하여 불법행위로 인한 손해배상을 청구할 수 있다.

② 신의성실의 원칙상 고지의무가 있는 자가 소극적으로 진실을 숨기는 것은 기망행위에 해당한다.

③ 강박에 의하여 의사결정을 스스로 할 수 있는 여지가 완전히 박탈된 상태에서 이루어진 법률행위는 무효이다.

④ 상대방 있는 의사표시에 관하여 제3자가 사기를 행한 경우에는 상대방이 그 사실을 알았거나 알 수 있었을 경우에 한하여 그 의사표시를 취소할 수 있다.

⑤ 강박에 의한 의사표시라고 하려면 상대방이 불법으로 어떤 해악을 고지함으로 인하여 공포를 느끼고 의사표시를 한 것이어야 한다.

해설 ① 제3자의 사기행위로 인하여 피해자가 주택건설사와 사이에 주택에 관한 분양계약을 체결하였다고 하더라도 제3자의 사기행위 자체가 불법행위를 구성하는 이상, 제3자로서는 그 불법행위로 인하여 피해자가 입은 손해를 배상할 책임을 부담하는 것이므로, 피해자가 제3자를 상대로 손해배상청구를 하기 위하여 반드시 그 분양계약을 취소할 필요는 없다(대판 1998. 3. 10, 97다55829).
② 작위에 의한 적극적 기망행위뿐만 아니라, 부작위 특히 침묵도 '고지의무 또는 설명의무'가 전제되는 경우에는 기망행위가 될 수 있다.
③ 상대방 또는 제3자의 강박에 의하여 의사결정의 자유가 완전히 박탈된 상태에서 이루어진 의사표시는 효과의사에 대응하는 내심의 의사가 결여된 것이므로 무효라고 볼 수밖에 없으나, 강박이 의사결정의 자유를 완전히 박탈하는 정도에 이르지 아니하고 이를 제한하는 정도에 그친 경우에는 그 의사표시는 취소할 수 있음에 그치고 무효라고까지 볼 수 없다(대판 1984. 12. 11, 84다카1402).

15 법률행위의 대리에 관한 설명으로 옳은 것은? (다툼이 있으면 판례에 따름)

① 권한의 범위가 정해지지 않은 임의대리인은 부패하기 쉬운 농산물을 처분할 수 없다.

② 대리인은 행위능력자이어야 한다.

③ 부동산 입찰절차에서 동일물건에 관하여 이해관계가 다른 2인 이상의 대리인이 된 경우에는 그 대리인이 한 입찰은 무효이다.

④ 예금계약의 체결을 위임받은 자의 대리권에는 당연히 그 예금을 담보로 하여 대출을 받거나 이를 처분할 수 있는 대리권이 포함되어 있다.

⑤ 복대리인은 그 권한 내에서 대리인을 대리한다.

해설 ③ 민법 제124조는 "대리인은 본인의 허락이 없으면 본인을 위하여 자기와 법률행위를 하거나 동일한 법률행위에 관하여 당사자 쌍방을 대리하지 못한다."라고 규정하고 있으므로 부동산 입찰절차에서 동일물건에 관하여 이해관계가 다른 2인 이상의 대리인이 된 경우에는 그 대리인이 한 입찰은 무효이다(대결 2004.2.13., 자 2003마44). ① 권한을 정하지 아니한 대리인은 다음 각호의 행위(1. 보존행위, 2. 대리의 목적인 물건이나 권리의 성질을 변하지 아니하는 범위에서 그 이용 또는 개량하는 행위)만을 할 수 있다(제118조). 부패하기 쉬운 농산물을 처분하는 것은 보존행위에 속하므로 할 수 있다. ② 대리인은 행위능력자임을 요하지 아니한다(제117조). ④ 예금계약의 체결을 수임받은 자가 가지는 대리권에 당연히 그 예금을 담보로 하여 대부를 받거나 기타 이를 처분할 수 있는 대리권이 포함되어 있는 것은 아니다(대판 1992. 6. 23, 91다14987). ⑤ 복대리인은 그 권한 내에서 본인을 대리한다(제123조 제1항).

16 복대리권의 소멸사유가 아닌 것은?

① 본인의 사망
② 대리인의 파산
③ 복대리인의 파산
④ 대리인의 성년후견의 개시
⑤ 본인의 성년후견의 개시

해설 ⑤ 복대리권도 대리권이므로 대리권의 일반적 소멸사유에 의해 소멸한다(예 본인의 사망, 복대리인의 사망·성년후견의 개시·파산). 또한 복대리권은 대리권을 기초로 하므로 대리권이 소멸하면 복대리권도 소멸한다(예 본인의 사망, 대리인의 사망·성년후견의 개시·파산). 본인의 성년후견의 개시는 복대리권의 소멸사유에 해당하지 않는다.

17 표현대리에 관한 설명으로 옳지 않은 것은? (다툼이 있으면 판례에 따름)

① 권한을 넘은 표현대리에 있어서 법정대리권은 기본대리권이 될 수 없다.

② 대리행위가 강행법규 위반으로 무효인 경우에는 표현대리가 성립할 수 없다.

③ 유권대리에 관한 주장 속에 표현대리의 주장이 포함되어 있다고 볼 수 없다.

④ 민법 제129조의 대리권 소멸 후의 표현대리로 인정되는 경우에, 그 표현대리의 권한을 넘는 대리행위가 있을 때에는 민법 제126조의 표현대리가 성립될 수 있다.

⑤ 대리권수여의 표시에 의한 표현대리가 성립하려면 대리권 없음에 대하여 상대방이 선의이고 무과실이어야 한다.

해설 ① 제126조의 표현대리는 임의대리와 법정대리에 모두 적용된다. ② 증권회사 또는 그 임·직원의 부당권유행위를 금지하는 증권거래법 제52조 제1호는 공정한 증권거래질서의 확보를 위하여 제정된 강행법규로서 이에 위배되는 주식거래에 관한 투자수익보장약정은 무효이고, 투자수익보장이 강행법규에 위반되어 무효인 이상 증권회사의 지점장에게 그와 같은 약정을 체결할 권한이 수여되었는지 여부에 불구하고 그 약정은 여전히 무효이므로 표현대리의 법리가 준용될 여지가 없다(대판 1996. 8. 23, 94다38199). ③ 유권대리에 관한 주장 속에 무권대리에 속하는 표현대리의 주장이 포함되어 있다고 볼 수 없으며, 따로 표현대리에 관한 주장이 없는 한 법원은 나아가 표현대리의 성립 여부를 심리판단할 필요가 없다(대판 1983. 12. 13, 83다카1489).

18 조건에 관한 설명으로 옳지 않은 것은?

① 조건의 성취가 미정인 권리의무는 일반규정에 의하여 처분, 상속, 보존 또는 담보로 할 수 있다.

② 조건이 선량한 풍속 기타 사회질서에 위반한 것인 때에는 그 법률행위는 무효로 한다.

③ 당사자가 조건 성취 전에 특별한 의사표시를 하지 않으면 조건성취의 효력은 소급효가 없다.

④ 해제조건부 법률행위의 경우 법률행위 당시 조건이 이미 성취할 수 없는 것인 때에는 그 법률행위는 무효이다.

⑤ 조건부 법률행위의 당사자는 조건의 성부가 미정인 동안에 조건의 성취로 인하여 생길 상대방의 이익을 해하지 못한다.

해설 ④ 조건이 법률행위의 당시에 이미 성취할 수 없는 것인 경우에는 그 조건이 해제조건이면 조건 없는 법률행위로 하고 정지조건이면 그 법률행위는 무효로 한다(제151조 제3항).

③ 조건성취의 효과는 원칙적으로 조건성취 시로부터 발생하고 소급하지 않는다. 다만 당사자가 조건성취의 효력을 그 성취 전에 소급하게 할 의사를 표시한 때에는 그 의사에 의한다(제147조 제3항).

19 甲은 18세 때 시가 5,000만 원에 상당하는 명화(名畵)를 법정대리인인 丙의 동의 없이 乙에게 400만 원에 매도하였으나, 그 당시 乙은 甲의 외모로 보아 그가 성년이라고 생각하였다. 현재 甲이 미성년자라고 할 때 다음 설명 중 옳은 것은?

① 甲은 매매계약을 취소할 수 없다.

② 丙은 매매계약을 추인할 수 있으나, 甲은 추인할 수 없다.

③ 乙이 丙에게 1개월 이상의 기간을 정하여 매매계약을 추인할 것인지 확답을 촉구한 경우, 丙이 그 기간 내에 확답을 발송하지 않으면 그 매매계약을 취소한 것으로 본다.

④ 丙이 적법하게 매매계약을 취소한 경우 그 매매계약은 취소한 때로부터 무효인 것으로 본다.

⑤ 甲이 매매대금을 전부 유흥비로 탕진한 후 丙이 매매계약을 적법하게 취소한 경우, 乙은 명화를 반환하고 매매대금 전부를 반환받을 수 있다.

해설 ② 취소할 수 있는 법률행위의 추인은 '취소의 원인이 소멸된 후'에 하여야 한다(제144조 제1항). 미성년자 甲은 능력자가 된 후에 추인하여야 한다. 그러나 미성년자의 법정대리인 丙이 추인하는 경우에는 취소원인이 소멸되기 전이라도 추인할 수 있다(제144조 제2항 참조). 다만 미성년자 甲은 능력자가 되기 전이라도 법정대리인의 동의를 얻어서 추인할 수는 있다.

① 제한능력자는 자기가 한 법률행위를 단독으로 취소할 수 있다.

③ 제한능력자가 아직 능력자가 되지 못한 경우에는 그의 법정대리인에게 제1항의 촉구를 할 수 있고, 법정대리인이 그 정하여진 기간 내에 확답을 발송하지 아니한 경우에는 그 행위를 추인한 것으로 본다(제15조 제2항).

④ 취소된 법률행위는 처음부터 무효인 것으로 본다(제141조 본문).

⑤ 제한능력자는 그 행위로 인하여 받은 이익이 현존하는 한도에서 상환할 책임이 있다(제141조 단서). 따라서 甲이 매매대금을 전부 유흥비로 탕진한 후에는 현존이익이 없으므로 乙은 명화를 반환하더라도 매매대금을 반환받을 수 없다.

20 무효인 법률행위에 관한 설명으로 옳지 않은 것은? (다툼이 있으면 판례에 따름)

① 무효인 재산상 법률행위를 당사자가 무효임을 알고 추인한 경우 제3자에 대한 관계에서도 처음부터 유효한 법률행위가 된다.

② 무효인 법률행위가 다른 법률행위의 요건을 구비한 경우, 당사자가 그 무효를 알았다면 다른 법률행위를 하는 것을 의욕하였으리라고 인정될 때에는 다른 법률행위로서의 효력을 가진다.

③ 무효행위의 추인은 무효원인이 소멸한 후에 하여야 효력이 있다.

④ 무효행위의 추인은 명시적일뿐만 아니라 묵시적으로도 할 수 있다.

⑤ 법률행위의 일부분이 무효인 때에는 그 전부를 무효로 한다. 그러나 그 무효부분이 없더라도 법률행위를 하였을 것이라고 인정될 때에는 나머지 부분은 무효가 되지 아니한다.

해설 ① 무효행위의 추인에는 원칙적으로 소급효가 없다(제139조 참조). 다만 다수설은 당사자 사이에서만 행위시에 소급시키는 추인(약정에 의한 채권적·소급적 추인)을 인정한다.

21 취소할 수 있는 법률행위로서 법정추인이 되는 경우가 아닌 것은?

① 취소할 수 있는 행위로부터 생긴 채권에 관하여 취소권자가 상대방에게 이행한 경우

② 취소권자가 취소할 수 있는 행위로 취득한 권리를 전부 양도한 경우

③ 취소권자의 상대방이 이행을 청구하는 경우

④ 취소권자가 채무자로서 담보를 제공하는 경우

⑤ 취소권자가 채권자로서 강제집행 하는 경우

해설 ③ 법정추인사유로서의 이행의 청구는 취소권자의 이행의 청구만을 의미한다. 따라서 취소권자의 상대방이 이행을 청구하는 경우는 법정추인이 되지 않는다.

22 소멸시효에 관한 설명으로 옳은 것은?

① 시효중단사유가 종료하면 남은 시효기간이 경과함으로써 소멸시효는 완성된다.

② 주된 권리의 소멸시효가 완성되어도 종속된 권리에는 그 영향을 미치지 않는다.

③ 소멸시효 중단의 효력은 당사자 사이에서만 효력이 있다.

④ 소멸시효는 특약에 의하여 이를 배제, 연장 또는 가중할 수 있다.

⑤ 판결에 의하여 확정된 채권은 단기의 소멸시효에 해당한 것이라도 그 소멸시효는 10년으로 한다.

해설 ⑤ 판결에 의하여 확정된 채권은 단기의 소멸시효에 해당한 것이라도 그 소멸시효는 10년으로 한다(제165조 제1항).
① 시효가 중단된 때에는 중단까지에 경과한 시효기간은 이를 산입하지 아니하고 중단사유가 종료한 때로부터 새로이 진행한다(제178조 제1항).
② 주된 권리의 소멸시효가 완성한 때에는 종속된 권리에 그 효력이 미친다(제183조).
③ 시효의 중단은 당사자 및 그 승계인 간에만 효력이 있다(제169조).
④ 소멸시효는 법률행위에 의하여 이를 배제, 연장 또는 가중할 수 없으나 이를 단축 또는 경감할 수 있다.

23 1년의 단기소멸시효에 걸리는 채권이 아닌 것은?

① 노역인의 임금 채권
② 의사의 치료비 채권
③ 여관의 숙박료 채권
④ 의복의 사용료 채권
⑤ 음식점의 음식료 채권

해설 ② 의사의 치료비 채권은 3년의 단기소멸시효에 걸리는 채권이다(제163조 제2호).

24 소멸시효의 기산점에 관한 설명으로 옳지 않은 것은? (다툼이 있으면 판례에 따름)

① 채무불이행으로 인한 손해배상청구권의 소멸시효는 계약이 성립한 때로부터 진행한다.
② 확정기한부채권의 소멸시효는 그 기한이 도래한 때로부터 진행한다.
③ 정지조건부 권리의 소멸시효는 그 조건이 성취된 때로부터 진행한다.
④ 부작위를 목적으로 하는 채권의 소멸시효는 위반행위를 한 때로부터 진행한다.
⑤ 동시이행의 항변권이 붙은 채권의 소멸시효는 그 이행기로부터 진행한다.

해설 ① 채무불이행으로 인한 손해배상청구권의 소멸시효는 채무불이행 시로부터 진행한다(대판 1995. 6. 30, 94다54269).
⑤ 부동산에 대한 매매대금 채권이 소유권이전등기청구권과 동시이행의 관계에 있다고 할지라도 매도인은 매매대금의 지급기일 이후 언제라도 그 대금의 지급을 청구할 수 있는 것이며, 다만 매수인은 매도인으로부터 그 이전등기에 관한 이행의 제공을 받기까지 그 지급을 거절할 수 있는 데 지나지 아니하므로 매매대금청구권은 그 지급기일 이후 시효의 진행에 걸린다(대판 1991. 3. 22, 90다9797).

25 민법상 사단법인 설립 시 정관의 필요적 기재사항이 아닌 것은?

① 목적
② 명칭
③ 사무소의 소재지
④ 자산에 관한 규정
⑤ 이사자격의 득실에 관한 규정

해설 ⑤ 이사의 임면에 관한 규정이 사단법인 설립 시 정관의 필요적 기재사항에 해당한다(제40조 제5호)

Answer									
01. ③	02. ④	03. ②	04. ④	05. ⑤	06. ⑤	07. ②	08. ③	09. ④	10. ⑤
11. ①	12. ④	13. ②	14. ①	15. ③	16. ⑤	17. ①	18. ④	19. ②	20. ①
21. ③	22. ⑤	23. ②	24. ①	25. ⑤					

제6회 행정사 민법총칙

[2018. 5. 26. 실시]

01 자연인의 권리능력에 관한 설명으로 옳은 것은? (다툼이 있으면 판례에 따름)

① 권리능력은 가족관계등록부의 기재로 그 취득이 추정되므로, 그 기재가 진실에 반하는 사정이 있더라도 번복하지 못한다.

② 동시사망이 추정되는 경우에도 대습상속은 인정될 수 있다.

③ 태아인 동안에 부(父)가 교통사고로 사망한 경우, 태아는 살아서 출생하더라도 그 정신적 고통에 대한 위자료를 청구할 수 없다.

④ 태아가 사산된 경우에도 태아인 동안의 권리능력은 인정된다.

⑤ 실종선고를 받은 자는 실종기간이 만료한 때에 사망한 것으로 추정한다.

해설 ② 판례는 피상속인과 피대습자가 동시사망한 것으로 추정되는 경우에도 대습상속을 인정한다(대판 2001. 3. 9, 99다13157).
① 가족관계등록부의 기재사실은 추정을 받으나, 그에 반하는 증거에 의하여 번복할 수 있다.
③ 태아도 손해배상청구권에 관하여는 이미 출생한 것으로 보는바, 부가 교통사고로 상해를 입을 당시 태아가 출생하지 아니하였다고 하더라도 그 뒤에 출생한 이상 부의 부상으로 인하여 입게 될 정신적 고통에 대한 위자료를 청구할 수 있다(대판 1993. 4. 27, 93다4663).
④ 설사 태아가 권리를 취득한다 하더라도 현행법상 이를 대행할 기관이 없으니 태아로 있는 동안은 권리능력을 취득할 수 없으니 살아서 출생한 때에 출생시기가 문제의 사건의 시기까지 소급하여 그때에 태아가 출생한 것과 같이 법률상 보아준다고 해석하여야 상당하므로 이와 같은 취지에서 원고의 처가 사고로 사망할 당시 임신 8개월된 태아가 있었음과 그가 모체와 같이 사망하여 출생의 기회를 못 가진 사실을 인정하고 살아서 태어나지 않은 이상 배상청구권을 논할 여지없다는 취의로 판단하여 이 청구를 배척한 조치는 정당하다(대판 1976. 9. 14, 76다1365).
⑤ 실종선고를 받은 자는 전조의 기간이 만료한 때에 사망한 것으로 본다(제28조).

02 민법의 법원(法源)인 관습법에 관한 설명으로 옳지 않은 것은? (다툼이 있으면 판례에 따름)

① 관습법이란 사회의 거듭된 관행으로 생성된 사회생활규범이 사회의 법적 확신과 인식에 의하여 법적 규범으로 승인·강행되기에 이른 것을 말한다.

② 어떤 관행이 관습법으로 승인된 이상, 사회 구성원들이 그러한 관행의 법적 구속력에 대하여 확신을 갖지 않게 되었더라도, 그 관습법은 법규범으로서의 효력에 영향을 받지 않는다.

③ 관습법의 존재는 당사자의 주장·증명이 없어도 법원이 직권으로 이를 확정할 수 있다.

④ 수목의 집단에 대한 공시방법인 명인방법은 판례에 의하여 확인된 관습법이다.

⑤ 관습법은 법령에 저촉되지 아니하는 한 법칙으로서의 효력이 있다.

해설 ② 사회의 거듭된 관행으로 생성된 사회생활규범이 관습법으로 승인되었다고 하더라도 사회 구성원들이 그러한 관행의 법적 구속력에 대하여 확신을 갖지 않게 되었다거나, 사회를 지배하는 기본적 이념이나 사회질서의 변화로 인하여 그러한 관습법을 적용하여야 할 시점에 있어서의 전체 법질서에 부합하지 않게 되었다면 그러한 관습법은 법적 규범으로서의 효력이 부정될 수밖에 없다(대판 전합 2005. 7. 21, 2002다1178).
⑤ 관습법은 법령에 저촉되지 않는 한 법칙으로서의 효력이 있는 것이며, 이에 반하여 사실인 관습은 법령으로서의 효력이 없는 단순한 관행으로서 법률행위의 당사자의 의사를 보충함에 그치는 것이다.

03 민법상 비법인사단에 관한 설명으로 옳지 않은 것은? (다툼이 있으면 판례에 따름)

① 비법인사단의 사원이 집합체로서 물건을 소유할 때에는 총유로 한다.

② 대표자는 비법인사단의 제반 업무처리를 대리인에게 포괄적으로 위임할 수 없다.

③ 대표자 또는 관리인이 있는 비법인사단은 그 사단에 속하는 부동산에 관하여 등기능력을 가진다.

④ 비법인사단 소유의 재산에 대한 대표자의 처분행위가 사원총회의 결의를 거치지 않아 무효가 되더라도, 상대방이 선의인 경우에는 그 처분행위에 대하여 민법 제126조의 표현대리 법리가 준용된다.

⑤ 비법인사단의 대표자가 직무에 관하여 타인에게 손해를 가한 경우, 그 사단은 민법 제35조 제1항의 유추적용에 의하여 그 손해를 배상할 책임이 있다.

해설 ④ 비법인사단인 교회의 대표자는 총유물인 교회 재산의 처분에 관하여 교인총회의 결의를 거치지 아니하고는 이를 대표하여 행할 권한이 없다. 그리고 교회의 대표자가 권한 없이 행한 교회 재산의 처분행위에 대하여는 민법 제126조의 표현대리에 관한 규정이 준용되지 아니한다(대판 2009. 2. 12, 2006다23312).
② 비법인사단에게도 포괄적 위임 금지 규정(제62조)이 유추적용된다.

04 피성년후견인에 관한 설명으로 옳은 것은?

① 가정법원은 청구권자의 청구가 없더라도 직권으로 성년후견개시의 심판을 한다.

② 정신적 제약으로 사무처리능력이 일시적으로 결여된 경우, 성년후견개시의 심판을 해야 한다.

③ 법인은 성년후견인이 될 수 없다.

④ 일상생활에 필요하고 그 대가가 과도하지 아니한 피성년후견인의 법률행위는 성년후견인이 취소할 수 없다.

⑤ 가정법원은 청구권자의 청구가 없더라도 피성년후견인의 취소할 수 없는 법률행위의 범위를 임의로 변경할 수 있다.

해설 ④ 제10조 제4항
① 본인, 배우자, 4촌 이내의 친족, 미성년후견인, 미성년후견감독인, 한정후견인, 한정후견감독인, 특정후견인, 특정후견감독인, 검사 또는 지방자치단체의 장의 청구에 의하여 성년후견개시의 심판을 한다.
② 질병, 장애, 노령, 그 밖의 사유로 인한 정신적 제약으로 사무를 처리할 능력이 지속적으로 결여되어야 한다.
③ 법인도 성년후견인이 될 수 있다(제930조 제3항).
⑤ 가정법원은 본인, 배우자, 4촌 이내의 친족, 성년후견인, 성년후견감독인, 검사 또는 지방자치단체의 장의 청구에 의하여 취소할 수 없는 피성년후견인의 법률행위의 범위를 변경할 수 있다.

05 민법상 물건에 관한 설명으로 옳지 않은 것은? (다툼이 있으면 판례에 따름)

① 국립공원의 입장료는 법정과실이 아니다.

② 입목에 관한 법률에 따라 등기된 입목은 그 토지와 독립하여 거래의 객체가 될 수 없다.

③ 장소, 종류, 수량 등이 특정되어 있는 집합물은 양도담보의 대상이 될 수 있다.

④ 주물의 소유자의 사용에 공여되고 있더라도 주물 그 자체의 효용과 직접 관계가 없는 물건은 종물이 아니다.

⑤ 지하에서 용출되는 온천수는 토지의 구성부분일 뿐 그 토지와 독립된 권리의 객체가 아니다.

해설 ② 입목에 관한 법률에 의하여 입목등기를 한 수목의 집단, 즉 '입목'은 토지로부터 독립한 부동산으로 다루어진다.
③ 판례는 일단의 증감 변동하는 동산을 하나의 물건으로 보아 이를 채권담보의 목적으로 삼으려는 이른바 유동집합물에 대한 양도담보설정계약도 가능하다고 한다.

06 甲이 乙을 기망하여 乙 소유 토지를 丙에게 시가에 비해 현저히 저렴한 가격으로 처분하도록 유인하였고, 이에 따라 乙은 丙과 그 토지에 대한 매매계약을 체결한 후 소유권이전등기를 마쳐주었다. 乙은 甲의 사기를 이유로 丙과의 매매계약을 취소하고자 한다. 이에 관한 설명으로 옳은 것을 모두 고른 것은? (다툼이 있으면 판례에 따름)

> ㉠ 甲의 기망사실을 丙이 알 수 있었던 경우, 乙은 위 계약을 취소할 수 있다.
> ㉡ 甲의 사기로 불법행위가 성립하더라도, 乙은 위 계약을 취소하지 않는 한 甲에 대하여 불법행위로 인한 손해배상을 청구할 수 없다.
> ㉢ 선의의 제3자 丁이 丙으로부터 위 토지를 매수하여 소유권이전등기를 마쳤다면, 그 후 乙이 자신과 丙 사이의 매매계약을 취소하여도 이를 근거로 丁 명의의 소유권이전등기의 말소를 청구할 수 없다.

① ㉠   ② ㉡
③ ㉠, ㉢   ④ ㉡, ㉢
⑤ ㉠, ㉡, ㉢

해설 ㉠ 상대방 있는 의사표시에 관하여 제3자가 사기나 강박을 행한 경우에는 상대방이 그 사실을 알았거나 알 수 있었을 경우에 한하여 그 의사표시를 취소할 수 있다.
㉢ 사기를 이유로 한 의사표시의 취소는 선의의 제3자에게 대항하지 못한다(제110조 제3항).
㉡ 제3자의 사기행위로 인하여 피해자가 주택건설사와 사이에 주택에 관한 분양계약을 체결하였다고 하더라도 제3자의 사기행위 자체가 불법행위를 구성하는 이상, 제3자로서는 그 불법행위로 인하여 피해자가 입은 손해를 배상할 책임을 부담하는 것이므로, 피해자가 제3자를 상대로 손해배상청구를 하기 위하여 반드시 그 분양계약을 취소할 필요는 없다(대판 1998. 3. 10, 97다55829).

07 민법상 법인의 대표권에 관한 설명으로 옳지 않은 것은? (다툼이 있으면 판례에 따름)

① 이사의 대표권 제한에 관한 정관의 규정이 등기되어 있지 않으면, 법인은 그 규정으로 악의의 제3자에게도 대항할 수 없다.

② 법인과 이사의 이익상반행위로 특별대리인을 선임하는 경우, 법원은 이해관계인이나 검사의 청구에 의하여 선임하여야 한다.

③ 민법 규정에 의하여 선임된 직무대행자가 그 권한을 정한 규정에 위반하여 법인의 통상 사무 범위를 벗어난 행위를 한 경우, 법인은 선의의 제3자에 대하여 책임을 진다.

④ 대표자의 행위가 직무에 관한 행위에 해당하지 아니함을 피해자가 중과실로 알지 못한 경우에도, 피해자는 법인에게 손해배상 책임을 물을 수 있다.

⑤ 법인의 대표에 관하여는 대리에 관한 규정을 준용한다.

해설 ④ 법인의 대표자의 행위가 직무에 관한 행위에 해당하지 아니함을 피해자 자신이 알았거나 또는 중대한 과실로 인하여 알지 못한 경우에는 법인에 손해배상책임을 물을 수 없다(대판 2004. 3. 26, 2003다34045).
① 법인의 정관에 법인 대표권의 제한에 관한 규정이 있으나 그와 같은 취지가 등기되어 있지 않다면 법인은 그와 같은 정관의 규정에 대하여 선의냐 악의냐에 관계없이 제3자인 원고에 대하여 대항할 수 없다(대판 1992. 2. 14, 91다24564).

08 민법상 사단법인의 기관에 관한 설명으로 옳지 않은 것은? (다툼이 있으면 판례에 따름)

① 이사의 임면에 관한 사항은 정관의 임의적 기재사항이다.

② 사단법인의 이사는 매년 1회 이상 통상총회를 소집하여야 한다.

③ 이사가 수인인 경우, 정관에 다른 규정이 없으면 법인의 사무집행은 이사의 과반수로써 결정한다.

④ 감사는 필요기관이 아니다.

⑤ 사원총회의 의결사항은 정관에 다른 규정이 없으면, 총회를 소집할 때 미리 통지된 사항에 한한다.

해설 ① 이사의 임면에 관한 사항은 정관의 필요적 기재사항이다.
④ 법인은 정관 또는 총회의 결의로 감사를 둘 수 있다. 즉 감사는 임의기관이다.

09 甲은 乙에게 매매계약체결의 대리권을 수여하였고, 乙은 甲을 대리하여 丙 소유의 토지에 관하여 丙과 매매계약을 체결하였다. 그 계약의 효력이 甲에게 미치는 경우를 모두 고른 것은? (다툼이 있으면 판례에 따름)

> ㉠ 甲이 피한정후견인 乙에게 대리권을 수여하여 위 계약이 체결된 경우
> ㉡ 甲이 수권행위를 통하여 乙과 丁이 공동으로 대리하도록 정하였음에도 乙이 단독의 의사결정으로 위 계약을 체결한 경우
> ㉢ 乙이 위 토지에 대한 丙의 선행 매매 사실을 알면서도 丙의 배임적 이중매매행위에 적극 가담하여 위 계약을 체결하였으나 이러한 사실을 甲이 알지 못한 경우

① ㉠   ② ㉢
③ ㉠, ㉡   ④ ㉡, ㉢
⑤ ㉠, ㉡, ㉢

해설 ㉠ 대리인은 행위능력자임을 요하지 아니한다(제117조).
㉡ 공동대리의 제한에 위반하여 1인의 대리인이 단독으로 대리행위를 한 경우에는 그 대리행위는 무권대리가 된다.
㉢ 의사표시의 효력이 의사의 흠결, 사기, 강박 또는 어느 사정을 알았거나 과실로 알지 못한 것으로 인하여 영향을 받을 경우에 그 사실의 유무는 대리인을 표준하여 결정한다(제116조 제1항). 따라서 이중매매가 제2매수인의 적극 가담으로 인하여 반사회적 법률행위로서 제103조 무효가 되는 경우에 그 적극 가담의 기준은 제2매수인의 대리인 乙이다.

10 의사표시의 효력발생에 관한 설명으로 옳지 않은 것은? (다툼이 있으면 판례에 따름)

① 의사표시가 기재된 내용증명우편물이 발송되고 반송되지 아니하면 특별한 사정이 없는 한, 그 무렵에 송달되었다고 볼 수 있다.

② 의사표시의 도달로 인정되려면 사회통념상 상대방이 그 통지를 현실적으로 수령하여 그 내용을 알아야 한다.

③ 의사표시를 받은 상대방이 제한능력자라 하더라도 그의 법정대리인이 그 의사표시가 도달한 사실을 안 후에는 의사표시자는 그 효력을 주장할 수 있다.

④ 의사표시자가 통지를 발송한 후 제한능력자가 되어도 그 의사표시의 효력에 영향을 미치지 아니한다.

⑤ 상대방 있는 의사표시에 관하여 민법은 상대방에게 도달한 때에 그 효력이 생기는 것을 원칙으로 한다.

해설 ② 도달이란 사회통념상 상대방이 그 통지내용을 알 수 있는 객관적 상태에 놓여 있는 것을 말한다(요지가능상태설). 따라서 그 내용을 알아야만 도달이 되는 것은 아니다.
④ 의사표시자가 그 통지를 발송한 후 사망하거나 제한능력자가 되어도 의사표시의 효력에는 영향을 미치지 않으므로(제111조 제2항), 후에 의사표시가 도달하는 한 효력이 발생한다.

11 반사회질서의 법률행위에 관한 설명으로 옳은 것은? (다툼이 있으면 판례에 따름)

① 강제집행을 면할 목적으로 부동산에 허위의 근저당권설정등기를 경료하는 행위는 반사회질서의 법률행위에 해당한다.
② 증인이 증언을 조건으로 소송당사자로부터 통상 용인될 수 있는 수준을 넘는 대가를 받기로 약정하더라도, 증인에게 증언거부권이 있다면 그 약정은 유효하다.
③ 상대방에게 표시되거나 알려진 법률행위의 동기가 사회질서에 반하더라도 반사회질서의 법률행위에 해당될 수 없다.
④ 어떠한 일이 있어도 이혼하지 아니하겠다는 각서를 써 준 경우, 그와 같은 의사표시는 반사회질서의 법률행위가 아니다.
⑤ 법률행위가 사회질서에 반하여 무효인 경우, 그 법률행위를 기초로 하여 권리를 취득한 선의의 제3자에게도 그 무효를 주장할 수 있다.

해설 ⑤ 선량한 풍속 기타 사회질서에 반하는 법률행위는 절대적 무효이다. 따라서 선의의 제3자에게도 그 무효를 주장할 수 있다.
① 강제집행을 면할 목적으로 부동산에 허위의 근저당권설정등기를 경료하는 행위는 민법 제103조의 선량한 풍속 기타 사회질서에 위반한 사항을 내용으로 하는 법률행위로 볼 수 없다(대판 2004. 5. 28, 2003다70041).

② 어느 당사자가 그 증언이 필요함을 기화로 증언하여 주는 대가로 용인될 수 있는 정도를 초과하는 급부를 제공받기로 한 약정은 반사회질서적인 금전적 대가가 결부된 경우로 그러한 약정은 제103조 소정의 반사회질서행위에 해당하여 무효로 된다(대판 1994. 3. 11, 93다40522).
③ 민법 제103조에 의하여 무효로 되는 반사회질서 행위는 법률행위의 목적인 권리·의무의 내용이 선량한 풍속 기타 사회질서에 위반되는 경우뿐 아니라 그 내용 자체는 반사회질서적인 것이 아니라고 하여도 법률적으로 이를 강제하거나 법률행위에 반사회질서적인 조건 또는 금전적 대가가 결부됨으로써 반사회질서적 성질을 띠게 되는 경우 및 표시되거나 상대방에게 알려진 법률행위의 동기가 반사회질서적인 경우를 포함한다(대판 2002. 12. 27, 2000다47361).
④ 개인의 자유를 심하게 제한하는 행위로서 반사회질서의 법률행위이다.

12 불공정한 법률행위에 관한 설명으로 옳지 않은 것은? (다툼이 있으면 판례에 따름)

① 당사자의 궁박, 경솔 또는 무경험으로 인하여 현저하게 공정을 잃은 법률행위는 무효이다.
② 불공정한 법률행위에 해당하는지 여부는 법률행위 당시를 기준으로 판단하여야 한다.
③ 불공정한 법률행위가 성립하기 위한 요건인 궁박, 경솔, 무경험은 그중 일부만 갖추어져도 충분하다.
④ 법률행위가 현저하게 공정을 잃었다고 하여 곧바로 그것이 궁박한 사정으로 인정되는 것은 아니다.
⑤ 급부와 반대급부 사이의 현저한 불균형은 시가와의 차액 또는 시가와의 배율에 따라 일률적으로 판단해야 한다.

해설 ⑤ 급부와 반대급부 사이의 '현저한 불균형'은 단순히 시가와의 차액 또는 시가와의 배율로 판단할 수 있는 것은 아니고 구체적·개별적 사안에 있어서 일반인의 사회통념에 따라 결정하여야 한다(대판 2010. 7. 15, 2009다50308).

13 형성권의 행사에 해당하는 것을 모두 고른 것은?

> ㉠ 무권대리행위에 대한 본인의 추인
> ㉡ 미성년자의 법률행위에 대한 법정대리인의 취소
> ㉢ 상계적상에 있는 채무의 대등액에 관한 채무자 일방의 상계
> ㉣ 채무불이행을 원인으로 한 계약의 해제

① ㉠, ㉢   ② ㉡, ㉣
③ ㉠, ㉡, ㉢   ④ ㉡, ㉢, ㉣
⑤ ㉠, ㉡, ㉢, ㉣

해설 ⑤ 무권대리의 추인권, 법률행위의 취소권, 상계권, 계약의 해제권 모두 형성권에 속한다.

14 조건과 기한에 관한 설명으로 옳지 않은 것은? (다툼이 있으면 판례에 따름)

① 조건이란 법률행위 효력의 발생 또는 소멸을 장래 발생할 것이 확실한 사실에 의존하게 하는 법률행위의 부관을 말한다.
② 조건의 성취로 이익을 받을 당사자가 신의성실에 반하여 조건을 성취시킨 경우, 상대방은 그 조건이 성취하지 아니한 것으로 주장할 수 있다.
③ 조건이 법률행위 당시 이미 성취한 것인 경우, 그 조건이 정지조건이면 조건 없는 법률행위로 한다.
④ 종기(終期) 있는 법률행위는 기한이 도래한 때로부터 그 효력을 잃는다.
⑤ 기한은 채무자의 이익을 위한 것으로 추정한다.

해설 ① 조건이란 법률행위 효력의 발생 또는 소멸을 장래 발생할 것이 불확실한 사실에 의존하게 하는 법률행위의 부관을 말한다.

15 소멸시효완성 후 시효이익의 포기에 관한 설명으로 옳지 않은 것은? (다툼이 있으면 판례에 따름)

① 시효완성 후 시효이익의 포기는 허용되지만, 시효완성 전 시효이익의 포기는 허용되지 않는다.
② 시효이익의 포기는 그 의사표시로 인하여 권리에 직접적인 영향을 받는 상대방에게 도달한 때에 그 효력이 발생한다.
③ 주채무자가 시효이익을 포기하면 보증인에게도 그 효과가 미친다.
④ 시효이익을 포기한 경우에는 그때부터 새로이 소멸시효가 진행한다.
⑤ 시효완성 후 당해 채무의 이행을 채무자가 약정한 경우에는 특별한 사정이 없는 한, 시효이익을 포기한 것으로 보아야 한다.

해설 ③ 소멸시효이익의 포기는 상대적이며, 시효이익을 받을 자가 수인인 경우에 그중 1인이 포기하더라도 다른 사람에게는 영향을 미치지 않는다. 따라서 주채무자의 시효이익의 포기는 보증인에 대해서는 그 효력이 없다.
① 소멸시효의 이익은 미리 포기하지 못한다(제184조 제항).

16 허위표시에 관한 설명으로 옳은 것을 모두 고른 것은? (다툼이 있으면 판례에 따름)

> ㉠ 허위표시의 무효로서 대항할 수 없는 제3자의 범위는 허위표시를 기초로 새로운 법률상 이해관계를 맺었는지에 따라 실질적으로 파악해야 한다.
> ㉡ 가장매도인이 가장매수인으로부터 부동산을 취득한 제3자에게 자신의 소유권을 주장하려면 특별한 사정이 없는 한, 가장매도인은 그 제3자의 악의를 증명하여야 한다.
> ㉢ 허위표시를 한 자는 그 의사표시가 무효라는 사실을 주장할 수 없다.

① ㉠
② ㉡
③ ㉠, ㉡
④ ㉠, ㉢
⑤ ㉡, ㉢

해설 ㉠ 제3자란 허위표시의 당사자 및 포괄승계인 이외의 자로서, 허위표시에 의하여 외형상 형성된 법률관계를 토대로 실질적으로 새로운 법률상 이해관계를 맺은 자를 말한다.
㉡ 제3자는 선의로 추정되므로, 무효를 주장하는 자가 제3자의 악의를 입증하여야 한다.
㉢ 통정한 허위의 의사표시는 선의의 제3자를 제외한 누구에 대하여서나 무효이고, 또한 누구든지 그 무효를 주장할 수 있다(대판 2003. 3. 28, 2002다72125).

17 법정대리인이 복대리인을 선임하는 경우에 관한 설명으로 옳은 것은? (다툼이 있으면 판례에 따름)

① 복대리권은 복임행위가 철회되더라도 소멸되지 않는다.
② 본인의 승낙이 있거나 부득이한 사유가 없으면 복대리인을 선임하지 못한다.
③ 부득이한 사유로 복대리인을 선임한 경우, 본인에 대하여 그 선임·감독에 관한 책임이 있다.
④ 본인의 지명 없이 복대리인을 선임한 경우, 그 불성실함을 알고 본인에 대한 통지나 그 해임을 태만한 때가 아니면 책임이 없다.
⑤ 법정대리인이 대리권 소멸 후에 복대리인을 선임하여 그에게 대리행위를 하게 하였다면 특별한 사정이 없는 한, 민법 제129조의 표현대리가 성립할 수 없다.

해설 ③ 제122조 단서
① 복대리권은 대리인의 복임행위에 의해 발생하므로, 대리인의 복대리인에 대한 복임행위의 철회에 의해 복대리권은 소멸한다.
② 법정대리인은 그 책임으로 복대리인을 선임할 수 있다(제122조).
④ 법정대리인은 복대리인의 행위에 관하여 선임·감독에 과실이 있는지를 묻지 않고 '모든 책임'을 진다(제122조 본문). 즉, 법정의 무과실책임이다. 다만, 부득이한 사유로 복대리인을 선임한 경우에는 임의대리인의 경우와 동일한 책임(선임·감독의 책임)만을 진다(제122조 단서).
⑤ 대리인이 대리권 소멸 후 직접 상대방과 사이에 대리행위를 하는 경우는 물론, 대리인이 대리권 소멸 후 복대리인을 선임하여 복대리인으로 하여금 상대방과 사이에 대리행위를 하도록 한 경우에도 상대방이 대리권 소멸 사실을 알지 못하여 복대리인에게 적법한 대리권이 있는 것으로 믿었고, 그와 같이 믿은 데 과실이 없다면 민법 제129조에 의한 표현대리가 성립할 수 있다.

18 무권대리인이 체결한 계약의 추인 및 추인거절에 관한 설명으로 옳지 않은 것은? (다툼이 있으면 판례에 따름)

① 추인은 묵시적인 방법으로도 할 수 있다.

② 기간을 정한 상대방의 최고에 대하여 본인이 그 기간 내에 추인 여부의 확답을 발하지 않으면 추인을 거절한 것으로 본다.

③ 추인의 거절을 이미 알고 있는 상대방에 대해서는 그 거절의 의사표시를 하지 않아도 대항할 수 있다.

④ 무권대리행위를 한 후 본인의 지위를 단독으로 상속한 무권대리인은 선의인 상대방에 대하여 무권대리행위의 추인을 거절하지 못한다.

⑤ 추인은 무권대리행위의 상대방에 대하여는 할 수 있지만, 무권대리행위로 인한 권리의 승계인에 대해서는 할 수 없다.

해설 ⑤ 추인의 의사표시는 무권대리인에 대해서는 물론, 무권대리행위의 직접의 상대방 및 그 무권대리행위로 인한 권리 또는 법률관계의 승계인에게도 가능하다.

19 표현대리에 관한 설명으로 옳지 않은 것은? (다툼이 있으면 판례에 따름)

① 유권대리에 관한 주장에는 표현대리의 주장이 포함되어 있지 않다.

② 강행법규에 위반하여 무효인 행위에 대해서는 표현대리의 법리가 적용되지 않는다.

③ 표현대리가 성립된다고 하여 무권대리의 성질이 유권대리로 전환되는 것은 아니다.

④ 표현대리가 성립하는 경우, 상대방에게 과실이 있으면 과실상계의 법리에 따라 본인의 책임을 경감할 수 있다.

⑤ 대리인이 사자(使者)를 통하여 권한을 넘은 법률행위를 하더라도 민법 제126조의 표현대리가 성립할 수 있다.

해설 ④ 표현대리행위가 성립하는 경우에 그 본인은 표현대리행위에 의하여 전적인 책임을 져야 하고, 상대방에게 과실이 있다고 하더라도 과실상계의 법리를 유추적용하여 본인의 책임을 경감할 수 없다(대판 1996. 7. 12, 95다49554).

20 기간에 관한 설명으로 옳지 않은 것은? (다툼이 있으면 판례에 따름)

① 기간의 계산은 법령, 재판상의 처분 또는 법률행위에 다른 정한 바가 없으면 민법 규정에 의한다.

② 연령이 아닌 기간 계산에서 기간을 월(月)로 정한 경우, 그 기간이 오전 0시로부터 시작하는 때에는 초일을 산입한다.

③ 기간의 초일이 공휴일이라 하더라도 그 기간은 초일부터 기산한다.

④ 기간을 주(週)로 정한 때에는 역(曆)에 의하여 계산한다.

⑤ 기간의 말일이 토요일인 때에는 기간은 그 전일로 만료한다.

해설 ⑤ 기간의 말일이 토요일 또는 공휴일에 해당한 때에는 기간은 그 익일로 만료한다(제161조).

21 법률행위의 취소에 관한 설명으로 옳은 것은? (다툼이 있으면 판례에 따름)

① 취소원인의 진술이 없는 취소의 의사표시는 그 효력이 없다.

② 이미 취소된 법률행위는 무효인 법률행위의 추인의 요건과 효력으로서도 추인할 수 없다.

③ 해제된 계약은 이미 소멸하여 그 효력이 없으므로 착오를 이유로 다시 취소할 수 없다.

④ 취소할 수 있는 법률행위의 추인은 취소권자가 취소할 수 있는 법률행위임을 알고서 추인하여야 한다.

⑤ 민법이 취소권을 행사할 수 있는 기간으로 정한 '추인할 수 있는 날로부터 3년, 법률행위를 한 날로부터 10년'은 소멸시효기간이다.

해설 ④ 추인은 취소할 수 있는 행위임을 알고 하여야 한다.
① 취소의 의사표시란 반드시 명시적이어야 하는 것은 아니고, 취소자가 그 착오를 이유로 자신의 법률행위의 효력을 처음부터 배제하려고 한다는 의사가 드러나면 족한 것이며, 취소원인의 진술 없이도 취소의 의사표시는 유효한 것이므로, 신원보증서류에 서명날인하는 것으로 잘못 알고 이행보증보험약정서를 읽어보지 않은 채 서명날인한 것일 뿐 연대보증약정을 한 사실이 없다는 주장은 위 연대보증약정을 착오를 이유로 취소한다는 취지로 볼 수 있다(대판 2005. 5. 27, 2004다43824).
② 취소한 법률행위는 처음부터 무효인 것으로 간주되므로 취소할 수 있는 법률행위가 일단 취소된 이상 그 후에는 취소할 수 있는 법률행위의 추인에 의하여 이미 취소되어 무효인 것으로 간주된 당초의 의사표시를 다시 확정적으로 유효하게 할 수는 없고, 다만 무효인 법률행위의 추인의 요건과 효력으로서 추인할 수는 있다(대판 1997. 12. 12, 95다38240).
③ 매도인이 매수인의 중도금지급채무불이행을 이유로 매매계약을 적법하게 해제한 후라도 매수인으로서는 상대방이 한 계약해제의 효과로서 발생하는 손해배상책임을 지거나 매매계약에 따른 계약금의 반환을 받을 수 없는 불이익을 면하기 위하여 착오를 이유로 한 취소권을 행사하여 매매계약 전체를 무효로 돌리게 할 수 있다(대판 1996. 12. 6, 95다24982·24999).
⑤ 취소권은 추인할 수 있는 날로부터 3년 내에, 법률행위를 한 날로부터 10년 내에 행사하여야 한다. 이 기간은 제척기간이다.

22 민법에서 정한 임의대리권의 소멸사유에 해당하지 않는 것은?

① 본인의 사망

② 대리인의 사망

③ 본인의 성년후견 개시

④ 본인과 대리인 사이의 원인된 법률관계의 종료

⑤ 본인과 대리인 사이의 원인된 법률관계의 종료 전 수권행위의 철회

해설 ③ 본인이 아니라 대리인의 성년후견의 개시가 공통소멸사유이다(제127조).

23 소멸시효의 중단사유에 관한 설명으로 옳지 않은 것은? (다툼이 있으면 판례에 따름)

① 지급명령 신청은 시효중단사유가 아니다.

② 부동산의 가압류로 중단된 시효는 특별한 사정이 없는 한, 가압류등기가 말소된 때로부터 새로이 진행된다.

③ 채무승인이 있었다는 사실은 이를 주장하는 채권자 측에서 증명하여야 한다.

④ 채무의 일부변제도 채무승인으로서 시효중단사유가 될 수 있다.

⑤ 시효중단의 효력이 있는 승인에는 상대방의 권리에 관한 처분의 능력이나 권한이 있음을 요하지 않는다.

해설 ① 지급명령의 신청이 있으면 소멸시효가 중단된다.

24 소멸시효에 관한 설명으로 옳지 않은 것은? (다툼이 있으면 판례에 따름)

① 시효의 이익을 받은 자가 소송에서 소멸시효완성 사실을 주장하지 않으면, 그 의사에 반하여 재판할 수 없다.

② 천재 기타 사변으로 인하여 소멸시효를 중단할 수 없는 경우에는 그 사유가 종료한 때에 시효가 완성된다.

③ 부작위를 목적으로 하는 채권의 소멸시효는 위반행위를 한 때로부터 진행한다.

④ 파산절차에 의하여 확정된 채권이 확정 당시에 변제기가 이미 도래한 경우, 그 시효는 10년으로 한다.

⑤ 소멸시효는 그 기산일에 소급하여 효력이 생긴다.

해설 ② 천재 기타 사변으로 인하여 소멸시효를 중단할 수 없을 때에는 그 사유가 종료한 때로부터 1월 내에는 시효가 완성하지 아니한다(제182조).
③ 제166조 제2항
④ 제165조 제2항
⑤ 제167조

25 무효인 법률행위에 관한 설명으로 옳지 않은 것은? (다툼이 있으면 판례에 따름)

① 무효행위의 추인은 그 무효 원인이 소멸한 후에 하여야 그 효력이 있다.

② 무효행위의 추인은 원칙적으로 소급효가 없다.

③ 불공정한 법률행위로서 무효인 경우에는 추인에 의하여 유효로 될 수 없다.

④ 불공정한 법률행위로서 무효인 경우에는 무효행위의 전환에 관한 민법 제138조가 적용될 수 없다.

⑤ 토지거래허가구역 내의 토지매매계약에서 토지거래허가를 받기 전에 처음부터 그 허가를 배제하기로 하는 약정은 확정적으로 무효이다.

해설 ④ 불공정한 법률행위로서 무효인 경우에도 무효행위의 전환에 관한 민법 제138조가 적용될 수 있다(대판 2010. 7. 15, 2009다50308).

제7회 행정사 민법총칙

[2019. 5. 25. 실시]

01 민법의 법원(法源)에 관한 설명으로 옳지 않은 것은? (다툼이 있으면 판례에 따름)

① 관습법은 법률에 대하여 열후적·보충적 성격을 가진다.

② 헌법에 의하여 체결·공포된 조약으로서 민사에 관한 것은 민법의 법원이 된다.

③ 관습법은 원칙적으로 당사자의 주장·입증을 기다림이 없이 법원이 직권으로 이를 확정할 수 있다.

④ 민법 제1조 소정의 '법률'은 헌법이 정하는 절차에 따라서 제정·공포되는 형식적 의미의 법률만을 뜻한다.

⑤ 사회의 거듭된 관행으로 생성된 사회생활규범은 전체 법질서에 반하지 않아야 관습법으로서의 효력이 인정될 수 있다.

> **해설** ④ 민법 제1조의 법률은 형식적 의미의 법률만을 의미하는 것이 아니라 성문법원 전체를 통칭한다.
> ① 가정의례준칙 제13조의 규정이 있으므로 원심이 인정하는 관습이 관습법이라는 취지라도 관습법의 제정법에 대한 열후적·보충적 성격에 비추어 가정의례준칙에 위배되는 관습법의 효력을 인정하는 것은 관습법의 법원으로서의 효력을 규정한 민법 제1조의 취지에 어긋나는 것이다(대판 1983. 6. 14, 80다3231).
> ③ 관습법은 당사자의 주장·입증을 기다림이 없이 법원이 이를 직권으로 확정하여야 한다(대판 1983. 6. 14, 80다3231).
> ⑤ 사회의 거듭된 관행으로 생성한 어떤 사회생활규범이 법적 규범으로 승인되기에 이르렀다고 하기 위한 요건으로는, 관습법은 헌법을 최상위 규범으로 하는 전체 법질서에 반하지 아니하는 것으로서 정당성과 합리성이 있다고 인정될 수 있는 것이어야 하고, 그렇지 아니한 사회생활규범은 비록 그것이 사회의 거듭된 관행으로 생성된 것이라고 할지라도 이를 법적 규범으로 삼아 관습법으로서의 효력을 인정할 수 없다(대판 2005. 7. 21, 2002다1178 전합).

02 신의성실의 원칙에 관한 설명으로 옳은 것은? (다툼이 있으면 판례에 따름)

① 신의성실의 원칙에 반하는지 여부는 당사자의 주장이 없더라도 법원이 직권으로 판단할 수 있다.

② 특정채무를 보증하는 일반보증의 경우에는 채권자의 권리행사가 신의성실의 원칙에 비추어 용납할 수 없는 성질의 것인 때에도 보증인의 책임은 제한될 수 없다.

③ 강행규정에 위반하여 계약을 체결한 자가 스스로 그 계약의 성립을 부정하는 것은 특별한 사정이 없는 한 신의성실의 원칙에 반한다.

④ 종전 토지 소유자가 자신의 권리를 행사하지 않았다는 사정은 그 토지의 소유권을 적법하게 취득한 새로운 권리자에게 실효의 원칙을 적용함에 있어서 고려되어야 한다.

⑤ 계약의 성립에 기초가 되지 아니한 사정이 현저히 변경되어 일방당사자가 계약목적을 달성할 수 없게 된 경우에는 특별한 사정이 없는 한 신의성실의 원칙상 계약을 해제할 수 있다.

> **해설** ① 신의성실의 원칙에 반하는 것 또는 권리남용은 강행규정에 위배되는 것이므로 당사자의 주장이 없더라도 법원은 직권으로 판단할 수 있다(대판 1998. 8. 21, 97다37821).
> ② 채권자와 채무자 사이에 계속적인 거래관계에서 발생하는 불확정한 채무를 보증하는 이른바 계속적 보증의 경우뿐만 아니라 특정채무를 보증하는 일반보증의 경우에 있어서도, 채권자의 권리행사가 신의칙에 비추어 용납할 수 없는 성질의 것인 때에는 보증인의 책임을 제한하는 것이 예외적으로 허용될 수 있을 것이다(대판 2004. 1. 27, 2003다45410).

③ 법령에 위반되어 무효임을 알고서도 그 법률행위를 한 자가 강행법규 위반을 이유로 무효를 주장한다 하여 신의칙 또는 금반언의 원칙에 반하거나 권리남용에 해당한다고 볼 수는 없다(대판 2001. 5. 15, 99다53490).

④ 종전 토지 소유자가 자신의 권리를 행사하지 않았다는 사정은 그 토지의 소유권을 적법하게 취득한 새로운 권리자에게 실효의 원칙을 적용함에 있어서 고려하여야 할 것은 아니다(대판 1995. 8. 25, 94다27069).

⑤ '사정변경으로 인한 계약해제'는 계약성립 당시 당사자가 예견할 수 없었던 현저한 사정의 변경이 발생하였고 그러한 사정의 변경이 해제권을 취득하는 당사자에게 책임 없는 사유로 생긴 것으로서, 계약내용대로의 구속력을 인정한다면 신의칙에 현저히 반하는 결과가 생기는 경우에 계약준수 원칙의 예외로서 인정되는 것이고, 여기에서 말하는 사정이라 함은 계약의 기초가 되었던 객관적인 사정으로서, 일방당사자의 주관적 또는 개인적인 사정을 의미하는 것은 아니라 할 것이다. 또한, 계약의 성립에 기초가 되지 아니한 사정이 그 후 변경되어 일방당사자가 계약 당시 의도한 계약목적을 달성할 수 없게 됨으로써 손해를 입게 되었다 하더라도 특별한 사정이 없는 한 그 계약내용의 효력을 그대로 유지하는 것이 신의칙에 반한다고 볼 수도 없다 할 것이다(대판 2007. 3. 29, 2004다31302).

03 민법상 성년후견종료의 심판을 청구할 수 있는 자로 명시되지 않은 자는?

① 성년후견인　　② 성년후견감독인
③ 지방의회 의장　　④ 4촌 이내의 친족
⑤ 검사

해설 ③ 제11조(성년후견종료의 심판) 성년후견개시의 원인이 소멸된 경우에는 가정법원은 본인, 배우자, 4촌 이내의 친족, 성년후견인, 성년후견감독인, 검사 또는 지방자치단체의 장의 청구에 의하여 성년후견종료의 심판을 한다.

04 미성년자 甲은 법정대리인 乙의 동의 없이 자신의 디지털카메라를 丙에게 매도하는 내용의 계약(이하 '계약')을 丙과 체결하였다. 이에 관한 설명으로 옳은 것은? (다툼이 있으면 판례에 따름)

① 甲이 위 계약을 취소하려는 경우, 乙의 동의의 유무에 대한 증명책임은 甲에게 있다.

② 계약 당시 甲이 미성년자임을 알고 있었던 丙은 乙에 대하여 자신의 의사표시를 철회할 수 있다.

③ 丙이 성년자가 된 甲에게 1개월의 기간을 정하여 계약의 추인 여부의 확답을 촉구한 경우, 甲이 그 기간 내에 확답을 발송하지 않으면 계약을 취소한 것으로 본다.

④ 丙이 미성년자인 甲에게 1개월의 기간을 정하여 계약의 추인 여부의 확답을 촉구한 경우, 甲이 그 기간 내에 확답을 발송하지 않으면 계약을 추인한 것으로 본다.

⑤ 甲이 위조하여 제시한 乙의 동의서를 丙이 신뢰하여 계약을 체결하였다면 乙은 미성년자의 법률행위임을 이유로 계약을 취소할 수 없다.

해설 ⑤ 미성년자가 속임수로써 법정대리인의 동의가 있는 것으로 믿게 한 경우에는 그 행위를 취소할 수 없다(제17조 제2항).

① 법정대리인 乙의 동의의 유무에 대한 증명책임은 상대방 丙에게 있다.

② 악의의 상대방은 철회할 수 없다(제16조 제1항).

③ 제한능력자의 상대방은 제한능력자가 능력자가 된 후에 그에게 1개월 이상의 기간을 정하여 그 취소할 수 있는 행위를 추인할 것인지 여부의 확답을 촉구할 수 있다. 능력자로 된 사람이 그 기간 내에 확답을 발송하지 아니하면 그 행위를 추인한 것으로 본다(제15조 제1항).

④ 미성년자는 확답촉구의 상대방이 될 수 없다. 즉 제한능력자는 능력자가 된 후에 확답촉구의 상대방이 될 수 있다(제15조 제1항 참조).

05 민법 제35조(법인의 불법행위능력)에 관한 설명으로 옳은 것은? (다툼이 있으면 판례에 따름)

① 민법 제35조 소정의 '이사 기타 대표자'에는 대표권 없는 이사가 포함된다.

② 법인의 불법행위가 성립하는 경우, 대표자의 행위가 피해자에 대한 불법행위를 구성한다면 그 대표자도 피해자에 대하여 손해배상책임을 면하지 못한다.

③ 법인의 불법행위가 성립하여 법인이 피해자에게 배상한 경우, 법인은 대표자 개인에 대하여 구상권을 행사할 수 없다.

④ 법인의 대표자의 행위가 직무에 관한 행위에 해당하지 아니함을 피해자가 경과실로 알지 못한 경우 법인의 불법행위책임은 성립하지 않는다.

⑤ 법인의 대표자의 행위가 법령의 규정에 위배된 것이라면 외관상, 객관적으로 직무에 관한 행위라고 인정되더라도 민법 제35조 제1항의 직무에 관한 행위에 해당하지 않는다.

해설 ② 법인은 이사 기타 대표자가 그 직무에 관하여 타인에게 가한 손해를 배상할 책임이 있다. 이사 기타 대표자는 이로 인하여 자기의 손해배상책임을 면하지 못한다(제35조 제항).
① 민법 제35조에서 말하는 '이사 기타 대표자'는 법인의 대표기관을 의미하는 것이고 대표권이 없는 이사는 법인의 기관이기는 하지만 대표기관은 아니기 때문에 그들의 행위로 인하여 법인의 불법행위가 성립하지 않는다(대판 2005. 12. 23, 2003다30159).
③ 이 경우 법인은 대표자 개인에 대하여 구상권을 행사할 수 있다.
④ 법인의 대표자의 행위가 직무에 관한 행위에 해당하지 아니함을 피해자 자신이 알았거나 또는 중대한 과실로 인하여 알지 못한 경우에는 법인에게 손해배상책임을 물을 수 없다(대판 2004. 3. 26, 2003다34045).
⑤ 법인이 그 대표자의 불법행위로 인하여 손해배상의무를 지는 것은 그 대표자의 직무에 관한 행위로 인하여 손해가 발생한 것임을 요한다 할 것이나, ㄱ 직무에 관한 것이라는 의미는 행위의 외형상 법인의 대표자의 직무행위라고 인정할 수 있는 것이라면 설사 그것이 대표자 개인

의 사리를 도모하기 위한 것이었거나 혹은 법령의 규정에 위배된 것이었다 하더라도 위의 직무에 관한 행위에 해당한다고 보아야 한다(대판 2004. 2. 27, 2003다15280).

06 민법상 법인의 정관에 관한 설명으로 옳은 것을 모두 고른 것은? (다툼이 있으면 판례에 따름)

> ㉠ 정관의 변경사항이 등기사항인 경우에는 등기하여야 정관변경의 효력이 생긴다.
> ㉡ 재단법인의 기본재산에 관한 저당권 설정행위는 특별한 사정이 없는 한 정관의 기재사항을 변경하여야 하는 경우에 해당하지 않는다.
> ㉢ 사단법인의 정관을 변경하기 위해서는 정관에 다른 규정이 없는 한 사원총회에서 총사원 3분의 2 이상의 동의가 있어야 한다.

① ㉢   ② ㉠, ㉡
③ ㉠, ㉢   ④ ㉡, ㉢
⑤ ㉠, ㉡, ㉢

해설 ㉡ 민법상 재단법인의 기본재산에 관한 저당권 설정행위는 특별한 사정이 없는 한 정관의 기재사항을 변경하여야 하는 경우에 해당하지 않으므로, 그에 관하여는 주무관청의 허가를 얻을 필요가 없다(대결 2018.7.20., 자 2017마1565).
㉢ 사단법인의 정관은 총사원 3분의 2 이상의 동의가 있는 때에 한하여 이를 변경할 수 있다. 그러나 정수에 관하여 정관에 다른 규정이 있는 때에는 그 규정에 의한다(제42조 제1항).
㉠ 주무관청의 허가가 효력요건이고(제42조 2항), 변경내용이 등기사항이면 등기가 대항요건이다.

07 민법상 법인의 기관에 관한 설명으로 옳지 않은 것은? (다툼이 있으면 판례에 따름)

① 민법상 이사의 임기를 제한하는 규정은 없다.

② 사원총회의 결의는 민법 또는 정관에 다른 규정이 없으면 사원 과반수의 출석과 출석사원의 결의권의 과반수로써 한다.

③ 이사는 정관 또는 총회의 결의로 금지하지 아니한 사항에 한하여 타인으로 하여금 특정한 행위를 대리하게 할 수 있다.

④ 임시이사 선임의 요건인 '이사가 없거나 결원이 있는 경우'란 이사가 전혀 없거나 정관에서 정한 인원수에 부족이 있는 경우를 말한다.

⑤ 정관에 이사의 해임사유에 관한 규정이 있는 경우에는 이사의 중대한 의무위반이 있어도 법인은 정관에서 정하지 아니한 사유로 이사를 해임할 수 없다.

해설 ⑤ 법인의 정관에 이사의 해임사유에 관한 규정이 있는 경우 법인으로서는 이사의 중대한 의무위반 또는 정상적인 사무집행 불능 등의 특별한 사정이 없는 이상, 정관에서 정하지 아니한 사유로 이사를 해임할 수 없다(대판 2013. 11. 28, 2011다41741).
② 제75조 제1항
③ 제62조
④ 대판 1975. 3. 31, 74마562

08 민법상 법인의 소멸에 관한 설명으로 옳지 않은 것은? (다툼이 있으면 판례에 따름)

① 사단법인은 사원총회의 결의로도 해산할 수 있다.

② 법원은 법인의 해산 및 청산을 검사, 감독한다.

③ 법인에 대한 청산종결등기가 경료되었다면 청산사무가 종결되지 않았더라도 그 법인은 소멸한다.

④ 법인이 채무를 완제하지 못하게 된 때에는 이사는 지체 없이 파산신청을 하여야 한다.

⑤ 청산인은 청산법인의 능력 범위 내에서 대내적으로 청산사무를 집행하고 대외적으로 청산법인을 대표한다.

해설 ③ 청산종결등기가 경료된 경우에도 청산사무가 종료되었다 할 수 없는 경우에는 청산법인으로 존속한다(대판 1980. 4. 8, 79다2036).
① 사단법인은 사원이 없게 되거나 총회의 결의로도 해산한다(제77조 제2항).
② 법인의 해산 및 청산은 법원이 검사, 감독한다(제95조).
④ 제79조
⑤ 청산인은 청산법인의 대표기관 및 사무집행기관이다.

09 물건에 관한 설명으로 옳은 것은? (다툼이 있으면 판례에 따름)

① 주물의 구성부분도 종물이 될 수 있다.

② 천연과실은 수취할 권리의 존속기간일수의 비율로 취득한다.

③ 종물은 주물의 처분에 따른다는 민법 제100조 제2항은 강행규정이다.

④ 주물 그 자체의 효용과 직접 관계가 없는 물건은 주물 소유자의 사용에 공여되고 있더라도 종물이 아니다.

⑤ 건물의 개수는 공부상의 등록에 의하여만 결정된다.

해설 ④ 종물은 주물의 상용에 이바지하는 관계에 있어야 하고, 주물의 상용에 이바지한다 함은 주물 그 자체의 경제적 효용을 다하게 하는 것을 말하는 것으로서 주물의 소유자나 이용자의 상용에 공여되고 있더라도 주물 그 자체의 효용과 직접 관계가 없는 물건은 종물이 아니다(대판 1997. 10. 10, 97다3750).
① 종물은 주물과 독립한 물건이어야 한다.
② 천연과실은 그 원물로부터 분리하는 때에 이를 수취할 권리자에게 속한다.
③ 종물은 주물의 처분에 따른다는 민법 제100조 제2항은 임의규정이다.
⑤ 건물은 일정한 면적, 공간의 이용을 위하여 지상, 지하에 건설된 구조물을 말하는 것으로서, 건물의 개수는 토지와 달리 공부상의 등록에 의하여 결정되는 것이 아니라 사회통념 또는 거래관념에 따라 물리적 구조, 거래 또는 이용의 목적물로서 관찰한 건물의 상태 등 객관적 사정과 건축한 자 또는 소유자의 의사 등 주관적 사정을 참작하여 결정되는 것이다(대판 1997. 7. 8, 96다36517).

10 반사회질서의 법률행위에 관한 설명으로 옳지 않은 것은? (다툼이 있으면 판례에 따름)

① 선량한 풍속 기타 사회질서에 위반한 사항을 내용으로 하는 법률행위는 무효이다.

② 법률행위가 선량한 풍속 기타 사회질서에 위반되는지 여부는 법률행위가 이루어진 때를 기준으로 판단해야 한다.

③ 법률행위의 성립과정에 강박이라는 불법적인 방법이 사용된 경우, 그것만으로는 반사회질서의 법률행위라고 할 수 없다.

④ 다수의 보험계약을 통하여 보험금을 부정취득할 목적으로 체결된 보험계약은 그것만으로는 선량한 풍속 기타 사회질서에 반하지 않는다.

⑤ 양도소득세의 일부를 회피할 목적으로 매매계약서에 실제로 거래한 것보다 낮은 금액을 매매대금으로 기재한 경우, 그것만으로는 그 매매계약이 사회질서에 반하지 않는다.

해설 ④ 보험계약자가 다수의 보험계약을 통하여 보험금을 부정취득할 목적으로 보험계약을 체결한 경우, 이와 같은 보험계약은 민법 제103조 소정의 선량한 풍속 기타 사회질서에 반하여 무효이다(대판 2005. 7. 28, 2005다23858).
① 제103조
② 반사회질서인지 여부에 대한 판단기준 시기는 법률행위 당시이다.
③ 단지 법률행위의 성립과정에 강박이라는 불법적 방법이 사용된 데에 불과한 때에는 강박에 의한 의사표시의 하자나 의사의 흠결을 이유로 효력을 논의할 수 있을지언정 반사회질서의 법률행위로서 무효라고 할 수는 없다(대판 2002. 12. 27, 2000다47361).
⑤ 양도소득세의 일부를 회피할 목적으로 매매계약서에 실제로 거래한 가액을 매매대금으로 기재하지 아니하고 그보다 낮은 금액을 매매대금으로 기재하였다 하여, 그것만으로 그 매매계약이 사회질서에 반하는 법률행위로서 무효로 된다고 할 수는 없다(대판 2007. 6. 14, 2007다3285).

11 불공정한 법률행위에 관한 설명으로 옳은 것은? (다툼이 있으면 판례에 따름)

① 증여계약도 불공정한 법률행위가 될 수 있다.
② 급부와 반대급부 사이의 현저한 불균형을 판단함에 있어서 피해 당사자의 궁박, 경솔 또는 무경험의 정도는 고려대상이 아니다.
③ 대리행위의 경우, 경솔과 무경험은 대리인을 기준으로 하여 판단하고 궁박은 본인의 입장에서 판단해야 한다.
④ 피해 당사자가 궁박, 경솔 또는 무경험의 상태에 있었다면 상대방 당사자에게 그와 같은 사정을 알면서 이를 이용하려는 의사가 없어도 불공정한 법률행위가 성립한다.
⑤ 법률행위가 현저하게 공정을 잃은 경우 그것은 당사자의 궁박, 경솔 또는 무경험으로 인한 것으로 추정된다.

해설 ③ 대판 2002. 10. 22, 2002다38927
① 증여계약과 같이 아무런 대가관계 없이 당사자 일방이 상대방에게 일방적인 급부를 하는 법률행위는 그 공정성 여부를 논할 수 있는 성질의 법률행위가 아니다(대판 2000. 2. 11, 99다56833).
② 급부와 반대급부 사이의 '현저한 불균형'은 단순히 시가와의 차액 또는 시가와의 배율로 판단할 수 있는 것은 아니고 구체적·개별적 사안에 있어서 일반인의 사회통념에 따라 결정하여야 한다. 그 판단에 있어서는 피해 당사자의 궁박·경솔·무경험의 정도가 아울러 고려되어야 하고, 당사자의 주관적 가치가 아닌 거래상의 객관적 가치에 의하여야 한다(대판 2010. 7. 15, 2009다50308).
④ 피해 당사자가 궁박, 경솔 또는 무경험의 상태에 있었고 상대방 당사자에게 그와 같은 사정을 알면서 이를 이용하려는 의사가 있어야 불공정한 법률행위가 성립한다.
⑤ 법률행위가 현저하게 공정을 잃은 경우라도 그것이 당사자의 궁박, 경솔 또는 무경험으로 인한 것으로 추정되지 않는다.

12 착오로 인한 의사표시에 관한 설명으로 옳지 않은 것은? (다툼이 있으면 판례에 따름)

① 장래의 미필적 사실의 발생에 대한 기대나 예상이 빗나간 것에 불과한 것은 착오라고 할 수 없다.
② 표의자가 착오로 인하여 경제적인 불이익을 입은 것이 아니라면 이를 법률행위 내용의 중요부분의 착오라고 할 수 없다.
③ 표의자가 경과실로 인하여 착오에 빠져 법률행위를 하고 그 착오를 이유로 법률행위를 취소하는 것은 위법하다고 할 수 없다.
④ 착오로 인한 의사표시 취소에 관한 민법 제109조 제1항의 적용을 당사자의 합의로 배제할 수 있다.
⑤ 의사표시의 착오가 표의자의 중대한 과실로 인한 때에는 상대방이 표의자의 착오를 알고 이용한 경우에도 표의자는 그 의사표시를 취소할 수 없다.

해설 ⑤ 의사표시의 착오가 표의자의 중대한 과실로 인한 때라도 상대방이 표의자의 착오를 알고 이용한 경우라면 표의자는 그 의사표시를 취소할 수 있다.
① 민법 제109조의 의사표시에 착오가 있다고 하려면 법률행위를 할 당시에 실제로 없는 사실을 있는 사실로 잘못 깨닫거나 아니면 실제로 있는 사실을 없는 것으로 잘못 생각하듯이 표의자의 인식과 그 대조사실이 어긋나는 경우라야 할 것이므로, 표의자가 행위를 할 당시에 장래에 있을 어떤 사항의 발생이 미필적임을 알아 그 발생을 예기한 데 지나지 않는 경우는, 표의자의 심리상태에 인식과 대조에 불일치가 있다고 할 수 없어 착오로 다룰 수는 없다 할 것이다(대판 2010. 5. 27, 2009다94841).
② 착오가 법률행위 내용의 중요부분에 있다고 하기 위하여는 표의자에 의하여 추구된 목적을 고려하여 합리적으로 판단하여 볼 때 표시와 의사의 불일치가 객관적으로 현저하여야 하고, 만일 그 착오로 인하여 표의자가 무슨 경제적인 불이익을 입은 것이 아니라고 한다면 이를 법률행위 내용의 중요 부분의 착오라고 할 수 없다(대판 1999. 2. 23, 98다47924).
③ 불법행위로 인한 손해배상책임이 성립하기 위하여는 가해자의 고의 또는 과실 이외에 행위의 위법성이 요구되므로, 전문건설공제조합이 계약보증서를 발급하면서 조합원이 수급할 공사의 실제 도급금액을 확인하지 아니한

과실이 있다고 하더라도 민법 제109조에서 중과실이 없는 착오자의 착오를 이유로 한 의사표시의 취소를 허용하고 있는 이상, 전문건설공제조합이 과실로 인하여 착오에 빠져 계약보증서를 발급한 것이나 그 착오를 이유로 보증계약을 취소한 것이 위법하다고 할 수는 없다(대판 1997. 8. 22, 97다13023).
④ 착오로 인한 의사표시 취소에 관한 민법 제109조는 임의규정이다.

13 사기, 강박에 의한 의사표시에 관한 설명으로 옳은 것을 모두 고른 것은? (다툼이 있으면 판례에 따름)

> ㉠ 부작위에 의한 기망행위도 인정될 수 있다.
> ㉡ 제3자의 사기로 계약을 체결한 경우, 그 계약을 취소하지 않으면 그 제3자에 대하여 손해배상을 청구할 수 없다.
> ㉢ 부정행위에 대한 고소, 고발은 부정한 이익의 취득을 목적으로 하는 경우에도 위법한 강박행위가 될 수 없다.

① ㉠
② ㉡
③ ㉠, ㉢
④ ㉡, ㉢
⑤ ㉠, ㉡, ㉢

해설 ㉠ 신의칙상 어떤 상황을 설명해야 할 고지의무가 있음에도 불구하고 고지하지 않은 경우에는 부작위에 의한 기망행위에 해당한다.
㉡ 제3자의 사기로 계약을 체결한 경우, 그 계약을 취소하지 않더라도 그 제3자에 대하여 불법행위로 인한 손해배상을 청구할 수 있다.
㉢ 부정행위에 대한 고소, 고발도 부정한 이익의 취득을 목적으로 하는 경우에는 위법한 강박행위가 될 수 있다.

14 甲은 자기 소유의 부동산을 1억 원에 매도하겠다는 청약을 등기우편으로 乙에게 보냈다. 이에 관한 설명으로 옳지 않은 것은? (다툼이 있으면 판례에 따름)

① 甲의 청약은 乙에게 도달한 때에 효력이 생긴다.
② 甲이 등기우편을 발송한 후 성년후견개시의 심판을 받은 경우, 乙에게 도달한 甲의 청약은 효력이 발생하지 않는다.
③ 甲의 등기우편은 반송되는 등 특별한 사정이 없는 한 乙에게 배달된 것으로 인정하여야 한다.
④ 甲은 등기우편이 乙에게 도달하기 전에 자신의 청약을 철회할 수 있다.
⑤ 甲의 청약이 효력을 발생하기 위해서 乙이 그 내용을 알 것까지는 요하지 않는다.

해설 ② 의사표시자가 그 통지를 발송한 후 사망하거나 제한능력자가 되어도 의사표시의 효력에 영향을 미치지 아니한다(제111조 제2항). 따라서 乙에게 도달한 甲의 청약은 효력이 발생한다.
① 상대방 있는 의사표시는 도달주의가 원칙이다.
③ 우편법 등 관계 규정의 취지에 비추어 볼 때 우편물이 등기취급의 방법으로 발송된 경우 반송되는 등의 특별한 사정이 없는 한 그 무렵 수취인에게 배달되었다고 보아야 한다(대판 1992. 3. 27, 91누3819).
④ 도달 전에는 의사표시를 철회할 수 있다.
⑤ 채권양도의 통지와 같은 준법률행위의 도달은 의사표시와 마찬가지로 사회관념상 채무자가 통지의 내용을 알 수 있는 객관적 상태에 놓여졌을 때를 지칭하고, 그 통지를 채무자가 현실적으로 수령하였거나 그 통지의 내용을 알았을 것까지는 필요하지 않다(대판 1983. 8. 23, 82다카439).

15 대리에 관한 설명으로 옳지 않은 것은? (다툼이 있으면 판례에 따름)

① 대리인은 행위능력자임을 요하지 않는다.

② 유언은 대리가 허용되지 않는다.

③ 대리에 있어 본인을 위한 것임을 표시하는 현명은 묵시적으로 할 수는 없다.

④ 임의대리의 경우 그 원인된 법률관계의 종료 전에 본인이 수권행위를 철회할 수 있다.

⑤ 대리인이 수인인 때에는 원칙적으로 각자가 본인을 대리한다.

해설 ③ 대리에 있어 본인을 위한 것임을 표시하는 현명은 묵시적으로 할 수 있다.
① 제117조
② 유언 등 신분행위에는 원칙적으로 대리가 허용되지 않는다.
④ 제128조
⑤ 제119조

16 복대리에 관한 설명으로 옳은 것은?

① 복대리인은 대리인의 대리인이다.

② 법정대리인은 복대리인을 선임하지 못한다.

③ 복대리인의 대리권은 대리인의 대리권의 범위를 넘지 못한다.

④ 임의대리인이 부득이한 사유로 복대리인을 선임한 경우, 본인에 대하여 그 선임감독에 관한 책임이 없다.

⑤ 복대리인이 선임된 후 대리인의 대리권이 소멸하더라도 복대리권은 소멸하지 않는다.

해설 ③ 복대리인의 대리권은 그 범위에 있어서 대리인의 대리권을 넘지 못한다.
① 복대리인은 본인의 대리인이다.
② 법정대리인은 그 책임으로 복대리인을 선임할 수 있다. 그러나 부득이한 사유로 인한 때에는 전 조 제1항에 정한 책임만이 있다(제122조).
④ 대리권이 법률행위에 의하여 부여된 경우에는 대리인은 본인의 승낙이 있거나 부득이한 사유있는 때가 아니면 복대리인을 선임하지 못한다(제120조). 전 조의 규정에 의하여 대리인이 복대리인을 선임한 때에는 본인에게 대하여 그 선임감독에 관한 책임이 있다(제121조).
⑤ 복대리인의 대리권은 대리인의 대리권을 전제로 하는 것이므로, 복대리인이 선임된 후 대리인의 대리권이 소멸하면 복대리권도 소멸한다.

17 무권대리에 관한 설명으로 옳지 않은 것은? (다툼이 있으면 판례에 따름)

① 무권대리인이 체결한 계약은 본인이 이를 추인할 수 있다.

② 무권대리인이 체결한 계약의 상대방은 상당한 기간을 정하여 본인에게 추인 여부의 확답을 최고할 수 있다.

③ 대리권 없이 타인의 부동산을 매도한 자가 그 부동산을 단독상속한 후 그 대리행위가 무권대리로 무효임을 주장하는 것은 신의칙상 허용될 수 없다.

④ 무권대리행위가 제3자의 기망 등 위법행위로 야기되었더라도 민법 제135조에 따른 무권대리인의 상대방에 대한 책임은 부정되지 않는다.

⑤ 민법 제135조에 따른 무권대리인의 상대방에 대한 책임은 대리권 흠결에 관하여 무권대리인에게 귀책사유가 있어야만 인정된다.

해설 ⑤ 민법 제135조에 따른 무권대리인의 상대방에 대한 책임은 무과실책임이다.
① 제130조
② 제131조
③ 대판 1994. 9. 27, 94다20617
④ 무권대리인의 상대방에 대한 책임은 무과실책임으로서 대리권의 흠결에 관하여 대리인에게 과실 등의 귀책사유가 있어야만 인정되는 것이 아니고, 무권대리행위가 제3자의 기망이나 문서위조 등 위법행위로 야기되었다고 하더라도 책임은 부정되지 아니한다(대판 2014. 2. 27, 2013다213038).

18 甲이 토지거래허가구역 내의 자신의 토지에 대하여 乙과 매매계약을 체결한 경우에 관한 설명으로 옳은 것은? (다툼이 있으면 판례에 따름)

① 토지거래허가를 받기 전에도 위 계약의 채권적 효력은 발생한다.

② 토지거래허가를 받기 전에도 乙은 甲에게 소유권이전의무 불이행으로 인한 손해배상청구를 할 수 있다.

③ 위 계약 체결 후 토지거래허가를 받은 경우, 위 계약은 특별한 사정이 없는 한 그 허가를 받은 때부터 유효가 된다.

④ 토지거래허가를 받기 전에 甲이 허가신청협력의무의 이행거절의사를 명백히 표시한 경우, 위 계약은 확정적으로 무효가 된다.

⑤ 토지거래허가를 받지 못하여 위 계약이 확정적으로 무효가 된 경우, 그 무효가 됨에 있어 귀책사유가 있는 자는 위 계약의 무효를 주장할 수 없다.

해설 ④ 유동적 무효상태하에서 당사자 일방이 허가신청협력의무의 이행거절의사를 명백히 표시한 경우에는 허가 전 거래계약관계 즉 계약의 유동적 무효상태가 더 이상 지속한다고 볼 수는 없고 그 계약관계는 확정적으로 무효라고 인정되는 상태에 이르렀다고 하여야 할 것이다(대판 1993. 6. 22, 91다21435). ← 이 사건의 경우 원고와 피고 모두 위 매매계약 당시 이 사건 토지가 위 법 소정의 규제지역에 속하여 있는 사실을 모르고 계약을 체결하였다가 매수인인 원고가 뒤늦게 이를 알고서 매도인인 피고에게 허가신청절차에 협력할 것을 요구하였으나 피고는 그 협력을 거부하고 오히려 원고의 잔대금미지급을 이유로 위 매매계약의 해제 및 계약금 몰수를 주장하고 있는 사실을 엿볼 수 있어 당사자 일방이 허가신청협력 의무의 이행거절의사를 명백히 표시하였다고 할 것이고 이러한 경우에는 허가 전 거래계약관계 즉 계약의 유동적 무효상태가 더 이상 지속한다고 볼 수는 없고 그 계약관계는 확정적으로 무효라고 인정되는 상태에 이르렀다고 하여야 할 것이다.
① 토지거래허가를 받기 전에는 위 계약의 채권적 효력도 발생하지 않는다.
② 토지거래허가를 받기 전에는 乙은 甲에게 소유권이전의무 불이행으로 인한 손해배상청구를 할 수 없다.
③ 위 계약 체결 후 토지거래허가를 받은 경우, 위 계약은 특별한 사정이 없는 한 소급하여 계약 체결 시부터 유효가 된다.
⑤ 토지거래허가를 받지 못하여 위 계약이 확정적으로 무효가 된 경우, 그 무효가 됨에 있어 귀책사유가 있는 자도 위 계약의 무효를 주장할 수 있다.

19 법률행위의 당사자 외에 선의의 제3자에 대하여도 무효를 주장할 수 있는 경우를 모두 고른 것은? (다툼이 있으면 판례에 따름)

> ㉠ 의사무능력자의 법률행위
> ㉡ 반사회질서의 법률행위
> ㉢ 무효인 진의 아닌 의사표시
> ㉣ 통정한 허위의 의사표시

① ㉠, ㉡ ② ㉠, ㉢
③ ㉢, ㉣ ④ ㉠, ㉡, ㉣
⑤ ㉡, ㉢, ㉣

해설 ㉠ 의사무능력자의 법률행위, ㉡ 반사회질서의 법률행위는 누구에게나 주장할 수 있는 절대적 무효이다. 반면에 ㉢ 무효인 진의 아닌 의사표시, ㉣ 통정한 허위의 의사표시는 선의의 제3자에게는 주장할 수 없는 상대적 무효이다.

20 법률행위의 무효와 취소에 관한 설명으로 옳지 않은 것은? (다툼이 있으면 판례에 따름)

① 무효인 법률행위는 추인하여도 원칙적으로 그 효력이 생기지 않는다.

② 법률행위의 일부분이 무효인 경우에 대하여 규정하고 있는 민법 제137조는 임의규정이다.

③ 취소할 수 있는 법률행위에서 취소권자의 상대방이 그 취소할 수 있는 행위로 취득한 권리를 양도하는 경우 법정추인이 된다.

④ 하나의 법률행위의 일부분에만 취소사유가 있다고 하더라도 그 법률행위가 가분적이거나 그 목적물의 일부가 특정될 수 있다면, 그 나머지 부분이라도 이를 유지하려는 당사자의 가정적 의사가 인정되는 경우 그 일부만의 취소도 가능하다.

⑤ 임차권양도계약과 권리금 계약이 결합하여 경제적·사실적 일체로 행하여진 경우, 그 권리금계약 부분에만 취소사유가 존재하여도 특별한 사정이 없는 한 권리금계약 부분만을 따로 떼어 취소할 수는 없다.

해설 ③ 취소권자가 양도하는 경우에 한하여 법정추인이 된다.
① 무효인 법률행위는 추인하여도 그 효력이 생기지 아니한다. 그러나 당사자가 그 무효임을 알고 추인한 때에는 새로운 법률행위로 본다(제139조).
④ 판례는 일정 요건이 갖추어진 경우에 일부만의 취소를 인정한다.
⑤ [1] 여러 개의 계약이 체결된 경우에 각 계약이 전체적으로 경제적, 사실적으로 일체로서 행하여진 것으로 그 하나가 다른 하나의 조건이 되어 어느 하나의 존재 없이는 당사자가 다른 하나를 의욕하지 않았을 것으로 보이는 경우 등에는, 하나의 계약에 대한 기망 취소의 의사표시는 법률행위의 일부무효이론과 궤를 같이하는 법률행위 일부취소의 법리에 따라 전체 계약에 대한 취소의 효력이 있다.

[2] 임차권의 양수인 갑이 양도인 을의 기망행위를 이유로 을과 체결한 임차권양도계약 및 권리금계약을 각 취소 또는 해제한다고 주장한 사안에서, 위 권리금계약은 임차권양도계약과 결합하여 전체가 경제적·사실적으로 일체로 행하여진 것으로서, 어느 하나의 존재 없이는 당사자가 다른 하나를 의욕하지 않았을 것으로 보이므로 권리금계약 부분만을 따로 떼어 취소할 수 없다(대판 2013. 5. 9, 2012다115120).

21 법률행위의 조건과 기한에 관한 설명으로 옳지 않은 것은? (다툼이 있으면 판례에 따름)

① 기한부 권리는 일반규정에 의하여 처분할 수 있다.

② 조건 있는 법률행위의 당사자는 조건의 성부가 미정한 동안에 조건의 성취로 인하여 생길 상대방의 이익을 해하지 못한다.

③ 해제 조건 있는 법률행위는 조건이 성취한 때로부터 그 효력을 잃지만, 당사자의 의사에 따라 이를 소급하게 할 수 있다.

④ 시기 있는 법률행위는 기한이 도래한 때로부터 그 효력이 생긴다.

⑤ 부첩관계의 종료를 해제조건으로 하는 증여계약에서 그 조건은 무효이므로 그 증여계약은 조건 없는 법률행위가 된다.

해설 ⑤ 부첩관계의 종료를 해제조건으로 하는 증여계약은 불법조건의 경우로서 그 계약 전부가 무효이다.
① 제154조
② 제148조
③ 제147조 제2항, 제3항
④ 제152조 제1항

22 2000년 5월 25일 오후 11시에 출생한 자가 성년이 되는 때는?

① 2018년 5월 25일 오후 11시
② 2019년 5월 25일 오전 0시
③ 2019년 5월 25일 오후 11시
④ 2020년 5월 25일 오전 0시
⑤ 2020년 5월 25일 오후 11시

해설 ② 기간의 기산점을 정함에 있어 연령계산에는 출생일을 산입한다. 따라서 2000년 5월 25일 오후 11시에 출생한 자는 기산일이 2000년 5월 25일이므로 성년이 되는 때는 2019년 5월 24일 오후 12시(2019년 5월 25일 오전 0시)이다.

23 소멸시효의 대상이 되는 권리를 모두 고른 것은?

> ㉠ 해제조건부 채권
> ㉡ 불확정기한부 채권
> ㉢ 소유권
> ㉣ 인격권

① ㉠, ㉡   ② ㉠, ㉢
③ ㉠, ㉣   ④ ㉡, ㉢
⑤ ㉡, ㉣

해설 ㉠ 해제조건부 채권, ㉡ 불확정기한부 채권은 채권으로서 소멸시효의 대상이다. 반면에 ㉢ 소유권은 그 항구성으로 인해 소멸시효의 대상이 되지 않으며, ㉣ 인격권은 비재산권이므로 소멸시효의 대상이 되지 않는다.

24 민법상 소멸시효에 관한 설명으로 옳은 것은? (다툼이 있으면 판례에 따름)

① 판결에 의하여 확정된 채권은 판결확정 당시에 변제기가 도래하지 않아도 10년의 소멸시효에 걸린다.
② 본래의 소멸시효 기산일과 당사자가 주장하는 기산일이 서로 다른 경우에 법원은 당사자가 주장하는 기산일을 기준으로 소멸시효를 계산해야 한다.
③ 소멸시효의 기산점이 되는 '권리를 행사할 수 있는 때'란 권리를 행사하는 데 있어 사실상의 장애가 없는 경우를 말한다.
④ 어떤 권리의 소멸시효기간이 얼마나 되는지에 대해서 법원은 당사자의 주장에 따라 판단하여야 한다.
⑤ 어떤 채권이 1년의 단기소멸시효에 걸리는 경우, 그 채권의 발생원인이 된 계약에 기하여 상대방이 가지는 반대채권도 당연히 1년의 단기소멸시효에 걸린다.

해설 ② 소멸시효의 기산일은 채무의 소멸이라고 하는 법률효과 발생의 요건에 해당하는 소멸시효 기간 계산의 시발점으로서 소멸시효 항변의 법률요건을 구성하는 구체적인 사실에 해당하므로 이는 변론주의의 적용 대상이고, 따라서 본래의 소멸시효 기산일과 당사자가 주장하는 기산일이 서로 다른 경우에는 변론주의의 원칙상 법원은 당사자가 주장하는 기산일을 기준으로 소멸시효를 계산하여야 하는데, 이는 당사자가 본래의 기산일보다 뒤의 날짜를 기산일로 하여 주장하는 경우는 물론이고 특별한 사정이 없는 한 그 반대의 경우에 있어서도 마찬가지이다(대판 1995. 8. 25, 94다35886).
① 판결에 의하여 확정된 채권은 단기의 소멸시효에 해당한 것이라도 그 소멸시효는 10년으로 한다. 그러나 판결확정당시에 변제기가 도래하지 아니한 채권에는 적용하지 아니한다(제165조 참조).
③ 소멸시효의 기산점이 되는 '권리를 행사할 수 있는 때'란 권리를 행사하는 데 있어 법률상의 장애가 없는 경우를 말한다.
④ 소멸시효기간은 변론주의의 적용대상이 되지 않고 법원이 직권으로 판단할 수 있다.

⑤ 일정한 채권의 소멸시효기간에 관하여 이를 특별히 1년의 단기로 정하는 민법 제164조는 그 각호에서 개별적으로 정하여진 채권의 채권자가 그 채권의 발생원인이 된 계약에 기하여 상대방에 대하여 부담하는 반대채무에 대하여는 적용되지 아니한다. 따라서 그 채권의 상대방이 그 계약에 기하여 가지는 반대채권은 원칙으로 돌아가, 다른 특별한 사정이 없는 한 민법 제162조 제1항에서 정하는 10년의 일반소멸시효기간의 적용을 받는다(대판 2013. 11. 14, 2013다65178).

25 강행규정이 아닌 것은? (다툼이 있으면 판례에 따름)

① 신의성실의 원칙에 관한 민법 제2조
② 권리능력의 존속기간에 관한 민법 제3조
③ 미성년자의 행위능력에 관한 민법 제5조
④ 사단법인의 사원권의 양도, 상속금지에 관한 민법 제56조
⑤ 법인해산 시 잔여재산의 귀속에 관한 민법 제80조

해설 ④ "사단법인의 사원의 지위는 양도 또는 상속할 수 없다"라고 한 민법 제56조의 규정은 강행규정은 아니라고 할 것이므로, 정관에 의하여 이를 인정하고 있을 때에는 양도·상속이 허용된다(대판 1992. 4. 14, 91다26850).
① 신의성실의 원칙에 반하는 것 또는 권리남용은 강행규정에 위배되는 것이므로 당사자의 주장이 없더라도 법원은 직권으로 판단할 수 있다(대판 1995. 12. 22, 94다42129).
②③ 민법상 능력 규정은 강행규정이다.
⑤ 민법의 청산절차에 관한 규정은 모두 제3자의 이해관계에 중대한 영향을 미치는 것으로서 강행규정이므로, 해산한 법인이 잔여재산의 귀속자에 관한 정관규정에 반하여 잔여재산을 달리 처분할 경우 그 처분행위는 청산법인의 목적범위 외의 행위로서 특단의 사정이 없는 한 무효이다(대판 2000. 12. 8, 98두5279).

Answer

01. ④	02. ①	03. ③	04. ⑤	05. ②	06. ④	07. ⑤	08. ③	09. ④	10. ④
11. ③	12. ⑤	13. ①	14. ②	15. ③	16. ③	17. ⑤	18. ④	19. ①	20. ③
21. ⑤	22. ②	23. ①	24. ②	25. ④					

제8회 행정사 민법총칙

[2020. 6. 29. 실시]

01 관습법과 사실인 관습에 관한 설명으로 옳은 것을 모두 고른 것은? (다툼이 있으면 판례에 따름)

> ㉠ 관습법은 사회의 거듭된 관행으로 생성된 사회생활규범이 법적 확신과 인식에 의하여 법적 규범으로 승인된 것이다.
> ㉡ 종래 관습법으로 승인되었더라도 그 관습법을 적용하여야 할 시점에서 전체 법질서에 부합하지 않게 되었다면 법적 규범으로서의 효력이 부정된다.
> ㉢ 사실인 관습은 법령으로서의 효력이 없는 단순한 관행으로서 당사자의 의사를 보충하는 데 그친다.

① ㉠
② ㉠, ㉡
③ ㉠, ㉢
④ ㉡, ㉢
⑤ ㉠, ㉡, ㉢

해설 ㉠㉡ [1] 관습법이란 사회의 거듭된 관행으로 생성한 사회생활규범이 사회의 법적 확신과 인식에 의하여 법적 규범으로 승인·강행되기에 이른 것을 말하고… [2] 사회의 거듭된 관행으로 생성된 사회생활규범이 관습법으로 승인되었다고 하더라도 사회 구성원들이 그러한 관행의 법적 구속력에 대하여 확신을 갖지 않게 되었다거나, 사회를 지배하는 기본적 이념이나 사회질서의 변화로 인하여 그러한 관습법을 적용하여야 할 시점에 있어서의 전체 법질서에 부합하지 않게 되었다면 그러한 관습법은 법적 규범으로서의 효력이 부정될 수밖에 없다(대판 2005. 7. 21, 2002다1178).
㉢ 제106조의 사실인 관습은 사적 자치가 인정되는 분야에서 법률행위의 해석기준이나 당사자의 의사를 보충하는 것으로서, 그 존재는 당사자가 주장·입증하여야 한다(대판 1983. 6. 14, 80다3231).

02 신의성실의 원칙(이하 "신의칙"이라 한다)에 관한 설명으로 옳지 않은 것은? (다툼이 있으면 판례에 따름)

① 신의칙은 당사자의 주장이 없어도 법원이 직권으로 판단할 수 있다.
② 일반 행정법률관계에 관한 관청의 행위에 대하여 신의칙은 특별한 사정이 있는 경우 예외적으로 적용될 수 있다.
③ 사용자는 특별한 사정이 없는 한 근로계약에 수반되는 신의칙상의 부수적 의무로서 피용자의 안전에 대한 보호의무를 부담한다.
④ 숙박업자는 신의칙상 부수적 의무로서 투숙객의 안전을 배려할 보호의무를 부담한다.
⑤ 항소권과 같은 소송법상의 권리에는 신의칙 내지 실효의 원칙이 적용될 수 없다.

해설 ⑤ 항소권과 같은 소송법상의 권리에도 신의칙 내지 실효의 원칙이 적용될 수 있다(대판 1996. 7. 30, 94다51840).
① 신의칙에 반하는 것 또는 권리남용은 강행규정에 위반하는 것이므로, 당사자의 주장이 없더라도 법원은 직권으로 이를 판단할 수 있다(대판 1989. 9. 29, 88다카17181).
② 신의칙은 사법관계뿐만 아니라 공법관계에도 적용된다.
③ 사용자는 신의칙상 부수적 의무로서 보호의무를 부담한다.
④ 숙박업자는 신의칙상 부수적 의무로서 보호의무를 부담한다.

03 부부 사이인 甲과 그의 아이 丙을 임신한 乙은 A의 과실로 교통사고를 당했다. 이에 관한 설명으로 옳은 것을 모두 고른 것은? (다툼이 있으면 판례에 따름)

> ㉠ 이 사고로 丙이 출생 전 乙과 함께 사망하였더라도 丙은 A에 대하여 불법행위로 인한 손해배상청구권을 가진다.
> ㉡ 사고 후 살아서 출생한 丙은 A에 대하여 甲의 부상으로 입게 될 자신의 정신적 고통에 대한 위자료를 청구할 수 있다.
> ㉢ 甲이 사고로 사망한 후 살아서 출생한 丙은 甲의 A에 대한 불법행위로 인한 손해배상청구권을 상속받지 못한다.

① ㉠   ② ㉡
③ ㉢   ④ ㉠, ㉡
⑤ ㉡, ㉢

해설 ㉡ 태아도 손해배상청구권에 관하여는 이미 출생한 것으로 보는바, 부가 교통사고로 상해를 입을 당시 태아가 출생하지 아니하였다고 하더라도 그 뒤에 출생한 이상 부의 부상으로 인하여 입게 될 정신적 고통에 대한 위자료를 청구할 수 있다(대판 1993. 4. 27, 93다4663).
㉠ 태아가 손해배상청구권에 관하여는 이미 태어난 것으로 본다는 민법 제762조의 취지는 태아가 살아서 출생한 때에 출생시기가 문제의 사건의 시기까지 소급하여 그때에 태아가 출생한 것과 같이 법률상 보아준다고 해석함이 상당하므로, 그가 모체와 같이 사망하여 출생의 기회를 못 가졌다면 손해배상청구권을 논할 여지가 없다.
㉢ 태아는 상속순위에 관하여는 이미 출생한 것으로 본다(제1000조 제3항).

04 제한능력자에 관한 설명으로 옳지 않은 것은? (다툼이 있으면 판례에 따름)

① 미성년자가 법정대리인의 동의를 얻은 법률행위를 하기 전에는 법정대리인은 그가 한 동의를 취소할 수 있다.
② 미성년자는 자신의 노무제공에 따른 임금청구를 단독으로 할 수 있다.
③ 미성년자는 타인의 대리인으로서 단독으로 유효한 대리행위를 할 수 있다.
④ 피한정후견인은 적극적인 속임수로써 법정대리인의 동의가 있는 것으로 믿게 한 경우, 그 법률행위를 취소할 수 없다.
⑤ 가정법원은 성년후견개시의 심판을 할 때 본인의 의사를 고려할 필요는 없다.

해설 ⑤ 가정법원은 성년후견개시의 심판을 할 때 본인의 의사를 고려하여야 한다(제9조 제2항).
① 법정대리인은 미성년자가 아직 법률행위를 하기 전에는 그가 행한 동의(제5조)나 일정 범위의 재산처분에 대한 허락(제6조)을 취소할 수 있다(제7조).
② 미성년자는 독자적으로 임금을 청구할 수 있다(근로기준법 제68조).
③ 대리인은 행위능력자임을 요하지 않으므로 미성년자라도 유효한 대리행위를 할 수 있다(제117조).
④ 제한능력자가 속임수로써 자기를 능력자로 믿게 한 경우나, 미성년자나 피한정후견인이 속임수로써 법정대리인의 동의가 있는 것으로 믿게 한 경우에는 제한능력자 측의 취소권은 박탈된다(제17조).

05 민법상 비법인사단에 관한 설명으로 옳지 않은 것은? (다툼이 있으면 판례에 따름)

① 이사가 없거나 결원이 있는 경우 임시이사의 선임에 관한 민법 제63조 규정은 비법인사단에도 유추적용될 수 있다.

② 비법인사단의 사원이 집합체로서 물건을 소유할 때에는 총유로 한다.

③ 비법인사단이 타인 간의 금전채무를 보증하는 행위는 총유물의 관리·처분행위로 볼 수 없다.

④ 비법인사단에서 사원의 지위는 규약이나 관행에 의하여 양도 또는 상속될 수 없다.

⑤ 비법인사단의 대표자가 직무에 관하여 타인에게 손해를 가한 경우, 민법 제35조 제1항의 유추적용에 의해 비법인사단은 그 손해를 배상할 책임이 있다.

해설 ④ 비법인사단에서 사원의 지위는 규약이나 관행에 의하여 양도 또는 상속될 수 있다(대판 1997. 9. 26, 95다6205).

① 민법 제63조는 법인의 조직과 활동에 관한 것으로서 법인격을 전제로 하는 조항이 아니고, 법인 아닌 사단이나 재단의 경우에도 이사가 없거나 결원이 생길 수 있으며, 통상의 절차에 따른 새로운 이사의 선임이 극히 곤란하고 종전 이사의 긴급처리권도 인정되지 아니하는 경우에는 사단이나 재단 또는 타인에게 손해가 생길 염려가 있을 수 있으므로, 민법 제63조는 법인 아닌 사단이나 재단에도 유추적용할 수 있다(대결 2009.11.19., 자 2008마699).

③ 비법인사단이 타인 간의 금전채무를 보증하는 행위는 총유물 그 자체의 관리·처분이 따르지 아니하는 단순한 채무부담행위에 불과하여 이를 총유물의 관리·처분행위라고 볼 수는 없다(대판 전합 2007. 4. 19, 2004다60072·60089).

⑤ 비법인사단의 대표자가 직무에 관하여 타인에게 손해를 가한 경우 그 사단은 민법 제35조 제1항의 유추적용에 의하여 그 손해를 배상할 책임이 있다(대판 2003. 7. 25, 2002다27088).

06 민법 제35조(법인의 불법행위능력)에 관한 설명으로 옳은 것은? (다툼이 있으면 판례에 따름)

① 대표권이 없는 이사가 직무행위로 타인에게 손해를 가한 경우 법인은 불법행위책임을 진다.

② 법인의 불법행위책임이 성립하는 경우 가해행위를 한 대표기관은 손해배상책임을 면한다.

③ 외형상 대표자의 직무행위로 인정되더라도 법령에 위반한 행위는 직무에 관한 행위가 아니다.

④ 대표자의 행위가 직무행위에 해당하지 않음을 피해자가 중대한 과실로 알지 못한 경우에는 법인에게 손해배상책임을 물을 수 없다.

⑤ 법인의 불법행위책임에는 과실상계의 법리가 적용되지 않는다.

해설 ④ 대표자의 행위가 직무에 관한 행위에 해당하지 아니함을 피해자 자신이 알았거나 또는 중대한 과실로 인하여 알지 못한 경우에는 비법인사단에 손해배상책임을 물을 수 없다(대판 2003. 7. 25, 2002다27088).

① 민법 제35조에서 말하는 '이사 기타 대표자'는 법인의 대표기관을 의미하는 것이고 대표권이 없는 이사는 법인의 기관이기는 하지만 대표기관은 아니기 때문에 그들의 행위로 인하여 법인의 불법행위가 성립하지 않는다(대판 2005. 12. 23, 2003다30159).

② 법인은 이사 기타 대표자가 그 직무에 관하여 타인에게 가한 손해를 배상할 책임이 있다. 이사 기타 대표자는 이로 인하여 자기의 손해배상책임을 면하지 못한다(제35조 제1항).

③ 법인이 그 대표자의 불법행위로 인하여 손해배상의무를 지는 것은 그 대표자의 직무에 관한 행위로 인하여 손해가 발생한 것임을 요한다 할 것이나, 그 직무에 관한 것이라는 의미는 행위의 외형상 법인의 대표자의 직무행위라고 인정할 수 있는 것이라면 설사 그것이 대표자 개인의 사리를 도모하기 위한 것이었거나 혹은 법령의 규정에 위배된 것이었다 하더라도 위의 직무에 관한 행위에 해당한다고 보아야 한다(대판 2004. 2. 27, 2003다15280).

⑤ 법인의 불법행위책임에도 과실상계의 법리가 적용된다.

07 민법상 사단법인에 관한 설명으로 옳지 않은 것은? (다툼이 있으면 판례에 따름)

① 이사는 원칙적으로 법인의 제반 업무처리를 대리인에게 포괄적으로 위임할 수 없다.

② 정관의 규범적 의미와 다른 해석이 사원총회의 결의에 의해 표명되었더라도 이는 법원을 구속하는 효력이 없다.

③ 이사의 임면에 관한 사항은 정관의 임의적 기재사항이다.

④ 이사회의 결의사항에 이해관계가 있는 이사는 의결권이 없다.

⑤ 민법상 청산절차에 관한 규정에 반하는 잔여재산 처분행위는 특단의 사정이 없는 한 무효이다.

해설 ③ 이사의 임면에 관한 사항은 정관의 필요적 기재사항이다(제40조 제5호).

① 이사는 원칙적으로 자신이 대표권을 행사하여야 한다. 다만, 정관 또는 총회의 결의로 금지하지 아니한 사항에 한하여 타인으로 하여금 특정의 행위를 대리하게 할 수 있다(제62조). 그러나 포괄적 대리권의 수여는 인정되지 않는다.

② 사단법인의 정관은 이를 작성한 사원뿐만 아니라 그 후에 가입한 사원이나 사단법인의 기관 등도 구속하는 점에 비추어 보면 그 법적 성질은 계약이 아니라 자치법규로 보는 것이 타당하므로, 이는 어디까지나 객관적인 기준에 따라 그 규범적인 의미 내용을 확정하는 법규해석의 방법으로 해석되어야 하는 것이지, 작성자의 주관이나 해석 당시의 사원의 다수결에 의한 방법으로 자의적으로 해석될 수는 없다 할 것이어서, 어느 시점의 사단법인의 사원들이 정관의 규범적인 의미 내용과 다른 해석을 사원총회의 결의라는 방법으로 표명하였다 하더라도 그 결의에 의한 해석은 그 사단법인의 구성원인 사원들이나 법원을 구속하는 효력이 없다(대판 2000. 11. 24, 99다12437).

④ 민법 제74조는 사단법인과 어느 사원과의 관계사항을 의결하는 경우 그 사원은 의결권이 없다고 규정하고 있으므로, 민법 제74조의 유추해석상 민법상 법인의 이사회에서 법인과 어느 이사와의 관계사항을 의결하는 경우에는 그 이사는 의결권이 없다(대판 2009. 4. 9, 2008다1521).

⑤ 청산절차에 관한 규정은 제3자의 이해관계에 중대한 영향을 미치기 때문에 강행규정이다.

08 민법상 물건에 관한 설명으로 옳지 않은 것은? (다툼이 있으면 판례에 따름)

① 건물의 개수(個數)를 결정함에 있어서 건축자나 소유자의 의사 등 주관적 사정은 고려되지 않는다.

② 주물 소유자의 상용에 공여되고 있더라도 주물 그 자체의 효용과 직접 관계없는 물건은 종물이 아니다.

③ 당사자는 특약으로 주물과 종물을 별도로 처분할 수 있다.

④ 국립공원의 입장료는 민법상 과실(果實)이 아니다.

⑤ 주물의 소유자가 아닌 다른 사람의 소유에 속하는 물건은 종물이 될 수 없다.

해설 ① 건물은 일정한 면적, 공간의 이용을 위하여 지상, 지하에 건설된 구조물을 말하는 것으로서, 건물의 개수는 토지와 달리 공부상의 등록에 의하여 결정되는 것이 아니라 사회통념 또는 거래관념에 따라 물리적 구조, 거래 또는 이용의 목적물로서 관찰한 건물의 상태 등 객관적 사정과 건축한 자 또는 소유자의 의사 등 주관적 사정을 참작하여 결정되는 것이다(대판 1997. 7. 8, 96다36517).

② 주물의 소유자나 이용자의 상용에 공여되고 있더라도 주물 그 자체의 효용과 직접 관계가 없는 물건은 종물이 아니다.

③ 종물은 주물의 처분에 따른다(제100조 제2항). 다만 이 규정은 임의규정이므로 당사자의 특약으로 종물만을 따로 처분할 수 있다.

④ 국립공원의 입장료는 토지의 사용대가라는 민법상 과실이 아니라 수익자 부담의 원칙에 따라 국립공원의 유지 · 관리비용의 일부를 국립공원 입장객에게 부담시키고자 하는 것이어서 토지의 소유권이나 그에 기한 과실수취권과는 아무런 관련이 없다(대판 2001. 12. 28, 2000다27749).

⑤ 종물은 물건의 소유자가 그 물건의 상용에 공하기 위하여 자기 소유인 다른 물건을 이에 부속하게 한 것을 말하므로(민법 제100조 제1항) 주물과 다른 사람의 소유에 속하는 물건은 종물이 될 수 없다(대판 2008. 5. 8, 2007다36933 · 36940).

09 반사회적 법률행위에 관한 설명으로 옳지 않은 것은? (다툼이 있으면 판례에 따름)

① 해외파견 근로자의 귀국 후 일정기간 소속 회사에 근무토록 한 약정은 특별한 사정이 없는 한 반사회적 법률행위라고 할 수 없다.

② 반사회적 법률행위로서 무효인 계약은 당사자가 무효임을 알고 추인하여도 원칙적으로는 새로운 법률행위로 볼 수 없다.

③ 매매계약의 동기가 반사회적이고 그 동기가 외부에 표시된 경우 그 매매계약은 무효이다.

④ 어느 법률행위가 선량한 풍속 기타 사회질서에 위반하는지는 특별한 사정이 없는 한 그 법률행위 당시를 기준으로 판단한다.

⑤ 수사기관에서 허위진술의 대가를 지급하기로 한 약정은 그 대가가 적정하다면 반사회적 법률행위에 해당하지 않는다.

> **해설** ⑤ 수사기관에서 참고인으로 진술하면서 자신이 잘 알지 못하는 내용에 대하여 허위의 진술을 하는 경우에 그 허위진술행위가 범죄행위를 구성하지 않는다고 하여도, 이러한 행위 자체는 국가사회의 일반적인 도덕관념이나 국가사회의 공공질서이익에 반하는 행위라고 볼 것이니, 그 급부의 상당성 여부를 판단할 필요 없이 허위진술의 대가로 작성된 각서에 기한 급부의 약정은 민법 제103조의 반사회적 질서행위로 무효이다(대판 2001. 4. 24, 2000다71999).
> ② 선량한 풍속 기타 사회질서에 반하는 법률행위는 당사자가 그 무효임을 알고 추인하여도, 새로운 법률행위를 한 것으로서 효력이 발생하지 않는다(제139조 참조).
> ③ 민법 제103조에 의하여 무효로 되는 반사회질서 행위는 법률행위의 목적인 권리·의무의 내용이 선량한 풍속 기타 사회질서에 위반되는 경우뿐 아니라 그 내용 자체는 반사회질서적인 것이 아니라고 하여도 법률적으로 이를 강제하거나 법률행위에 반사회질서적인 조건 또는 금전적 대가가 결부됨으로써 반사회질서적 성질을 띠게 되는 경우 및 표시되거나 상대방에게 알려진 법률행위의 동기가 반사회질서적인 경우를 포함한다(대판 2002. 12. 27, 2000다47361).
> ④ 법률행위가 사회질서에 반하는지 여부는 원칙적으로 법률행위 당시를 기준으로 판단한다.

10 강행법규에 위반한 법률행위에 관한 설명으로 옳은 것은? (다툼이 있으면 판례에 따름)

① 강행법규에 위반한 자가 스스로 그 약정의 무효를 주장하는 것은 특별한 사정이 없는 한 신의칙에 반한다.

② 형사사건에 대한 의뢰인과 변호사의 성공보수약정은 강행법규위반으로서 무효일 뿐 반사회적 법률행위는 아니다.

③ 부동산을 등기하지 않고 순차적으로 매도하는 중간생략등기합의는 강행법규에 위반하여 무효이다.

④ 개업공인중개사가 중개의뢰인과 직접 거래하는 행위를 금지하는 공인중개사법 규정은 강행규정이 아니라 단속규정이다.

⑤ 강행법규를 위반하여 무효인 계약에 대해서는 그 상대방의 선의, 무과실에 따라 표현대리 법리가 적용된다.

> **해설** ④ 개업공인중개사 등이 중개의뢰인과 직접 거래를 하는 행위를 금지하는 공인중개사법 제33조 제6호의 규정 취지는 개업공인중개사 등이 거래상 알게 된 정보를 자신의 이익을 꾀하는 데 이용하여 중개의뢰인의 이익을 해하는 경우가 있으므로 이를 방지하여 중개의뢰인을 보호하고자 함에 있는바, 위 규정에 위반하여 한 거래행위가 사법상의 효력까지도 부인하지 않으면 안 될 정도로 현저히 반사회성, 반도덕성을 지닌 것이라고 할 수 없을 뿐만 아니라 행위의 사법상의 효력을 부인하여야만 비로소 입법 목적을 달성할 수 있다고 볼 수 없고, 위 규정을 효력규정으로 보아 이에 위반한 거래행위를 일률적으로 무효라고 할 경우 중개의뢰인이 직접 거래임을 알면서도 자신의 이익을 위해 한 거래도 단지 직접 거래라는 이유로 효력이 부인되어 거래의 안전을 해칠 우려가 있으므로, 위 규정은 강행규정이 아니라 단속규정이다(대판 2017. 2. 3, 2016다259677).
> ① 강행법규에 위반한 자가 스스로 그 약정의 무효를 주장하는 것은 특별한 사정이 없는 한 신의칙에 반하지 않는다.
> ② 형사사건에서의 성공보수약정은 수사·재판의 결과를 금전적인 대가와 결부시킴으로써, 기본적 인권의 옹호와 사회정의의 실현을 사명으로 하는 변호사 직무의 공공성을 저해하고, 의뢰인과 일반 국민의 사법제도에 대한 신뢰를 현저히 떨어뜨릴 위험이 있으므로, 선량한 풍속 기타 사회질서에 위배되는 것으로 평가할 수 있다(대판 2015. 7. 23, 2015다200111).

③ 부동산등기특별조치법상 조세포탈과 부동산투기 등을 방지하기 위하여 위 법률 제2조 제2항 및 제8조 제1호에서 등기하지 아니하고 제3자에게 전매하는 행위를 일정 목적범위 내에서 형사처벌하도록 되어 있으나 이로써 순차매도한 당사자 사이의 중간생략등기합의에 관한 사법상 효력까지 무효로 한다는 취지는 아니다(대판 1993. 1. 26, 92다39112).

⑤ 강행법규를 위반하여 무효인 계약에 대해서는 표현대리 법리가 적용되지 않는다.

11 비진의표시에 관한 설명으로 옳은 것은? (다툼이 있으면 판례에 따름)

① 비진의표시에서 '진의'는 표의자가 진정으로 마음속에서 바라는 사항을 뜻한다.

② 비진의표시에서 '진의'는 특정한 내용의 의사표시를 하고자 하는 표의자의 생각을 의미하는 것은 아니다.

③ 표의자가 진정 마음에서 바라지는 아니하였더라도 당시의 상황에서는 최선이라고 판단하여 의사표시를 하였다면 비진의표시는 아니다.

④ 표의자가 강박에 의하여 증여를 하기로 하고 그에 따른 증여의 의사표시를 하였더라도, 재산을 강제로 뺏긴다는 본심이 잠재되어 있다면 그 증여는 비진의표시에 해당한다.

⑤ 공무원의 사직의 의사표시와 같은 공법행위에도 비진의표시에 관한 민법의 규정이 적용된다.

해설 ③ 표의자가 의사표시의 내용을 진정으로 마음속에서 바라지는 아니하였다고 하더라도 당시의 상황에서 그것을 최선이라고 판단하여 의사표시를 하였을 경우에는 이를 내심의 효과의사가 결여된 진의 아닌 의사표시라고 할 수 없다(대판 2000. 4. 25, 99다34475).

①② 진의 아닌 의사표시에 있어서의 진의란 특정한 내용의 의사표시를 하고자 하는 표의자의 생각을 말하는 것이지 표의자가 진정으로 마음속에서 바라는 사항을 뜻하는 것은 아니다(대판 2000. 4. 25, 99다34475).

④ 비록 재산을 강제로 뺏긴다는 것이 표의자의 본심으로 잠재되어 있다 하여도 표의자가 강박에 의하여서나마

이 사건 증여를 하기로 하고 그에 따른 증여의 의사표시를 한 이상 증여의 내심의 효과의사가 결여된 것이라고 할 수는 없을 것이다(대판 1993. 7. 16, 92다41528·92다41535).

⑤ 공무원이 사직의 의사표시를 하여 의원면직처분을 하는 경우, 그 사직의 의사표시는 그 법률관계의 특수성에 비추어 외부적·객관적으로 표시된 바를 존중하여야 할 것이므로, 비록 사직원제출자의 내심의 의사가 사직할 뜻이 아니었다고 하더라도 진의 아닌 의사표시에 관한 민법 제107조는 그 성질상 사직의 의사표시와 같은 사인의 공법행위에는 준용되지 아니하므로 그 의사가 외부에 표시된 이상 그 의사는 표시된 대로 효력을 발한다(대판 1997. 12. 12, 97누13962).

12 통정허위표시에 기하여 새롭게 이해관계를 맺은 제3자에 해당하지 않는 사람은? (다툼이 있으면 판례에 따름)

① 통정허위표시인 매매계약에 기하여 부동산 소유권을 취득한 양수인으로부터 그 부동산을 양수한 사람

② 통정허위표시인 채권양도계약의 양도인에 대하여 채무를 부담하고 있던 사람

③ 통정허위표시인 저당권 설정행위로 취득된 저당권의 실행으로 그 목적인 부동산을 경매에서 매수한 사람

④ 통정허위표시인 금전소비대차계약에서 대주가 파산한 경우 파산관재인으로 선임된 사람

⑤ 통정허위표시에 의하여 부동산 소유권을 취득한 양수인과 매매계약을 체결하고 소유권 이전등기청구권 보전을 위한 가등기를 마친 사람

해설 ② 통정허위표시에 있어 제3자란 허위표시의 당사자 및 포괄승계인 이외의 자로서, 허위표시에 의하여 외형상 형성된 법률관계를 토대로 실질적으로 새로운 법률상 이해관계를 맺은 자를 말한다. 따라서 통정허위표시인 채권양도계약의 양도인에 대하여 기존에 채무를 부담하고 있던 사람은 이에 해당하지 않는다.

④ 파산자가 상대방과 통정한 허위의 의사표시를 통하여 가장채권을 보유하고 있다가 파산이 선고된 경우 그 가장채권도 일단 파산재단에 속하게 되고, 파산선고에 따라 파산자와는 독립한 지위에서 파산채권자 전체의 공동의 이익을 위하여 직무를 행하게 된 파산관재인은 그 허위표시에 따라 외형상 형성된 법률관계를 토대로 실질적으로 새로운 법률상 이해관계를 가지게 된 민법 제108조 제2항의 제3자에 해당한다(대판 2003. 6. 24, 2002다48214).

13 착오의 의사표시에 관한 설명으로 옳지 않은 것은? (다툼이 있으면 판례에 따름)

① 동기의 착오를 이유로 취소하려면 당사자 사이에 동기를 의사표시의 내용으로 하는 합의가 필요하다.

② 착오를 이유로 취소하기 위해서는 일반인이 표의자라면 그러한 의사표시를 하지 않았을 정도의 중요부분에 착오가 있어야 한다.

③ 착오를 이유로 취소할 수 없는 중대한 과실은 표의자의 직업 등에 비추어 보통 요구되는 주의를 현저히 결여한 것을 의미한다.

④ 매매계약이 적법하게 해제된 후에도 착오를 이유로 그 매매계약을 취소할 수 있다.

⑤ 상대방의 기망으로 표시상의 착오에 빠진 자의 행위에 대하여 착오취소의 법리가 적용된다.

해설 ① 동기의 착오가 법률행위의 내용의 중요부분의 착오에 해당함을 이유로 표의자가 법률행위를 취소하려면 그 동기를 당해 의사표시의 내용으로 삼을 것을 상대방에게 표시하고 의사표시의 해석상 법률행위의 내용으로 되어 있다고 인정되면 충분하고 당사자들 사이에 별도로 그 동기를 의사표시의 내용으로 삼기로 하는 합의까지 이루어질 필요는 없다.
② 법률행위의 내용의 착오는 보통 일반인이 표의자의 입장에 섰더라면 그와 같은 의사표시를 하지 아니하였으리라고 여겨질 정도로 그 착오가 중요한 부분에 관한 것이어야 한다(대판 1998. 2. 10, 97다44737).
④ 매도인이 매수인의 중도금지급채무불이행을 이유로 매매계약을 적법하게 해제한 후라도 매수인으로서는 상

대방이 한 계약해제의 효과로서 발생하는 손해배상책임을 지거나 매매계약에 따른 계약금의 반환을 받을 수 없는 불이익을 면하기 위하여 착오를 이유로 한 취소권을 행사하여 매매계약 전체를 무효로 돌리게 할 수 있다(대판 1996. 12. 6, 95다24982·24999).
⑤ 신원보증서류에 서명날인한다는 착각에 빠진 상태로 연대보증의 서면에 서명날인한 경우, 결국 위와 같은 행위는 강학상 기명날인의 착오(또는 서명의 착오), 즉 어떤 사람이 자신의 의사와 다른 법률효과를 발생시키는 내용의 서면에, 그것을 읽지 않거나 올바르게 이해하지 못한 채 기명날인을 하는 이른바 표시상의 착오에 해당하므로, 비록 위와 같은 착오가 제3자의 기망행위에 의하여 일어난 것이라 하더라도 그에 관하여는 사기에 의한 의사표시에 관한 법리, 특히 상대방이 그러한 제3자의 기망행위 사실을 알았거나 알 수 있었을 경우가 아닌 한 의사표시자가 취소권을 행사할 수 없다는 민법 제110조 제2항의 규정을 적용할 것이 아니라, 착오에 의한 의사표시에 관한 법리만을 적용하여 취소권 행사의 가부를 가려야 한다(대판 2005. 5. 27, 2004다43824).

14 당사자 일방으로부터 부동산 매매계약의 체결에 관한 대리권만 수여받은 대리인이 특별한 사정이 없는 한 할 수 있는 행위에 해당하는 것은? (다툼이 있으면 판례에 따름)

① 매도인을 대리하여 중도금이나 잔금을 수령하는 행위

② 매도인을 대리하여 약정된 매매대금의 지급기일을 연기해주는 행위

③ 매도인을 대리하여 잔금채권을 담보로 대출을 받는 행위

④ 매수인을 대리하여 매매계약을 해제하는 행위

⑤ 매수인을 대리하여 매매목적 부동산을 처분하는 행위

해설 ① 부동산의 소유자로부터 매매계약을 체결할 대리권을 수여받은 대리인은 특별한 사정이 없는 한 그 매매계약에서 약정한 바에 따라 중도금이나 잔금을 수령할 권한도 있다고 보아야 한다(대판 1994. 2. 8, 93다39379).

15 표현대리에 관한 설명으로 옳지 않은 것은? (다툼이 있으면 판례에 따름)

① 민법 제125조의 표현대리가 성립하기 위한 대리권 수여의 표시는 사회통념상 대리권을 추단할 수 있는 직함의 사용을 승낙한 경우도 포함한다.

② 대리인이 복대리인을 통하여 대리권의 범위를 넘는 법률행위를 한 경우에도 권한을 넘은 표현대리에 관한 민법 제126조가 적용된다.

③ 표현대리가 성립하여 본인이 이행책임을 지는 경우, 상대방에게 과실이 있으면 과실상계의 법리를 적용하여 본인의 책임을 경감할 수 있다.

④ 대리권 소멸 후의 표현대리가 인정된 경우에 그 표현대리의 권한을 넘는 대리행위가 있으면 권한을 넘은 표현대리가 성립할 수 있다.

⑤ 권한을 넘은 표현대리에 관한 민법 제126조는 임의대리뿐만 아니라 법정대리에도 적용된다.

해설 ③ 표현대리행위가 성립하는 경우에 그 본인은 표현대리행위에 의하여 전적인 책임을 져야 하고, 상대방에게 과실이 있다고 하더라도 과실상계의 법리를 유추적용하여 본인의 책임을 경감할 수 없다(대판 1996. 7. 12, 95다49554).
① 민법 제125조의 표현대리에서 본인에 의한 대리권 수여의 표시는 반드시 대리권 또는 대리인이라는 말을 사용하여야 하는 것이 아니라 사회통념상 대리권을 추단할 수 있는 직함이나 명칭 등의 사용을 승낙 또는 묵인한 경우에도 대리권 수여의 표시가 있는 것으로 볼 수 있다(대판 1998. 6. 12, 97다53762).
② 복대리인이 권한을 넘은 대리행위를 한 경우에도 표현대리가 인정된다(대판 1967. 11. 21, 66다2197).
④ 제129조에 의하여 표현대리로 인정되는 경우에 그 표현대리의 권한을 넘은 대리행위가 있을 때에도 제126조의 표현대리가 성립할 수 있다(대판 1979. 3. 27, 79다234).
⑤ 제126조의 표현대리는 임의대리와 법정대리에 모두 적용된다(다수설, 판례).

16 대리권 없는 乙이 甲을 대리하여 甲 소유 X건물에 대하여 丙과 매매계약을 체결하였다. 표현대리가 성립하지 않는 경우 이에 관한 설명으로 옳은 것은? (다툼이 있으면 판례에 따름)

① 계약체결 당시 乙이 무권대리인임을 丙이 알았다면 丙은 甲에게 추인 여부의 확답을 최고할 수 없다.

② 甲은 丙에 대하여 계약을 추인할 수 있으나 乙에 대해서는 이를 추인할 수 없다.

③ 계약체결 당시 乙이 무권대리인임을 丙이 알았더라도 甲이 추인하기 전이라면 丙은 乙을 상대로 의사표시를 철회할 수 있다.

④ 甲이 추인을 거절한 경우, 丙의 선택으로 乙에게 이행을 청구하였으나 이를 이행하지 않은 乙은 丙에 대하여 채무불이행에 따른 손해배상책임을 진다.

⑤ 甲이 사망하여 乙이 단독상속한 경우 乙은 본인의 지위에서 위 계약의 추인을 거절할 수 있다.

해설 ④ 다른 자의 대리인으로서 계약을 맺은 자가 그 대리권을 증명하지 못하고 또 본인의 추인을 받지 못한 경우에는 그는 상대방의 선택에 따라 계약을 이행할 책임 또는 손해를 배상할 책임이 있다(민법 제135조 제1항). 이때 상대방이 계약의 이행을 선택한 경우 무권대리인은 계약이 본인에게 효력이 발생하였더라면 본인이 상대방에게 부담하였을 것과 같은 내용의 채무를 이행할 책임이 있다. 무권대리인은 마치 자신이 계약의 당사자가 된 것처럼 계약에서 정한 채무를 이행할 책임을 지는 것이다. 무권대리인이 계약에서 정한 채무를 이행하지 않으면 상대방에게 채무불이행에 따른 손해를 배상할 책임을 진다(대판 2018. 6. 28, 2018다210775).
① 악의의 상대방, 즉 계약 당시 무권대리임을 알았던 상대방도 최고를 할 수 있다.
② 추인의 의사표시는 무권대리인에 대해서는 물론, 무권대리행위의 직접의 상대방 및 그 무권대리행위로 인한 권리 또는 법률관계의 승계인에게도 가능하다.
③ 철회권은 '선의'의 상대방에게만 인정된다.
⑤ 판례는 이러한 경우에 있어 무권대리인이 본인의 지위에서 추인을 거절하는 것은 금반언의 원칙이나 신의칙상 허용되지 않는다고 본다.

17 법률행위의 무효에 관한 설명으로 옳지 않은 것은? (다툼이 있으면 판례에 따름)

① 법률행위의 일부가 무효인 때에는 원칙적으로 그 전부를 무효로 한다.

② 무효인 법률행위에 따른 법률효과를 침해하는 것처럼 보이는 채무불이행이 있다면 채무불이행으로 인한 손해배상을 청구할 수 있다.

③ 불공정한 법률행위로서 무효인 경우 무효행위의 전환에 관한 민법 제138조가 적용될 수 있다.

④ 법률행위가 불성립하는 경우 무효행위의 추인을 통해 유효로 전환할 수 없다.

⑤ 무효행위의 추인은 그 무효 원인이 소멸한 후에 하여야 효력이 있다.

해설 ② 무효인 법률행위는 그 법률행위가 성립한 당초부터 당연히 효력이 발생하지 않는 것이므로, 무효인 법률행위에 따른 법률효과를 침해하는 것처럼 보이는 위법행위나 채무불이행이 있다고 하여도 법률효과의 침해에 따른 손해는 없는 것이므로 그 손해배상을 청구할 수는 없다(대판 2003. 3. 28, 2002다72125).

③ 매매계약이 약정된 매매대금의 과다로 말미암아 민법 제104조에서 정하는 불공정한 법률행위에 해당하여 무효인 경우에도 무효행위의 전환에 관한 민법 제138조가 적용될 수 있다(대판 2010. 7. 15, 2009다50308).

18 법률행위의 취소에 관한 설명으로 옳지 않은 것은? (다툼이 있으면 판례에 따름)

① 제한능력을 이유로 법률행위가 취소되면 제한능력자는 그 행위로 인해 받은 이익이 현존하는 한도에서 상환할 책임이 있다.

② 취소권은 추인할 수 있는 날로부터 3년 내에, 법률행위를 한 날로부터 10년 내에 행사하여야 한다.

③ 취소할 수 있는 법률행위는 추인에 의하여 유효한 것으로 확정된다.

④ 취소된 법률행위는 원칙적으로 처음부터 무효인 것으로 본다.

⑤ 미성년자가 한 법률행위는 그가 단독으로 유효하게 취소할 수 없다.

해설 ⑤ 제한능력자는 자기가 한 법률행위를 단독으로 취소할 수 있다.

① 제한능력자는 그 행위로 인하여 받은 이익이 현존하는 한도에서 상환할 책임이 있다(제141조 단서).

② 취소권은 ㉠ 추인할 수 있는 날로부터 3년 내에, ㉡ 법률행위를 한 날로부터 10년 내에 행사하여야 한다(제146조). 위 3년, 10년의 두 기간 중 어느 것이든 먼저 만료하는 것이 있으면 취소권은 소멸한다.

③ 추인이 있으면 다시는 취소할 수 없으며(제143조 제1항), 그 결과 취소할 수 있는 법률행위는 확정적으로 유효로 된다.

④ 취소된 법률행위는 처음부터 무효인 것으로 본다(제141조 본문).

19 무효 또는 취소할 수 있는 법률행위의 추인에 관한 설명으로 옳은 것은? (다툼이 있으면 판례에 따름)

① 무효인 계약은 계약당사자가 무효임을 알고 추인한 경우 계약성립 시부터 새로운 법률행위를 한 것으로 본다.

② 불공정한 법률행위로서 무효인 경우 당사자가 무효임을 알고 추인하면 그 법률행위는 유효로 된다.

③ 무권리자가 타인의 권리를 처분하는 행위는 권리자가 이를 알고 추인하여도 그 처분의 효력이 발생하지 않는다.

④ 취소할 수 있는 법률행위를 추인할 수 있는 자는 그 법률행위의 취소권자이다.

⑤ 피성년후견인은 취소할 수 있는 법률행위를 단독으로 유효하게 추인할 수 있다.

해설 ④ 취소할 수 있는 법률행위는 제140조에 규정한 자(취소권자)가 추인할 수 있고 추인 후에는 취소하지 못한다(제143조 제1항).

① 무효행위의 추인에는 원칙적으로 소급효가 없다. 즉, 추인한 때로부터 새로운 법률행위를 한 것으로서의 효력이 발생할 뿐이다.

② 불공정한 법률행위로서 무효인 경우에는 추인에 의하여 무효인 법률행위가 유효로 될 수 없다(대판 1994. 6. 24, 94다10900).

③ 무권리자가 타인의 권리를 자기의 이름으로 또는 자기의 권리로 처분한 경우에, 권리자는 후일 이를 추인함으로써 그 처분행위를 인정할 수 있고, 이러한 경우 특별한 사정이 없는 한 권리자 본인에게 위 처분행위의 효력이 발생함은 사적자치의 원칙에 비추어 당연하다 할 것이다(대판 2001. 11. 9, 2001다44291).

⑤ 추인은 '취소의 원인이 종료한 후'에 하여야 한다(제144조 제1항). 제한능력자는 능력자가 된 후, 착오 · 사기 · 강박에 의하여 의사표시를 한 자는 그 상태를 벗어난 후에 추인하여야 한다. 그러나 법정대리인이 추인하는 경우에는 취소원인이 종료하기 전이라도 추인할 수 있다. 피성년후견인이 아닌 제한능력자, 즉 미성년자와 피한정후견인은 법정대리인의 동의를 얻어 능력자가 되기 전이라도 추인할 수 있다(제5 · 10조).

20 조건과 기한에 관한 설명으로 옳은 것은?

① 기한은 채권자의 이익을 위한 것으로 본다.

② 정지조건은 법률행위 효력의 발생을 장래의 확실한 사실에 의존케 하는 조건이다.

③ 해제조건은 법률행위 효력의 발생을 장래의 불확실한 사실에 의존케 하는 조건이다.

④ 불법조건이 붙은 법률행위는 원칙적으로 불법조건을 제외한 나머지는 유효하다.

⑤ 시기있는 법률행위는 기한이 도래한 때로부터 그 효력이 생긴다.

해설 ⑤ 제152조 제1항

① 기한은 채무자의 이익을 위한 것으로 추정한다(제153조 제1항).

② 정지조건은 법률행위 효력의 발생을 장래의 불확실한 사실에 의존케 하는 조건이다.

③ 해제조건은 법률행위 효력의 소멸을 장래의 불확실한 사실에 의존케 하는 조건이다.

④ 불법조건이 붙은 법률행위는 불법조건만이 무효인 것이 아니고 법률행위 전부가 무효로 된다(제151조 제1항).

21 甲은 乙에게 1천만 원을 빌려주면서 대여기간을 각 대여일로부터 1개월로 약정하였다. 민법의 기간에 관한 규정에 따를 때 변제기가 옳은 것을 모두 고른 것은? (8월 15일 외에는 평일을 전제로 함)

> ㉠ 대여일 : 1월 31일 14시, 변제기: 2월 28일(윤년 아님) 24시
> ㉡ 대여일 : 3월 14일 17시, 변제기: 4월 14일 17시
> ㉢ 대여일 : 7월 15일 17시, 변제기: 8월 15일(공휴일)의 익일인 8월 16일 24시

① ㉢
② ㉠, ㉡
③ ㉠, ㉢
④ ㉡, ㉢
⑤ ㉠, ㉡, ㉢

해설 ㉠ 초일불산입원칙에 따라 기산점은 2월 1일이다. 또한 기간을 월·연으로 정한 경우에 최종의 월에 해당일이 없는 때에는 그 월의 말일로 기간이 만료한다(제160조 제3항). 따라서 만료점은 2월 28일 24시이다.
㉢ 기간의 말일이 토요일 또는 공휴일에 해당한 때에는 기간은 그 익일로 만료한다(제161조). 따라서 만료점은 8월 16일 24시이다.
㉡ 초일불산입원칙에 따라 기산점은 3월 15일이다. 또한 주·월·연의 처음으로부터 기간을 기산하지 아니한 때에는 최후의 주, 월 또는 연에서 그 기산일에 해당한 날의 전일(前日)로 기간이 만료한다(제160조 제2항). 따라서 만료점은 4월 14일 24시이다.

22 소멸시효와 제척기간에 관한 설명으로 옳지 않은 것은? (다툼이 있으면 판례에 따름)

① 권리자의 청구로 소멸시효가 중단된 경우 그때까지 경과된 기간은 시효기간에 산입된다.
② 소멸시효가 완성되면 그 기산일에 소급하여 권리소멸의 효과가 생긴다.

③ 소멸시효의 이익을 포기하기 위해서는 원칙적으로 소멸시효의 완성사실을 알아야 한다.
④ 제척기간의 기산점은 특별한 사정이 없는 한 원칙적으로 권리가 발생한 때이다.
⑤ 제척기간은 그 성질상 기간의 중단이 있을 수 없다.

해설 ① 시효가 중단된 때에는 중단까지에 경과한 시효기간은 이를 산입하지 아니하고 중단사유가 종료한 때로부터 새로이 진행한다(제178조 제1항).
② 소멸시효는 그 기산일에 소급하여 효력이 생긴다(제167조).
④ 이와 달리 소멸시효의 기산점은 권리를 행사할 수 있는 때이다.
⑤ 소멸시효와 달리 제척기간은 그 성질상 기간의 중단이 있을 수 없다.

23 민법상 소멸시효에 관한 설명으로 옳은 것을 모두 고른 것은? (다툼이 있으면 판례에 따름)

> ㉠ 소유권은 재산권이므로 소멸시효의 대상이 된다.
> ㉡ 음식점의 음식대금채권의 소멸시효는 1년이다.
> ㉢ 점유자가 점유를 상실하면 그때로부터 점유권의 소멸시효가 진행된다.

① ㉠
② ㉡
③ ㉢
④ ㉡, ㉢
⑤ ㉠, ㉡, ㉢

해설 ㉡ 제164조 제1호
㉠ 소유권은 소멸시효에 걸리지 않는다(제162조 제2항 참조).
㉢ 점유권은 점유라는 사실 상태에 따르는 물권이므로 성질상 소멸시효에 걸리지 않는다.

24 민법상 원칙적으로 적용되는 소멸시효의 기산점에 관한 설명으로 옳지 않은 것은? (다툼이 있으면 판례에 따름)

① 변제기가 확정기한인 때에는 그 기한이 도래한 때부터 기산된다.

② 변제기가 불확정기한인 때에는 채권자가 기한도래의 사실을 안 때부터 기산된다.

③ 기한의 정함이 없는 채권은 그 채권이 발생한 때부터 기산된다.

④ 부작위를 목적으로 하는 채권의 소멸시효는 위반행위를 한 때부터 진행한다.

⑤ 정지조건부 채권은 조건이 성취된 때부터 기산된다.

해설 ② 불확정기한부권리의 경우 기한이 객관적으로 도래한 때부터 시효가 진행한다.
④ 제166조 제2항
⑤ 조건이 성취되어야 권리행사가 가능하므로, 조건의 성취시가 소멸시효의 기산점이다.

25 법률행위 해석에 관한 설명으로 옳지 않은 것은? (다툼이 있으면 판례에 따름)

① 일반적으로 계약의 당사자가 누구인지는 그 계약에 관여한 당사자의 의사해석의 문제에 해당한다.

② 의사표시의 해석은 당사자가 그 표시행위에 부여한 객관적인 의미를 명백하게 확정하는 것이다.

③ 표의자와 그 상대방이 생각한 의미가 서로 다른 경우, 합리적인 상대방의 시각에서 표의자가 표시한 내용을 어떻게 이해하였는지 고려하여 객관적·규범적으로 해석하여야 한다.

④ 법률행위의 내용이 처분문서로 작성된 경우 문서에 부여된 객관적 의미와 관계없이 원칙적으로 당사자의 내심적 의사에 구속되어 그 내용을 해석하여야 한다.

⑤ 법률행위의 내용이 처분문서로 작성된 경우 문언의 객관적인 의미가 명확하다면, 특별한 사정이 없는 한 문언대로 의사표시의 존재와 내용을 인정하여야 한다.

해설 ④ 법원이 진정성립이 인정되는 처분문서를 해석함에 있어서는 특별한 사정이 없는 한 그 처분문서에 기재되어 있는 문언에 따라 당사자의 의사표시가 있었던 것으로 해석하여야 하는 것이다(대판 2003. 4. 8, 2001다38593).
② 법률행위의 해석은 당사자가 그 표시행위에 부여한 객관적인 의미를 명백하게 확정하는 것으로서, 서면에 사용된 문구에 구애받는 것은 아니지만 어디까지나 당사자의 내심적 의사의 여하에 관계없이 그 서면의 기재내용에 의하여 당사자가 그 표시행위에 부여한 객관적 의미를 합리적으로 해석하여야 하는 것이다(대판 1996. 10. 25, 96다16049).

Answer

01. ⑤	02. ⑤	03. ②	04. ⑤	05. ④	06. ④	07. ③	08. ①	09. ⑤	10. ④
11. ③	12. ②	13. ①	14. ①	15. ③	16. ④	17. ②	18. ⑤	19. ④	20. ⑤
21. ③	22. ①	23. ②	24. ②	25. ④					

제9회 행정사 민법총칙

[2021. 5. 29. 실시]

01 다음 중 형성권이 아닌 것은?

① 물권적 청구권   ② 취소권

③ 추인권   ④ 동의권

⑤ 계약해지권

해설 ① 물권적 청구권은 청구권에 속한다.
②③④⑤는 모두 권리자의 의사표시만으로 효과가 발생하는 형성권에 속한다.

02 권리남용에 관한 설명으로 옳지 않은 것은? (다툼이 있으면 판례에 따름)

① 확정판결에 따른 강제집행도 특별한 사정이 있으면 권리남용이 될 수 있다.

② 주로 자기의 채무 이행만을 회피할 목적으로 동시이행항변권을 행사하는 경우에 그 항변권의 행사는 권리남용이 될 수 있다.

③ 권리남용이 인정되기 위해서는 권리행사로 인한 권리자의 이익과 상대방의 불이익 사이에 현저한 불균형이 있어야 한다.

④ 권리남용이 불법행위가 되어 발생한 손해배상청구권은 1년의 단기소멸시효가 적용된다.

⑤ 토지소유자의 건물 철거 청구가 권리남용으로 인정된 경우라도 토지소유자는 그 건물의 소유자에 대해 그 토지의 사용대가를 부당이득으로 반환청구할 수 있다.

해설 ④ 불법행위로 인한 손해배상의 청구권은 피해자나 그 법정대리인이 그 손해 및 가해자를 안 날로부터 3년간 이를 행사하지 아니하면 시효로 인하여 소멸한다. 불법행위를 한 날로부터 10년을 경과한 때에도 전항과 같다(제766조 제1항, 제2항).
① 확정판결의 내용이 실체적 권리관계에 배치되어 판결에 의한 집행이 권리남용에 해당한다고 하기 위해서는 판결에 의하여 집행할 수 있는 것으로 확정된 권리의 성질과 내용, 판결의 성립 경위 및 판결 성립 후 집행에 이르기까지의 사정, 집행이 당사자에게 미치는 영향 등 제반 사정을 종합하여 볼 때, 확정판결에 기한 집행이 현저히 부당하고 상대방이 집행을 수인하도록 하는 것이 정의에 반함이 명백하여 사회생활상 용인할 수 없다고 인정되는 경우이어야 한다(대판 2014. 2. 21, 2013다75717).
② 일반적으로 동시이행의 관계가 인정되는 경우에는 그러한 항변권을 행사하는 자의 상대방이 그 동시이행의 의무를 이행하기 위하여 과다한 비용이 소요되거나 또는 그 의무의 이행이 실제적으로 어려운 반면 그 의무의 이행으로 인하여 항변권자가 얻는 이득은 별달리 크지 아니하여 동시이행의 항변권의 행사가 주로 자기 채무의 이행만을 회피하기 위한 수단이라고 보여지는 경우에는 그 항변권의 행사는 권리남용으로서 배척되어야 한다(대판 1992. 4. 28, 91다29972).

03 제한능력자에 관한 설명으로 옳지 않은 것은?

① 권리만을 얻는 법률행위는 미성년자가 단독으로 할 수 있다.

② 미성년자가 법정대리인으로부터 허락을 얻은 특정한 영업에 관하여는 성년자와 동일한 행위능력이 있다.

③ 법정대리인이 미성년자에게 한 특정한 영업의 허락을 취소하는 경우 그 취소로 선의의 제3자에게 대항할 수 있다.

④ 제한능력자의 상대방은 계약 당시 제한능력자임을 알았을 경우에는 그 의사표시를 철회할 수 없다.

⑤ 상대방이 거절의 의사표시를 할 수 있는 경우 제한능력자를 상대로 그 의사표시를 할 수 있다.

해설 ③ 법정대리인은 영업의 허락을 취소 또는 제한할 수 있다. 그러나 선의의 제3자에게 대항하지 못한다(제8조 제2항).
④ 제한능력자가 맺은 계약은 추인이 있을 때까지 상대방이 그 의사표시를 철회할 수 있다. 다만, 상대방이 계약 당시에 제한능력자임을 알았을 경우에는 그러하지 아니하다(제16조 제1항).
⑤ 철회나 거절의 의사표시는 제한능력자에게도 할 수 있다(제16조 제3항).

04 부재에 관한 설명으로 옳지 않은 것은?

① 부재자가 정한 재산관리인의 권한이 부재자의 부재 중에 소멸한 때에는 법원은 이해관계인이나 검사의 청구에 의하여 재산관리에 관하여 필요한 처분을 명하여야 한다.

② 부재자가 재산관리인을 정한 경우 부재자의 생사가 분명하지 아니하게 되어 이해관계인이 청구를 하더라도 법원은 그 재산관리인을 개임할 수 없다.

③ 부재자의 생사가 분명하지 아니한 경우 부재자가 정한 재산관리인이 권한을 넘는 행위를 할 때에는 법원의 허가를 얻어야 한다.

④ 법원이 선임한 재산관리인은 관리할 재산목록을 작성하여야 한다.

⑤ 법원이 선임한 재산관리인에 대하여 법원은 부재자의 재산으로 상당한 보수를 지급할 수 있다.

해설 ② 부재자가 재산관리인을 정한 경우에 부재자의 생사가 분명하지 아니한 때에는 법원은 재산관리인, 이해관계인 또는 검사의 청구에 의하여 재산관리인을 개임할 수 있다(제23조).
③ 법원이 선임한 재산관리인이 제118조에 규정한 권한을 넘는 행위를 함에는 법원의 허가를 얻어야 한다. 부재자의 생사가 분명하지 아니한 경우에 부재자가 정한 재산관리인이 권한을 넘는 행위를 할 때에도 같다(제25조).
④ 제24조 제1항
⑤ 제26조 제2항

05 법인에 관한 설명으로 옳은 것을 모두 고른 것은?

> ㉠ 임시이사는 법인과 이사의 이익이 상반하는 사항에 관하여 선임되는 법인의 기관이다.
> ㉡ 법인의 이사가 여러 명인 경우에는 정관에 다른 규정이 없으면 법인의 사무집행은 이사의 과반수로써 결정한다.
> ㉢ 법인의 대표에 관하여는 대리에 관한 규정을 준용한다.
> ㉣ 이사는 정관 또는 총회의 결의로 금지하지 아니한 사항에 한하여 타인으로 하여금 특정한 행위를 대리하게 할 수 있다.

① ㉠, ㉡
② ㉢, ㉣
③ ㉠, ㉡, ㉢
④ ㉡, ㉢, ㉣
⑤ ㉠, ㉡, ㉢, ㉣

해설 ㉡ 제58조 제2항
㉢ 제59조 제2항
㉣ 제62조
㉠ 이사가 없거나 결원이 있는 경우에 이로 인하여 손해가 생길 염려가 있는 때에는 법원은 이해관계인이나 검사의 청구에 의하여 임시이사를 선임하여야 한다(제63조).

06 사단법인 甲의 대표자 乙이 직무에 관한 불법행위로 丙에게 손해를 가하였다. 甲의 불법행위능력(민법 제35조)에 관한 설명으로 옳지 않은 것은? (다툼이 있으면 판례에 따름)

① 甲의 불법행위가 성립하여 甲이 丙에게 손해를 배상하면 甲은 乙에게 구상할 수 있다.
② 乙이 법인을 실질적으로 운영하면서 사실상 대표하여 사무를 집행하였더라도 대표자로 등기되지 않았다면 민법 제35조에서 정한 '대표자'에 해당하지 않는다.
③ 甲의 불법행위책임은 그가 乙의 선임·감독에 주의를 다하였음을 이유로 면책되지 않는다.
④ 乙의 행위가 외형상 대표자의 직무행위로 인정되는 경우라면 그것이 乙 개인의 이익만을 도모하기 위한 것이라도 직무에 관한 행위에 해당한다.
⑤ 乙이 청산인인 경우에도 甲의 불법행위책임이 성립할 수 있다.

해설 ② '법인의 대표자'에는 그 명칭이나 직위 여하, 또는 대표자로 등기되었는지 여부를 불문하고 당해 법인을 실질적으로 운영하면서 법인을 사실상 대표하여 법인의 사무를 집행하는 사람을 포함한다고 해석함이 상당하다 (대판 2011. 4. 28, 2008다15438).
① 법인이 피해자에게 손해를 배상한 때에는, 법인은 선관주의의무위반(제61조)을 이유로 대표기관 개인에게 구상권을 행사할 수 있다.
③ 제35조의 법인의 불법행위책임은 제756조의 사용자책임과 달리 면책규정이 없다. 따라서 대표기관의 선임·감독에 주의를 다하였음을 이유로 면책되지 않는다.

07 법인에 관한 설명으로 옳지 않은 것은?

① 영리 아닌 사업을 목적으로 하는 재단은 주무관청의 허가를 얻어 이를 법인으로 할 수 있다.

② 법인은 그 주된 사무소의 소재지에서 설립등기를 함으로써 성립한다.

③ 법인은 법률의 규정에 좇아 정관으로 정한 목적의 범위 내에서 권리와 의무의 주체가 된다.

④ 재단법인의 존립시기는 정관의 필요적 기재사항이다.

⑤ 재단법인의 설립자가 그 명칭만 정하지 아니하고 사망한 때에는 이해관계인 또는 검사의 청구에 의하여 법원이 이를 정한다.

해설 ④ 재단법인의 설립자는 일정한 재산을 출연하고 제40조 제1호 내지 제5호의 사항을 기재한 정관을 작성하여 기명날인하여야 한다(제43조). 재단법인에는 사원이 없으므로 '사원자격의 득실에 관한 규정'은 필요적 기재사항이 아니다. 또한 '존립시기·해산사유에 관한 규정'은 법인의 영구성을 고려하고 설립자의 의사를 존중하기 위하여 임의적 기재사항으로 하였다.
① 제32조 ② 제33조 ③ 제34조
⑤ 재단법인의 설립자가 그 명칭, 사무소 소재지 또는 이사임면의 방법을 정하지 아니하고 사망한 때에는 이해관계인 또는 검사의 청구에 의하여 법원이 이를 정한다(제44조).

08 물건에 관한 설명으로 옳지 않은 것은? (다툼이 있으면 판례에 따름)

① 관리할 수 있는 자연력은 동산이다.

② 분묘에 안치되어 있는 선조의 유골은 그 제사주재자에게 승계된다.

③ 금전은 동산이다.

④ 주물을 점유에 의하여 시효취득하여도 종물을 점유하지 않았다면 그 효력은 종물에 미치지 않는다.

⑤ 권리의 과실(果實)은 민법상 과실(果實)이다.

해설 ⑤ '물건'의 사용대가로 받은 금전 기타의 물건은 법정과실이다(제101조 제2항). 즉 우리 민법은 권리의 과실을 인정하지 않는다.
② 망인의 유체·유골은 제사주재자에게 승계되는 것이다(대판 2008. 11. 20, 2007다27670).
④ 점유를 요건으로 하는 권리, 예컨대 취득시효에 의한 소유권 취득·유치권·질권의 경우에는, 그 권리의 성질상 주물 이외에 종물에 대해서도 점유가 필요하며, 주물만을 점유한 경우에는 종물에 대해서는 위와 같은 권리가 인정되지 않는 것으로 해석된다.

09 반사회적 법률행위에 관한 설명으로 옳지 않은 것은? (다툼이 있으면 판례에 따름)

① 형사사건의 변호사 성공보수약정은 반사회적 법률행위이다.

② 아버지 소유의 부동산이 이미 제3자에게 매도되어 제3자로부터 등기독촉을 받고 있는 사정을 잘 알고 있는 아들이 그 아버지로부터 그 부동산을 증여받은 경우, 그 증여는 반사회적 법률행위이다.

③ 살인을 포기할 것을 조건으로 한 증여는 반사회적 법률행위가 아니다.

④ 부부간에 어떠한 일이 있어도 이혼하지 않겠다는 합의는 반사회적 법률행위이다.

⑤ 수사기관에서 참고인으로 허위진술하는 대가로 돈을 받기로 한 약정은 반사회적 법률행위이다.

해설 ③ 법률행위에 반사회질서적인 조건이 결부됨으로써 반사회성을 띠게 되는 경우에 해당한다.
① 형사사건에 관하여 체결된 성공보수약정이 가져오는 여러 가지 사회적 폐단과 부작용 등을 고려하면, 구속영장청구 기각, 보석 석방, 집행유예나 무죄 판결 등과 같이 의뢰인에게 유리한 결과를 얻어내기 위한 변호사의 변론 활동이나 직무수행 그 자체는 정당하다 하더라도, 형사사건에서의 성공보수약정은 수사·재판의 결과를 금전적인 대가와 결부시킴으로써, 기본적 인권의 옹호와 사회정의의 실현을 사명으로 하는 변호사 직무의 공공성을 저해하고, 의뢰인과 일반 국민의 사법제도에 대한 신뢰를 현저히 떨어뜨릴 위험이 있으므로, 선량한 풍속 기타 사회질서에 위배되는 것으로 평가할 수 있다(대판 2015. 7. 23, 2015다200111).
② 매도인이 매수인에게 목적부동산을 매도한 사실을 알고서 수증자가 매도인으로부터 증여를 원인으로 하여 소유권이전등기를 함으로써 매도인의 매수인에 대한 배임행위에 가담한 결과에 이르렀다면, 이는 실체관계에 부합하는 유효한 등기가 될 리가 없고 반사회질서의 행위로서 무효이다(대판 1983. 4. 26, 83다카57).

10 甲이 乙에게 X부동산을 허위표시로 매도하고 이전등기를 해 주었다. 이에 관한 설명으로 옳지 않은 것은? (다툼이 있으면 판례에 따름)

① 甲은 乙을 상대로 매매대금의 지급을 청구할 수 없다.

② 甲은 乙을 상대로 X부동산의 반환을 구할 수 있다.

③ 만약 乙과 X부동산에 대해 저당권설정계약을 체결하고 저당권설정등기를 한 丙이 허위표시에 대해 선의인 경우, 甲은 그 저당권등기의 말소를 구할 수 없다.

④ 만약 乙명의로 등기된 X부동산을 가압류한 丙이 허위표시에 대해 선의이지만 과실이 있는 경우, 甲은 丙에 대하여 가압류의 무효를 주장할 수 없다.

⑤ 만약 X부동산이 乙로부터 丙, 丙으로부터 丁에게 차례로 매도되어 각기 그 명의로 이전등기까지 된 경우, 허위표시에 대해 丙이 악의이면 丁이 선의이더라도 甲은 丁명의의 이전등기의 말소를 구할 수 있다.

해설 ⑤ 악의의 제3자로부터 전득한 자가 선의라면 제108조 제2항의 선의의 제3자로서 보호된다. 따라서 丙이 악의이고 丁이 선의이면 丁은 보호되는 선의의 제3자에 해당하므로 甲은 丁명의 이전등기의 말소를 구할 수 없다.
② 제108조의 통정허위표시는 제103조의 반사회질서행위가 아니므로 제746조의 불법원인급여에 해당하지 않는다. 따라서 급부자는 반환을 청구할 수 있다.
④ 제108조의 보호되는 제3자는 선의이면 충분하고 무과실은 요건이 아니다.

11 착오에 관한 설명으로 옳지 않은 것은? (다툼이 있으면 판례에 따름)

① 법률행위의 내용의 중요부분에 착오가 있으면 취소할 수 있는 것이 원칙이다.

② 1심 판결에서 패소한 자가 항소심 판결 선고 전에 패소를 예상하고 법률행위를 하였으나 이후 항소심에서 승소판결이 선고된 경우 착오를 이유로 그 법률행위를 취소할 수 있다.

③ 의사표시의 착오가 표의자의 중대한 과실로 발생하였으나 상대방이 표의자의 착오를 알고 이용한 경우 표의자는 의사표시를 취소할 수 있다.

④ 착오한 표의자의 중대한 과실 유무에 관한 증명책임은 의사표시를 취소하게 하지 않으려는 상대방에게 있다.

⑤ 착오자의 착오로 인한 취소로 상대방이 손해를 입게 되더라도, 착오자는 불법행위로 인한 손해배상책임을 부담하지 않는다.

해설 ② 의사표시에 착오가 있다고 하려면 법률행위를 할 당시에 실제로 없는 사실을 있는 사실 또는 실제로 있는 사실을 없는 것으로 잘못 생각하듯이 표의자의 인식과 대조사실이 어긋나는 경우라야 할 터이므로 판결 선고 전에 이미 그 선고결과를 예상하고 법률행위를 하였으나 실제로 선고된 판결이 그 예상과 다르다 하더라도 이 표의자의 심리상태에 인식과 대조사실에 불일치가 있다고는 할 수 없어 착오로 다룰 수는 없다(대판 1972. 3. 28, 71다2193).

③ 민법 제109조 제1항 단서는 의사표시의 착오가 표의자의 중대한 과실로 인한 때에는 그 의사표시를 취소하지 못한다고 규정하고 있는데, 위 단서 규정은 표의자의 상대방의 이익을 보호하기 위한 것이므로, 상대방이 표의자의 착오를 알고 이를 이용한 경우에는 착오가 표의자의 중대한 과실로 인한 것이라고 하더라도 표의자는 의사표시를 취소할 수 있다(대판 2014. 11. 27, 2013다49794).
⑤ 불법행위로 인한 손해배상책임이 성립하기 위하여는 가해자의 고의 또는 과실 이외에 행위의 위법성이 요구되므로, 전문건설공제조합이 계약보증서를 발급하면서 조합원이 수급할 공사의 실제 도급금액을 확인하지 아니한 과실이 있다고 하더라도 민법 제109조에서 중과실이 없는 착오자의 착오를 이유로 한 의사표시의 취소를 허용하고 있는 이상, 전문건설공제조합이 과실로 인하여 착오에 빠져 계약보증서를 발급한 것이나 그 착오를 이유로 보증계약을 취소한 것이 위법하다고 할 수는 없다(대판 1997. 8. 22, 97다13023).

해설 ⑤ 제3자의 사기행위로 인하여 피해자가 주택건설사와 사이에 주택에 관한 분양계약을 체결하였다고 하더라도 제3자의 사기행위 자체가 불법행위를 구성하는 이상, 제3자로서는 그 불법행위로 인하여 피해자가 입은 손해를 배상할 책임을 부담하는 것이므로, 피해자가 제3자를 상대로 손해배상청구를 하기 위하여 반드시 그 분양계약을 취소할 필요는 없다(대판 1998. 3. 10, 97다55829).
③ 상대방 있는 의사표시에 관하여 제3자가 사기나 강박을 행한 경우에는 상대방이 그 사실을 알았거나 알 수 있었을 경우에 한하여 그 의사표시를 취소할 수 있으나, 상대방의 대리인 등 상대방과 동일시할 수 있는 자의 사기나 강박은 제3자의 사기·강박에 해당하지 아니한다(대판 1999. 2. 23, 98다60828·60835).

12 사기에 의한 의사표시에 관한 설명으로 옳지 않은 것은? (다툼이 있으면 판례에 따름)

① 상대방이 기망하였으나 표의자가 기망되지 않고 의사표시를 하였다면 기망을 이유로 그 의사표시를 취소할 수 없다.

② 제3자가 행한 사기로 계약을 체결한 경우 상대방이 그 사실을 알았거나 알 수 있었을 경우에 한하여 그 계약을 취소할 수 있다.

③ 상대방의 대리인이 사기를 행하여 계약을 체결한 경우 그 대리인은 '제3자에 의한 사기'에서의 '제3자'에 해당되지 않는다.

④ 상대방이 사용자책임을 져야 할 관계에 있는 피용자가 사기를 행하여 계약을 체결한 경우 그 피용자는 '제3자에 의한 사기'에서의 '제3자'에 해당한다.

⑤ '제3자에 의한 사기'로 계약을 체결한 피기망자는 그 계약을 취소하지 않은 상태에서 그 제3자에 대하여 불법행위로 인한 손해배상청구를 할 수 없다.

13 대리행위에 관한 설명으로 옳은 것은? (다툼이 있으면 판례에 따름)

① 미성년자 甲의 법정대리인 乙이 제3자 丙의 이익만을 위한 대리행위를 하고 그 사정을 상대방 丁이 알고 있었다면, 그 대리행위는 甲에게 효과가 없다.

② 매매위임장을 제시하고 매매계약을 체결하면서 계약서에 대리인의 성명만 기재하는 경우, 특단의 사정이 없는 한 그 계약은 본인에게 효력이 없다.

③ 특정한 법률행위를 위임한 경우에 대리인이 본인의 지시에 좇아 그 행위를 한 때에는 본인은 자기가 안 사정에 관하여 대리인의 부지(不知)를 주장할 수 있다.

④ 하나의 물건에 대해 본인과 대리인이 각각 계약을 체결한 경우, 대리인이 체결한 계약은 무효이다.

⑤ 본인은 임의대리인이 제한능력자라는 이유로 대리행위를 취소할 수 있다.

해설 ① 사안은 대리권남용의 문제이다. 진의 아닌 의사표시가 대리인에 의하여 이루어지고 그 대리인의 진의가 본인의 이익이나 의사에 반하여 자기 또는 제3자의 이익을 위한 배임적인 것임을 그 상대방이 알았거나 알 수 있었을 경우에는, 민법 제107조 제1항 단서의 유추해석상 그 대리인의 행위는 본인의 대리행위로 성립할 수 없으므로 본인은 대리인의 행위에 대하여 아무런 책임이 없다(대판 1996. 4. 26, 94다29850).
② 매매위임장을 제시하고 매매계약을 체결하는 자는 특단의 사정이 없는 한 소유자를 대리하여 매매행위하는 것이라고 보아야 한다(대판 1982. 5. 25, 81다1349, 81다카1209).
③ 특정한 법률행위를 위임한 경우에 대리인이 본인의 지시에 좇아 그 행위를 한 때에는 본인은 자기가 안 사정 또는 과실로 인하여 알지 못한 사정에 관하여 대리인의 부지(不知)를 주장하지 못한다(제116조 제2항).
④ 하나의 물건에 대해 본인과 대리인이 각각 계약을 체결한 경우에 대리인이 체결한 계약이 무효가 되는 것은 아니다. 대리인의 행위와 본인의 행위는 경합할 수 있기 때문이다. 예컨대 그 물건이 부동산이라면 먼저 이전등기를 받은 상대방이 소유권을 취득하게 된다.

14 임의대리에 관한 설명으로 옳지 않은 것은? (다툼이 있으면 판례에 따름)

① 권한을 정하지 아니한 대리인은 대리의 목적물에 대해 모든 개량행위를 할 수 있다.
② 대리권은 그 권한에 부수하여 필요한 한도에서 상대방의 의사표시를 수령하는 수령대리권을 포함하는 것이 원칙이다.
③ 수권행위는 묵시적인 의사표시로 할 수 있다.
④ 대리권의 존속 중 원인된 법률관계가 종료하기 전에는 본인은 수권행위를 철회할 수 있다.
⑤ 대리인에 대한 성년후견의 개시는 대리권의 소멸사유이다.

해설 ① 권한을 정하지 아니한 대리인은 보존행위와 대리의 목적인 물건이나 권리의 성질을 변하지 아니하는 범위에서 그 이용 또는 개량하는 행위만을 할 수 있다(제118조).
② 임의대리에 있어서 대리권의 범위는 수권행위(대리권 수여행위)에 의하여 정하여지는 것이므로 어느 행위가 대리권의 범위 내의 행위인지의 여부는 개별적인 수권행위의 내용이나 그 해석에 의하여 판단할 것이나, 일반적으로 말하면 수권행위의 통상의 내용으로서의 임의대리권은 그 권한에 부수하여 필요한 한도에서 상대방의 의사표시를 수령하는 이른바 수령대리권을 포함하는 것으로 보아야 한다(대판 1994. 2. 8, 93다39379).
④ 법률행위에 의하여 수여된 대리권은 전조(대리권의 공통소멸사유)의 경우 외에 그 원인된 법률관계의 종료에 의하여 소멸한다. 법률관계의 종료 전에 본인이 수권행위를 철회한 경우에도 같다(제128조).

15 미성년자 甲의 법정대리인 乙이 복대리인 丙을 선임한 경우에 관한 설명으로 옳지 않은 것은?

① 乙은 항상 복임권이 있다.
② 丙도 법정대리인의 지위를 가진다.
③ 乙이 부득이한 사유로 丙을 선임한 경우라면 甲에 대하여 그 선임감독에 관한 책임이 있다.
④ 乙이 사망한 경우 丙의 복대리인의 지위는 원칙적으로 소멸한다.
⑤ 丙은 자신이 수령한 법률행위의 목적물을 乙에게 인도할 의무가 있다.

해설 ② 법정대리인의 복대리인이든 임의대리인의 복대리인이든 상관없이 복대리인은 언제나 임의대리인이다.
③ 법정대리인은 그 책임으로 복대리인을 선임할 수 있다. 그러나 부득이한 사유로 인한 때에는 선임감독에 관한 책임만 있다(제122조).
④ 대리인의 사망으로 대리인의 대리권이 소멸하면 복대리권도 소멸한다.

16 대리에 관한 설명으로 옳은 것을 모두 고른 것은?

> ⊙ 계약의 무권대리에 대한 추인은 다른 의사표시가 없으면 추인한 때부터 그 효력이 생긴다.
> ⊙ 무권대리의 상대방이 상당한 추인기간을 설정한 경우, 그 기간 내에 본인이 확답을 발하지 않은 때에는 추인한 것으로 본다.
> ⊙ 대리인이 수인인 경우 각자가 본인을 대리하는 것이 원칙이다.
> ⊙ 채무의 이행의 경우 본인의 허락이 없어도 쌍방대리는 유효하다.

① ⊙, ⊙   ② ⊙, ⊙
③ ⊙, ⊙   ④ ⊙, ⊙
⑤ ⊙, ⊙

해설 ⊙ 대리인이 수인인 때에는 각자가 본인을 대리한다. 그러나 법률 또는 수권행위에 다른 정한 바가 있는 때에는 그러하지 아니하다(제119조).
⊙ 대리인은 본인의 허락이 없으면 본인을 위하여 자기와 법률행위를 하거나 동일한 법률행위에 관하여 당사자 쌍방을 대리하지 못한다. 그러나 채무의 이행은 할 수 있다(제124조).
⊙ 무권대리의 추인은 다른 의사표시가 없는 때에는 계약 시에 소급하여 그 효력이 생긴다. 그러나 제3자의 권리를 해하지 못한다(제133조).
⊙ 대리권 없는 자가 타인의 대리인으로 계약을 한 경우에 상대방은 상당한 기간을 정하여 본인에게 그 추인 여부의 확답을 최고할 수 있다. 본인이 그 기간 내에 확답을 발하지 않은 때에는 추인을 거절한 것으로 본다(제131조).

17 권한을 넘은 표현대리(민법 제126조)에 관한 설명으로 옳지 않은 것은? (다툼이 있으면 판례에 따름)

① 권한을 넘은 대리행위와 기본대리권이 반드시 동종의 것이어야 하는 것은 아니다.
② 대리인이 사술을 써서 대리행위의 표시를 하지 아니하고 단지 본인의 성명을 모용하여 자기가 본인인 것처럼 기망하여 본인 명의로 직접 법률행위를 한 경우에는 특별한 사정이 없는 한 권한을 넘은 표현대리는 성립할 수 없다.
③ 권한을 넘은 표현대리에 관한 규정에서의 제3자에는 당해 표현대리행위의 직접 상대방이 된 자 외에 전득자도 포함된다.
④ 권한을 넘은 표현대리에 있어서 정당한 이유의 유무는 대리행위 당시를 기준으로 하여 판단한다.
⑤ 복임권이 없는 대리인이 선임한 복대리인의 대리권도 권한을 넘은 표현대리에서의 기본대리권이 될 수 있다.

해설 ③ 권한을 넘은 표현대리에 관한 규정에서의 제3자는 당해 표현대리행위의 식섭 상대방에 한하며 상대방과 거래한 전득자는 포함되지 않는다.
⑤ 대리인이 사자 내지 임의로 선임한 복대리인을 통하여 권한 외의 법률행위를 한 경우, 상대방이 그 행위자를 대리권을 가진 대리인으로 믿었고 또한 그렇게 믿는 데에 정당한 이유가 있는 때에는, 복대리인 선임권이 없는 대리인에 의하여 선임된 복대리인의 권한도 기본대리권이 될 수 있을 뿐만 아니라, 그 행위자가 사자라고 하더라도 대리행위의 주체가 되는 대리인이 별도로 있고 그들에게 본인으로부터 기본대리권이 수여된 이상, 민법 제126조를 적용함에 있어서 기본대리권의 흠결 문제는 생기지 않는다(대판 1998. 3. 27, 97다48982).

18 계약에 대한 무권대리에 관한 설명으로 옳은 것은? (다툼이 있으면 판례에 따름)

① 범죄가 되는 무권대리행위에 대하여 장기간 형사고소를 하지 아니하였다는 사실만으로 묵시적인 추인이 있었다고 볼 수 있다.

② 본인이 추인을 거절하더라도 상대방은 철회권을 행사할 수 있다.

③ 본인이 무권대리행위의 일부에 대해 추인을 한 경우, 그에 대하여 상대방의 동의를 얻으면 유효하다.

④ 본인이 무권대리인에게 한 추인의 의사표시는 항상 효력이 없다.

⑤ 무권대리인의 계약상대방에 대한 책임(민법 제135조 제1항)은 대리권의 흠결에 관하여 대리인에게 과실이 있어야 인정된다.

해설 ③ 무권대리행위의 추인은 무권대리인에 의하여 행하여진 불확정한 행위에 관하여 그 행위의 효과를 자기에게 직접 발생케 하는 것을 목적으로 하는 의사표시이며, 무권대리인 또는 상대방의 동의나 승낙을 요하지 않는 단독행위로서 추인은 의사표시의 전부에 대하여 행하여져야 하고, 그 일부에 대하여 추인을 하거나 그 내용을 변경하여 추인을 하였을 경우에는 상대방의 동의를 얻지 못하는 한 무효이다(대판 1982. 1. 26, 81다카549).

① 무권대리행위에 대한 추인은 무권대리행위로 인한 효과를 자기에게 귀속시키려는 의사표시이니만큼 무권대리행위에 대한 추인이 있었다고 하려면 그러한 의사가 표시되었다고 볼 만한 사유가 있어야 하고, 무권대리행위가 범죄가 되는 경우에 대하여 그 사실을 알고도 장기간 형사고소를 하지 아니하였다 하더라도 그 사실만으로 묵시적인 추인이 있었다고 할 수는 없는바, 권한 없이 기명날인을 대행하는 방식에 의하여 약속어음을 위조한 경우에 피위조자가 이를 묵시적으로 추인하였다고 인정하려면 추인의 의사가 표시되었다고 볼 만한 사유가 있어야 한다(대판 1998. 2. 10, 97다31113).

② 대리권 없는 자가 한 계약은 본인의 추인이 있을 때까지 상대방은 본인이나 그 대리인에 대하여 이를 철회할 수 있다. 그러나 계약 당시에 상대방이 대리권 없음을 안 때에는 그러하지 아니하다(제134조).

④ 추인의 의사표시를 무권대리인에게 한 경우에도 그 사실을 상대방이 안 때에는 추인이 효력을 상대방에게 주장할 수 있다(제132조 단서).

⑤ 민법 제135조의 무권대리인의 상대방에 대한 책임은 무과실책임으로서 대리권의 흠결에 관하여 대리인에게 과실 등의 귀책사유가 있어야만 인정되는 것이 아니고, 무권대리행위가 제3자의 기망이나 문서위조 등 위법행위로 야기되었다고 하더라도 책임은 부정되지 아니한다(대판 2014. 2. 27, 2013다213038).

19 무권대리와 표현대리에 관한 설명으로 옳지 않은 것은? (다툼이 있으면 판례에 따름)

① 유권대리에 관한 주장 속에는 무권대리에 속하는 표현대리의 주장이 포함되어 있다고 볼 수 없다.

② 표현대리가 성립하는 경우, 상대방에게 과실이 있어도 과실상계의 법리를 유추적용하여 본인의 책임을 경감할 수 없다.

③ 대리행위가 강행법규 위반으로 무효인 경우 표현대리 법리가 적용되지 않는다.

④ 상대방은 계약 당시에 대리인에게 대리권이 없음을 안 때에는 계약을 철회할 수 없다.

⑤ 제한능력자인 무권대리인은 민법 제135조 제1항에 따라 계약을 이행할 책임 또는 손해를 배상할 책임이 있다.

해설 ⑤ 제135조의 무권대리인의 상대방에 대한 책임이 인정되기 위해서는 그 무권대리인이 행위능력자이어야 한다(제135조 제2항).

① 유권대리에 있어서는 본인이 대리인에게 수여한 대리권의 효력에 의하여 법률효과가 발생하는 반면 표현대리에 있어서는 대리권이 없음에도 불구하고 법률이 특히 거래상대방 보호와 거래안전유지를 위하여 본래 무효인 무권대리행위의 효과를 본인에게 미치게 한 것으로서 표현대리가 성립된다고 하여 무권대리의 성질이 유권대리로 전환되는 것은 아니므로, 양자의 주요사실은 다르다고 볼 수밖에 없으니 유권대리에 관한 주장 속에 무권대리에 속하는 표현대리의 주장이 포함되어 있다고 볼 수 없다(대판 1983. 12. 13, 83다카1489).

③ 계약체결의 요건을 규정하고 있는 강행법규를 위반한 계약은 무효이므로 그 경우에 계약상대방이 선의·무과실이더라도 표현대리 법리가 적용될 여지는 없다. 따라서 도시 및 주거환경정비법에 의한 주택재건축조합의 대표자가 그 법에 정한 강행규정에 위반하여 적법한 총회의

결의 없이 계약을 체결한 경우에는 상대방이 그러한 법적 제한이 있다는 사실을 몰랐다거나 총회결의가 유효하기 위한 정족수 또는 유효한 총회결의가 있었는지에 관하여 잘못 알았더라도 계약이 무효임에는 변함이 없다(대판 2016. 5. 12, 2013다49381).

20 법률행위의 무효에 관한 설명으로 옳은 것은? (다툼이 있으면 판례에 따름)

① 법률행위의 일부분이 무효이면 그 일부분만 무효로 되는 것이 원칙이다.

② 의사무능력을 이유로 법률행위가 무효인 경우 의사무능력자는 이익의 현존 여부를 불문하고 받은 이익 전부를 반환하여야 한다.

③ 무효인 법률행위에 대해 당사자가 무효임을 알고 추인하면 그 법률행위는 소급하여 유효하게 되는 것이 원칙이다.

④ 불공정한 법률행위로서 무효인 경우 그 무효인 법률행위는 추인에 의하여 유효로 될 수 없다.

⑤ 반사회적 법률행위로서 무효인 경우 그 무효로 선의의 제3자에게 대항할 수 없다.

해설 ④ 대판 1994. 6. 24, 94다10900
② 제한능력자의 책임을 제한하는 민법 제141조 단서는 부당이득에 있어 수익자의 반환범위를 정한 민법 제748조의 특칙으로서 무능력자의 보호를 위해 그 선의 · 악의를 묻지 아니하고 반환범위를 현존 이익에 한정시키려는 데 그 취지가 있으므로, 의사능력의 흠결을 이유로 법률행위가 무효가 되는 경우에도 유추적용되어야 할 것이나, 법률상 원인 없이 타인의 재산 또는 노무로 인하여 이익을 얻고 그로 인하여 타인에게 손해를 가한 경우에 그 취득한 것이 금전상의 이득일 때에는 그 금전은 이를 취득한 자가 소비하였는가의 여부를 불문하고 현존하는 것으로 추정되므로, 위 이익이 현존하지 아니함은 이를 주장하는 자, 즉 의사무능력자 측에 입증책임이 있다(대판 2009. 1. 15, 2008다58367). 따라서 제141조 단서에 의해 의사무능력자도 그 행위로 인하여 받은 이익이 현존하는 한도에서 상환할 책임이 있다.
③ 무효인 법률행위는 추인하여도 그 효력이 생기지 아니한다. 그러나 당사자가 그 무효임을 알고 추인한 때에는 새로운 법률행위로 본다(제139조).

21 법률행위의 취소에 관한 설명으로 옳지 않은 것은? (다툼이 있으면 판례에 따름)

① 제한능력자도 단독으로 취소권을 행사할 수 있다.

② 법률행위의 취소로 무효가 된 그 법률행위는 무효행위의 추인의 법리에 따라 추인할 수 없다.

③ 근로계약이 취소된 경우 이미 제공된 근로자의 노무를 기초로 형성된 취소 이전의 법률관계는 소급하여 효력을 잃지 않는다.

④ 취소권자가 추인할 수 있은 후에 이의를 보류한 상태에서 취소할 수 있는 계약을 이행한 때에는 법정추인이 되지 않는다.

⑤ 계약이 해제된 후에도 해제의 상대방은 해제로 인한 불이익을 면하기 위하여 취소권을 행사하여 계약 전체를 무효로 돌릴 수 있다.

해설 ② 취소한 법률행위는 처음부터 무효인 것으로 간주되므로 취소할 수 있는 법률행위가 일단 취소된 이상 그 후에는 취소할 수 있는 법률행위의 추인에 의하여 이미 취소되어 무효인 것으로 간주된 당초의 의사표시를 다시 확정적으로 유효하게 할 수는 없고, 다만 무효인 법률행위의 추인의 요건과 효력으로서 추인할 수는 있다(대판 1997. 12. 12, 95다38240).
③ 근로계약의 무효 또는 취소를 주장할 수 있다 하더라도 근로계약에 따라 그동안 행하여진 근로자의 노무 제공의 효과를 소급하여 부정하는 것은 타당하지 않으므로 이미 제공된 근로자의 노무를 기초로 형성된 취소 이전의 법률관계까지 효력을 잃는다고 보아서는 아니 되고, 취소의 의사표시 이후 장래에 관하여만 근로계약의 효력이 소멸된다고 보아야 한다(대판 2017. 12. 22, 2013다25194 · 25200).
④ 이의를 보류한 때에는 법정추인이 되지 않는다(제145조 단서).

22 기간에 관한 설명으로 옳지 않은 것은? (다툼이 있으면 판례에 따름)

① 계약 기간의 기산점을 오는 7월 1일부터 기산하여 주(週)로 정한 때에는 기간의 초일은 산입하지 아니한다.

② 기간을 시(時)로 정한 때에는 즉시로부터 기산한다.

③ 기간을 월(月)로 정한 경우에 최종의 월에 해당일이 없는 때에는 그 월의 말일로 기간이 만료한다.

④ 기간의 말일이 토요일 또는 공휴일에 해당한 때에는 기간은 그 익일로 만료한다.

⑤ 정년이 60세라 함은 만 60세에 도달하는 날을 말하는 것이라고 보는 것이 상당하다.

해설 ① '오는 7월 1일부터'처럼 미래의 시점을 표시하는 경우는 오전 0시부터 시작하는 것으로 보아 초일을 산입한다(제157조 단서).
⑤ 노사 간의 협약에 의하여 광부의 정년을 53세로 한 때에는 광부의 가동연령을 만 53세 '되는' 시기로 인정함이 정당하다(대판 1969. 4. 22, 69다183).

23 소멸시효에 관한 설명으로 옳지 않은 것은? (다툼이 있으면 판례에 따름)

① 시효기간 만료로 인한 권리의 소멸은 시효의 이익을 받은 자가 시효완성의 항변을 하지 않으면 그 의사에 반하여 재판할 수 없다.

② 시효를 원용할 수 있는 사람은 권리의 소멸에 의하여 직접 이익을 받는 사람에 한정된다.

③ 시효가 완성된 채권의 시효이익을 채무자가 포기하면 포기한 때로부터 그 채권의 시효가 새로 진행한다.

④ 시효는 법률행위에 의하여 이를 배제하거나 경감할 수 없다.

⑤ 시효는 그 기산일에 소급하여 효력이 생긴다.

해설 ④ 소멸시효는 법률행위에 의하여 이를 배제, 연장 또는 가중할 수 없으나 이를 단축 또는 경감할 수 있다(제184조 제2항).
① 당사자의 원용이 없어도 시효완성의 사실로서 채무는 당연히 소멸하고, 다만 소멸시효의 이익을 받는 자가 소멸시효 이익을 받겠다는 뜻을 항변하지 않는 이상 그 의사에 반하여 재판할 수 없을 뿐이다(대판 1979. 2. 13, 78다2157).
② 소멸시효를 원용할 수 있는 사람은 권리의 소멸에 의하여 직접 이익을 받는 자에 한정되는바, 사해행위취소소송의 상대방이 된 사해행위의 수익자는, 사해행위가 취소되면 사해행위에 의하여 얻은 이익을 상실하고 사해행위취소권을 행사하는 채권자의 채권이 소멸하면 그와 같은 이익의 상실을 면하는 지위에 있으므로, 그 채권의 소멸에 의하여 직접 이익을 받는 자에 해당하는 것으로 보아야 한다(대판 2007. 11. 29, 2007다54849).

24 소멸시효에 관한 설명으로 옳지 않은 것은? (다툼이 있으면 판례에 따름)

① 채권 및 소유권 이외의 재산권은 10년간 행사하지 아니하면 시효가 완성한다.

② 점유권은 시효에 걸리지 아니한다.

③ 시효는 권리행사에 법률상의 장애사유가 없는 때로부터 진행한다.

④ 정지조건부 권리는 조건이 성취된 때부터 시효가 진행된다.

⑤ 부작위를 목적으로 하는 채권의 시효는 위반행위를 한 때로부터 진행한다.

해설 ① 채권 및 소유권 이외의 재산권은 20년간 행사하지 아니하면 소멸시효가 완성한다(제162조 제2항).
③ 소멸시효는 권리를 행사할 수 있는 때로부터 진행한다(제166조 제1항). 권리를 행사할 수 있는 때라 함은 권리를 행사하는 데 있어 법률상의 장애가 없음을 의미한다.
⑤ 제166조 제2항

25 소멸시효의 중단에 관한 설명으로 옳지 않은 것은? (다툼이 있으면 판례에 따름)

① 채무자가 제기한 소에 대하여 채권자가 응소하여 그 소송에서 적극적으로 권리를 주장하고 그것이 받아들여진 경우 재판상의 청구가 될 수 있다.

② 시효완성 전에 한 채무의 일부변제는 특별한 사정이 없는 한 시효중단사유가 될 수 있다.

③ 현존하지 않는 장래의 채권을 시효진행이 개시되기 전에 미리 승인하는 것도 허용된다.

④ 임의출석의 경우에 화해가 성립되지 아니한 때에는 1월 내에 소를 제기하지 아니하면 시효중단의 효력이 없다.

⑤ 시효의 중단은 당사자 및 그 승계인 사이에만 효력이 있는 것이 원칙이다.

해설 ③ 소멸시효의 중단사유로서의 승인은 시효이익을 받을 당사자인 채무자가 그 권리의 존재를 인식하고 있다는 뜻을 표시함으로써 성립하는 것이므로 이는 소멸시효의 진행이 개시된 이후에만 가능하고 그 이전에 승인을 하더라도 시효가 중단되지는 않는다고 할 것이고, 또한 현존하지 아니하는 장래의 채권을 미리 승인하는 것은 채무자가 그 권리의 존재를 인식하고서 한 것이라고 볼 수 없어 허용되지 않는다고 할 것이다(대판 2001. 11. 9, 2001다52568).

② 시효완성 전에 채무의 일부를 변제한 경우에는, 그 수액에 관하여 다툼이 없는 한 채무승인으로서의 효력이 있어 시효중단의 효과가 발생한다(대판 1996. 1. 23, 95다39854).

제10회 행정사 민법총칙

[2022. 6. 29. 실시]

01 민법의 법원(法源)에 관한 설명으로 옳지 않은 것은? (다툼이 있으면 판례에 따름)

① 헌법에 의하여 체결·공포된 민사에 관한 조약은 민법의 법원(法源)이 될 수 있다.

② 관습법은 헌법재판소의 위헌법률심판의 대상이 아니다.

③ 관습법의 존재는 특별한 사정이 없으면 당사자의 주장·증명을 기다릴 필요 없이 법원이 직권으로 확정하여야 한다.

④ 사실인 관습은 법원(法源)으로서 법령에 저촉되지 않는 한 법칙으로서의 효력이 있다.

⑤ 공동선조와 성과 본을 같이 하는 후손은 성별의 구별 없이 성년이 되면 당연히 종중의 구성원이 된다고 보는 것이 조리에 합당하다.

> **해설** ② 이 사건 관습법은 실질적으로는 법률과 같은 효력을 갖는 것이므로 위헌법률심판의 대상이 된다(헌재 2013. 2. 28. 2009헌바129). → 복수정답 인정
> ④ 사실인 관습은 법령으로서의 효력이 없는 단순한 관행으로서 법률행위의 당사자의 의사를 보충함에 그치는 것이다.

02 신의칙에 관한 설명으로 옳지 않은 것은? (다툼이 있으면 판례에 따름)

① 신의칙에 반하는 것은 강행규정에 위반하는 것이므로 당사자의 주장이 없더라도 법원이 직권으로 판단할 수 있다.

② 법정대리인의 동의 없이 신용구매계약을 체결한 미성년자가 나중에 법정대리인의 동의 없음을 이유로 그 계약을 취소하는 것은 신의칙에 반한다.

③ 무권대리인이 본인을 단독상속한 경우, 본인의 지위에서 자신이 한 무권대리행위의 추인을 거절하는 것은 신의칙에 반한다.

④ 병원은 입원환자의 휴대품 등의 도난을 방지하기 위하여 필요한 적절한 조치를 강구하여 줄 신의칙상 보호의무가 있다.

⑤ 채권자가 유효하게 성립한 계약에 따른 급부의 이행을 청구하는 경우, 법원이 신의칙에 의하여 그 급부의 일부를 감축하는 것은 원칙적으로 허용되지 않는다.

> **해설** ② 법정대리인의 동의 없이 신용구매계약을 체결한 미성년자가 나중에 법정대리인의 동의 없음을 이유로 그 계약을 취소하는 것은 신의칙에 반하지 않는다.
> ⑤ 유효하게 성립한 계약상의 책임을 공평의 이념 또는 신의칙과 같은 일반원칙에 의하여 제한하는 것은 사적 자치의 원칙이나 법적 안정성에 대한 중대한 위협이 될 수 있으므로, 채권자가 유효하게 성립한 계약에 따른 급부의 이행을 청구하는 때에 법원이 급부의 일부를 감축하는 것은 원칙적으로 허용되지 않는다(대판 2016. 12. 1. 2016다 240543).

03 부재와 실종에 관한 설명으로 옳지 않은 것은? (다툼이 있으면 판례에 따름)

① 부재자로부터 재산처분권을 위임받은 재산관리인은 그 재산을 처분함에 있어 법원의 허가를 받지 않아도 된다.

② 법원이 선임한 부재자 재산관리인의 권한 초과행위에 대한 법원의 허가 결정은 기왕의 법률행위를 추인하는 방법으로는 할 수 없다.

③ 법원은 법원이 선임한 부재자 재산관리인으로 하여금 부재자의 재산관리 및 반환에 관하여 상당한 담보를 제공하게 할 수 있다.

④ 실종선고를 받은 자는 실종기간이 만료된 때에 사망한 것으로 본다.

⑤ 부재자의 제1순위 상속인이 있는 경우, 제2순위 상속인은 특별한 사정이 없는 한 부재자에 관한 실종선고를 청구할 수 있는 이해관계인이 아니다.

해설 ② 법원의 부재자 재산관리인의 초과행위결정의 효력은 그 허가받은 재산에 대한 장래의 처분행위뿐만 아니라 기왕의 처분행위를 추인하는 행위로도 할 수 있다.

04 후견에 관한 설명으로 옳지 않은 것은?

① 가정법원은 성년후견개시의 심판을 할 때 본인의 의사를 고려하여야 한다.

② 가정법원이 피성년후견인에 대하여 한정후견개시의 심판을 할 때에는 종전의 성년후견의 종료 심판을 하여야 한다.

③ 피성년후견인의 법률행위는 원칙적으로 취소할 수 있지만, 가정법원은 취소할 수 없는 법률행위의 범위를 정할 수 있다.

④ 가정법원은 피한정후견인이 한정후견인의 동의를 받아야 하는 행위의 범위를 정할 수 있다.

⑤ 가정법원은 정신적 제약으로 특정한 사무에 관하여 후원이 필요한 자에 대하여는 본인의 의사에 반하더라도 특정후견의 심판을 할 수 있다.

해설 ⑤ 특정후견은 본인의 의사에 반하여 할 수 없다(제14조의2 제2항).

05 민법상 법인에 관한 설명으로 옳은 것은? (다툼이 있으면 판례에 따름)

① 재단법인의 기본재산을 새롭게 편입하는 행위는 주무관청의 허가를 받지 않아도 유효하다.

② 재단법인의 감사는 민법상 필수기관이다.

③ 사단법인의 사원권은 정관에 정함이 있는 경우 상속될 수 있다.

④ 사단법인이 정관에 이사의 대표권에 관한 제한을 규정한 경우에는 이를 등기하지 않더라도 악의의 제3자에게 대항할 수 있다.

⑤ 이사 전원의 의결에 의하여 잔여재산을 처분하도록 한 사단법인의 정관 규정은 성질상 등기하여야만 제3자에게 대항할 수 있는 청산인의 대표권에 관한 제한으로 보아야 한다.

> **해설** ③ 사단법인의 사원의 지위는 양도 또는 상속할 수 없다(제56조). 그러나 이러한 민법 제56조의 규정은 강행규정이라고 할 수 없으므로, 비법인사단에서도 사원의 지위는 규약이나 관행에 의하여 양도 또는 상속될 수 있다(대판 1997. 9. 26, 95다6205).
> ④ 법인의 정관에 법인 대표권의 제한에 관한 규정이 있으나 그와 같은 취지가 등기되어 있지 않다면 법인은 그와 같은 정관의 규정에 대하여 선의냐 악의냐에 관계없이 제3자에게 대항할 수 없다(대판 1992. 2. 14, 91다24564).
> ⑤ [1] 민법상의 청산절차에 관한 규정은 모두 제3자의 이해관계에 중대한 영향을 미치기 때문에 이른바 강행규정이라고 해석되므로 이에 반하는 잔여재산의 처분행위는 특단의 사정이 없는 한 무효라고 보아야 한다. [2] 이사 전원의 의결에 의하여 잔여재산을 처분하도록 한 정관 규정은 성질상 등기하여야만 제3자에게 대항할 수 있는 청산인의 대표권에 관한 제한이라고 볼 수 없다(대판 1995. 2. 10, 94다13473).

06 甲법인의 대표이사 乙은 대표자로서의 모든 권한을 丙에게 포괄적으로 위임하여 丙이 실질적으로 甲법인의 사실상 대표자로서 그 사무를 집행하고 있다. 이에 관한 설명으로 옳은 것을 모두 고른 것은? (다툼이 있으면 판례에 따름)

> ㉠ 甲의 사무에 관한 丙의 대행행위는 원칙적으로 甲에게 효력이 미치지 않는다.
> ㉡ 丙이 외관상 직무행위로 인하여 丁에게 손해를 입힌 경우, 甲은 특별한 사정이 없는 한 丁에 대하여 법인의 불법행위책임에 관한 민법 제35조의 손해배상책임을 진다.
> ㉢ 만약 甲이 비법인사단이라면 乙은 甲의 사무 중 정관에서 대리를 금지한 사항의 처리에 대해서도 丙에게 포괄적으로 위임할 수 있다.

① ㉠　　　　　　② ㉡
③ ㉠, ㉡　　　　④ ㉠, ㉢
⑤ ㉡, ㉢

> **해설** ㉠ 민법 제62조에 의하면 특정한 행위를 대리하게 할 수 있으나 포괄적으로 위임할 수는 없다. 따라서 포괄적 수임인 丙의 대행행위는 甲법인에게 그 효력이 미치지 않는다.
> ㉡ 민법 제35조 제1항은 "법인은 이사 기타 대표자가 그 직무에 관하여 타인에게 가한 손해를 배상할 책임이 있다"라고 정한다. 여기서 '법인의 대표자'에는 그 명칭이나 직위 여하, 또는 대표자로 등기되었는지 여부를 불문하고 당해 법인을 실질적으로 운영하면서 법인을 사실상 대표하여 법인의 사무를 집행하는 사람을 포함한다고 해석함이 상당하다(대판 2011. 4. 28, 2008다15438).
> ㉢ 비법인사단에 대하여는 사단법인에 관한 민법 규정 가운데 법인격을 전제로 하는 것을 제외하고는 이를 유추적용하여야 하는데, 민법 제62조에 비추어 보면 비법인사단의 대표자는 정관 또는 총회의 결의로 금지하지 아니한 사항에 한하여 타인으로 하여금 특정한 행위를 대리하게 할 수 있을 뿐 비법인사단의 제반 업무처리를 포괄적으로 위임할 수는 없다(대판 2011. 4. 28, 2008다15438).

07 민법상 법인의 해산과 청산에 관한 설명으로 옳지 않은 것은? (다툼이 있으면 판례에 따름)

① 해산한 법인은 청산의 목적범위 내에서만 권리가 있고 의무를 부담한다.

② 사단법인 총회의 해산결의는 정관에 다른 규정이 없는 한 총사원의 4분의 3 이상의 동의가 필요하다.

③ 민법상 청산절차에 관한 규정에 반하는 잔여재산의 처분행위는 특별한 사정이 없는 한 무효이다.

④ 청산 중의 법인은 변제기에 이르지 아니한 채권에 대해서도 변제할 수 있다.

⑤ 법인의 청산인은 채권신고기간 내에는 채권자에 대하여 변제하지 못하므로 법인은 그 기간 동안의 지연손해배상의무를 면한다.

> **해설** ⑤ 청산인은 제88조 제1항의 채권신고기간 내에는 채권자에 대하여 변제하지 못한다. 그러나 법인은 채권자에 대한 지연손해배상의 의무를 면하지 못한다(제90조).

08 물건에 관한 설명으로 옳은 것은? (다툼이 있으면 판례에 따름)

① 주물의 소유자의 상용에 공여되고 있더라도 주물 자체의 효용과 관계가 없는 물건은 종물이 아니다.

② 원본채권이 양도되면 특별한 사정이 없는 한 이미 변제기에 도달한 이자채권도 당연히 함께 양도된다.

③ 주물을 처분할 때 종물을 제외하거나 종물만을 별도로 처분하는 특약은 무효이다.

④ 피상속인이 유언으로 자신의 유골의 매장장소를 지정한 경우, 제사주재자는 피상속인의 의사에 따를 법률적 의무를 부담한다.

⑤ '종물은 주물의 처분에 따른다'고 규정한 민법 제100조 제2항의 '처분'에는 공법상 처분은 포함되지 않는다.

> **해설** ① 어느 건물이 주된 건물의 종물이기 위하여는 주물의 상용에 이바지하는 관계에 있어야 하고 이는 주물 자체의 경제적 효용을 다하게 하는 것을 말하는 것이므로, 주물의 소유자나 이용자의 사용에 공여되고 있더라도 주물 자체의 효용과 관계없는 물건은 종물이 아니다(대판 2007. 12. 13, 2007도7247).
> ② 원본채권이 양도된 경우 이미 변제기에 도달한 이자채권은 원본채권의 양도당시 그 이자채권도 양도한다는 의사표시가 없는 한 당연히 양도되지는 않는다(대판 1989. 3. 28, 88다카12803).
> ③ 종물은 주물의 처분에 따른다(제100조 제2항). 그러나 제100조 제2항은 임의규정이므로 당사자의 특약으로 종물만을 따로 처분할 수 있다.
> ④ 피상속인이 생전행위 또는 유언으로 자신의 유체·유골을 처분하거나 매장장소를 지정한 경우에, 선량한 풍속 기타 사회질서에 반하지 않는 이상 그 의사는 존중되어야 하고 이는 제사주재자로서도 마찬가지이지만, 피상속인의 의사를 존중해야 하는 의무는 도의적인 것에 그치고, 제사주재자가 무조건 이에 구속되어야 하는 법률적 의무까지 부담한다고 볼 수는 없다(대판 2008. 11. 20, 2007다27670).
> ⑤ 민법 제100조 제2항의 '처분'에는 공법상 처분(예: 압류)도 포함된다.

09 임의대리권의 범위에 관한 설명으로 옳지 않은 것은? (다툼이 있으면 판례에 따름)

① 임의대리권의 범위는 원칙적으로 수권행위에 의하여 정해진다.

② 특별한 사정이 없는 한 통상의 임의대리권은 필요한 한도에서 수령대리권을 포함한다.

③ 매도인으로부터 매매계약체결에 대한 대리권을 수여받은 자는 특별한 사정이 없는 한 그 매매계약에 따른 중도금을 수령할 권한이 있다.

④ 매도인으로부터 매매계약의 체결과 이행에 대해 포괄적인 대리권을 수여받은 자는 특별한 사정이 없는 한 약정된 매매대금의 지급기일을 연기해 줄 권한이 없다.

⑤ 부동산을 매수할 권한을 수여받은 자는 원칙적으로 그 부동산을 처분할 권한이 없다.

> **해설** ④ 매매계약의 체결과 이행에 관하여 포괄적으로 대리권을 수여받은 대리인은 특별한 다른 사정이 없는 한 상대방에 대하여 약정된 매매대금지급기일을 연기하여 줄 권한도 가진다고 보아야 할 것이다(대판 1992. 4. 14, 91다43107).

10 의사표시에 관한 설명으로 옳지 않은 것은?

① 청약의 의사표시는 그 표시가 상대방에게 도달한 때에 그 효력이 생긴다.

② 의사표시자가 청약의 의사표시를 발송한 후 사망하였다면, 그 의사표시는 처음부터 무효인 것으로 본다.

③ 행위능력을 갖춘 미성년자에게는 특별한 사정이 없는 한 의사표시의 수령능력이 인정된다.

④ 표의자가 과실없이 상대방을 알지 못하는 경우, 민사소송법 공시송달의 규정에 의하여 의사표시를 송달할 수 있다.

⑤ 의사표시의 상대방이 의사표시를 받은 때에 제한능력자인 경우, 특별한 사정이 없는 한 의사표시자는 그 의사표시로써 대항할 수 없다.

> **해설** ② 의사표시를 발송한 후에 의사표시자가 사망하거나 제한능력자가 되어도 그 의사표시의 효력에는 아무런 영향을 미치지 않으므로(제111조 제2항), 후에 의사표시가 도달하는 한 효력이 발생한다.

11 대리에 관한 설명으로 옳지 않은 것은? (다툼이 있으면 판례에 따름)

① 대리인은 행위능력자임을 요하지 아니한다.

② 사실상의 용태에 의하여 대리권의 수여가 추단될 수 있다.

③ 임의대리의 원인된 법률관계가 종료하기 전이라도 본인은 수권행위를 철회할 수 있다.

④ 수권행위에서 권한을 정하지 아니한 대리인은 보존행위만을 할 수 있다.

⑤ 복대리인은 본인의 대리인이다.

> **해설** ④ 권한을 정하지 아니한 대리인은 다음 각 호의 행위만(1. 보존행위, 2. 대리의 목적인 물건이나 권리의 성질을 변하지 아니하는 범위에서 그 이용 또는 개량하는 행위)을 할 수 있다(제118조).
> ② 대리권을 수여하는 수권행위는 불요식의 행위로서 명시적인 의사표시에 의함이 없이 묵시적인 의사표시에 의하여 할 수도 있으며, 어떤 사람이 대리인의 외양을 가지고 행위하는 것을 본인이 알면서도 이의를 하지 아니하고 방임하는 등 사실상의 용태에 의하여 대리권의 수여가 추단되는 경우도 있다(대판 2016. 5. 26, 2016다203315).

12 무권대리행위에 대한 본인의 추인에 관한 설명으로 옳은 것은? (다툼이 있으면 판례에 따름)

① 추인은 무권대리인의 동의가 있어야 유효하다.

② 추인은 무권대리인이 아닌 무권대리행위의 상대방에게 하여야 한다.

③ 무권대리행위가 범죄가 되는 경우, 본인이 그 사실을 알고 장기간 형사고소를 하지 않았다면 묵시적 추인이 인정된다.

④ 추인은 무권대리행위가 있음을 알고 하여야 한다.

⑤ 무권대리행위의 일부에 대한 추인은 상대방의 동의가 없더라도 유효하다.

해설 ④ 추인은 무권대리행위의 효과를 자기에게 귀속시키도록 하는 상대방 있는 단독행위로서 무권대리행위가 있음을 알고 하여야 한다.

① 추인권은 일종의 형성권이다. 따라서 추인에는 무권대리인의 동의나 승낙이 필요하지 않다.

② 추인의 의사표시는 무권대리인에 대해서는 물론, 무권대리행위의 직접의 상대방 및 그 무권대리행위로 인한 권리 또는 법률관계의 승계인에게도 가능하다.

③ 타인의 형사책임을 수반하는 무권대리행위에 의하여 권리의 침해를 받은 자가 그 침해사실을 알고서도 장기간 형사고소나 민사소송을 제기하지 않은 경우에 그 사실만으로 그 행위에 대하여 묵시적인 추인이 있었다고 단정할 수 없다(대판 1967. 12. 18, 67다2294 · 2295).

⑤ 추인은 원칙적으로 무권대리행위의 전부에 대하여 행하여져야 하고, 그 일부에 대하여 추인을 하거나 그 내용을 변경하여 추인을 하였을 경우에는, 상대방의 동의를 얻지 못하는 한 무효이다.

13 불공정한 법률행위에 관한 설명으로 옳은 것은? (다툼이 있으면 판례에 따름)

① 불공정한 법률행위는 원칙적으로 추인에 의해서 유효로 될 수 없다.

② 궁박은 경제적 원인에 기인하는 것을 말하며, 심리적 원인에 기인할 수 없다.

③ 특별한 사정이 없는 한 경솔 · 궁박은 본인을 기준으로 판단하고, 무경험은 대리인을 기준으로 판단한다.

④ 법률행위가 현저하게 공정성을 잃은 경우, 그 법률행위 당사자의 궁박 · 경솔 · 무경험은 추정된다.

⑤ 불공정한 법률행위에는 무효행위의 전환에 관한 민법 제138조는 적용되지 않는다.

해설 ① 불공정한 법률행위여서 무효인 경우처럼, 무효 원인이 해소되고 있지 않은 때에는 추인에 의해 유효하게 될 수 없다.

② 궁박이라 함은 '급박한 곤궁'을 의미하는 것으로서 경제적 원인에 기인할 수도 있고 정신적 또는 심리적 원인에 기인할 수도 있다.

③ 대리인에 의하여 법률행위가 이루어진 경우 그 법률행위가 민법 제104조의 불공정한 법률행위에 해당하는지 여부를 판단함에 있어서 경솔과 무경험은 대리인을 기준으로 하여 판단하고, 궁박은 본인의 입장에서 판단하여야 한다(대판 2002. 10. 22, 2002다38927).

④ 법률행위가 현저하게 공정을 잃었다고 하여 곧 그것이 궁박 · 경솔하게 이루어진 것으로 추정되지 아니하므로 제104조의 불공정한 법률행위의 법리가 적용되려면 그 주장하는 측에서 궁박 · 경솔 또는 무경험으로 인하였음을 증명하여야 한다.

⑤ 불공정한 법률행위에도 무효행위의 전환에 관한 민법 제138조는 적용된다.

14 사기에 의한 의사표시에 관한 설명으로 옳지 않은 것은? (다툼이 있으면 판례에 따른다)

① 광고에 있어 다소의 과장은 일반 상거래의 관행과 신의칙에 비추어 시인될 수 있는 한 기망성이 결여된다.

② 부작위에 의한 기망행위에서 고지의무는 조리상 일반원칙에 의해서는 인정될 수 없다.

③ 사기에 의한 의사표시가 인정되기 위해서는 의사표시자에게 재산상의 손실을 주려는 사기자의 고의는 필요하지 않다.

④ 기망행위로 인하여 법률행위의 내용으로 표시되지 않은 동기에 관하여 착오를 일으킨 경우에도 그 법률행위를 사기에 의한 의사표시를 이유로 취소할 수 있다.

⑤ 사기에 의한 의사표시의 취소는 선의의 제3자에게 대항하지 못한다.

해설 ② 부동산 거래에 있어 거래 상대방이 일정한 사정에 관한 고지를 받았더라면 그 거래를 하지 않았을 것임이 경험칙상 명백한 경우에는 신의성실의 원칙상 사전에 상대방에게 그와 같은 사정을 고지할 의무가 있으며, 그와 같은 고지의무의 대상이 되는 것은 직접적인 법령의 규정뿐 아니라 널리 계약상, 관습상 또는 조리상의 일반원칙에 의하여도 인정될 수 있다(대판 2006. 10. 12, 2004다48515).

③ 표의자를 기망하여 착오에 빠지게 하려는 고의와 착오에 기하여 의사표시를 하게 하려는 고의, 즉 2단계의 고의만 있으면 된다.

15 통정허위표시를 기초로 새로운 법률상의 이해관계를 맺은 제3자를 모두 고른 것은? (다툼이 있으면 판례에 따른다)

> ㉠ 가장매매의 매수인으로부터 그와의 매매계약에 의한 소유권이전청구권 보전을 위한 가등기를 마친 자
> ㉡ 허위의 선급금 반환채무 부담행위에 기하여 그 채무를 보증하고 이행까지 하여 구상권을 취득한 자
> ㉢ 가장소비대차에 있어 대주의 계약상의 지위를 이전받은 자

① ㉠   ② ㉢
③ ㉠, ㉡   ④ ㉠, ㉢
⑤ ㉡, ㉢

해설 ㉡ 보증인이 주채무자의 기망행위에 의하여 주채무가 있는 것으로 믿고 주채무자와 보증계약을 체결한 다음 그에 따라 보증채무자로서 그 채무까지 이행한 경우, 그 보증인은 주채무자에 대한 구상권 취득에 관하여 법률상의 이해관계를 가지게 되었고 그 구상권 취득에는 보증의 부종성으로 인하여 주채무가 유효하게 존재할 것을 필요로 한다는 이유로 결국 그 보증인은 주채무자의 채권자에 대한 채무 부담행위라는 허위표시에 기초하여 구상권 취득에 관한 법률상 이해관계를 가지게 되었다고 보아 민법 제108조 제2항 소정의 '제3자'에 해당한다(대판 2000. 7. 6, 99다51258).

㉢ 구 상호신용금고법 소정의 계약이전은 금융거래에서 발생한 계약상의 지위가 이전되는 사법상의 법률효과를 가져오는 것이므로, 계약이전을 받은 금융기관은 계약이전을 요구받은 금융기관과 대출채무자 사이의 통정허위표시에 따라 형성된 법률관계를 기초로 하여 새로운 법률상 이해관계를 가지게 된 민법 제108조 제2항의 제3자에 해당하지 않는다(대판 2004. 1. 15, 2002다31537).

16 착오로 인한 의사표시에 관한 설명으로 옳지 않은 것은? (다툼이 있으면 판례에 따름)

① 법률행위 내용의 중요부분에 착오가 있는 경우, 그 착오가 표의자의 중과실로 인한 것이 아니라면 특별한 사정이 없는 한 이를 이유로 의사표시를 취소할 수 있다.

② 표의자는 자신에게 중과실이 없음에 대한 주장·증명책임을 부담한다.

③ 착오로 인한 의사표시에 관한 민법 제109조 제1항의 적용은 당사자의 합의로 배제할 수 있다.

④ 착오로 인하여 표의자가 경제적 불이익을 입지 않았다면 이는 법률행위 내용의 중요부분의 착오로 볼 수 없다.

⑤ 표의자가 장래에 있을 어떤 사항의 발생이 미필적임을 알아 그 발생을 예기한 데 지나지 않는 경우, 그 기대가 이루어지지 않은 것을 착오로 볼 수는 없다.

해설 ② 중대한 과실이 있다는 입증책임은 표의자로 하여금 그 의사표시를 취소케 하지 않으려는 상대방이 부담한다.
⑤ 민법 제109조에 따라 의사표시에 착오가 있다고 하려면 법률행위를 할 당시에 실제로 없는 사실을 있는 사실로 잘못 깨닫거나 아니면 실제로 있는 사실을 없는 것으로 잘못 생각하듯이 의사표시자의 인식과 그러한 사실이 어긋나는 경우라야 한다. 의사표시자가 행위를 할 당시 장래에 있을 어떤 사항의 발생을 예측한 데 지나지 않는 경우는 의사표시자의 심리상태에 인식과 대조사실의 불일치가 있다고 할 수 없어 이를 착오로 다룰 수 없다. 장래에 발생할 막연한 사정을 예측하거나 기대하고 법률행위를 한 경우 그러한 예측이나 기대와 다른 사정이 발생하였다고 하더라도 그로 인한 위험은 원칙적으로 법률행위를 한 사람이 스스로 감수하여야 하고 상대방에게 전가해서는 안 되므로 착오를 이유로 취소를 구할 수 없다(대판 2020. 5. 14, 2016다12175).

17 반사회질서의 법률행위에 해당하는 것을 모두 고른 것은? (다툼이 있으면 판례에 따름)

> ㉠ 수사기관에서 참고인으로 자신이 잘 알지 못하는 내용에 대한 허위 진술의 대가로 작성된 각서에 기한 급부의 약정
> ㉡ 강제집행을 면하기 위해 부동산에 허위의 근저당권설정등기를 경료하는 행위
> ㉢ 전통사찰의 주지직을 거액의 금품을 대가로 양도·양수하기로 하는 약정이 있음을 알고도 이를 묵인한 상태에서 한 종교법인의 주지 임명행위

① ㉠　　　　　　　② ㉢
③ ㉠, ㉡　　　　　④ ㉡, ㉢
⑤ ㉠, ㉡, ㉢

해설 ㉠ 수사기관에서 참고인으로 진술하면서 자신이 잘 알지 못하는 내용에 대하여 허위의 진술을 하는 경우에 그 허위진술행위가 범죄행위를 구성하지 않는다고 하여도, 이러한 행위 자체는 국가사회의 일반적인 도덕관념이나 국가사회의 공공질서이익에 반하는 행위라고 볼 것이니, 그 급부의 상당성 여부를 판단할 필요 없이 허위진술의 대가로 작성된 각서에 기한 급부의 약정은 민법 제103조의 반사회적 질서행위로 무효이다(대판 2001. 4. 24, 2000다71999).
㉡ 강제집행을 면할 목적으로 부동산에 허위의 근저당권설정등기를 경료하는 행위는 제103조의 선량한 풍속 기타 사회질서에 위반한 사항을 내용으로 하는 법률행위로 볼 수 없다(대판 2004. 5. 28, 2003다70041).
㉢ 전통사찰의 주지직을 거액의 금품을 대가로 양도·양수하기로 하는 약정이 있음을 알고도 이를 묵인 혹은 방조한 상태에서 한 종교법인의 주지임명행위는 민법 제103조 소정의 반사회질서의 법률행위에 해당하지 않는다(대판 2001. 2. 9, 99다38613).

18 법률행위의 부관에 관한 설명으로 옳은 것은? (다툼이 있으면 판례에 따름)

① 상계의 의사표시에는 원칙적으로 조건을 붙일 수 있다.

② 조건부 법률행위에서 조건의 내용자체가 불법적이어서 무효인 경우, 원칙적으로 그 조건만이 무효이고 나머지 법률행위는 유효이다.

③ 해제조건부 법률행위의 조건이 불능조건인 경우, 그 법률행위는 무효이다.

④ 시기(始期) 있는 법률행위는 기한이 도래한 때로부터 그 효력을 잃는다.

⑤ 기한은 특별한 사정이 없는 한 채무자의 이익을 위한 것으로 추정한다.

해설 ⑤ 기한은 채무자의 이익을 위한 것으로 추정한다(제153조 제1항).
① 상계는 상대방에 대한 의사표시로 한다. 이 의사표시에는 조건 또는 기한을 붙이지 못한다(제493조 제1항).
② 조건이 선량한 풍속 기타 사회질서에 위반한 경우가 불법조건이다. 불법조건이 붙은 법률행위는 불법조건만이 무효인 것이 아니고 법률행위 전부가 무효로 된다(제151조 제1항).
③ 불능조건이 정지조건이면 그 법률행위는 무효이고, 해제조건이면 조건 없는 법률행위가 된다(제151조 제3항).
④ 시기 있는 법률행위는 기한이 도래한 때로부터 그 효력이 생긴다(제152조 제1항).

19 법률행위의 무효에 관한 설명으로 옳은 것은? (다툼이 있으면 판례에 따름)

① 진의 아닌 의사표시는 원칙적으로 무효이다.

② 법률행위가 무효와 취소사유를 모두 포함하고 있는 경우, 당사자는 취소권이 있더라도 무효에 따른 효과를 제거하기 위해 이미 무효인 법률행위를 취소할 수 없다.

③ 법률행위의 무효는 제한능력자, 착오나 사기·강박에 의하여 의사표시를 한 자, 그의 대리인 또는 승계인 이외에는 주장할 수 없다.

④ 타인의 권리를 목적으로 하는 매매계약은 특별한 사정이 없는 한 유효하다.

⑤ 무효인 법률행위는 추인할 수 있는 날로부터 3년, 법률행위를 한 날로부터 10년 이후에는 추인할 수 없다.

해설 ④ 매매계약은 채권계약이므로, 타인의 권리를 목적으로 하는 매매계약도 특별한 사정이 없는 한 유효하다.
① 의사표시는 표의자가 진의 아님을 알고 한 것이라도 그 효력이 있다. 그러나 상대방이 표의자의 진의 아님을 알았거나 이를 알 수 있었을 경우에는 무효로 한다(제107조 제1항).
③ 무효는 누구든지 주장할 수 있다.

20 취소할 수 있는 법률행위의 법정추인에 해당하지 않는 것은? (다툼이 있으면 판례에 따름)

① 취소할 수 있는 행위로부터 생긴 채무의 이행을 위해 취소권자가 상대방에게 일부 이행을 한 경우

② 취소할 수 있는 행위로부터 생긴 채무의 이행을 위해 취소권자가 상대방에게 이행을 청구하는 경우

③ 취소할 수 있는 행위로부터 생긴 채무의 이행을 위해 취소권자가 상대방에게 저당권을 설정해 준 경우

④ 취소권자가 취소할 수 있는 행위에 의하여 성립된 채권을 소멸시키고 그 대신 다른 채권을 성립시키는 경개를 하는 경우

⑤ 취소할 수 있는 행위로부터 취득한 권리의 전부를 취소권자의 상대방이 제3자에게 양도하는 경우

해설 ⑤ 법정추인사유인 취소할 수 있는 행위로 취득한 권리의 전부나 일부의 양도는 취소권자의 양도에 한하고 상대방의 양도는 이에 포함되지 않는다.

21 민법상 기간에 관한 설명으로 옳지 않은 것은? (다툼이 있으면 판례에 따름)

① 연령 계산에는 출생일을 산입한다.

② 기간의 초일(初日)이 공휴일에 해당한 때에는 기간은 그 익일부터 기산한다.

③ 기간을 시, 분, 초로 정한 때에는 즉시로부터 기산한다.

④ 기간을 주, 월 또는 연으로 정한 때에는 역(曆)에 의하여 계산한다.

⑤ 기간을 일, 주, 월로 정한 때에는 그 기간이 오전 영(零)시로부터 시작하는 때가 아니면 기간의 초일은 산입하지 않는다.

해설 ② 기간의 초일이 공휴일이라 하더라도 기간은 초일부터 기산한다(대판 1982. 2. 23, 81누204).

22 소멸시효와 제척기간에 관한 설명으로 옳은 것은? (다툼이 있으면 판례에 따름)

① 소멸시효가 완성되면 그 기간이 경과한 때부터 장래에 향하여 권리가 소멸하지만, 제척기간이 완성되면 그 기산일에 소급하여 권리가 소멸한다.

② 소멸시효는 그 성질상 기간의 중단이 있을 수 없지만, 제척기간은 권리자의 청구가 있으면 기간이 중단된다.

③ 소멸시효가 완성된 이후 그 이익을 포기하는 것은 원칙적으로 인정되지만, 제척기간은 그 포기가 인정되지 않는다.

④ 소멸시효 완성에 의한 권리소멸은 법원의 직권조사 사항이지만, 제척기간에 의한 권리의 소멸은 원용권자가 이를 주장하여야 한다.

⑤ 매도인의 하자담보책임에 기한 매수인의 손해배상청구권과 같이 청구권에 관하여 제척기간을 정하고 있는 경우에는 제척기간이 적용되므로 소멸시효는 당연히 적용될 수 없다.

해설 ③ 소멸시효에서는 시효이익을 포기할 수 있으나, 제척기간에는 기간의 만료로 권리 자체가 소멸하기 때문에 포기가 인정되지 않는다.
① 소멸시효는 그 기산일에 소급하여 권리소멸의 효과가 생기지만, 제척기간의 경우 기간이 경과한 때로부터 장래에 향하여 권리가 소멸한다.
② 소멸시효에는 시효중단제도가 있으나, 제척기간은 기간의 중단이 인정되지 않는다.
④ 제척기간의 경과로 인한 권리의 소멸은 당사자의 주장이 없더라도 당연히 직권으로 조사하여 재판에 고려해야 하는 직권조사사항이다. 이에 반해 소멸시효완성에 의한 권리의 소멸은 변론주의의 원칙상 당사자가 시효소멸을 주장해야 재판의 기초로 삼을 수 있다.

⑤ 매도인에 대한 하자담보에 기한 손해배상청구권에 대하여는 민법 제582조의 제척기간이 적용되고, 이는 법률관계의 조속한 안정을 도모하고자 하는 데에 취지가 있다. 그런데 하자담보에 기한 매수인의 손해배상청구권은 권리의 내용·성질 및 취지에 비추어 민법 제162조 제1항의 채권 소멸시효의 규정이 적용되고, 민법 제582조의 제척기간 규정으로 인하여 소멸시효 규정의 적용이 배제된다고 볼 수 없다(대판 2011. 10. 13, 2011다10266).

23 민법상 1년의 소멸시효 기간의 적용을 받는 채권이 아닌 것은?

① 음식점의 음식대금채권
② 여관의 숙박대금채권
③ 판결에 의하여 확정된 채권
④ 의복 등 동산의 사용료 채권
⑤ 연예인의 임금채권

해설 ③ 판결에 의하여 확정된 채권은 단기의 소멸시효에 해당한 것이라도 그 소멸시효는 10년으로 한다(제165조 제1항).

24 甲이 자신 소유의 X 토지를 乙에게 매도하고, 乙은 甲에게 매매대금을 모두 지급하였다. 甲과 乙이 행사하는 다음 등기청구권 중 소멸시효가 진행되는 경우를 모두 고른 것은? (다툼이 있으면 판례에 따름)

㉠ 乙이 甲을 상대로 위 매매계약에 기하여 X 토지에 대해 소유권이전등기청구권을 행사하는 경우
㉡ 乙이 위 매매계약에 기하여 甲으로부터 X 토지를 인도받아 사용·수익하고 있으나, 아직 甲의 명의로 소유권이전등기가 남아 있어 甲을 상대로 X 토지에 대해 소유권이전등기청구권을 행사하는 경우
㉢ 乙이 위 매매계약에 기하여 甲으로부터 X 토지에 대해 소유권이전등기를 경료받았으나, 이후 甲과 乙의 매매계약이 적법하게 취소되어 甲이 乙을 상대로 소유권에 기한 말소등기청구권을 행사하는 경우

① ㉠
② ㉡
③ ㉠, ㉢
④ ㉡, ㉢
⑤ ㉠, ㉡, ㉢

해설 ㉠ 매수인의 소유권이전등기청구권은 채권적 청구권이므로 원칙적으로 소멸시효에 걸린다.
㉡ 매수인이 목적부동산을 인도받아 계속 점유하는 경우에는 그 소유권이전등기청구권의 소멸시효가 진행하지 않는다는 것이 당원의 확립된 판례이다(대판 전합 1999. 3. 18, 98다32175).
㉢ 소유권에 기한 물권적 청구권은 소멸시효에 걸리지 않는다(통설·판례).

25 甲이 자신 소유의 X 토지를 乙에게 매도하면서 乙의 매매대금의 지급과 동시에 乙 앞으로 소유권이전등기를 마쳐주기로 약정하였다. 이에 관한 설명으로 옳지 않은 것은? (다툼이 있으면 판례에 따름)

① 甲과 乙이 소유권이전등기와 매매대금의 지급을 이행하였으나 위 매매계약이 통정허위표시로 무효인 경우, 특별한 사정이 없는 한 甲이 지급받은 매매대금과 乙명의로 마쳐진 소유권등기를 각각 부당이득으로 반환 청구할 수 있다.

② 甲과 乙의 매매계약이 甲이 미성년자임을 이유로 적법하게 취소된 경우, 甲은 특별한 사정이 없는 한 이익이 현존하는 한도에서 상환할 책임이 있다.

③ 甲이 乙의 매매대금지급 불이행을 이유로 매매계약을 적법하게 해제한 경우, 乙은 계약해제에 따른 손해배상책임을 면하기 위해 착오를 이유로 그 매매계약을 취소할 수 없다.

④ 甲과 乙이 각각 소유권이전등기와 매매대금의 지급을 이행한 이후, 乙이 甲의 사기를 이유로 위 매매계약을 적법하게 취소한 경우, 甲의 매매대금반환과 乙의 소유권이전등기말소는 특별한 사정이 없는 한 동시에 이행되어야 한다.

⑤ 甲과 乙의 매매계약이 관련 법령에 따라 관할청의 허가를 받아야 함에도 아직 토지거래허가를 받지 않아 유동적 무효 상태인 경우, 乙은 甲에게 계약의 무효를 주장하여 이미 지급한 계약금의 반환을 부당이득으로 청구할 수 없다.

해설 ③ 매도인이 매매계약을 적법하게 해제한 후에도 매수인이 착오를 이유로 매매계약을 취소할 수 있는지 여부(적극): 매도인이 매수인의 중도금지급채무불이행을 이유로 매매계약을 적법하게 해제한 후라도 매수인으로서는 상대방이 한 계약해제의 효과로서 발생하는 손해배상책임을 지거나 매매계약에 따른 계약금의 반환을 받을 수 없는 불이익을 면하기 위하여 착오를 이유로 한 취소권을 행사하여 매매계약 전체를 무효로 돌리게 할 수 있다(대판 1996. 12. 6. 95다24982·24999).

민법총칙

[시행 2021. 1. 26.] [법률 제17905호, 2021. 1. 26., 일부개정]

제1편 총칙

제1장 통칙

제1조【법원】 민사에 관하여 법률에 규정이 없으면 관습법에 의하고 관습법이 없으면 조리에 의한다.

제2조【신의성실】 ① 권리의 행사와 의무의 이행은 신의에 좇아 성실히 하여야 한다.

② 권리는 남용하지 못한다.

제2장 인

제1절 능력

제3조【권리능력의 존속기간】 사람은 생존한 동안 권리와 의무의 주체가 된다.

제4조【성년】 사람은 19세로 성년에 이르게 된다.

[전문개정 2011. 3. 7.]

제5조【미성년자의 능력】 ① 미성년자가 법률행위를 함에는 법정대리인의 동의를 얻어야 한다. 그러나 권리만을 얻거나 의무만을 면하는 행위는 그러하지 아니하다.

② 전 항의 규정에 위반한 행위는 취소할 수 있다.

제6조【처분을 허락한 재산】 법정대리인이 범위를 정하여 처분을 허락한 재산은 미성년자가 임의로 처분할 수 있다.

제7조【동의와 허락의 취소】 법정대리인은 미성년자가 아직 법률행위를 하기 전에는 전 2조의 동의와 허락을 취소할 수 있다.

제8조【영업의 허락】 ① 미성년자가 법정대리인으로부터 허락을 얻은 특정한 영업에 관하여는 성년자와 동일한 행위능력이 있다.

② 법정대리인은 전 항의 허락을 취소 또는 제한할 수 있다. 그러나 선의의 제3자에게 대항하지 못한다.

제9조【성년후견개시의 심판】 ① 가정법원은 질병, 장애, 노령, 그 밖의 사유로 인한 정신적 제약으로 사무를 처리할 능력이 지속적으로 결여된 사람에 대하여 본인, 배우자, 4촌 이내의 친족, 미성년후견인, 미성년후견감독인, 한정후견인, 한정후견감독인, 특정후견인, 특정후견감독인, 검사 또는 지방자치단체의 장의 청구에 의하여 성년후견개시의 심판을 한다.

② 가정법원은 성년후견개시의 심판을 할 때 본인의 의사를 고려하여야 한다.

[전문개정 2011. 3. 7.]

제10조【피성년후견인의 행위와 취소】 ① 피성년후견인의 법률행위는 취소할 수 있다.

② 제1항에도 불구하고 가정법원은 취소할 수 없는 피성년후견인의 법률행위의 범위를 정할 수 있다.

③ 가정법원은 본인, 배우자, 4촌 이내의 친족, 성년후견인, 성년후견감독인, 검사 또는 지방자치단체의 장의 청구에 의하여 제2항의 범위를 변경할 수 있다.

④ 제1항에도 불구하고 일용품의 구입 등 일상생활에 필요하고 그 대가가 과도하지 아니한 법률행위는 성년후견인이 취소할 수 없다.

[전문개정 2011. 3. 7.]

제11조【성년후견종료의 심판】 성년후견개시의 원인이 소멸된 경우에는 가정법원은 본인, 배우자, 4촌 이내의 친족, 성년후견인, 성년후견감독인, 검사 또는 지방자치단체의 장의 청구에 의하여 성년후견종료의 심판을 한다.

[전문개정 2011. 3. 7.]

제12조【한정후견개시이 심판】 ① 가정법원은 질병, 장애, 노령, 그 밖의 사유로 인한 정신적 제약으로 사무를 처리할 능력이 부족한 사람에 대하여

본인, 배우자, 4촌 이내의 친족, 미성년후견인, 미성년후견감독인, 성년후견인, 성년후견감독인, 특정후견인, 특정후견감독인, 검사 또는 지방자치단체의 장의 청구에 의하여 한정후견개시의 심판을 한다.

② 한정후견개시의 경우에 제9조 제2항을 준용한다.

[전문개정 2011. 3. 7.]

제13조【피한정후견인의 행위와 동의】 ① 가정법원은 피한정후견인이 한정후견인의 동의를 받아야 하는 행위의 범위를 정할 수 있다.

② 가정법원은 본인, 배우자, 4촌 이내의 친족, 한정후견인, 한정후견감독인, 검사 또는 지방자치단체의 장의 청구에 의하여 제1항에 따른 한정후견인의 동의를 받아야만 할 수 있는 행위의 범위를 변경할 수 있다.

③ 한정후견인의 동의를 필요로 하는 행위에 대하여 한정후견인이 피한정후견인의 이익이 침해될 염려가 있음에도 그 동의를 하지 아니하는 때에는 가정법원은 피한정후견인의 청구에 의하여 한정후견인의 동의를 갈음하는 허가를 할 수 있다.

④ 한정후견인의 동의가 필요한 법률행위를 피한정후견인이 한정후견인의 동의 없이 하였을 때에는 그 법률행위를 취소할 수 있다. 다만, 일용품의 구입 등 일상생활에 필요하고 그 대가가 과도하지 아니한 법률행위에 대하여는 그러하지 아니하다.

[전문개정 2011. 3. 7.]

제14조【한정후견종료의 심판】 한정후견개시의 원인이 소멸된 경우에는 가정법원은 본인, 배우자, 4촌 이내의 친족, 한정후견인, 한정후견감독인, 검사 또는 지방자치단체의 장의 청구에 의하여 한정후견종료의 심판을 한다.

[전문개정 2011. 3. 7.]

제14조의 2【특정후견의 심판】 ① 가정법원은 질병, 장애, 노령, 그 밖의 사유로 인한 정신적 제약으로 일시적 후원 또는 특정한 사무에 관한 후원이 필요한 사람에 대하여 본인, 배우자, 4촌 이내의 친족, 미성년후견인, 미성년후견감독인, 검사 또는 지방자치단체의 장의 청구에 의하여 특정후견의 심판을 한다.

② 특정후견은 본인의 의사에 반하여 할 수 없다.

③ 특정후견의 심판을 하는 경우에는 특정후견의 기간 또는 사무의 범위를 정하여야 한다.

[본조신설 2011. 3. 7.]

제14조의 3【심판 사이의 관계】 ① 가정법원이 피한정후견인 또는 피특정후견인에 대하여 성년후견개시의 심판을 할 때에는 종전의 한정후견 또는 특정후견의 종료 심판을 한다.

② 가정법원이 피성년후견인 또는 피특정후견인에 대하여 한정후견개시의 심판을 할 때에는 종전의 성년후견 또는 특정후견의 종료 심판을 한다.

[본조신설 2011. 3. 7.]

제15조【제한능력자의 상대방의 확답을 촉구할 권리】

① 제한능력자의 상대방은 제한능력자가 능력자가 된 후에 그에게 1개월 이상의 기간을 정하여 그 취소할 수 있는 행위를 추인할 것인지 여부의 확답을 촉구할 수 있다. 능력자로 된 사람이 그 기간 내에 확답을 발송하지 아니하면 그 행위를 추인한 것으로 본다.

② 제한능력자가 아직 능력자가 되지 못한 경우에는 그의 법정대리인에게 제1항의 촉구를 할 수 있고, 법정대리인이 그 정하여진 기간 내에 확답을 발송하지 아니한 경우에는 그 행위를 추인한 것으로 본다.

③ 특별한 절차가 필요한 행위는 그 정하여진 기간 내에 그 절차를 밟은 확답을 발송하지 아니하면 취소한 것으로 본다.

[전문개정 2011. 3. 7.]

제16조【제한능력자의 상대방의 철회권과 거절권】

① 제한능력자가 맺은 계약은 추인이 있을 때까지 상대방이 그 의사표시를 철회할 수 있다. 다만, 상대방이 계약 당시에 제한능력자임을 알았을 경우에는 그러하지 아니하다.

② 제한능력자의 단독행위는 추인이 있을 때까지 상대방이 거절할 수 있다.

③ 제1항의 철회나 제2항의 거절의 의사표시는 제한능력자에게도 할 수 있다.

[전문개정 2011. 3. 7.]

제17조【제한능력자의 속임수】 ① 제한능력자가 속임수로써 자기를 능력자로 믿게 한 경우에는 그 행위를 취소할 수 없다.

② 미성년자나 피한정후견인이 속임수로써 법정

대리인의 동의가 있는 것으로 믿게 한 경우에도 제1항과 같다.

[전문개정 2011. 3. 7.]

제2절 주소

제18조【주소】 ① 생활의 근거되는 곳을 주소로 한다.
② 주소는 동시에 두 곳 이상 있을 수 있다.

제19조【거소】 주소를 알 수 없으면 거소를 주소로 본다.

제20조【거소】 국내에 주소 없는 자에 대하여는 국내에 있는 거소를 주소로 본다.

제21조【가주소】 어느 행위에 있어서 가주소를 정한 때에는 그 행위에 관하여는 이를 주소로 본다.

제3절 부재와 실종

제22조【부재자의 재산의 관리】 ① 종래의 주소나 거소를 떠난 자가 재산관리인을 정하지 아니한 때에는 법원은 이해관계인이나 검사의 청구에 의하여 재산관리에 관하여 필요한 처분을 명하여야 한다. 본인의 부재 중 재산관리인의 권한이 소멸한 때에도 같다.
② 본인이 그 후에 재산관리인을 정한 때에는 법원은 본인, 재산관리인, 이해관계인 또는 검사의 청구에 의하여 전 항의 명령을 취소하여야 한다.

제23조【관리인의 개임】 부재자가 재산관리인을 정한 경우에 부재자의 생사가 분명하지 아니한 때에는 법원은 재산관리인, 이해관계인 또는 검사의 청구에 의하여 재산관리인을 개임할 수 있다.

제24조【관리인의 직무】 ① 법원이 선임한 재산관리인은 관리할 재산목록을 작성하여야 한다.
② 법원은 그 선임한 재산관리인에 대하여 부재자의 재산을 보존하기 위하여 필요한 처분을 명할 수 있다.
③ 부재자의 생사가 분명하지 아니한 경우에 이해관계인이나 검사의 청구가 있는 때에는 법원은 부재자가 정한 재산관리인에게 전 2항의 처분을 명할 수 있다.
④ 전 3항의 경우에 그 비용은 부재자의 재산으로써 지급한다.

제25조【관리인의 권한】 법원이 선임한 재산관리인이 제118조에 규정한 권한을 넘는 행위를 함에는 법원의 허가를 얻어야 한다. 부재자의 생사가 분명하지 아니한 경우에 부재자가 정한 재산관리인이 권한을 넘는 행위를 할 때에도 같다.

제26조【관리인의 담보제공, 보수】 ① 법원은 그 선임한 재산관리인으로 하여금 재산의 관리 및 반환에 관하여 상당한 담보를 제공하게 할 수 있다.
② 법원은 그 선임한 재산관리인에 대하여 부재자의 재산으로 상당한 보수를 지급할 수 있다.
③ 전 2항의 규정은 부재자의 생사가 분명하지 아니한 경우에 부재자가 정한 재산관리인에 준용한다.

제27조【실종의 선고】 ① 부재자의 생사가 5년간 분명하지 아니한 때에는 법원은 이해관계인이나 검사의 청구에 의하여 실종선고를 하여야 한다.
② 전지에 임한 자, 침몰한 선박 중에 있던 자, 추락한 항공기 중에 있던 자 기타 사망의 원인이 될 위난을 당한 자의 생사가 전쟁종지 후 또는 선박의 침몰, 항공기의 추락 기타 위난이 종료한 후 1년간 분명하지 아니한 때에도 제1항과 같다. <개정 1984. 4. 10.>

제28조【실종선고의 효과】 실종선고를 받은 자는 전 조의 기간이 만료한 때에 사망한 것으로 본다.

제29조【실종선고의 취소】 ① 실종자의 생존한 사실 또는 전 조의 규정과 상이한 때에 사망한 사실의 증명이 있으면 법원은 본인, 이해관계인 또는 검사의 청구에 의하여 실종선고를 취소하여야 한다. 그러나 실종선고 후 그 취소 전에 선의로 한 행위의 효력에 영향을 미치지 아니한다.
② 실종선고의 취소가 있을 때에 실종의 선고를 직접원인으로 하여 재산을 취득한 자가 선의인 경우에는 그 받은 이익이 현존하는 한도에서 반환할 의무가 있고 악의인 경우에는 그 받은 이익에 이자를 붙여서 반환하고 손해가 있으면 이를 배상하여야 한다.

제30조【동시사망】 2인 이상이 동일한 위난으로 사망한 경우에는 동시에 사망한 것으로 추정한다.

제3장 법인

제1절 총칙

제31조【법인성립의 준칙】 법인은 법률의 규정에 의함이 아니면 성립하지 못한다.

제32조【비영리법인의 설립과 허가】 학술, 종교, 자선, 기예, 사교 기타 영리 아닌 사업을 목적으로 하는 사단 또는 재단은 주무관청의 허가를 얻어 이를 법인으로 할 수 있다.

제33조【법인설립의 등기】 법인은 그 주된 사무소의 소재지에서 설립등기를 함으로써 성립한다.

제34조【법인의 권리능력】 법인은 법률의 규정에 좇아 정관으로 정한 목적의 범위 내에서 권리와 의무의 주체가 된다.

제35조【법인의 불법행위능력】 ① 법인은 이사 기타 대표자가 그 직무에 관하여 타인에게 가한 손해를 배상할 책임이 있다. 이사 기타 대표자는 이로 인하여 자기의 손해배상책임을 면하지 못한다. ② 법인의 목적범위 외의 행위로 인하여 타인에게 손해를 가한 때에는 그 사항의 의결에 찬성하거나 그 의결을 집행한 사원, 이사 및 기타 대표자가 연대하여 배상하여야 한다.

제36조【법인의 주소】 법인의 주소는 그 주된 사무소의 소재지에 있는 것으로 한다.

제37조【법인의 사무의 검사, 감독】 법인의 사무는 주무관청이 검사, 감독한다.

제38조【법인의 설립허가의 취소】 법인이 목적 이외의 사업을 하거나 설립허가의 조건에 위반하거나 기타 공익을 해하는 행위를 한 때에는 주무관청은 그 허가를 취소할 수 있다.

제39조【영리법인】 ① 영리를 목적으로 하는 사단은 상사회사설립의 조건에 좇아 이를 법인으로 할 수 있다. ② 전 항의 사단법인에는 모두 상사회사에 관한 규정을 준용한다.

제2절 설립

제40조【사단법인의 정관】 사단법인의 설립자는 다음 각호의 사항을 기재한 정관을 작성하여 기명날인하여야 한다.
1. 목적
2. 명칭
3. 사무소의 소재지
4. 자산에 관한 규정
5. 이사의 임면에 관한 규정
6. 사원자격의 득실에 관한 규정
7. 존립 시기나 해산사유를 정하는 때에는 그 시기 또는 사유

제41조【이사의 대표권에 대한 제한】 이사의 대표권에 대한 제한은 이를 정관에 기재하지 아니하면 그 효력이 없다.

제42조【사단법인의 정관의 변경】 ① 사단법인의 정관은 총 사원 3분의 2 이상의 동의가 있는 때에 한하여 이를 변경할 수 있다. 그러나 정수에 관하여 정관에 다른 규정이 있는 때에는 그 규정에 의한다. ② 정관의 변경은 주무관청의 허가를 얻지 아니하면 그 효력이 없다.

제43조【재단법인의 정관】 재단법인의 설립자는 일정한 재산을 출연하고 제40조 제1호 내지 제5호의 사항을 기재한 정관을 작성하여 기명날인하여야 한다.

제44조【재단법인의 정관의 보충】 재단법인의 설립자가 그 명칭, 사무소소재지 또는 이사임면의 방법을 정하지 아니하고 사망한 때에는 이해관계인 또는 검사의 청구에 의하여 법원이 이를 정한다.

제45조【재단법인의 정관변경】 ① 재단법인의 정관은 그 변경방법을 정관에 정한 때에 한하여 변경할 수 있다. ② 재단법인의 목적달성 또는 그 재산의 보전을 위하여 적당한 때에는 전 항의 규정에 불구하고 명칭 또는 사무소의 소재지를 변경할 수 있다. ③ 제42조 제2항의 규정은 전 2항의 경우에 준용한다.

제46조【재단법인의 목적 기타의 변경】 재단법인의 목적을 달성할 수 없는 때에는 설립자나 이사는 주무관청의 허가를 얻어 설립의 취지를 참작하여 그 목적 기타 정관의 규정을 변경할 수 있다.

제47조【증여, 유증에 관한 규정의 준용】 ① 생전처분으로 재단법인을 설립하는 때에는 증여에 관한 규정을 준용한다.

② 유언으로 재단법인을 설립하는 때에는 유증에 관한 규정을 준용한다.

제48조【출연재산의 귀속시기】 ① 생전처분으로 재단법인을 설립하는 때에는 출연재산은 법인이 성립된 때로부터 법인의 재산이 된다.

② 유언으로 재단법인을 설립하는 때에는 출연재산은 유언의 효력이 발생한 때로부터 법인에 귀속한 것으로 본다.

제49조【법인의 등기사항】 ① 법인설립의 허가가 있는 때에는 3주간 내에 주된 사무소소재지에서 설립등기를 하여야 한다.

② 전 항의 등기사항은 다음과 같다.

1. 목적
2. 명칭
3. 사무소
4. 설립허가의 연월일
5. 존립시기나 해산이유를 정한 때에는 그 시기 또는 사유
6. 자산의 총액
7. 출자의 방법을 정한 때에는 그 방법
8. 이사의 성명, 주소
9. 이사의 대표권을 제한한 때에는 그 제한

제50조【분사무소설치의 등기】 ① 법인이 분사무소를 설치한 때에는 주사무소소재지에서는 3주간 내에 분사무소를 설치한 것을 등기하고 그 분사무소소재지에서는 동기간 내에 전 조 제2항의 사항을 등기하고 다른 분사무소소재지에서는 동기간 내에 그 분사무소를 설치한 것을 등기하여야 한다.

② 주사무소 또는 분사무소의 소재지를 관할하는 등기소의 관할구역 내에 분사무소를 설치한 때에는 전 항의 기간 내에 그 사무소를 설치한 것을 등기하면 된다.

제51조【사무소이전의 등기】 ① 법인이 그 사무소를 이전하는 때에는 구소재지에서는 3주간 내에 이전등기를 하고 신소재지에서는 동기간 내에 제49조 제2항에 게기한 사항을 등기하여야 한다.

② 동일한 등기소의 관할구역 내에서 사무소를 이전한 때에는 그 이전한 것을 등기하면 된다.

제52조【변경등기】 제49조 제2항의 사항 중에 변경이 있는 때에는 3주간 내에 변경등기를 하여야 한다.

제52조의 2【직무집행정지 등 가처분의 등기】 이사의 직무집행을 정지하거나 직무대행자를 선임하는 가처분을 하거나 그 가처분을 변경·취소하는 경우에는 주사무소와 분사무소가 있는 곳의 등기소에서 이를 등기하여야 한다.

[본조신설 2001. 12. 29.]

제53조【등기기간의 기산】 전 3조의 규정에 의하여 등기할 사항으로 관청의 허가를 요하는 것은 그 허가서가 도착한 날로부터 등기의 기간을 기산한다.

제54조【설립등기 이외의 등기의 효력과 등기사항의 공고】 ① 설립등기 이외의 본절의 등기사항은 그 등기 후가 아니면 제3자에게 대항하지 못한다.

② 등기한 사항은 법원이 지체 없이 공고하여야 한다.

제55조【재산목록과 사원명부】 ① 법인은 성립한 때 및 매년 3월 내에 재산목록을 작성하여 사무소에 비치하여야 한다. 사업연도를 정한 법인은 성립한 때 및 그 연도말에 이를 작성하여야 한다.

② 사단법인은 사원명부를 비치하고 사원의 변경이 있는 때에는 이를 기재하여야 한다.

제56조【사원권의 양도, 상속금지】 사단법인의 사원의 지위는 양도 또는 상속할 수 없다.

제3절 기관

제57조【이사】 법인은 이사를 두어야 한다.

제58조【이사의 사무집행】 ① 이사는 법인의 사무를 집행한다.

② 이사가 수인인 경우에는 정관에 다른 규정이 없으면 법인의 사무집행은 이사의 과반수로써 결정한다.

제59조【이사의 대표권】 ① 이사는 법인의 사무에 관하여 각자 법인을 대표한다. 그러나 정관에 규정한 취지에 위반할 수 없고 특히 사단법인은 총회의 의결에 의하여야 한다.

② 법인의 대표에 관하여는 대리에 관한 규정을 준용한다.

제60조【이사의 대표권에 대한 제한의 대항요건】 이사의 대표권에 대한 제한은 등기하지 아니하면 제3자에게 대항하지 못한다.

제60조의 2【직무대행자의 권한】 ① 제52조의 2의 직무대행자는 가처분명령에 다른 정함이 있는 경우 외에는 법인의 통상 사무에 속하지 아니한 행위를 하지 못한다. 다만, 법원의 허가를 얻은 경우에는 그러하지 아니하다.
② 직무대행자가 제1항의 규정에 위반한 행위를 한 경우에도 법인은 선의의 제3자에 대하여 책임을 진다.
[본조신설 2001. 12. 29.]

제61조【이사의 주의의무】 이사는 선량한 관리자의 주의로 그 직무를 행하여야 한다.

제62조【이사의 대리인 선임】 이사는 정관 또는 총회의 결의로 금지하지 아니한 사항에 한하여 타인으로 하여금 특정한 행위를 대리하게 할 수 있다.

제63조【임시이사의 선임】 이사가 없거나 결원이 있는 경우에 이로 인하여 손해가 생길 염려 있는 때에는 법원은 이해관계인이나 검사의 청구에 의하여 임시이사를 선임하여야 한다.

제64조【특별대리인의 선임】 법인과 이사의 이익이 상반하는 사항에 관하여는 이사는 대표권이 없다. 이 경우에는 전 조의 규정에 의하여 특별대리인을 선임하여야 한다.

제65조【이사의 임무해태】 이사가 그 임무를 해태한 때에는 그 이사는 법인에 대하여 연대하여 손해배상의 책임이 있다.

제66조【감사】 법인은 정관 또는 총회의 결의로 감사를 둘 수 있다.

제67조【감사의 직무】 감사의 직무는 다음과 같다.
 1. 법인의 재산상황을 감사하는 일
 2. 이사의 업무집행의 상황을 감사하는 일
 3. 재산상황 또는 업무집행에 관하여 부정, 불비한 것이 있음을 발견한 때에는 이를 총회 또는 주무관청에 보고하는 일
 4. 전 호의 보고를 하기 위하여 필요 있는 때에는 총회를 소집하는 일

제68조【총회의 권한】 사단법인의 사무는 정관으로 이사 또는 기타 임원에게 위임한 사항 외에는 총회의 결의에 의하여야 한다.

제69조【통상총회】 사단법인의 이사는 매년 1회 이상 통상총회를 소집하여야 한다.

제70조【임시총회】 ① 사단법인의 이사는 필요하다고 인정한 때에는 임시총회를 소집할 수 있다.
② 총사원의 5분의 1 이상으로부터 회의의 목적사항을 제시하여 청구한 때에는 이사는 임시총회를 소집하여야 한다. 이 정수는 정관으로 증감할 수 있다.
③ 전 항의 청구 있는 후 2주간 내에 이사가 총회 소집의 절차를 밟지 아니한 때에는 청구한 사원은 법원의 허가를 얻어 이를 소집할 수 있다.

제71조【총회의 소집】 총회의 소집은 1주간 전에 그 회의의 목적사항을 기재한 통지를 발하고 기타 정관에 정한 방법에 의하여야 한다.

제72조【총회의 결의사항】 총회는 전 조의 규정에 의하여 통지한 사항에 관하여서만 결의할 수 있다. 그러나 정관에 다른 규정이 있는 때에는 그 규정에 의한다.

제73조【사원의 결의권】 ① 각 사원의 결의권은 평등으로 한다.
② 사원은 서면이나 대리인으로 결의권을 행사할 수 있다.
③ 전 2항의 규정은 정관에 다른 규정이 있는 때에는 적용하지 아니한다.

제74조【사원이 결의권 없는 경우】 사단법인과 어느 사원과의 관계사항을 의결하는 경우에는 그 사원은 결의권이 없다.

제75조【총회의 결의방법】 ① 총회의 결의는 본법 또는 정관에 다른 규정이 없으면 사원 과반수의 출석과 출석사원의 결의권의 과반수로써 한다.
② 제73조 제2항의 경우에는 당해 사원은 출석한 것으로 한다.

제76조【총회의 의사록】 ① 총회의 의사에 관하여는 의사록을 작성하여야 한다.
② 의사록에는 의사의 경과, 요령 및 결과를 기재하고 의장 및 출석한 이사가 기명날인하여야 한다.
③ 이사는 의사록을 주된 사무소에 비치하여야 한다.

제4절 해산

제77조【해산사유】 ① 법인은 존립기간의 만료, 법인의 목적의 달성 또는 달성의 불능 기타 정관에 정한 해산사유의 발생, 파산 또는 설립허가의 취소로 해산한다.

② 사단법인은 사원이 없게 되거나 총회의 결의로도 해산한다.

제78조【사단법인의 해산결의】 사단법인은 총 사원 4분의 3 이상의 동의가 없으면 해산을 결의하지 못한다. 그러나 정관에 다른 규정이 있는 때에는 그 규정에 의한다.

제79조【파산신청】 법인이 채무를 완제하지 못하게 된 때에는 이사는 지체 없이 파산신청을 하여야 한다.

제80조【잔여재산의 귀속】 ① 해산한 법인의 재산은 정관으로 지정한 자에게 귀속한다.

② 정관으로 귀속권리자를 지정하지 아니하거나 이를 지정하는 방법을 정하지 아니한 때에는 이사 또는 청산인은 주무관청의 허가를 얻어 그 법인의 목적에 유사한 목적을 위하여 그 재산을 처분할 수 있다. 그러나 사단법인에 있어서는 총회의 결의가 있어야 한다.

③ 전 2항의 규정에 의하여 처분되지 아니한 재산은 국고에 귀속한다.

제81조【청산법인】 해산한 법인은 청산의 목적범위 내에서만 권리가 있고 의무를 부담한다.

제82조【청산인】 법인이 해산한 때에는 파산의 경우를 제하고는 이사가 청산인이 된다. 그러나 정관 또는 총회의 결의로 달리 정한 바가 있으면 그에 의한다.

제83조【법원에 의한 청산인의 선임】 전 조의 규정에 의하여 청산인이 될 자가 없거나 청산인의 결원으로 인하여 손해가 생길 염려가 있는 때에는 법원은 직권 또는 이해관계인이나 검사의 청구에 의하여 청산인을 선임할 수 있다.

제84조【법원에 의한 청산인의 해임】 중요한 사유가 있는 때에는 법원은 직권 또는 이해관계인이나 검사의 청구에 의하여 청산인을 해임할 수 있다.

제85조【해산등기】 ① 청산인은 파산의 경우를 제하고는 그 취임 후 3주간 내에 해산의 사유 및 연월일, 청산인의 성명 및 주소와 청산인의 대표권을 제한한 때에는 그 제한을 주된 사무소 및 분사무소소재지에서 등기하여야 한다.

② 제52조의 규정은 전 항의 등기에 준용한다.

제86조【해산신고】 ① 청산인은 파산의 경우를 제하고는 그 취임 후 3주간 내에 전 조 제1항의 사항을 주무관청에 신고하여야 한다.

② 청산 중에 취임한 청산인은 그 성명 및 주소를 신고하면 된다.

제87조【청산인의 직무】 ① 청산인의 직무는 다음과 같다.

1. 현존사무의 종결
2. 채권의 추심 및 채무의 변제
3. 잔여재산의 인도

② 청산인은 전 항의 직무를 행하기 위하여 필요한 모든 행위를 할 수 있다.

제88조【채권신고의 공고】 ① 청산인은 취임한 날로부터 2월 내에 3회 이상의 공고로 채권자에 대하여 일정한 기간 내에 그 채권을 신고할 것을 최고하여야 한다. 그 기간은 2월 이상이어야 한다.

② 전 항의 공고에는 채권자가 기간 내에 신고하지 아니하면 청산으로부터 제외될 것을 표시하여야 한다.

③ 제1항의 공고는 법원의 등기사항의 공고와 동일한 방법으로 하여야 한다.

제89조【채권신고의 최고】 청산인은 알고 있는 채권자에게 대하여는 각각 그 채권신고를 최고하여야 한다. 알고 있는 채권자는 청산으로부터 제외하지 못한다.

제90조【채권신고기간 내의 변제금지】 청산인은 제88조 제1항의 채권신고기간 내에는 채권자에 대하여 변제하지 못한다. 그러나 법인은 채권자에 대한 지연손해배상의 의무를 면하지 못한다.

제91조【채권변제의 특례】 ① 청산 중의 법인은 변제기에 이르지 아니한 채권에 대하여도 변제할 수 있다.

② 전 항의 경우에는 조건 있는 채권, 존속기간의 불확정한 채권 기타 가액의 불확정한 채권에 관하여는 법원이 선임한 감정인의 평가에 의하여 변제하여야 한다.

제92조【청산으로부터 제외된 채권】 청산으로부터 제외된 채권자는 법인의 채무를 완제한 후 귀속권리자에게 인도하지 아니한 재산에 대하여서만 변제를 청구할 수 있다.

제93조【청산 중의 파산】 ① 청산 중 법인의 재산이 그 채무를 완제하기에 부족한 것이 분명하게 된 때에는 청산인은 지체 없이 파산선고를 신청하고 이를 공고하여야 한다.

② 청산인은 파산관재인에게 그 사무를 인계함으로써 그 임무가 종료한다.

③ 제88조 제3항의 규정은 제1항의 공고에 준용한다.

제94조【청산종결의 등기와 신고】 청산이 종결한 때에는 청산인은 3주간 내에 이를 등기하고 주무관청에 신고하여야 한다.

제95조【해산, 청산의 검사, 감독】 법인의 해산 및 청산은 법원이 검사, 감독한다.

제96조【준용규정】 제58조 제2항, 제59조 내지 제62조, 제64조, 제65조 및 제70조의 규정은 청산인에 이를 준용한다.

제5절 벌칙

제97조【벌칙】 법인의 이사, 감사 또는 청산인은 다음 각호의 경우에는 500만 원 이하의 과태료에 치한다. <개정 2007. 12. 21.>

1. 본장에 규정한 등기를 해태한 때
2. 제55조의 규정에 위반하거나 재산목록 또는 사원명부에 부정기재를 한 때
3. 제37조, 제95조에 규정한 검사, 감독을 방해한 때
4. 주무관청 또는 총회에 대하여 사실 아닌 신고를 하거나 사실을 은폐한 때
5. 제76조와 제90조의 규정에 위반한 때
6. 제79조, 제93조의 규정에 위반하여 파산선고의 신청을 해태한 때
7. 제88조, 제93조에 정한 공고를 해태하거나 부정한 공고를 한 때

제4장 물건

제98조【물건의 정의】 본법에서 물건이라 함은 유체물 및 전기 기타 관리할 수 있는 자연력을 말한다.

제99조【부동산, 동산】 ① 토지 및 그 정착물은 부동산이다.

② 부동산 이외의 물건은 동산이다.

제100조【주물, 종물】 ① 물건의 소유자가 그 물건의 상용에 공하기 위하여 자기소유인 다른 물건을 이에 부속하게 한 때에는 그 부속물은 종물이다.

② 종물은 주물의 처분에 따른다.

제101조【천연과실, 법정과실】 ① 물건의 용법에 의하여 수취하는 산출물은 천연과실이다.

② 물건의 사용대가로 받는 금전 기타의 물건은 법정과실로 한다.

제102조【과실의 취득】 ① 천연과실은 그 원물로부터 분리하는 때에 이를 수취할 권리자에게 속한다.

② 법정과실은 수취할 권리의 존속기간일수의 비율로 취득한다.

제5장 법률행위

제1절 총칙

제103조【반사회질서의 법률행위】 선량한 풍속 기타 사회질서에 위반한 사항을 내용으로 하는 법률행위는 무효로 한다.

제104조【불공정한 법률행위】 당사자의 궁박, 경솔 또는 무경험으로 인하여 현저하게 공정을 잃은 법률행위는 무효로 한다.

제105조【임의규정】 법률행위의 당사자가 법령 중의 선량한 풍속 기타 사회질서에 관계없는 규정과 다른 의사를 표시한 때에는 그 의사에 의한다.

제106조【사실인 관습】 법령 중의 선량한 풍속 기타 사회질서에 관계없는 규정과 다른 관습이 있는 경우에 당사자의 의사가 명확하지 아니한 때에는 그 관습에 의한다.

제2절 의사표시

제107조【진의 아닌 의사표시】 ① 의사표시는 표의자가 진의 아님을 알고 한 것이라도 그 효력이 있다. 그러나 상대방이 표의자의 진의 아님을 알았거나 이를 알 수 있었을 경우에는 무효로 한다.

② 전 항의 의사표시의 무효는 선의의 제3자에게 대항하지 못한다.

제108조【통정한 허위의 의사표시】 ① 상대방과 통정한 허위의 의사표시는 무효로 한다.

② 전 항의 의사표시의 무효는 선의의 제3자에게 대항하지 못한다.

제109조【착오로 인한 의사표시】 ① 의사표시는 법률행위의 내용의 중요부분에 착오가 있는 때에는 취소할 수 있다. 그러나 그 착오가 표의자의 중대한 과실로 인한 때에는 취소하지 못한다.

② 전 항의 의사표시의 취소는 선의의 제3자에게 대항하지 못한다.

제110조【사기, 강박에 의한 의사표시】 ① 사기나 강박에 의한 의사표시는 취소할 수 있다.

② 상대방 있는 의사표시에 관하여 제3자가 사기나 강박을 행한 경우에는 상대방이 그 사실을 알았거나 알 수 있었을 경우에 한하여 그 의사표시를 취소할 수 있다.

③ 전 2항의 의사표시의 취소는 선의의 제3자에게 대항하지 못한다.

제111조【의사표시의 효력발생시기】 ① 상대방이 있는 의사표시는 상대방에게 도달한 때에 그 효력이 생긴다.

② 의사표시자가 그 통지를 발송한 후 사망하거나 제한능력자가 되어도 의사표시의 효력에 영향을 미치지 아니한다.

[전문개정 2011. 3. 7.]

제112조【제한능력자에 대한 의사표시의 효력】 의사표시의 상대방이 의사표시를 받은 때에 제한능력자인 경우에는 의사표시자는 그 의사표시로써 대항할 수 없다.

다만, 그 상대방의 법정대리인이 의사표시가 도달한 사실을 안 후에는 그러하지 아니하다.

[전문개정 2011. 3. 7.]

제113조【의사표시의 공시송달】 표의자가 과실 없이 상대방을 알지 못하거나 상대방의 소재를 알지 못하는 경우에는 의사표시는 민사소송법 공시송달의 규정에 의하여 송달할 수 있다.

제3절 대리

제114조【대리행위의 효력】 ① 대리인이 그 권한 내에서 본인을 위한 것임을 표시한 의사표시는 직접 본인에게 대하여 효력이 생긴다.

② 전 항의 규정은 대리인에게 대한 제3자의 의사표시에 준용한다.

제115조【본인을 위한 것임을 표시하지 아니한 행위】 대리인이 본인을 위한 것임을 표시하지 아니한 때에는 그 의사표시는 자기를 위한 것으로 본다. 그러나 상대방이 대리인으로서 한 것임을 알았거나 알 수 있었을 때에는 전 조 제1항의 규정을 준용한다.

제116조【대리행위의 하자】 ① 의사표시의 효력이 의사의 흠결, 사기, 강박 또는 어느 사정을 알았거나 과실로 알지 못한 것으로 인하여 영향을 받을 경우에 그 사실의 유무는 대리인을 표준하여 결정한다.

② 특정한 법률행위를 위임한 경우에 대리인이 본인의 지시에 좇아 그 행위를 한 때에는 본인은 자기가 안 사정 또는 과실로 인하여 알지 못한 사정에 관하여 대리인의 부지를 주장하지 못한다.

제117조【대리인의 행위능력】 대리인은 행위능력자임을 요하지 아니한다.

제118조【대리권의 범위】 권한을 정하지 아니한 대리인은 다음 각호의 행위만을 할 수 있다.

1. 보존행위
2. 대리의 목적인 물건이나 권리의 성질을 변하지 아니하는 범위에서 그 이용 또는 개량하는 행위

제119조【각자대리】 대리인이 수인인 때에는 각자가 본인을 대리한다. 그러나 법률 또는 수권행위에 다른 정한 바가 있는 때에는 그러하지 아니하다.

제120조【임의대리인의 복임권】 대리권이 법률행위에 의하여 부여된 경우에는 대리인은 본인의 승낙이 있거나 부득이한 사유 있는 때가 아니면 복대리인을 선임하지 못한다.

제121조【임의대리인의 복대리인선임의 책임】 ① 전 조의 규정에 의하여 대리인이 복대리인을 선임한 때에는 본인에게 대하여 그 선임감독에 관한 책임이 있다.

② 대리인이 본인의 지명에 의하여 복대리인을 선임한 경우에는 그 부적임 또는 불성실함을 알고 본인에게 대한 통지나 그 해임을 태만한 때가 아니면 책임이 없다.

제122조【법정대리인의 복임권과 그 책임】 법정대리인은 그 책임으로 복대리인을 선임할 수 있다. 그러나 부득이한 사유로 인한 때에는 전 조 제1항에 정한 책임만이 있다.

제123조【복대리인의 권한】 ① 복대리인은 그 권한 내에서 본인을 대리한다.
② 복대리인은 본인이나 제3자에 대하여 대리인과 동일한 권리의무가 있다.

제124조【자기계약, 쌍방대리】 대리인은 본인의 허락이 없으면 본인을 위하여 자기와 법률행위를 하거나 동일한 법률행위에 관하여 당사자 쌍방을 대리하지 못한다. 그러나 채무의 이행은 할 수 있다.

제125조【대리권수여의 표시에 의한 표현대리】 제3자에 대하여 타인에게 대리권을 수여함을 표시한 자는 그 대리권의 범위 내에서 행한 그 타인과 그 제3자간의 법률행위에 대하여 책임이 있다. 그러나 제3자가 대리권없음을 알았거나 알 수 있었을 때에는 그러하지 아니하다.

제126조【권한을 넘은 표현대리】 대리인이 그 권한 외의 법률행위를 한 경우에 제3자가 그 권한이 있다고 믿을 만한 정당한 이유가 있는 때에는 본인은 그 행위에 대하여 책임이 있다.

제127조【대리권의 소멸사유】 대리권은 다음 각호의 어느 하나에 해당하는 사유가 있으면 소멸된다.
1. 본인의 사망
2. 대리인의 사망, 성년후견의 개시 또는 파산
[전문개정 2011. 3. 7.]

제128조【임의대리의 종료】 법률행위에 의하여 수여된 대리권은 전 조의 경우 외에 그 원인된 법률관계의 종료에 의하여 소멸한다. 법률관계의 종료 전에 본인이 수권행위를 철회한 경우에도 같다.

제129조【대리권소멸 후의 표현대리】 대리권의 소멸은 선의의 제3자에게 대항하지 못한다. 그러나 제3자가 과실로 인하여 그 사실을 알지 못한 때에는 그러하지 아니하다.

제130조【무권대리】 대리권 없는 자가 타인의 대리인으로 한 계약은 본인이 이를 추인하지 아니하면 본인에 대하여 효력이 없다.

제131조【상대방의 최고권】 대리권 없는 자가 타인의 대리인으로 계약을 한 경우에 상대방은 상당한 기간을 정하여 본인에게 그 추인 여부의 확답을 최고할 수 있다. 본인이 그 기간 내에 확답을 발하지 아니한 때에는 추인을 거절한 것으로 본다.

제132조【추인, 거절의 상대방】 추인 또는 거절의 의사표시는 상대방에 대하여 하지 아니하면 그 상대방에 대항하지 못한다. 그러나 상대방이 그 사실을 안 때에는 그러하지 아니하다.

제133조【추인의 효력】 추인은 다른 의사표시가 없는 때에는 계약 시에 소급하여 그 효력이 생긴다. 그러나 제3자의 권리를 해하지 못한다.

제134조【상대방의 철회권】 대리권 없는 자가 한 계약은 본인의 추인이 있을 때까지 상대방은 본인이나 그 대리인에 대하여 이를 철회할 수 있다. 그러나 계약당시에 상대방이 대리권 없음을 안 때에는 그러하지 아니하다.

제135조【상대방에 대한 무권대리인의 책임】 ① 다른 자의 대리인으로서 계약을 맺은 자가 그 대리권을 증명하지 못하고 또 본인의 추인을 받지 못한 경우에는 그는 상대방의 선택에 따라 계약을 이행할 책임 또는 손해를 배상할 책임이 있다.
② 대리인으로서 계약을 맺은 자에게 대리권이 없다는 사실을 상대방이 알았거나 알 수 있었을 때 또는 대리인으로서 계약을 맺은 사람이 제한능력자일 때에는 제1항을 적용하지 아니한다.
[전문개정 2011. 3. 7.]

제136조【단독행위와 무권대리】 단독행위에는 그 행위당시에 상대방이 대리인이라 칭하는 자의 대리권 없는 행위에 동의하거나 그 대리권을 다투지 아니한 때에 한하여 전 6조의 규정을 준용한다. 대리권 없는 자에 대하여 그 동의를 얻어 단독행위를 한때에도 같다.

제4절 무효와 취소

제137조【법률행위의 일부무효】 법률행위의 일부분이 무효인 때에는 그 전부를 무효로 한다. 그러

나 그 무효부분이 없더라도 법률행위를 하였을 것이라고 인정될 때에는 나머지 부분은 무효가 되지 아니한다.

제138조【무효행위의 전환】 무효인 법률행위가 다른 법률행위의 요건을 구비하고 당사자가 그 무효를 알았더라면 다른 법률행위를 하는 것을 의욕하였으리라고 인정될 때에는 다른 법률행위로서 효력을 가진다.

제139조【무효행위의 추인】 무효인 법률행위는 추인하여도 그 효력이 생기지 아니한다. 그러나 당사자가 그 무효임을 알고 추인한 때에는 새로운 법률행위로 본다.

제140조【법률행위의 취소권자】 취소할 수 있는 법률행위는 제한능력자, 착오로 인하거나 사기·강박에 의하여 의사표시를 한 자, 그의 대리인 또는 승계인만이 취소할 수 있다.
[전문개정 2011. 3. 7.]

제141조【취소의 효과】 취소된 법률행위는 처음부터 무효인 것으로 본다. 다만, 제한능력자는 그 행위로 인하여 받은 이익이 현존하는 한도에서 상환(償還)할 책임이 있다.
[전문개정 2011. 3. 7.]

제142조【취소의 상대방】 취소할 수 있는 법률행위의 상대방이 확정한 경우에는 그 취소는 그 상대방에 대한 의사표시로 하여야 한다.

제143조【추인의 방법, 효과】 ① 취소할 수 있는 법률행위는 제140조에 규정한 자가 추인할 수 있고 추인 후에는 취소하지 못한다.
② 전 조의 규정은 전 항의 경우에 준용한다.

제144조【추인의 요건】 ① 추인은 취소의 원인이 소멸된 후에 하여야만 효력이 있다.
② 제1항은 법정대리인 또는 후견인이 추인하는 경우에는 적용하지 아니한다.
[전문개정 2011. 3. 7.]

제145조【법정추인】 취소할 수 있는 법률행위에 관하여 전 조의 규정에 의하여 추인할 수 있는 후에 다음 각호의 사유가 있으면 추인한 것으로 본다. 그러나 이의를 보류한 때에는 그러하지 아니하다.
1. 전부나 일부의 이행
2. 이행의 청구
3. 경개
4. 담보의 제공
5. 취소할 수 있는 행위로 취득한 권리의 전부나 일부의 양도
6. 강제집행

제146조【취소권의 소멸】 취소권은 추인할 수 있는 날로부터 3년 내에 법률행위를 한 날로부터 10년 내에 행사하여야 한다.

제5절 조건과 기한

제147조【조건성취의 효과】 ① 정지조건 있는 법률행위는 조건이 성취한 때로부터 그 효력이 생긴다.
② 해제조건 있는 법률행위는 조건이 성취한 때로부터 그 효력을 잃는다.
③ 당사자가 조건성취의 효력을 그 성취 전에 소급하게 할 의사를 표시한 때에는 그 의사에 의한다.

제148조【조건부권리의 침해금지】 조건 있는 법률행위의 당사자는 조건의 성부가 미정한 동안에 조건의 성취로 인하여 생길 상대방의 이익을 해하지 못한다.

제149조【조건부권리의 처분 등】 조건의 성취가 미정한 권리의무는 일반규정에 의하여 처분, 상속, 보존 또는 담보로 할 수 있다.

제150조【조건성취, 불성취에 대한 반신의행위】 ① 조건의 성취로 인하여 불이익을 받을 당사자가 신의성실에 반하여 조건의 성취를 방해한 때에는 상대방은 그 조건이 성취한 것으로 주장할 수 있다.
② 조건의 성취로 인하여 이익을 받을 당사자가 신의성실에 반하여 조건을 성취시킨 때에는 상대방은 그 조건이 성취하지 아니한 것으로 주장할 수 있다.

제151조【불법조건, 기성조건】 ① 조건이 선량한 풍속 기타 사회질서에 위반한 것인 때에는 그 법률행위는 무효로 한다.
② 조건이 법률행위의 당시 이미 성취한 것인 경우에는 그 조건이 정지조건이면 조건 없는 법률행위로 하고 해제조건이면 그 법률행위는 무효로 한다.
③ 조건이 법률행위의 당시에 이미 성취할 수 없는 것인 경우에는 그 조건이 해제조건이면 조건 없는 법률행위로 하고 정지조건이면 그 법률행위는 무효로 한다.

제152조【기한도래의 효과】 ① 시기 있는 법률행위는 기한이 도래한 때로부터 그 효력이 생긴다.
② 종기 있는 법률행위는 기한이 도래한 때로부터 그 효력을 잃는다.

제153조【기한의 이익과 그 포기】 ① 기한은 채무자의 이익을 위한 것으로 추정한다.
② 기한의 이익은 이를 포기할 수 있다. 그러나 상대방의 이익을 해하지 못한다.

제154조【기한부권리와 준용규정】 제148조와 제149조의 규정은 기한 있는 법률행위에 준용한다.

제6장 기간

제155조【본장의 적용범위】 기간의 계산은 법령, 재판상의 처분 또는 법률행위에 다른 정한 바가 없으면 본장의 규정에 의한다.

제156조【기간의 기산점】 기간을 시, 분, 초로 정한 때에는 즉시로부터 기산한다.

제157조【기간의 기산점】 기간을 일, 주, 월 또는 연으로 정한 때에는 기간의 초일은 산입하지 아니한다. 그러나 그 기간이 오전 영시로부터 시작하는 때에는 그러하지 아니하다.

제158조【연령의 기산점】 연령계산에는 출생일을 산입한다.

제159조【기간의 만료점】 기간을 일, 주, 월 또는 연으로 정한 때에는 기간말일의 종료로 기간이 만료한다.

제160조【역에 의한 계산】 ① 기간을 주, 월 또는 연으로 정한 때에는 역에 의하여 계산한다.
② 주, 월 또는 연의 처음으로부터 기간을 기산하지 아니하는 때에는 최후의 주, 월 또는 연에서 그 기산일에 해당한 날의 전일로 기간이 만료한다.
③ 월 또는 연으로 정한 경우에 최종의 월에 해당일이 없는 때에는 그 월의 말일로 기간이 만료한다.

제161조【공휴일 등과 기간의 만료점】 기간의 말일이 토요일 또는 공휴일에 해당한 때에는 기간은 그 익일로 만료한다. <개정 2007. 12. 21.>
[제목개정 2007. 12. 21.]

제7장 소멸시효

제162조【채권, 재산권의 소멸시효】 ① 채권은 10년간 행사하지 아니하면 소멸시효가 완성한다.
② 채권 및 소유권 이외의 재산권은 20년간 행사하지 아니하면 소멸시효가 완성한다.

제163조【3년의 단기소멸시효】 다음 각호의 채권은 3년간 행사하지 아니하면 소멸시효가 완성한다. <개정 1997. 12. 13.>
1. 이자, 부양료, 급료, 사용료 기타 1년 이내의 기간으로 정한 금전 또는 물건의 지급을 목적으로 한 채권
2. 의사, 조산사, 간호사 및 약사의 치료, 근로 및 조제에 관한 채권
3. 도급받은 자, 기사 기타 공사의 설계 또는 감독에 종사하는 자의 공사에 관한 채권
4. 변호사, 변리사, 공증인, 공인회계사 및 법무사에 대한 직무상 보관한 서류의 반환을 청구하는 채권
5. 변호사, 변리사, 공증인, 공인회계사 및 법무사의 직무에 관한 채권
6. 생산자 및 상인이 판매한 생산물 및 상품의 대가
7. 수공업자 및 제조자의 업무에 관한 채권

제164조【1년의 단기소멸시효】 다음 각호의 채권은 1년간 행사하지 아니하면 소멸시효가 완성한다.
1. 여관, 음식점, 대석, 오락장의 숙박료, 음식료, 대석료, 입장료, 소비물의 대가 및 체당금의 채권
2. 의복, 침구, 장구 기타 동산의 사용료의 채권
3. 노역인, 연예인의 임금 및 그에 공급한 물건의 대금채권
4. 학생 및 수업자의 교육, 의식 및 유숙에 관한 교주, 숙주, 교사의 채권

제165조【판결 등에 의하여 확정된 채권의 소멸시효】
① 판결에 의하여 확정된 채권은 단기의 소멸시효에 해당한 것이라도 그 소멸시효는 10년으로 한다.
② 파산절차에 의하여 확정된 채권 및 재판상의 화해, 조정 기타 판결과 동일한 효력이 있는 것에 의하여 확정된 채권도 전 항과 같다.
③ 전 2항의 규정은 판결확정당시에 변제기가 도래하지 아니한 채권에 적용하지 아니한다.

제166조【소멸시효의 기산점】 ① 소멸시효는 권리를 행사할 수 있는 때로부터 진행한다.

② 부작위를 목적으로 하는 채권의 소멸시효는 위반행위를 한 때로부터 진행한다.

제167조【소멸시효의 소급효】 소멸시효는 그 기산일에 소급하여 효력이 생긴다.

제168조【소멸시효의 중단사유】 소멸시효는 다음 각호의 사유로 인하여 중단된다.

1. 청구
2. 압류 또는 가압류, 가처분
3. 승인

제169조【시효중단의 효력】 시효의 중단은 당사자 및 그 승계인 간에만 효력이 있다.

제170조【재판상의 청구와 시효중단】 ① 재판상의 청구는 소송의 각하, 기각 또는 취하의 경우에는 시효중단의 효력이 없다.

② 전 항의 경우에 6월 내에 재판상의 청구, 파산절차참가, 압류 또는 가압류, 가처분을 한 때에는 시효는 최초의 재판상 청구로 인하여 중단된 것으로 본다.

제171조【파산절차참가와 시효중단】 파산절차참가는 채권자가 이를 취소하거나 그 청구가 각하된 때에는 시효중단의 효력이 없다.

제172조【지급명령과 시효중단】 지급명령은 채권자가 법정기간 내에 가집행신청을 하지 아니함으로 인하여 그 효력을 잃은 때에는 시효중단의 효력이 없다.

제173조【화해를 위한 소환, 임의출석과 시효중단】 화해를 위한 소환은 상대방이 출석하지 아니하거나 화해가 성립되지 아니한 때에는 1월 내에 소를 제기하지 아니하면 시효중단의 효력이 없다. 임의출석의 경우에 화해가 성립되지 아니한 때에도 그러하다.

제174조【최고와 시효중단】 최고는 6월 내에 재판상의 청구, 파산절차참가, 화해를 위한 소환, 임의출석, 압류 또는 가압류, 가처분을 하지 아니하면 시효중단의 효력이 없다.

제175조【압류, 가압류, 가처분과 시효중단】 압류, 가압류 및 가처분은 권리자의 청구에 의하여 또는 법률의 규정에 따르지 아니함으로 인하여 취소된 때에는 시효중단의 효력이 없다.

제176조【압류, 가압류, 가처분과 시효중단】 압류, 가압류 및 가처분은 시효의 이익을 받은 자에 대하여 하지 아니한 때에는 이를 그에게 통지한 후가 아니면 시효중단의 효력이 없다.

제177조【승인과 시효중단】 시효중단의 효력 있는 승인에는 상대방의 권리에 관한 처분의 능력이나 권한 있음을 요하지 아니한다.

제178조【중단 후에 시효진행】 ① 시효가 중단된 때에는 중단까지에 경과한 시효기간은 이를 산입하지 아니하고 중단사유가 종료한 때로부터 새로이 진행한다.

② 재판상의 청구로 인하여 중단한 시효는 전 항의 규정에 의하여 재판이 확정된 때로부터 새로이 진행한다.

제179조【제한능력자의 시효정지】 소멸시효의 기간만료 전 6개월 내에 제한능력자에게 법정대리인이 없는 경우에는 그가 능력자가 되거나 법정대리인이 취임한 때부터 6개월 내에는 시효가 완성되지 아니한다.

[전문개정 2011. 3. 7.]

제180조【재산관리자에 대한 제한능력자의 권리, 부부 사이의 권리와 시효정지】 ① 재산을 관리하는 아버지, 어머니 또는 후견인에 대한 제한능력자의 권리는 그가 능력자가 되거나 후임 법정대리인이 취임한 때부터 6개월 내에는 소멸시효가 완성되지 아니한다.

② 부부 중 한쪽이 다른 쪽에 대하여 가지는 권리는 혼인관계가 종료된 때부터 6개월 내에는 소멸시효가 완성되지 아니한다.

[전문개정 2011. 3. 7.]

제181조【상속재산에 관한 권리와 시효정지】 상속재산에 속한 권리나 상속재산에 대한 권리는 상속인의 확정, 관리인의 선임 또는 파산선고가 있는 때로부터 6월 내에는 소멸시효가 완성하지 아니한다.

제182조【천재 기타 사변과 시효정지】 천재 기타 사변으로 인하여 소멸시효를 중단할 수 없을 때에는 그 사유가 종료한 때로부터 1월 내에는 시효가 완성하지 아니한다.

제183조【종속된 권리에 대한 소멸시효의 효력】 주된 권리의 소멸시효가 완성한 때에는 종속된 권리에 그 효력이 미친다.

제184조【시효의 이익의 포기 기타】 ① 소멸시효의 이익은 미리 포기하지 못한다.

② 소멸시효는 법률행위에 의하여 이를 배제, 연장 또는 가중할 수 없으나 이를 단축 또는 경감할 수 있다.

2023 1차

행정사 문제집
민법총칙

초판인쇄 : 2022년 10월 20일
초판발행 : 2022년 10월 25일
편 저 자 : 박문각 행정사연구소
발 행 인 : 박 용
등   록 : 2015. 4. 29. 제2015-000104호
발 행 처 : (주)박문각출판
주   소 : 06654 서울특별시 서초구 효령로 283 서경빌딩
전   화 : 교재 문의 (02)6466-7202
팩   스 : (02)584-2927

판 권
본 사
소 유

정가 25,000원
ISBN 979-11-6704-933-9
    979-11-6704-932-2(세트)